HANGIL
GREAT BOOKS

인류의위대한지적유산

HANGIL
GREAT BOOKS
108

법과 권리

로널드 드워킨 | 염수균 옮김

한길사

HANGIL
GREAT BOOKS
108

Ronald Dworkin
Taking Rights Seriously

Translated by Youm Su-Kyun

미국 「독립선언서」의 초안
제퍼슨(Thomas Jefferson, 1743~1826)이 1776년 대륙회의에 제출하기 위해 작성한 것이다.
애덤스와 프랭클린 등 5인위원회 위원들이 수정한 흔적이 보인다.
평등하게 태어난 모든 인간의 자연권에 대한 사상이 담겨져 있다.

토머스 페인, 『상식』(*Common Sense*)

미국 독립전쟁 당시 출간된 이 책은 6개월 만에 12만 9천 부가 팔렸다.
드워킨은 페인(Thomas Paine, 1737~1809)의 정치철학을
그가 이 책에서 제시하는 권리에 기초한 정치철학으로 해석한다.

벤담(Jeremy Bentham, 1748 ~ 1832)

벤담은 영국의 근대 법학과 법실증주의의 태두이다.
법과 관계없이 성립하는 자연권의 존재를 부정한
그는 "자연적 권리는 죽마 위에서 하는 허튼 소리"라고 주장했다.

영미 법실증주의를 대표하는 하트(위)와 라즈

하트(Herbert L.A. Hart, 1907~92)의 주요 사상에 대한 이 책의 비판은,
수십 년 동안 법철학자들의 관심을 불러일으킨 하트-드워킨 논쟁의 시발점이 된다.
라즈(Joseph Raz, 1939~)는 드워킨의 법철학에 대한 주요 비판자이다.

HANGIL GREAT BOOKS 108

법과 권리

로널드 드워킨 | 염수균 옮김

한길사

법과 권리

• 차례

일러두기

1. 이 책의 원본은 Ronald Dworkin, *Taking Rights Seriously*, Harvard University Press, 1978이다. 초판은 1977년에 출판되었으며, 원본에 추가된「비판자들에 대한 답변」은 이 책에서 옮기지 않았다.
2. 옮긴이주는 각주에 ＊로 표시하고 옮긴이가 간단한 설명을 해놓았다.
3. 원문에 이탤릭체로 강조한 부분을 이 책에서는 고딕으로 표시했다.

드워킨의 법철학

염수균 조선대학교 교수·철학

I. 법이란 무엇인가

1. 실증주의 비판

드워킨의 법철학에 대해서는 다양한 평가가 존재한다. 그렇지만 그의 이론이 법철학계에 기여한 것에 대해서 부정하는 사람들은 거의 없다. 그는 특히 하트(H.L.A. Hart)의 실증주의를 비판함으로써 주목받기 시작했는데, 그의 실증주의 비판은 하트 이후 새롭게 변모한 최근의 실증주의자들에게까지 이어진다. 그는 라즈(Joseph Raz)의 실증주의는 권위(authority)의 개념에 대한 지극히 자의적인 견해를 토대로 한 견해이고, 콜먼(Jules Coleman)의 실증주의는 실증주의와는 전적으로 거리가 먼 견해에 "실증주의"라는 이름만 유지하고자 하는 시도에 지나지 않는 것으로 본다.

드워킨의 법철학의 핵심문제는 올바른 판결에 관한 문제로 볼 수 있다. 그는 실증주의와는 달리 법관이 법적인 판단을 할 때 자신의 도덕적 견해를 활용하는 것을 적극적으로 옹호하며, 그런 점에서 그의 이론은 자연법주의로 간주되기도 한다. 그렇지만 그는 법이 공동체의 결정과 관계없이 존재할 수 있다는 자연법적 견해를 받아들이지 않는다. 법관에게 도덕적 관점이 필요한 것은 실정법과 관계없이 존재하는 법을 파악하기 위해서가 아니라 실정법이 무엇인지를 정확하게 파악하기 위한 것이다. 드워킨은 일반적으로 적용할 수 있는 법이 없는 것으로 간주되는 경우에서조차 법관이 자신의 사적인 도덕적 견해에 근거하여 판결하는 것을 허용하지 않는다. 그러한 경우에서도 그는 법관의 재량을 인정하지 않고 법관은 법에 따라 판결해야 할 의무를 갖는다고 주장한다.

드워킨의 이러한 견해는 판결, 즉 재판에 대한 규범적 견해로 볼 수 있지만 영국과 미국의 실제 법관행(legal practice)에 대한 요약으로 볼 수도 있다. 실증주의에 대한 드워킨의 비판은 무엇보다도 먼저 실증주의가 영미의 법관행을 설명할 수 없다는 점을 지적하는 것으로 이루어진다. 법원은 할아버지를 살해한 손자에게 할아버지의 유산을 허용하지 않는 판결을 내리면서, "어떤 사람도 자신의 잘못에 의해서 이익을 얻을 수 없다"라는 도덕원칙을 인용했을 뿐만 아니라 그것이 법이라고 주장했다. 그런데 그 원칙은 입법부가 제정한 적도 없고 법원이 판결하면서 인용한 적도 없는 원칙이다. 법이 무엇인지에 대한 실증주의적 견해에 따르면 그러한 도덕규칙은 법으로 보기 힘들다.

드워킨은 법관행과의 일치라는 점에서는 실증주의보다는 오히려 미국의 법현실주의가 더 낫다고 말한다. 그는 실용주의적 법철학인 법현실주의를 비판하기는 하지만, 그것을 계기로 해서 법철학에 과학적 방법론이 도입되었다고 평가한다. 실증주의에 대한 드워킨의 비판은 궁극적으로는 분석법철학의 방법론에 대한 비판으로 귀결된다.

드워킨은 법철학의 성격을 법관행을 기술하는(describe) 것으로 보고자 하는 하트의 견해를 부분적으로 수용한다. 그렇지만 만일 그것이 기술적이라면 경험적인 것이어야 할 터인데, 하트를 비롯한 실증주의

14

자들의 이론은 실제의 법관행이라는 경험적 자료에 입각한 이론이 아니다. 드워킨에 따르면 경험적 방법이 아니라 개념분석의 방법을 이용하는 하트와 그의 후계자들의 연구는 결코 기술적일 수 없다. 드워킨은 법적 논변들의 논리적 성격을 중립적 입장에서 기술하고자 하는 이론의 성립가능성을 부정하지는 않는다. 그렇지만 그러한 이론으로 볼 수 있는 분석법철학은 "그들 자신끼리만 대화가 이루어지고 대학이나 전문가 집단 안에서 고립되는(marginalized)" 자폐적 학문으로 전락하는 결과를 가져왔다고 본다.

2. 규칙과 원칙

법관의 판결의 근거는 언제나 법이어야 한다는 드워킨의 견해는 필연적으로 법이 무엇인가의 문제를 제기한다. 법이 무엇인가에 대한 하트의 실증주의는 법을 특정한 규칙들의 체계로 보는 오스틴(John Austin)의 견해로부터 출발한다. 하트는 오스틴처럼 법을 특정한 규칙들의 체계로 보았지만 법적 규칙이 무엇인가에 대해서는 견해가 다르다. 오스틴은 법적 규칙을 주권자의 명령으로 보면서 어떤 사람이 어떤 규칙의 명령에 복종하지 않으면 피해를 입을 수 있는 경우, 그가 그 규칙 아래에서 의무를 갖는다고 생각했다. 그렇지만 하트는 위협을 느끼는 것과 의무감을 느끼는 것은 다르다고 본다. 집세를 내야 할 의무를 인정한다고 해서 집세를 내지 않으면 반드시 집에서 쫓겨날 것이라는 것을 예상할 필요는 없다.

하트는 우선 법적 규칙이 주권자의 명령이라는 정의는 법이 갖는 여러 특징들을 반영하지 못한다는 것을 보여준다. 그리고 법적 규칙이 권리와 의무를 부과하는 규칙이기 위해서는 구성원들이 그러한 규칙에 대해서 내적인 관점을 취해야 한다고 주장한다. 내적인 관점을 취한다는 것은 자신의 행위를 지도하는 규칙으로 어떤 규칙을 수용한다는 것을 의미한다.

의무를 부과하는 규칙에는 다양한 규칙이 있다. 하트는 특정한 공동체가 법적 규칙을 다른 규칙으로부터 구별해주는 방식을 규정하는 이차적 규칙을 발전시켰을 때 법적 규칙이 생긴다고 보며, 그러한 이차적 규칙을 승인규칙(rule of recognition)이라고 부른다. 승인규칙은 공동체의 구성원들에 의해서 단지 수용된 것으로서 그것의 구속력을 수용에 의존하는 유일한 법적 규칙이고, 다른 법적 규칙은 그 규칙으로부터 타당성을 부여받는다.

하트의 이론에 대한 드워킨의 비판은 원칙(principle)과 규칙이라는 성격이 다른 두 종류의 법적 규준(standards)을 구분하는 것으로 시작한다. 법적 원칙과 법적 규칙은 모두 법적 권리의 원천인데 그것들은 우선 적용되는 방식에서 다르다. 만일 어떤 것이 법적 규칙일 경우, 그 규칙이 적용되는 사안이 발생하면 그 사안은 그 규칙에 따라 결정되어야 한다. 만일 그런 결정을 내리지 않는 것이 허용된다면, 그 규칙은 타당성을 상실해 더 이상 규칙이 아니게 된다. 예를 들면 만일 특정 도로에서 시속 130킬로미터로 달린 차를 위법이라고 판결하지 않는다면, 그 도로에서는 제한속도가 100킬로미터라는 규칙은 성립하지 않는다. 드워킨은 규칙의 그런 적용방식을 "전부 아니면 전무"(all-or-nothing) 방식이라고 표현한다.

법적 원칙은 규칙과는 다르게 그 원칙이 금지하는 것을 허용하면서도 여전히 하나의 규준으로 성립할 수 있다. 예를 들면 "어떤 사람도 자신의 잘못에 의해서 이익을 얻을 수 없다"라는 원칙은 비록 자신의 잘못에 의해서 발생한 이익을 허용하는 경우가 있더라도 여전히 원칙으로 성립한다. 각각의 법적 원칙은 구체적인 법적 권리를 확정하는 데 충분하지 않지만 그 권리를 정하는 것에서 하나의 역할을 할 수 있다.

어떤 법적 원칙과 다른 원칙이 구체적인 사안에서 충돌할 경우에, 두 원칙들 각각의 상대적 비중을 고려해 그 사안이 결정된다. 그와 같이 원칙은 규칙과는 달리 비중이라는 차원을 가질 수 있다.

이 책에서 드워킨이 법적 원칙의 예로 드는 것들은 주로 법원이 난해한 사안을 판결하면서 제시한 것들인데, 공동체의 과거의 명시적인 결정들이 아니라 그러한 결정들이 전제하고 있거나 그것들을 정당화한다고 주장되는 것들이다. 그렇지만 드워킨은 미국헌법에서 평등보호조항이나 적법절차조항같이 추상적인 조항은 국가기관에 의해서 명시적으로 결정된 것이면서도 법적 원칙에 대한 진술로 간주한다. 법적 원칙과 규칙을 구별해주는 형식적 기준은 없다.

하트는 드워킨처럼 법적 원칙과 규칙을 구별하지는 않았는데, 그것이 하트의 이론에 결정적인 결점이 될 수는 없다. 하트는 그 구별 자체를 수용하지 않았지만 몇몇 실증주의자들은 그 구별을 인정한다 하더라도 하트의 이론은 타격을 받지 않는다고 생각한다. 드워킨이 원칙과 규칙을 구별한 것은 하트가 그것을 구별하지 않은 것을 비판하기 위한 것이 아니라, 하트의 승인규칙 이론을 비판하기 위한 것이었다.

3. 승인규칙 비판

드워킨은 법적 원칙들도 법의 부분으로 본다. 그렇기 때문에 하트의 승인규칙 이론이 성립하기 위해서는 그 승인규칙은 법적 원칙들을 다른 원칙과 구별되는 원칙으로 확인해줄 수 있어야 한다. 그렇지만 드워킨은 다른 원칙들과 구별되는 법적 원칙을 법으로 확인해줄 수 있는 그러한 승인규칙은 존재하지 않는다고 주장한다.

법적 원칙을 다른 원칙과 구별해주는 승인규칙이 존재하지 않는다는 주장은 법적 원칙을 다른 원칙과 구별해주는 기준이 없다는 것으로 이

해결 수도 있다. 그렇지만 그러한 기준이 없다면 법적 원칙에 대한 드워킨의 주장들도 성립할 수 없다. 왜냐하면 드워킨의 주장들은 다른 원칙과 구별되는 법적 원칙이 존재한다는 것을 전제로 하기 때문이다.

드워킨은 이 책의 제2장에서 이루어진 승인규칙에 대한 비판이 충분하지 못했다는 점을 시인하고 그 잘못을 제3장에서 교정한다. 그곳에서 그는 하트의 승인규칙은 하트가 생각하는 것처럼 그에 대응하는 사회적 규칙을 전제로 해서 성립하는 규칙이 아니라 그러한 규칙의 존재와 관계없이 성립하는 규범적 규칙이어야 한다고 주장한다.

사회적 규칙은 교회 안에서 모자를 벗는 규칙같이 교회 안에서 모자를 벗지 않는 사람들을 비난하는 사회적 관행에 의해서 구성된다. 그 규칙은 그러한 관행이 존재하지 않았다면 존재하지 않았을 것이다. 그렇지만 거짓말을 해서는 안 된다고 주장하는 사람은 그 규칙을 실제로 사람들이 자신의 규칙으로 수용하거나 수용하지 않거나 관계없이 성립하는 규칙으로 주장한다.

하트는 사회적 규칙을 규범적 규칙과 구별한다. 사회적 규칙을 관찰하고 기술하는 사회학자가 아니라 교회를 다니는 사람들 자신은 교회에서 모자를 벗는 사회적 규칙을 자신들의 의무를 규정하는 규범적 규칙으로 수용한다. 하트의 이론에서 규범적 규칙은 사회적 규칙과 동일한 규칙에 대해 내적인 관점을 취하는 사람들에게 성립한다. 드워킨은 그렇게 규범적 규칙이 사회적 규칙을 전제한다고 보는 하트의 견해를 사회적 규칙이론이라고 부른다. 승인규칙에 대한 하트의 주장은 그 규칙이 어떤 공동체의 법률가들이 법을 확인하는 동일한 관행을 발전시키고 그렇게 해서 성립하는 사회적 규칙에 대해 내적인 관점을 취함으로써 성립하는 규범적 규칙이라는 것이다. 드워킨은 그 승인규칙을 "사회적 승인규칙"으로 표현한다.

하트의 승인규칙은 법이 무엇인가를 정하는 것에서 법관들의 통일된 사회적 관행이 존재한다는 것을 전제로 한다. 그렇지만 드워킨은 영국이나 미국에서 법률가들이 어떤 것을 법으로 볼 것인지를 두고 자주 다툰다는 점을 들어 그러한 사회적 규칙으로서의 승인규칙은 존재하지 않는다고 주장한다.

물론 법적 원칙의 기준에 대한 법률가들의 견해가 다르다 하더라도 객관적인 법의 기준이 존재하지 않는다는 결론이 나오지는 않는다. 드워킨은 그러한 기준이 존재한다고 생각하며 법관들은 바로 그러한 기준에 대한 자신의 견해에 입각해서 판결해야 한다고 주장한다. 그때 법의 기준을 제공하고 법관들이 자신의 사법적 의무의 원천으로 생각하는 규칙은 사회적 관행에 근거한 규범적 규칙이 아니라 도덕적 근거를 갖는 규범적 규칙의 성격을 갖는다.

드워킨은 그 기준에 대한 자신의 생각을 이 책에서는 분명한 형태로 제시하지 않는다. 그렇지만 "하나의 원칙이 문제가 되는 사법부의 명시적이고 실질적인 제도적인 규칙들에 대한 정당화로 제공될 수 있는 가장 건전한 법이론 안에 나타난다면, 그 원칙은 법의 원칙이다"라는 언급은 바로 그 기준에 대한 드워킨의 견해로 볼 수 있다. 그는 그 이론의 이상적인 예로 "모든 보통법 판례에 대해서 그리고 원칙에 근거해서 정당화될 수 있는 한, 헌법과 제정법 조항에 대해서도 정합적인 정당화를 제공하는 추상적 원칙과 구체적 원칙의 체계"를 언급하고 있다.

『법의 제국』(*Law's Empire*, 1986)에서 드워킨이 제시하는 법이 무엇인가에 대한 견해는 이 책에서 제시된 위와 같은 견해를 발전시킨 것으로 볼 수 있다. 그곳에서 그는 "법은 하나의 전체로서의 우리의 법관행에 대한 최선의 정당화이고, 그것은 이 관행을 가능한 최선의 것으로 만드는 서사적 이야기"라고 말한다.

4. 원리적 법의 개념과 통합성으로서의 법

법이 무엇인가에 대한 드워킨의 이런 견해는 매우 생소하게 느껴질 수 있는데, 그 이유는 무엇보다도 드워킨이 문제 삼는 법의 개념이 우리가 일반적으로 갖고 있는 개념과 다르기 때문이다. 그는 자신이 사용하는 법의 개념과 다른 법의 개념에서는 실증주의의 견해가 옳을 수 있음을 인정하면서 이렇게 말한다. "'법'이라는 용어가 약정에 의해서 실증주의자의 주장을 진리로 만드는 그런 방식으로 사용될 수 있다는 논변에 대해서 내가 줄 수 있는 대답은 없다."

드워킨은 법의 개념을 여러 가지로 구분하고 법이 무엇인가의 문제에서 자신이 문제로 삼는 법의 개념을 원리적(doctrinal) 개념이라 부른다. 그 개념은 예를 들면 "법은 법관의 말이다"라는 법현실주의자의 주장에서 사용되는 개념이다. 그 주장에 따르면 우리가 보통 법이라고 말하는 것들은 법이 아닐 수 있다. 그것은 그 주장을 하는 사람과 우리가 동일한 의미의 법에 대해 서로 다른 견해를 갖고 있기 때문이 아니라, 서로 다른 법에 대해서 말하고 있기 때문이다. 그러한 법의 개념은 이른바 난해한 사안(hard case)을 두고 벌어지는 영미의 법률가들 논쟁에서 자주 사용되고 있다. 드워킨에 따르면 그들이 벌이는 논쟁은 법의 기준과 의미가 분명한 상태에서 그 기준을 충족시키는 판결이 무엇인지를 따지는 경험적 사실에 관한 논쟁이 아니라, 문제 되는 법과 관련한 경험적 사실이 확인된 상태에서 어떤 것들을 법의 근거로 볼 것인지를 따지는 이론적인 논쟁이다.

드워킨은 자신의 법개념을 해석개념으로 규정하기도 한다. 해석개념의 다른 예로는 민주주의를 들 수 있다. 민주주의라는 개념은 책이나 호랑이 같은 개념과는 달리 심지어 그 개념이 적용되는 중심경우에서도 그 개념을 사용하는 사람들 사이에 논란이 발생한다. 책의 개념에서는 팸플릿같이 책의 개념에서 주변적인 것들에 대해서는 논란이 발생한다고 하더라도 책의 전형적인 예들에 대해서는 논란이 발생하지 않는다. 그렇지만 예를 들면 어떤 사람이 볼 때는 미국이 대표적인 민주주의 국가이지만 다른 사람이 볼 때 미국은 전혀 민주주의 국가가 아닐 수 있다.

드워킨은 각각의 사안에서 법이 무엇인지를 결정하는 작업의 본성을 해석으로 본다. 그에 따르면 인과적 설명과는 달리 해석에서의 핵심은 그 대상의 목적을 제시하는 것(the report of a purpose)이다. 그는 예술작품을 해석할 때 해석자가 생각해낸 목적을 부여하며 작품이 가능한 한 최선의 것이 되도록 해석하듯이, 대상을 만든 저자의 목적이 아니라 해석자의 목적을 부과하면서 대상이 가능한 한 최선의 것이 되도록 해석하는 것을 구성적 해석으로 부른다. 그의 생각으로는 법이 무엇인가를 정하는 과정은 구성적 해석과정이다.

드워킨에 따르면 법의 목적은 과거의 정치적 결정들로부터 흘러나오는 개인의 권리와 책임에 의해서 허가되거나 요구되는 방식 이외로는 공권력이 사용되지 못하도록 하는 것에 있다. 법적 권리의 의무의 원천은 과거의 정치적 결정들이기 때문에 각각의 사안에서 법에 따른 결정은 과거의 결정들과 일치하는 결정이라 할 수 있다. 난해한 사안은 과거의 결정들과 일치하는 판결이 무엇인지가 명확하지 않거나 일치하는 결정들이 여러 개가 있는 경우의 사안이다.

드워킨은 난해한 사안을 판결하기 위해서 먼저 과거의 결정과의 일치의 기준을 좀 더 넓게 볼 것을 제안한다. 즉, 그가 말하는 일관성은 단지 과거의 명시적인 결정들과의 일관성이 아니라 그러한 결정들이 전제하거나 그것들을 정당화해주는 도덕원칙들과의 일관성도 포함한다. 드워킨은 그러한 일관성을 통합성(integrity)이라고 부른다. 그는 통합성을 법의 생명이라 말하고 자신의 법이론을 "통합성으로서의 법"

이라 부른다.

일관성의 기준을 그렇게 넓게 해석한다고 하더라도 일치의 기준만으로는 결정할 수 없는 사안도 있을 수 있다. 그 경우 드워킨이 제안하는 판결은 그 판결을 포함해서 법관행 전체가 최선의 것이 될 수 있는 그런 판결이다. 그런 점에서 법관행을 최선의 것으로 만드는 서사적 이야기가 법이라는 주장이 가능하게 된다.

최선의 법관행은 통합성을 전제로 한다. 그런데 통합성이 요구하는 결정은 과거의 결정들과 일치하는 결정으로서 정의롭지 않을 수도 있다. 따라서 법관행을 최선의 것으로 만드는 결정이라고 해서 반드시 도덕적인 것은 아니다. 그런 점에서 드워킨의 법철학은 도덕성을 법의 핵심조건으로 보는 자연법주의와는 다르다.

II. 드워킨의 권리론

1. 법적 권리와 자연적 권리

드워킨이 이 책에서 다루는 권리는 개인이 국가에 요구할 수 있고 국가는 보장할 의무가 있다는 의미에서 개인의 국가에 대한 권리(rights against the state)이다. 그러한 권리에는 법적 권리도 포함된다. 학자들은 자주 법적 권리가 권리라는 것을 자명한 것으로 간주하기도 하고 오직 법적 권리만 진정한 권리로 인정하기도 한다. 그러나 어떤 법이든지 법이 보장한다는 이유에서 권리가 성립한다는 것은 자명한 명제가 아니다. 그것은 어떤 것이 법이라고 해서 그 법을 준수해야 하는 의무가 있다는 것이 자명하지 않은 것과 같다. 드워킨은 법적 권리의 성격과 근거에 관한 문제를 『법의 제국』에서 다룬다.

드워킨은 법적 권리 이외에 법에 근거하지 않은 도덕적 권리도 인정한다. 드워킨은 그것을 자연적 권리라고 표현하는데, 그때 "자연적"이라는 말은 "숙고적인 사회적 결정이나 정치적 결정의 산물이 아니"라는 의미만을 갖는다. 그런데 어떤 것에 대해 도덕적 권리가 성립하기 위해서는 그것을 갖거나 행위하는 것이 단순히 도덕적이라는 것만으로는 충분하지 않다. 물론 단순히 옳다(right)는 이유만으로도 그에 대해 권리(right)가 성립한다는 주장도 존재하는데, 드워킨은 그러한 주장에서 등장하는 권리를 약한 의미에서의 권리로 부르면서 강한 의미에서의 권리와 구분한다. 정치철학적으로 문제 되는 권리는 강한 의미에서의 권리이고, 그런 권리는 인간의 존엄성이라는 중요한 가치를 보호하는 특별한 경우에만 인정된다.

드워킨은 개인의 도덕적 권리들 가운데 평등한 배려와 존중을 받을 권리를 가장 근본적인 권리로 본다. 이 권리는 재산이나 권리에서 동일한 몫을 받을 권리같이 구체적인 권리가 아니라 추상적인 권리로서, 평등한 자로 대우받을 권리와 동일한 것으로 간주된다. 그는 중요한 정치도덕적 권리들은 모두 이 근본권리로부터 도출될 수 있다고 본다. 이 책에서는 그 권리들에 어떤 것들이 있는지는 다루지 않고, 그러한 권리를 인정한다는 것이 어떤 의미인지에 대해서만 다룬다.

개인의 권리는 본성상 그것을 보장하기 위해서 전체가 손해를 볼 수도 있다. 따라서 개인의 권리를 인정한다고 말하면서 전체의 이익이라는 명분으로 그 권리를 유보하고자 한다면, 그것은 권리를 말로만 인정하는 것이 된다. 즉, 권리를 진지하게 받아들이지 않는 것이다.

드워킨은 만일 어떤 도덕적 권리가 성립한다면 그 도덕적 권리를 침해하는 법에 대해서는 준수하지 않을 권리가 자동으로 성립한다고 주장한다. 그러한 법에 복종하지 않을 권리는 별도로 성립하는 추가적 권리가 아니라 도덕적 권리를 인정할 경우 자동적으로 그와 함께 인정되는 권리이다.

드워킨의 그런 주장은 부정한 법은 복종하지 않을 권리가 있다는 주장이 아니다. 왜냐하면 개인의 권리를 침해하는 법은 부정한 법들 가운데서 일부에 지나지 않기 때문이다. 또한 그 주장은 도덕적 권리가 침해되었다고 생각한다면 언제나 법에 복종하지 않을 수 있다는 주장도 아니다. 왜냐하면 그에 대한 정부의 생각이 다를 수 있기 때문이다. 드워킨은 이른바 시민불복종 문제가 발생하는 것은 문제의 법이 권리를 침해하는지 어떤지에 대해 당사자와 정부의 견해가 다를 때라고 생각한다. 그에 따르면 단지 어떤 법이 부정한 법이라면, 또는 개인의 권리를 침해한다면 복종하지 않을 권리가 있다는 말은 현실적으로 아무런 해결책도 담고 있지 못하다.

드워킨은 이 책에서 어떤 법이 도덕적 권리를 침해했다는 이유에서 그 법에 복종하지 않을 경우, 정부가 그의 생각에 동의하지 않더라도 가능한 한 관용을 베풀려고 노력해야 한다고 주장한다. 그렇지만 『원칙의 문제』(*A Matter of Principle*, 1985)에서는 불복종의 이유를 인테그리티(integrity), 정의, 정책으로 나누면서 각각의 경우에서의 관용의 문제를 다룬다.

도덕적 권리를 침해하는 법에는 불복종할 권리가 있다는 주장은 도덕적 권리가 법적 권리보다 더 중요하다는 것을 함축한다. 도덕적 권리가 인간의 존엄성의 이념에서 나오는 보편적 권리라 한다면, 법적 권리는 특정한 조건을 갖춘 공동체에서만 성립하는 특수한 권리이다. 드워킨은 법을 준수할 의무의 원천이 공동체라는 점에서 그것을 공동체적 의무(associative duty)로 규정한다. 그는 그 의무에 상응하는 공동체적 권리에 대해서는 말하지 않지만 공동체의 법을 근거로 해서 성립하는 법적 권리를 그러한 권리로 볼 수 있을 것이다.

2. 권리와 전체의 이익

드워킨은 국가가 추구해야 하는 정치적 목적으로서의 개인의 권리를 그것과 다른 정치적 목적인 전체의 이익과 비교해 정의한다. 그에 따르면 국가가 어떤 이익이나 행위에 대한 개인의 권리를 인정한다는 것은, 그것을 허용하는 것이 국가 전체에는 손해라 하더라도 그것을 보장한다는 것을 의미한다. 이 책의 서문에서 개인의 권리는 "개인이 지닌 정치적 으뜸패"라고 주장되는데, 그것은 개인의 권리와 전체 이익이 충돌할 때 권리가 그 이익을 누를 수 있다는 것을 의미한다.

물론 개인의 권리가 언제나 전체의 이익을 누를 수 있는 것은 아니다. 국가적 재앙을 피하거나 큰 전체의 이익을 위해서는 개인의 권리가 무시될 수 있다. 그렇다면 개인의 권리를 유보할 수 있는 전체의 이익이 어느 정도 중요하고 긴급한 것이어야 하는가의 문제가 제기될 수 있다. 그에 대한 드워킨의 견해는 개인의 어떤 이익을 위해서 전체의 이익을 조금이라도(marginally) 희생할 수 있을 경우에는 그 이익에 대한 개인의 권리가 인정되는 것으로 볼 수 있다는 것이다. 개인의 권리가 무시할 수 있는 전체 이익의 정도는 권리에 따라서 다를 수 있을 것이며, 특정한 권리의 중요성은 그것을 보장하기 위해 감수할 수 있는 전체 이익의 크기의 정도에 따라 정해진다. 드워킨은 근본적이고 보편적인 권리인 인권을 다른 정치적 권리와 구별하면서 인권의 경우는 국가의 주권까지 무시할 수 있다고 주장한다.

드워킨의 권리론은 권리를 하나의 정치적 목적으로서 갖는 기능을 통해서 정의했다는 점에서 기능주의 권리론으로 간주되기도 한다. 그렇지만 드워킨은 개인의 정치적 권리가 갖는 이러한 기능을 다른 종류의 권리에까지 확장해서 적용하지는 않았다. 그렇기 때문에 권리론의 관점에서 볼 때 드워킨의 이론은 미비한 점이 많다. 이 책에서 다루어

지는 권리에 대한 주장은 권리가 무엇인가에 대한 권리론적 주장으로
보다는 국가가 인정해야 하는 정치적 권리에 대한 정치도덕적 주장으
로 간주해야 한다.

드워킨은 자연적인 개인의 권리의 존재를 인정할 뿐만 아니라 그러
한 권리에 대한 명제를 이론의 출발점으로 삼는 도덕일반론의 가능성
을 제시한다. 그에 따르면 도덕에 대한 이론에는 세 가지 유형이 있는
데, 목표에 기초한 이론과 의무에 기초한 이론과 권리에 기초한 이론이
그것이다. 권리에 기초한 이론과 의무에 기초한 이론은 모두 개인의 결
정과 행위를 근본적으로 중요한 것으로 간주한다. 그렇지만 그 두 이론
은 개인의 행위를 다른 관점에서 조명한다. 의무에 기초한 이론은 개인
의 행위의 도덕적 성격에 관심을 갖지만, 권리에 기초한 이론은 개인의
독립에 관심을 가지면서, 개인의 사유와 선택의 가치를 근본적인 것으
로 취급한다. 의무에 기초한 이론은 행위의 준칙을 본질적인 것으로 취
급하지만, 권리에 기초한 이론은 행위의 준칙을 개인의 독립을 위해서
필요한 도구적인 것으로 취급한다. 드워킨은 페인(Thomas Paine)의
사상을 권리에 기초한 이론으로 보며, 롤스의 이론을 비롯한 계약론적
이론도 모두 권리에 기초한 이론인 심층이론을 전제한다고 주장한다.

드워킨의 철학은 개인의 권리를 가장 중요한 정치적 목적으로 보고
권리에 대한 주장을 이론의 출발점으로 삼는 점에서 권리주의적 성격
을 갖는다. 그리고 평등한 배려와 존중을 받을 권리로 해석된 평등권을
가장 근본적인 권리로 보고 재산의 정의로운 분배에 대한 권리를 인정
하는 점에서 평등주의적이라 할 수 있다.

3. 제도적 권리와 권리 테제

드워킨은 정치적 권리를 배경권리와 제도적 권리로 나눈다. 배경권

리가 전체로서의 "사회에 의해서 추상적으로 이루어지는 정치적 결정들에 정당화를 제공하는" 권리라면, 제도적 권리는 "어떤 특정한 정치적 제도에 의해서 이루어지는 결정에 정당화를 제공하는" 권리이다. 그는 법적 권리는 법원이라는 정치제도에 의해서 이루어지는 판결에 대한 제도적 권리로 본다.

제도는 자율성을 갖는다. 그것은 제도 안에서의 권리는 배경권리에 의거하지 않고 그 제도가 정하는 규칙에 의거해서만 결정될 수 있다는 것을 의미한다. 예를 들면 체스 시합에서 승리자의 상금을 정하기 위해서 롤스의 정의론을 참조할 필요는 없다. 그런데 드워킨에 따르면 입법부의 경우에는 오직 부분적으로만 자율적이다. 왜냐하면 입법부를 구성하고 그것의 결정을 규제하는 규칙들은 의회가 어떤 법을 제정해야 하는지 결정하기에 충분하지 않기 때문이다. 입법부는 법을 제정할 때 자주 정치도덕을 참조할 수 있으며 또한 그렇게 하도록 기대된다. 그래서 입법부가 제정한 법이 정의롭지 못할 때, 바로 그 이유 때문에 그 법은 비난받을 수 있다. 그렇지만 법원이 어떤 사안에 대해서 판결할 때는 법원이 정한 법의 원천 이외의 다른 도덕을 참조할 필요도 없고 참조해서도 안 된다. 물론 이런 견해는 드워킨의 특수한 견해라 할 수 있다. 법관의 재량을 인정하는 이론에서는 법관이 사적인 도덕적 견해를 근거로 판결할 수도 있다. 그렇지만 드워킨은 그러한 판결은 정당성을 부여받기 힘든 것으로 본다.

어떤 제도가 완전한 자율성을 갖는다는 것은, 그 제도가 그것에 고유한 결정을 할 때 배경권리에 의존할 필요가 없으며 오직 제도의 규칙에 입각해서 결정하면 된다는 것을 의미한다. 드워킨은 법원은 완전한 자율성을 가지며 그렇기 때문에 법관의 결정은 항상 제도적 권리로서 법적 권리여야 한다고 주장한다.

드워킨은 난해한 사안의 경우에도 제도의 제약 아래서 결정이 이루어져야 한다고 주장한다. 그는 법의 제약이 미치지 않는 하트의 열린 구조(open texture)를 인정하지 않는다. 난해한 사안이라고 하더라도 법의 제약에서 벗어난 것은 아니며, 그 경우에도 법관은 법이 요구하는 것이 무엇인지를 찾아서 판결해야 한다. 그 과정에서 정치도덕적 이론이 동원될 수 있는데, 그 이론은 법관의 개인적 도덕이 아니라 법관행 전체가 전제하는 것으로 간주되는 이론이어야 한다.

미국의 법현실주의자들은 법이 권리와 의무를 부과하는 규칙의 체계라는 견해를 받아들이지 않는다. 드워킨은 하트와 마찬가지로 법을 의무와 권리의 체계로 보지만 난해한 사안에서의 법적 권리의 문제에 대해서는 하트와 견해가 다르다. 하트는 난해한 사안에서는 법적 권리와 의무가 존재하지 않으며, 법관은 재량을 행사할 수 있다고 본다. 그러나 드워킨은 그러한 경우라 하더라도 법체계 전체가 요구하는 판결이 있으며, 바로 그것을 찾아서 판결하는 것이 법관의 의무라고 주장한다.

사법적 판결들은 언제나 법적 권리를 찾아서 집행해야 한다는 견해를 드워킨은 "권리 테제"라고 부른다. 그러한 견해는 어떤 사안에서든지 하나의 올바른 판결이 있다는 견해를 함께 주장하는데, 그런 점에서 그 테제는 "하나의 올바른 대답 테제"와 동일한 것으로 간주된다.

III. 사법심사와 헌법해석

사법심사(judicial review)는 입법부가 제정한 법이 헌법에 합치하는지를 판단해 합치하지 않는 법을 폐기할 수 있는 권한을 사법부에 부여하는 제도이다. 그것은 국민을 대표하는 입법부의 결정을 폐기할 권한을 선출직이 아닌 법관에게 부여한다는 점에서 비민주적인 제도로 비판받기도 한다. 드워킨은 그것과 관련된 문제로, 이 책에서 헌법이 보장하는 개인의 도덕적 권리를 어떤 법이 침해하는지를 대법원이 결정하는 것이 타당한지의 문제를 다룬다. 그는 개인이 국가에 대해서 갖는 도덕적 권리를 인정하는 것을 미국헌법의 가장 중요한 특징으로 본다.

　드워킨은 사법심사가 비민주적이기 때문에 폐지되어야 한다는 견해를 받아들이지 않는다. 그는 우선 선출된 관리에 의해서 결정된 것이 개인의 권리를 침해하는지를 판단하는 것도 국민의 대표성을 갖는 제도에 의해서 이루어져야 한다는 주장은 "어떤 사람도 자신의 소송의 심판관이 될 수 없다"라는 원리에 위배된다는 점에서 공정하지 못하다고 지적한다. 즉, 다수가 제정한 법이 과연 개인의 권리를 침해하는지의 문제를 다수 자신이 심리하는 것은 타당하지 않다는 주장이다. 그리고 그는 민주적으로 선출된 관리들이 헌법적 권리에 대해서 대법원의 법관들보다 더 잘 판단할 수 있다고 볼 수도 없고, 그들에게 그 판단을 맡기는 것이 국가의 미래를 위해서 더 좋다는 주장도 근거가 없다고 주장한다.

　사법심사제도에 대한 이 책에서의 옹호는 그 제도가 비민주적인 제도라는 전제 위에서 이루어진다. 그렇지만 드워킨의 최근 글에서는 민주주의에 대한 새로운 해석을 이용해 사법심사가 민주주의와 어울릴 수 있는 제도라는 점이 강조된다. 그는 민주주의 이론을 다수 지배적 견해와 동반자 견해(partnership conception)로 나누고 후자의 견해에서는 사법심사가 민주주의와 잘 어울릴 수 있다고 본다. 동반자 견해는 민주주의가 표방하는 자기정부(self-government)를 다수에 의한 정부가 아니라 동반자로서 행위를 하는 국민 전체에 의한 정부로 본다.

　사법심사와 관련된 논의는 법관이 헌법을 해석하는 방식과 관련해 이루어지기도 한다. 특히 과거에 이루어졌던 미국 대법원의 진보적 판결들이 잘못되었다고 생각하는 미국의 보수주의자들은 진보적 판결들과 같은 자유주의적인 해석이 아니라 헌법의 조문이나 그 조문을 채택한 사람들의 의도를 충실하게 따를 것을 요구하며 자신들의 입장을 엄격한 해석주의로 부른다.

이러한 엄격한 해석주의자들의 주장은 최근에는 이른바 원초주의 (originalism)로 불리는 이론에 의해서 발전된 모습으로 등장하고 있다. 스칼리아(Antonin Scalia) 판사를 비롯해 원초주의자로 불리는 사람들은 민주주의는 헌법조문을 그 법이 채택될 당시 국민들이 의미한 것에 따라서 해석할 것을 요구한다고 주장하며, 법관들이 자신들의 도덕적 견해를 반영해 해석하는 것을 비판한다. 그들은 법조문의 원래 의미를 파악하기 위해 헌법이 채택될 당시의 문헌과 문건에 대한 역사적 탐구의 중요성을 강조한다.

드워킨은 모호한 헌법조문을 해석할 때 그 조문의 원초적 의미에 충실하게 해석해야 한다는 원초주의자들의 주장을 받아들인다. 그렇지만 예를 들면 잔인한 형벌을 금지하는 헌법조문을 해석할 때 "잔인한 형벌"이라는 말을 그것의 원초적인 의미에 충실하게 해석한다고 하더라도, 스칼리아처럼 사형을 잔인하지 않은 형벌로 볼 수는 없다고 주장한다. 왜냐하면 그 조항이 채택될 때에도 "잔인한"이라는 말은 지금과 마찬가지로 추상적인 개념이었기 때문이다. 헌법을 제정한 사람들이 사형을 잔인한 형벌로 보지 않은 것은, 그 개념(concept)에 대한 자신들의 견해(conception)에 따른 것이지 그 개념의 의미에 따른 것은 아니다. 그렇기 때문에 그 개념을 그들과 동일한 의미로 사용한다고 하더라도 사형을 잔인한 형벌로 볼 수 있으며, 그렇게 해석해서 사형을 폐지하는 것은 잔인한 형벌을 금지하는 헌법을 제정한 사람들의 명령을 위반한 것이 아니다.

드워킨은 이 책에서 그 해석문제를 공정하게 행위하라는 아버지의 명령을 따르는 자식의 경우에 비유한다. 자식은 공정한 행위에 대해 아버지와 다른 견해를 가질 수 있으며, 그렇기 때문에 그는 아버지가 기대하는 것과는 다른 행위를 할 수 있다. 그렇지만 그렇다 하더라도 그 아들은 공정한 행위를 하라는 아버지의 명령을 어긴 것이 아니다. 오히려 자신이 공정하다고 생각하지는 않지만 아버지의 기대에 따라 행위를 하기보다는 아버지가 기대하는 것과는 다르지만 자신이 공정하다고 생각한 것에 따라서 행위를 하는 것이 아버지의 명령을 따르는 것이 된다.

드워킨은 스칼리아처럼 헌법이 제정된 시대의 사람들의 견해에 따라 "잔인한 형벌"에 사형이 포함되지 않는 것으로 해석하는 것을 기대 원초주의로 부르고 의미 원초주의와 구별한다. 기대 원초주의는 헌법조문의 원래의 의미에 충실하게 해석하는 것이 아니라, 그것을 채택한 사람들의 원래의 기대에 따라 해석하는 것을 요구한다. 그렇지만 드워킨에 따르면 근본적인 취지로 볼 때 원초주의는 의미 원초주의라고 봐야 하며 그러한 의미에서의 원초주의는 바로 자신의 입장과 동일하다.

만일 헌법의 조문에 추상적이거나 모호한 개념이 포함되었다면, 구체적인 경우에 적용하기 위해서는 그 개념에 대한 법관 자신의 견해를 수립해야 한다. 그런데 추상적인 도덕적 개념에 대한 자신의 견해를 수립하기 위해서는 정치도덕 철학에 대한 이해가 있어야 한다. 특히 개인의 도덕적 권리를 인정하는 미국 헌법조항들의 경우에는 정치도덕에 대한 이해가 필수적이다. 즉, 엄격한 해석주의나 원초주의의 주장에 따라 법조문에 충실하게 헌법을 해석하려고 할 때도 그들이 주장하는 것처럼 법관의 도덕철학적 견해를 동원해서는 안 되는 것이 아니라 오히려 그것을 동원할 수밖에 없다. 드워킨은 이 책에서 롤스의 철학을 예로 들면서 이제는 지금까지와 같이 법관들이 정치도덕철학을 외면할 수는 없다고 주장한다.

드워킨은 자연법주의자가 아니면서도 법관들이 도덕철학을 공부해야 할 필요성을 강조한다. 그에 따르면 법은 도덕의 부분이며 그 안에 특정한 도덕을 담고 있다. 법관들에게 도덕철학에 대한 이해가 필요한 것은 법을 넘어서기 위해서가 아니라 법과 법이 주장하는 것을 더 정확하게 이해하기 위해서이다.

　법과 도덕의 관련성을 강조한 사람들은 많다. 드워킨이 특별한 것은 그가 그 점을 강조했다는 것보다는, 법이 무엇이어야 하는가의 문제와 법이 무엇인가의 문제를 구별하고 후자의 문제를 도덕의 문제와 분리하고자 하는 법실증주의를 효과적으로 흔들어놓고 있다는 점에 있다. 그의 법철학에서 건설적인 면에 대한 평가는 극단적으로 나뉘고 있지만, 실증주의를 비판한 부분에서 그의 공로를 부정하는 사람은 거의 없다.

서문

1

이 책의 각 장은 법이란 무엇인가, 그리고 누가, 언제, 그 법에 복종해야 하는가에 대해 열띤 정치적 논쟁이 벌어졌던 시기에 따로따로 씌어진 것이다. 한때는 거의 모든 정치가들이 갖고 있었던 "자유주의"라 불리는 정치적 태도가 그 시기에는 호소력을 상당한 정도로 상실한 것으로 보였다. 중년층은 자유주의가 지나치게 관대하다고 비난했고, 청년층은 그것이 경직되고 경제적 부정과 베트남 전쟁을 지지했다는 이유로 비난했다. 법에 대한 불확실성은 그런 정치적 태도에 대한 불확실성을 반영했다.

이 책의 여러 장에서는 법에 대한 하나의 자유주의적 이론이 정의되고 옹호되고 있다. 그렇지만 자유주의 이론이라고 널리 알려져 있는 다른 이론은 날카롭게 비판되고 있다. 여기서 비판받는 이론은 지금껏 매우 인기가 있었고 영향력 또한 컸다. 그런 까닭에 나는 이 이론을 지배적 법이론이라고 부르도록 하겠다. 지배적 이론은 두 부분으로 이루어지는데, 각각의 부분은 서로 독립되어 있는 것으로 간주된다. 첫 번째 부분은 법은 무엇인가에 대한 이론으로, 좀 더 학술적인 용어로 말한다면 법명제의 진리를 위한 필요충분조건에 대한 이론이라 할 수 있다. 이 이론은 법실증주의(legal positivism) 이론으로서, 법명제의 진리는 특정 사회제도에 의해 채택된 규칙에 대한 사실에 달려 있는 것이지 그 이외의 다른 어떤 것에 달려 있는 것이 아니라고 주장한다. 두 번째 부분은 법이 무엇이어야 하는가, 그리고 우리가 잘 알고 있는 법제도들은 사안을 어떻게 처리해야 하는가에 대한 이론이다. 이 이론은 공리주의 이론으로서, 법과 법제도는 전체의 복지에 기여해야지 그 외 다른 어떤 것에 기여해서는 안 된다고 주장한다. 지배적 이론의 두 부분 모두 벤담(Jeremy Bentham)의 철학에서 나온 것이다.

이 책의 비판적 부분은 지배적 이론의 두 부분 모두를 비판하며 그 두 부분이 서로에게서 독립적이라는 가정도 비판한다. 이 책의 건설적 부분은 자유주의 전통에서 중요한 부분이지만 법실증주의나 공리주의 속에는 차지할 수 있는 자리가 없는 한 이념을 강조한다. 이는 바로 개인의 인권이라는 오래된 이념이다. 벤담은 그것을 "죽마 위에서의 허튼 소리"(nonsense on stilts)라고 불렀다.

2

법에 대한 일반 이론은 개념적일 뿐만 아니라 규범적이어야 한다. 그 법이론의 규범적인 부분은 다음과 같은 다양한 주제들을 다루어야 한다. 즉, 그 이론은 입법이론, 재판(adjudication)이론, 준수(compliance)이론을 담고 있어야 한다. 그리고 이 세 이론은 각각 입법자, 법관, 그리고 평범한 시민의 관점에서 법의 규범적인 문제를 대한다. 입법이론은 특정인이나 특정단체가 법을 제정할 자격을 지니는(entitled) 조건을 기술하는 정당성에 관한 이론과 그들이 제정할 자격이 있거나 제정해야 할 의무가 있는 법을 기술하고 있는 입법적 정의에 관한 이론을 담고 있어야 한다. 재판이론도 또한 복합적이다. 그것은 논쟁에 대한 이론, 즉 법관이 계류 중인 난해한 사안(hard case)을 판결하기 위해서 이용해야 하는 규준(standard)을 세우는 이론과 사법권(jurisdiction)에 대한 이론, 다시 말해 그 논쟁의 이론에 의해서 요구되는 결정을 다른 집단이나 제도가 아니라 법관들이 왜 그리고 언제 해야 하는가를 설명하는 이론이다. 준수이론은 두 가지 역할을 대조하고 논의해야 한다. 그것은 다양한 형태의 국가에서 그리고 다양한 여건 아래에서 법에 따라야 하는 시민의 의무의 성질과 한계를 논하는 복종(deference)에 대한 이론을 담고 있어야 하며, 법집행과 처벌의 목표를 밝히고 관리들이 다양한 범주의 범죄나 잘못에 어떻게 대응해야 하는가를 기술하는 집행(enforcement)에 대한 이론도 담고 있어야 한다.

법 일반론은 이러한 범주 가운데 어떤 것에도 속하지 않는 주제도 다룰 것이며, 어떤 하나의 범주에 속하는 문제가 다른 범주에 속할 수도 있다. 예를 들면 정치적으로 민감한 문제인 헌정주의의 문제는 정당성 이론에 속하는 문제이다. 왜 다수를 대표해 선출된 대표자들이 그들 자신에게 공정하고 효율적인 것으로 보이는 법을 제정하지 못하게 해야 하는가? 그런데 그와 관련된 하나의 문제가 법이론의 개념적 부분에 속하기도 한다. 헌법의 가장 근본적인 원칙들은 누가, 어떻게 법을 제정할 권한이 있는지를 정의하고 있는데, 그러한 원칙들 자체는 법의 일부로 간주될 수 있는가? 그러한 개념적 문제는 명백히 정당성과 사법권의 문제와 관계가 있다. 만일 헌법 속에 있는 정치적 원칙들이 법이라면, 헌법이 요구하는 것이 무엇인지를 결정할 수 있는 법관의 자격은 적어도 일견적으로는(prima facie) 확인된다. 그리고 그러한 원칙들이 숙고적인 사회적 결정이나 정치적 결정의 산물이 아니라는 사실에도 불구하고 그것들이 법이라면, 그러한 의미에서 법이 자연적일 수 있다는 사실은 헌법이 다수의 권력에 부과하는 제약을 옹호한다. 개념적 문제와 사법권과 정당성의 문제는 모두 분명한 방식으로 준수이론과 관계가 있다. 예를 들면 그러한 문제들은 어떤 반체제 인사가 헌법이라는 기본적 법이 요구하는 것에 관한 자신의 생각이 입법부와 사법부의 생각보다 우월할 수 있다고 말하는 것이 그럴 법할(plausible) 수 있는지 또는 정합적이기조차 할 수 있는지의 문제와 관계가 있다.

그러므로 법 일반론의 여러 부분의 상호의존성은 복합적이다. 나아가 그와 같은 점에서 법 일반론은 다른 철학분과들과 많은 관련이 있을 것이다. 규범적 이론은 좀 더 일반적인 정치 및 도덕 철학에 속할 것이고, 그 정치 및 도덕 철학은 다시 인간본성이나 도덕의 객관성에 관한 철학이론에 의존할 것이다. 개념적 부분은 언어철학에 의존할 것이고, 그렇게 해서 논리학과 형이상학에 의존할 것이다. 예를 들면 법명제들이 무엇을 의미하는지, 그리고 그 명제들이 언제 참이고 언제 거짓인지의 문제는 철학적 논리학에서 매우 어렵고 논쟁이 되는 문제와 직접적으로 관련된다. 그러므로 법 일반론은 법적 문제라 할 수는 없는 철학의 문제들에 대해 항상 이런저런 입장을 취해야 한다.

3

벤담은 영미 법학계의 흐름에서 방금 기술한 것 같은 일반적 법이론을 제시한 마지막 철학자였다. 우리는 그의 저작에서 법 일반론의 개념적 부분과 규범적 부분을 발견할 것이고, 후자인 규범적 부분 안에서 정당성, 입법정의 및 사법권과 논쟁에 관한 이론들을 발견할 것이다. 그런데 그 이론들은 모두 공리주의적 정치이론 및 도덕이론과 경험주의라는 더 일반적인 형이상학적 이론 아래에서 적절하게 관련되어 있다. 이 일반 이론의 각 구성요소들은 다양한 법학자들에 의해서 발전되고 세련되어졌지만 영국과 미국의 법과대학에서 일반적인 지배적 법이론은 여전히 벤담 이론(Benthamite theory)이다.

벤담 이론의 개념적 부분—법실증주의—은 상당히 개선되었다. 실증주의의 가장 강력한 현대의 버전은 하트(H.L.A. Hart)에 의해서 제시된 것인데, 이 책에서 비판되고 있는 법실증주의는 하트의 실증주의이다. 벤담 이론의 규범적 부분은 법이론에서 경제적 분석이 사용됨으로써 상당히 세련되어졌다. 경제적 분석은 공동체를 이루는 개인의 복지를 확인하고 측정하기 위한 규준(비록 그 규준의 성질이 상당히 논란이 되기는 하지만)을 제공한다. 그리고 법에의 복종과 법의 집행에 관한 이론뿐만 아니라 정당성, 입법정의 및 사법권과 논쟁에 관한 이론 등 규범적 문제들은 모두, 법제도들이 개인들의 최고 평균복지의 증진을 전체 목표로 삼는 하나의 체계를 구성한다고 가정함으로써 답변되어야 한다고 주장한다. 이 일반적인 규범적 이론은 초기의 공리주의 이론들이 송송 부시했던 점을 강조한다. 그것은 이러한 전체의 목표가 더욱 확실하게 향상되기 위해서는 특정한 정치적 결정이 전체의 복지에 미치는 영향을 측정할 수 있는 동일한 능력을 모든 기관들이 갖는다고 가정해야 하는 것이 아니라, 기관의 권한에 관한 이론에 따라 상이한 기관에 상이한 유형의 문제를 부과해야 한다는 점이다.[1]

법실증주의와 경제적 공리주의는 복합적인 이론이므로 그것들을 포함하는 지배적 법이론에는 수많은 반대자가 있고, 그 반대자들 또한 서로서로 대립한다. 예를 들면 지배적 이론은 여러 형태의 집산주의(collectivism)에 의해 비판받는다. 법실증주의는 법이 뚜렷한 사회적 관행이나 제도적 결정에 의해서 제정된다고 가정한다. 따라서 입법이 일반 의지나 협동적 의지의 산물일 수 있다는 좀 더 낭만적이고 모호한

---

1) 예를 들면 영향력 있는 교재인 H.M. Hart and A. Sachs, *The Legal Process*(하버드 로스쿨에서 등사판으로 출판된 자료)를 참조할 것.

이념을 거부한다. 경제적 공리주의 역시 어느 정도이긴 하지만 개인주의적이다. 경제적 공리주의는 전체의 복지나 평균복지의 목표를 입법에서 정의의 규준으로 삼지만, 전체의 복지를 개별적 개인들의 복지의 함수로 정의한다. 그것은 공동체가 하나의 별도의 존재로서 어떤 독립적 이익(interest)이나 자격을 갖는다는 생각에는 확고하게 반대한다.

또한 지배적 이론은 합리주의적이라는 이유로 비판받는다. 지배적 이론은 개념부분에서 이렇게 가르친다. 즉, 법이란 사람들의 목적에 입각한 숙고적 결정의 산물이라는 것이다. 사람들은 그들의 그런 결정과 그것이 만들어내는 규칙에 사람들을 전체적으로 복종하게 만듦으로써 공동체를 변화시키려고 계획한다. 그리고 규범적 부분에서는 그러한 계획에 기초한 결정을 추천한다. 그리고 그렇기 때문에 정치적 직책을 가진 사람들은 고도로 복잡한 공동체의 커다란 불확실성의 조건 아래에서 효과적으로 그러한 결정을 내릴 수 있는 기술과 지식 및 능력을 가질 수 있다고 가정한다.

지배적 이론의 개인주의와 합리주의를 비판하는 사람들 가운데 일부는 정치적 논의에서 흔히 "좌파"라 불리는 쪽을 대변한다. 그들은 법실증주의의 형식주의가 보수적 정책을 거부하는 더 풍부한 실질적 정의 대신에 그런 보수적 정책에 기여하는 빈약한 의미의 절차적 정의를 법원이 채택하도록 강요한다고 믿는다. 그들은 경제적 공리주의는 가난을 효율성을 위한 수단으로 영속시키기 때문에 결과에서 정의롭지 못하며, 개인을 자아의식의 본질적인 부분으로 공동체 의식을 소유한 본래적인 사회적인 존재로 보지 않고 사회의 이기적 원자로 보기 때문에 인간본성론에서 결함이 있다고 생각한다.

다른 한편으로 지배적 이론에 대한 많은 다른 비판자들은 정치적 우파와 관련된다.[2] 그들은 미국 정치이론에서 새롭게 인기를 얻고 있는 버크(Edmund Burke)의 철학을 따르고 있으며, 법실증주의가 법 전체로 생각하는 숙고적 결정뿐만 아니라 이러한 결정에 커다란 영향을 행사하는 널리 퍼져 있는 관습적 도덕도 공동체의 진정한 법이라고 믿는다. 그들은 전통적 도덕에 대립하는 숙고적 결정이 공동체의 복지를 향상시킬 수 있다고 주장하는 경제적 공리주의는 형편없는 낙관주의라고 믿는다. 그들은 버크와 더불어 공동체의 복지를 증진하기에 가장 적절한 규칙은 그 공동체의 경험에서만 나올 것이기 때문에, 자신들이 역사보다 더 잘 안다고 생각하는 공리주의자들의 사회공학보다는 확립된 사회문화를 더 신뢰해야 한다고 주장한다.

하지만 지배적 이론에 대한 이런 매우 다양한 비판 가운데 어느 것도 내가 언급했던 그 이론의 한 가지 특별한 특징에 대해서는 이의를 제기하지 않는다. 둘 가운데 어떤 비판도 지배적 이론은 명시적 입법에 의해 생긴 권리보다 우선하는 권리로서 국가에 대한 권리(right against the state)를 개인이 지닐 수 있다는 생각을 거부하기 때문에 결함이 있다고 주장하지 않는다. 그와는 반대로 좌파와 우파의 비판은 모두 그들이 생각하는 지배적 이론이 개인으로서의 개인의 운명을 지나치게 배려한다고 비난한다. 그들이 볼 때 이 책에서 변호되고 있는 강한 의미에서의 개인의 권리라는 이념은 지배적 이론이 이미 겪고 있는 질병이 커진 경우에 지나지 않는다.

4

물론 그 이념은 많은 철학자에 의해서 많은 형태로 발전해왔지만, 지배적 이론은 어떤 형태이든 그 이념을 거부한다. 법실증주의는 법적 권리가 어떤 형태의 입법 이전에 존재할 수 있다는 생각을 거부한다. 다

---

2) 예를 들면 Hayek, *Law, Liberty and Legislation*을 참조할 것.

시 말해, 공동체의 법 전체를 구성하는 명시적 규칙의 총체 안에서 명시적으로 제공되는 권리 이외의 권리를 개인이나 단체가 재판에서 가질 수 있다는 생각에 반대한다. 경제적 공리주의는 정치적 권리가 법적 권리 이전에 존재할 수 있다는 이념을 거부한다. 즉, 시민들이 어떤 입법적 결정에 대해 그것이 사실상 전체의 복지에 기여하지 못한다는 것 이외의 다른 어떤 근거로 정당하게 항의할 수 있다는 이념에 반대한다.

지배적 이론이 자연권에 제기하는 반박의 대부분은 벤담이 발전시켰던 생각, 즉 자연권은 존중할 만한 경험주의적 형이상학에서 아무런 자리도 차지하지 못할 것이라는 생각의 결과이다. 자유주의자들은 존재론적으로 사치를 하는 것으로 의심받는다. 그 반대자들은 여러 형태의 집산주의가 집단의지나 국민정신 같은 유령적 존재에 의존한다는 것에서 중대한 약점을 지닌다고 믿으며, 그렇기 때문에 그들은 그와 동일하게 의심스러운 존재에 의존해 있는 것으로 보이는 어떤 자연권 이론에도 적대적이다. 그러나 이 책에서 옹호하는 개인의 권리의 이념은 어떤 유령적 형태도 미리 전제하지 않는다. 사실상 그 이념의 형이상학적 성격은 지배적 이론의 주요 이념의 형이상학적 성격과 다르지 않다. 사실상 그것은 공동체 전체의 집단적 목표라는 공리주의의 지배이념에 기생한다.

개인의 권리는 개인이 지닌 정치적 으뜸패(trumps)이다. 어떤 이유에서 하나의 집단적 목표가 개인들이 개인으로서 갖고 싶어 하거나 하고 싶어 하는 것을 주지 않거나 못하게 하기에 충분한 정당화가 아닐 때, 또는 그들에게 어떤 손실이나 해를 입히기에 충분한 정당화가 아닐 때 개인은 권리를 갖는다. 물론 이런 식으로 권리를 규정하는 것은 사람들이 어떤 권리를 갖는지 알려주지도 못하고 사람들이 어떤 권리를 갖는 것을 보장하지도 못한다는 의미에서 형식적이다. 그러나 그런 규정은 권리가 어떤 특별한 형이상학적 성격을 갖는다고 가정하지 않는다. 그리고 이 책 속에서 옹호되고 있는 이론은 그와 같은 가정에 의존하는 이전의 권리이론들과 구별된다.

이 책이 옹호하는 이론은 개인이 지니는 상이한 유형의 권리들을 구별하기 위한 하나의 용어를 필요로 한다. 그 용어는 제4장에서 제시된다. 거기서 이루어지는 구별 가운데 가장 중요한 것은 정치적 권리의 두 형태를 구별하는 것이다. 그 하나는 공동체나 사회 전체에 의해서 이루어지는 결정에 대립해(against) 추상적으로 성립하는 권리*인 배경권리이고 다른 하나는 어떤 특정한 제도에 의해서 이루어지는 결정에 대립해 성립하는 좀 더 특수한 제도적 권리이다. 그때 법적 권리는 정치적 권리의 한 종류, 즉 법원이 그것의 재판기능 속에서 하게 되는 판결에 대한 제도적 권리로 간주될 수 있다.

이러한 용어로 표현하면 법실증주의는, 개인은 법적 권리가 명시적인 정치적 결정이나 묵시적인 사회관행에 의해서 창출되는 한에서만 그 권리를 갖는다는 이론이다. 이 이론은 제2~3장에서 법의 개념에 대한 부적합한 이론으로 비판받는다. 그리고 제4장에서는 대안이 되는 개념적 이론이 제시되는데, 그 이론은 개인들이 명시적인 결정이나 관행에 의해서 창출된 권리가 아닌 다른 법적 권리를 어떻게 가질 수 있는지를 보여준다. 다시 말해서 명시적 결정이나 관행이 결정을 내려주지 못하는 난해한 사안에서도 개인들은 특수한 재판의 판결에 대한 권리

---

* 드워킨은 이 부분의 해석에 대한 나의 질문에 대해서, 이 권리는 "공동체가 몇몇 특수한 결정을 하지 않는 것에 대한 권리"(rights that the community not take certain specified decisions)를 의미한다는 답변을 보내왔다. 그렇지만 권리에는 어떤 결정을 당하지 않을 권리뿐만 아니라 어떤 결정이 이루어지는 것에 대한 권리도 존재한다. 예를 들면 평등권은 개인이 국가에게서 평등한 배려를 받을 권리이다. 드워킨은 그와 같이 개인이 국가에 보장을 요구할 수 있는 권리를 "국가에 대한 권리"(right against the state)로 표현한다. 그때 "against"의 의미는 여기에서의 의미와 다르다.

를 가질 것이라는 것을 보여준다.

　제4장의 논변은 이 책이 제시하는 대안이론의 개념적 부분과 규범적 부분 사이에 다리를 마련해준다. 그것은 재판에 대한 규범적 이론을 제공하는데, 이 이론은 원칙의 논변과 정책의 논변 사이의 구별을 강조하면서 원칙의 논변에 기초한 사법적 판결이 민주주의 원칙과 양립가능하다는 주장을 옹호한다. 제5장은 그러한 규범적 재판이론을 헌법재판에서 핵심적이면서 정치적으로 중요한 사안에 적용한다. 제5장에서는 그 이론을 이용해 헌법에서 이른바 사법 적극주의와 사법 소극주의 사이의 논쟁을 비판적으로 검토하고, 그렇게 함으로써 정치적으로 논란이 되는 사안에서도 원칙의 논거로 한정된 사법심사가 적절하다고 옹호한다.

　제6장에서는 입법적 권리에 관한 이론의 토대를 논한다. 거기서는 롤스(John Rawls)의 강력하고 영향력 있는 정의론에 대한 분석을 통해서, 정의에 대한 우리의 직관들은 단순히 인간이 권리들을 가진다는 것뿐만 아니라 그 권리들 중 한 권리가 근본적이면서 공리적(axiomatic)이기까지 하다는 것을 전제한다고 주장한다. 이 가장 근본적인 권리는 평등권에 대한 하나의 독특한 견해인데, 나는 이것을 평등한 배려와 존중을 받을 권리라고 부른다.

　제7~8장에서는 법의 준수에 대한 하나의 규범적 이론을 옹호한다. 제7장은 개인의 입법적 권리(그것이 반드시 법적 권리일 필요는 없다)가 논쟁이 되는 사안에 대해 고찰한다. 그것은 개인의 권리들의 어떤 특정한 집합에 대해서 주장하지는 않는다. 다만 개인이 자신의 법적 권리와는 다르면서 그것보다 우선하는 어떤 입법적 권리(legislative right)를 가지고 있다는 데 동의함으로써 생기는 결과에 대해서만 주장한다. 그러므로 이 준수론은 사람들이 실제로 지니는 배경적인 입법적 권리의 특징에 대한 어떤 가정에도 의존하지 않는다. 그리고 그것은 제

6장의 추상적 결론조차도 전제하지 않는다. 그 이론은 권리에 두드러진 지위를 부여하는 어떤 정치이론이든지 만족시켜야 하는 한 가지 중요한 요구사항을 충족시켜준다. 즉, 인간이 실제로 어떤 권리를 지니는지가 불확실하고 논란이 되는 상황 아래에서 하나의 준수이론을 제공한다는 것이다.

제8장은 그러한 분석을 법적 권리가 불확실하고 논란이 되는 사안의 경우로까지 확장한다. 제8장은 준수이론에서 중요하지만 흔히 무시되는 두 가지 문제를 다룬다. 첫째, 어떤 시민이 자신의 헌법적 권리가 불확실하지만 정부가 자신에게 자신이 옳지 않다고 믿는 바를 행하도록 강요할 아무런 법적 권리도 갖지 못한다고 진정으로 믿을 때, 그 시민의 배경권리와 책임은 무엇인가? 둘째, 그 시민이 옳지 않지만 법이 무엇인가에 관한 그의 견해는 성실하다고 믿는 관리들의 책임은 무엇인가?

제9장은 제6장에서 기술된 평등한 배려와 존중을 받을 권리로 다시 돌아간다. 제9장에서는 그러한 평등관이 미국헌법의 제14수정조항에 담긴 유명한 평등보호조항을 해석하는 데 어떻게 이용될 수 있는지, 또는 그런 식으로 이용되었을 때 그 평등관이 어떻게 인종차별에 대한 우리의 직관을 확인하고 역차별이라고 주장되며 정치적으로 논란이 되는 관행을 지지할 수 있는지를 보여준다.

제10~12장은 평등권과 다른 권리로서 수많은 정치철학자들이 정치적 권리 가운데 가장 근본적인 것으로 간주했던 권리에 관한 경쟁적인 주장들을 고찰한다. 이 권리는 이른바 자유권이라고 하는데, 흔히 이 자유권은 평등권의 대립항으로 여겨질 뿐만 아니라 적어도 어떤 경우에는 평등권과 갈등하는 것으로 여겨진다. 제12장은 자유권 그 자체는 존재하지 않는다고 주장한다. 참으로 그런 권리의 이념은 그것 자체가 일종의 혼동이라고 주장한다. 그것은 개인들이 몇몇 개별적인 자유에 대한 권리, 이를테면 제10장에서 논의되는 개인적인(personal) 도덕적 결정에 대한 권리라든가 미국의 권리장전이 기술하고 있는 자유에 대한 권리를 갖고 있음을 부정하지는 않는다. 그와는 반대로 제12장에서는 이러한 관례적 권리가 더 일반적이고 추상적인 자유권에서가 아니라 평등권에서 파생된다고 주장한다. 따라서 이 책은 개인주의가 평등의 적이라는 대중적이고 위험스러운 생각에 반대한다. 그러한 생각은 평등을 싫어하는 자유 지상주의자들과 자유를 싫어하는 평등주의자들의 공통된 오해이다. 그들 각각은 그들 자신의 이상을 그것의 다른 이름으로 공격한다.

5

이 책의 논문들은 법에 대한 하나의 이론의 주요 구조를 제공한다. 그러나 이 논문들이 모두 그 이론을 추구하면서 씌어진 것이라 하더라도 각각 별도로 씌어진 것이라 전체적으로 볼 때는 중첩된 것들이 있고, 강조점이나 세부에서 차이점이 있다. 이 논문들이 이야기하는 바에 대해 제기될 수 있는 모든 반론에 대해서 다루지는 않았으며, 그것들이 고찰하고 있는 주제들 가운데 많은 것에 대해서 내가 하고 싶은 이야기를 모두 말한 것도 아니다.

이를테면 배경적인 것이든 법적인 것이든 어떤 정치적 권리를 특정한 개인이 갖는지를 증명하기 위한 어떤 기계적 절차가 있다는 것은 내 이론의 일부가 아니다. 그와는 반대로 이 논문들은 다음을 강조한다. 즉, 합리적인(reasonable) 법률가들이라도 권리에 대해 의견을 서로 달리하고 있으며, 어떤 법률가도 다른 법률가를 설득시킬 수 있는 논변을 갖고 있지 않은 그런 난해한 사안이 정치와 법의 영역에서 존재한다는 점이 그것이다. 그와 같은 여건에서 어떤 권리가 있다고 가정하는 것은 터무니없다는 반론이 있을 수 있다. 그런 반론은 일반적인 철학이론을 미리 전제하는데, 그 이론은 합리적인 사람이라면 누구나 참임을 인정할 수밖에 없는 방식으로 어떤 명제의 진리를 증명하기 위한 절차가 최소한 원칙적으로 존재하지 않는다면 어떤 명제도 참일 수 없다고 주장하는 이론이다. 제13장은 우리가 그러한 일반적인 철학적 입장을 받아들일 이유가 없으며, 특히 그 입장이 권리에 대한 논변에 적용되는 한, 그 입장을 거부할 정당한 이유가 있다고 주장한다.[3]

그러나 만일 권리에 대한 주장이 참이나 거짓임이 증명될 수 없다면, 그런 주장을 하거나 그것에 대해서 논변을 전개하는 것은 어떤 경우이든 실제에서 아무런 의미가 없다는 반론이 제기될 수 있다. 그렇지만 그런 반론은 잘못된 것이다. 만일 그 반론의 주장을 인정한다면, 우리는 정치적 논변에서의 진정성이나 정치적 결정에서의 책임이라는 중요한 이념을 이해할 수 없을 것이다. 또한 난해한 사안에서 권리들에 대해 주장하는 우리 모두의 일상적인 관행도 우리는 이해할 수 없을 것이다. 그렇지만 정치이론은 몇몇 매우 중요한 권리주장을 포함한 수많은 권리주장이 논증될 수 없음을 인정하고 〔그것이 논증될 수 없기 때문에〕 권리가 논란이 될 때 관리의 결정을 통제할 원칙을 제공해야 한다는 것이 중요하다. 제7장과 제8장에서 전개된 준수이론은 내가 말했던 것처럼 그런 원칙을 제공한다.

제12장은 어떤 특수한 배경권리와 제도적 권리를 인정하는 논변을 제시한다. 그곳에서 내가 말한 것, 즉 그곳에서 기술된 권리나 그 권리를 논증하기 위해 사용된 방법은 다른 권리나 논증의 다른 방법을 배제하기 위해서 의도된 것이 아니라는 것을 여기에서 반복해서 말하는 것이 현명할 것이다. 권리에 대한 그 일반론은 보통 정치적 결정에 대해

---

3) 또한 "No Right Answer," *Law, Morality and Society: Essays in Honour of H.L.A. Hart*, London, 1977도 참조할 것.

하나의 정당화가 되고 있는 집단적 목표가, 몇몇 개인에 대한 특정한 불이익을 정당화하지 못하는 어떤 이유를 보여주는 다양하고 각각이 충분한 논변들이 있을 수 있음을 인정한다.

그런데도 이 책은 정치적 권리들에 대해 특별하게 선호되는 한 가지 형태의 논변을 제시한다. 그 논변은 근본적이고 공리적인 것으로 간주되는 평등한 배려와 존중을 받을 추상적 권리로부터 특정한 권리들을 도출한다. 제6장은 가장 못사는 집단을 위한 경제적 권리들을 지지하는 하나의 친숙한 논변이 어떻게 그런 추상적 권리와 연결될 수 있는지를 보여준다. 그리고 제9장과 제12장은 그와는 다른 논변이, 잘 알려진 시민적 권리들을 그와 동일한 근원으로부터 어떻게 도출하는지를 보여준다. 더 나아가서 제12장은 배려와 존중을 받을 권리가 그와 다른 방식으로 권리들 중에서 근본적인 것임을 제시한다. 왜냐하면 집단적 목표의 이념 자체가 그 근본적 권리로부터 도출될 수 있는 방식을 보여주기 때문이다. 그렇다고 한다면 배려와 존중을 받을 권리는 매우 근본적인 권리여서, 집단적 목표보다 우위에 있는 으뜸패로 규정하는 것은 그것의 근원적 성격을 오직 제한적인 경우로만 포착한다. 왜냐하면 그 권리는 집단적 목표의 일반적 권위의 근원이기도 하면서 또한 그 권위에 부과되며 좀 더 특정한 권리들을 정당화시켜주는 특별한 제한의 근원이기도 하기 때문이다.

그러나 정치이론에서의 통일에 대한 그런 전망은 이 책의 논문들에서는 뚜렷하지 않다. 만일 그것이 변호되어야 한다면, 이 책 이외의 다른 곳에서 변호되어야 한다. 특히 경제적인 집단적 목표들 사이에 특징적인 거래를 정당화해주는 평등한 배려에 대한 견해가 그러한 거래로부터 가장 고통받는 사람들에 대해서 경제적 권리의 형태로 이루어지는 공제를 어떻게 정당화시켜주는가를 보여주어야 한다. 필요의 수준에 관한 어떤 이론이 여기서 필요하다. 그럼으로써 평등한 배려가 긴급성의 어떤 수준에서는 필요들 사이의 거래를 정당화하지만, 그보다 더 긴급한 수준에서는 필요에서의 어떤 희생을 허용하지 않는다는 것을 보여줘야 한다. 그 희생이 덜 긴급한 필요를 더 많이 더 충분하게 만족시키기 위한 것이라 하더라도 말이다.

　제12장과 제13장은 이전에 출판된 것들이 아니다. 제2장과 제6장은 원래는 『시카고 대학 법률』(*University of Chicago Law Review* 〔Copyright ⓒ 1967 by Ronald Dworkin, Copyright 1973 by the University of Chicago〕)에, 제3장과 제10장은 『예일 법률』(*Yale Law Journal*〔Copyright ⓒ 1972, 1966 by the Yale Law Journal Company, Inc.〕)에, 제4장은『하버드 법률』(*Harvard Law Review* 〔Copyright ⓒ 1975 by Ronald Dworkin〕)에, 제1장, 제5장, 제7장, 제8장, 제9장과 제11장은 『뉴욕 서평』(*New York Review of Books* 〔Copyright ⓒ 1969, 1972, 1970, 1968, 1976, 1974 by Ronald Dworkin〕)에 실린 것이다. 실린 글들 각각을 이번에 출판하면서 수정하기도 했는데, 어떤 것은 제목도 바꾸었다.

제1장 법철학

   법률가들이 사안에 대해 논의하거나 의뢰인에게 조언하거나 특정한 사회목표를 달성하기 위해서 법안을 작성할 때, 그들은 기술적인 (technical) 문제에 직면한다. 여기서 기술적이라 함은 그 문제를 다루는 것에서 어떤 종류의 논변이나 증거가 관련이 있는지에 대해서 전문가들 사이에 일반적 합의가 있다는 의미에서이다. 그러나 때론 법률가들은 이런 의미에서 기술적이지 않은 문제도 다루어야만 하고, 때론 진행방법에 대한 일반적 합의가 없기도 하다. 하나의 예는 윤리적 문제로서, 법률가가 어떤 특정한 법이 효력이 있는지 어떤지가 아니라 공정한지 어떤지를 물을 때 제기된다. 다른 하나의 예는 개념적 문제로서, 법률가들이 불명확한 개념으로 법을 기술하려 할 때 발생한다. 예를 들면 어떤 법률가는 불법행위(tort)에 관한 법에 따르면 자신의 과실(faults)이 유발한 피해에 대해서만 책임이 있다고 말하고 싶어 할지도 모른다. 다른 법률가는 이러한 진술에 이의를 제기할 수도 있다. 그리고 이 둘 사이의 문제는 사실이나 법원리(doctrine)에 대한 불일치가 아니라 과실이 의미하는 바에 대한 불일치일 수도 있다. 또는 두 법률가는 1954년 인종분리 사안에서 대법원이 확립된 원칙을 따른 것인지 아니면 새로운 법을 제정한 것인지에 관해 의견이 다를 수도 있다. 그렇다면 둘 사이의 문제는 원칙이 무엇이고, 그 원칙을 적용한다는 것이 무엇을 의미하는가에 관한 것일 것이다. 이와 같은 개념적 문제가 어떻게 해결되어야 하는지는 불명확하다. 확실히 그 문제는 실무법률가들의 일상적 기법을 넘어서는 문제이다.

법률가들은 이런 난해한 문제들을 "법철학적"(jurisprudential) 문제라고 부르는데, 그 문제들을 해결하는 것이 중요한지에 대해서는 법률가들의 의견이 통일되어 있지 않다. 로스쿨은 일반적으로 그런 문제들을 연구하는 "법철학"이나 "법이론", 또는 그런 종류의 어떤 것으로 명명되는 특별한 교과과정을 마련한다. 그러나 그것들이 어떤 종류의 문제이고 어떤 연구기법을 요구하는가에 대한 의견일치가 존재하지 않는다는 것이 그 문제들의 두드러진 특징이기 때문에, 그에 대한 강의에서 사용되는 방법들은 매우 다양하다. 더욱이 선택된 방법은 연구를 위한 특정한 문제들의 선택에 영향을 미친다. 물론 그 선택은 유행되고 있는 지식과 공공문제에 의해서도 영향을 받는다. 예를 들면, 법을 준수할 도덕적 의무가 있는지의 문제는 오늘날 전국의 법철학 교과과정에서 많이 등장한다. 그러나 20년 전만 하더라도 거의 아무도 그 문제를 다루지 않았다.

최근까지 영국과 미국에서 법철학의 주된 접근법은 전문적(professional) 접근법이라고 불릴 수 있는 것이었다. 법철학을 가르쳤던 법률가들은 내가 열거했던 문제들 같은 법철학적 문제들은 일상적인 법기법으로 다룰 수 없기 때문에 골칫거리임을 깨달았다. 그런데도 그들은 이 문제들의 나머지 측면은 무시하면서 일상적인 기법으로 다루어질 수 있는 측면만 골라내어 다룸으로써 이 난점을 해결하고자 했다. 법률가들이 내가 언급한 기술적 문제를 다룰 때, 그들은 세 가지 특정한 기술의 결합을 사용한다. 법률가들은 제정법과 사법적 견해로부터 법원리를 도출해내기 위해서 그런 공식적 자료를 분석하도록 훈련받는다. 그들은 복잡한 사실상황을 분석해서 본질적인 사실을 정확하게 요약하도록 훈련받는다. 그리고 그들은 전술적으로 생각하도록, 다시 말해서 미리 정해진 특정한 사회변화를 가져올 법규와 법제도를 고안하도록 훈련받는다. 법철학의 전문적 접근법은 법철학적 문제를 재구성해서 이 기술 가운데 하나나 다른 기술이 그 문제를 다룰 수 있도록 한다. 이런 접근법은 단지 진보에 관한 환상만을 만들어내고, 법에서 진정으로 중요한 원칙의 문제를 다루지 않은 채 방치한다.

이런 비판의 근거로 나는 금세기의 법철학의 현황에 대해 기술해야겠다. 영국에서는 그 주제를 『샐먼드 법철학』(*Salmond on Jurisprudence*)과 『패이턴 법철학』(*Paton on Jurisprudence*) 같은 표준적인 교재를 통해 가르쳤다. 이 교재의 내용은 대부분 그들이 분석법철학이라고 부르는 것을 다루는데, 그들은 분석법철학을 "윤리적 법철학"이나 법이란 무엇이어야 하는가에 관한 연구로부터 조심스럽게 구별했다. 분석법철학이란 특정용어("과실", "점유", "소유권", "태만", "법" 등과 같은 용어)의 의미에 관한 세심한 정교화를 의미하는데, 그 용어들은 법원리의 몇몇 분야에서만 나타나는 것이 아니라 전 분야에서 나타난다는 의미에서 법에서는 근본적이다. 내가 앞서 언급했던 법철학적 문제들처럼 이런 개념들도 골칫거리이다. 왜냐하면 법률가들은 그 개념들이 무엇을 의미하는지 정확히 이해하지 못하면서 사용하기 때문이다.

그러나 그 영국의 교재들은 그 개념들을 다루면서 일상언어로 그 개념들의 의미를 해명하지 않고 오히려 관례적인 원리적(doctrinal) 방법을 이용해 사안들과 제정법들 속에서 드러난 그 개념들의 특별한 **법적** 의미를 다루었다. 그것들은 법관들과 법 전문가들의 견해를 연구하고 그것으로부터 이런 골치 아픈 개념들이 등장하는 다양한 법적 규칙과 법원리의 요점을 추출했다. 그러나 그것들은 이런 규칙을 과실, 소유 등에 대한 일반 사람들의 비(非)법적인 판단과 연결시키는 일을 거의 하지 않았다.

　그렇지만 만일 우리가 왜 법률가들이 이런 개념들에 대해서 논쟁을 벌이는가를 묻는다면, 우리는 법원리를 이렇게 강조하는 것이 왜 부적절한 것으로 나타나는가를 알 수 있을 것이다. 법률가가 과실의 개념에 대해 고민하는 것은 그가 법원이 그 용어를 어떻게 사용해왔는가 또는 법적 과실을 정하기 위한 규칙이 무엇인가에 대해 모르기 때문이 아니라, 법을 정당화하거나 비판하기 위해서 과실이라는 비법적 개념을 사용하기 때문이다. 그는 습관이나 신념에 의해서 어떤 사람을 그 자신의 과실이 아닌 것을 이유로 벌을 주는 것은 도덕적으로 잘못이라고 믿는다. 다시 말해, 그는 법이 어떤 고용주에게 그가 고용한 사람이 한 일에 대해서 책임을 지우거나 부주의한 운전자가 어떤 사람을 쳐서 가벼운 상처를 입혔지만 혈우병을 앓고 있는 그 사람이 죽은 것에 대해 그 운전자에게 책임을 지우는 것에서 이 도덕원칙을 위반하는지 어떤지를 알기 원한다. 그는 법원리는 매우 잘 알지만 그 법원리가 그 원칙과 충돌하는지에 대해서는 분명한 생각을 갖고 있지 못하다. 만일 어떤 피해(harm)가 어떤 사람의 감독 아래에 있는 사람에 의해서 이루어진 것일 경우, 또는 그가 예상할 수 없는 여건 때문에 그의 행위로부터 그 피해가 발생했을 경우 그것은 그 사람의 과실인가? 이런 문제들은 법률가가 이미 이해하고 있는 법적 개념이 아니라 과실이라는 도덕적 개념에 대한 분석을 요구한다. 그러나 영국 법철학의 원리적 접근법(doctrinal approach)이 무시한 것은 그 개념에 대한 바로 이 도덕적 사용이다.

　미국 법철학의 기록은 더 복잡하다. 그것은 대체적으로 영국의 이론이 비교적 소홀하게 다루었던 문제, 즉 법원이 난해하거나 논란이 되는 소송을 어떻게 판결할 것인가의 문제를 다루었다. 우리의 법원은 산업화의 필요에 따라 19세기의 법을 재정비할 때 영국의 법원보다 더 큰 역할을 했으며, 우리의 헌법은 영국에서는 오직 정치적인 문제이기만

한 문제를 법적인 문제로 만들었다. 예를 들면 영국에서는 최저임금법이 공정한가의 문제는 정치적 문제이지만 미국에서는 헌법적 문제, 즉 사법적 문제이기도 하다. 그렇기 때문에 미국 법률가들은 법원이 하고 있는 것에 대한 정확한 기술을 제공하고, 그리고 만일 그들이 할 수 있다면 이를 정당화하도록 더욱 강하게 압박받는다. 그런 요구는 법원이 단순히 오래된 법을 통속적 법이론이 요구하는 대로 적용하는 대신 새롭고, 정치적으로 논란이 되는 법률을 만드는 것으로 나타날 때 가장 최고조에 이른다.

이 세기 초기에 그레이(John Chipman Gray)와 그보다 늦은 시기에 홈스(Oliver Wendell Holmes)는 법관들은 단순히 현존하는 규칙을 적용할 뿐이라는 통속적 법원리를 반박하면서 사법과정에 대한 회의주의적 견해를 발표했다. 그런 회의주의적 접근법은 1920년대와 1930년대에 "법현실주의"(legal realism)라고 불리는 강력한 지적 운동으로 확대되었다. 그 운동의 지도자들(그들 중에서도 프랭크〔Jerome Frank〕, 르웰린〔Karl Llewelyn〕, 스터지스〔Wesley Sturges〕, 그리고 모리스 코헨과 펠릭스 코헨〔Morris and Felix Cohen〕)은 통속적 이론이 잘못되었다고 주장했는데, 그 이유는 그 이론이 주로 법관들이 그들의 판결에서 언급하는 규칙에 집중해서 그들이 하는 것을 기술하려 하면서 법철학에 대한 원리적 접근법을 취했기 때문이라는 것이었다. 그 현실주의자들은 법관들은 실제로 자기 자신의 정치적 기호나 도덕적 기호에 따라서 사안을 판결하고 그 다음에 그에 대한 합리화로서 적절한 법적 규칙을 선택하기 때문에 그 접근법은 잘못이라고 주장한다. 현실주의자들은 법관들이 말하는 것이 아니라 법관들이 하는 것과 그들의 판결이 더 넓은 공동체에 미치는 실제의 영향에 주의하는 "과학적" 접근법을 요구했다.

미국 법철학의 주요 노선은 현실주의의 이런 요구에 따라 영국 교재들의 원리적 접근법을 피했다. 그것은 두 개의 다른 전문적 기술—사실을 정리하는(marshalling facts) 기술과 사회적 변화를 위한 전술을 고안하는 기술—을 강조했다. 만일 우리가 이 두 개의 기법을 구별한다면, 우리는 현실주의가 가져온 그 이후의 영향을 더 분명하게 추적할 수 있다. 사실에 대한 강조는 하버드 대학교의 파운드(Roscoe Pound)가 사회학적 법철학이라고 부른 것으로 발전했다. 그가 의도한 것은 사회적 과정으로서의 법제도에 대한 면밀한 연구인데, 그것은 예를 들면 법관을 법원리의 사제(an oracle of doctrine)가 아니라 다양한 종류의 사회적 자극과 개인적 자극에 대응하는 사람으로 취급한다. 프랭크 같은 몇몇 법률가와 파운드 자신이 이런 종류의 연구를 수행하려 했지만, 그들은 법률가들이 복잡한 제도를 내적 성찰의 방식 이외의 다른 방식으로 기술하기 위해 필요한 훈련이나 통계적 기법을 갖고 있지 않다는 것을 발견했다. 따라서 사회학적 법철학은 사회학자들의 영역이 되었다.

전술에 대한 강조는 로스쿨 내에서 더 지속적인 영향을 미쳤다. 예일 대학교의 맥두걸(Myres McDougal)과 라스웰(Harold Lasswell), 하버드 대학교의 풀러(Lon L. Fuller), 헨리 하트(Henry Hart), 작스(Albert Sachs) 같은 학자들은 비록 서로 다르지만, 모두가 특정한 큰 목표를 향해서 사회를 움직이게 하는 하나의 수단으로 법을 간주하는 것이 중요하다고 강조했다. 그리고 그들은 어떤 해결책이 그 목표를 가장 잘 증진시킬 수 있는 수단인가를 물어봄으로써 법적 과정에 대한 문제를 해결하려 노력했다.

그러나 사실과 전략에 대한 이런 강조는 결국은 법철학적 문제를 영국의 원리적 접근법이 왜곡시킨 것과 매우 동일한 방식으로 왜곡시키는, 즉 그것의 핵심을 이루는 도덕원칙에 관한 문제를 제거하는 결과를 가져왔다. 이런 실패는 우리가 사회학자들과 도구주의자들이 논의한 중심문제, 즉 법관들은 난해하고 논란이 되는 사안에서조차도 항상 규칙을 따르는가, 아니면 그들은 때때로 새로운 규칙을 만들고 그것을 소급적으로 적용하는가의 문제를 더 상세하게 고찰하게 될 경우 드러나게 된다.

법률가들은 이 문제에 대해 수십 년 동안 논쟁해왔다. 그것은 그들이 법관들이 내린 판결의 종류나 그들이 제시하는 근거를 몰랐기 때문이 아니라 규칙을 따른다는 개념이 진정으로 무엇을 의미하는지에 대해서 명확한 생각을 갖고 있지 않았기 때문이다. 쉬운 사안의 경우(예를 들면 어떤 사람이 60마일 이상으로 운전하는 것을 금지하는 제정법을 위반한 것으로 고발되었을 때), 법관은 단순히 이전에 있는 규칙을 새로운 사안에 적용하는 것이라고 말하는 것이 옳은 것처럼 보인다. 그러나 대법원이 판례를 뒤엎고 인종을 분리하지 말 것을 학교에 명령한다거나 몇 십 년 동안 경찰이 사용해왔고 법원이 용인해왔던 절차를 불법화할 때 우리는 그렇게 말할 수 있는가? 이런 극적인 사안에서 대법원은 근거를 제시했다. 즉 대법원은 제정법을 인용하지 않고 정의의 원칙이나 정책에 호소했다. 이는 대법원이 비록 더 일반적이고 추상적인 성질을 갖고 있는 규칙이기는 하지만 어쨌든 규칙을 따랐다는 것을 의미하는가? 만일 그렇다면, 이 추상적인 규칙은 어디에서 오며 그것을 타당한 것으로 만드는 것은 무엇인가? 또는 이는 대법원이 그 사안을 자신의 도덕적 믿음과 정치적 믿음에 따라서 판결하고 있음을 의미하는가?

이런 문제들을 물어보는 법률가들과 보통사람들은 아무런 목적이 없이 또는 쓸데없는 호기심 때문에 고민하는 것이 아니다. 그들은 법관들이 매우 커다란 정치적 권력을 휘두른다는 것을 알고 있으며, 그 권력이 사안 일반이나 특정한 사안에서 정당화되는지 어떤지에 관심을 갖는다. 그들이 새로운 규칙을 만드는 법관들은 부적절하게 행위하고 있는 것이라는 점을 반드시 수긍할 것이라고 말할 수는 없다. 그러나 그들은 쉬운 사안의 경우에 제시할 수 있는 사법권력에 대한 정당화—법관들이 이미 확립된 규준을 적용하는 것—가 얼마나 멀리 난해한 사안 정당화까지 연장될 것인지를 알기 원하고, 그렇기 때문에 이런 난해한 사안이 보조의 정당화를 얼마나 많이 요구하고, 어떤 종류의 근거를 요구하는지를 알기 원한다.

정당화의 문제는 중요한 파생결과를 갖는다. 왜냐하면 그것은 사법적 권위가 얼마나 멀리 연장되는가에 영향을 미칠 뿐만 아니라 법관이 만든 법에 복종할 개인의 정치적 의무와 도덕적 의무의 범위에 영향을 미치기 때문이다. 그것은 또한 논란이 되는 견해에 대해 비판이 제기될 수 있는 근거에도 영향을 미친다. 만일 법관은 난해한 사안에서도 현존하는 규준을 따라야 한다고 말하는 것이 의미가 있는 말이 된다면, 그렇다면 법관이 징병제도가 합헌이라고 판결할 때 법에 대해 실수한 것이라는 어떤 양심적 반대자의 주장이 의미를 가질 수 있다. 그러나 만일 난해한 사안에서는 법관들이 새로운 법을 만들 수 있다고 한다면 그 주장은 무의미한 주장이 된다. 그렇기 때문에 법관들이 규칙을 따르는지 어떤지의 문제는 언어적인 문제인 것처럼 보이지만, 매우 실제적인 문제들과 연결된다.

나는 과실의 개념의 경우에서처럼 여기에서도 겉으로 보기에 언어적인 문제의 밑에 도덕원칙의 문제가 있다는 것을 보여주기 위해서 이런 함축적 의미를 상술했다. 법 전문가들이 사법적 결정은 그것이 새로운 규준을 부과하는 것이 아니라 확립된 규준을 적용하는 것일 때 더 공정하다는 원칙을 받아들이는 것은 습관이나 신념에 의거한 것이다. 그러나 그들은 확립된 규준을 적용하는 것이 무엇인가에 대해서 분명한 생각을 갖고 있지 않으며, 새로운 사안에서도 법관들이 진정으로, 적어도 어떤 의미에서는 규칙을 따르는 것인지를 물어봄으로써 이 불확실성을 표현한다. 법철학은 도덕적 논변의 본성을 탐구함으로써, 즉 전문가들이 사법관행이 공정성의 원칙을 사실상 만족시키는지를 따지면서 염두에 두는 그 원칙을 해명하려 할 때, 이런 실제적 연관에 대응해야 한다.

그러나 미국의 법철학은 그런 시도를 하지 않았다. 사회학자들의 경우는 규칙을 따르는 것에 대해 논의하는 것 자체를 거부했다. 그 이유는 그 개념이 너무 모호해서 실험적이거나 정량적인 방식으로 연구될 수 없기 때문이라는 것이었다. 규칙을 따르는 것이 무엇인지에 대해 사람들이 동일한 의견을 가질 수 없다는 바로 그 사실이 그 개념이 과학의 대상이 될 수 없게 한다고 그들은 지적했다. 만일 각자의 연구자들이 그 용어를 자기 자신의 의미로 사용한다면, 객관적인 자료는 있을 수 없고 또 협동적 진보라는 것도 있을 수 없을 것이다. 슈버트(Glendon Schubert), 프리체트(C. Herman Pritchett) 그리고 네이글(Stuart Nagel) 같은 사회학자들은 그 문제를 그와 관련이 있으면서 더 정확하고 대답이 가능한 문제로 대체했다. 즉, 특정한 경제적 배경이나 사회적 배경 또는 특성한 종류의 법관행, 또는 특정한 정치적 입장, 또는 특정한 가치체계를 갖고 있는 법관들은 법인피고인(corporate dependants)에 유리하게 판결하는 경향이 있는가? 인종이나 노동조합이나 반독점의 문제를 포함하고 있는 사안이 판결될 때 대법원의 법관들은 서로 결탁하는 분파를 형성하는가? 이런 경험적인 문제들은 중요한 것처럼 보였다. 왜냐하면 만일 사회적 배경이나 개인적으로 신봉하는 가치체계가 법관의 판결을 결정한다면, 그것은 법관이 규칙을 따르지 않고 있음을 보여주는 것이기 때문이다.

그러나 사실상 이 정보는 다른 목적을 위해서는 흥미 있고 유익하기는 하지만 우리의 원래의 문제를 발생시켰던 원칙의 문제에 대해서 조명해주는 바가 거의 없다. 법관들이 서로 다른 견해를 가지며 그들의 판결은 자주 그들의 배경과 기질을 반영한다는 것을 보여주기 위해서는 어떤 증거도 필요하지 않다. 그렇지만 이것이 단지 법관들이 근본적인 법적 원칙의 본성과 요점에 대해서 서로 의견이 다르다는 것만을 의미하는 것인지, 아니면 그런 원칙은 없다는 것을 증명해주는 것인지에 대해서는 법률가들이 당혹해한다. 만일 그것이 전자를 의미한다면, 그것은 법관들이 그들이 규칙으로 생각한 규칙을 따르려고 노력한다는 것과 그들의 판결에 동의하지 않는 사람들도 여전히 법적으로 옳을 수 있음을 주장하는 것이다. 만일 그것이 후자를 의미한다면 내가 말한 것처럼 그 주장은 불합리하다. 어떻게 설명하든지 간에 법률가들은 의견 불일치의 사실이 후회할 만한 것인지 아니면 불가피한 것으로 수용될 수 있는 것인지 아니면 역동적인 것으로 칭찬받아야 하는 것인지에 대해서, 그리고 이 모든 것이 법률가들이 직면하는 정치적 의무와 법집행에 대한 중요한 문제와 어떻게 연결되는지에 대해서 확실한 생각을 갖고 있지 않다. 사회학적 접근법은 그 질문을 재구성하면서 이런 모든 문제와 관련되는 측면을 제거했다.

현실주의 이후(post-realism)의 도구주의 진영 또한 다른 방식이기는 하지만 그 문제를 재구성했다. 헨리 하트와 작스는 법적 절차에 대한 그들의 뛰어난 글에서 다음과 같은 질문으로 규칙에 대한 개념적 문제를 피할 수 있다고 제안했다. 즉, 법적 절차의 목표를 가장 잘 달성하기 위해서 법관들이 그들의 판결에 어떻게 이르러야 하는가의 질문이 그것이다. 그러나 그렇게 해서 규칙에 대한 난제를 피하게 될 것이라는 그들의 희망은 헛된 것이다. 왜냐하면 나중의 단계에서 발생하는 그런 문제에 답하지 않고 법적 절차의 목표에 대해 말하는 것은 불가능하다는 것이 증명되었기 때문이다. 만일 우리가 그 절차의 목표를 어떤 공허한 방식으로(예를 들면 법은 정의를 실현해야 한다거나 법은 정의로운 국가를 발전시켜야 한다고 말함으로써) 주장한다면, 많은 사람들이 생각하는 것처럼 정의는 이전의 규칙에 따라 판결하는 것을 요구하는가의 문제가 불가피하게 제기된다. 그리고 다시 이 문제는 규칙을 따른다는 것이 무엇인가에 대한 분석을 요구한다. 만일 우리가 어떤 더 특정한 또는 정확한 목표(예를 들면 법적 절차는 국민총생산을 증가시켜야 한다)를 말하려 한다면, 이 연습은 그것의 요점을 상실한다. 왜냐하면 그런 특정한 어떤 목표가 법의 적절하고 유익한 관심이라는 가정에는 아무런 근거가 없기 때문이다.

(어떤 학자들이 주장하듯이) 만일 법관들이 그들의 판결의 경제적 영향에 대해서 고려하는 것을 허용한다면, 법은 경제적으로 더 효율적일 것이라고 우리는 주장할 수도 있다. 그러나 이것은 법관들이 그렇게 하는 것이 공정한지 또는 우리가 경제적 규준을 현존하는 법의 부분으로 간주할 수 있는지 또는 경제적 영향에 기초한 판결이 바로 그 근거에 의해서 어느 정도의 도덕적 중요성을 가질 수 있는지 등의 문제에 대답해주지 않을 것이다. 예를 들면 만일 어떤 법관이 오래된 어떤 규칙을 폐기하고 자동차 산업에 이익이 되는 새로운 규칙을 만들었다고 한다면 그 산업은 번창할 것이며, 만일 자동차 산업에 이익이 된다면 전체 경제에도 이익이 될 것이라고 생각했다고 가정하자. 그것이 그 규칙을 바꾸는 것에 대한 좋은 근거인가? 우리는 이런 종류의 문제를 단순히 수단을 목표에 관련시키는 분석으로는 결정할 수 없다.

그렇기 때문에 법철학의 다양한 전문적 접근법들이 그것의 배후에 있는 동일한 이유 때문에 실패했다. 그것은 법철학적 문제가 핵심에서는 법적 사실이나 전략의 문제가 아니라 도덕원칙의 문제라는 중요한 사실을 무시했다. 그들은 전통적인 접근법을 고집함으로써 이런 문제들을 묻어두었다. 그러나 만일 법철학이 성공할 수 있으려면 그것은 이 문제들을 드러내고 그것들을 도덕이론의 문제로 다루어야 한다.

이 단순한 사실이 하트(H.L.A. Hart) 교수의 중요성과 성공을 설명해준다. 하트는 도덕철학자이다. 그는 원칙의 문제를 알아보는 직관력을 갖고 있으며, 그 문제를 설명하는 것에서 놀라울 정도로 명석하다.

예를 들면 그의 첫 번째 책인 『법의 개념』(*The Concept of Law*)에서 그는 법관들이 규칙을 따르는가의 문제를 제기하고 그 문제와 언제, 어떤 사람이 다른 어떤 사람에게 의무를 부과하는 것이 적절한가에 대한 도덕적 문제 사이의 연결을 명백하게 하고자 했다. 그는 우리의 공동체가 도덕적 의무에 대한 논변을 제시하고 비판하면서 관례로서 따르는 규칙에 대한 분석을 제공했으며, 법관들은 법적 의무에 대해 추론할 때 그 규칙과 동일한 규칙을 따른다고 주장했다. 또 다른 책인 『법에서의 인과관계』(*Causation in the Law*)에서 하트와 공동저자 호노어(A.M. Honore)는 내가 앞에서 언급한 과실에 관한 개념적 난제에 대해 논의했는데, 그들보다 앞선 사람들과 달리 그들은 그 개념의 엄격한 법적 의미뿐만 아니라 일상적인 의미를 설명하고자 했다. 옥스퍼드 철학파에서 특히 오스틴(J.L. Austin) 같은 하트의 동료들처럼 그들은 공동체의 구성원들이 습관적으로 과실과 책임을 서로에게 귀속시키는 방식을 보여주기 위해서 일상언어에 대한 연구를 이용했다. 그리고 그들은 예를 들면 어떤 사람이 혈우병 환자를 다치게 한 경우에 그에게 충분히 책임이 있다고 주장하는 법적 규칙을 설명하기 위해서 이런 관례적인 판단을 사용했다.

그들은 일상언어는 어떤 사람이 행위할 당시 실제로 있었던 특이한 여건과 행위 이후에 발생하는 우연 사이를 구별한다는 것을 지적했다. 예를 들면 그것은 부주의한 운전자가 혈우병 환자에게 가벼운 상처를 입혀 죽게 한 경우와 부주의한 운전자에 의해 가벼운 상처를 입은 사람이 의사의 태만 때문에 피가 오염되어 죽은 경우를 구별한다. 대부분의 사람들은 첫 번째 경우에는 부주의한 운전자가 그 죽음을 야기했으며 그것은 그의 과실이라고 말할 것이다. 그렇지만 그들은 두 번째 경우에는 그렇게 말하지 않을 것이다. 이런 구별은 다시 인과관계에 대한 다음과 같은 대중적인 관념을 반영한다. 즉, 보통사람들은 인과적으로 결과를 갖는 행위를 이미 마련된 무대 위에서 작용하는 행위로 파악한다. 혈액의 병 같은 동시적인 여건은 무대의 부분이지 경쟁하는 원인이 아니다. 그러나 의사의 태만같이 그 이후에 일어나는 사건은 인과적 사슬을 깨는 개입이다. 그렇기 때문에 법적 규칙은 도덕과 원인에 대한 대중적인 이론의 하나의 연장으로 이해될 수 있다.

그러나 하트는 단순히 법이 어떻게 보통사람의 도덕적 판단을 구현하는지를 보여줌으로써 법을 설명하는 데 만족하지 않았다. 그는 이런 종류의 분석을 법과 법이 의존하는 대중적 도덕 양자에 대한 비판적 평가에 필요한 예비작업으로 간주한다. 법이 어떤 도덕적 관행이나 판단을 반영하는지 명확해질 때까지 우리는 지적으로 법을 비판할 수 없다. 그러나 일단 우리가 이에 대해 명확하게 알게 되면, 이런 관행이나 판단이 이성적이거나 건전한지, 또는 법이 기여한다고 주장하는 다른 원칙과 어울리는지 어떤지를 묻는 것이 남게 된다.

하트의 좀더 최근에 펴낸 저작인 『처벌과 책임』(*Punishment and Responsibility*)은 이러한 비판과정을 보여주는 뛰어난 사례이다. 그 책은 형법에서의 법철학적 문제들에 관한 하트의 일련의 논문들을 재출판한 것이다. 그 논문들 대부분은 어떤 사람이 자신의 정신상태로 인해 범죄행위에 대한 책임을 면제받는지 어떤지의 문제를 다룬다. 만일 그의 행위가 사고라거나 그가 의도적이라기보다는 부주의하게 행위했다거나 정신적으로 병들었다면, 그에게서 책임이 면제될 것인가(또는 그의 벌이 줄어야 하는가)? 법은 일반적으로 그러한 경우에는 면책을 허용하거나 적어도 형량을 줄여준다. 그러나 일부 현대 비판자들은 이러한 정책은 잘못이라고 주장한다.

그들은 만일 형법이 보복이나 응보를 목표로 한다면 이러한 정신박약 항변(mental defences)은 인정될 수 있다고 말한다. 왜냐하면 실수로 또는 정신이상인 상태로 행위한 어떤 사람에게 보복함으로써 얻어지는 만족은 없기 때문이다. 그러나 법의 목표가 오직 범죄자로부터 더 이상의 피해를 막고 그를 본보기로 해서 다른 사람들이 그런 행위를 하는 것을 막는 데 있다면, 정신박약 항변은 역효과를 낼 것으로 보인다. 우리는 상속 때문에 자신의 아버지를 살해한 사람을 가두는 것보다 사고위험이 많은 운전자를 가둠으로써 더 많은 피해를 막을 수 있을 것이다. 그리고 우리가 어떤 변명도 받아들이지 않음으로써 잠재적 범죄자들에게 정신이상 청원(insanity plea)을 날조할 수 있다는 희망을 주지 않는다면, 법의 억제력을 증가시킬 수 있을 것이다. 결국 비판자들은 법은 정신박약 항변을 엄격하게 제한해야 한다고 주장하는데, 그 근거로 그러한 항변이 소송과 법교육의 비용을 늘리고, 남용의 소지가 있으며, 계몽된 형법체계에서는 그 변호의 목적이 모호해 보인다는 점을 든다.

하트는 이에 동의하지 않는다. 그는 형법(또는 법의 다른 어떤 분야)이 일군의 우선적인 목표를 갖는다고 가정하는 것은 잘못이라는 점을 우리에게 상기시킴으로써 그의 대응을 시작한다. 그때 목표가 우선적이라는 것은 법의 모든 것이 그 목표에 따라서 재단되어야 한다는 의미이다. 분명 형법은 범죄를 막는 것을 목표로 삼지만 목표에 도달하는 데에서 법의 효율성을 제한하는 원칙에 따르면서 그 목적을 추구해야 한다. 무고한 사람을 처벌하는 것은 그렇게 함으로써 실제 범죄를 줄일 수 있다 하더라도 잘못일 것이다. 우리는 그러한 시각에서 정신박약 항변을 이해해야 한다. 따라서 정신박약 항변이 범죄예방을 방해할 것이라는 사실은 결정적 논변이 못 된다. 그러나 이런 식의 지적은 소극적인 것에 불과하며 정신박약 항변이 실제 정당화되는가, 아니면 변화되어야 하는가의 문제는 미해결 상태로 두는 것이다. 하트는 내가 기술한 방식으로 이 문제를 다룬다. 그는 정신박약 항변이 공동체의 어떤 도덕적 전통 또는 일반적 목적이나 정책을 반영하는지 어떤지를 묻는 것에서 출발한다.

그는 우선 홀(Jerome Hall) 교수 같은 일부 형법학자의 제안, 즉 정신박약 항변의 요점은 법이 관례적 규준에 따라서 도덕적으로 비난받을 만한 사람들만을 범죄자로서 처벌하는 것을 보장하는 것이라는 제안을 고찰한다. 이런 매력적인 견해는 처음에는 그럴 법해 보인다. 일상생활에서 우리는 피해를 입힌 어떤 사람이 의도가 없었거나 우연하게 행위한 것이라면(아마도 그가 또한 부주의한 것이 아니라면) 그를 비난하지 않는다. 또한 만일 그가 심각한 정신질환을 앓고 있다고 우리가 믿는다면, 그를 비난하지 않는다. 그러므로 법관들과 입법자들이 이런 태도를 형법으로까지 갖고 들어갈 것이라고 생각하는 것은 그럴 법하다. 이런 생각은 비록 그런 조건 아래에서는 그 사람들을 벌주는 것이 더 효율적일 것이라 하더라도 그렇게 해서는 안 된다는 이론의 형태를 취할 수 있다.

하지만 하트는 그 자체로 도덕적으로 비난받지 않는 많은 범죄들, 예를 들면 영국 철도운송법을 준수하지 않는 일이 존재한다는 이유로 이러한 이론을 거부한다. 그는 그런 범죄의 존재는 법이 오직 비난받을 만한 행위만을 유죄로 간주하는 일반 목적을 가지고 있지 않음을 보여주며, 따라서 그것이 정신박약 항변의 성립근거가 될 수 없음을 증명한다고 주장한다.

그러나 비난가능 이론(the blameworthiness theory)을 하트가 이런 식으로 내던지는 것은 잘못이다. 내 생각에 그는 법위반이 도덕적으로 잘못일 수 있는 두 가지 근거를 혼동하고 있다. 법이 유죄로 간주하는 행위(예를 들면, 살인)는 그 자체로 잘못이기 때문에 그 법을 위반하는 것이 잘못일 수 있다. 또는 비록 유죄로 간주하는 행위가 그 자체로 잘못이 아니더라도 그 행위를 법이 금지하기 때문에 법을 위반하는 것은 잘못일 수 있다. 철도법규가 그 적절한 사례일 것이다. 아마 영국이 철도를 국유화하는 것이 현명하거나 공정한지 어떤지 의심스러울 수 있다. 그렇다 하더라도 일단 법이 통과되면 모든 사람은 그 법에 복종할 도덕적 의무를 갖는다는 것도 여전히 참일 수 있을 것이다.

물론 어떤 사람이 법이 금지하는 일을 할 때면 언제나 도덕적으로 비난받아야 한다는 결론은 나오지 않는다. 법이 매우 불공정하거나 정의롭지 못해서 법을 준수해야 한다는 도덕적 일반 의무가 효력을 잃었기 때문에 그는 비난받지 않을 수도 있다. 이러한 논변은 징병법에 대한 양심적 반대자들에 의해서 주장되었다(미국의 헌법의 적법절차조항과 다른 조항들의 요점은 그 경우에 어떤 이가 처벌받는 것을 막아주는 것이라고 주장할 수 있다). 또한 그 사람의 행위가 우연하게 또는 뜻하지 않게 행해졌기 때문에, 또는 그가 정신병이 있어서 자신의 행동에 책임이 없기 때문에 비난받지 않을 수 있다. 하트가 너무 성급하게 거부한 홀 교수의 주장은, 정신박약 항변의 요점은 이 경우에 어떤 이를 처벌하는 것을 막는 것이라는 주장이다.

그러나 홀이 옳다 하더라도 중대한 문제들은 남는다. 왜냐하면 우리는 비난과 처벌에 대한 우리의 관례적 태도들이 진정으로 법과 관련이 있는지 어떤지를 물어야 하기 때문이다. 정신박약 항변의 가치를 의심하는 사람들은 형법의 목적은 선도하고 막는 것이지 처벌하는 것이 아니기 때문에 이러한 관례는 중요하지 않으며, 따라서 정신박약 항변은 포기되어야 한다고 주장한다. 그들은 "처벌"이라는 용어를 버리고 대신에 "조치"(treatment)라고 말할 것을 제안함으로써 이런 요점을 납득시키려 한다. 그들은 어떤 이가 범죄를 저질렀을 경우 사회가 그를 어떻게 조치해야 하는가——그 사람을 구속할 것인가 입원시킬 것인가 석방할 것인가——는 어떤 조치가 재발을 가장 잘 막을 것이냐에 달려 있다고 주장한다. 이 설명에 따를 경우 그가 한 것에서 그가 도덕적으로 비난받을 만한지 어떤지는 문제를 혼란시킨다. 왜냐하면 그 사람이 비난받을 만하더라도 조치가 불필요할 수 있고, 비난받을 만하지 않더라도 조치를 권할 수 있기 때문이다. 우리는 정신박약 항변이 형법에 대한 이 수정된 관념에서 중요한 어떤 목적에 기여하는지 어떤지를 물어보아야만 한다.

초기 논문들 중 하나이며 최근 다시 출판된 「법적 책임과 면책」(Legal Responsibility and Excuses)에서, 하트는 정신박약 항변은 각자가 예견할 수 없는 방식으로 각자의 자유를 방해하는 경우의 수를 자신의 숙고적 행위로부터 감소시킴으로써 자신의 운명에 대한 각자의 통제력을 증가시켜준다고 주장한다. 만일 이런 항변이 받아들여지지 않는다면, 우리 모두는 어떤 우연한 사건이나 뜻하지 않은 일로 감옥에 갈 수 있거나 장기간 비용이 많이 들고 품위를 떨어뜨리는 소송에 연루될 수 있다는 사실을 감수하고 살아가야만 할 것이다. 정신박약 항변 덕분에 우리는 우리가 통상적으로 기소될 수 있다는 점을 의식하면서 행한 행위들에 대해서만 기소될 것이라는 사실에 의지할 수 있다. 이는 처벌받는 사람들은 적어도 법을 위반할 결정을 하고 행동으로 옮기는 것에 만족해했던 사람들이라는 부수적 이점을 갖는다.

그러나 만일 그것이 정신박약 항변이 제공하는 증대된 개인의 안전에 전적으로 의존한다면, 그것은 약한 논변이다. 왜냐하면 이러한 증대된 안전은 너무나 작기 때문이다. 공동체는 삶을 훨씬 더 위험하게 하는 엄청나게 많은 결정들, 예를 들면 상업에서 경쟁을 북돋우는 결정, 자동차를 허용하는 결정, 그리고 전쟁을 하기로 한 결정 등을 받아들여 왔다. 이러한 결정은 특정인들이 그들이 예상할 수 없고 숙고적 행위로 나오는 것이 아닌 피해를 겪게 될 가능성을 광범위하게 증대시킨다. 그러나 사회는 효율성이나 이익이나 국가정책이라는 어떤 목적을 위해서 여전히 이러한 결정들을 받아들이며 위험을 감수한다. 하트가 기꺼이 가정하는 것처럼 만일 정신박약 항변을 없애는 것이 범죄예방에서 형법의 효율성을 증대시킬 수 있다면, 그것은 일반 시민의 개인적 안전과 자신의 운명에 대한 통제력을 증가시킬 것이고 그것은 사고에 대해 책임을 져야 하는 위험의 증대를 무시할 수 있는 정도가 될 것이다.

하트는 그의 나중의 논문 「처벌과 책임의 제거」(Punishment and the Elimination of Responsibility)에서 정신박약 항변에 대해서 위와는 다른 더 일반적인 정당화를 제시했는데, 내가 생각하기에는 그것이 더 성공적이었다. 그 정당화는 이렇게 이루어진다. "인간사회는 인격체들의 사회이다. 그리고 인격체들은 그들 자신이나 다른 사람들을, 때때로 해가 되고 막아야 되거나 변경되어야 하는 방식으로 움직이는 신체로 보지 않는다. 그와는 달리 인격체들은 서로의 움직임을 의도의 표시로 해석한다." 그것과 다른 곳에서 동일한 취지로 그는 법은 만일 그것이 이런 변호를 인정하지 않는다면 사람들을 목적이 아니라 수단으로 취급하게 될 것이라고 말한다.

이런 언명들은 법이론을 광범한 도덕적 전통과 연결시킨다. 그것들이 주장하는 원칙은 정부는 시민들을 그 공동체의 구성원들이 서로에게 요구하는 존중과 존엄성으로 대해야 한다는 것이다. 정부는 어떤 사람을 그 사람 자신의 이익이나 전체의 이익을 위해서 구속할 수 있지만, 그것은 오직 그의 행위를 근거로 해서만 그렇게 해야 한다. 그리고 정부는 그의 행위를 그가 자신을 판단하는 것과 동일한 관점에서, 즉 그의 의도와 동기와 역량의 관점에서 판단하려 노력해야 한다. 사람들은 일반적으로 그들이 자신의 행위를 스스로 선택했다고 믿지만, 사고, 강압, 구금이나 질병이라는 특정한 여건에서는 그렇다고 느끼지 않는다. 그리고 우리들 각각은 이런 구별을 우리 자신에 대해서도 하고 우리가 존중하는 다른 사람들에게 대응하는 방식을 판단할 때도 한다. 홈스는 개조차도 채여서 넘어진 것과 걸려서 넘어진 것 사이의 차이를 안다고 말했다.

만일 형법이 이 골치 아픈 구별을 무시하고 미래의 범죄를 감소시킬 가능성이 있는 것으로 보일 때마다 사람들을 구속하거나 조치를 받아들이도록 강요한다면, 그것은 더욱더 효율적일 수 있다. 그러나 하트의 원칙이 주장하는 것처럼, 그것은 어떤 사람을 동료인간으로 대우하는 것과 그를 다른 사람의 이익을 위한 자원으로 취급하는 것을 구별해주는 선을 넘어서는 것이 될 것이며, 우리의 공동체의 관례와 관행 아래서는 그것보다 더 심한 모욕은 있을 수 없다. 그 모욕은 그 과정을 처벌의 과정으로 부르든 조치의 과정으로 부르든 관계없이 큰 것이다. 우리는 때때로 어떤 사람이 자신의 행위에 대한 통제력을 상실했다고 믿기 때문에 그 사람을 구속하고 조치를 취한다. 우리는 그것을 민간위탁법(civil commitment statutes) 아래에서, 그리고 특히 어떤 사람이 정신이상이라는 이유로 심각한 범죄에 대해 면책을 받았을 때 그렇게 한다. 그러나 우리는 이 정책이 함축하는 원칙의 한계를 인정해야 한다. 어떤 사람을 그의 의지에 반해서 조치할 경우 범죄가 축소될 가능성이 있다고 우리가 예측할 때마다 그렇게 해야 하는 것이 아니라, 오직 그 사람이 보여주고 있는 위험이 명백할 때에만 그렇게 해야 한다.

물론 이런 논변은 그것이 해결하는 것보다는 더 많은 문제점을 제기한다. 어떤 철학자들은 현대 생리학과 심리학을 근거로 해서 선택과 강압에 대한 이런 현상적인 구별은 의미가 없다고 생각한다. 그들은 모든 인간의 행위는 개인의 통제력을 넘어서는 요인들에 의해서 결정되고, 그렇기 때문에 우리가 자주 갖는 자유로운 선택에 대한 느낌은 환상일 뿐이라고 믿는다. 그러나 이것에 대한 과학적인 증거는 결정적인 것과는 거리가 멀다. 그렇기 때문에 그것을 진지하게 생각하는 사람들조차도 그것의 근거(만일 그것이 있다면, 또는 있을 수 있다면)가 제시될 때까지는 법이 어떻게 대응해야 할 것인가를 결정해야 한다. 만일 우리가 모든 행위는 결정되어 있다는 견해를 받아들인다면, 사람들은 그들의 정부가 존중할 도덕적 의무가 있는 권리를 갖는다는 생각을 전적으로 포기해야 한다는 결론이 따라 나오는가? 만일 과학적 증거가 결정적이지 않거나 어떤 경우이든 권리의 개념을 포기하려 하지 않기 때문에 우리가 그렇게까지 가지 않는다면, 과학의 이름으로 정신박약 항변을 포기하는 것은 잘못이 아닌가? 다른 한편으로 만일 우리가 이런 항변을 유지하고 그것의 근거로 그 논변이 제시하는 것처럼 어떤 것을 하고자 선택한 것과 선택하지 않은 것 사이의 현상적 구별을 받아들인다면, 그것은 사이코패스 사안 같은 골치 아픈 사안에 대한 우리의 접근법을 어떻게 인도할 것인가? 행위에 대한 관례적 규준에 따르면 사이코패스는 자신을 통제하고 있는가 아니면 그의 경우는 중간적인 것이고, 그 점이 우리의 혼동을 설명하는가? 이 책에서는 이 문제들을(그것들 중 일부를 하트가 논의한다) 더 따지지 않을 것이다. 그리고 나는 원칙을 강조하는 법철학의 접근법은 법적 관행과 사회적 관행 사이의 연결점들만 보여주는 것에 그쳐서는 안 되고, 일관성과 이성(sense)의 독립적 규준에 기대어 사회적 관행을 지속적으로 검토하고 비판해야 한다는 것을 보여주기 위해서만 그것들을 언급하겠다.

형사사건의 절차—예를 들면 심문, 자백, 그리고 예방적 구금 등—에서 경찰의 효율성을 어느 정도 희생시키더라도 범죄자로 주장되고 있는 사람을 보호해주는 규칙들에서는 정신박약 항변 이외의 다른 문제들도 논란이 되고 있다. 이런 문제들에 대해서 법학자들이 제공했던 것보다 더 철학적인 접근법의 가치를 지적하는 것이 유익할 것이다. 지금까지 자유주의적 입장은 주로 도구주의적 용어로 제시되어왔다. 자유주의자는 형법의 적절한 목표는 범죄의 예방뿐만 아니라 개인의 자유의 보호도 포함하며, 절차상의 안전선(safeguards)은 이 두 목표 사이의 균형이 된다고 주장한다. 그렇지만 주장을 이런 방식으로 제시하는 것은 그 두 목표 사이에서 어떤 균형이 요구됨을 전제한다. 그것은 자유주의자가 아닌 다른 사람들로 하여금 법을 지키는 다수의 시민들이 왜 그들 자신을 보호하는 쪽에서 그 균형을 잡아서는 안 되는가를 묻게 한다.

자유주의자는 그 질문으로 어려운 입장에 놓인다. 그는 개인적으로 다른 사람들의 자유의 가치를 자신의 증대된 안전보다 더 높게 평가한다고 대답할 수 있다. 그러나 그는 그것은 소수의 입장이라는 것을 인정해야 한다. 그는 다수는 약간의 안전을 희생하더라도 자유를 증진함으로써 장기적으로는 더 나아질 것이라고 주장할 수 있다. 그러나 그런 논변은 비록 자유주의자들 사이에서 인기 있는 것이기는 하지만 명백히 잘못된 것이다. 형법은 중산층 백인보다는 흑인 마약중독자에게 더 많은 위협을 가한다. 그리고 변호사 없이 흑인 마약중독자를 심문하는 것 또는 공판 때까지 그를 구금하는 것이 장기적이라 하더라도 중산층 백인의 자유에 영향을 미칠 것이라고 생각할 이유는 거의 없다.

여기에서도 다시 하트의 일반적 접근법이 도움이 된다. 그 접근법은 자유주의적 입장은 상충하는 법의 목표들을 인용함으로써가 아니라 법에 대해 제약으로 작용하는 도덕원칙들을 강조함으로써 옹호되어야 한다고 제안할 것이다. 그것은 사회는 변호사 없이 어떤 사람을 심문할 권리를 갖고 있지 않으며, 기소된 용의자도 공판 이전에는 자유로울 자격이 있다―그것에 의해서 다수가 혜택을 보든 보지 않든―는 주장을 지지하기 위해서 우리의 전통 속에 들어 있는 법원리―예를 들면 어떤 사람도 자신에게 불리한 증언을 하도록 강요될 수 없다는 원리나 유죄로 판정되기까지는 무죄로 추정된다는 원리―에 주의를 돌려야 할 것이다. 물론 이런 원칙과 실제적 필요 사이에는 갈등이 있을 것이다. 그러나 이런 필요는 적절한 타협을 요구하는 구실이 될 수 없으며, 만일 그것 때문에 원칙들이 무시되어야 한다면 그것은 오히려 부끄러움과 유감을 느껴야 하는 이유가 될 것이다.

그와 다른 견해를 취하고 경찰의 효율성을 증가시키기를 원하는 어떤 사람들은 내가 언급한 복죄(服罪)하지 않을 특권 같은 법원리들은 받아들인다. 그러나 그것이 자유주의자들이 주장하는 특정한 권리를 보장한다는 것은 부정한다. 그들은 예를 들면 이 특권은 자백을 끌어내기 위한 고문에 대해서는 어떤 사람을 보호하지만, 단순히 자발적인 고백이 생각 없이 이루어진 것이라는 이유로 그에게 그 고백을 철회할 권리를 주지는 않는다고 주장할 것이다. 그렇기 때문에 논쟁은 철학적 문제로 제기될 수밖에 없다. 변호자의 조언을 받지 않은 자백이나 예방적 구금의 사용은 확립된 법원리의 배후에 있는 도덕원칙과 모순되는가? 나는 그렇다고 생각한다. 그러나 그 주장을 지지하는 법이론과 도덕이론 사이에 법철학이 다리를 놓아야 하는 문제는 남는다.

아마도 하트가 인용한 원칙, 즉 정부는 피소된 범인에 대해서조차 최소한의 존중을 보여주어야 하고 그들을 기회가 아니라 인간으로 대우해야 한다는 원칙은 하나의 모순이 존재하고 있음을 보여주는 것에 도움을 줄 것이다. 예를 들면 이 원칙은 유죄로 판명될 때까지는 무죄라는 법원리를 낳고, 공판을 기다리고 있는 어떤 사람이 만일 보석으로 석방된다면 또 다른 범죄를 저지를 수 있다는 예측에 기초해 그를 구속하는 것이 왜 잘못인 것처럼 보이는가를 설명하는 데 도움을 줄 것이다. 왜냐하면 그런 예측이 건전하다면 그것은 어떤 개인이 다른 집단보다 범죄를 저지를 수 있는 가능성이 더 있는 집단(그 집단은 특정한 특징들을 갖는다)의 한 구성원이라는 견해에 기초해야 하기 때문이다. 즉, 그 예측은 십대가 자동차 사고를 저지를 확률을 보험회사가 예측하는 것처럼 보험통계적인 것이어야 한다. 그러나 하나의 집단에 대한 판단이 아무리 정확하다 하더라도 그 판단에 기초해 어떤 사람을 구속한다는 것은 정의롭지 않다. 왜냐하면 그것은 그가 개인으로서 평등한 존중을 받아야 할 권리를 부정하기 때문이다.

제2장 규칙의 모델 1

1. 당혹스런 문제

법률가들은 법적 권리와 법적 의무라는 서로 연결된 개념을 많이 사용한다. 우리는 어떤 사람이 법적 권리나 의무를 가진다고 말하며, 그것을 어떤 권리주장을 하거나 요구를 하거나 관리들의 행위를 비판하는 데에서 건전한 기초로 삼는다. 그러나 이런 개념에 대해 우리가 이해하고 있는 것은 몹시 빈약하다. 그래서 법적 권리와 의무가 무엇인가를 말하려고 할 때 우리는 난관에 빠진다. 우리는 어떤 사람이 법적 의무를 가지고 있는지 아닌지는 "법"을 그의 경우와 관련된 특정한 사실들에 적용함으로써 결정된다고 자신 있게 말할 수 있다. 그러나 우리는 법이라는 개념에 대해서도 동일한 난점을 갖고 있기 때문에 이는 도움이 되는 답변이 아니다.

우리는 우리의 문제를 다음과 같은 고전적인 법철학의 문제로 요약하는 데 익숙해져 있다. "법"이 무엇인가? 종종 발생하는 것처럼 "법의 명제"에 관해서 두 편의 견해가 다를 때 그들의 견해가 다른 것은 무엇에 관한 것이며, 어느 편이 옳은지 우리는 어떻게 결정하는가? 왜 우리는 "법"이 말하는 것을 법적 "의무"라고 부르는가? 여기서 "의무"라는 것은 "법이 말하는 것"만을 의미하는 전문용어인가? 아니면 법적 의무는 도덕적 의무와 어떤 관계가 있는가? 우리는 적어도 원칙적으로는 우리가 도덕적 의무를 만족시켜야 하는 이유와 동일한 이유를 법적 의무를 만족시키기 위해서도 갖는다고 말할 수 있는가?

　이러한 문제들은 비가 내리는 날에 재미 삼아 찬장 속의 그릇들을 꺼내듯이 제기되는 문제들이 아니다. 이 문제들은 우리가 사회 속에서 지속적으로 봉착하는 곤혹스러움의 원천들로서 우리의 주의를 끈질기게 요구한다. 그런 문제들은 우리가 반드시 해결해야만 하는 구체적인 문제를 다룰 때 우리를 당혹스럽게 한다. 사생활 권리에 대한 새로운 소송이 발생하고, 원고가 고소의 근거로 어떤 제정법이나 판례를 제시하지 못한다고 가정하자. 공동체 안에서 대부분의 사람들이 사적인 개인들은 개별적인 사생활에 대해 "도덕적으로" 권리를 갖는다고 생각한다는 사실이 법원의 판결에서 하는 역할은 무엇인가? 비록 대법원의 과거의 판결들이 지지했지만 지금은 헌법적으로 금지된다고 말해지는 절차를 경찰이 사용했기 때문에 대법원이 어떤 죄수를 석방하라고 명령했다고 가정해보자. 그 법정은 일관성을 위해서 그와 동일한 절차를 통해서 이전에 유죄판결을 받은 모든 수감자들을 석방해야만 하는가?[1]
"법"과 "법적 의무"에 관한 개념적 난제들은 특히 법원이 이와 같은 문제에 직면할 때 부각된다.

　이렇게 분출되는 문제들은 하나의 만성적 질병의 징후들이다. 날이면 날마다 우리는 강제적으로 사람들을 교도소로 보내거나 그들에게서 돈을 빼앗고, 그들이 하려고 하지 않는 일을 하라고 강요한다. 그리고 우리는 그 사람들이 법을 위반했고 그들의 법적 의무를 이행하지 못했으며, 다른 사람들의 법적 권리를 침해했다고 말함으로써 이러한 모든

---

1) *Linkletter v. Walker*, 381 U.S. 618(1965)을 참조할 것.

행위를 정당화시킨다. 심지어 어떤 사람이 법적 의무를 갖지만 그 의무를 이행하지 않았다는 것이 명백한 사안의 경우(은행강도나 고의적인 계약위반)에서도, 우리는 그 법적 의무가 무엇을 의미하는지 또한 왜 그것이 국가에게 그를 처벌하거나 강제할 수 있는 자격을 주는지에 관해서 만족스런 설명을 할 수 없다. 우리는 우리가 하는 것이 적절하다는 확신을 느낄 수는 있다. 그러나 우리가 따르는 원칙을 확인할 수 있을 때까지 우리는 그것들이 충분한지, 또는 그것들을 우리가 일관되게 적용하고 있는지에 관해서 확신할 수 없다. 어떤 의무가 위반되었는지에 관한 문제가 어떤 이유 때문에 논쟁이 되고 있는 덜 분명한 사안들의 경우에는 이런 성가신 문제들이 정점에 도달하고, 대답을 찾아내야 하는 우리의 책임은 막중해진다.

어떤 법률가들(우리는 그들을 "유명론자"라고 부를 수도 있다)은 그러한 문제들을 부시함으로써 문제들을 해결하도록 촉구한다. 그들의 관점에서 "법적 의무"와 "법"이라는 개념은 의식적이거나 무의식적인 동기 때문에 법률가들에 의해 고안되고 유지되는 신화에 불과하다. 이런 개념에서 우리가 발견한 난제는 단지 그것들이 신화임을 보여주는 징후에 지나지 않는다. 그 문제들은 비실재적이기 때문에 해결될 수 없으며, 그 문제들에 대한 우리의 관심은 예속상태에 있는 우리의 하나의 특징이다. 우리는 그 난제들과 개념들을 모두 몰아내고, 이 쓸데없는 짐 없이 우리의 중요한 사회적 목적을 추구하는 것이 더 나을 것이다.

이것은 매력적인 제안이지만 치명적인 약점을 갖는다. 우리는 법과 법적 의무에 관한 우리의 개념이 신화라는 것을 결정할 수 있기 전에 그것들이 무엇인지 결정해야만 한다. 우리는 우리 모두가 잘못이라고 믿는 것이 무엇인가를 적어도 대략적으로는 말할 수 있어야 한다. 그러나 우리 문제의 핵심은 바로 그것을 하는 데에서 커다란 난점을 갖는다는 것이다. 실로 우리가 법이 무엇이고, 법적 의무가 무엇인가를 물을 때 우리는 그런 개념이 어떻게 사용되고 있는지에 대한 이론과 그 용법이 함축하고 있는 개념적 약속에 관한 이론을 요구한다. 그러한 일반적 이론을 갖기 전에는 우리의 관행이 어리석거나 미신적이라고 결론지을 수 없다.

물론 유명론자들은 우리가 이런 개념을 어떻게 사용하는지를 안다고 생각한다. 우리가 "법"에 관해 말할 때 우리는 그것으로 법관들에 의해서 발견되기를 기다리는 어떤 개념적 창고 안에 저장된 영원한 규칙의 집합을 의미하고, 법적 의무에 관해서 말할 때 우리는 이런 신비적인 규칙이 우리를 어떤 방식으로 둘러싸고 있는 보이지 않는 속박을 의미한다고 그들은 생각한다. 그런 규칙과 속박이 있다는 이론을 그들은 "기계적 법철학"이라고 부르는데, 그들이 그 이론을 주장하는 사람들을 비웃는 것은 옳다. 그러나 그들의 난점은 그들이 비웃을 그런 주장을 하는 사람들을 찾는 것에 있다. 지금껏 그들은 기계적 법철학자를 잡아서 가두고 전시하는 데에서 운이 별로 없었다(포획된 모든 예들—심지어 블랙스톤〔Blackstone〕과 빌〔Joseph Beal〕까지도—은 그들의 저작들을 주의 깊게 읽은 다음에는 풀어줄 수밖에 없다).

어쨌든 대부분의 법률가들이 법과 법적 의무를 말할 때 이와 같은 어떤 것도 생각하고 있지 않다는 것은 명백하다. 우리의 관행에 관한 피상적인 검토만으로도 이것을 보여주기에 충분하다. 왜냐하면 우리는 변화하고 발전하는 법들, 그리고 때때로 문제시되는 법적 의무에 관해서 말하기 때문이다. 이런저런 방식으로 우리는 기계적 법철학을 깊게 받아들이고 있지는 않다는 것을 보여준다.

그렇다 하더라도 우리는 법과 법적 의무의 개념을 사용하며, 처벌과 강제를 하기 위한 사회의 명령서는 그런 용어로 씌어진다고 생각한다. 이 관행의 세부항목이 드러날 때 우리가 사용하는 개념은 유명론자들이 만들어낸 개념처럼 어리석고 환상으로 가득 차 있는 것처럼 보일 수 있다. 만약에 그렇다면 우리는 우리가 한 것을 기술하기 위해 다른 방법을 찾아야 하고 그래서 다른 방식으로 정당화하든지 아니면 우리의 관행을 바꾸든지 해야 한다. 그러나 그렇다는 것을 발견하고 이런 조정을 할 때까지, 우리는 우리의 현재의 개념들이 제기하는 문제에 등을 돌리라는 유명론자들의 성급한 권유를 받아들일 수 없다.

물론 우리가 "법"과 "법적 의무"에 관해서 그만 말하라고 요구하는 제안은 대부분 허황된 것이다. 이러한 개념은 너무 깊게 우리의 정치적 관행의 구조와 결합되어 있으며, 담배나 모자처럼 포기될 수 있는 것들이 아니다. 몇몇 유명론자들은 이 점을 반쯤 받아들여 그들이 비난하는 신화는 플라톤의 신화*처럼 생각되어야 하고, 대중을 질서로 이끌기 위해서는 유지되어야 한다고 말한다. 이것은 아마도 얼핏 보이는 것처럼 그렇게 냉소적인 제안은 아닐 것이다. 아마도 그것은 불확실한 베팅의 숨겨진 연계매매일 것이다.

만약에 우리가 그 허세를 벗겨버린다면, 유명론자들의 공격은 기계적 법철학에 대한 공격으로 축소될 것이다. 법의 죽음이라는 영웅적 구호에도 불구하고 유명론자들이 그 공격의 과정을 통해서 스스로 제공한 "법"과 "법적 의무"라는 용어의 용법에 대한 분석은 더 고전적인 철학자들이 한 분석과 아주 다른 것이 아니다. 유명론자들은 그들의 분석을 법적 제도(특히 법원)가 "실제로 작용하는" 방식에 대한 모델로 제시한다. 그러나 그들의 모델은 19세기 철학자인 오스틴(John Austin)에 의해서 처음으로 유명해지고 현재 법철학에 대한 견해를 갖고 있는 대부분의 실무법률가들과 법률학자들에 의해서 이러저러한 형태로 받

---

* 플라톤이 『국가』에서 제시한 이상국가에서는 국가의 정치체제를 유지하기 위해서 신화를 만들어 시민들에게 주입시키는 제도가 도입된다.

아들여진 이론과는 주로 강조점에서 다르다. 나는 비록 역사적으로 엄밀한 것은 아니지만 이 이론을 "실증주의"라고 부를 것이다. 나는 특히 옥스퍼드의 하트 교수가 제공한 강력한 형태의 실증주의가 건전한지에 대해 검토하고자 한다. 내가 그의 견해를 선택한 것은 그의 견해가 명쾌하기 때문만이 아니라, 법철학에서의 거의 다른 모든 문제들처럼 이 문제에서도 건설적인 사유는 그의 견해에 대한 고찰에서부터 출발해야 하기 때문이다.

2. 실증주의

실증주의는 자신의 뼈대로서 몇 가지 중심적인 명제를 갖는다. 실증주의자라고 불리는 모든 철학자가 내가 제시하는 방식으로 주장하는 것은 아니지만, 그 명제들은 내가 검토하기를 원하는 일반적인 입장을 정의한다. 이 핵심적인 신조들은 다음과 같이 진술될 수 있다.

(a) 공동체의 법은 어떤 행위가 공권력에 의해서 처벌되거나 강제될 것인가를 결정하려는 목적으로 공동체에 의해 직접적 또는 간접적으로 사용되는 특별한 규칙들의 집합이다. 이 특별한 규칙들은 특수한 기준, 즉 그 규칙들의 내용이 아니라 그것들의 유래(pedigree)나 그것들이 채택되고 발전되는 방식과 관련이 있는 기준에 의해서 확인되고 구별될 수 있다. 이런 유래의 기준은 타당한 법적 규칙을 사이비 법적 규칙(법률가나 소송당사자가 법의 규칙이라고 잘못 주장하고 있는 규칙)으로부터, 또한 공동체가 따르기는 하지만 공중의 권력을 통해서 집행하지는 않는 다른 종류의 사회적 규칙(일반적으로 뭉뚱그려 "도덕규칙"으로 취급되는)으로부터 구별하는 데 사용될 수 있다.

(b) 이 타당한 법적 규칙의 집합이 "법"(the law) 전체이다. 그래서 만약 어떤 사람의 사안이 명확하게 그런 규칙의 적용을 받지 않는다면 (왜냐하면 적절한 것처럼 보이는 규칙이 없거나 적절한 것처럼 보이는 규칙들이 모호하거나 또는 다른 어떤 이유 때문에), 그 사람의 사안은 "법을 적용함"에 의해서는 결정될 수 없다. 그것은 법관같이 "자신의 재량을 행사하는" 어떤 관리에 의해서 결정되어야만 한다. 그가 재량을 행사한다는 것은 그가 새로운 법적 규칙을 만들거나 낡은 규칙을 보완할 때 법을 넘어서 그를 인도할 다른 어떤 종류의 규준에 의뢰한다 (reach for)는 것을 의미한다.

(c) 어떤 사람이 "법적 의무"를 갖는다고 말하는 것은 그의 사안이 그에게 어떤 것을 하도록 요구하거나 삼가도록 요구하는 하나의 타당한 법적 규칙의 적용을 받는다고 말하는 것이다. (그가 법적 권리 또는 어떤 종류의 법적 권력을 갖는다거나 법적인 특권이나 면책을 갖는다고 말하는 것은 간단히 말하면 다른 사람들이 그에게 영향을 미치는 방식으로 행위하거나 행위하지 않을 실제의 법적 의무나 가설적인 법적 의무를 갖는다고 주장하는 것이다.) 그러한 타당한 법적 규칙이 결여된 곳에서는 법적 의무 또한 없다. 그렇기 때문에 법관이 그의 재량을 행사하면서 문제를 결정할 때 그는 그 문제에 대해 법적 권리를 집행하고 있는 것이 아니라는 결론이 나온다.

이것은 다만 실증주의의 뼈대일 뿐이다. 살은 다양한 실증주의자들에 의해서 다르게 붙여지고 있다. 그리고 어떤 사람들은 심지어 뼈대까지도 약간 다르게 생각한다. 실증주의의 다양한 버전들은, 주로 어떤 규칙이 법의 규칙으로 간주되기 위해서 충족시켜야만 하는 근본적인 유래의 기준에 대해 그들이 기술하는 방식에서 다르다.

예를 들면 오스틴은 서로 얽혀 있는 일련의 정의와 구분들로 근본적인 기준에 대한 그의 버전을 만들었다.[2] 그는 의무를 갖는다는 것을 규칙 아래에 있다는 것으로, 규칙을 일반적인 명령으로, 명령은 다른 사람들이 특정한 방식으로 행위하는 것에 대한 욕구의 표현으로 정의했다. 그때 그 표현은 그들이 복종하지 않을 경우 그 표현을 강제할 수 있는 능력과 의지에 의해서 뒷받침된다. 그는 규칙의 종류들(법적, 도덕적, 종교적)을 구분했는데, 그것은 어떤 사람 또는 어떤 집단이 그 규칙의 저자인지에 따라서 이루어진다. 그는 다음과 같이 생각했다. 즉, 각각의 정치적 공동체에서 사람들은 주권자를 발견할 것인데, 그 이외의 다른 사람들은 그에게 습관적으로 복종하지만 그는 다른 어떤 사람에게도 복종하는 습관을 갖지 않는다는 것이다. 그는 한 사람일 수도 있고 범위가 분명한 한 집단일 수도 있다. 공동체의 규칙은 공동체의 주권자의 일반적 명령이다. 법적 의무에 관한 오스틴의 정의는 법에 관한 이런 정의로부터 나온다. 그가 생각하기에 만일 어떤 사람이 주권자의 어떤 일반적 명령의 수취인들 속에 포함된다면, 그리고 그 명령에 복종하지 않을 경우 제재를 받을 위험이 있다면, 그는 법적 의무를 갖는다.

물론 어떤 명령체계를 통해서도 주권자가 모든 우연적인 상황에 대처할 수는 없으며, 따라서 그의 명령들 가운데 약간은 불가피하게 모호하거나 흐릿한 가장자리를 가질 것이다. 그러므로 (오스틴에 따르면) 주권자는 법을 집행하는 사람들(법관들)에게 새로운 또는 골치 아픈 사안이 제기되었을 때 새로운 명령을 내릴 수 있는 재량을 부여한다. 그러면 법관들은 새로운 규칙을 만들거나 이전의 규칙을 적용한다. 그리고 주권자는 법관들이 만든 규칙을 폐지하거나 폐지하지 않음으로써 암묵적으로 그러한 규칙을 인정한다.

---

2) J. Austin, *The Province of Jurisprudence Determined*, 1832.

오스틴의 모델은 단순해 아주 아름답다. 그 모델은 법은 공공질서를 통제하기 위해서 특별히 선택된 규칙의 집합이라고 하는 실증주의의 첫 번째 신조를 주장한다. 그리고 그러한 특별한 규칙을 확인하기 위한 유일한 기준으로서 하나의 단순한 사실적 기준, 즉 주권자가 명령한 것을 제시한다. 그러나 시간이 흐르면서 오스틴의 모델을 연구하고 적용하려고 노력하던 사람들은 그것이 너무 단순하다는 것을 발견했다. 많은 반론이 제기되었는데 그 가운데 근본적인 것처럼 보이는 두 가지가 있다. 첫째, 각각의 공동체 안에서 궁극적으로 다른 모든 집단을 통치하는, 범위가 분명한 집단이나 제도가 발견될 수 있다는 오스틴의 핵심적 가정은 복잡한 사회 안에서는 성립할 수 없는 것처럼 보인다. 현대 국가에서 정치적 지배는 다원적이고 유동적이며 어느 정도 타협이나 협동 그리고 동맹의 대상이 되기 때문에, 어떤 사람이나 집단이 오스틴이 말하는 주권자로서의 자격을 획득하기 위해서 필요한 두드러진 통제력을 가지고 있다고 말하는 것은 불가능하다. 예를 들면 사람들은 미국에서 "국민"(people)이 주권자라고 말하길 원한다. 그러나 이것은 거의 어떤 것도 의미하지 않으며, 그 자체로서는 "국민"이 무엇을 명령했는가를 정해주거나 그들의 법적 명령을 사회적 명령이나 도덕적 명령과 구별하기 위한 어떤 기준도 제공하지 못한다.

둘째, 비판자들은 오스틴의 분석이 우리가 "법"에 대해 가지고 있는 태도에 관한 두드러진 사실을 설명하지 못하며 심지어는 그 사실을 인식하고 있지도 못한다는 것을 깨닫기 시작했다. 우리는 법과 조직폭력배의 일반적 명령 사이에서 중요한 구별을 한다. 우리는 법의 구속—그리고 그것의 제재—은 불법적인 명령이 강제적인(obligatory) 것과는 다른 방식으로 강제적임을 느낀다. 오스틴의 분석에는 그런 구별을 할 수 있는 여지가 없다. 왜냐하면 오스틴의 분석은 의무(obligation)를 힘의 위협에 종속되는 것으로서 정의하고, 그래서 법의 권위는 불복종하는 사람에게 해를 끼칠 수 있는 주권자의 능력과 의지에 전적으로 의존하는 것으로 보기 때문이다. 아마도 우리가 한 그런 구별은 환상적일 수 있다. 법에 부여된 어떤 특별한 권위에 대한 우리의 가정은 종교적 과장이거나 다른 종류의 대중적 자기기만에 기반한 것일 수도 있다. 그러나 오스틴은 그렇다는 것을 보여주지 않았다. 그리고 우리는 법의 개념에 대한 분석은 우리의 태도를 인정하고 설명해주거나, 그것이 잘못이라면 그것이 왜 잘못인가를 보여주어야 한다고 주장할 자격이 있다.

하트의 실증주의 버전은 오스틴의 것보다 두 가지 방식에서 더 복잡하다. 첫째, 그는 오스틴과는 달리 규칙들에는 논리적으로 다른 두 가지 종류의 규칙이 있다는 것을 인정한다. (하트는 그가 "일차적" 규칙과 "이차적" 규칙이라고 부르는 두 종류의 규칙을 구별한다.) 둘째, 그는 규칙은 일종의 명령이라고 하는 오스틴의 이론을 거부한다. 그리고 그 이론 대신에 규칙이 무엇인가에 대한 더 정교한 일반적 분석을 제시한다. 우리는 잠시 멈추어서 이 각각의 점에 대해서 생각하고 그것들이 하트의 법의 개념 속에서 어떻게 융합되는지를 알아보아야 한다.

일차적 규칙과 이차적 규칙 사이의 하트의 구별은 매우 중요하다.[3] 일차적 규칙은 공동체의 구성원에게 권리를 부여하고 의무를 부과하는 규칙이다. 우리에게 절도나 살인, 그리고 과속을 금지하는 형법의 규칙이 일차적 규칙의 좋은 예이다. 이차적 규칙은 어떻게, 그리고 누구에 의해서 그러한 일차적 규칙이 형성되고 인정되며 수정되거나 소멸되는지를 규정하는 규칙이다. 어떻게 의회가 구성되며 어떻게 의회가 법을 제정하는가를 규정하는 규칙은 이차적 규칙의 예이다. 계약의 형성과 유언의 집행에 관한 규칙도 마찬가지로 이차적 규칙이다. 왜냐하면 그

---

3) H.L.A. Hart, *The Concept of Law*, 1961, 89∼96쪽을 참조할 것.

것은 특정한 법적 의무(즉, 계약의 조건이나 유언장의 요건)를 지배하는 매우 특정한 규칙이 어떻게 존재하게 되고 또 변화되는지를 규정하기 때문이다.

규칙에 관한 그의 일반적인 분석도 매우 중요하다.[4] 오스틴은 모든 규칙은 일반적인 명령이고, 만일 어떤 사람이 어떤 규칙에 복종하지 않는 경우 피해를 입을 수 있다면 그가 그 규칙 아래에서 의무를 갖는다고 말했다. 하트는 이 오스틴의 주장은 어떤 것을 하도록 **강요되는**(obliged) 것과 그것을 할 **의무를 갖는**(obligated) 것 사이의 구별을 없앤다고 지적한다. 만일 우리가 규칙에 의해 구속되어 있다면 그는 단순히 그 규칙이 규정하는 것을 하도록 강요되는 것일 뿐만 아니라 그것을 할 의무를 갖고 있는 것이며, 그렇기 때문에 규칙에 의해 구속된다는 것은 명령을 따르지 않을 경우 피해를 입는 것과는 달라야만 한다. 규칙은 명령과 다른데 다른 어떤 방식보다 **규범적**(normative)이라는 것에 의해서, 즉 그것이 설정하는 행위의 규준은 그것의 대상자들에 대해 위협을 넘어서는 힘(call)을 갖는다는 점에서 다르다. 단순히 물리적 힘을 갖고 있는 사람이 원하기 때문에 규칙이 구속력을 가질 수 있는 것은 결코 아니다. 그는 규칙을 발행할 **권위**를 갖고 있어야 하며 그렇지 않으면 그것은 규칙이 아니다. 그리고 그 권위는 그 규칙이 적용되는 사람에 대해 이미 구속력이 있는 다른 규칙으로부터 나온다. 이것이 바로 타당한 법과 강도의 명령 사이의 차이이다.

그래서 하트는 규칙의 권위를 규칙을 만들어내는 사람들의 물리적 힘에 의존하지 않게 하는 일반적인 규칙이론을 제공한다. 만일 상이한 규칙들이 생겨나는 방식을 검토하고 일차적 규칙과 이차적 규칙 사이의 구별에 유의한다면, 우리는 규칙의 권위에 대한 두 가지 가능한 원

---

4) 같은 책, 79~88쪽을 참조할 것.

천이 있다는 것을 알게 된다고 그는 우리에게 말한다.[5]

　(a) 규칙은 사람들의 어떤 집단이 그 집단의 관행을 통해서 그 규칙을 공동체의 행위의 규준으로 **수용하기**(accept) 때문에 그 집단에 구속력이 있을 수 있다. 그 집단이 단순히 행위의 한 패턴을 따르는 것만으로는 충분하지 않다. 비록 대부분의 영국 사람들이 토요일 저녁에 영화를 보러 간다 하더라도 그들은 그들이 그렇게 해야 한다고 요구하는 규칙을 수용한 것이 아니다. 하나의 관행이 규칙의 수용이 되는 것은 오직 그 관행에 따르는 사람들이 그 규칙을 구속력이 있는 것으로 간주하고, 그 규칙을 자신의 행위를 위한 이유나 정당화로서 그리고 그 규칙에 복종하지 않는 사람들의 행위를 비판하기 위한 근거로서 인식할 때뿐이다.

　(b) 규칙은 또한 그와는 아주 상이한 방식으로, 즉 어떤 방식으로 제정된 규칙은 구속력이 있다고 규정하는 **이차적** 규칙에 따라 제정됨으로써 구속력을 가질 수 있다. 예를 들면 만일 어떤 모임의 회칙이 부칙은 구성원들의 다수에 의해서 채택될 수 있다고 규정한다면, 그렇게 채택된 특정한 부칙이 구성원 모두에게 구속력을 갖는 것은 그런 특정한 부칙을 받아들이는 어떤 관행 때문이 아니라 회칙이 그렇게 말하기 때문이다. 우리는 **타당성**(validity)의 개념을 이런 것과 연결해 사용한다. 어떤 이차적 규칙에 의해서 규정된 방식으로 만들어졌기 때문에 구속력이 있는 규칙은 "타당한" 규칙이라고 불린다.

　그러므로 우리는 하트의 근본적인 구별을 이렇게 정리할 수 있다.

---

5) 같은 책, 97~107쪽을 참조할 것.

즉, 규칙은 (a) 그것이 수용되었기 때문에, 또는 (b) 그것이 타당하기 때문에 구속력을 가질 수 있다.

하트의 법의 개념은 이러한 다양한 구별로 이루어진 구성물이다.[6] 원시공동체는 일차적 규칙만을 갖는다. 그 규칙이 구속력이 있는 것은 전적으로 수용의 관행 때문이다. 그런 공동체는 "법"을 갖는다고 말할 수 없는데, 그것은 다른 사회적 규칙으로부터 법적 규칙의 집합을 구별할 방법이 없기 때문이다. 그런데 그것을 구별하는 것을 실증주의의 첫 번째 신조가 요구한다. 어떤 특정한 공동체가 법적 규칙을 확인하는 방식을 규정하는 근본적인 이차적 규칙을 발전시켰을 때 법적 규칙의 집합의 이념이 생기고 그렇게 해서 법의 이념이 태어난다.

하트는 그러한 근본적인 이차적 규칙을 "승인규칙"(rule of recognition)이라고 부른다. 주어진 한 공동체의 승인규칙은 비교적 단순하거나 ("왕이 제정한 것은 법이다") 또는 매우 복잡할 수도 있다(많은 해석상의 난점이 있기는 하지만 미국의 헌법은 하나의 단일한 승인규칙으로 생각될 수 있다). 그렇기 때문에 어떤 특정한 규칙이 타당함을 증명하는 것은 그 특정한 규칙으로부터 궁극적으로 근본적인 승인규칙으로 복잡한 타당성의 고리를 추적해가는 것을 요구한다. 예를 들면 뉴헤이번 시의 주차 법은 타당하다. 왜냐하면 그 법은 미국의 헌법의 요구사항에 어긋나지 않게 채택된 코네티컷 주의 헌법이 정한 절차와 권한에 따라, 코네티컷 주에 의해서 채택된 자치 법이 정한 절차와 권한 내에서 시의회에서 채택되었기 때문이다.

물론, 승인규칙은 가설상 궁극적인 것이고 그래서 더 근본적인 규칙에 의해서 규정된 기준을 충족시킬 수 없기 때문에 그것 자신은 타당할 수 없다. 승인규칙은 법체계 안에서 그 구속력을 수용에 의존하는 유일

---

6) 같은 책, 특히 제6장을 참조할 것.

한 규칙이다. 만일 우리가 어떤 특정한 공동체가 어떤 승인규칙을 채택하고 따르는지 알기 원한다면, 우리는 그 공동체의 시민들과 특히 그 공동체의 관리들이 어떻게 행동하는지 관찰해야만 한다. 우리는 그들이 특정한 규칙의 타당성을 보여주기 위해서 받아들이고 다른 관리나 제도를 비판하기 위해서 사용하는 궁극적 논변이 무엇인가를 관찰해야만 한다. 우리는 어떤 기계적인 기준도 적용할 수 없지만, 공동체의 승인규칙을 공동체의 도덕규칙과 혼동할 위험은 없다. 승인규칙은 그 규칙이 적용되는 범위가 입법부, 법원, 행정부, 경찰 그리고 그 밖의 정부기구의 운영이라는 사실에 의해서 확인된다.

하트는 이런 방식으로 오스틴의 실수로부터 실증주의의 기본입장을 구원한다. 하트는 법의 타당한 규칙이 관리의 행위나 공공기관들을 통해서 만들어질 수 있다는 점에서 오스틴의 견해에 동의한다. 그러나 오스틴은 이런 제도들의 권위는 오직 그 기관들의 독점적 권력 안에만 놓여 있다고 생각했다. 하트는 그것들의 권위를 그것들의 행위의 지침이 되는 헌법적 규준들, 즉 그것들이 통치하는 공동체에 의해서 근본적인 승인규칙의 형태로 수용된 헌법적 규준들이라는 배경에서 찾았다. 이 배경은 정부의 결정들을 정당화하고 그 결정들에 의무의 형식과 힘(the cast and call)*을 부여하는데, 오스틴의 주권자의 단순명령들은 그것을 갖지 못한다. 하트의 이론은 또한 다양한 공동체가 다양한 궁극적인 법의 기준을 사용한다는 것과 어떤 공동체는 법을 만드는 수단으로서 입법기관의 숙고적 제정과는 다른 수단을 허용한다는 것을 인정하는 점에서 오스틴과 다르다. 하트는 자주 사용되는 다른 기준으로서 "오랜 관습적 관행"과 "〔규칙의〕 사법적 결정과의 관계"를 언급하는데, 그 기

---

* 드워킨은 "the cast and call of obligation"의 의미에 대한 나의 질문에 대해 "I think the best restatement would be: the form and force of obligation"이라고 답변했다.

준은 일반적으로 입법의 기준과 함께 사용되기도 하고 그것에 종속되기도 한다.

그래서 실증주의의 하트 버전은 오스틴의 버전보다 더욱 복잡하고, 타당한 법의 규칙에 대한 그의 기준은 더욱 정교하다. 그러나 한 측면에서는 두 모델이 매우 유사하다. 오스틴과 같이 하트는 법적 규칙이 흐릿한 가장자리를 갖고 있음을 인정하고(그는 법적 규칙들이 "열린 구조"(open texture)를 갖는다고 말한다), 오스틴과 마찬가지로 난해한 사안에 대해서는 법관들이 새로운 입법을 통해 그런 사안을 판결할 수 있는 재량을 갖고 행사한다고 말함으로써 설명한다.[7] (나는 나중에 법을 하나의 특별한 규칙의 집합으로 생각하는 사람들이 왜 거의 필연적으로 재량의 행사라는 말로 난해한 사안을 설명하게 되는지를 보여줄 것이다.)

3. 규칙, 원칙, 그리고 정책

나는 실증주의를 전체적으로 다루기 원하며, 특별한 대상이 필요할 때 그 대상으로 하트의 버전을 사용할 것이다. 나의 전략은 다음과 같은 사실을 중심으로 해서 조직될 것이다. 즉, 법률가들이 법적 권리나 법적 의무에 관해서 추론하고 토론할 때, 특히 그런 개념에 대한 우리의 문제들을 첨예하게 드러내주는 난해한 사안에서 그들이 추론하고 토론할 때, 법률가들은 규칙으로 기능하는 것이 아니라 그와는 다르게 원칙(principle), 정책(policy), 그리고 다른 종류의 규준으로 작용하는 규준을 사용한다는 사실이다. 나는 실증주의가 규칙체계의 하나의 모델이자 그런 체계를 위한 모델이라고 주장할 것이다. 그리고 법의 하

---

7) 같은 책, 제7장을 참조할 것.

나의 근본적 기준에 관한 실증주의의 중심견해는 규칙과는 다른 규준의 중요한 역할에 대해 우리에게 알려주지 못한다고 주장할 것이다.

　나는 방금 "원칙, 정책, 그리고 다른 종류의 규준"에 관해서 말했다. 나는 매우 자주 규칙과는 다른 그런 규준의 전체 집합을 언급하기 위해서 "원칙"이란 용어를 일반적인 의미로 사용할 것이다. 그러나 나는 경우에 따라 더 좁혀서 원칙과 정책을 구별할 것이다. 비록 현재의 논변의 어떤 것도 이 구별에 의존하지 않을 것이라 하더라도, 나는 내가 그 구별을 어떻게 하는지 진술해야 하겠다. 나는 도달되어야 할 하나의 목표, 일반적으로는 공동체의 어떤 경제적, 정치적, 사회적 측면에서의 향상이라는 목표를 제시하는 종류의 규준을 "정책"이라고 부를 것이다 (어떤 목표는 그것이 현재의 어떤 측면이 변경되어서는 안 된다고 규정한다는 점에서 소극적인 목표일 수도 있다). 나는 어떤 규준이 바람직한 것으로 생각되는 어떤 경제적, 정치적 또는 사회적 상황을 증진시키거나 확보해줄 것이기 때문이 아니라 정의나 공정성이나 어떤 다른 도덕적 차원의 요구이기 때문에 그 규준이 지켜져야 하는 경우, 그 규준을 "원칙"이라 부를 것이다. 예를 들면 자동차 사고가 감소되어야 한다는 규준은 하나의 정책이다. 그리고 어떤 사람도 자신의 잘못에 의해서 이익을 얻을 수 없다는 규준은 하나의 원칙이다. 만일 하나의 원칙을 하나의 사회적 목표(즉, 어떤 사람도 자신의 잘못에 의해서 이익을 얻을 수 없는 사회라는 목표)에 대한 주장으로 해석하거나, 하나의 정책을 하나의 원칙(즉, 그 정책이 포함하고 있는 목표는 가치 있는 목표여야 한다는 원칙)에 대한 언급으로 해석하거나, 정의의 원칙은 목표(최대다수의 최대행복을 확보하는 것)에 대한 위장된 진술이라는 공리주의적 주장을 채택한다면, 그 구별은 성립하지 않는다. 그 구별은 그 구별이 성립되지 않는 경우에 상실하게 될 유용성을 어떤 맥락에서는 갖는다.[8]

그러나 나의 당면한 목적은 일반적 의미에서의 원칙을 규칙으로부터 구별하는 것이며, 나는 그 일을 착수하면서 먼저 그 원칙의 예를 제시할 것이다. 내가 제시하는 예들은 임의로 선택된 것들이다. 로스쿨에서 사용하는 판례집에서의 거의 모든 사안들이 우리의 목적에 매우 잘 기여할 것이다. 유명한 리그 대 팔머(Riggs v. Palmer) 사안[9]에서 1889년에 뉴욕 법원은 할아버지의 유언장에 상속자로 지명된 손자가 재산을 물려받기 위해서 할아버지를 살해했음에도 유언에 따라 재산을 물려받을 수 있는지에 관해 결정해야만 했다. 법원은 다음과 같은 점을 인정하면서 추론을 시작했다. 즉, "유언장의 작성 및 증거와 효력 그리고 재산의 양도에 대해 규제하고 있는 제정법은, 만일 그것이 글자 그대로 해석된다면 그리고 그것들의 효력은 어떤 방식으로도 그리고 어떤 여건 하에서도 억제되거나 수정되어서는 안 된다면, 이 재산을 살인자에게 준다는 것은 사실이다."[10] 그러나 법원은 계속해서 이렇게 말했다. "모든 계약과 마찬가지로 모든 법은 보통법(common law)의 일반적이고 근본적인 준칙에 의해 작용과 효력이 통제될 수 있다. 어떤 사람도 자신의 사기로부터 이익을 얻거나, 자신의 잘못으로부터 이익을 취하거나, 자신의 불공평을 근거로 요구를 한다거나 자신의 범죄로부터 재산을 획득하는 것은 허용될 수 없을 것이다."[11] 그 살인자는 상속받지 못했다.

1960년에 뉴저지의 한 법정에서는 헤닝슨 대 블룸필드 자동차 회사 (Henningsen v. Bloomfield Motors, Inc.) 사안[12]에서 자동차가 결

---

8) 제4장을 참조할 것. 또한 Dworkin, "Wasserstrom: The Judicial Decision," *Ethics* 75, 1964, 47쪽, reprinted as "Does Law Have a Function?", *Yale Law Journal* 74, 1965, 640쪽도 참조할 것.
9) 115 N.Y. 506, 22 N.E. 188(1889).
10) 같은 사안, at 509, 22 N.E. at 189.
11) 같은 사안, at 511, 22 N.E. at 190.

함이 있는 경우에 자동차 제조업자의 책임에 한계를 둘 수 있는지 없는지(또는 얼마나 많은 책임을 져야 하는지)라는 중요한 문제를 다루었다. 헤닝슨은 차를 한 대 샀으며, "자동차의 결함에 대한 제조자의 책임은 결함 있는 부분을 '고쳐주는 것'으로 한정한다— '이 보증은 모든 다른 보증, 의무, 책임을 분명히 대신하는 것이다'"라고 씌어져 있는 계약서에 서명했다. 헤닝슨은 적어도 그의 경우에는 자동차 제조업자가 이러한 한정에 의해서 보호되어서는 안 되며 충돌사고로 상해를 당한 사람의 의료비와 다른 비용에 대해서 마땅히 책임을 져야 한다고 주장했다. 그는 제조업자가 그 계약서에 의거하지 못하도록 하는 어떤 제정법이나 확립된 법규칙을 지적할 수 없었다. 그런데도 법원은 헤닝슨의 편을 들어주었다. 법원의 논변은 여러 지점에서 아래와 같은 규준들에 대한 호소로 이루어졌다. (a) "사기의 경우가 아니라면, 계약서에 서명하기 전에 그 계약서를 읽지 않은 사람은 그 계약서가 부과하는 부담으로부터 면제될 수 없다는 일반적 원칙을 [우리는] 염두에 두어야 한다."[13] (b) "그 원칙을 적용할 때 계약능력이 있는 당사자들의 자유는 하나의 중요한 요소이다."[14] (c) "계약의 자유는 우리가 관심을 갖고 있는 그 영역 안에서 어떠한 수정도 받아들이지 않을 정도로 그렇게 불변인 이론이 아니다."[15] (d) "자동차가 일반적이며 일상생활을 위한 필수품인 우리 사회 같은 사회에서, 그리고 자동차의 사용이 운전자나 승객과 공중에게 위험을 내포하고 있을 때는 자동차 제조업자는 자신의 자동차의 제작, 선전, 판매와 관련해서 특별한 의무를 진다. 결과적으로 법원은 소비자와 공중의 이익이 공정하게 취급되는지를 보기 위해

12) 32 N.J. 358, 161 A. 2d 69(1960).
13) 같은 사안, at 386, 161 A. 2d at 84.
14) 같은 사안.
15) 같은 사안, at 388, 161 A.2d at 86.

서 구매계약을 면밀하게 검토해야 한다."[16] (e) "'법원은 자신이 불공평과 부정의 도구로 이용되는 것을 허용하지 않을 것이라는 기본 법원리보다 더 친숙하고 영미 법의 역사 속에 확고히 뿌리박혀 있는 원칙이 있는가?'"[17] (f) "'더 구체적으로 말하면, 법원은 일반적으로 어떤 집단이 다른 집단의 경제적 필요를 부정하게 이용하는 '계약'의 집행에 자신이 동원되는 것을 거부한다.'"[18]

이 인용문들에서 제시된 규준들은 우리가 법적 규칙으로서 생각하는 종류가 아니다. 그것들은 "자동차 전용도로에서 법정 최대 속도는 한 시간에 60마일이다" 또는 "만일 세 명의 증인에 의해서 서명되지 않았다면 유언장은 효력이 없다"와 같은 명제와는 매우 다르게 보인다. 그것들이 다른 것은 그것들은 법적 규칙이 아니라 법적 원칙이기 때문이다.

법적 원칙과 법적 규칙 사이에는 하나의 논리적 차이가 존재한다. 양자는 특정한 여건 속에서 법적 의무에 관한 특정한 판결을 시시하지만, 그것들은 그들이 주는 지시의 성격에서 다르다. 규칙은 전부 아니면 전무(all-or-nothing)의 방식으로 적용될 수 있다. 만일 규칙이 명기하는 사실이 발생했다면, 규칙은 타당하거나(이런 사례에서는 규칙이 제공하는 대답은 받아들여져야만 한다) 타당하지 않다(이런 사례에서는 규칙은 판결에 어떤 기여도 하지 못한다).

이 전부 아니면 전무 방식은 규칙이 법이 아닌 다른 어떤 제도—예를 들면 게임—안에서 작용하는 방식을 우리가 살펴볼 경우에 가장 분명하게 보인다. 야구경기에서 규칙은 타자가 스트라이크를 세 번 당하면 아웃이라고 규정한다. 이것이 야구규칙에 관한 정확한 진술임을

---

16) 같은 사안, at 387, 161 A.2d at 85.
17) 같은 사안, at 389, 161 A.2d at 86(Frankfurter, J., in *United States v. Bethlehem Steel*, 315 U.S. 289, 326〔1942〕를 인용).
18) 같은 사안.

인정하는 심판이 스트라이크를 세 번 당한 타자는 아웃이 아니라고 결정하는 것은 자가당착이다. 물론 규칙에는 예외가 있을 수 있다(만약 포수가 세 번째 스트라이크 공을 땅에 떨어뜨린다면 세 번 스트라이크를 당한 타자는 아웃이 아니다). 그러나 규칙을 정확하게 진술할 경우에는 이 예외가 고려될 것이며, 그것을 고려하지 않은 어떤 진술도 불완전한 것이다. 만일 예외의 목록이 너무 많다면, 규칙이 인용되는 매번 그 예외를 반복해서 진술하는 것은 너무 어리석은 짓이다. 그러나 이론적으로 예외를 추가하지 않아야 할 이유는 없으며, 그것이 더 많으면 많을수록 규칙의 진술은 더 정확해진다.

만일 우리가 야구규칙을 하나의 모델로 삼는다면, 유언장은 세 명의 증인에 의해서 서명되지 않았다면 효력이 없다는 규칙 같은 법의 규칙이 그 모델에 잘 들어맞는다는 것을 발견하게 된다. 만일 세 명의 증인이라는 요건이 하나의 타당한 규칙이라면, 두 명에 의해서 서명된 유언장은 효력을 가질 수 없다. 그 규칙은 예외를 가질 수 있다. 그렇지만 만일 그것이 예외를 갖는다면, 예외를 열거하지 않고 그렇게 간단하게 규칙을 진술하는 것은 부정확하고 불충분하다. 적어도 이론적으로는 예외는 모두 기입될 수 있다. 그리고 예외가 더 많이 기입될수록 규칙의 진술은 더 완전해진다.

그러나 앞에서 인용된 견본원칙들은 이런 방식으로 작용하지 않는다. 심지어 규칙과 가장 닮은 것처럼 보이는 원칙조차도 규정된 조건이 충족될 때 자동적으로 따르는 법적 결과를 제시하지 않는다. 우리는 우리의 법이 어떤 사람도 자신의 잘못에 의해서 이익을 얻을 수 없다는 원칙을 존중한다고 말한다. 그러나 우리는 그 법이 어떤 사람이 그가 범한 잘못으로부터 이익을 얻는 것을 결코 허용하지 않는다는 것을 의미하지는 않는다. 사실, 사람들은 종종 완전히 합법적으로 그들의 법적 잘못들로부터 이익을 얻는다. 가장 유명한 사례는 불법점유이다. 만일 내가 당신의 땅을 오랫동안 불법침범한다면, 언젠가 나는 내가 원할 경우 마음대로 당신의 땅을 가로질러갈 권리를 얻게 될 것이다. 그것보다 덜 극적인 예들은 많다. 만일 어떤 사람이 더 많은 월급을 주는 직업을 갖기 위해 계약을 위반하고 직장을 떠났다면, 그는 그의 이전 고용주에게 피해를 입힐 수밖에 없을 것이다. 하지만 그는 대개의 경우 새로운 직장을 얻을 권리가 있다. 만일 어떤 사람이 보석 중에 도주해 다른 주로 가서 투자에 성공했다면, 그는 다시 감옥으로 보내지더라도 투자해서 얻은 이익은 계속 보유하게 될 것이다.

우리는 이러한 것들을—그리고 쉽게 상상할 수 있는 무수히 많은 다른 반대사례들을—자신의 잘못으로부터 이익을 얻는 것에 관한 원칙이 우리 법체계의 원칙이 아니라거나 그 원칙은 불완전하고 제한적인 예외조항을 요구한다는 것을 보여주는 것으로서 취급하지 않는다. 우리는 반대사례를 예외(즉, 적어도 세 번째 스트라이크 공을 포수가 떨어뜨린 경우와 같은 방식으로 예외인 사례들)로 취급하지 않는다. 왜냐하면 우리는 단순히 더욱더 자세히 원칙을 묘사함으로써, 그 원칙이 그런 반례들을 모두 포괄하기를 희망할 수 없기 때문이다. 이론적으로라도 그것들을 목록으로 열거할 수 없다. 왜냐하면 우리는 어떤 제도가 잘못을 통해 이익이 얻어질 수 있는 것으로 이미 규정한 사례(불법점유 같은)뿐만 아니라 우리가 미리 그 원칙이 성립하지 않는다는 것을 알 수 있는 무수한 가상의 사례도 포함해야 하기 때문이다. 그런 예시들 가운데 몇 개를 열거하는 것은 그 원칙의 비중(나는 곧 이 차원에 대해 다룰 것이다)에 대한 우리의 판단을 정확하게 할 수 있을 것이다. 그러나 그것은 원칙에 대한 더 정확하고 완전한 표현에 기여하지는 않을 것이다.

"어떤 사람도 자신의 잘못으로부터 이익을 얻을 수 없다"와 같은 원칙은 그 원칙의 적용이 필요한 조건들을 제시하지 않는다. 그것은 한쪽

방향을 지지하는 하나의 근거를 말해주기는 하지만 특정한 결정을 필연적인 것으로 만들지 않는다. 만일 어떤 사람이 어떤 것을 얻기 위해서 불법적인 어떤 것을 한 다음 그 결과로 그것을 갖고 있거나 막 받으려 한다면, 그 원칙은 그가 그것을 보유해야 하는지를 법이 결정할 때 고려해야 할 하나의 근거이다. 다른 방향을 지지하는 다른 원칙이나 정책이 있을 수 있다. 소유권 보장정책이나 처벌을 입법부가 규정한 것으로 한정하는 원칙이 그 예이다. 만일 그렇다면 우리의 원칙은 우세한 것이 아닐 수도 있다. 그러나 그것이 의미하는 것은 그것이 우리의 법체계의 원칙이 아닐 수도 있다는 것이 아니다. 왜냐하면 반대되는 고려사항이 없거나 덜 중요한 다른 사례에서는 그 원칙이 결정적일 수 있기 때문이다. 우리가 하나의 특정한 원칙이 우리의 법의 원칙이라고 말할 때 이것이 의미하는 것은, 만일 그 원칙이 관련되어 있다면 관리가 그 원칙을 그의 결정을 지지하는 하나의 고려사항으로 간주해야 하는 원칙이라는 것이다.

  규칙과 원칙 사이의 논리적 구별은 우리가 규칙 같아 보이지 않는 원칙을 고려할 때 더 분명하게 나타난다. 헤닝슨 사안의 의견에서 발췌한 것들에서 "(d)"에서 제시된 "제조업자는 자신의 자동차의 제작, 선전, 판매와 관련해서 특별한 의무를 진다"라는 명제를 생각해보자. 이것은 그런 특별한 의무가 수반하는 구체적인 의무를 정의하거나 자동차 소비자들이 그 결과로서 얻는 권리가 무엇인지를 우리에게 말하고자 하는 것이 아니다. 그것이 말하는 것은 단지 자동차 제조업자는 다른 제조업자들보다 더 높은 규준을 따라야 하고 그것과 경쟁하는 자유로운 계약원칙에 의거할 자격이 더 적다는 것이다(그것은 헤닝슨 논변에서 하나의 본질적인 고리이다). 그것은 제조업자들이 그 원칙에 결코 의거할 수 없으며 법원이 제멋대로 자동차 구매계약서를 재작성할 수 있다는 것을 의미하지 않는다. 그것이 의미하는 것은 만일 특정한 계약조항이 불공정하거나 부담스러운 것처럼 보인다면, 법원이 그것을 집행할 근거는 그 조항이 넥타이 구매계약을 위한 것인 경우보다 더 적다는 것뿐이다. 그 "특별한 의무"는 자동차 구매계약의 조건을 집행하는 것을 거부하는 판결에 유리한 것이기는 하지만 그것만으로 그 판결을 필연적인 것으로 만들지는 않는다.

규칙과 원칙 사이의 이 첫 번째 차이는 다른 차이를 수반한다. 원칙은 비중과 중요성이라는, 규칙이 갖고 있지 않은 차원을 갖는다. 원칙들이 충돌할 때(예를 들면 자동차 소비자를 보호하는 정책과 자유계약의 원칙이 충돌할 때) 그 갈등을 해결해야만 하는 우리는 두 원칙들 각각의 상대적 중요성을 고려해야만 한다. 물론 이 상대적 중요성은 정확하게 측정될 수는 없으며, 특정한 원칙이나 정책이 다른 것보다 더 중요하다는 판단은 종종 논쟁적인 것이 될 것이다. 그렇다고 하더라도 원칙이 이러한 차원을 가지며 원칙이 얼마나 중요하고 비중이 있는가를 묻는 것이 의미가 있다고 하는 것은 원칙의 개념에서 본질적인 부분이다.

규칙은 이 차원을 갖지 않는다. 우리는 규칙을 **기능적으로** 중요하거나 중요하지 않다고 말할 수 있다(세 번 스트라이크를 당하면 아웃이라는 야구규칙은, 주자들은 보크 때 진루할 수 있다는 규칙보다 더 중요하다. 왜냐하면 후자의 규칙이 바뀔 때보다 전자의 규칙이 바뀔 때 그 게임은 훨씬 더 많이 변화되기 때문이다). 이런 의미에서 하나의 법적 규칙은 다른 규칙보다 행위를 규제하는 데 더 크고 훨씬 더 중요한 역할을 하기 때문에, 더 중요할 수 있다. 그러나 우리는 하나의 규칙이 규칙의 체계 안에서 다른 규칙보다 더 중요하기 때문에 두 규칙이 충돌할 때 한 규칙이 다른 규칙을 폐지시킨다고 말할 수 없다.

만일 두 규칙이 충돌한다면, 그 가운데 하나는 타당한 규칙이 될 수 없다. 어떤 것이 타당하고, 어떤 규칙이 폐지되거나 수정되어야 하는지에 관한 결정은 규칙들 자신을 초월한 고려사항에 호소함으로써 이루어져야 한다. 어떤 법체계는 그런 갈등을 다른 규칙을 통해서 규제하는데, 그 규칙은 더 높은 권위에 의해서 제정된 규칙이거나 나중에 제정된 규칙 또는 더 구체적인 규칙 또는 그와 같은 종류의 어떤 규칙을 선호한다. 어떤 법체계는 또한 더 중요한 원칙에 의해 지지된 규칙을 선호할 수 있다(우리의 법체계는 이 양자의 기법을 모두 사용한다).

어떤 규준의 형식으로부터 그 규준이 규칙인지 또는 원칙인지를 분명하게 구별하는 것은 어렵다. "만일 세 명의 증인에 의해 서명되지 않았다면 유언장은 효력이 없다"라는 것은 "어떤 사람도 자신의 잘못으로부터 이익을 얻을 수 없다"라는 것과 형식상 다른 것은 아니지만, 미국법에 관해 어느 정도 알고 있는 사람은 전자를 규칙을 진술하는 것으로 후자를 원칙을 진술하는 것으로 간주해야 한다는 것을 안다. 많은 경우에 그 구별을 하기는 어렵다. 그 규준이 어떻게 작용해야 하는지가 결정되지 않았을 수 있고, 그 문제 자체가 논쟁의 초점일 수도 있다. 미국의 헌법의 제1수정조항은 의회는 언론의 자유를 축소시킬 수 없다는 조항을 포함한다. 그것은 규칙인가? 그렇기 때문에 만일 특정한 법이 언론의 자유를 축소시킨다면 그것은 위헌이라는 결론이 나오는가? 제1수정조항을 "절대적인 조항"이라고 주장하는 사람은 그 조항이 이러한 방식으로, 즉 하나의 규칙으로 취급되어야 한다고 말한다. 또는 그 조항은 단순히 하나의 원칙을 말하는 것인가? 그 경우에는 언론의 자유의 축소가 발견될 때, 만일 그때의 상황에서 그 축소를 허용할 정도로 충분히 비중 있는 어떤 정책이나 원칙이 제시되지 않는다면 그 축소는 위헌이 된다. 그것은 "명백하고 현재하는 위험"기준이라고 불리는 것 또는 다른 어떤 종류의 "조정"을 주장하는 사람들의 입장이다.

때때로 규칙과 원칙이 많은 점에서 동일한 역할을 하며, 그들은 거의 형식에서만 다른 경우가 있다. 셔먼 법(Sherman Act)의 첫 번째 부분은 거래를 제한하는 모든 계약은 무효가 될 것이라고 주장한다. 대법원은 그것을 자신의 용어로 볼 때 규칙으로 취급해야 하는지(그 경우 그 규칙은 "거래를 제한하는" 모든 계약을 폐지시키는데, 실제로는 거의 모든 계약이 거래를 제한한다) 아니면 하나의 원칙으로, 즉 유효한 반대정책이 없을 때 계약을 폐지시키는 하나의 근거를 제공하는 원칙으로 취급해야 하는지를 결정해야만 한다. 대법원은 그 조항을 규칙으로 해석하면서, 그 규칙이 "비합당한"(unreasonable)이라는 단어를 포함하기 때문에 오직 거래의 "비합당한" 제한만을 금지하는 것으로 다루었다.[19] 이는 그 조항이 논리적으로는 규칙으로서 기능하는 것을 허용하지만(법원은 제한이 "비합당하다"라고 판단될 때는 언제든지 그 계약은 부당하다고 주장해야 한다) 실질적으로는 원칙으로 기능하는 것을 허용한다(법원은 특정한 경제적 상황에서 특정한 제한이 "비합당"한지를 결정할 때 다양한 정책과 원칙을 고려해야만 한다).

 "합당한", "부주의한", "부정한", 그리고 "심각한" 같은 말은 종종 바로 이런 기능을 수행한다. 이러한 용어들은 그 용어를 담고 있는 규칙을 적용할 때 어느 정도 규칙을 초월한 정책과 원칙에 의존하게 하고, 그런 방식으로 그 규칙을 더 원칙 같은 것으로 만든다. 그러나 그들은 그 규칙을 원칙으로 완전히 바꾸지는 않는다. 왜냐하면 이런 용어들은 가장 넓은 의미에서라도 규칙이 의존하는 다른 원칙들과 정책의 **종류**를 제한하기 때문이다. 만일 우리가 "비합당한" 계약은 무효이며 대체로 "불공정한" 계약은 집행되어서는 안 된다고 말하는 규칙에 구속되어 있다면, 그 용어들이 없는 경우보다 더 많은 판단이 요구된다. 그러나 정책이나 원칙에 관한 어떤 고려가 심지어 계약의 제한이 비합당하

---

19) *Standard Oil v. United States*, 221 U.S. 1, 60(1911); *United States v. American Tobacco Co.*, 221 U.S. 106, 180(1911).

고 대체로 불공정하다 하더라도, 그 계약은 집행되어야 한다고 제안하는 경우를 생각해보자. 그러한 계약을 집행하는 것은 우리의 규칙에 의해 금지되고, 그러므로 오직 그러한 규칙이 포기되거나 수정될 경우에만 허용될 것이다. 그러나 만일 그 법이 규칙이 아니라 비합당한 계약의 집행을 반대하는 정책이나 불공정한 계약은 집행되어서는 안 된다고 하는 원칙이라 한다면, 그 계약은 그 법의 수정 없이 집행될 수 있을 것이다.

4. 원칙과 법의 개념

일단 우리가 법적 원칙을 법적 규칙과는 다른 별도의 종류의 규준으로 확인한다면, 우리는 우리 주위 도처에서 그런 원칙들을 즉시 알아보게 될 것이다. 법 교수는 그것들을 가르치고, 법 서적은 그것들을 인용하며 법 사학자는 그것들을 세상에 알린다. 그러나 그것들은 리그와 헤닝슨같이 난해한 소송에서 가장 크게 작용하는 것처럼 보인다. 이와 같은 사안에서 원칙은 특정한 법적 권리와 의무에 대한 판단을 지지하는 논변에서 본질적인 역할을 한다. 사안이 판결되고 난 다음에 우리는 그 사안은 특정한 규칙(예를 들면 살인자는 그가 살해한 자의 유언에 따라 재산을 상속받을 자격이 없다고 하는 규칙)을 지지한다고 말할 수 있다. 그러나 그 규칙은 그 사안이 판결되기 전에는 존재하지 않았다. 법원은 새로운 규칙을 채택하고 적용하기 위한 정당화로 원칙을 인용한다. 리그 사안에서 법원은 어떤 사람도 자신의 잘못으로부터 이익을 얻을 수 없다는 원칙을 유언에 관한 제정법을 해석할 때 배경적 원칙으로 인용하고 그런 방식으로 그 제정법에 관한 새로운 해석을 정당화했다. 헤닝슨 사안에서 법원은 충돌하는 다양한 원칙과 정책을 자동차의 결함에 대한 제조업자의 책임을 인정하는 새로운 규칙을 지지하는 권위로 인용했다.

그렇기 때문에 법적 의무의 개념에 관한 분석은 특정한 법의 결정에 도달할 때 원칙이 하는 중요한 역할을 설명해야만 한다. 우리가 취할 수 있는 두 가지 매우 다른 방안이 있다.

(a) 우리는 우리가 법적 규칙을 다루는 방식처럼 법적 원칙을 다룰 수 있고, 어떤 원칙은 법으로서 구속력이 있으며 법적 의무에 대해 결정해야 하는 법관들이나 법률가들에 의해서 고려되어야 한다고 말할 수 있다. 만일 우리가 이 방안을 취한다면, 우리는 적어도 미국에서는 "법"이 규칙뿐만 아니라 원칙도 포함한다고 말해야 한다.

(b) 다른 한편, 우리는 어떤 규칙이 구속력이 있는 것처럼 원칙이 구속력을 가질 수 있다는 것을 부인할 수 있다. 대신에 리그나 헤닝슨 같은 사안에서 법관은 그가 원할 경우 자유롭게 따를 수 있는 초(超)법적인 (extra-legal) 원칙에 의뢰하기 위해서 그가 적용해야 하는 규칙을 넘어선다(즉, "법"을 넘어선다).

우리는 이러한 두 가지 방안 사이에 차이는 그렇게 많지 않으며 오직 우리가 "법"이라는 단어를 어떻게 사용하길 원하는지에 관한 하나의 언어적 문제일 뿐이라고 생각할 수 있다. 그러나 그것은 잘못이다. 왜냐하면 그 둘 사이의 선택은 법적 의무에 관한 분석에서 매우 큰 결과를 갖기 때문이다. 그것은 법적 원칙에 대한 두 개의 개념(concepts) 사이의 선택인데, 우리는 그 선택을 법적 규칙에 대한 두 개념 사이에서 우리가 할 수 있는 선택과 비교함으로써 명확히 할 수 있다. 때때로 어떤 사람이 어떤 관행을 따르는 것을 선택할 때, 우리는 그에 대해 그가 어떤 것을 하는 것을 "하나의 규칙으로 삼는다"라고 말한다. 예를 들면 우리는 어떤 사람이 건강하기를 원하고 섭생법을 믿기 때문에 아침식사

전에 1마일 달리는 것을 규칙으로 삼았다고 말할 수 있다. 우리가 이렇게 말할 때, 우리는 그가 아침식사 전에 1마일을 달려야 한다는 규칙에 의해 구속되어 있다는 것을 의미하지 않고 그가 그 규칙을 그를 구속하는 것으로 간주한다는 것도 의미하지 않는다. 구속하는 것으로서 규칙을 수용하는 것은 어떤 것을 하는 것을 규칙으로 삼는 것과는 다른 어떤 것이다. 만일 우리가 다시 한 번 하트의 예를 사용한다면, 영국 사람들은 일주일에 한 번 영화 보는 것을 규칙으로 삼는다고 말하는 것과 영국 사람들은 일주일에 한 번 영화를 봐야만 한다는 규칙을 갖는다고 말하는 것 사이에 차이가 있다. 후자의 진술은 만일 영국 사람이 그 규칙을 따르지 않는다면 비판이나 비난을 받기 쉽다는 것을 함축하지만 전자는 그렇지 않다. 전자도 일종의 비판의 가능성을 배제하지는 않는다. 우리는 영화를 보지 않는 사람은 그의 교양을 소홀히 하는 것이라고 말할 수 있다. 그러나 우리는 그가 바로 그 규칙을 따르지 않음으로써 잘못된 어떤 것을 행한다고 주장하는 것이 아니다.[20]

만일 우리가 공동체의 법관들을 하나의 단체로 생각한다면, 우리는 이러한 두 가지 상이한 방식으로 그들이 따르는 법의 규칙을 기술할 수 있다. 예를 들면 우리는 어떤 국가에서는 법관들이 세 명의 증인이 없다면 유언을 집행하지 않는 것을 규칙으로 삼는다고 말할 수 있다. 이것은 그런 유언을 집행하는 얼마 되지 않는 예외적인 법관들이 바로 그러한 이유 때문에 잘못된 어떤 것을 한다는 것을 함축하지는 않는다. 다른 한편 우리는 그 국가에서 법의 규칙은 법관에게 그와 같은 유언을 집행하지 않는 것을 요구한다고 말할 수 있다. 이것은 그런 유언을 집행하는 법관은 어떤 잘못된 것을 행하는 것임을 함축한다. 물론 하트와

---

20) 이는 롤스가 "Two Concepts of Rules," *Philosophical Review* 64, 1955, 3 쪽에서 구별한 것과 실질적으로 동일하다.

오스틴, 그리고 그 밖의 다른 실증주의자들은 법적 규칙에 대해 이 후자의 설명을 주장할 것이다. 즉, 그들은 "규칙으로 삼는다"라는 설명에 결코 만족하지 않는다. 어떤 설명이 옳은지의 문제는 언어적 문제가 아니다. 그것은 어떤 설명이 사회적 상황을 더 정확히 기술하는가에 관한 문제이다. 다른 중요한 문제들은 우리가 어떤 기술을 받아들이는가에 달려 있다. 예를 들면 만일 법관들이 어떤 계약을 강요하지 않는 것을 단순히 "규칙으로 삼는다면", 그 판결이 있기 전에 우리는 어떤 사람이 그 결과에 대해 "자격이 있다"(entitled)라고 말할 수 없으며, 그 명제는 그 판결에 대해 우리가 제공할 수 있는 어떤 정당화 속에 들어올 수 없다.

원칙을 다루는 두 가지 노선은 규칙에 대한 이 두 설명에 대응한다. 첫 번째 방안은 법관을 구속하는 것으로 원칙을 취급한다. 그렇기 때문에 원칙이 해당될 때 법관들이 그 원칙을 적용하지 않는 것은 잘못이다. 두 번째 방안은 대부분의 법관들이 그들을 구속하는 규준들을 넘어서도록 강요될 때 하는 것을 "원칙으로 삼는" 것들의 요약으로 원칙을 취급한다. 이 접근법 사이에서의 선택은 리그나 헤닝슨 같은 난해한 사안에서 법관들이 선재(先在)하는 법적 권리와 의무를 집행하는지 어떤지의 문제에 대해 우리가 줄 수 있는 대답에 영향을 미칠 것이며, 아마도 그 대답을 결정하기조차 할 것이다. 만약 우리가 첫 번째 방안을 선택한다면, 우리는 여전히 그런 법관들은 구속력이 있는 법적 규준을 적용하기 때문에 그들은 법적 권리와 의무를 집행한다고 주장할 수 있다. 그러나 만일 우리가 두 번째 방안을 선택한다면 우리는 그 문제에 대해서는 법정 밖에서 해결해야 하며, 리그 사안에서의 살인자의 가족과 헤닝슨 사안에서의 자동차 제조업자는 소급적으로(ex post facto) 적용된 하나의 사법적 재량행위에 의해 그들의 재산을 빼앗겼다는 것을 인정해야만 한다. 이것은 많은 독자들에게 충격을 주지는 않을 것이지만——사법적 재량의 개념은 법 공동체 전체에 이미 스며들어 있다——
그것은 철학자들을 법적 의무에 관한 고민으로 이끌고 가는 난제들 중
에서 가장 난해한 것의 하나를 보여주는 것이다. 만일 그와 같은 경우
에서 재산을 빼앗는 것이 확립된 의무에 호소함으로써 정당화될 수 없
다면, 다른 정당화가 이루어져야만 한다. 그러나 어떤 만족스런 정당화
도 아직 제공되지 않았다.

　앞에서 제시했던 실증주의에 대한 개괄적 그림에서 나는 사법적 재
량의 법원리를 실증주의의 두 번째 신조로 기술했다. 실증주의자들은
어떤 사안이 분명한 규칙에 의해 처리되지 않을 때 법관은 하나의 새로
운 입법에 해당하는 것에 의거해서 그 사안을 결정하기 위해 그의 재량
을 행사해야 한다고 주장했다. 이 법원리와 법적 원칙에 대한 두 가지
접근방법 중에서 어떤 것을 우리가 취해야 하는가의 문제 사이에는 중
요한 연결이 있을 수 있다. 그러므로 우리는 그 법원리가 옳은지 어떤
지에 대해, 그리고 그것이 두 번째 접근방법을 함축하고 있는지(표면적
으로는 함축하고 있는 것으로 보인다)에 대해 물어봐야 할 것이다. 그
러나 우리는 이런 문제로 넘어가기 전에 재량의 개념에 대한 우리의 이
해를 다듬어야 할 것이다. 나는 그 개념에 관한 어떤 혼란과 특히 그 개
념이 사용되는 여러 가지 의미를 구별하지 못한 것이 재량의 법원리의
유행을 어떻게 설명해주고 있는지를 보여주도록 노력할 것이다. 나는
그 법원리가 원칙에 관한 우리의 논의와 관련을 갖는 그런 의미에서는
그것을 옹호하기 위해서 실증주의자들이 사용한 논변에 의해서 전혀
지지되지 않는다고 주장할 것이다.

5. 재량

　재량(discretion)이라는 개념은 실증주의자들이 일상언어에서 끌어

내어 사용한 것인데, 그것을 이해하기 위해서는 그것을 잠시 동안 그것이 있던 곳에 다시 갖다놓고 봐야 한다. 일상적인 삶에서 어떤 사람이 "재량을 갖는다"라고 말하는 것은 무엇을 의미하는가? 우선적으로 주목해야 할 것은 매우 특별한 상황에서만 그 개념이 적절하다는 것이다. 예를 들면 당신은 내가 나의 가족을 위해 집을 선택할 재량을 갖고 있거나 그렇지 않다고 말할 수 없다. 내가 그 선택을 하는 데에서 "어떤 재량도 갖고 있지 않다"라는 것은 사실이 아니지만 내가 재량을 갖는다고 말하는 것 또한 거의 똑같이 잘못된 말이다. 재량이라는 개념은 오직 다음과 같은 한 가지 종류의 맥락에서만, 즉 일반적으로 어떤 사람이 특정한 권위에 의해서 정립된 규준에 종속된 상태에서 결정하는 일을 맡았을 때 어울린다. 상관의 명령에 종속되어 있는 하사관의 재량, 또는 경기규정집에 따라 판정하는 경기심판관의 재량에 대해 말하는 것은 의미가 있다. 재량은 노넛의 구멍같이 제약의 띠에 의해 눌러싸여 열려진 채 남겨져 있는 영역으로서만 존재한다. 그러므로 재량은 상대적인 개념이다. "어떤 규준 아래에 있는 재량인가?" 또는 "어떤 권위에 관련된 재량인가?"를 묻는 것은 항상 의미가 있다. 일반적으로 맥락이 그에 대한 대답을 쉽게 하도록 하지만, 관리가 어떤 관점에서는 재량을 갖지 않는다 하더라도 그와 다른 관점에서는 재량을 가질 수 있는 경우도 있다.

거의 모든 용어들처럼 "재량"의 정확한 의미는 그것이 사용되는 맥락의 특성에 의해서 영향을 받는다. 그 용어는 항상 알려진 정보의 배경—그것을 배경으로 해서 그 용어가 사용된다—에 의해서 착색된다. 비록 그 용어의 의미에 미묘한 차이들이 많다 하더라도, 우리가 어떤 대체적인 구별을 해보는 것은 유익할 것이다.

때때로 우리는 "재량"이라는 말을 약한 의미로, 즉 단순히 어떤 이유 때문에 관리가 적용해야만 하는 규준이 기계적으로 적용될 수 없고 판단을 요구한다고 말하기 위해서 "재량"을 사용한다. 맥락이 그렇게 분명하지 않을 때, 우리의 청중이 가정하는 배경이 그 맥락에 대한 정보를 포함하지 않을 때 우리는 이런 약한 의미로 사용한다. 예를 들면, 우리는 하사관이 받은 명령이 무엇인지 알지 못하는 사람 또는 그 명령을 수행하기 어렵거나 모호한 명령으로 만드는 어떤 것을 알지 못하는 사람들에게 "하사관이 받은 명령은 그에게 상당히 많은 재량을 남긴다"라고 말할 수 있다. 그리고 더 자세하게 말하면서, 장교가 하사관에게 가장 경험이 많은 사람 다섯을 순찰에 데리고 가라고 명령했지만 누가 가장 경험이 많은지를 결정하기 어렵다고 덧붙이는 것도 완전한 의미를 가질 것이다.

때때로 우리는 그와는 다른 약한 의미에서, 즉 어떤 관리는 다른 관리에 의해서 재심되거나 번복될 수 없는 판결의 최종적인 권위를 갖는다는 것만을 말하기 위해서 그 용어를 사용한다. 우리는 그 관리가 어떤 관리들의 위계구조의 부분일 때 그런 방식으로 말하는데, 그 경우 그 위계구조에서는 어떤 관리들이 더 높은 권위를 갖고 있고, 상이한 종류의 결정에 따라 권위의 유형이 상이하다. 예를 들면 우리는 야구경기에서 볼이나 주자 가운데 무엇이 먼저 2루에 도달했는지 같은 특정한 판정은 2루심의 재량에 맡겨져 있다고 말할 수 있다. 그 경우 우리가 말하고자 하는 것은, 그 문제에서만큼은 주심이 다른 의견을 갖는다 하더라도 자신의 의견으로 2루심의 의견을 대체할 권한이 없다는 것이다.

나는 이 두 의미를 그보다 더 강한 의미와 구별하기 위해서 약한 의미라고 부르겠다. 우리는 때때로 단지 어떤 관리가 권위에 의해서 그에게 주어진 규준을 적용하면서 스스로 판단을 해야 한다고 말하거나 어떤 사람도 그 판단을 심사하지 않을 것이라고 말하기 위해서 "재량"을 사용한다. 이뿐만 아니라 어떤 문제에서는, 그가 그 권위에 의해서 제시된 규준에 구속되지 않는다는 것을 말하기 위해서도 "재량"을 사용한다. 후자의 의미에서는 우리는 순찰을 위해서 자기가 원하는 어떤 사람이든지 다섯 명을 뽑으라는 명령을 받은 하사관이 재량을 갖는다고 말하거나, 개 품평회에서 규칙이 행사의 순서를 명시하지 않았을 경우 심판관이 복서 종의 개 이전에 에어데일 종의 개들을 판정할 재량을 갖는다고 말한다. 이때 우리가 이런 의미에서 그 말을 사용하는 것은 규준의 모호함이나 난점을 지적하기 위한 것도 아니고, 그 규준들을 적용하는 데에서 누가 최종적인 발언권을 갖고 있는지를 말하기 위한 것도 아니다. 그것은 그 규준의 범위와 그 규준이 통제하는 결정을 말하기 위한 것이다. 만일 하사관이 가장 경험이 많은 다섯 명을 뽑으라는 명령을 받았다면, 그는 이런 강한 의미에서 재량을 갖고 있지 않다. 왜냐하면 그 명령은 그의 결정을 통제할 의도를 가지고 있기 때문이다. 어떤 사람이 더 공격적인가를 판단해야만 하는 복싱 심판도 동일한 이유 때문에 강한 의미에서 재량을 갖고 있지 않다.[21]

만일 어떤 사람이 이 후자의 사례에서 하사관이나 심판이 재량을 갖는다고 말한다면, 맥락이 허용하는 경우에 우리는 그가 약한 의미 가운데 하나로 재량이라는 말을 사용하는 것으로 이해해야 한다. 예를 들면 중위가 하사관에게 가장 경험이 많다고 생각되는 다섯 명을 선택하라고 명령하고, 그가 하사관은 그들을 선택할 재량을 갖는다는 점을 덧붙였다고 가정하자. 또는 규칙이 심판은 경기 중에 더 공격적인 선수를 선택할 재량을 갖고서 가장 공격적인 사람에게 해당 라운드의 승리를

---

21) 나는 법철학에서 애용되는 "제한된"(limited) 재량에 대해서는 말하지 않았다. 왜냐하면 우리가 재량의 상대성을 기억할 경우, 그 개념은 특별한 난점을 제기하지 않기 때문이다. 하사관이 경험이 있는 사람들 "가운데서" 선발하라는 명령을 받거나 "경험을 고려하라"라는 명령을 받았다고 가정하자. 우리는 그가 그의 정찰병을 선발하는 것에서 (제한된) 재량을 가졌다고 말할 수 있거나, 경험이 있는 사람들 중에서 선발하거나 그 밖의 다른 어떤 것을 고려할 것인지를 결정할 수 있는 (충분한) 재량을 가졌다고 말할 수 있다.

판정해야 한다고 규정한다고 가정하자. 우리는 이런 진술을 두 번째 약한 의미로, 즉 결정에 대한 심사의 문제에 대한 대답으로 이해해야 한다. 첫 번째 약한 의미, 즉 판정은 판단을 필요로 한다는 것은 너무 약할 것이고, 세 번째의 강한 의미는 진술 자체에 의해서 제외된다.

우리는 빠지기 쉬운 하나의 혼동을 피해야만 한다. 재량의 강한 의미는 방종(license)에까지 이르지 않으며, 비판의 가능성을 배제하지 않는다. 어떤 사람의 행위가 이루어지는 거의 모든 상황(특별한 권위 아래서 이루어지는 결정의 문제가 없고, 그래서 재량의 문제가 없는 그런 상황을 포함해서)은 합리성, 공정성 그리고 효율성의 규준을 중요한 것으로 만든다. 우리는 그런 규준의 용어로 다른 사람의 행동을 비판한다. 그리고 그 행위가 특별한 권위가 만들고 있는 도넛의 원주를 넘어서지 않고 그 원주 안에 속한 행위라 하더라도, 그렇게 하지 않을 이유는 없다. 그래서 우리는 순찰병을 선택할 재량(강한 의미에서)을 받은 하사관은 어리석게 또는 악의적으로 또는 경솔하게 선택했다고 말할 수 있고, 개를 보여주는 순서에 대한 재량을 가진 심판관은 에어데일 종은 세 마리만 있고 복서 종은 많이 있음에도 복서 종을 먼저 보여주었기 때문에 실수했다고 말할 수 있다. 관리의 재량은 그가 이성과 공정함의 규준에 의지하지 않고 자유롭게 결정할 수 있다는 것을 의미하는 것이 아니다. 오직 그의 판정은 재량의 문제가 제기될 때, 우리가 염두에 두는 특정한 권위에 의해서 제공된 규준에 의해 통제되지 않는다는 것만을 의미한다. 물론 후자와 같은 종류의 자유는 중요하다. 그것은 우리가 강한 의미의 재량을 갖는 이유이다.

이 세 번째 의미의 재량을 갖는 어떤 사람은 비판받을 수 있다. 하지만 군인의 경우에서와 같이 불복종을 이유로 비판받지는 않는다. 스포츠 경기의 심판이나 경연대회의 심판관의 사례에서처럼 그는 실수를 했다고 말할 수 있지만, 경기참가자에게서 그가 받을 자격이 있는 판정을 빼앗았다고 말할 수는 없다.

우리는 이제 이런 관찰의 결과를 갖고 사법적 재량에 대한 실증주의자들의 법원리로 돌아와서 고찰할 수 있을 것이다. 그 법원리는 만일 어떤 사안이 확립된 규칙에 의해 처리되지 않는다면, 법관은 재량을 행사함으로써 그에 대해 결정해야 한다고 주장한다. 우리는 이 법원리를 검토하고 원칙에 대한 우리의 판단과 그것과의 관계에 대해 따져보길 원한다. 그러나 그러기 전에 우선 우리는 어떤 의미로 재량을 이해해야 하는지를 물어봐야만 한다.

어떤 유명론자들은 법관은 궁극적으로 법의 최종적 판정자이기 때문에 심지어 분명한 규칙이 있을 때에도 항상 재량을 가진다고 주장한다. 재량에 대한 이 법원리는 최고법원보다 더 높은 어떤 권위가 그 법원의 판결을 심사하지는 않는다고 보고 있기 때문에 재량이란 말을 두 번째 약한 의미로 사용한다. 그러므로 그것은 우리가 어떻게 규칙을 설명하는가의 문제와 관련이 없으며, 그와 마찬가지로 우리가 원칙을 어떻게 설명하는가에 대한 문제와도 관련이 없다.

실증주의자들의 법원리는 이와는 다르다. 왜냐하면 그들은 명백하고 확립된 규칙이 있는 경우에는 법관에게 재량이 없다고 말하기 때문이다. 만일 우리가 그 법원리에 대한 실증주의자들의 주장에 주의를 기울인다면, 우리는 그들이 재량의 의미를 첫 번째 약한 의미로, 즉 오직 법관들은 법적 규준을 적용하는 데에서 때때로 판단을 해야 한다는 것만 의미하는 것으로 사용하고 있음을 짐작할 수 있다. 그들의 논변은 법의 어떤 규칙이 모호하다는 사실(예를 들면 하트 교수는 법의 모든 규칙들이 "열린 구조"를 갖는다고 말한다)과 어떤 확립된 규칙도 적합하지 않은 경우(헤닝슨 사안의 경우와 같이)가 발생한다는 사실에 주의를 환기시킨다. 그들은 법관들이 때때로 법이 주장하고자 하는 바에 대해 고민해야만 하고 동일한 교육을 받고 또한 동일한 정도로 지적인 법관들이라 하더라도 종종 서로 다른 견해를 가질 것이라는 점을 강조한다.

　이런 주장들은 인정하기 어렵지 않다. 그것들은 법에 익숙한 사람에게는 진부한 것이다. 실제로 난점은 실증주의자들이 이런 약한 의미에서 "재량"을 사용하고자 한다고 가정하는 것에 있다. 적용되는 명백한 규칙이 없을 때는 판단이라는 의미에서의 재량을 사용해야 한다는 명제는 동어반복이다. 더욱이 그것은 법적 원칙을 어떻게 설명해야 하는지에 관한 문제와는 관계가 없다. 예를 들면 리그 사안에서 법관은 판단을 사용해야 한다고 주장하는 것과 법관은 어떤 사람도 자신의 잘못으로부터 이익을 얻을 수 없다는 원칙을 따를 수밖에 없다고 말하는 것은 모순되지 않는다. 실증주의자들은 마치 사법적 재량에 대한 그들의 법원리가 동어반복이 아니라 그에 대한 통찰력 있는 견해인 것처럼 말하며, 그 법원리가 원칙에 대한 문제와 관련이 있는 것처럼 말한다. 예를 들면 하트는 법관들이 재량을 사용하고 있을 때, 우리는 그 법관이 규준에 의해서 구속되어 있다고 더 이상 말할 수 없고, 그 법관이 어떤 규준을 "특유한 방식으로(characteristically) 사용하는가"에 대해서 말해야 한다고 말한다.[22] 하트는 법관이 재량을 가질 때 그들이 인용하는 원칙은 우리의 두 번째 접근법으로, 즉 법원이 하는 것을 "원칙으로 삼는 것"으로 다루어져야 한다고 생각한다.

　그러므로 실증주의자들은 적어도 때로는 그들의 법원리가 세 번째의 강한 의미에서의 재량이라고 생각하는 것처럼 보인다. 그런 의미에서 그 법원리는 원칙의 취급과 관련이 있다. 실제로 그들의 법원리는 바로 우리의 두 번째 접근법을 반복해서 말하는 것일 뿐이다. 법관이 규칙을 갖지 않을 때 그는 법의 권위로부터 나온 어떤 규준에 의해 구속되지 않는다는 의미에서 재량을 갖는다고 말하는 것은, 규칙 이외에 법관이

---

22) H.L.A. Hart, *The Concept of Law*, 1961, 144쪽.

인용하는 법적 규준은 그들에게 구속력을 갖지 않는다고 말하는 것과 동일한 것이다.

그래서 우리는 강한 의미에서의 사법적 재량이론을 검토해야만 한다. (나는 이제부터 "재량"을 그런 의미로 사용할 것이다.) 리그와 헤닝슨 같은 사안에서 법관들이 인용한 원칙들은 마치 가장 경험이 많은 사람을 선택하라는 하사관의 명령이나 더 공격적인 선수를 선택할 심판의 의무가 그들의 결정을 통제하는 것처럼 법관의 결정을 통제하는가? 통제하지 않는다는 것을 보여주기 위해서 실증주의자들이 제공할 수 있는 논변은 무엇인가?

(1) 어떤 실증주의자는 원칙이 구속력이 없다거나 강제적일 수 없다고 주장할 수 있다. 이것은 잘못일 것이다. 물론 어떤 특정한 원칙이 어떤 법 관리를 **사실상** 구속하는가 하지 않는가는 항상 문제이다. 그러나 원칙의 논리적 성격 안에는 그 원칙이 그 관리를 구속할 수 없게 만드는 것은 없다. 헤닝슨 같은 사안에서 법관이 자동차 제조업자들은 그들의 소비자에 대해 특별한 의무를 진다는 원칙 또는 법원은 거래조건이 불리한 사람들을 보호해야 한다는 원칙에 대해서 전혀 고려하지 않고, 단지 자유로운 계약의 원칙을 인용해 피고에게 유리한 판결을 내렸다고 가정하자. 그 법관을 비판하는 사람들은 그가 다른 법관들은 어느 정도 주의를 기울이는 고려사항을 참고하지 않았다는 것을 지적하는 데 만족하지 않을 것이다. 대부분의 비판자들은 그런 원칙의 경중을 따지는 것이 그의 의무이고 원고는 그가 그렇게 하도록 할 자격이 있다고 말할 것이다. 우리가 **규칙**이 법관을 구속한다고 말할 때 우리가 말하고자 하는 것은, 만일 그 규칙이 적용된다면 법관은 그 규칙에 따라야 한다는 것, 그리고 만일 그가 그 규칙에 따르지 않는다면 바로 그 이유 때문에 그는 하나의 실수를 저지르게 될 것이라는 것 이상이 아니다.

헤닝슨 같은 사안에서 법원은 특정한 원칙을 오직 "도덕적으로"만 고려할 의무가 있다거나, "제도상" 의무가 있다거나, 사법적 "기교" 또는 그런 종류의 어떤 것의 관점에서 의무를 갖는다고 말하는 것은 충분하지 않을 것이다. 왜 이런 유형의 의무(우리가 그것을 무엇으로 부르든지 간에)가 규칙이 법관들에게 부과한 의무와 다른지의 문제와 왜 그것은 우리에게 원칙과 정책은 법의 부분이 아니라 단지 "법원이 특유한 방식으로 사용하는" 초법적(超法的) 규준이라고 말할 수 있는 자격을 부여하는지의 문제가 여전히 남아 있을 것이다.

(2) 어떤 실증주의자는 비록 어떤 원칙은 법관이 그것을 고려해야만 한다는 의미에서 구속력이 있다고 하더라도, 그 원칙은 하나의 특별한 결과를 결정할 수 없다고 주장할 수 있다. 이것은 보다 더 평가하기 힘든 주장이다. 왜냐하면 어떤 규준이 하나의 결과를 "결정한다"라는 것이 무엇을 의미하는지가 분명하지 않기 때문이다. 아마도 그것은 그 규준이 적용될 때마다 항상 그 결과를 지시하기(dictate) 때문에 다른 어떤 것도 고려되지 않는다는 것을 의미할 것이다. 만일 그렇다면, 개개의 원칙이 결과를 결정하지 않는다는 것은 분명히 사실이다. 그렇지만 그것은 원칙은 규칙이 아니라고 말하는 것의 또 다른 표현방법일 뿐이다. 그것이 어떤 결과이든지 간에 규칙만이 결과를 지시한다. 반대되는 결과에 도달했을 경우에는 그 규칙은 포기되거나 변한 것이다. 원칙은 그런 방식으로 작용하지 않는다. 원칙은 결정을 한쪽 방향으로 기울게 하는데, 그것은 결정적인 것이 아니다. 그리고 그 원칙은 지배적인 원칙이 못 된다 하더라도 여전히 원칙으로서 수정되지 않고 존속한다. 이런 점은 원칙을 고려해야 하는 법관은 재량을 갖는다고 결론지어야 하는 근거가 되지 못하는 것처럼 보인다. 왜냐하면 하나의 집합의 원칙들이 하나의 결과를 지시할 수 있기 때문이다. 만일 어떤 법관이 그가 인

정해야 하는 원칙들이 하나의 방향을 지시한다고 믿고 또 다른 방향을 지시하는 원칙들이 있다 하더라도 동등한 중요성을 갖지 않는다고 믿는다면, 그는 그것들에 따라서 판결해야 하는데, 그것은 하나의 구속력 있는 규칙이라고 그가 믿는 것을 따라야 하는 것과 같다. 물론 그는 그 원칙들에 대해 잘못 평가할 수 있지만, 그 규칙에 대해서도 구속력이 있다고 잘못 믿을 수 있다. 하사관과 권투심판은 종종 동일한 처지에 있게 된다고 우리는 덧붙여 말할 수 있다. 어떤 하나의 요소도 어떤 군인이 가장 경험이 많은지, 그리고 어떤 선수가 보다 더 공격적인지를 지시하지 않는다는 것이다. 이 관리들은 다양한 요소의 상대적인 중요성을 판단해야만 하는데, 바로 그 이유 때문에 그들이 재량을 갖는 것은 아니다.

(3) 어떤 실승수의자는 원칙의 권위가 본래적으로 **논란이 되는** 것이기 때문에, 그리고 그것의 중요성은 더욱 논란이 되기 때문에 원칙은 법으로 간주될 수 없다고 주장할 수도 있다. 우리가 때때로 어떤 규칙을 의회의 결의나 권위가 있는 법원의 의견 속에서 그것을 확인함으로써 그 규칙의 타당성을 증명할 수 있는 것과는 달리, 일반적으로 특정한 원칙의 권위나 중요성을 **증명할 수 없다**는 것은 사실이다. 대신 우리는 원칙의 근거(case), 그리고 그것의 중요성의 근거를 다른 원칙과 관행의 혼합에 호소함으로써 제시하게 되는데, 그 혼합 속에는 공동체의 관행과 이해에 대한 호소와 함께 입법의 역사와 사법의 역사가 함축하고 있는 것들이 들어 있다. 그런데 그런 근거의 건전성을 시험하기 위한 리트머스 시험지는 없다. 즉, 그것은 판단의 문제이고 합리적인 사람들이라도 서로 다른 견해를 가질 수 있다. 그러나 다시 이것도 재량을 갖지 않은 관리와 법관을 구별할 수 없다. 하사관은 경험을 평가할 수 있는 리트머스 시험지를 갖지 않고 심판도 공격적인 것을 평가할 수

있는 리트머스 시험지를 갖지 않는다. 이들 중 누구도 재량을 갖지 않는다. 왜냐하면 그들은 그들의 명령이나 규칙이 요구하는 것이 무엇인가에 대한 이해(그 이해는 논란의 대상이 될 수도 있고 되지 않을 수도 있다)를 가져야 하며, 그 이해에 따라서 행위해야 하기 때문이다. 그것은 법관의 의무이기도 하다.

물론, 만일 실증주의자들이 그들의 법원리들 가운데 또 다른 법원리—즉, 각각의 법적 체계 안에는 하트 교수의 승인규칙같이 구속력이 있는 법에 대한 하나의 궁극적 기준(test)이 있다는 이론—에서 옳다고 한다면 원칙은 구속력이 있는 법이 아니라는 결론이 나온다. 그러나 원칙과 실증주의자의 그 이론이 양립할 수 없다는 것은, 원칙이 어떤 특정한 방식으로 취급되어야 한다는 것을 지지하는 논거로 간주되기 어렵다. 그것은 선결문제 요구의 오류를 범한다. 우리가 원칙의 지위에 대해서 관심을 갖는 것은 실증주의자들의 그 모델을 평가하기 위한 것이다. 실증주의자는 승인규칙에 대한 그의 이론을 당연한 것으로 (by fiat) 변호할 수 없다. 즉, 만일 원칙이 하나의 기준에 의해서 판정되지 않는다면, 실증주의자는 왜 원칙이 법으로 간주될 수 없는가에 대해 어떤 다른 이유를 보여줘야만 한다. 원칙은 법적 의무에 관한 논변에서 하나의 역할을 하는 것처럼 보이기 때문에(다시 리그와 헤닝슨 사안을 보라) 그 역할을 설명하는 모델은 그 역할을 배제하는 모델과 비교해 시초우위를 가지며, 후자를 지지하는 기반 위에서는 그것에 대한 비판이 적절하게 이루어질 수 없다.

이런 것들은 강한 의미에서의 재량의 원리와 원칙에 대한 두 번째 접근방법을 지지하기 위해서 실증주의자가 사용할 수 있는 논변들 중에서 가장 분명한 것들이다. 나는 그 법원리에 반대하고 첫 번째 접근법을 지지하는 하나의 강력한 반대논변을 언급할 것이다. 만일 적어도 약간의 원칙들의 어떤 집합이 법관에게 특정한 판결을 내리도록 요구하면서 그 법관에게 구속력이 있는 것으로 인정되지 않는다면, 어떤 규칙도 그들에게 구속력이 있다고 말할 수 없거나 구속력이 있다고 말할 수 있는 규칙은 거의 없을 것이다.

대부분의 미국(그리고 지금은 영국에서도)의 사법부에서 상급법원들은 종종 확립된 규칙을 거부한다. 보통법 규칙——그것은 과거의 법원의 판결에 의해 발전되었다——은 때로는 직접적으로 폐기되고 때로는 이후에 이루어지는 발전에 의해서 근본적으로 수정되기도 한다. 제정법 규칙은 해석되고 또 재해석되기도 하는데, 그 결과로 "입법의도"라고 불리는 것을 수행하지 못할 때조차도 있다.[23] 만일 법원이 확립된 규칙을 변화시킬 재량을 갖는다면, 물론 그런 규칙은 법원에 대해 구속력을 갖지 못할 것이고 그럴 경우 그 규칙은 실증주의자들의 모델에서는 법이 아닐 것이다. 그렇기 때문에 실증주의자는 법관이 언제 확립된 규칙을 기각하거나 변화시킬 수 있고 언제 할 수 없는지를 결정해주는 규준——그것 자체는 법관에 대해 구속력을 가진다——이 있어야 한다고 주장해야 한다.

그렇다면 법관은 언제 현존하는 법의 규칙을 변경하는 것이 허용되는가? 그에 대한 대답에서 원칙은 다음과 같은 두 가지 방식으로 나타난다. 첫째, 그 변경이 어떤 원칙을 지지한다는 것을 법관이 보여주는 것은 충분하지는 않더라도 필요하다. 그 경우 그 원칙은 그 변경을 정당화해준다. 리그 사안에서 변경——유언의 법규에 관한 하나의 새로운 해석——은 어떤 사람도 자신의 잘못으로부터 이익을 얻을 수 없다는 원칙에 의해서 정당화되었다. 헤닝슨 사안에서는 자동차 제조업자의 책

---

23) Wellington and Albert, "Statutory Interpretation and the Political Process: A Comment on Sinclair v. Atkinson," *Yale L. J.* 72, 1963, 1547 쪽을 참조할 것.

임에 관해 이전에 인정되었던 규칙이 내가 법원의 의견으로부터 인용한 원칙과 정책을 기초로 해서 바뀌었다.

그러나 어떤 원칙도 하나의 변경을 정당화하는 데 충분하지 않으며 어떤 규칙도 영원히 안전하지는 않을 것이다. 중요한 원칙도 있고 그렇지 않은 원칙도 있으며, 어떤 원칙은 다른 원칙보다 더 중요한 것일 수 있다. 그것은 존중할 만한 초법적 규준들──그것들은 모두 원칙상 선택될 수 있다──의 바다 한가운데에서 법관 자신이 선호하는 것에 따라 결정될 수는 없을 것이다. 왜냐하면 만일 그것이 법관의 선호에 달려 있다면, 우리는 그 어떤 규칙도 법관에 대해 구속력이 있다고 말할 수 없을 것이기 때문이다. 아무리 확고하게 자리 잡은 규칙이라 하더라도, 그것을 변화시키거나 근본적으로 재해석하는 것을 정당화하게 될 초법적 규준들을 선호하는 법관을 우리는 항상 상상할 수 있을 것이다.

둘째, 현존하는 법원리를 변경하고자 하는 어떤 법관이든지 확립된 법원리로부터 이탈하는 것에 대해 반대하는 어떤 중요한 규준들을 고려해야만 하고, 그런 규준들 또한 대부분 원칙이다. 그 규준들은 법원에게 입법부의 입법에 대해 마땅한 존경을 보여줄 것을 요구하는 원칙들의 한 집합으로 구성된 "입법부 우위"(legislative supremacy)의 원리를 포함한다. 그것들은 또한 일관성의 공평성과 효율성을 반영하는 또 다른 원칙들의 집합인 선례구속의 원리(doctrine of precedent)를 포함한다. 입법부 우위의 원리와 선례구속의 원리는 각각 그것의 영역 안에서 현상유지(status quo)을 향해 가는 경향이 있지만, 그 현상유지를 명령하지는 않는다. 그런데 법관은 이런 법원리를 구성하는 원칙들과 정책들 가운데서 자유롭게 골라 선택할 수 없다. 만일 그들이 그렇게 할 수 있다면, 어떤 규칙도 구속력이 있다고 말할 수 없을 것이다.

그러면 특정한 규칙이 구속력이 있다고 말하는 어떤 사람이 의미하는 것을 고찰해보자. 그는 그 규칙이 법원이 마음대로 무시할 수 없고, 또 변화를 지지하는 다른 원칙보다 더 중요한 어떤 원칙에 의해서 적극적으로 지지되고 있다는 것을 의미할 수 있다. 만일 그가 의미하는 것이 그것이 아니라면, 그는 모든 변화는 법원이 자유롭게 무시할 수 없는 입법부 우위와 선례구속의 원칙 같은 보수적인 원칙들의 결합에 의해서 비난받을 것이라는 것을 의미할 수 있다. 매우 종종 그는 그 둘 모두를 의미할 것이다. 왜냐하면 그 보수적인 원칙들은 그것들이 규칙이 아니라 원칙이기 때문에 법원이 존중해야 하는 실질적 원칙들에 의해서 전적으로 지지받지 못하는 보통법 규칙이나 오래된 제정법을 보호하기에 충분하지 않기 때문이다. 물론 그 두 의미 중 어떤 것이든지 원칙들과 정책들의 한 덩어리를 규칙이 법인 것과 같은 의미에서 법으로 취급한다. 그리고 그것들을 한 공동체의 관리가 법적 권리와 의무에 대해서 내리는 결정을 통제하면서 그 관리를 구속하는 규준으로 취급한다.

우리에게는 이런 문제가 남는다. 만일 사법적 재량에 관한 실증주의자들의 이론이 "재량"을 약한 의미에서 사용하기 때문에 하찮은 이론이거나 그 이론을 옹호하기 위해서 우리가 제공할 수 있는 다양한 논변들이 충분하지 않은 논변들이기 때문에 지지될 수 없다면, 왜 그렇게 많은 사려 깊고 지적인 법관들이 실증주의자들의 그 이론을 받아들이는가? 만일 우리가 그 물음에 대해 따져서 밝힐 수 없다면, 우리는 그 이론에 대한 지금의 우리의 논의에 대해 확신을 가질 수 없다. "재량"이 혼동될 수 있는 다양한 의미를 갖는다는 것을 지적하는 것은 그에 대한 설명으로는 충분하지 않다(아마도 어느 정도 기여는 할 것이지만). 우리가 법에 대해 생각하지 않을 때는 우리는 이러한 의미를 혼동하지 않는다.

그 문제에 대한 설명은 적어도 부분적으로는 법과 규칙을 동일한 것으로 보고, "법"(the law)을 규칙의 총체나 체계로 생각하려는 법률가들의 자연적 경향 속에서 찾을 수 있다. 오래전에 이 경향을 알아차렸던 파운드(Roscoe Pound)는 영어를 사용하는 법률가들이 그 경향에 빠지게 된 것은 영어에서는 "하나의 법"(a law)과 "법"(the law)에 대해서 동일한 단어를 쓰면서 오직 관사만을 바꾼다는 사실 때문이라고 생각했다.[24] (그와는 대조적으로 다른 언어들은 구별해서 사용한다. 불어의 "loi"와 "droit" 그리고 독일어의 "Gesetz"와 "Recht"가 그 예이다.) 이 사실은 영어를 쓰는 실증주의자들에게 영향을 주었을 것이다. 왜냐하면 "하나의 법"이라는 표현은 분명히 하나의 규칙을 말하는 것이기 때문이다. 그러나 법과 규칙을 동일시하는 것에 대한 주요 근거는 그것보다 더 깊은 곳에 있으며, 내가 생각하기에 그 근거는 오랫동안 법교육이 법의 첨단을 형성하는 확립된 규칙들을 가르치고 검토하는 것으로 이루어져왔다는 것에 있다.

어쨌든 만일 어떤 법률가가 법을 규칙의 한 체계라고 생각하면서 법관들이 오래된 규칙을 바꾸고 새로운 규칙을 도입한다는 것을 인정한다면——그는 그것을 인정해야 한다——, 그는 자연스럽게 강한 의미에서의 사법적 재량이론에 도달하게 될 것이다. 그가 경험한 바 있는 다른 규칙들의 체계(예를 들면 게임) 속에서는, 규칙이 관리의 결정을 통제하는 유일한 특별한 권위이다. 그렇기 때문에 만일 어떤 심판이 규칙을 바꿀 수 있다면 그는 그 규칙이 적용되는 문제에 대해 재량을 갖게 될 것이다. 심판이 규칙을 바꾸면서 언급할 수 있는 원칙은 오직 그 심판의 "특유한" 선호만을 나타내는 것이다. 실증주의자들은 법을 이런 식으로 수정된 야구 같은 것으로 취급한다.

법은 규칙의 한 체계라는 이 시초의 가정이 가져오는 또 다른 더 미묘한 결과가 있다. 실증주의자들이 원칙과 정책에 주의할 때, 그들은

---

24) R. Pound, *An Introduction to the Philosophy of Law* 56(rev. ed. 1954).

그것들을 결함 있는(manquées) 규칙으로 취급한다. 실증주의자들은 만일 그것들이 법의 규준이라면 그것들은 규칙이어야만 한다고 가정한다. 그래서 실증주의자들은 그것들을 규칙이 되려고 노력하는 규준으로 취급한다. 어떤 실증주의자는 법적 원칙이 법의 부분이라고 주장하는 사람의 말을 들을 때, 그는 그 주장을 그가 "상위법 이론"이라고 부르는 것, 즉 이 원칙은 법에 대한 법(a law about the law)의 규칙이라는 이론을 지지하는 논변으로 이해한다.[25] 그는 이 이론을 다음과 같은 점을 지적하면서 반박한다. 즉 이런 "규칙"이 때로는 지켜지고 때로는 지켜지지 않는다는 점, 그리고 "어떤 사람도 자신의 잘못으로부터 이익을 얻을 수 없다"와 같은 "규칙" 모두에 대해서 "법은 소유권의 안전성을 더 좋아한다"와 같은 경쟁하는 또 다른 "규칙"이 있다는 점, 또한 이같은 "규칙들"의 타당성을 시험할 수 있는 방법이 없다는 점이다. 그는 이런 원칙들과 정책들은 법 위에 있는 법(a law above the law)의 타당한 규칙들이 아니라고 결론짓는데, 그것은 사실이다. 왜냐하면 그것들은 결코 규칙들이 아니기 때문이다. 그는 또한 그 원칙과 정책은 각각의 법관들이 자신의 재량을 행사할 때 자신의 관점에 따라서 선택할 수 있는 초법적 규준이라고 결론 내리는데, 그것은 거짓이다. 그것은 동물학자가 물고기는 포유류가 아니라는 것을 증명한 다음, 물고기는 실제로는 식물일 뿐이라는 결론을 내리는 것과 같은 것이다.

6. 승인규칙

이 논의는 법적 원칙에 대한 두 개의 서로 경쟁하는 설명에 의해서

---

25) 예를 들면 Dickinson, "The Law Behind Law(pts. 1 & 2)," *Columbia Law Review* 29, 1929, 112, 254쪽을 참조할 것.

유발되었다. 우리는 지금까지 실증주의자들이 그들의 사법적 재량원리를 통해서 적용한 것처럼 보이는 두 번째 설명을 고찰했으며, 중요한 난점을 발견했다. 이제 우리 논의의 분기점으로 다시 돌아갈 때가 되었다. 만일 우리가 첫 번째 설명을 채택한다면 어떻게 될 것인가? 그 접근법은 실증주의의 골격에 어떤 결과를 가져올 것인가? 물론 우리는 두 번째 신조, 즉 사법적 재량원리를 포기해야만 한다(또는 그것을 포기하지 않으면 그것은 단지 법관들은 종종 판단을 해야만 한다는 것만 의미하는 것으로 읽어야 한다는 것을 명백하게 해야 한다). 그러면 또한 첫 번째 신조, 즉 법은 하트 교수의 승인규칙 같은 하나의 으뜸규칙(master rule)에 의해서 제시될 수 있는 그런 종류의 기준을 갖는다는 것을 특징으로 한다는 명제도 포기하거나 수정해야만 하는가? 만일 리그와 헤닝슨 사안의 원칙들이 법으로 간주될 수 있다면, 그리고 그렇더라도 우리가 법에서 으뜸규칙의 개념을 계속 보존한다면, 우리는 법으로 간주되는 모든 원칙들이(그리고 오직 그 원칙들만) 만족시키는 어떤 기준을 제시할 수 있어야 한다. 법의 타당한 규칙을 확인하기 위해서 하트가 제시한 기준이 원칙에 대해서도 적용될 수 있는지 알아보기 위해 그 기준에 대해 검토해보자.

하트에 의하면 대부분의 규칙이 타당한 이유는 권한이 있는 어떤 제도가 그 규칙을 제정했기 때문이다. 어떤 규칙은 입법부에 의해서 제정법의 형태로 제정되어 만들어진다. 다른 규칙은 특정한 사안에 대해 판결하기 위해서 그 규칙을 구성하고, 그것을 미래의 사안에서 참고하게 될 판례로서 확립하는 법관들에 의해서 만들어진다. 그러나 법의 유래에 대한 이 기준은 리그와 헤닝슨 사안의 원칙들에 대해서는 적용되지 않는다. 법적 원칙으로서의 이런 원칙들의 기원은 어떤 입법부나 법원의 특정한 판결에 있는 것이 아니라 오랫동안 전문가나 대중 속에서 발전되어 온 적합성에 대한 하나의 직감(sense of appropriateness) 속에 있다.

그것들이 힘을 계속 갖는 것은 이 적합성에 대한 직감이 유지되고 있는 것에 의존한다. 만일 사람들이 자신의 잘못으로부터 이익을 얻는 것이 더 이상 불공평하게 보이지 않거나 잠재적으로 위험한 기계를 만들어 내는 소수 독점 제조업체들에게 특별한 부담을 지우는 것이 더 이상 공정한 것으로 보이지 않는다면, 그런 원칙들은 비록 그것들이 파기되거나 폐지되지 않았다 하더라도 새로운 사안에서 많은 역할을 하지 못할 것이다. (실로 그런 원칙들이 "파기되거나" "폐지되었다"라고 말하는 것은 의미를 갖기 어렵다. 그것들이 쇠퇴한다고 하더라도, 그것들은 침식되는 것이지 파괴되는 것은 아니다.)

사실, 만일 어떤 원칙은 법의 원칙이라는 주장의 근거를 제시하도록 요구받는다면, 우리는 그 원칙이 논변 속에서 인용되었거나 나타난 이전의 어떤 사안들을 언급할 것이다. 우리는 또한 그 원칙의 예시가 되는 것처럼 보이는 어떤 제정법을 언급할 것이다(만일 그 원칙이 제정법의 서문이나 그 제정법에 수반되는 위원회 보고서나 다른 법문서 속에서 인용되었다면 더욱 좋다). 만일 우리가 그와 같은 어떤 제도적인 지지를 발견할 수 없다면, 아마도 우리는 근거를 구성하는 데 실패할 것이고, 우리가 더 많은 지지사례를 발견하면 발견할수록, 그 원칙에 대해 더 큰 중요성을 우리는 주장할 수 있을 것이다.

그러나 우리는 하나의 원칙을 하나의 법적 원칙으로 만들기 위해서 어떤 종류의 제도적 지지사례가 얼마나 많이 필요한지를 검사하기 위한 어떤 정식도 고안할 수 없을 것이며, 그것의 중요성을 평가하기 위한 정식은 더욱 고안할 수 없을 것이다. 우리는 제도적 책임, 제정법 해석, 다양한 종류의 판례의 설득력 등에 관한 변화하고 발전하고 또 상호작용하는 규준들(그것들 자체는 규칙이라기보다는 원칙이다)의 집합 전체와 수많은 다른 그런 규준들을 동원해서 특정한 원칙을 옹호하게 된다. 우리는 이 모든 것을 꿰어서 하나의 단일한 "규칙"을 만들 수는 없는데, 그 규칙이 복합적인 규칙이라 하더라도 마찬가지이다. 그리고 우리가 그렇게 할 수 있다 하더라도, 그 결과는 하트가 그린 하나의 승인규칙이라는 그림, 즉 "어떤 특징(들)을 어떤 규칙이 소유할 경우 그 소유가 그 규칙이 규칙이라는 것에 대한 결정적으로 긍정적인 표시로 간주되는 그런 특징(들)"을 구체적으로 밝혀주는 하나의 상당히 안정적인 으뜸규칙에 대한 그림과는 관련이 거의 없다.[26)]

더욱이 우리가 다른 원칙을 옹호하면서 적용하는 기법들은 그것들이 지지하는 원칙과 전적으로 다른 수준 위에 있는 것이 아니다(하트의 승인규칙은 다른 수준 위에 있는 것으로 고안되었다). 수용과 타당성 사이에서 하트가 한 예리한 구별은 성립하지 않는다. 만일 우리가 사람은 자신의 잘못으로부터 이익을 얻을 수 없다고 하는 원칙을 옹호하고자 한다면, 원칙의 예가 되는 법원과 입법부의 결정들을 인용할 수 있을 것이지만 그것은 원칙의 타당성이나 수용 모두를 말해주는 것이다. (원칙에 대해서 타당하다고 말하는 것은 이상한 것처럼 보이는데. 그것은 아마도 타당성이라는 것은 전부 아니면 전무 식 개념이어서 규칙에 대해서는 적절하지만 원칙의 중요성의 차원과는 어울리지 않기 때문일 것이다.) 만일 우리가 이 논변에서 사용한 특정한 선례구속의 원리나 특정한 제정법 해석기법을 변호하라고 요구받는다면(요구받는 것이 당연할 것이다), 우리는 분명히 그 법원리나 기법을 사용하는 다른 사람의 관행을 인용해야 한다. 그러나 우리는 또한 그 관행을 지지해준다고 우리가 믿는 다른 일반 원칙도 인용해야 할 것이며, 그렇게 하는 것은 수용이라는 화음에 타당성이라는 음표를 넣는 것이 된다. 예를 들면 우리는 이전의 판례와 제정법을 우리가 사용하는 것은, 입법의 관행이나 선례구속의 원리의 요점에 대한 특정한 분석이나 민주주의 이론의 원

---

26) H.L.A. Hart, *The Concept of Law*, 1961, 92쪽.

칙들이나 국가제도와 지방제도 사이의 권위의 적절한 분할에 대한 특정한 입장이나 그런 종류의 다른 어떤 것에 의해서 지지된다고 주장할 수 있다. 또한 이런 방식으로 지지하는 것이 오직 수용에만 의존하는 어떤 궁극적 원칙으로 귀결되는 외길인 것도 아니다. 우리의 입법, 판례, 민주주의 또는 연방주의의 원칙들도 마찬가지로 도전받을 수 있다. 그리고 만일 그 원칙들이 도전받는다면, 우리는 그것들을 관행이라는 것을 통해서 옹호해야 할 뿐만 아니라 서로를 통해서도, 그리고 사법적 결정과 입법적 결정들의 경향이 함축하고 있는 것들을 통해서도 옹호해야 한다. 비록 이것들을 통해서 옹호하는 것이 우리가 지금 지지하고자 하는 원칙들을 통해서 우리가 정당화한 것과 동일한 법원리들에 호소하는 것을 포함할 것이라 하더라도 말이다. 다른 말로 하면 이런 추상의 수준에서는 원칙들은 서로 연결되어 있다(link together)라기보다는 함께 매달려 있다(hang together).

그래서 비록 원칙들이 법적 제도들의 공식적 결정들로부터 지지를 끌어낸다 하더라도, 그것들은 그 결정들과 충분히 단순하게 또는 직접적으로 연결되어 있지 못하기 때문에 그 연결을 어떤 으뜸 승인규칙에 의해서 정해진 기준들로 구성할 수 없다. 원칙들이 그런 하나의 규칙 아래에 놓일 수 있는 어떤 다른 길이 있는가?

하트는 어떤 으뜸규칙은 특정한 법적 제도들에 의해서 제정된 규칙들뿐만 아니라 관습에 의해서 확립된 규칙들도 법으로 지정할 수 있다고 말한다. 그는 오스틴을 포함해서 다른 실증주의자들에게 골칫거리인 문제를 염두에 두고 있다. 우리가 가지고 있는 매우 오래된 법적 규칙들 가운데 많은 것들은 입법부나 법원에 의해서 명시적으로 만들어진 것이 아니다. 그것들이 법적 의견이나 문헌 속에 처음으로 나타났을 때 그것들은 이미 법의 부분으로 취급되었다. 왜냐하면 그것들은 공동체나 기업 같은 그 공동체의 어떤 특수한 부분의 관습적 관행을 표현하는 것이기 때문이다. (보통 주어지는 예들은 표준적 형식의 거래서류 아래서 어떤 권리가 발생하는지를 정해주는 규칙 같은 상업적 관행의 규칙이다).[27] 오스틴은 모든 법은 주권자의 명확한 명령이라고 생각했기 때문에, 그러한 관습적인 관행은 법원(주권자의 대리인)이 그 관행을 인정할 때까지는 법이 아니며, 법원이 자신이 하는 일을 다른 방식으로 생각할 때 그들은 허구에 빠져 있는 것이라고 주장했다. 그러나 그것은 자의적인 것처럼 보였다. 만일 모든 사람이 관습은 그 자체로 법일 수 있다고 생각한다면, 오스틴의 이론이 다르게 말했다는 사실은 설득력이 없다.

하트는 이 점에서 오스틴의 입장을 뒤집었다. 그에 따르면 어떤 관습을 법원이 인정하기 전이라도 그 관습은 법으로 간주된다고 으뜸규칙이 규정할 수 있다. 그러나 그는 그의 이론 전체에 대해서 그 말이 야기하는 난점에 대해서는 다루지 않았다. 왜냐하면 그는 어떤 관습을 법으로 판정하기 위해서 하나의 으뜸규칙이 사용할 수 있는 기준들을 제시하려 하지 않았기 때문이다. 으뜸규칙은 공동체가 그 관행을 **도덕적으로** 구속력이 있는 것으로 간주해야 한다는 조항을 그것의 유일한 기준으로 사용할 수 없다. 왜냐하면 그 조항은 도덕적인 관습적 규칙과 법적인 관습적 규칙을 구별하지 않을 것이고, 공동체에서 오래 지속되어온 모든 관습적인 도덕적 의무가 법정에서 집행되는 것은 아니기 때문이다. 다른 한편으로 만일 공동체가 그 관습적인 관행을 **법적으로** 구속력이 있는 것으로 간주하는지가 그 기준이라면, 적어도 이런 종류의 법적

---

27) Note, "Custom and Trade Usage: Its Application to Commercial Dealings and the Common Law," *Columbia Law Review* 55, 1955, 1192쪽과 1193쪽 주 1에서 인용된 자료를 참조할 것. 이 비망록(note)이 명확하게 하고 있듯이, 거래관습을 인정할 때 법원의 실제의 관행은 승인규칙의 부분으로 포착될 수 있는 기준보다는 한 집합의 일반적 원칙들과 정책들을 적용하는 방식을 따른다.

규칙에 대해서는 으뜸규칙의 의미 전체가 삭감된다. 으뜸규칙은 수용에 의한 것과는 다른 방식으로 사회적 법규칙을 정하는 기준을 제공하기 때문에 그 규칙은 원시적인 사회로부터 법을 갖는 사회로의 발전을 특징짓는다고 하트는 말한다. 그러나 만일 으뜸규칙이 단지 공동체가 법적으로 구속력이 있는 것으로 수용하는 규칙이 무엇이든지 간에 그 규칙은 법적으로 구속력이 있다고만 말한다면, 으뜸규칙은 으뜸규칙이 없는 경우 우리가 사용해야 하는 기준을 넘어선 다른 어떤 기준도 제공하지 않는다. (이러한 경우에) 으뜸규칙은 승인의 비규칙(a non-rule of recognition)이 된다. 또한 우리는 모든 원시적인 사회가 이차적 승인규칙, 즉 구속력이 있는 것으로 받아들여진 것은 무엇이든지 구속력이 있다는 규칙을 가진다고 말할 수도 있다. 하트는 국제법을 논의하면서 그 규칙을 "관련된 사회가……어떤 행위의 규준을 강제적인 규칙으로 순수한다는 단순한 사실에 관한 공허한 반복"이라고 기술함으로써 그런 규칙이 승인규칙이 될 수 있을 것이라는 생각을 비웃었다.[28]

실로 관습에 관한 하트의 견해는 적어도 어떤 규칙은 으뜸규칙에 의해서 정립된 규준 아래에서 타당하기 때문에 구속력이 있는 것이 아니라, 공동체에 의해서 구속력이 있는 것으로 수용되기 때문에 구속력이

---

28) H.L.A. Hart, *The Concept of Law*, 1961, 230쪽. 으뜸규칙은 공동체의 태도와는 관계없는 관습의 특정한 어떤 특징을 정할 수 있다. 예를 들면, 그것은 매우 오래된 모든 관습 또는 유가증권과 관계가 있는 모든 관습은 법으로 간주된다고 규정할 수 있다. 그렇지만 나는 영국이나 미국에서 법으로 인정되어 온 관습을 사실상 법으로 구별해주는 그런 특징을 생각할 수 없다. 법적으로 집행할 수 없는 어떤 관습은 집행할 수 있는 관습보다 더 오래되었고, 거래계약서와 관련된 관행 가운데서도 어떤 것은 집행되고 어떤 것은 집행되지 않는다. 어쨌든 관습에 의해서 확립되는 법의 모든 규칙을 확인해주는 하나의 특징이 발견된다 하더라도, 원칙들, 즉 주제와 유래에서 매우 다양하고 그것들 중 약간은 최근의 기원을 갖고 있는 그런 원칙에서도 그런 특징이 발견될 수 있다는 것은 확실하지 않다.

있다—마치 으뜸규칙처럼—는 것을 고백하는 것에까지 이른다. 이런 점은 하트의 이론에서 우리가 감탄했던 말끔하게 세워진 피라미드식 건축물에 흠집을 낸다. 즉, 우리는 다른 모든 규칙들은 으뜸규칙에 의거해 타당하고 으뜸규칙만은 그것의 수용 때문에 구속력을 갖는다고 더 이상 말할 수 없게 된다.

이것은 아마도 오직 하나의 흠집에 지나지 않는 것일 수 있다. 왜냐하면 하트가 염두에 둔 관습적 규칙들은 더 이상 법의 중요한 부분이 아니기 때문이다. 그러나 이것은 하트가 우리가 지금까지 논의했던 중요한 원칙들과 정책들을 "관습"이라는 이름 안에 포함시킴으로써 타격을 키우려 하지 않을 것임을 암시한다. 만일 그가 그런 것들을 법의 부분으로 부르면서 그들의 효력에 대한 유일한 기준이 공동체나 공동체의 어떤 부분들에 의해서 법으로 수용되는 정도에 놓여 있다는 것을 인정한다면, 그는 그의 으뜸규칙이 지배력을 갖는 법의 영역을 매우 크게 축소시킬 것이다. 모든 원칙과 정책이 으뜸규칙의 지배를 벗어난다는 것 자체만으로도 충분히 나쁜 것이지만 그것은 그것으로만 그치지 않는다. 일단 그런 원칙과 정책이 법으로서 받아들여지고 그렇게 해서 법적 의무를 결정하는 데 법관들이 따라야만 하는 규준으로서 받아들여진다면, 리그와 헤닝슨 사안에서 처음으로 공표된 규칙들 같은 **규칙들**은 그들의 효력을 적어도 부분적으로 원칙과 정책의 권위에 의존하고, 그렇기 때문에 전적으로 으뜸승인규칙에 의존하지는 않는다는 결론이 나온다.

그래서 우리는 실증주의의 하트 버전을 그의 승인규칙이 원칙들을 껴안도록 고치면서 개조할 수는 없다. 원칙들을 입법의 행위와 연결시키는 어떤 유래의 기준도 구성될 수 없으며, 관습적 법에 대한 하트의 개념은 그것 자체로서 실증주의의 첫 번째 신조에 대한 예외로서 그 신조를 전적으로 포기하지 않고서는 도움이 될 수 없다. 그러나 한 가지 가능성을 더 고려해야 한다. 만일 어떤 승인규칙도 원칙을 확인하기 위한 하나의 기준을 제공할 수 없다면, 왜 우리는 원칙들이 궁극적인 것이고 우리 법의 승인규칙을 **형성한다**고 말할 수 없는가? "미국의 사법권에서 타당한 법은 무엇인가?"라는 일반적 문제에 대한 대답은 그 당시 그 사법권 안에서 효력을 갖는 모든 원칙을(궁극적인 헌법적 규칙뿐만 아니라) 진술하도록 우리에게 요구한다. 그 경우 원칙의 비중에 대한 적절한 평가도 함께 있어야 할 것이다. 그때 어떤 실증주의자는 그러한 규준들의 완전한 집합을 사법권의 승인규칙으로 볼 수도 있을 것이다. 이 해결책은 역설의 매력을 갖기는 하지만, 물론 그것은 무조건적인 항복이다. 만일 우리가 우리의 승인규칙을 단순히 "효력 있는 원칙들의 완전한 집합"이라고 표현한다면, 우리는 오로지 법은 법이라는 동어반복만 갖게 될 것이다. 대신에 만일 우리가 실제로 효력 있는 모든 원칙을 열거하려고 한다면, 우리는 실패할 것이다. 그것들은 논란이 되는 것늘이고, 모두가 숭요하며, 수없이 많다. 그리고 그것들의 변동과 변화는 매우 빨라서 우리가 열거를 시작하며 제시한 것들은 우리가 열거의 중간쯤에 도달하기도 전에 쓸모없는 것이 될 것이다. 심지어 우리가 열거에 성공했다 하더라도, 우리의 열쇠로 열 수 있는 법으로 남아 있는 것은 아무것도 없을 것이기 때문에, 우리는 법의 열쇠(a key for law)를 갖지 못할 것이다.

나는 만일 우리가 원칙을 법으로 취급한다면 우리는 실증주의자들의 첫 번째 신조, 즉 공동체의 법은 하나의 으뜸규칙의 형식으로 존재하는 어떤 기준에 의해서 다른 사회적 규준들과 구별된다는 신조를 거부해야 한다고 결론짓겠다. 우리는 이미 그럴 경우 두 번째 신조──사법적 재량원리──를 포기하거나 그것을 명확히 해 하찮은 것으로 봐야 한다고 결정했다. 그러면 세 번째 신조, 즉 법적 의무에 관한 실증주의자들의 이론은 어떻게 되는가?

이 이론은 하나의 법적 의무는 확립된 규칙이 그와 같은 의무를 부과할 때(그리고 오직 그럴 때만) 존재한다고 주장한다. 이것으로부터 하나의 난해한 사안—어떤 확립된 규칙도 발견되지 않을 때—에서는 법관이 미래를 위해 어떤 새로운 규칙을 만들 때까지는 법적 의무가 없다는 결론이 나온다. 법관은 그 새로운 규칙을 소송당사자들에게 적용시킬 수 있을 것이다. 그러나 그것은 현존하는 의무의 집행이 아니라 사후입법이다.

실증주의자들의 재량(강한 의미에서)원리는 법적 의무에 대한 이런 견해를 요구한다. 왜냐하면 만일 어떤 법관이 재량을 갖는다면, 그가 집행해야만 하는 어떤 권리나 의무 또는 자격은 있을 수 없기 때문이다. 그러나 일단 우리가 그 법원리를 포기하고 원칙을 법으로 취급한다면, 우리는 하나의 법적 의무가, 확립된 규칙뿐만 아니라 원칙들의 한 무리에 의해서 부과될 수 있는 가능성을 제기하게 된다. 우리는 하나의 법적 의무는, 다양한 종류의 구속력 있는 법적 원칙들로 이루어지며 그런 의무를 지지하는 근거가 그것에 반대하는 근거보다 더 강할 때마다 존재한다고 말하길 원할 수도 있다.

물론, 우리가 법적 의무에 관한 그 견해를 받아들이기 전에 많은 질문들이 대답되어야 한다. 만일 어떤 승인규칙도 없고, 그런 의미에서의 법에 대한 다른 어떤 기준도 없다면, 그런 근거를 구성하면서 어떤 원칙이 얼마나 중요한지 우리가 어떻게 결정할 수 있는가? 우리는 하나의 근거가 다른 근거보다 더 좋은지에 대해 어떻게 결정할 수 있는가? 만일 법적 의무가 그런 종류의 증명될 수 없는 판단에 의존한다면, 어떻게 그 법적 의무는 한 당사자가 하나의 법적 의무를 갖는다는 사법적 판결을 정당화할 수 있는가? 의무에 관한 이런 견해는 법률가들, 법관들 그리고 일반 사람들이 말하는 방식에 부합하고, 도덕적 의무에 대한 우리의 태도와 일치하는가? 이 분석은 법의 본성에 대한 고전적인 법철학적 난제들을 다룰 때 우리에게 도움을 주는가?

이러한 문제들은 다루어져야 한다. 그러나 그 문제들 자체만으로도 실증주의가 제공하는 것보다 더 많은 것을 약속한다. 실증주의 자신의 테제에 따를 경우 실증주의자들에게는 우리에게 법의 이론을 찾도록 촉구하는 그런 골치 아픈 난해한 사안이 없게 된다. 우리가 그런 사안들을 읽어서 들려주면 실증주의자는 우리에게 아무런 해결책도 주지 않는 재량원리로 우리를 보낸다. 법을 하나의 규칙체계로 그리는 실증주의자의 그림은 아마도 그것의 단순성을 통해 우리의 상상을 끈질기게 사로잡아왔다. 만일 규칙에 대한 이 모델을 우리에게서 떨쳐낸다면, 우리는 우리 자신의 복잡한 관행에 더 잘 맞는 모델을 세울 수 있을 것이다.

제3장 규칙의 모델 2

　제2장에서 나는 내가 실증주의라고 부른 법이론의 핵심명제들은 잘 못된 것이므로 포기되어야 한다고 주장했다.[1] 특히 나는 그 이론이 전 제하는 식으로 모든 법체계에는 법인 규준과 법이 아닌 규준을 가늠해 주는, 일반적으로 인정되는 어떤 근본적인 기준이 있다고 전제하는 것 은 잘못이라고 주장했다. 미국과 영국의 현행 법체계처럼 복잡한 법체 계에서 그런 근본적 기준은 찾을 수 없으며, 이 나라들에서는 실증주의 가 주장하는 것과 같은 법적 규준과 도덕적 규준 사이의 궁극적인 분리 가 이루어질 수 없다고 주장했다.

　나의 논변은 다음과 같이 요약될 수 있을 것이다. 일반적으로 인정되 는 법의 기준이 존재한다는 테제는, 제정법에서 나타나거나 법문서에 강조체로 씌어진 규칙과 같은 단순한 법적 규칙만 볼 경우에는 그럴 법 하다고 나는 말했다. 그러나 변호사와 법관은 소송에서 변론을 하거나 판결을 내릴 때 단순히 그런 명문화된 규칙에 호소할 뿐만 아니라, 예 컨대 "어떤 사람도 자신의 잘못으로부터 이익을 얻을 수 없다"라는 원 칙과 같이 내가 법적 원칙이라고 불렀던, 규칙과는 다른 종류의 규준에

---

1) 16쪽 이하를 참조할 것.

호소하기도 한다. 이 때문에 실증주의자들은 다음과 같은 어려운 선택에 직면한다. 즉, 이런 종류의 원칙에 호소할 때, 법관은 법적 규준에 호소하는 것이 아니라 재량을 행사하는 것이라는 것을 보여주기 위해 노력할 수 있을 것이다. 또는 일반적으로 인정되는 모종의 기준이 법관들이 법으로 보는 원칙을 확인하고, 그것을 법으로 인정되지 않는 원칙과 구별해준다는 것을 보여주기 위해 노력할 수 있을 것이다. 나는 그들 중 어떤 전략도 성공할 수 없을 것이라고 주장했다.

　많은 법률가들이 친절하게도 나의 논변에 응답해주었다. 라즈(Raz) 박사의 논문이 두드러진 예이다.[2] 라즈 박사가 편 반론의 주요 논점은 다음과 같은 것으로 보인다. (1) 나의 테제가 실증주의 법원리에 필요한 약간의 수정 이상의 것을 정말로 포함하고 있는지 분명하지 않다. 내가 실증주의 이론의 가장 뚜렷한 예로 든 하트 교수의 책을 주의 깊게 읽어보면, 하트의 이론은 약간의 수정만 하면 나의 결론을 수용할 수 있다는 것을 알게 될 것이다.[3] (2) 나의 논변은 다음과 같은 식으로 모순된다. 재량이론에 반대하는 나의 논변은 사실상 어떤 원칙들은 법으로 보고 어떤 원칙들은 법으로 보지 않는다고 가정한다. 그렇다면 법

---

2) Raz, "Legal Principles and the Limits of Law", *Yale L. J.* 81, 1972, 823쪽. 또한 G. Carrio, *Legal Principles and Legal Positivism*, 1971 ; Christie, "The Model of Principles", *Duke L. J.*, 1968, 649쪽 ; Gross, "Jurisprudence", *Annual Survey of Am. L.*, 1968/69, 575쪽 ; Probert, "The Right Way", *Human Rights*, E. Pollack ed., 1971, 163쪽 ; Satorius "Social Policy and Judicial Legislation", *Am. Phil.* Q. 8, 1971, 151쪽 ; Tapper, "A Note on Principles", *Modern L. Rev.*, 1971, 628쪽. 그보다 더 먼저 발표된 논문으로는 MacCallum, "Dworkin on Judicial Discretion," *J. Phil.* 60, 1963, 638쪽을 참조할 것. 나는 이 논문들에서 제시된 모든 주장과 문제에 대해 대답하거나 언급하지는 않겠다. 나는 토론을 위해서 자주 제시되는 그런 주장이나 학생들이 가장 설득력이 있는 것으로 생각하는 그런 주장을 선택했다.

3) 예컨대 Carrio, 22쪽을 참조할 것.

의 기준이 있어야 하는데, 바로 이것을 나는 부정한다.[4] (3) 나아가 나의 논변은 법과 법이 아닌 것을 구별하는 이러한 궁극적 기준의 형식을 제시한다. 법관들은 적어도 부분적으로는 원칙들이 이전의 법적 논변에서 했던 역할을 참조해서 원칙임을 확인하며, 내가 "제도적 구조"의 기준이라고 기술한[5] 이런 종류의 기준은 원칙들에 대한 궁극적인 기준을 제공할 수 있는데, 이것은 바로 내가 발견될 수 없다고 말한 것이다. (4) 법관들이 원칙의 문제에서 재량을 갖지 않는다는 나의 논변은, 어떤 원칙들이 중요하고 또 그 원칙들이 얼마나 중요한지가 명확하지 않다는 바로 그 사실 때문에 법관들은 때때로 재량을 행사하지 않을 수 없다는 사실을 무시한다.[6] (5) 나의 논변이 의지하고 있는 것처럼 보이는 규칙과 원칙 사이의 구별은 사실상 유지될 수 없다.[7]

또 다른 반론이 있을 수 있지만 그것에 대해서는 대답하지 않겠다. "법"이라는 용어가 약정상 실증주의자의 테제를 참으로 만드는 식으로 사용될 수 있다는 논변에 대해서 내가 할 수 있는 대답은 없다. 즉, 법이라는 말은 법관과 법률가들이 인용하고 사실상 일반적으로 인정되고 있는 어떤 기준에 의해서 확인되는 그런 규준만을 "법적" 규준으로 화자가 인정하는 식으로 사용될 수 있다는 논변이다. "법"이라는 말이 그런 방식으로 사용될 수 있다는 것은 분명하며, 그렇게 사용하는 법률가들도 있을 것이다. 그러나 나는 지금 널리 사용되고 있는 법의 개념에 대한 논변이라고 내가 생각한 것에 관심을 갖고 있다. 그것은 정부가 법원과 경찰이라는 잘 알려진 제도를 통해서 적어도 원칙적으로는 인정하고 집행해야 할 의무가 있는 권리와 의무를 규정하는 규준의 개념

---

4) Satorius, 155쪽.
5) 앞의 논문, 156쪽.
6) Raz, 843쪽 이하, Carrio, 27쪽; Christie, 669쪽; MacCallum, *loc. cit.*
7) Raz, 843~854쪽, Christie, 656쪽 이하.

이다. 나의 주장의 요점은 이렇다. 즉, 법에 대한 근본적이고 일반적으로 인정되는 기준에 대한 이론을 갖고 있는 실증주의는 그 개념의 영역의 일부분을 전체와 혼동한다는 것이다.

그렇지만 내가 열거한 구체적인 반론들에 대해 검토하기 전에 여기서 열거하지 않은 하나의 매우 일반적인 반론에 대해서 고찰하고자 한다. 그 반론은 앞으로 밝혀질 이유에서 내가 열거한 몇 가지 반론들이 전제하고 있는 것으로 생각된다. 이 일반적 반론은 하트가 『법의 개념』에서[8] 옹호한 테제에 입각하는데, 그 테제는 법철학뿐만 아니라 도덕철학의 소관사항이기도 하다. 그 가장 강한 형식에서 그것은 어떤 종류의 권리나 의무도 그 권리와 의무를 승인하는 어떤 단일한 형태의 사회적 관행에 의하지 않고서는 존재할 수 없다고 주장한다. 그렇다면, 그리고 내가 전제하는 것처럼 만일 법이 권리와 의무의 문제이지 단순히 관리들의 재량의 문제가 아니라면, 단일한 형태의 사회적 관행의 형태로 법에 대해 공통적으로 인정되는 하나의 기준이 존재해야 하며 나의 논변은 잘못된 것임이 틀림없다.

이 논문의 첫 부분에서 나는 이 강한 테제를, 특히 특정한 규준을 법으로 적용해야 하는 법관의 의무와 관련해 구체화할 것이다. 그런 다음 나는 그 테제는 거부되어야 한다고 주장하려고 한다. 이 논문의 나머지 부분에서 나는 나의 원래의 논변이 왜 그 테제를 거부하는 데 의존하는지를 보여주기 위해서 그 논변을 재구성하려고 한다.

1. 사회적 규칙

우리 자신이나 다른 사람의 행동에 대해 토론할 때 우리가 사용하는

---

8) H.L.A. Hart, *The Concept of Law*, 1961, 79~88쪽.

여러 유형의 개념 중 두 가지 유형 사이의 중요한 구별에 주목함으로써 이야기를 시작해보자. 우리는 때때로 대체로 모든 것을 고려해볼 때, 어떤 사람이 어떤 일을 "해야 한다"(ought)거나 "해서는 안 된다"라고 말한다. 또, 우리는 어떤 사람은 어떤 일을 할 "책무"(obligation)*나 "의무"(duty)가 있다거나 그 일을 할 "아무런 권리도 없다"라고 말할 때도 있다. 이것들은 서로 다른 종류의 판단이다. 예컨대 단순히 어떤 사람이 일정한 자비를 베풀어야 한다고 말하는 것과 어떤 사람에게 그런 자비를 베풀 의무가 있다고 말하는 것은 다르다. 또 단지 어떤 사람이 술을 마시거나 마리화나를 피워서는 안 된다고 말하는 것과 어떤 사람에게 그런 것을 할 권리가 없다고 말하는 것은 다르다. 위의 것들 중에서 첫째 것은 요구하지만 둘째 것은 요구하지 않는 경우를 우리는 쉽게 생각할 수 있다.

　나아가 특정한 경우에는 우리가 어떤 요구를 정당한 것으로 느끼느냐에 따라 의미가 달라질 수도 있다. 의무가 있다는 판단은 일반적으로 해야 한다는 판단보다 훨씬 더 강하다. 우리는 책무나 의무를 준수하는 것을 요구할 수 있고, 때때로 준수하지 않는 사람에 대해 제재를 제안할 수 있다. 그러나 단순히 대체로 해야 하는 것의 문제이기만 할 경우에는, 그런 요구는 적절하지 않고 제재도 적절하지 않다. 그러므로 행위에 대한 그와 같은 일반적인 주장과 구별되는 책무나 의무에 대한 주장이 언제 적절한 주장이 되는가의 문제는 비교적 등한시되었던 문제이기는 하지만 도덕철학의 중요한 문제이다.

---

* 이 책에서는 "obligation"도 "duty"와 마찬가지로 "의무"로 옮겼다. 다만 이곳에서처럼 두 단어가 같이 나올 경우에만 "obligation"을 "책무"로 옮겼다. 드워킨은 그것들 사이의 의미를 구별하지 않고 쓴다. 그렇지만 롤스는 의무를 일반 사람들이 갖는 것에 대해서 쓰고 책무는 직책을 갖는 사람들이 갖는 것에 대해서 쓴다.

법은 결코 사적인 시민들이 해야 하거나 해서는 안 될 일을 말하지 않는다. 법은 그 시민들이 할 의무가 있는 일이나 할 권리가 없는 일을 규정한다. 더 나아가 법은 결코 법관이나 다른 관리들에게 그들이 내려야 할 결정에 대해서 조언해주는 것이 아니다. 법은 그들이 특정 규준들을 인정하고 집행할 의무가 있다고 규정한다. 법관이 어느 쪽으로도 결정할 의무가 없는 경우가 있을 수 있는데, 이 경우에 우리는 법관이 해야 하는 것을 말하는 데 만족해야 한다. 법관이 "재량"을 갖는다고 우리가 말할 때의 뜻이 바로 그런 경우인 것으로 생각된다. 그렇지만 미국의 극단적 법현실주의자를 제외한 모든 법철학자들은 적어도 어떤 경우에는 법이 특정한 판결을 요구한다는 분명한 이유에서, 법관은 그러한 결정을 할 의무를 갖는다고 생각해왔다.

그러나 왜 법관이 그러한 의무를 갖는지를 법이론이 설명하는 것은 만만치 않은 문제이다. 예컨대 유언을 남기지 않고 사망한 사람이 있는 경우에, 어떤 법률이 그의 재산은 그 사람의 가장 가까운 친척에게 상속되어야 한다고 규정한다고 가정해보자. 법률가들은 법관이 그 법에 따라 재산을 분배하도록 명령할 의무가 있다고 말할 것이다. 그러나 무엇이 법관에게 그 의무를 부과하는가? 법관들은 입법부가 말한 것을 행해야 한다는 일반 규칙에 의해서 "구속받고" 있다고 우리는 말하고 싶어할 것이다. 그러나 그 규칙이 어디서 유래하는지는 불분명하다. 법관은 입법부가 말한 것을 행해야 한다는 규칙의 원천이 바로 입법부에 있다고 말할 수는 없다. 왜냐하면 그 설명은 우리가 정당화하려고 하는 규칙을 전제하기 때문이다. 명시적으로 또는 묵시적으로 법관이 입법부를 따라야 한다고 말하는 헌법과 같은 기본적인 법문서를 우리는 아마도 찾을 수 있을 것이다. 그러나 법관에게 헌법을 따라야 한다는 의무를 부과하는 것은 무엇인가? 헌법이 그 의무를 부과한다고 말한다면, 이 역시 선결문제 요구의 오류를 범하는 것이 된다.

법관은 입법부나 헌법에 따라야 한다고 말하는 선에서 만족한다면 심각한 어려움은 없다. 우리는 이런 제한된 주장에 대해서 여러 이유를 제시할 수 있을 것이다. 예를 들면 법관들이 그런 방식으로 행위한다면 궁극적으로 모든 사람이 더 행복해질 것이라는 것도 하나의 이유가 될 것이다. 그러나 우리의 법개념이 전제하는 것으로 생각되는 것처럼, 법관들이 입법부나 헌법을 따라야 할 의무를 갖는다고 주장하려고 한다면 이런 종류의 이유는 설득력이 없다. 그렇다면 우리는 법관들이 그렇게 해야 하는 이유뿐만 아니라 그렇게 해야 할 의무가 있다는 데 대한 이유도 찾아야 한다. 그리고 그것은 내가 방금 전에 언급한 도덕철학의 문제를 다룰 것을 요구한다. 의무와 책무는 어떤 여건 아래서 발생하는가?

하트의 대답은 다음과 같이 요약할 수 있을 것이다.[9] 의무는 그 의무를 제공하는 사회적 규칙이 존재할 때 존재한다. 그 사회적 규칙은 그 규칙을 위한 관행소건(practice-conditions)이 중속될 때 존재한다. 이런 관행조건은 공동체의 구성원들이 특정한 방식으로 행위할 때 충족된다. 그리고 이 행위는 사회적 규칙을 구성하고 의무를 부과한다. 예를 들면 교회를 가는 사람들이 이런 관행에 따른다고 가정하자. (1) 모든 남자들은 교회에 들어가면서 모자를 벗는다. (2) 어떤 남자에게 왜 그렇게 하는가를 물을 때, 그는 그에게 그렇게 행위하도록 요구하는 "규칙"을 언급한다. (3) 어떤 남자가 교회에 들어가기 전에 모자를 벗는 것을 잊어버릴 때, 그는 비판을 받고 다른 사람들에게 제재를 받기까지 할 것이다.[10] 하트에 따르면 이런 여건에서는 의무를 부과하는 규칙을 위한 관

---

9) 인용문 상의 하트의 분석은 "책무"(obligation)의 개념에 대한 분석이다. 나는 여기에서 "의무"(duty)라는 말도 쓴다. 왜냐하면 법을 부과하는 법관의 책무보다는 법관의 의무에 대해 이야기하는 것이 더 일반적이기 때문이고, 하트는 그의 분석을 그 두 용어 모두에게 적용하고자 하기 때문이다. 참으로 그는 『법의 개념』에서 그 개념들을 거의 호환해서 사용한다. 같은 책, 27, 238쪽을 참조할 것.

행조건은 충족된다. 그 공동체는 남자가 교회에서 모자를 써서는 안 되게 하는 사회적 규칙을 "갖고 있으며", 그 사회적 규칙은 교회에서는 모자를 쓰지 않을 의무를 부과한다. 그 규칙은 하나의 의무를 만들어냄으로써 사람들이 무엇을 해야 하는가와 관련해 토론할 수 있는 일반적인 문제에서 교회에서 모자를 쓰는 문제를 제거한다. 그 사회적 규칙의 존재, 그리고 의무의 존재는 단순히 하나의 사실일 뿐이다.

하트는 이 분석을 사법적 의무*(judicial duty)의 문제에 적용시킨다. 그는 법체계에서는 특정한 규준을 법으로 확인하고 적용해야 할 의무를 부과하는 사회적 규칙이 존재하기 위한 관행조건이 법관들의 행위에 의해서 충족된다고 생각한다. 어떤 특정한 공동체에서 이런 관리들이 (1) 판결을 할 때 입법부에 의해서 주어진 규칙을 일정하게 적용하고, (b) 이 관행을 법관들은 입법부를 따라야 한다는 "규칙"에 호소함으로써 정당화하고, (c) 어떤 관리든지 그 규칙을 따르지 않을 경우 비난한다면, 하트의 이론에서 그 공동체는 법관들은 입법부를 따라야 한다는 사회적 규칙을 갖는다고 말할 수 있다. 그렇다면 그 공동체의 법관들은 그렇게 해야 할 의무를 갖는다. 우리가 앞에서 말한 방식대로, 왜 법관들은 사회적 규칙에 따라야 할 의무를 갖는가를 묻는다면, 하트는 우리가 문제를 잘못 파악한다고 말할 것이다. 그의 설명에 따르면, 의무가 그가 기술한 것과 같은 종류의 사회적 규칙에 의해서 만들어진다는 것은 의무의 개념에 속한다.

그러나 지금까지 제시된 하트의 이론은 다음과 같은 식으로 제기될

---

10) 하트는 이 예를 다른 목적을 위해 사용한다. Hart, 앞의 책, 121쪽을 참조할 것. 나는 여기에서 작용하는 사회적 규칙이 규칙을 부과하는 책무(또는 의무)가 되도록—예를 들면 준수(conformity)에 대한 사회적 압력이 심각하다고 봄으로써— 그 예를 수정했다.

 * 여기서 문제 되는 사법적 의무는 법관의 의무를 말한다. 법적 의무와는 다르다.

134

수 있는 반론을 받게 된다. 어떤 사회학자가 특정한 공동체가 교회에서 모자 벗기와 같은 특정 규칙을 "갖고 있"거나 "따른다"라고 말한다면, 그 사회학자는 단지 그 공동체의 행위를 특정 측면에서 기술하려는 것일 뿐이다. 그는 단지 그 공동체의 구성원들이 자기들이 특정한 의무를 갖는 것으로 생각한다고 말하고자 했을 뿐이지, 그 사회학자가 그 생각에 동의한다고 말하는 것은 아니다. 그러나 그 공동체의 어떤 구성원이 그 자신의 행위나 다른 사람의 행위를 비판할 목적으로 어떤 규칙에 호소할 때, 그는 단순히 다른 사람들의 행위를 기술하려는 것이 아니라 그것을 평가하려는 것이다. 그가 의미한 것은, 단순히 다른 사람들은 자기들이 특정한 의무를 갖는다고 믿는다는 것이 아니라 그들이 그 의무를 갖고 있다는 것이다. 그렇기 때문에 우리는 규칙의 개념을 사용하는 두 종류의 진술 간의 구별을 인정해야 한다. 그 사회학자는 **사회적** 규칙이 있음을 단언하(assert)지만, 교회를 다니는 사람은 **규범적** 규칙이 있음을 주장하는 것이라고 우리는 말할 수 있을 것이다. 우리는 특정한 사태가 발생한다면, 즉 하트가 그의 예에서 기술한 것과 같은 방식으로 어떤 공동체가 행위한다면 사회적 규칙이 있다는 사회학자의 단언이 참(또는 보증된다)이라고 말할 수 있을 것이다. 그러나 교회를 다니는 사람이 규범적 규칙이 있음을 단언하는 것은 오직 특정한 규범적 사태가 존재할 때만, 즉 개인들이 하트의 예에서 그들이 갖는다고 생각하는 그 의무를 사실상 갖고 있을 때에만 참(또는 보증된다)이라고 우리는 말하고자 해야 한다. 소송을 심리하는 법관은 교회에 나가는 사람의 입장에 있지 사회학자의 입장에 있는 것이 아니다. 그 법관은 하나의 냉정한 사실로서 결코 대부분의 법관들은 입법부가 말한 것을 따라야 할 의무가 있다고 믿는다는 것을 말하려고 한 것이 아니다. 그가 말하고자 한 것은 그가 그런 의무를 갖고 있다는 것이고, 그는 다른 사람들의 믿음이 아니라 그 의무를 자신의 판단에 대한 정당화로 인용한다. 그렇다면 그 사회적 규칙은 그 이상의 것이 추가되지 않는 한, 그가 갖는다고 믿는 의무의 원천일 수는 없다.

하트는 이 반론을 예상하고 자신의 이론의 핵심을 형성하는 하나의 논변으로 그것에 대답했다. 그는 "사회적 규칙" 또는 "규범적 규칙"라는 말을 쓰지는 않았지만 그것들의 단언 사이에 했던 구별을 인정한다. 그렇지만 그는 적어도 그가 논의하고 있는 경우에는 이 두 종류의 단언이 두 개의 다른 종류의 규칙을 단언하는 것으로 볼 수 있다는 것은 부정한다. 그 대신 그는 우리에게 규칙의 **존재**와 해당 공동체의 개인들에 의한 그 규칙의 **수용**을 구별해야 한다고 말한다. 사회학자가 하나의 사회적 규칙의 존재를 단언할 때 그는 단순히 그 규칙의 존재를 단언하는 것이다. 즉, 그는 단지 그 규칙의 관행조건들이 충족되었다는 것을 말하는 것일 뿐이다. 교회를 다니는 사람이 그 규칙의 존재를 단언할 때는 그도 역시 이런 관행조건이 충족되었다고 주장하지만 **그에 덧붙여서** 그 규칙을 그 자신의 행위를 인도하고 다른 사람들의 행위를 판단하기 위한 규범으로 그가 수용함을 보여주는 것이다. 그는 하나의 사회적 관행을 확인하기도 하고 자신의 행위를 그 관행에 따르게 하려는 성향을 표시하기도 한다. 그렇더라도 각각의 사람이 하나의 규칙을 언급하는 한 그것은 동일한 규칙, 즉 문제 되는 사회적 관행에 의해서 구성되는 규칙이다.

그렇다면 사회적 규칙에 대한 진술과 규범적 규칙에 대한 진술 간의 차이는 각 진술이 단언하는 규칙의 유형상의 차이가 아니라, 그것이 단언하는 사회적 규칙에 대해서 각각이 보여주는 태도의 차이가 된다. 어떤 법관이 입법부가 제정한 것이면 어떤 것이든지 법이라는 규칙에 호소할 때, 그는 하나의 사회적 규칙에 대해 내적 관점을 취하고 있는 것이다. 그렇게 말할 수 있는 사회적 관행이 존재하기 때문에 그의 말은 사실이지만, 그는 사실이 그렇다고 단순히 말하는 것 이상의 것을 행하는 것이다. 그는 그 사회적 관행을 그가 그것에 순응하는 데 대한 하나의 정당화로 보는 그의 태도를 표시하는 것이다.

이와 같이 하트는 의무와 책무의 개념에 대한 일반 이론을 제시하고, 동시에 그 이론을 법관이 법을 집행할 의무에 특수하게 적용시킨다. 이 논문의 이 첫 부분의 논의를 결산하기 위해서, 나는 내가 사회적 규칙이론이라고 부르는 그 일반 이론을 비판하려고 한다. 그리고 나는 그 이론의 강한 버전과 약한 버전을 구별하려고 한다. 그 이론의 강한 버전에 따르면 누구든 하나의 의무를 단언할 때에는 언제나 하나의 사회적 규칙의 존재를 전제하고, 그 규칙이 기술하는 관행을 그가 수용하고 있음을 의미하는 것으로 이해되어야 한다. 따라서 사람은 누구나 거짓말을 하지 말아야 할 의무를 갖는다고 내가 말한다면, 나는 적어도 그런 의무를 갖도록 하는 사회적 규칙이 존재한다는 것을 뜻해야 한다. 그런 사회적 규칙이 존재하지 않는다면 나의 진술은 거짓일 수밖에 없다. 그 이론의 약한 버전에 따르면, 하나의 의무를 단언하는 사람이 그 의무를 부여하는 하나의 사회적 규칙을 미리 전제하고 있는 것으로 이해되어야 하는 것은 항상 그런 것이 아니라 단지 **때때로만** 그렇다. 예컨대 남자는 교회 안에서 모자를 써서는 안 된다고 말하는 교인은 앞의 방식으로 이해될 수도 있다. 그러나 거짓말을 해서는 안 된다는 의무를 주장하는 사람을 그와 동일한 방식으로 이해해야 한다는 결론은 나오지 않을 것이다. 그는 사회적 규칙의 존재에 사실상 의존하지 않는 의무를 주장할 수 있다.

하트가 말한 것들 가운데 많은 부분은 강한 버전의 것이기는 하지만, 『법의 개념』의 관련 부분에서는 그가 이 가운데 어떤 버전을 택하고 있는지를 분명히 하지 않았다. 그러나 물론 그의 일반 이론을 사법적 의무의 문제에 적용시킬 수 있는가는, 그가 어떤 버전의 사회적 규칙이론을 취하고 있는가에 달려 있을 것이다. 만일 강한 버전이 옳다면, 입법부가 말한 것을 법으로 보아야 할 기본적 의무가 있다고 말하는 법관들은 결국 사회적 규칙을 미리 전제해야 한다. 그러나 만일 사회적 규칙 이론의 약한 버전이라면, 단지 그럴 가능성이 있을 뿐이고, 그렇기 때문에 그렇다는 것을 보여주기 위해서는 또 다른 논변이 필요하게 될 것이다.

그 이론의 강한 버전이 사람들이 의무에 호소하는 모든 경우를 설명하려고 하거나 나아가 그들이 의무의 원천으로 규칙에 호소하는 모든 경우를 설명하려고 한다면, 그 강한 버전의 이론은 옳을 수 없다. 이 이론은 상응하는 사회적 규칙이 존재하지 않기 때문에 사회적 규칙에 호소하는 것으로 설명될 수 없는 규범적 규칙에 대한 어떤 단언들이 있다는 것을 인정해야 한다. 예컨대 채식주의자들은 어떤 형태이든 어떤 여건 아래서든 생명을 빼앗는 것은 잘못이라는 기본적인 도덕적 규칙 때문에 먹을 것을 위해서 동물들을 죽일 권리가 우리에게는 없다고 말할 수 있다. 분명히 그런 사회적 규칙은 존재하지 않는다. 채식주의자들은 그런 규칙이나 그런 의무를 깨닫는 사람은 거의 없다는 것을 인정할 것이며 그들의 불만은 바로 여기에 있다.

그렇지만 그 이론은 규칙과 의무의 개념을 이렇게 사용하는 것은 특별한 경우로서 사실상 그 이론이 설명하고자 하는 표준적 관행에 기생하는 독특한 종류의 도덕적 관행에 속한다고 주장할 수 있다. 이런 설명에 따르면 채식주의자는, 사람에게는 생명을 빼앗지 않을 의무가 있다고 말하는 것으로 이해되어서는 안 되고 생명을 빼앗아서는 안 된다고 말하는 것에 대해 매우 강한 근거들이 있기 때문에 그런 결과를 갖는 사회적 규칙이 존재해야 한다고 말하는 것으로 이해되어야 한다. 그가 "규칙"에 호소한다는 것은 그런 내용의 규칙이 이미 존재한다는 것을 시사할 수는 있다. 그러나 그런 시사는 일종의 표현방법으로서 사회적 규칙이 갖는 엄숙한 힘을 가져다 그것과는 매우 다른 그 자신의 주장에 부여하기 위한 시도이다.

그러나 이런 변호는 채식주의자의 주장을 오해하는 것이다. 채식주의자는 단순히 누구도 생명을 빼앗을 권리를 갖지 않도록 제도를 재정비하는 것이 바람직하다고 말하려는 것이 아니라, 바로 지금 아무도 그런 권리를 갖고 있지 않다고 말하려는 것이다. 그는 생명존중의 도덕적 의무가 있다는 것을, 사회가 그런 내용의 사회적 규칙을 가져야 하는 이유로 제시하려고 할 것이다. 강한 버전의 사회적 규칙이론은 그가 그런 논변을 하는 것을 허용하지 않는다. 그렇기 때문에 그 이론은 그가 말하기를 원하지 않는 어떤 것을 그가 말한다고 주장함으로써만 그의 진술을 받아들일 수 있다.

그러므로 사회적 규칙이론이 그럴 법한 것이려면, 그것은 적어도 아래와 같은 정도로 약해져야 한다. 즉, 그 이론은 오직 공동체가 어떤 의무가 존재한다는 것에 대해 대체적으로 동의하는 그런 경우에만 의무의 존재에 대한 주상(또는 의무의 규범적 규칙의 단언)의 의미를 실명하고자 해야 한다. 그러면 이 이론은 채식주의자의 경우에는 적용되지 않지만, 교회를 다니는 사람들에게는 적용될 것이다. 이 이론을 이렇게 약화시킨다 하더라도 그 이론을 사법적 의무의 문제에 적용시키는 것에는 문제가 없을 것이다. 왜냐하면 법관들은 그들이 집행해야 하는 법이 어떤 것인가를 판단할 때 사실상 거의 동일한 규칙들을 따르는 것으로 보이기 때문이다.

그렇지만 그 이론은 이렇게 약화된 형태로도 그럴 법하지 않다. 그것은 병립(concurrent)도덕과 관례(conventional)도덕이라고 말할 수 있는 두 종류의 사회적 도덕 사이의 중요한 구별을 알지 못한다. 동일하거나 거의 유사한 규범적 규칙을 주장하는 것에 어떤 공동체의 구성원들이 동의하지만, 그렇게 동의한 사실을 그들이 그 규칙을 단언하는 것에 대한 근거의 핵심으로 보지는 않을 때 그 공동체는 병립도덕을 가지고 있는 것이며, 그렇게 볼 때 그 공동체는 관례도덕을 가지고 있는 것이다. 만일 교회에 다니는 사람들이 모든 남자는 교회에서 모자를 벗어야 할 의무를 갖지만, 그런 일반적 결과를 갖는 어떤 사회적 관행이 없는 경우 그런 의무를 갖지 않을 것이라고 믿는다면, 그것은 관례도덕의 경우이다. 만일 사람은 모름지기 거짓말을 하지 말아야 할 의무를 가지며, 대부분의 다른 사람들이 거짓말을 한다고 하더라도 그가 그 의무를 가질 것이라고 믿는다면, 그것은 병립도덕의 한 경우가 될 것이다.

사회적 규칙이론은 오직 관례도덕의 경우에만 적용될 수 있도록 약화되어야 한다. 거짓말과 같은 병립도덕의 경우에 하트가 기술하는 관행조건이 충족될 수도 있다. 사람들은 대체로 거짓말을 하지 않을 것이고, 그들은 그런 행위에 대한 정당화로 거짓말하는 것은 옳지 않다는 "규칙"을 인용할 것이며, 거짓말을 하는 사람들을 비난할 수 있을 것이다. 하트의 이론에 따르면 사회적 규칙은 이 행위에 의해서 구성될 것이다. 그리고 그 공동체가 거짓말하는 것에 대해 부정적인 "규칙을 갖는다"라고 사회학자가 말하는 것은 정당화될 것이다. 그러나 그 공동체의 구성원들이 거짓말을 하지 말아야 할 의무가 있다고 말할 때, 그들이 그 사회적 규칙에 호소한다고 생각하거나 그 규칙의 존재가 그들의 주장을 위해 필요한 것으로 간주한다고 생각하는 것은 그 구성원들의 주장을 왜곡하는 것이 될 것이다. 오히려 그와는 반대로, 이것은 병립도덕이므로 그들이 그렇게 보지 않는 것이야말로 사실이다. 그렇기 때문에 사회적 규칙이론은 관례도덕에만 한정되어야 한다.

그 이론을 이렇게 더욱 약화시키면 사법적 의무의 문제에 대한 그 이론의 영향은 축소될 것이다. 법관들이 자신들이 해야 한다고 생각하는 것들 가운데 적어도 약간의 부분은 관례도덕이 아니라 병립도덕일 것이다. 예컨대 많은 법관들이 단순히 다른 법관들과 관리들도 받아들이기 때문이 아니라, 그 자신이 독립적인 가치를 갖는 것으로 받아들이는 정치적 원칙의 근거 위에서 민주적으로 선출된 입법부의 결정을 집행할 의무를 갖는다고 생각할 수 있다. 다른 한편, 그렇지 않고 적어도 전형적인 법체계에서의 대다수의 법관들은 어떤 일반적인 사법적 관행을 그들의 사법적 의무에 관한 주장에 대한 근거의 본질적인 부분으로 간주할 것이라고 생각하는 것은 적어도 그럴 법하다.

그러나 사회적 규칙이론은 관례도덕에 대해서도 적합한 설명이 되지 못한다. 그것이 적합하지 않은 이유는, 사람들이 어떤 사회적 관행을 어떤 의무를 단언하기 위한 근거의 필수적 부분으로 볼 때라도, 그 사람들은 여전히 그 의무의 범위에 대해서 의견차이를 보일 수 있다는 사실을 설명하지 못하기 때문이다. 예컨대 교회 안에서는 모자를 써서는 안 된다는 "규칙을 갖고 있는" 공동체의 구성원들이 모자를 쓰고 있는 남자아기들에 대해서도 "그" 규칙이 적용되는지의 문제에 대해 사실상 의견이 나뉜다고 가정해보자. 양측은 모두 아기나 그 부모의 의무에 대한 자신의 견해가 더 선선하다고 믿지만, 어떤 측의 견해도 사회적 규칙에 근거한 것으로 생각될 수는 없다. 왜냐하면 그 문제에 대해서는 사회적 규칙이란 없기 때문이다.

사회적 규칙의 관행조건에 대한 하트의 기술은 이 점에서는 분명하다. 즉, 하나의 규칙이 대다수 주민의 준수행위에 의해서 구성된다는 점이다. 그는 어떤 특정한 경우가 아직 발생하지 않았다고 하더라도, 그 경우에 요구될 것이라고 모든 사람이 동의하는 행위를 준수행위로 볼 것이다. 그렇기 때문에 그 공동체에 붉은 머리를 가진 사람이 아직 없다고 하더라도 그 사회적 규칙은 붉은 머리를 가진 사람에게도 "해당될" 것이다. 그러나 교회를 다니는 사람들 가운데 절반이 아기들이 모자를 벗어야 한다고 주장하고 다른 절반은 그러한 요구를 인정하지 않는다면, 그 행위는 어떤 사회적 규칙을 구성할까? 우리는 그 행위가 아기들은 모자를 벗어야 한다는 사회적 규칙을 구성한다고 말할 수도 없고, 아기들은 그 의무를 갖고 있지 않다고 규정하는 사회적 규칙을 구성한다고 말할 수도 없다.

우리는 교회 안에서 모자를 쓰는 것에 관한 사회적 규칙은 아기들의 문제에 대해서는 "불확실하다"라고 말할 유혹을 느낄지도 모른다. 그러나 그 말은 사회적 규칙이론이 피하려고 하는 바로 그런 종류의 혼동을 수반한다. 이 경우처럼 사회적 행위에 대해서 모든 관련 사실들이 알려져 있을 때는 우리는 그 사회적 규칙이 불확실하다고 말할 수는 없다. 왜냐하면 그것은 사회적 규칙이 행위에 의해서 구성된다는 테제를 깨뜨리는 것이기 때문이다. 교회 안에서 모자를 쓰는 데 관한 사회적 규칙은, 사람들이 행하고 또 생각하는 것에 관한 사실들이 아직 수집되지 않았을 때 또는 아기들의 문제가 발생하지 않아서 공동체의 대다수가 동일한 의견을 갖고 있는지가 불확실할 때는, 불확실하다고 말할 수 있을 것이다. 그러나 여기에 이런 종류의 불확실성은 없다. 문제가 발생했고, 우리는 공동체 구성원들의 견해가 일치하지 않는다는 것을 안다. 그렇기 때문에 우리는 이와 같은 경우에는 교회에서 모자를 쓰는 것에 관한 사회적 규칙이 불확실하다고 말해서는 안 되고, 그 공동체의 행위가 구성하는 유일한 사회적 규칙은 성인이 교회 안에서 모자를 쓰는 것을 금지하는 것이라고 말해야 한다. 그 규칙이 있다는 것은 확실하다. 그리고 아기들의 문제에 대해서는 어떤 사회적 규칙도 없다는 것도 마찬가지로 확실하다.

그렇지만 이 모든 것은 사회적 규칙이론에 대해서 거의 치명적인 것처럼 보이는데 그 이유는 다음과 같다. 사람들이 규범적 규칙을 단언할 때 그것이 설사 관례도덕의 경우라 하더라도 사람들은 그 범위나 세부에서 다르거나 어쨌든 각각의 사람들이 더 구체적으로 기술할 때 다르게 될 규칙을 단언하는 것이다. 그러나 자신이 갖고 있는 규칙들이 서로 다른, 또는 더 정확하게 말해질 경우 서로 다를 두 사람은 동일한 사회적 규칙에 호소하는 것일 수 없다. 그리고 적어도 그들 중 한 사람은 어떤 사회적 규칙이든 사회적 규칙에 호소하는 것일 수 없다. 그것은 설사 그들이 각각 인정하는 규칙들이 적용되는 대부분의 경우——발생하거나 발생할 수 있는——에는 의견을 같이할 때라도 그렇다. 그렇기 때문에 사회적 규칙이론은 그것이 살아남으려면 수용하기 어려운 형태로 약화되어야 한다. 그 이론은 어떤 게임처럼 그 게임이 부과하는 의무가 논란의 대상이 된다면 그것은 전혀 의무가 아니라는 것을 참여자들이 인정하는 그런 경우에만 적용되는 것으로 생각되어야 한다. 그렇다면 그것은 사법적 의무에 대해서는 적용되지 못할 것이다.

이 이론은 이러한 결론을 다양한 방식으로 회피하려고 노력할 것이다. 우선 어떤 사람은 논란이 되는 사안에서 하나의 규칙에 호소할 때 그가 말한 것은 아래의 두 부분을 갖는 것으로 이해되어야 한다고 주장할 수 있을 것이다. 첫째, 그가 말한 것은 공동체 내부의 동의를 표현하는 사회적 규칙(성인남자는 교회 안에서 모자를 써서는 안 된다)을 확인하고, 둘째, 이 규칙은 더 논란이 되는 사안(교회 안에서의 아기)에 적용되도록 연장되어야 한다고 주장한다. 바꿔 말하자면, 그 이론은 규칙들에 대해 논란이 되는 모든 호소에 관해 내가 채식주의자 사안에서 그가 취할 수 있다고 말한 것과 동일한 노선을 취할 수 있을 것이다. 그러나 내가 채식주의자 사안에 대해 논의할 때 제시한 반론이 그 이론 전체에 대한 일반적 비판으로 제기될 수 있을 것인데, 그 경우 더 큰 타격을 줄 것이다. 사람들은, 적어도 철학 책을 읽지 않고 사는 사람들은 논란이 되는 상황에서 대체적으로 도덕적 규준에 호소한다. 그들이 그렇게 할 때 말하려는 것은, 그 규준이 문제 되는 사안에 적용되어야 한다——그 의미가 어떤 것이든지 간에——는 것이 아니라 그 규준이 적용된다는 것이다. 다시 말해 사람들은 그 규준이 규정하는 의무와 책임을 가져야 한다는 것이 아니라 그러한 의무와 책임을 갖는다는 것이다. 그 이론은 이런 모든 주장들이 의무라는 개념을 특별하게 또는 파생적으로 사용한 것이라고 주장하기는 어려울 것이다. 만일 그렇게 주장한다면, 그것은 그 이론 자신의 적용을 사소한 것에 한정하게 될 것이다.

이 이론은 위와는 아주 다른 방식으로 변호될 수도 있을 것이다. 즉, 이 이론이 이용하는 사회적 규칙의 개념을 변경함으로써이다. 그 변경은 적어도 관례도덕의 경우에는 규칙에 대한 어떤 언어적 표현형식——예를 들면 "남자는 교회 안에서 모자를 벗어야 한다"——이 표준적이 된다는 사실에 의거해 이루어질 수 있다. 그 수정된 개념에 따르면, 어떤 공동체가 그것의 의무들에 대해서 어떤 특정한 언어적 표현형식을 수용하고, 그 형식을 행동이나 비판을 위한 지침으로 사용할 때 사회적 규칙은 존재한다. 그 경우 논란이 되는 사안은 표준적 표현형식에서 나타난 하나 또는 그 이상의 용어에 대한 하나의 해석이나 다른 해석에 기초해서 결정되어야 한다는 점에 동의한다면, 그 공동체가 그 용어의 적절한 적용에 대해 의견이 나뉘는 만큼 그 규칙은 "불확실하다"라고 말할 수 있다. 그런 수정은 내가 제시한 논변에 대해서 하나의 대답을 제공해줄 것이다. 교회에 다니는 사람들은 모자 쓰기에서의 그들의 책임에 대한 하나의 단일한 사회적 규칙, 즉 남자는 교회 안에서 모자를 써서는 안 된다는 규칙을 받아들인다. 그러나 그 규칙은 불확실하다. 왜냐하면 "남자"가 남자아기를 포함하는지 또는 "모자"가 "아기모자"를 포함하는지에 대해 견해차이가 존재하기 때문이다.

그러나 그 개념에 대한 이런 식의 수정은, 해당 공동체의 구성원들이 의무에 관한 그들의 견해차이를 대중화된 특정한 언어적 표현형식에 들어 있는 어떤 핵심적 단어의 해석에서의 견해차이로 확인할 수 있는지 또는 사실상 확인하고 있는지와 같은 우연적인 문제에 지나친 비중을 두는 것이다. 교회에 다니는 사람들은 그들의 견해차이를 이런 형식으로 표현할 수 있을 것이다. 그러나 그렇다고 해서 그들이 모두 그런 형식으로 표현할 것이라는 결론이 나오는 것은 아니다. 규칙의 언어적 표현형식은 그것의 토대가 되는 배경적 사실의 변화 없이도 달라질 수 있을 것이다. 예를 들면 사람들은 습관적으로 여자만이 교회 안에서 머리를 가릴 수 있다고 말할 수 있을 것이다. 그 경우 의견의 차이는 "여자"가 "남자아기"를 포함하는지에 대한 차이가 아니라, 그 대중적인 표현형식이 올바른 규범적 규칙에 대한 정확한 진술인지에 관한 것이 되어야 할 것이다.

게다가 만일 그 이론이 이런 식으로 수정된다면, 그 이론은 그것이 원래 갖고 있던 설명력을 대부분 상실하게 될 것이다. 원래의 이론은 개인의 책임이나 의무에 대한 우리의 규범적 주장 가운데 적어도 약간의 주장을 정당화하는 데 사회적 관행이 중심적 역할을 한다는 중요한 사실을 잘못 표현하기는 했지만 반영했다. 그러나 중요한 것은 언어행위에서의 우연적인 것들이 아니라 일관된 관행의 사실들이다. 우리의 도덕적 관행이 법률해석의 연습은 아니다.

끝으로 사회적 규칙이론은 사회적 규칙을 단일한 형태의 관행에 대한 기술로 보는 하트의 원래의 정의를 유지하면서, 다른 식으로 후퇴해 그것의 실패를 피할 수 있을 것이다. 그것은 사회적 규칙이 어떤 사람의 의무의 **한계**(limit)를 설정한다는 주장을 포기하고, 그 의무의 **문턱**(threshold)을 설정한다고 생각할 수 있다. 그렇게 되면 도덕에서의 사회적 규칙의 기능은 다음과 같은 것이라고 말할 수 있을 것이다. 즉, 사회적 규칙은 의무로 정해진 것들을 구분해주는데, 그때 그 의미는 그것이 합의의 한 영역(an area of consensus)을 기술한다는 사실적 의미가 아니라, 그런 합의가 존재할 경우 공동체의 구성원들은 적어도 그 합의가 포용하고 있는 의무를 갖는다——비록 그들이 그 의무를 존중하지 않을 수 있다고 하더라도 또는 존중하지 않는 것이 적절할 수 있다고 하더라도——는 개념적 의미에서이다. 그러나 사회적 규칙은 관례도덕의 영역에서조차도 개인들이 그 규칙의 조항들을 넘어서는 권리나 의무를 갖지 않는다고 정하지 않는다. 그보다는 사회적 규칙이 교회 안의 아기의 경우와 같은 사안으로 연장되지 않는다는 사실은, 그 경우에 의무를 단언하는 사람은 단순히 관행에 호소하는 것을 넘어서는 논변을 제시해야 한다는 것을 의미한다.

사회적 규칙이론이 이런 방식으로 수정된다면, 이 이론은 내가 기술했던 원래의 이론이 사회적 승인규칙에 대한 하트의 테제를 지지하는 식으로 그 테제를 지지하지는 않게 된다. 어떤 사안을 특정한 방식으로 판결해야 할 의무를 부과하는 사회적 규칙이 없음에도 법관들이 그렇게 판결할 의무를 가질 수 있다면, 사회적 관행이 모든 사법적 의무를 설명해준다는 하트의 주장은 성립되지 않는다. 그렇지만 나는 이렇게 수정된 형태에서도 아직 남아 있는 사회적 규칙이론의 약점을 지적하고자 한다. 사회적 규칙이 권리와 의무의 최소한의 수준을 정한다고 말하는 것도 우리의 도덕적 관행과 일치하지 않는다. 무의미한 관행이나 도덕의 다른 요구사항과 원칙상 모순되는 관행은 의무를 부과하지 않는다는 것은 관례도덕의 하나의 특징으로서도 일반적으로 인정되고 있다. 물론 어떤 사회적 규칙이 존재할 경우, 단지 아주 작은 소수만이 그 단서조항이 사실상 적용된다고 생각할 것이지만 말이다. 예컨대 남자는 여자에게 어떤 형식적인 예의를 베풀어야 한다는 사회적 규칙이 존재할 경우, 대부분의 사람들은 여자들이 그 예의를 받을 권리를 갖는다고 말한다. 그러나 그런 예의가 모욕이라고 생각하는 사람은 남자든 여자든 그에 동의하지 않을 것이다.

사회적 규칙이론이 도외시하는 관례도덕에 관한 이러한 사실은 매우 중요한 것이다. 왜냐하면 그 사실은 사회적 관행과 규범적 판단 사이의 연관관계에 대해서 그 이론이 제공하는 것보다 더 나은 이해가 필요함을 시사하기 때문이다. 규범적 판단은 그 판단을 지지하는 근거의 핵심으로서 자주 사회적 관행을 가정한다는 것은 사실이다. 내가 말했듯이 바로 이 점이 관례도덕의 특징이다. 그러나 사회적 규칙이론은 그 연관관계를 오해한다. 사회적 관행은 규범적 판단이 수용하는 규칙을 **구성**한다고 그 이론은 생각한다. 사실 그 사회적 관행은 그 규범적 판단이 주장하는 규칙을 **정당화하는** 데 도움을 준다. 교회 안에서 모자를 벗는 관행이 존재한다는 사실은 그런 내용의 규범적 규칙을 단언하는 것을 정당화한다. 그런데 그 이유는 그 관행이 그 규범적 판단이 기술하고 또 지지하는 규칙을 구성하기 때문이 아니라, 그 관행이 특정행위를 불쾌하게 만들고 다른 특정행위는 기대하게 하기 때문이다. 그것이 바로 교회에서는 모자를 벗어야 한다는 의무를 단언하거나 모자를 벗어야 한다는 규범적 규칙을 단언하는 데 대한 좋은 근거가 된다.

사회적 규칙이론은, 하나의 관행은 개인이 그것의 이름으로 단언하는 규칙과 동일한 **내용**을 어떤 식으로든지 가져야 한다고 주장하기 때문에 실패하는 것이다. 그렇지만 만일 단순히 하나의 관행이 하나의 규칙을 정당화할 수 있을 것이라고만 생각한다면, 그렇게 정당화된 규칙은 그 관행과 동일한 내용을 가질 수도 있고 동일한 내용을 갖지 않을 수도 있다. 그것은 그에 미달할 수도 있고 그것을 초과할 수도 있다. 우리가 사회적 관행과 규범적 주장 사이의 관계를 이렇게 본다면, 사회적 규칙이론이 어렵사리 설명하는 것을 부드럽게 설명할 수 있다. 어떤 사람이 어떤 사회적 관행이 무의미한 것이라거나 어리석은 것이라거나 모욕적인 것이라고 생각할 경우, 그는 그 관행은 원칙적으로라도 어떤 의무나 규범적 행위규칙을 단언하는 것을 정당화하지 않는다고 생각할 것이다. 그리고 이 경우 그는 그 관행이 그가 거부하는 의무를 그에게 부과한다고 말하지 않고, 다른 사람들은 다르게 생각하더라도 그것은 의무를 전혀 부과하지 않는다고 말할 것이다.

더욱이 어떤 공동체가 교회에서 모자를 벗는 관행과 같은 어떤 특정한 관행을 갖고 있을 경우, 그 관행에 의해서 정당화된다고 주장되는 다양한 규범적 규칙을 구성원들이 단언할 것이라는 것은 놀라운 일이 아니라 그럴 법한 일일 것이다. 그들은 아기들은 아기모자를 써야 하는지에 대해서는 서로 다른 의견을 가질 것인데, 그것은 모든 것을 고려해볼 때 그 관행의 사실이 그 의무를 단언하는 것을 정당화하는지에 대해서 서로 다른 의견을 가질 것이기 때문이다. 어떤 사람들은 정당화한다고 생각할 수 있는데, 왜냐하면 그들은 그 관행이 전체적으로 아이의 부모가 간접적으로 저지를 수 있는 모욕이나 무례의 형태를 확립하고 있다고 생각하기 때문이다. 다른 사람들은 그에 동의하지 않을 수 있는데, 그것에는 다양한 이유가 있다. 이런 사소한 사안에서조차도 그들은 그들의 논쟁을 교회에서의 모자에 관한 "규칙"을 요구하는 것에 대한 논쟁으로 만들 것이다. 그러나 그때 참조되는 것은 공동의 행위에 의해서 구성되는 규칙, 즉 사회적 규칙이 아니라 공동의 행위에 의해서 정당화되는 규칙, 즉 규범적 규칙이다. 그들이 논쟁을 벌이는 것은 바로 그 규칙이 무엇인가에 관해서이다.

사법적 의무는 관례도덕의 한 경우일 수 있다. 그렇다고 해서 어떤 사회적 규칙이 사법적 의무의 한계를 말해준다는 결론이 나오는 것은 아니며, 그것의 문턱을 말해준다는 결론조차 나오지 않는다. 예컨대 법관들이 입법부를 따라야 한다는 규칙을 인용할 때, 그들은 어떤 사회적 관행이 정당화해주는 규범적 규칙에 호소할 수 있으며, 그 규범적 규칙의 정확한 내용에 대해서 서로 다른 의견을 가질 수 있다. 그 경우 그의견의 차이는 단지 다른 법관들의 행위의 사실에 대한 의견의 불일치만을 나타내는 것이 아니다. 실증주의자가 옳을 수는 있다. 그렇지만 그가 그의 주장을 입증하기 위해서는 사회적 규칙이론이 제공하고자 하는 손쉬운 길을 채택해서는 안 된다.

2. 내가 정말로 하트와 의견을 달리하는가

적어도 하트가 제시하는 형태의 실증주의와 나와의 의견불일치는 실제로 내가 주장했던 것처럼 그리 크지 않다는 주장이 제기되어왔다. 아마도 나는 법에 관한 유의미한 설명은 규칙뿐만 아니라 원칙을 포함할 것이라는 점을 보여주었을 것이다. 그런데 하트의 이론에서 어떤 부분도 이 점을 부인하지 않는 듯이 보인다. 하트가 규칙에 대해서만 이야기하고 있는 것은 사실이다. 그러나 그는 "규칙"을 내가 두 번째 장에서 그 용어를 정의한 제한된 방식으로 정의하지는 않았다. 그러므로 하트가 규칙에 대해서 이야기할 때에는 좁은 의미에서의 규칙뿐만 아니라 원칙까지도 포함하는 것으로 이해될 수 있다. 나는 법의 근본적 기준이 법의 규칙뿐만 아니라 원칙까지 법으로 포함할 수 있으려면, 그 기준은 하트가 승인규칙의 견본으로 제시한 사례들보다는 좀 더 복잡해야 함을 보여주었다. 그런데 하트는 승인규칙이 복잡할 수 있다고 말한다. 다시 말해서 승인규칙은 위계적으로 배열된 몇몇 기준들로 구성될 수 있다는 것이다. 하트의 단순한 예들——의회가 제정한 것은 법이라는 규칙 같은——은 단지 예로만 의도된 것이다.

그렇다면 의견의 차이는 어디에 놓여 있는가? 제2장이 하트의 테제, 즉 모든 법체계는 승인규칙의 형태로 법에 대한 근본기준을 가지고 있다는 것을 부정하는 듯 보이는 것은 사실이다. 그러나 사르토리우스(Sartorius) 교수가 지적하듯, 실제로 내가 법의 원칙과 규칙을 확인하기 위한 어떤 근본기준도 갖지 않은 법체계가 존재할 수 있다는 뜻으로 말할 리 없다.[11] 어떤 원칙은 법으로 간주될 수 없지만 어떤 원칙은 법으로 간주되어야 하고 그렇기 때문에 그 원칙들은 사법적 논변 속에 등장해야 한다

---

11) Sartorius, 앞의 책, 155쪽.

는 것은 나의 주장의 일부분이다. 그러나 그것이 사실이라면, 그 두 원칙 사이를 구별하기 위해서 사용될 수 있는 어떤 종류의 기준이 있어야만 한다. 결국 그런 근본규칙이 존재하지 않는다는 나의 주장은 단지 그런 근본기준이 너무 복잡해서 하나의 단순한 규칙으로 말할 수 없다는 뜻으로만 이해되어야 한다. 그러나 하트는 결코 근본규칙은 단순규칙이어야 한다고 주장한 것이 아니기에 이 차이점은 크지 않다.

내가 고려하길 원하는 반론 중 첫 번째는 이렇게 이루어진다. 내가 제2장을 쓸 때 나는 실증주의자의 테제, 즉 법에 대한 하나의 근본기준이 모든 법체계에 존재한다는 테제는 정교화를 거의 필요로 하지 않을 정도로 충분히 명확하다고 생각했다. 그리고 그 테제에 대한 하트 교수의 신중한 표현을 일례로 취함으로써 모든 애매성이 해소될 것이라고 생각했다. 내가 방금 기술한 반론은 내가 이 점에서 틀렸음을 내게 납득시켜준다. 그래서 나는 이제 내가 실증주의자들의 주장을 무엇이라고 생각하는지, 또 그 주장이 나 자신이 하고자 하는 주장들과 어떻게 다른지를 좀 더 명확히 진술함으로써 〔비판에 의해〕 입은 타격을 복구하고자 한다.

나는 세 가지 상이한 테제들을 제시하면서 이야기를 시작하겠는데, 이 테제들 각각은 법의 근본기준이라는 이념과 관계가 있다. 이 상이한 테제들을 기술하면서 나는 내가 앞에서 했던 구별을 사용할 것이다. 그 구별이란 사회적 규칙의 개념을 통해 사회행위를 기술하는 것과 규범적 규칙의 개념을 통해 규범적 입장을 단언하는 것 사이의 구별이다. (1) 첫 번째 테제는 발전된 법체계를 갖고 있는 모든 국가에서는 어떤 **사회적 규칙** 또는 일군의 사회적 규칙들이 그 국가의 법관들과 법조관리들의 공동체 내에 존재하며, 그런 규칙들이 어떤 다른 규칙이나 원칙을 법으로 인정해야 하는 법관의 의무의 한계를 정해준다고 주장한다. 예를 들면, 만일 영국 법관들이 하나의 집단으로서 법적 권리와 의무를 정할 때 오직 의회에 의해서 제정되거나 사법적 판결에서 정립되거나 아니면 오래 지속된 관습에 의해 확립된 규칙이나 원칙만을 고려할 의무를 인정하고 다른 어떤 것을 고려할 의무가 없음을 인정한다면, 그 테제는 영국에서 성립할 것이다. 하트는 이 첫 번째 테제를 제안한다. 사실상, 하나의 사회적 승인규칙이 모든 법체계에 존재한다는 그의 이론은 실증주의적 전통에 대한 하트의 가장 중요한 기여 가운데 하나로 간주될 수 있다. (2) 두 번째 테제는 모든 법체계에서 어떤 특정한 **규범적 규칙**이나 원칙 또는 이것들의 복잡한 집합이, 법관들이 그보다 더 특정한 법의 규칙이나 원칙을 확인하기 위해서 사용하기에 적절한 규준이라고 주장한다. 예를 들면 이 두 번째 테제를 받아들이는 사람은 영국에서 법관들이 실제로 제정법과 판례 및 명백한 관습만을 법으로 인정하면서 판결하는지 어떤지와 관계없이 그들은 오직 그것들만을 법으로 인정할 의무가 있다고 믿을 수 있다. (3) 세 번째 테제는 모든 법체계에서 대부분의 법관들은 다른 규준들을 법적 규준으로 간주해야 할 그들의 의무를 통제하는 어떤 규범적 규칙이나 이론을 받아들인다고 주장한다. 이 테제는 예를 들면 누군가가 다양한 영국 법관들의 판결들을 연구한다면, 그 사람은 법관들 각자가 법의 어떤 배타적 원천을 지정하는 특정한 규칙 또는 법이 발견되는 방식을 규정하는 좀 더 복잡한 이론을 다소 의식적으로 따른다는 것을 발견하게 될 것이라고 주장한다. 이 테제는 사실일 수는 있지만, 그 테제로부터 대다수 영국 법관들이 동일한 규칙이나 이론을 따른다는 결론이 도출되는 것은 아니다. 만일 그들이 그렇게 한다면, 첫 번째 테제도 적어도 영국에서는 참일 것이지만 그렇지 않을 경우에는 참이지 않을 것이다.

하트와 나와의 불일치는 이 세 가지 테제 가운데 첫 번째 테제에 대한 것이다. 하트는 그 테제를 제안하지만 나는 그 테제를 거부한다. 이 문제는 중요하다. 법적 규준이 원칙적으로 그리고 전체로서 도덕적 규준이나 정치적 규준과 구별될 수 있다는 통속적 실증주의적 이념의 성립여부는 그것에 의존해 있다. 만일 첫 번째 테제가 옳다면 모든 법체계에서 공통적으로 인정된 법의 어떤 기준이 사회적 규칙의 형태로 존재할 것이고, 이는 법적 규칙과 원칙을 도덕적 규칙과 원칙으로부터 구별하기에 충분하다. 그러나 그 첫 번째 테제가 거짓이라면 그 같은 기준은 존재하지 않을 것이다.

두 번째나 세 번째 테제의 어떤 버전이 건전할 수 있다는 것으로는 충분치 않다. 내가 두 번째 테제에 의해서 고려되는 종류의 규범적 법이론을 인정한다고 가정해보자. 만일 나의 이론이 다른 모든 사람들에 의해서 공유되지 않는다면, 그 이론은 논란이 되는 항목을 포함하고 있을 것이다. 예를 들면 법원은 오래된 판례보다는 최근의 판례에 더 비중을 두어야 한다고 주장하는, 논란될 수 있는 판례이론을 그 이론이 포함하고 있을 수도 있다. 그럴 경우 나는 판례에 관한 나의 견해가 법관의 의무를 정확하게 진술한다는 주장을 입증하도록 요구받을 것이고, 오직 판례법 제도의 본질이나 가치에 대한 또 다른 이론을 전개함으로써만 그 주장을 입증할 수 있을 것이다. 이 또 다른 이론에 대한 나의 변론은 틀림없이 논란이 되는 정치도덕의 원칙들, 예를 들면 민주주의에서 사법부의 적절한 위치에 대한 원칙에 의존할 것이다. 실증주의가 부정하려고 매우 애쓰는 것이 바로 이런 종류의 의존이다.

이런 세 가지 상이한 테제를 구별한 것은 왜 사르토리우스의 반론이 핵심을 놓쳤는지를 보여준다. 그는 다음과 같이 생각한다. 즉, 만일 내가 법관은 일부 원칙만을 사용하고 나머지 다른 원칙들은 사용하지 않을 의무를 갖거나, 하나의 원칙에 주어진 비중만을 할당해야지 그 이상을 할당하지 않아야 할 의무를 갖는다고 말한다면, 결국 나 스스로가 법에 대한 근본적인 기준이 있다는 이념을 받아들이고 있다는 결론이 따라 나온다는 것이다. 내가 두 번째 테제의 어떤 버전을 받아들인다는 결론, 즉 법관들이 난해한 사안을 어떻게 결정해야 하는가에 대한 하나의 이론을 지지하기 위해 하나의 설득력 있는 변론이 만들어질 수 있다고 나 자신이 생각한다는 결론은 따라 나온다. 그러나 첫 번째 테제, 즉 그 문제를 해결해주는 어떤 사회적 규칙이 법관들 사이에 존재한다는 테제를 내가 받아들여야 한다는 결론이 따라 나오지는 않는다. 그것은 하트의 테제이다. 그것은 나의 테제도 아니며 나의 테제가 되어야 할 필요도 없다.

하지만 하트 이론의 한 가지 측면은 내가 하트 이론을 너무 경직된 이론으로 생각하고 있음을 보여준다. 하트는 사회적 승인규칙이 어떤 경우에는 불확실해서, 무엇을 법으로 간주해야 하는가에 대해서 발생할 수 있는 모든 문제를 해결하지는 못한다고 조심스럽게 말한다.[12] 사회적 승인규칙이 존재하기 위해서는 그 규칙이 그 같은 문제의 대부분을 해결하는 것으로 충분하다. 하트는 다음과 같은 예를 든다. 그에 따르면 의회가 제정하는 것은 무엇이든지 간에 법이라는 것이 최소한 영국의 승인규칙의 부분임은 의심할 여지가 없다. 그런데도 현재의 의회가 미래의 의회를 구속할 힘을 갖는지 어떤지는 불확실하다. 예를 들면 현재의 의회가 특정한 법규칙을 채택하고서 2/3의 다수에 의해서가 아니고서는 폐기될 수 없다고 규정함으로써 그 규칙과 엄호조항(entrenching provision) 모두를 엄호하려 할 수 있다. 이런 일이 발생한다면 미래의 의회가 단순과반수를 통해 이 규칙들을 폐기하려고 할 때, 그 시도의 법적 효력에 대해서 법관들이 서로 다른 의견을 가질 수 있다. 만일 법관들의 견해가 서로 다르다면, 그것은 이 점에서 승인규칙이 불확실함을 보여줄 것이다. 어떤 법정이 어느 한쪽으로 결정을 내리고 그 결정을 굳힐 정치력이 있을 경우에만 이 문제가 해결될 수 있을 것이다.

---

12) Hart, 앞의 책, 144쪽.

이와 같이 하트는 어떤 규준이 법으로 간주되느냐에 관련된 모든 문제를 해결해주는 어떤 사회적 규칙이 모든 법체계에 존재한다는 생각을 갖지 않은 것으로 보일 수 있다. 사회적 규칙이 요구하는 것이 논란의 대상이 되지 않을 정도로 그렇게 정확하지는 않다 하더라도, 그 규칙이 법에 관한 모든 결정을 통제하는 것으로 취급되고 있는 것이 첫 번째 테제를 확립하기 위해 충분하다고 하트는 말할 수 있다. 그러고 나서 그는 다음과 같이 덧붙일 수 있을 것이다. 법관들이 사실상 서로 다른 의견을 갖고 있을 때(가령, 나의 예를 계속 들어본다면 엄호조항이나 좀 더 오래된 판례에 부여되는 효력에 대해서 의견이 나뉘는 경우), 그들은 대부분에서 확실한 사회적 규칙 안에 있는 불확실성의 영역을 드러내는 것이라고.

그러나 하트의 한정, 즉 승인규칙이 특별한 곳들에서는 불확실할 수 있다고 한정하는 것이 그의 이론을 융통성 있고 정교하게 만드는 것만은 아니다. 그와는 반대로 그런 한정은 그의 이론에 타격을 입히는데, 그것은 내가 앞의 절에서 명백히 하려 했던 이유들 때문이다. 어떤 사회적 규칙이 하트가 현재 마음에 두고 있는 의미에서 불확실할 수 있다고 말하는 것은 하트가 사회적 규칙의 개념을 사용할 때의 그 개념과 어울리지 않는다. 만일 법관들이 엄호된 어떤 규칙을 후속의회가 폐기하려 할 때 그들이 무엇을 해야 하는지에 대해서 사실상 서로 다른 의견을 갖는다면, 그때는 어떤 사회적 규칙이 그 결정을 통제하는지 어떤지가 불확실하지 않다. 그와는 반대로 아무 규칙도 그 결정을 통제하지 않는다는 것은 확실하다. 이 예는 단순히, 영국에서는 의회가 제정한 것은 무엇이든지 법이 되는 사회적 규칙이 법관들 사이에 존재한다는 진술은 대부분의 목적을 위해서는 충분히 정확할 수 있다 하더라도 엄격하게 말하자면 부정확한 것임을 보여주는 것에 지나지 않는다.

사회적 규칙의 개념을 사용하면서 그 입장을 조심스럽게 진술한다면 그 진술은 다음과 같은 노선에 따라서 이루어져야 할 것이다. 의회가 제정한 것은 미래의 의회를 구속하고자 하는 것 이외에는 무엇이든지 법이라는 사회적 규칙이 법관들 사이에 존재한다. 의회가 미래의 의회를 구속할 수 있을지 어떨지를 묻는 문제에 관한 사회적 규칙은 존재하지 않는다. 이러한 문제에서는 법관들의 의견이 나뉘어진다. 일부 법관들은 의회가 미래의 의회를 구속할 수 있으므로 엄호된 규칙을 폐기하는 어떤 것도 법으로 인정하지 않을 의무가 있다고 생각한다. 다른 법관들은 의회가 미래의 의회를 구속할 수 없으므로 그 법을 폐기하는 입법도 법으로 인정할 의무가 있다고 생각한다. (이런 간단한 표현은 서로 다른 법관들이 실제로 취할 수 있는 좀 더 복잡한 입장은 무시한다.)

그러나 물론 문제를 그런 식으로 설정하는 것은 첫 번째 테제의 주장, 즉 법관들이 법으로 인정해야 하는 것에 대한 필요충분소선을 규정하는 어떤 사회적 규칙이 항상 존재한다는 주장에 대해 하나의 반대사례를 제공한다. 만일 법관들 사이의 그와 같은 의견불일치가 엄호조항 같이 특별하고 드문 사안에서만 일어난다면, 그런 반대사례들은 별로 없을 것이고 그 주장에 진정한 장애물은 되지 못할 것이다. 그러나 내가 가정하는 것처럼, 법관들 사이의 이런 종류의 불일치가 매우 빈번해서 실제로 항소법원이 난해하거나 논란이 되는 사건에 판결을 내리려 할 때마다 언제나 발견될 수 있다면, 이런 논변이 드러내는 일반적인 약점은 치명적이다.

이제 하트의 진술, 즉 승인규칙이 법관과 다른 관리들 같은 특정 공동체 구성원의 일반적 행위에 의해서 구성된 사회적 규칙이라는 하트의 진술을 내가 지나치게 문자 그대로 해석한다고 비판할 수도 있을 것이다. 하트는 내가 앞 절에서 제시했던 방식으로 그런 경직된 개념을 수정하고, 법관들이 그들의 의무에 대한 특정한 언어적 표현, 예를 들면 "의회가 제정한 것은 무엇이든지 법이다"라는 언어적 표현방식을 받아들일 때 승인규칙이 사회적 규칙으로서 존재한다고 말하기를 원할지도 모른다. 그렇다면, 하트는 사회적 승인규칙이 존재하긴 하지만 특정한 경우에 그런 언어적 표현을 적용하는 것의 적절성에 대해 공동체의 구성원들의 의견이 나뉠 때는 그 규칙이 불확실하다고 말할 것이다. 결국 의회가 제정하는 것은 무엇이든지 법이라는 승인규칙은 사회적 사실로서 존재하지만 그것은 엄호된 제정법의 경우처럼 특정 경우에 대해서 법관들의 의견이 다른 정도로 불확실하다.

그러나 사회적 규칙개념의 이런 식의 수정은 내가 앞서 말했듯이 언어와 역사의 우연성에 너무 많은 비중을 부여하는 것이다. 지금 우리가 드는 예가 이런 점을 확인해준다. 의회가 제정하는 것은 무엇이든지 법이라고 말하는 것은 관례적인 것일 수 있다. 그러나 엄호된 제정법에 대한 불일치를 그런 관례적 표현 안에 있는 용어의 적절한 해석에 대한 불일치로 만드는 것은 거의 불가능하다. 그 논란이 "무엇이든지"의 의미나 "제정하다"라는 용어에 어떤 힘이 주어져야 하는가에 대한 것이라고는 어떤 사람도 말하지 않을 것이다. 또한 내가 마음속에 두었던 좀 더 일반적인 논란 가운데 많은 것, 가령 좀 더 오래된 판례에 주어지는 비중에 대한 논란이 어떤 정착된 언어적 표현형식 안에 씌어진 용어들의 의미에 대한 불일치로 기술될 수는 없다.

어떤 사람은 나의 주장에 대해 다른 방식으로 반론을 제기할 수 있다. 그 사람은 내가 앞에서 법관들이 해야 할 일에 대한 진술과 법관들이 할 의무가 있는 일에 대한 진술 사이에 했던 구별을 내게 상기시킬 것이다. 첫 번째 테제는 엄호규정같이 논란이 되는 경우에 법관들이 해야 할 것을 결정해주는 하나의 사회적 규칙이 항상 존재한다고 주장하지 않는다. 그 테제는 사회적 규칙은 법관들이 그와 같은 경우에 하도록 요구받는 것, 즉 법관들의 의무의 한계를 약정한다고만 주장한다. 이 반론에 따르면, 법관들이 엄호된 규칙을 폐기하는 제정법을 집행할 것인지에 대해서 서로 다른 의견을 갖는다면, 바로 이런 불일치의 사실은 법관들이 그 어떤 방식으로든지 결정해야 할 의무가 없음을 보여줄 것이다. 그렇다면 그 문제는 법관들의 재량에 맡겨진 문제가 될 것인데, 그것은 어떤 법정이 어느 한 쪽으로 내린 자신의 판결의 힘으로 다른 법관들을 움직여서 그들이 그 판결을 의무를 창출하는 것으로 받아들이게 할 때까지이다.

　만일 이것이 그렇다면, 첫 번째 테제는 내가 제기한 논변들에 의해서 타격을 받지 않을 것이다. 그러나 우리가 왜 그것이 그렇다고 가정해야 하는가? 그 반론은 하나의 도덕철학적 가정에 의존한다. 그 반론은 의무는 원칙적으로 논란이 될 수 없다고 가정한다. 그것은 만일 법관의 의무가 무엇인지 불분명하고 어떤 추가증거가 그 문제를 결정할 것인가에 대해 의견이 일치하지 않는다면, 법관은 어떤 의무도 가질 수 없고 우리는 오직 법관이 해야 할 일에 대해서만 말해야 한다고 가정한다. 그러나 그런 가정에 대해서는 적어도 의문을 제기할 수 있다. 그 가정은 도덕적 논증에서 우리가 의무개념을 사용하는 방식과 일치하지 않는다. 채식주의자는 우리의 의무가 논란이 없이 의무로 인정되거나 의무임이 증명된 것으로 한정되어 있음을 인정할 필요가 없다. 그 가정은 심지어 법률가들이 사법적 의무의 문제를 다루는 방식과도 일치하지 않는다. 예를 들면 엄호규정 논쟁에서 논쟁자들 사이에 공통근거가 되는 한 명제는, 그 문제는 그것에 대해 법관들이 자유로이 재량을 행사할 수 있는 그런 문제가 아니라는 명제이다. 의회가 후속의회를 구속하는 힘을 갖는다고 생각하는 사람들은 법관들이 법안을 폐기하려는 이후의 시도를 인정할 아무런 권리가 없다고 믿는다. 의회가 이런 힘을 갖지 않는다고 생각하는 사람들은 법관들이 이후의 폐지법(repealer)을 인정할 의무가 있다고 믿는다. 일부 법관들의 견해는 불확실할 수 있다는 것은 사실이다. 그러나 그 법관들은 자신들의 의무에 대해서 불확실한 것이지 자신들이 아무런 의무도 갖지 않는다고 확신하는 것이 아니다. 물론 사회적 규칙이론의 강한 버전이 옳다면, 내가 기술한 가정은 건전할 것이다. 그러나 그 이론은 거짓이기 때문에 그 가정에 대한 어떤 다른 지지가 발견되어야만 한다. 그렇지만 내가 생각하기엔 아무런 지지도 발견될 수 없을 것이다.

나는 어떤 사람도 이런 경우에는 법관들이 법관으로서의 그들의 정치적 의무나 도덕적 의무에 대해서 서로 다른 의견을 갖는 것이지, 그들의 법적 의무에 대해 다른 의견들을 갖는 것은 아니라고 말하길 원하지 않을 것이라고 희망한다. 그 구별에 대한 유일한 근거는 이 맥락에서는 분명히 선결문제 요구의 오류를 범하는 근거이다. 내가 파악한 첫 번째 테제는 법적인 의무와 다른 종류의 의무 사이를 구별하는 실증주의자의 구별을 설명하기 위해 고안된 것이기 때문에 그 구별을 가정할 수 없다. 하트 자신도 근본적인 승인규칙은 오직 파리에 있는 표준미터 막대기는 길이가 1미터이다라는 의미에서만 법적 규칙이라고 말한다.[13] 법관들이 엄호규정을 집행할 의무가 있다면 그 의무는 바로 그런 의미에서 법적 의무여야 한다. 그러나 용어법의 문제는 핵심을 빗나간 것이다. 만일 법관들이 법이 요구하는 것을 결정할 때 어떤 사회적 규칙도 어떤 규칙이나 원칙을 적용할 의무를 규정하지 않음에도 법관들이 그 의무를 갖게 된다면, 그런 의무를 어떻게 기술한다 하더라도 첫 번째 테제는 틀린 것이다.

---

13) 같은 책, 106쪽.

3. "제도적인 지지"가 승인규칙을 구성하는가

제2장에서 나는 어떤 사람도 자신의 잘못으로부터 이익을 얻을 수 없다는 것 같은 원칙들은 의회가 제정한 것이 법이라는 것 같은 어떤 단순한 승인규칙에 의해 포용될 수 없다고 말했다. 나는 실증주의자는 다음에서 선택해야 한다고 말했다. 그는 법관들이 그런 원칙들을 고려할 의무를 갖지 않고 오직 고려할 수 있는 재량만을 갖기 때문에 그것들은 법의 부분이 아니라고 주장할 수 있다. 또는 그는 그 원칙들이 법이라는 것을 인정하고, 그런 원칙들을 포용하는 더 복잡한 사회적 승인규칙이 어떻게 구성될 수 있는지를 보여줄 수 있다. 물론 실증주의자는 그러한 전략들을 결합시킬 수 있다. 즉, 그는 하나의 더 복잡한 승인규칙이 법관들이 인용한 원칙들 가운데 어떤 것들은 포용할 것이라고 주장하고, 그 다음에 그 원칙늘을 제외하고는 다른 어떤 원칙들도 십행할 의무를 법관들이 갖지 않는다고 주장할 수 있다.

라즈 박사는 이런 방식으로 두 전략을 결합하길 소망한다. 그는 법관은 어떤 원칙들을 사용할 재량은 갖고 있지만 의무는 없다는 논변에 주로 의존하는데, 그 논변은 다음 절에서 고찰해볼 것이다. 그러나 그는 법관은 적어도 어떤 원칙들을 고려해야 할 의무가 있으며 그런 원칙들은 그가 "사법적 관습"(judicial custom)이라고 부르는 개념을 통해서 하나의 사회적 승인규칙 같은 어떤 것 아래에 들어올 수 있다고 믿는다.[14] 하나의 특정한 원칙이 어느 기간 동안 많은 법관들에 의해서 고려되어야 할 하나의 원칙으로서 사실상 인용된다고 가정하자. 그렇다면 그 관행이 하나의 구별된 사회적 규칙을 구성할 것이고, 그 규칙은

---

14) 라즈와 카리오는 동일한 용어와 개념을 사용한다. Raz, 앞의 책, 852쪽, Carrio, 앞의 책, 25쪽.

그때부터 하트가 염두에 둔 종류의 관례적인 승인규칙과 함께 사회적 규칙의 한 무리 속에 포함되고 그 무리 전체는 법에 대한 하나의 기준을 제공하게 된다고 그는 지적한다.

그러나 두 가지 이유 때문에 사법적 관습에 관한 이 개념은 그 논변을 아주 멀리까지 밀고 나갈 수 없다. 첫째, 법관이 인용하는 대다수의 원칙과 정책은 적어도 비중에서 논란이 되고 있다. 즉, 예를 들면 어떤 사람도 자신의 잘못으로부터 이익을 얻을 수 없다는 원칙의 비중은 리그와 팔머 사안[15]에서 의견대립을 유발시키기에 충분할 정도로 논란이 되었다. 둘째, 원칙에 대한 많은 호소들이 전혀 어떤 확립된 사법적 관행의 주제가 아니었던 원칙에 대한 호소이다. 이것은 자동차 제조업자들은 대중에 대해서 하나의 특별한 책임을 갖는다는 원칙같이, 이전에는 결코 동일한 방식으로 공식화된 적이 없는 원칙을 포함하는 헤닝슨 사안의 판결에서 내가 제시한 몇몇 원칙들에 대해서 참이다.

그래서 사법적 관습에 대한 라즈의 개념은 법관들이 취급하는 원칙 가운데 많은 것을 법관들이 고려해야만 하는 원칙으로 구별하지 않을 것이다. 그러므로 우리는 법관들은 사실상 사법적 관습의 주제가 아니었던 그런 원칙들에 효력을 줄 의무가 없다는 그의 논변을 진지하게 고찰해보아야 한다. 그러나 먼저 나는 사회적 승인규칙의 개념이 규칙뿐만 아니라 원칙도 포용할 수 있도록, 그 승인규칙의 개념을 조정하는 방안에 대한 더 복잡한 견해에 대해 고찰하기를 원한다.

사르토리우스 교수는 법관들이 난해한 사안에서 원칙에 호소할 때 그들은 어떤 재량을 행사하는 것이라는 생각을 거부한다는 점에서는 나와 일치한다.[16] 그렇기 때문에 만일 그가 내가 기술한 첫 번째 테제

---

15) 115 N.Y. 506, 22 N.E. 188(1889).
16) Sartorius, 앞의 책, 155쪽.

를 받아들이기를 원한다면, 그는 사실상 모든 그런 원칙들을 포용하거나 적어도 그것들의 사용을 가능하게 하는 형태의 사회적 규칙을 기술해야 한다. 그는 그것을 시도했으며, 그는 나를 비판하기 위해서 나의 논거를 이용하고자 했다. 그는 법에 대한 하나의 근본기준을 만들어내는 것은 매우 힘들다는 것을 인정하지만, 원칙상 가능하다고 믿는다. 더 나아가 그는 그런 궁극적 기준들의 중심은 내가 제2장에서 전개했던 "제도적인 지지"의 개념에 있다고 믿는다. 그는 그 자신의 입장에 대한 근거로서 그 장에서 다음과 같은 구절을 인용한다.

> 만일 어떤 원칙은 법의 원칙이라는 주장의 근거를 제시하도록 우리가 요구받는다면, 우리는 그 원칙이 논변 속에서 인용되었거나 나타난 이전의 어떤 사안들을 언급할 것이다. 우리는 또한 그 원칙의 예시가 되는 것처럼 보이는 어떤 제정법을 언급할 것이다(만일 그 원칙이 제정법의 서문이나 그 제정법에 수반되는 위원회 보고서나 다른 법문서 속에서 인용되었다면 더욱 좋다). 만일 우리가 그와 같은 어떤 제도적인 지지를 발견할 수 없다면, 아마도 우리는 근거를 구성하는 데 실패할 것이고, 우리가 더 많은 지지사례를 발견하면 발견할수록, 그 원칙에 대한 더 큰 중요성을 우리는 주장할 수 있을 것이다.[17]

물론, 사르토리우스 교수는 이것보다 훨씬 더 자세하게 제도적 지지에 대한 이 이론을 발전시키길 원할 것이다. 나는 다음과 같은 방식으로 이 이론을 정교화할 것인데, 그의 논문은 그가 이 정교화를 받아들일 수 있다는 것을 보여준다.[18] 예를 들면 우리가 미국의 어느 주에서

---

17) 같은 책, 156쪽. 이 책 제2장 121쪽.

명백히 타당한 법규칙들을 모두 한데 모으고, 우리가 그 규칙들이 그 주에서 타당하다고 말할 때 의존한 제도적 권한에 관한 모든 명시적인 규칙들을 더한다고 가정하자. 우리는 이제 제법 큰 법자료의 집합을 가지게 될 것이다. 그 다음에 우리가 열거했던 명시적인 법규칙들과 제도적 규칙들을 정당화하기 위해서 어떤 원칙들의 집합이 필요할 것인지 우리는 물을 수 있다. 그 주의 법관과 법률가들 각각이 그 원칙들의 집합을 기술하고 각각에게 상대적인 비중을 할당하는 "법이론"을 발전시킬 것이라고 가정하자(나는 평생을 일한다 해도 그 일의 시작으로도 충분하지 않을 것이라는 사실은 무시하겠다). 그러면 그들 각각은 원칙들에 대한 그의 집합이 해당 법체계의 원칙들로 간주되어야만 한다고 주장할 수 있다.

우리는 이 이론이 제시하는 법의 기준을 아래와 같은 방식으로 공식화할 수 있다. 하나의 원칙이 해당 사법부의 명시적인 실질적이고 제도적인 규칙들에 대한 정당화로 제공될 수 있는 가장 건전한 법이론 안에 나타난다면, 그 원칙은 법의 원칙이다. 사르토리우스는 이런 종류의 기준을 분명히 염두에 두고 다음과 같이 말한다. "비록 아마도 그것이 실증주의에 대한 하트의 버전과는 거리가 있다 하더라도 드워킨이 기술한 근본적인 실증주의적 신조, 즉 '공동체의 법은……특수한 기준, 즉 내용이 아니라 유래……와 관련이 있는 기준에 의해서 확인되고 구별될 수 있다'라는 신조와는 일치한다."[19]

그러나 이제 어떤 해명이 필요하다. 사르토리우스의 주장은 모든 법률가의 법이론이 하나의 **사회적** 승인규칙을 제공한다는 것을 의미할 수 없다. 만일 내가 하나의 특정한 사법부를 위해 하나의 법이론을

---

18) 이 정교화는 제4장의 긴 논변의 요약일 뿐이다.
19) Sartorius, 앞의 책, 156쪽. 이 책 제2장 80쪽을 인용함.

개발했다면, 나는 그 이론을 내가 구별한 **두 번째** 테제의 정신 안에서 사법적 의무에 대한 하나의 규범적 이론으로 주장할 것이다. 만일 사법부 안의 대부분의 법관들이 각각 그런 이론을 갖는다면, 그 사법부에 대해서는 **세 번째** 테제가 성립할 것이다. 그러나 각각의 법관의 이론은 그의 옆에 있는 법관의 의견과도 다소 다를 것이다. 그들 각각이 발전시킨 원칙들 중 어떤 것들은 서로 다를 것이며, 동일한 원칙들이라 하더라도 어떤 것들은 그 비중에서 다를 것이다. 이런 차이는 어떤 법률가의 이론도 그것 자체로는 **첫 번째** 테제에 의해서 요구되는 종류의 하나의 복잡한 사회적 규칙으로 간주될 수 없다는 것을 분명히 해 준다.

그래서 사르토리우스는 모든 특정한 법률가의 법이론이 하나의 사회적 승인규칙을 제공한다고 말해서는 안 되며, 오히려 제도적 지지 **자체**의 기준이 그런 사회적 규칙이라고 말해야 한다. 즉, 그는 사회적 승인규칙은 다음과 같은 규칙, 즉 만일 어떤 원칙이 가장 건전한 법이론의 부분이라면 법으로서 적용되어야 하며 그때 그 이론에 의해서 주어진 비중을 갖고 적용되어야 한다는 규칙이라고 말할 수 있을 것이다. 이런 견해에서는 상이한 법률가들이 제공하는 상이한 법이론은 단지 그 사회적 규칙이 어떻게 구체적인 사례에 적용되는가에 관한 상이한 이론들이다.

그러나 우리가 어떻게 그 문제를 그런 방식으로 주장하면서 여전히 제도적 지지가 "내용"보다는 "유래"의 "특수한 기준"을 제공한다는 생각을 유지할 수 있는지 나는 모르겠다. 내가 기술한 법이론의 개념은 원칙과 정책이 정착된 규칙을 법사학자가 설명할 수 있는 방식으로, 즉 그런 규칙들을 받아들인 사람들의 동기를 확인하거나 그것들의 제정에 영향을 미친 압력단체에 주의함으로써 설명한다고 생각하지 않는다. 만일 어떤 법이론이 사법적 의무에 대한 하나의 토대를 제공할 수 있으려면, 그 이론이 제시하는 원칙들은 그 이론을 갖고 있는 법률가의 견해 속에서 그 정착된 규칙들을 사실상 지지하는 공동체의 정치적, 도덕적 관심과 전통을 확인함으로써 그 규칙들을 정당화하려고 노력해야 한다. 이런 정당화의 과정은 정치이론과 도덕이론 속으로 매우 깊이 법률가를 이끌고 가야 한다. 즉, 우리의 정치적 제도들에 대한 두 개의 상이한 정당화 중에서 어떤 것이 더 우월한가를 결정해주는 어떤 "유래"의 "기준"이 존재한다고 말하는 것이 정확하게 될 지점을 넘어서 법률가를 이끌고 가야만 한다.

내가 앞에서 제시한 단순한 예가 요점을 보여준다. 만일 더 오래된 판례들에게 주어질 수 있는 상대적 힘에 대해 다른 법률가와 의견이 다르다면 나는 나의 주장을 지지해주는 판례에 대한 견해를 취하는 법이론을 제시할 것이다. 나는 선례구속의 원리(the doctrine of precedent)가 법 앞에서의 평등한 대우에 기여한다고 말하고, 또한 대우의 단순성(simplicity of treatment)은 덜 중요하며, 그것은 두 가지 사안 사이에서 흘러간 시간이 증가함에 따라서 비합리적일 수조차 있다고 말할 수 있을 것이다. 다른 법률가는 판례의 요점은 평등이 아니라 판결의 예견 가능성이며, 그것은 판례들의 나이차이를 무시해야 가장 잘 이루어진다고 대답할 수 있다. 우리 각각은 자신의 견해를 지지하는 재판의 특징(features of adjudication)을 지적할 것이다. 만일 우리 가운데 하나가 그런 특징을 찾을 수 없다면, 내가 앞의 인용문에서 말했던 것처럼 그의 주장은 약할 것이다. 그러나 우리 견해들 사이의 선택은 우리 각각이 발견할 수 있는 특징의 수에만 의존하지는 않을 것이다. 그 선택은 또한 나의 논변이 가정하는 평등한 대우의 의무에 대해 내가 구성할 수 있는 도덕적 근거(case)에 의존할 것이다. 왜냐하면 이 의무가 판례를 정당화한다는 테제는 그 의무가 존재한다는 것을 가정하기 때문이다.

나는 하나의 법이론보다 우월한 다른 법이론을 선택하기 위한 토대가 발견될 수 없다고 주장하고자 하는 것이 아니다. 이와는 반대로 나는 다음 부분에서 기술된 재량의 이론을 거부하기 때문에, 다른 이론보다 뛰어난 것으로 한 이론을 구별할 설득력이 있는 논변이 이루어질 수 있다고 가정한다. 그러나 이런 논변은 법이 무엇인가를 결정하는 것과 관련된 고려사항의 한계에 대한 실증주의자의 견해를 넘어서 사회의 평등의무 같은 규범적 정치이론의 문제에 대한 논변을 포함해야 한다. 제도적 지지의 기준은 하나의 법이론을 가장 건전한 것으로 확립하기 위한 어떤 기계적이거나 역사적이거나 도덕적으로 중립적 토대를 제공하지 않는다. 실로 그것은 어떤 법률가에게도 하나의 법적 원칙의 집합을 더 넓은 도덕원칙이나 정치적 원칙으로부터 분리하는 것을 허락하지 않는다. 그의 법이론은 보통 그가 받아들이는 정치적 원칙과 도덕원칙의 거의 모든 집합을 포함할 것이다. 실로 그의 공동체 안에서 통용되며 그가 개인적으로 받아늘이는 사회적 도녁이나 성지노녁의 뭔칙 중에서, 법(the body of laws)을 정당화하기 위해서 요구되는 복잡한 정당화의 체계 안에서 어떤 위치와 어떤 무게를 갖지 못하는 원칙——헌법적 고려사항에 의해서 제외되는 것들 이외에——을 생각하기 힘들다. 그래서 만일 실증주의자가 제도적 정착의 기준을 법에 대한 그의 궁극적 기준의 역할을 충족시키는 것으로 받아들인다면, 그의 원래의 주장원본에서 나머지 부분을 포기해야 한다.

만일 그것이 그렇다면, 그것이 법이론에 대해 갖는 결과는 클 것이다. 법철학은 "법이 무엇인가"라는 문제를 제기한다. 대부분의 법철학자들은 법적 권리와 의무를 밝히기 위한 논변들 속에 고유하게 등장하는 **규준들**을 보여줌으로써 그 문제에 대해 대답하고자 했다. 그러나 만일 그런 규준들의 전체 목록이 작성될 수 없다면, 법적 권리와 의무를 다른 종류의 권리와 의무로부터 구별해주는 어떤 다른 방법을 찾아야 한다.

4. 법관은 재량을 가져야 하는가

　나는 이제 앞 절의 서두에서 내가 구별한 실증주의가 취할 수 있는 두 가지 전략 가운데 두 번째에 대해서 다시 논의해야 한다. 그것은 법관들이 원칙에 대해서 서로 견해가 다를 때 그들의 견해가 다른 것은 법이 요구하는 것에 관한 것이 아니라 그들의 재량이 어떻게 행사되어야 하는가에 관한 것이라는 논변이다. 즉, 그들은 결정해야 할 그들의 의무가 어디에 있는가에 대해서 의견이 다른 것이 아니라 어떤 방식으로든지 결정할 의무가 없다는 전제 위에서 모든 것을 고려해 그들이 어떻게 결정해야 하는가에 대해서 의견이 다르다는 것이다.

　나는 나의 원래의 논문에서 이 논변은 사실상 재량이라는 개념에서의 일종의 애매성에 의존한다는 점을 설명하려 했다. 우리는 의무에 대한 논의에서 그 개념을 세 가지 다른 방식으로 사용한다. 첫째, 예를 들면 어떤 하사관이 순찰에 가장 경험이 많은 사람들을 선발하라고 명령을 받았을 때 그가 재량을 갖는 것처럼, 만일 어떤 사람의 의무가 합리적인 사람들이라도 다양한 방식으로 해석할 수 있는 규준에 의해서 정의된다면 그 사람은 재량을 갖는다고 우리는 말한다. 둘째, 예를 들면 어떤 선수가 오프사이드 위치에 있는지를 결정하는 것이 선심의 재량에 맡겨져 있을 때처럼, 만일 어떤 사람의 결정을 심사해 그 결정을 기각할 수 있는 그 사람보다 상위에 있는 권위가 없다는 의미에서 그 결정이 최종적이라면, 그 사람은 재량을 갖는다고 우리는 말한다. 셋째, 예를 들면 임대계약에서의 어떤 조항이 임차인에게 그의 재량으로 그 계약을 갱신할 선택권을 주는 것처럼, 어떤 사람에게 의무를 부과하는 규준들의 어떤 집합이 특정한 결정에 관해서는 사실상 어떤 의무도 부과하지 않는 경우에 그 사람은 재량을 갖는다고 말한다.

　만일 어떤 사회적 규칙도 특정한 법적 결정을 명확하게 요구하지 않는다면, 그리고 사실상 어떤 결정이 요구되고 있는지에 대해 전문가들의 견해가 분열되어 있다면, 법관들이 첫 번째 의미에서의 재량을 갖게 될 것이라는 것은 분명하다. 왜냐하면 그들은 정착된 규칙의 적용을 넘어서서 주도권을 갖고 판단을 행사해야 할 것이기 때문이다. 만일 이 법관들이 최상위 항소법원을 형성한다면, 그들은 두 번째 의미에서의 재량을 가질 것이라는 것도 분명하다. 그러나 만일 우리가 가장 강력한 형태의 사회적 규칙이론, 즉 의무와 책임은 오직 사회적 규칙에 의해서만 발생할 수 있다는 이론을 받아들이지 않는다면, 이 법관들이 세 번째 의미의 재량을 갖는다고 할 수 없다. 어떤 법관은 첫 번째 의미와 두 번째 의미에서의 재량을 모두 가지면서도 그의 판결이 법관으로서의 그의 의무가 무엇인가의 문제를 제기하는 것으로 간주하는 것이 적절할 수 있다. 그 문제를 그는 그가 중요하다고 믿는 다양한 것을 고려하면서 그에게 요구된 것에 대한 반성을 통해서 결정해야 한다. 만일 그렇다면, 이 법관은 세 번째 의미에서의 재량은 갖지 않는다. 그런데 그 의미는 만일 실증주의자가 사법적 의무는 오직 하나의 궁극적인 사회적 규칙이나 사회적 규칙들의 집합에 의해서 정의된다는 것을 보여주려면 확립할 필요가 있는 의미이다.

라즈는 나의 논변을 받아들이지 않았다.[20] 그는 내가 구별한 이 세 가지 의미의 재량 사이의 구별을 따라하지만, 그 구별을 따라하면서도 그것을 무시한다. 그는 분명히 내가 아래와 같이 주장하고자 한다고 생각한다. (1) 법관들은 그들이 모두 특정한 원칙들의 한 집합이 하나의 판결에 대해 결정적이라는 것에 대해 동의할 때 그 판결에 관해서 재량을 갖지 않는다. (2) 법의 어떤 규칙도 사안을 결정하지 않는 경우라도 때때로 그것은 사실이다. (3) 그렇기 때문에 어떤 규칙도 사안을 결정

---

20) Raz, 앞의 책, 843쪽 이하. MacCallum의 인용문을 참조할 것.

하지 않을 때 법관들이 재량을 갖는 경우는 없다.

그것은 잘못된 논변인데, 다행히도 그것은 나의 논변이 아니다. 법관들은 때때로 한 원칙들의 집합에 대해서 통일되어 있다. 그러나 그들이 원칙에 대해서 분열되어 있다 하더라도, 그들은 때때로 그 문제를 사법적 책임의 문제로, 즉 법관으로서 그들이 해야 할 의무가 있는 것이 무엇인가의 문제를 제기하는 것으로 취급하게 된다. 그런 경우에 그들은 내가 구별한 첫 번째 의미에서의 재량을 갖는데, 그것은 여기에서의 문제가 아니다. 그렇지만 그들은 여기에서 문제 되는 세 번째 의미에서의 재량을 자신들이 갖는다고 믿지 않는다.

라즈는 왜 내가 한 구별을 무시해야 하는가? 그는 모든 법체계에는 다음의 결과를 갖는 특징들이 있다고 생각한다. 즉, 만일 어떤 사회적 규칙도 직접적으로나 간접적으로 법관들이 도달해야 하는 결과를 지시하지 않기 때문에 그들이 첫 번째 의미의 재량을 갖는다면, 그들은 또한 세 번째 의미의 재량을 가져야 하고 그렇기 때문에 그들의 결정은 사법적 의무의 문제일 수 없다는 것이다. 법관들은 이 점에 대해 실수할 수 있다. 즉, 그들은 의무라는 언어를 부적절하게 사용할 수 있다. 그러나 라즈가 말하는 것처럼 우리는 단지 실수들이 자주 발생한다는 이유로 그 실수들을 영속화시켜서는 안 된다. 그렇다고 하더라도 여전히 그것들이 실수라는 것을 보여주는 것은 필요한데, 라즈는 그렇게 하지 않았다. 그러면 그는 어떤 논변을 제시할 수 있을 것인가?

첫 번째 의미에서의 재량을 세 번째 의미에서의 재량으로 전환시키고자 하는 라즈의 경향은 특이하게도 법철학자들 사이에 일반적이다.[21] 우리는 그 경향의 원천을 진단해봐야 한다. 어떤 법관이 어려운 결정에 직면할 때 그는 심리를 시작하기 전에 원칙상 이런 세 가지 가

---

21) 주 2)에서 언급된 모든 논문 속에서 그것이 드러나 있다.

능성이 있다고 가정해야 한다. 그가 고려해야 하는 규준들의 집합은 합동으로 그에게 원고에 유리한 판결을 하도록 요구하거나 피고에 유리한 판결을 하도록 요구하거나, 그 어떤 판결도 요구하지 않고 둘 모두를 허용할 수 있다. 그는 또한 이 세 개의 가능성 가운데서 어떤 것이 사실상 성립하는지에 대해 그가 어느 정도 확신하지 못할 수 있다는 것을 인정해야 한다. 그 경우 그는 그가 가장 강력하다고 생각하는 근거에 기초해서 판결해야 한다. 그러나 그 불확실성은 다른 두 개의 가능성만큼이나 세 번째 가능성에도 적용될 수 있다. 법은 그에게 어느 쪽으로도 판결을 내릴 세 번째 의미에서의 재량을 부여할 수 있지만, 그것이 실제로 부여하는지 어떤지는 법자료들 전체가 어느 쪽으로 귀결되는가에 달려 있다. 그리고 법 자료들이 그 결론을 정당화할지 어떨지에 대해서는 다른 두 가능성의 경우만큼이나 불확실할 수 있다.

라즈는 냉백히 만일 첫 번째나 두 번째 가능성이 실현되는지 어떤지가 불확실하다면, 결론적으로 세 번째 것이 실현된다고 생각한다. 즉, 그는 만일 어떤 법관이 원고를 지지하는 판결을 할 것인지 피고를 지지하는 판결을 할 것인지에 대해 불확실하게 생각한다면, 그가 어느 쪽으로든지 판결할 재량을 갖는다는 것에 대해 확신하게 될 것이라는 결론이 도출된다고 생각한다. 나는 그런 특이한 결론을 지지하는 것으로는 오직 두 개의 논변만 생각할 수 있다.

첫 번째 논변은 내가 앞에서 기술한 도덕철학의 가정, 즉 의무는 원칙상 논란이 될 수 없다는 가정에 의존한다. 라즈는 그 가정을 하는데, 왜냐하면 그는 법관들이 원칙들에 대해서, 특히 그 원칙들의 비중에 대해서 동일한 견해를 갖지 않을 수 있다는 사실로부터 내가 부정한 의미에서의 재량을 법관들이 가져야 한다는 결론을 도출하기 때문이다. 만일 그런 가정 같은 것이 성립하지 않는다면, 그 추론은 성립될 수 없다. 그러나 내가 말한 것처럼 일단 우리가 사회적 규칙이론의 강한 버전을 거부한다면, 그 가정이 성립한다고 가정할 근거가 우리에게는 없다.

두 번째 논변은 그와는 다른 가정, 즉 법관들은 난해한 사안에서 재량을 갖는다는 것을 적극적으로 규정하는 판결의 규칙을 모든 법체계가 갖는다는 가정에 의존한다. 어떤 법체계들은 그런 규칙을 사용할 수 있다. 그러나 영국과 미국의 법체계는 사용하지 않는다. 그 체계들은 그런 어떤 명시적 규칙도 갖지 않으며, 라즈가 동의하는 것처럼 사법적 행태는 그런 어떤 규칙이 묵시적으로라도 인정되고 있다는 것을 보여주지 않는다.

그와는 반대로 법관들이 어떤 문제나 다른 문제에 대해서 세 번째 의미에서의 재량을 갖는다는 명제는 우리가 따지지 않고 인정해야 하는 것이 아니라 논변을 통해서 적극적으로 확립해야 할 명제이다. 때때로 법관들은 그 결론에 도달한다. 예를 들면 최대형량과 최소형량을 규정하는 형법 아래에서 판결을 내릴 때, 또는 일반적인 형평법 아래에서 형평법상의 구제를 결정할 때 그렇다. 그런 경우들에서 법관들은 어떤 사람도 특정한 판결에 대한 권리를 갖지 않는다고 믿는다. 그들은 그들의 과업이 모든 것을 고려할 때 전체적으로 최선의 결정을 선택하는 것임을 확인한다. 그리고 여기에서 그들은 그들이 해야 하는 것(what they must do)이 아니라 그들이 하는 것이 좋은 것(what they should do)에 대해서 말한다. 그렇지만 대부분의 난해한 사안에서 법관들은 내가 기술한 다른 입장을 취한다. 그들은 그들의 의견불일치를 그들이 고려해서는 안 되는 규준이나 고려할 의무가 있는 규준에 관한 불일치로, 또는 그들이 그 규준들에 부가해야 할 의무가 있는 상대적인 비중들에 대한 불일치로 표현한다. 그것은 제도적 지지의 이론을 설명했던 바로 앞 절에서 내가 기술한 것 같은 논변을 기초로 해서 이루어진다. 그런 경우들에서 어떤 법관들은 내가 언급한 첫 번째 가능성을 지지하는 논변을 전개하고 다른 법관들은 두 번째 가능성을 지지하는 논변을 전개하고 또 다른 법관들은 결정하지 않은 채 있다. 그러나 모든 법관들은 세 번째 가능성을 배제한다. 분명한 것은 판단을 요구하는 재량을 의무를 배제하는 재량으로 전환시키는 사회적 규칙은 시작되지도 않았다는 것이다.

5. 규칙은 정말로 원칙과 다른가

제2장에서 나는 규칙과 원칙이라는 두 가지 유형의 규준이 논변에서 갖는 다른 힘을 구별함으로써 그것들을 구별했다. 나의 목적은 이중적이었다. 첫째, 법률가들이 추론하는 방식을 이해하는 데 중요하다고 내가 생각한 구별에 주의를 환기시키는 것이고, 둘째, 법관과 법률가들이 호소하는 어떤 규준은 하트의 승인규칙 같은 법의 기본적 기준에 의해 포용될 수 없기 때문에 그 규준은 실증주의에 특별한 문제를 제기한다는 사실에 주의를 환기시키는 것이다. 이 두 개의 목적은 다르다. 비록 내가 주장하는 규칙과 원칙 사이의 특정한 논리적 구별이 거짓된 것임이 밝혀질 수 있다 하더라도, 내가 언급한 규준 같은 것들은 그런 기준에 의해서 판별되지 못할 수 있다. 그것들이 어떤 방식으로 확인된다 하더라도 그리고 규칙으로 분류되거나 분류되지 않는다 하더라도 말이다. 그렇기 때문에 규칙과 원칙 사이를 구별하는 것에서 내가 성공하지 않는다 하더라도 내가 법실증주의에 반대해서 제시한 일반적 논변이 타격을 받는다는 결론은 결코 나오지 않는다.

그런데도 나는 계속해서 내가 한 규칙과 원칙 사이의 구별은 진정한 것이기도 하고 중요한 것이기도 하다고 생각하고 그것을 변호할 것이다. 물론 법적 규준의 유형들 사이에 다른 종류의 구별을 하는 것은 잘못이라고 주장하거나, 내가 한 구별이 아니라 다른 구별을 하기 위해서 "규칙"과 "원칙"이라는 용어를 사용하는 것이 잘못이거나 혼란을 야기하는 것이라고 주장하고자 하는 것은 아니다.

나의 구별에 대한 라즈의 주요 반론은 이런 방식으로 제시될 수 있다.[22] 나는 내가 언급한 것 같은 원칙들은 서로 충돌하며 상호작용을 하고 그렇기 때문에 특정한 법적 문제와 관계 있는 각각의 원칙은 특정한 해결책을 지지해주는 근거를 제공하기는 하지만 그것을 결정하지는 않는다고 주장했다. 그러므로 그 문제를 결정해야 하는 사람은 그 문제와 관계 있는 경쟁하고 갈등하는 원칙들 모두를 평가하는 것이 요구되고, 다양한 원칙들 중에서 하나를 "타당한" 것으로 확인하기보다는 그 원칙들을 융합하는 것(resolution)을 요구받는다. 라즈는 이런 방식으로 원칙들뿐만 아니라 규칙들도 서로서로 갈등한다는 것을 보여주기 원하고, 이 사실은 나의 구별에 타격을 입힌다고 그는 믿는다. 그는 도덕적 논변과 법적 논변 모두의 예를 제공한다. 나는 각각의 예를 차례로 검토하도록 하겠다.

라즈는 어떤 사람이 거짓말을 해서는 안 된다는 규칙과 약속은 항상 지켜야 한다는 규칙 모두를 그의 행위의 지침을 위한 도덕적 규칙으로 받아들일 수 있다는 것을 염두에 둔다. 그는 특정한 경우에 이 두 개의 규칙은 충돌할 수 있고, 그 두 규칙을 모두 받아들이는 사람에게 그 상황에서 더 비중이 있거나 더 중요한 것을 기초로 해서 그것들 사이에서 선택하는 것을 요구한다는 것을 지적한다. 그는 내가 원칙에 대해서 기술한 논리를 도덕규칙들이 따른다고, 즉 그것들이 어떤 도덕적 문제에 대해서 필연적으로 결정적이지 않다 하더라도 하나의 방향을 지시한다고 결론짓는다.

그러나 우선 어떤 사람이 이 논변이 가정하는 방식으로 도덕규칙을 그의 행위를 위한 지침으로 받아들이는 것이 가능하다 하더라도, 도덕

---

22) 그 반론은 Raz, 앞의 책, 829쪽 이하에서 전개되어 있다.

을 진정으로 받아들이는 대부분의 사람들이 그런 종류의 어떤 것을 한다는 것은 사실과 거리가 멀다. 대부분의 사람들에게 도덕적 논변과 결정은 사회적 결정이나 개인의 결정에 의해서 미리 정립된 규칙에 호소하는 것이라기보다는 특정한 행위의 도덕성을 지지하거나 반대하는 이유를 제시하는 것으로 이루어지기 때문이다. 어떤 도덕적인 사람은 그가 거짓말을 하거나 약속을 어기는 것 사이에서 선택해야 할 때 자신이 난관 속에 있다는 것을 발견할 수 있지만, 그가 그 문제와 관련해서 갈등하는 규칙들을 수용했다는 결론이 나오는 것은 아니다. 그는 거짓말을 하는 것과 약속을 어기는 것은 모두 원칙상 잘못이라는 것을 단순히 인지했던 것일 수 있다.

물론 그가 스스로 문제를 그런 방식으로 제기하지는 않았다 하더라도 우리는 그가 두 개의 도덕적 규준들 사이에서 선택해야 한다고 말함으로써 그가 처한 갈등상황을 기술할 수 있을 것이다. 그러나 그 경우 만일 우리가 내가 한 구별을 사용한다면, 우리는 그가 경쟁하는 규칙이 아니라 경쟁하는 원칙들을 융합할 수밖에 없다고 말해야 한다. 왜냐하면 그것이 그의 상황을 기술하는 더 정확한 방식일 것이기 때문이다. 그는 어떤 도덕적 고려사항도 그것 자체로서는 다른 것을 압도하는 결과를 갖지 않는다는 것과 한 행위에 불리한 것으로 간주되는 어떤 근거가 어떤 여건에서는 경쟁하는 다른 고려사항에 양보해야 한다는 것을 인정한다. 그렇기 때문에 자신의 도덕적 관행을 하나의 규준집(a code of standards)으로 보고하기 원하는 어떤 철학자나 사회학자에게도 도덕은 원칙의 문제이지 규칙의 문제는 아니라고 말해야 한다.

그러나 어떤 사람이 라즈가 생각하는 방식으로 하나의 도덕규칙을 자신의 행위지침으로 받아들이는 것은 가능하다. 예를 들면 그는 자신이 거짓말을 하지 않겠다는 개인적 서약을 했다고 말할 수 있다. 만일 그가 하나의 단순(flat) 도덕규칙을 이런 방식으로 받아들일 수 있다면,

그는 다른 것들도 받아들일 수 있으며 이 규칙들은 그 예가 생각하는 방식으로 갈등할 수 있다. 그 경우 나의 구별을 이용해서 이 사람이 원칙상 갈등할 수 있는 원칙들의 한 집합을 받아들였다고 말하는 것은 잘못일 것이다. 왜냐하면 그것은 그가 했다고 믿는 여러 개의 서약들을 향한 그의 태도를 잘못 기술하기 때문이다. 그는 그가 다양한 규준들을 규칙으로서, 즉 그것들이 지적하는 여건들 속에서 특정한 행위의 과정을 요구하는 명제들로 서약한 것이라고 믿는다.

그러나 나의 원래의 글에서 나는 규칙들 사이에 갈등이 존재할 수 있다는 것을 부정하지 않았다. 나는 우리의 법적 체계 안에서는 그런 갈등은 응급처치를 요구하는 상황들, 즉 그 규준들의 집합을 어떤 극적인 방식으로 변경하게 될 결정을 요구하는 상황들이 될 것이라고 말했다. 참으로 그런 기술은 지금 제시되는 비법적(non-legal)인 예와도 어울린다. 만일 우리의 주인공이 그가 사용하고 있는 개념들을 이해한다면, 그는 그의 갈등을 해결하고 난 후에 그가 두 규준들 모두를 순수한 규칙으로 따랐다고 계속해서 말할 수 없다. 만일 그가 여전히 그의 도덕을 하나의 일관된 규준집으로 제시하기 원한다면, 그는 그 갈등을 해결하기 위해서 그 규준들 가운데 하나나 둘 모두를 수정할 수 있거나, 그 규칙들을 원칙으로 전환시키기 위해서 그것들 가운데 하나나 둘 모두에 대한 그의 태도를 수정할 수 있다. 그는 그 어떤 것도 하지 않고, 갈등이 발생했을 때 그 자신이 도덕적 딜레마의 상태에 있다고 선언하거나 법체계가 허용하지 않는 동전 던지기나 다른 비합리적인 방식으로 결정할 수도 있다. 어떤 경우이든, 내가 한 규칙과 원칙들의 구별은 이 특이한 사람의 행위에 의해서 문제가 되는 것이 아니라 사실상 그 행위를 설명하기 위해서 요구되는 것이다.

라즈는 법에서 다른 예들을 든다. 그는 예를 들면 폭행을 금지하는 규칙 같은 형법의 규칙에 우리의 주의를 환기시킨다. 그는 이 규칙은 자기보호를 위한 폭행을 허용하는 또 다른 규칙과 갈등한다고 말한다. 그는 여기에서 우리는 두 개의 법적 규칙을 가지며 그것들 모두는 명백히 타당하고 서로 갈등한다고 결론짓는다. 그는 이 두 개의 규칙들이 갈등하는 특정한 경우——어떤 사람이 자신을 방어하기 위해서 폭행을 할 때 갈등하는 것처럼——에 법관은 규칙들 사이의 비중을 정하고 더 중요한 규칙(그것은 항상 자기방어를 위한 폭행을 허용하는 규칙이 될 것이다)을 적용하려고 결정하는 것이 필요하다고 믿는다. 그는 이것을 수용가능한 방식으로, 그리고 응급상황을 의미하지 않으면서 갈등하는 두 규칙의 하나의 예로 제공한다. 그런데 나는 규칙들이 그런 방식으로 갈등하지 않는다고 말했다.

그러나 이 예는 확실히 갈등이 무엇인가에 대한 기이한 개념에 의존한다. 만일 형법의 조문이 자기방어를 위해서 행해진 행위에 대해서는 어떤 사람도 형사책임을 지지 않게 하는 일반 규칙을 담고 있다면, 그 규칙은 특정한 규칙들이 자기방어에 대해서 언급하지 않는다 하더라도 특정한 범죄를 정의하는 특정한 규칙들과 갈등하지 않는다. 자기방어에 관한 일반적 규칙은, 형법의 특정한 규칙들에도 불구하고 어떤 행위도 만일 그것이 자기방어를 위해서 취해졌다면 범죄가 되지 않을 것이라는 것을 의미하는 것으로 읽혀야 한다. 참으로 일반적인 방어를 규정하고 있는 규칙들은 바로 이런 방식으로 자주 작성되는데, 비록 그렇게 작성되지 않을 때라도 그것들은 그런 방식으로 이해된다. 다른 규칙에 예외를 제공하는 규칙은 그 다른 규칙과 갈등하지 않는다. 적어도 만일 폭행죄로 고발당한 어떤 사람이 자기방어의 근거를 보여준다면, 법관은 서로 반대방향으로 끌고 가는 두 개의 규칙들——그가 판결에 도달하기 위해서는 서로에 대해서 그것들의 비중을 정해야 한다——에 직면하게 된다는 의미에서는 갈등하지 않는다. 그 두 개의 규칙들은 함께 그 결정을 정하는데, 법관에게 그 둘 사이를 선택하도록 요구하거나 그들 사이의 상대적 중요성을 정하도록 요구하지 않는 그런 방식으로 정한다.

왜 라즈는 하나의 규칙이 다른 규칙에 대해서 명백하게 예외의 힘을 갖고 있을 때조차도 두 개의 규칙들이 갈등상태에 있다고 생각해야 하는가? 내 생각에, 그에 대한 대답은 법의 개별화(individuation)에 대해 그가 말한 것에 있다.[23] 그는 그의 주장, 즉 폭행을 금지하는 규칙이 자기방어를 위해 폭행을 허용하는 규칙과 갈등한다는 그의 주장에 대해 이 두 개의 규칙들은 실제로 동일한 규칙의 부분들이라고 주장함으로써 내가 대답할 것이라고 생각한다. 그는 내가 그렇게 할 수 있는 것은 법의 개별화에 대한 수용할 수 없는 이론을 인정할 때만이라고 말한다. 그리고 내가 그런 실수를 할 것이라고 예상하면서 법의 개별화의 일반적 문제에 대해서 내가 충분하게 주의하지 않았다고 말한다. 이 점에서 그는 지나치게 관대하다. 왜냐하면 내가 그 문제에 대해서는 전혀 주의하지 않았다고 말하는 것이 더 정확할 것이기 때문이다. 나는 실제로 하나의 규칙과 그것의 예외규정이 합해져 하나의 규칙으로 간주된다는 논변에 의존하지도 않고, 그것들이 실제로 두 규칙이어야 한다고 주장하지도 않을 것이다.

라즈는 법의 개별화에 대한 자신의 이론에 대해서 두 개의 상반된 생각을 하고 있다. 때때로 그는 개별화 이론을 표현(exposition)의 전략으로, 즉 한 국가의 법체계가 기술될 수 있는 가장 시사적인 방식에 대한 이론으로 취급한다. 예를 들면 형법교과서의 저자는 분명히 설명의 전략을 필요로 한다. 그는 범죄의사(mens rea)의 원리를 긴급필요의 원리(the doctrine of necessity)로부터 구별하고, 또 이 두 개의 일반 법원리를 더 특정한 규칙들(그 두 개의 일반 법원리는 이 규칙들에게

---

23) Raz, 앞의 책, 825쪽 이하.

제한과 면책근거로 작용한다)로부터 구별할 필요가 있다. 그러나 물론, 몇몇 표현전략은 다루기 힘들고 이해하기 어려운 형태로 법을 기술하기 때문에 왜곡되고 오도할 수 있다 하더라도, 매우 많은 다양한 전략들이 다소 동등하게 효과적일 수 있다.

그렇지만 때때로 라즈는 법의 개별화 문제가 법이 무엇인가를 학생이나 법률가들에게 설명하는 전략이 아니라 법이 무엇인가에 대한 더 철학적인 문제와 관련을 갖는다고 생각하는 것처럼 보인다. 그는 그 문제가 법철학자들에게는 중요하지만 교과서의 저자에게는 중요하지 않은 법의 형식적 구조에 관한 문제라고 말한다. 그는 그것의 중심문제를 "어떤 것이 하나의 완전한 법으로 간주될 수 있는가?"라는 방식으로 제기한다. 그리고 그는 이 문제에 대한 벤담의 해설을 채택한다. "법은 무엇인가? 무엇이 법의 부분인가? 이 문제들의 주제가 되는 것은 전적으로 논리적이고 이상적이고 지적인 것이지 물리적인 것이 아니라는 점을 우리는 주목해야 한다."[24]

이런 종류의 문제는 우리를 법설명의 기법으로부터 멀리 떨어지게 한다. 라즈 박사가 주장하는 것처럼 그것은 "무엇을 하나의 완전한 법으로 간주해야 하는가"[25]의 문제에 대한 올바른 대답에 따라서 법이론들이 성공하거나 실패할 수 있는 그런 지점까지 우리를 데리고 간다. 나에게 그것은 너무 먼 것처럼 생각된다. 당신이 지리학에 대한 긴 책을 읽었고, 그 책이 어떤 정보를 담고 있는지를 나에게 말하도록 내가 당신에게 요구한다고 가정하자. 당신은 일련의 사실에 관한 명제들로 그렇게 할 것이다. 그러나 이제 내가 당신에게 먼저 그 책은 얼마나 많은 사실에 대한 명제들을 담고 있고, 그 명제들을 세는 데에 당신은 어

---

24) Raz, 825쪽.
25) 같은 책, 825, 827~828쪽.

떤 이론을 이용했는가를 물어본다고 가정하자. 당신은 내가 미쳤다고 생각할 것이다. 그 이유는 단순히 마치 내가 당신에게 어느 특정한 해변가에는 얼마나 많은 수의 모래알갱이가 있는가를 물어보는 것처럼 그 문제가 지나치게 어렵거나 마치 내가 당신에게 임신 초기의 여자를 포함하고 있는 한 집단 안에서 얼마나 많은 인간이 있는가를 물어보는 것처럼 어려운 개념적 구별을 요구하기 때문이 아니다. 당신은 내가 주어진 자료에 대해서 전적으로 잘못된 종류의 문제를 물었기 때문에 내가 미쳤다고 생각할 것이다. 그 책은 매우 많은 정보를 담고 있다. 명제는 그 정보를 제시하는 방식인데, 사용된 그 명제의 수가 얼마인가는 정보의 내용과는 독립적인 고려사항들, 예를 들면 어떤 사람이 "바위"라는 일반적인 용어를 사용하는지 아니면 특정한 종류의 바위들의 이름을 사용하는지 같은 고려사항에 의존할 것이다.

그와 동일한 방식으로 법률가들은 규칙과 원칙을 법적 정보를 보고하기 위해서 사용하는데, 이것들에 대한 특정한 어떤 진술을 전범적 (canonical)이라고 생각하는 것은 잘못이다. 이것은 우리가 제정법적 규칙이라고 부르는 것에 대해서조차도 사실이다. 왜냐하면 만일 법률가들이 제정법이 사용하는 언어를 단순히 반복한다면, 그 제정법이 규정하는 규칙을 잘못 표현하게 되는 것은 흔한 일이기 때문이다. 두 명의 법률가들이 다른 어휘를 사용하면서도 하나의 특정한 제정법의 효력을 요약할 수 있으며, 어떤 법률가는 다른 법률가보다 더 많은 규칙을 사용할 수 있다. 그러면서도 그들은 동일한 것을 말하는 것일 수 있다.

내가 주장하고자 한 것은 "법"이 고정된 수의 규준들(그것들 가운데 어떤 것들은 규칙이고 어떤 것들은 원칙이다)을 담고 있다는 것이 아니었다. 정말로 나는 "법"이 어떤 종류의 규준들의 고정된 집합이라는 생각에 반대하기를 원한다. 내가 주장하고자 한 것은 오히려 법률가들이 특정한 법적 권리와 의무의 문제에 대해 결정을 할 때 고려해야 하는 고려사항들에 대한 정확한 요약은 원칙의 형태와 힘을 갖는 명제들을 포함할 것이고, 법관들과 법률가들 자신은 그들의 결론을 정당화할 때 자주 그런 방식으로 이해되어야 하는 명제들을 사용한다는 것이었다. 나는 여기에서 어떤 것도 나에게 특정한 개별화 이론을 가정하고 있는 법존재론의 입장을 취하게 하는 것은 없다고 믿는다.

　나는 법적 규칙에 대한 "충분한" 진술은 그것의 예외사항을 포함할 것이며, 예외사항을 빠뜨린 규칙의 진술은 "불완전"할 것이라고 말했다. 만일 내가 라즈의 반대를 알았더라면, 나는 나의 주장을 그런 방식으로 제시하지 않았을 것이다. 나는 예외조항은 원래 규칙의 수정된 진술의 형태로뿐만 아니라 자기방어의 규칙같이 별개의 규칙의 형태로도 진술될 수 있다는 것을 명확히 했을 것이다. 그러나 만일 내가 그것을 명확히 했다면, 나는 그 차이가 대체적으로 표현의 문제라는 것도 명확히 했을 것이다. 규칙과 원칙 사이의 구별은 건드려지지 않은 채 그대로 남아 있다. 나는 폭행은 범죄라는 것과 같은 규칙과 확립된 예외사항들의 목록을 진술함으로써 하나의 법(a body of law)을 요약할 수 있다. 만일 나의 요약이 완전하다면, 폭행을 저지른 어떤 사람이든지 간에 내가 진술한 예외사항이 적용되지 않을 경우 범죄를 저지른 것이 된다. 만일 그가 죄가 없다면, 내가 잘못이거나 법이 변경된 것이다. 그것은 원칙의 경우에는 다르다. 내가 원칙상 어떤 사람이 자신의 잘못으로부터 이익을 얻을 수 없지만 어떤 사람은 이익을 얻는다고 말한다고 가정해보자. 나의 진술은 다음과 같은 이유에서라도 교정될 필요가 없으며 보완될 필요조차 없을 것이다. 즉, 어떤 사람이 자신의 잘못으로부터 이익을 얻는 것이 그것의 용어 그대로 이해한다 하더라도 인정된 예외조항이 적용될 때뿐만 아니라, 그의 경우의 특별한 특징들이 새롭게 인정된 원칙이나 정책—이것들은 차이를 만든다—을 끌어들이는 경우에도 적절할 수 있다는 이유이다.

라즈를 갈등에 대한 그의 이상한 견해로 이끌고 간 것은 법의 개별화에 관한 그의 두 번째 존재론적 관점이다. 만일 법의 규칙이 어떤 형태에서 "전체적"이고 "완전하다"는 생각을 진정으로 받아들인다면, 전체적이고 완전한 법은 서로로부터 독립된 것이기도 하기 때문에, 폭행을 정의하는 규칙은 어떤 행위를 한 사람들은 처벌되어야 한다는 단순(flat) 지시로 간주되어야 한다고 생각하려 할 것이다. 그러나 만일 우리가 법의 규칙에 대한 언명을 단순히 어떤 제도적 결정들의 법적 결과를 기술하려는 시도로 간주한다면, 우리는 그런 어떤 갈등도 가정하려 하지 않을 것이다. 그때 우리는 폭행에 관한 규칙은 범죄에 관한 많은 규칙들이 그러하듯이 자기방어의 경우에는 예외에 종속되는 것일 뿐이라고 말할 것이다. 그 경우 우리는 우리가 하나의 규칙을 기술했는지 아니면 두 개의 규칙을 기술했는지에 대해서 신경 쓰지 않을 것이다.

라즈는 나의 구별을 비판하는 또 다른 논변을 전개했는데, 나는 그것을 충분히 이해하지 못하겠다. 그는 그 구별은 규칙이 원칙과 갈등할 수 있다는 사실에 의해서 의미가 삭감된다고 주장한다. 예를 들면 불법점유의 규칙은 어떤 사람도 자신의 잘못으로부터 이익을 얻을 수 없다는 원칙과 갈등하는 것으로 생각될 수 있다. 나는 이 규칙과 그 원칙 사이의 관계를 갈등의 관계로 기술하는 것은 적절하지 않다고 생각한다. 그런 규칙이 존재한다는 사실은 내가 말한 것처럼 잘못으로부터 이익을 얻지 않는 것에 관한 원칙이 참으로 하나의 원칙이고 규칙이 아니라는 것에 대한 증거이다. 만일 명시적인 법제정이나 사법적 재해석에 의해서 불법점유의 규칙이 언젠가 수정된다면, 그에 대한 하나의 이유는 그 원칙이 그 규칙이 채택되었을 때보다 더 중요한 것으로 인정된다는 것일 수 있다. 그런데도 불법점유를 통제하는 규칙들은 지금이라도 그 원칙과 **갈등한다**기보다는 **반영한다**고 말해질 수 있을 것이다. 왜냐하면 이런 규칙들은 만일 그것들이 결정될 때 그 원칙에 어떤 비중도 주어지지 않았다면 그것들이 가졌을 모습과는 다른 모습을 지니기 때문이다. 예를 들면 불법점유를 통해서 권리를 얻기 위해서 일반적으로 요구되는 시간의 길이는 그것이 그 원칙과 갈등한다고 생각되지 않았다면 훨씬 더 짧았을 수 있다. 참으로 규칙과 원칙을 구별하는 것에 대한 나의 이유들 가운데 하나는 경쟁하는 원칙들 사이에서 이런 방식으로 이루어지는 일종의 타협을 규칙들이 종종 어떻게 나타내는가를 보여주기 위한 것이다. 그리고 그런 나의 주장의 요점은 우리가 원칙과 갈등하는 규칙들에 대해서 지나치게 무분별하게 말할 때 잃거나 감춰질 것이다.

어쨌든 나는 이런 현상이 어떻게 해서 내가 하려 한 규칙과 원칙의 구별에 대해 의심을 던지는 것인지 알 수가 없다. 라즈는 그것은 원칙뿐만 아니라 규칙도 비중을 갖는다는 것을 보여주는 것으로 생각한다. 왜냐하면 그는 규칙과 원칙이 갈등할 때 그것들 가운데 어떤 것을 선택할지에 대해 결정이 이루어져야 하고, 이 경우에 그 결정은 원칙의 비중에 대한 상대적 비중을 그 규칙에 할당함으로써 이루어져야 한다고 생각하기 때문이다. 그렇지만 이런 기술은 확실히 규칙과 원칙 사이의 상호작용을 잘못 보여준다. 법원이 하나의 확립된 보통법 규칙, 즉 부주의한 위증에 대해서 법적 책임이 있을 수 없다는 규칙을 폐지하기로 결정하고, 그 결정을 정당화하기 위해서 여러 개의 원칙——그 원칙에는 어떤 사람의 잘못 때문에 다른 사람이 고통을 받는 것은 정의롭지 못하다는 원칙이 포함된다——에 호소한다고 가정하자. 그 법원은 다음을 결정하는 것으로 이해되어야 한다. 즉, 확립된 규칙을 폐지하기 위해서 요구되는 원칙들의 집합——방금 언급된 정의의 원칙이 포함된다——은 전체로서는 규칙을 이전처럼 유지하는 것을 요구하는 원칙들의 집합——선례구속성의 원리(the doctrine of stare decesis)가 포함된다——보다 그 여건 아래에서 더 큰 비중을 갖는다는 결정으로 이해되어야 한다. 법원은 그 규칙을 유지할 것인가를 결정하면서 두 집합의 원칙들의 비중을 따진다. 그렇기 때문에 법원이 그 규칙 자체를 이 원칙들의 한 집합 또는 다른 집합과 비교해 비중을 부여한다고 말하는 것은 잘못이다. 참으로 라즈가 법적 규칙이나 도덕규칙의 비중을 정하는 것을 기술할 때 그는 사실상 그 규칙이 기여하는 원칙과 정책의 비중을 따지는 것에 관해 말하는 것이다. 왜냐하면 그것은 그가 그 규칙의 "목표"에 대해서 말할 때 그가 의미하는 것이어야 하기 때문이다.

　나는 라즈가 그의 논문에서 하고 있는 다른 모든 주장들에 대해 상세하게 대답할 수 없다. 그렇지만 그것들 중 약간에 대해서는 간단하게 언급하고자 한다.

　(1) 라즈가 지지하는 규칙과 원칙 사이의 구별은 나의 구별과 다르다.[26] 그가 선호하는 구별에 따르면, 규칙은 상대적으로 특정한 행위를 규정하고 원칙은 상대적으로 불특정한 행위를 규정한다.[27] 라즈는 이렇게 말한다. "만일 어떤 행위가 다양한 각각의 경우에 매우 많은 이질적인 유적(類的) 행위들에 의해서 수행될 수 있다면, 그 행위는 매우 불특정한 것이다."[28] 그러나 이것은 만족스럽지 못하다. 왜냐하면 그는 예를 제시한 것 이외에는 "유적 행위들"의 이질성에 대한 그의 기준을 제시하는 것에 실패하고 있고, 그의 예들은 그것을 밝혀주기보다는 혼동을 야기하기 때문이다. 그는 약속은 지켜야 한다는 명제는 규칙이라고 말한다. 그리고 그 명제를 규칙들은 서로 충돌할 수 있다는 그의 테제를 해명하기 위해서 사용한다. 그러나 매우 다양한 종류의 행위들이

---

26) 같은 책, 838쪽 이하.
27) 같은 책, 838쪽.
28) 같은 책, 같은 곳.

다양한 여건 속에서 약속을 지키는 행위일 수 있다. 왜냐하면 어떤 사람이 할 수 있는 어떤 것이든 그는 그것을 하기로 약속할 수 있기 때문이다. 다른 한편으로 라즈는 "법원과 모든 공무원에게 언론의 자유를 보호하도록 지시하는 법"은 원칙이 될 것이라고 말한다. 그러나 관리들이 이 원칙에 입각해서 수행하도록 요구될 행위는 모두 명령을 하거나 투표를 하는 행위가 될 것이다. 그리고 그것은 그들이 개인으로서 그들의 모든 약속을 지키기 위해서 하도록 요구되는 행위보다 더 동질적이고 분명히 덜 이질적인 것처럼 보일 것이다. 물론 약속을 지키는 모든 행위는 약속 지키기 행위라는 점에서 비슷하다. 그러나 언론의 자유를 보호하거나 평등을 증진시키는 모든 행위도 그와 동일한 방식으로 비슷하다. 행위들의 한 집단이 동질적인지 어떤지는 그 행위들이 어떻게 기술되는지에 의존한다. 따라서 라즈가 전범적 기술에 대한 이론을 제공할 때까지 그의 구별은 우리가 사용할 수 없는 구별이다.

(2) 라즈가 "……는 우리 법의 하나의 원칙이다"라는 어떤 진술들은 단순히 다른 규준들의 요약으로만 이해되어야 한다고 말한 점에서는 옳다.[29] 그러나 예를 들면 내가 논의한 헤닝슨 사안에서 법원이 자유계약의 원칙에 대해 언급한 것이 그런 방식으로 이해되어야 한다고 생각한 점에서는 잘못이다. 그와는 반대로 이러한 언급은 특정한 법적 권리와 의무를 결정하는 것에서 원칙의 힘을 인정하며, 그 힘을 평가하고 때로는 한정하려 한다.

(3) 라즈는 규칙에서 "합당한"과 같은 말의 사용에 관해서 내가 한 주장을 오해한다.[30] 나는 원칙 속에 구현되어 있는 일반적 고려사항에

---

29) 같은 책, 828~829쪽.

대해 "법이 면역이 되도록 하는 것"이 그런 말의 기능이라고 주장하는 것은 아니다.[31] 내가 주장하고자 하는 것은 오히려 규칙이 오직 일부 원칙의 효력에만 영향을 받게 하는 것이 그것의 기능이라는 것이다. 거래에 대한 비합당한 제한이 부당하다는 규칙은 비합당한 모든 제한이 부당한 것으로 남아 있는 한, 비록 그 제한의 비합당성을 완화하는 것이 아니라 그 제한을 집행하도록 하는 다른 이유들이 발견될 수 있다 하더라도 규칙으로 남는다. 라즈가 그런 규칙과 맞아떨어지는 예로 인용하는 원칙, 즉 법원은 일반적으로 부정한 거래를 집행하는 것을 거부해야 한다는 원칙은 그것의 용어 자체에 의해서 의미가 다르다. 이 원칙은 비상한 여건이 요구할 때는 부정한 거래가 실제로 집행될 수 있을 것이라고 추측한다. 예를 들면 아마도 무고한 제3자를 보호하기 위한 다른 어떤 방법이 마련될 수 없을 때는 가능할 것이다. 그렇지만 만일 입법부가 부정한 거래는 무효이며 집행할 수 없다는 규칙을 제정했다면 다를 것이다.

(4) 라즈가 도덕적 신념의 일관된 규준집을 공유하는 큰 규모의 공동체는 거의 없다고 생각한 점에서는 옳다. 그렇지만 공동체의 도덕에 호소하는 법관들, 즉 그가 해로운 허구를 퍼뜨리고 있다고 비난하는 법관들을 그는 오해한다.[32] 그는 공동체의 도덕적 규준에 대한 두 개의 개념을 구별하는 것에서 실패한다. 그 말은 특정한 문제에 대한 믿음의 컨센서스——갤럽 여론조사에 의해서 도출될 수 있는 것 같은——를 의미할 수 있을 것이다. 아니면 그것은 공동체의 제도와 법의 배후에 있는 도덕적 원칙을 의미할 수도 있는데, 그런 원칙은 이 장의 앞부분에

---

30) 같은 책, 837~838쪽.
31) 같은 책, 837쪽.
32) 같은 책, 850~851쪽.

서 논의된 것 같은 종류의 건전한 법이론 속에 나타날 것이다. 어떤 원칙이 이런 의미에서 공동체의 원칙인지 아닌지는 보고되는 것이 아니라 논증되어야 할 것이다. 대개의 경우에는 원칙의 성립여부가 아니라 비중을 정하는 것이 문제 될 것이다. 라즈가 비판하는 법관들은 때때로 그 개념을 첫 번째 의미와 일치하는 언어로 사용하지만 실제로는 그 개념을 이런 두 번째 의미에서 사용한다. 라즈는 그들이 이런 미묘한 구별을 알지 못한 것을 위선으로 오해한다. 그 차이를 알지 못한 그 자신의 실패는 그가 사회적 규칙이론에 의존하고 있음을 반영한다고 생각하는 것은 지나친 것인가? 만일 그 이론의 강한 버전이 옳다면, 어떤 공동체가 단일한 형태의 사회적 관행 속에서 인정된 도덕——이것은 대개 매우 중요한 것은 거의 포함하지 않는다——이외에 어떤 의무의 도덕을 그것의 전통과 제도를 통해서 받아들였다고 주장할 수 없을 것이다. 나는 이것은 사회적 규칙이론이 법철학에 대해 갖는 가장 중요한 결과이며, 그 이론이 잘못되었다고 주장하는 가장 강력한 이유라고 생각한다.

제4장 난해한 사안

1. 서문

법실증주의는 난해한 사안에 대한 하나의 이론을 제공한다. 그 이론에 따르면, 어떤 특정한 사안이 미리 어떤 제도에 의해서 제정된 하나의 명백한 법의 규칙의 적용을 받는 것이 아니라면 법관은 그 사안을 어떤 쪽으로든지 판결할 "재량"을 갖는다. 그 법관의 의견은 당사자들 모두가 그 소송에서 승리할 선재(先在)하는 권리를 갖는다고 가정하는 것처럼 보이는 언어로 씌어진다. 그러나 그것은 허구일 뿐이다. 실제로는 그는 새로운 법적 권리를 입법하는 것이며, 그러고 나서 그 법을 소급적으로 문제 되는 사안에 적용하는 것이다. 앞의 두 장에서 나는 이 재판이론은 전적으로 부적합하다고 주장했다. 이 장에서 나는 그것보다 더 나은 이론을 기술하고 변호할 것이다.

나는 어떤 정립된 규칙이 그 사안을 처리하지 못할 때라 하더라도 한쪽 당사자는 승리할 권리를 가진다고 주장할 것이다. 난해한 사안에서 조차 소급적으로 새로운 권리를 발명해내는 것이 아니라 당사자들의 권리를 발견하는 것이 법관의 임무로 남는다. 그렇지만 나는 우선 난해한 사안 안에서 당사자들의 권리가 무엇인지를 증명하기 위한 그 어떤 기계적인 절차가 존재한다는 것은 이 이론의 부분이 아니라는 것을 말해야 하겠다. 그와는 반대로 나는 마치 시민들과 정치인들이 정치적 권리에 대해서 서로 다른 의견들을 갖고 있는 것처럼, 합리적인 법률가와 법관이라 하더라도 자주 법적 권리에 대해서 서로 다른 의견을 갖고 있을 것이라고 생각한다. 이 장은 법관들과 법률가들이 그들 스스로에게 제기해야 할 문제들을 기술할 것이지만 그들 모두가 이 문제들에 동일한 대답을 줄 것이라는 것은 보장하지 않는다.

몇몇 독자는 만일 난해한 사안에서 당사자들이 갖는 법적 권리가 무엇인가를 증명하기 위한 절차가 원칙적으로라도 존재하지 않는다면, 그들은 어떤 법적 권리도 갖지 않는다는 결론이 나올 것이라며 반대할 것이다. 그런 반대는 일반 철학에서 논란이 되는 테제, 즉 만일 어떤 명제도 적어도 원칙적으로라도 진리임이 증명될 수 없다면 그 어떤 명제도 진리일 수 없다는 테제를 전제한다. 그런 테제를 진리에 대한 일반 이론의 부분으로 수용할 이유는 없으며, 오히려 그 주장을 법적 권리에 대한 명제에 특수하게 적용하는 것을 거부할 좋은 이유는 있다.[1]

2. 권리 테제

1) 원칙과 정책

재판이론은 더욱 복잡한 것이 되어버렸지만, 가장 인기 있는 이론은 여전히 법관의 판단을 입법부의 입법에 종속시킨다. 이런 이론의 주요 얼개는 잘 알려진 것이다. 법관들은 다른 제도가 만든 법을 적용해야 한다. 그들은 새로운 법을 만들어서는 안 된다. 그러나 그것은 이상적이기는 하지만 다양한 이유 때문에 실제에서는 충분하게 실현될 수 없

---

1) 제13장을 참조할 것.

다. 제정법과 보통법 규칙들은 자주 모호하며 새로운 사안에 적용될 수 있기 전에 해석되어야 한다. 더욱이 몇몇 사안은 매우 새로운 문제들을 제기해서 그것들은 기존 규칙을 확대해석하거나 재해석한다 하더라도 결정될 수 없다. 그래서 때때로 법관들은 은밀하거나 명시적으로 새로운 법을 만들어야 한다. 그러나 새로운 법을 만들 때 그들은 만일 입법부가 문제를 파악했더라면 제정했을 것이라고 그들이 생각하는 법을 제정하면서 적합한 입법부의 대리자로서 행위해야 한다.

이 이론은 잘 알려진 이야기이다. 그러나 이 일반적 이야기 속에는 다른 수준의 종속에 대한 주장이 있는데, 항상 인식되지는 않는다. 그 주장에 따르면 법관들이 법을 만들 때 그들은 입법부의 대리자(deputy to legislature)로서만이 아니라 하나의 부(副)입법부(deputy legislature)로 행위할 것이다. 그들은 입법부가 제정하고자 했을 경우 그 입법부를 움직였을 것과 동일한 성격의 승거와 논변에 입각해서 법을 만들 것이다. 이것은 더 깊은 수준의 종속인데, 왜냐하면 그것은 난해한 사안에서 법관들이 하는 것에 대한 모든 이해를 입법자들이 항상 하는 것이 무엇인가에 대한 선행하는 이해에 의존하게 하고 있기 때문이다. 이 더 깊은 종속은 정치적이기도 하고 개념적이기도 하다.

그렇지만 사실상 법관들은 부입법자여서도 안 되고 부입법자인 것도 아니다. 그리고 그들이 이미 다른 어떤 사람에 의해서 만들어진 정치적 결정을 넘어설 때, 그들은 입법을 하고 있는 것이라고 보는 잘 알려진 가정은 잘못된 것이다. 그것은 이제 내가 조잡한 형태로 소개하고자 하는 정치이론 안에서 이루어지는 기본적인 구별의 중요성을 놓치고 있다. 그것은 원칙의 논변과 정책의 논변 사이의 구별이다.[2]

---

2) 나는 제2장에서 원칙과 정책의 구별에 대해 논의했다. 이 장에서의 논의는 그것보다 더 정교하고 개선된 것이다. 여러 다른 장점들도 있지만 그것은 특히

정책의 논변은 하나의 정치적 결정을 그 결정이 전체로서의 공동체의 어떤 집단적 목표를 증진시키거나 보호한다는 것을 보여줌으로써 정당화한다. 항공기 제조업자에 대한 정부의 보조를 지지하기 위해 그 보조가 국가의 방위를 향상시킬 것이라고 주장하는 논변은 정책의 논변이다. 원칙의 논변은 하나의 정치적 결정을 그 결정이 어떤 개인 또는 집단의 권리를 존중하고 보장한다는 것을 보여줌으로써 정당화한다. 차별금지법을 지지하기 위해 소수는 평등한 존중과 배려를 받을 권리가 있다고 주장하는 논변은 원칙의 논변이다. 이 두 종류의 논변이 정치적 논변의 전체는 아니다. 예를 들면 때때로 맹인에게 소득세 감면을 허용하는 결정 같은 정치적 결정은 정책이나 원칙의 근거에서라기보다는 공중의 관대함이나 덕스러운 행위로 변호될 수 있다. 그러나 정치적 정당화에서 주된 근거는 원칙과 정책이다.

복잡한 입법 프로그램은 보통 두 종류의 논변을 모두 요구한다. 중요한 산업에 대한 보조 프로그램같이 주로 정책의 문제가 되는 프로그램이라 하더라도 원칙의 요소들이 그 프로그램의 특정한 안을 정당화해 줄 것을 요구할 수 있다. 예를 들면 그 프로그램은 역량이 부족한 항공기 제조업자들이 정부의 개입에 의해서 그 사업으로부터 축출되지 않을 수 있는 어떤 권리를 갖는다는 가정 위에서 다양한 생산규모를 갖춘 회사들에게 모두 동일한 보조금을 제공할 수 있다. 역량이 부족한 제조업자들이 없는 경우에 항공기 산업이 더 효율적일 것이라 하더라도 말이다. 다른 한편으로 차별금지 프로그램같이 주로 원칙에 의존하는 프로그램이, 권리는 절대적인 것이 아니며 정책에 대한 결과가 매우 심각할 때에는 성립하지 않는다는 판단을 반영할 수 있다. 예를 들면 그 프

앞 장에서 기술된 (가공적) 가정들 아래에서 이루어진 구별이 부정되는 것을 막아준다.

로그램은 공정한 고용규칙은 그것이 특히 혼란을 야기하거나 위험하다는 것이 증명될 수 있을 때 적용되지 않는다고 규정할 수 있다. 보조금의 경우에는 부여된 권리가 정책에 의해서 발생하고 원칙에 의해서 한정된다고 말할 수 있다. 차별금지의 경우 그것은 원칙에 의해서 발생하고 정책에 의해서 한정된다고 말할 수 있다.

분명 입법부는 정책의 논변을 추구하고 그런 논변에 의해서 발생한 프로그램을 채택할 권한이 있다. 만일 법원이 부입법부라면 그들도 동일한 것을 할 권한이 있다. 물론 어떤 명백하게 타당한 제정법을 단순히 집행하는 비독창적 사법적 판결은 비록 그 제정법 자체는 정책에 의해서 발생했다 하더라도 항상 원칙의 논변에 근거해 정당화된다. 어떤 항공기 제조업자가 그 제정법이 제공하는 보조금을 받기 위해서 소송을 제기한다고 가정하자. 그는 보조금에 대한 그의 권리를 주장한다. 그 논변은 원칙의 논변이나. 그는 국가의 방위는 그에게 보소함으로써 향상될 것이라고 주장하지 않는다. 그는 그 제정법이 채택될 때 그 제정법이 정책의 근거에 의해서 잘못된 것이라거나 정책의 근거에서 그것은 오래전에 폐기되었어야 한다는 점을 인정할 수조차 있다. 보조금에 대한 그의 권리는 더 이상 정책의 논변에 의존하지 않는다. 왜냐하면 그 제정법은 그 권리를 원칙의 문제로 만들었기 때문이다.

그러나 만일 지금 문제 되고 있는 사안이 정립된 어떤 규칙도 그 어떤 방향으로의 판결도 지시하지 않는 난해한 사안이라면, 적절한 판결이 정책에 의해서 이루어질 수도 있고 원칙에 의해서 이루어질 수도 있다. 예를 들면 최근의 **스파르타 철강**(Spartan Steel) 사안[3]의 문제를 생각해 보자. 피고의 고용인들은 원고에게 전력을 공급하는 발전소의 전선을 절단했다. 그리고 원고의 공장은 그 전선이 복구될 때까지 문을 닫았다.

---

3) *Spartan Steel & Alloys Ltd. v. Martin & Co.,* 〔1973〕 1 Q.B. 27.

법원은 타인의 재산에 대한 과실손괴(negligent damage)의 결과로 발생한 경제적 손실에 대해 보상받는 것을 원고에게 허용할 수 있는지를 판결해야 했다. 법원은 그것의 판결에 도달하면서 원고의 입장에 있는 회사가 보상에 대한 권리를 갖는지를 물어볼 수도 있고, 원고가 주장하는 방식대로 사고에 대한 책임을 지우는 것이 경제적으로 현명한지를 물어볼 수도 있다. 전자가 원칙의 문제라면 후자는 정책의 문제이다.

만일 법관이 부입법자라면, 법원은 전자뿐만 아니라 후자의 논변을 따르고 그 논변이 추천하는 경우에는 원고를 지지하는 판결을 할 준비가 되어 있어야 한다. 내 생각에는 바로 그것이 법원은 자유롭게 정책의 근거 위에서 스파르타 철강 사안 같은 새로운 사안에 대해 판결할 수 있어야 한다는 대중적인 생각이 의미하는 것이다. 그리고 참으로 데닝경(Lord Denning)은 그 사안에서의 자신의 견해를 바로 그런 방식으로 기술했다.[4] 나는 그가 나처럼 원칙의 논변을 정책의 논변과 엄격하게 구별하려 했다고 생각하지는 않는다. 그러나 어쨌든 그는 그런 엄밀한 의미에서의 정책의 논변을 배제하려 하지 않았다.

그런데도 나는 민사사안에서 사법적 판결들은 스파르타 철강 사안 같은 난해한 사안에서조차도 특징적으로 정책이 아니라 원칙에 의해서 이루어지고 있으며, 또 그렇게 이루어져야 한다는 테제를 제안한다. 분명 그 테제는 더 구체화될 필요가 있다. 그러나 우리는 정치이론과 법철학의 어떤 논변들은 그 테제를 그것의 추상적인 형태에서도 지지한다는 것을 알게 될 것이다. 이 논변들은 결정적인 것은 아니지만, 그 테제의 중요성을 보여주고 더욱 세심한 정식화를 위해서 필요한 주의를 정당화하기에 충분히 강력하다.

---

4) 같은 사안, Q.B. 36.

2) 원칙과 민주주의

재판은 입법에 종속되어야 한다는 잘 알려진 주장은 사법적 독창성 (judicial originality)에 대한 두 개의 반대에 의해서 지지된다. 첫 번째 반대는 공동체는 다수에 의해서 선출되고 또 그들에 대해 책임이 있는 사람들에 의해서 통치되어야 한다고 주장한다. 대부분의 경우 법관들은 선출되는 것이 아니기 때문에, 그리고 실제에서 그들은 입법자들과는 달리 유권자들에게 책임을 지지 않기 때문에 법관들이 법을 만드는 것은 그 명제와 어긋나는 것처럼 보인다. 두 번째 반대는 만일 법관이 새로운 법을 만들고 그것을 그 앞에 있는 사안에 소급적으로 적용시킨다면, 패배한 측은 그가 갖고 있던 어떤 의무를 위반했기 때문이 아니라 그 사건 후에 만들어진 새로운 의무를 위반했기 때문에 처벌될 것이라고 주장한다.

이런 두 개의 논변들은 결합하여 재판은 가능한 한 비독창적이어야 한다는 전통적인 이상을 지지한다. 그러나 그것들은 원칙에 근거해서 이루어진 사법적 판결보다는 정책에 근거해서 이루어진 사법적 판결에 대해 더 강력한 반대가 된다. 법은 선출되고 책임을 지는 관리들에 의해서 만들어져야 한다는 첫 번째 반대는, 우리가 법을 정책으로 볼 경우, 즉 전체로서의 공동체의 복지를 추구하면서 개인적 목표들과 목적들 사이에서의 하나의 타협으로 법을 볼 경우 흠이 없는 것처럼 보인다. 그런 타협이 객관적으로 이루어지기 위해서는 공리(utility)나 선호를 개인들 사이에서 비교하는 것이 필요한데, 그런 비교가 이론적으로라도 의미가 있는 것인지 분명하지 않다. 그러나 실제에서는 어떤 경우이든 어떤 적절한 계산도 이루어질 수 없다. 그렇기 때문에 정책의 결정들은 고려되어야 하는 다양한 이익들을 정확하게 표현하도록 고안된 어떤 정치적 과정의 작동을 통해서 이루어져야 한다. 대의 민주주의의 정치체계는 이 점에서는 오직 서툴게만 작동할 것이지만 우편행낭이나 로비스트나 압력단체를 갖고 있지 않은 비선출직 법관들이 그들의 방에서 경쟁하는 이익들을 타협시키는 체계보다는 더 잘 작동한다.

두 번째 반대 또한 정책에 근거해서 이루어진 판결에 반대하는 것으로 설득력이 있다. 우리 모두는 한 사건이 발생한 이후에 만들어진 어떤 새로운 의무의 이름으로 무고한 사람의 권리를 희생시키는 것은 잘못일 것이라는 점에 대해 동의한다. 그렇기 때문에 단순히 전체적인 경제적 효율성을 증진시키기 위해 어떤 개인으로부터 재산을 취해서 그것을 다른 사람에게 주는 것은 잘못인 것처럼 보인다. 그러나 그것은 스파르타 철강 사안에서 하나의 판결을 정당화하기 위해 필요할 수 있는 형태의 정책의 논변이다. 만일 원고가 보상받을 어떤 권리도 갖고 있지 않고 피고는 보상을 제공할 어떤 의무도 갖고 있지 않다면, 법원이 피고의 재산을 빼앗아 원고에게 주는 것을 정당화할 수 있는 것은 오직 현명한 경제정책의 이익에 기여한다는 것뿐이다.

그러나 다른 한편으로 법관이 스파르타 철강 사안 같은 난해한 사안 속에서 정책의 근거가 아니라 원칙의 근거 위에서 어떤 판결을 성공적으로 정당화한다고 가정하자. 즉, 그가 원고는 자신이 받은 피해를 보상받을 권리를 갖는다는 것을 보여줄 수 있다고 가정하자. 방금 기술된 두 개의 논변은 그 판결에 훨씬 더 적은 반대를 제공할 것이다. 법원이 원칙을 판단할 때 첫 번째 논변은 관련성이 떨어진다. 왜냐하면 원칙의 논변은 공동체 전체에 걸쳐서 분포된 다양한 요구와 관심의 본성과 강도에 관한 가정에 자주 의존하지 않기 때문이다. 반대로 원칙의 논변은 그것이 기술하는 권리의 주장자에 의해서 제시된 어떤 이익, 즉 그것에 반대할 수 있는 정책의 논변의 세세한 차이를 중요하지 않은 것으로 만들 수 있는 것으로 주장되는 이익에 주의를 고정한다. 그렇기 때문에 그 권리가 누를(trump) 수 있는 이익을 가진 정치적 다수의 요구에서 자유로울 수 있는 법관이 그 논변을 평가하는 것에서 더 좋은 입장에 있다.

사법적 독창성에 대한 두 번째 반대는 원칙의 논변에 반대해 그 어떤 힘도 갖지 못한다. 만일 원고가 피고에 대한 권리를 갖는다면 피고는 그에 상응하는 의무를 가지며, 그에게 불리한 판정을 정당화하는 것은 법원에서 만들어진 어떤 새로운 의무가 아니라 바로 그 의무이다. 설사 그 의무가 명시적인 선행입법에 의한 것이 아니라 하더라도, 그 입법에 의해서 부과된 의무의 경우보다 한 가지 차이점 이외에는 더 부정하지 않다.

물론 그 차이는 이런 것이다. 만일 의무가 제정법에 의해서 만들어졌다면 피고는 그 의무에 대해 더 명시적으로 인지하고 있었을 것이고, 그것의 결과에 대비하도록 자신의 일을 처리할 것으로 더 합당하게 기대되었을 것이라는 점이다. 그러나 원칙의 논변은 우리로 하여금 피고의 주장, 즉 그의 허를 찌르는 것은 정의롭지 않다는 수장을 새로운 빛으로 바라보도록 만든다. 만일 원고가 참으로 그에게 유리한 사법적 판결에 대한 권리를 갖는다면, 그는 그 권리에 의존할 자격을 갖는다. 만일 그가 그 권리를 갖는다는 것이 분명하고 논란될 수 없는 것이라면, 피고는 단순히 그 권리가 제정법으로 공표되는 것과는 다른 어떤 방식으로 발생했다는 이유만으로 불공정한 허찌르기를 주장할 입장에 있지 않다. 다른 한편으로 만일 원고의 주장이 의심스럽다면, 법원은 어느 정도로는 당사자들 가운데 어느 한편의 허를 찌를 수밖에 없을 것이다. 그리고 만일 법원이 모든 것을 고려할 때 원고의 논변이 더 강하다고 결정한다면, 원고의 기대가 더 정당했다고도 결정할 것이다. 물론 법원의 이런 결론은 잘못된 것일 수 있다. 그러나 그 가능성은 그것의 논변의 독창성의 결과가 아니다. 왜냐하면 법원의 판결은 비독창적이어야 한다는 요구에 구속받는 법원이 그렇지 않은 법원보다 원칙에 대해서 더 적은 실수를 할 것이라고 생각할 이유가 없기 때문이다.

3) 법철학

우리는 이러한 정치적인 고려사항들 속에서 사법적 논변이 난해한 사안에서조차도 원칙에 의거한 논변으로 이해될 수 없는지의 문제를 조심스럽게 고찰해야 할 강한 이유를 갖는다. 우리는 법철학의 잘 알려진 한 문제에서 하나의 추가적 이유를 갖는다. 법률가들은 법관들이 새로운 법을 만들 때 그들의 판결은 법전통에 의해서 제약을 받지만, 그렇다고 하더라도 개인적이고 독창적인 것이라고 믿는다. 새로운 판결들은 법관 자신의 정치도덕을 반영할 뿐만 아니라 보통법의 전통——이것은 다양할 수 있다——속에 있는 도덕을 반영한다. 물론 이것은 오직 로스쿨의 수사법일 뿐이다. 그러나 그렇다고 하더라도 그것은 난해한 사안의 판결에 영향을 미친 이런 다양한 기여들이 어떻게 확인되고 조화될 수 있는가를 설명하는 문제를 제기한다.

하나의 대중적인 해결책은 공간적 이미지에 의존한다. 그것은 보통법의 전통은 법관이 자신의 도덕에 의존할 수 있는 재량의 범위를 축소시키기는 하지만 전적으로 그 영역을 제거하지는 않는다고 말한다. 그러나 이 대답은 두 가지 근거에서 만족스럽지 못하다. 첫째, 그것은 기껏해야 변죽만 울리는 비유에 지나지 않는 것, 즉 다른 법관들이 과거에 내렸던 무수한 판결들 속에 어떤 도덕이 있다는 말에 대해 해명해주는 바가 없다. 둘째, 그것은 사법적 판결에 대해 명백하게 부적합한 현상적 설명을 한다. 법관들은 난해한 사안을 두 단계로, 즉 먼저 제도적 제약이 어디에서 끝나는지를 점검하고, 그 다음으로 스스로 나아가기 위해서 법전을 한쪽에 치워두는 방식으로 판결하지 않는다. 그들이 느끼는 제도적 제약은 어느 곳에나 있으며 판결 자체에 이르기까지 지속된다. 그러므로 우리에게는 어느 곳에나 있는 개인의 도덕과 제도의 도덕 사이의 상호작용을 더 성공적으로 설명해주는 덜 비유적인 설명이 필요하다.

권리 테제, 즉 사법적 판결들은 지금 존재하는 정치적 권리들을 집행하는 것이라는 테제는 그 두 가지의 관점에서 더 성공적인 설명을 제시한다. 만일 그 테제가 성립한다면, 제도의 역사는 법관들의 정치적 판단에 대한 제약으로 작용하는 것이 아니라 그 판단의 요소로 작용하는 것이다. 왜냐하면 제도의 역사는 개인의 권리에 대한 모든 그럴 법한 판단이 반드시 수용해야 하는 배경의 부분이기 때문이다. 정치적 권리는 역사와 도덕 모두의 피조물이다. 다시 말해, 시민사회에서 한 개인이 가질 자격이 있는 것은 그것의 정치제도의 관행과 정의(justice) 모두에 의존한다. 그래서 사법적 독창성과 제도적 역사 사이에 있는 것으로 생각되는 긴장은 해소가 된다. 즉, 법관들은 소송당사자들의 권리에 대해 새로운 판단을 해야 한다. 그러나 이 정치적 권리는 과거의 정치적 결정들을 반대하는 것이 아니라 반영한다. 법관이 판례 속에서 확립되어 있는 규칙과 그것보다 더 공정한 것으로 생각되는 어떤 새로운 규칙 사이에서 선택을 할 때, 그는 역사와 정의 사이에서 선택을 하는 것이 아니다. 오히려 그는 보통은 정치적 권리에 대한 모든 계산에서 결합되지만 여기에서는 경쟁하는 그 고려사항들 사이에서 어떤 타협을 요구하는 판단을 한다.

그렇기 때문에 권리 테제는 법관들이 난해한 사안에서 판례를 어떻게 사용하는가를 설명할 때 정책에 더 두드러진 지위를 부여하는 이론이 제공하는 것보다 더 만족스러운 설명을 제공한다. 모든 정치적 관리들과 같이 법관들은 정치적 책임의 원리(the doctrine of political responsibility)에 종속되어 있다. 가장 일반적인 형태에서 이 원리는, 정치관리들은 그들이 하고자 하는 다른 결정들도 정당화시켜주는 정치이론 안에서 그들이 정당화할 수 있는 그런 정치적 결정들만 해야 한다고 말한다. 그 원리는 이런 일반적 형태에서는 무미건조한 것처럼 보인다. 그러나 이런 형태에서조차 그것은 롤스가 직관주의적이라고 말하는 정치적 행정양식을 비난한다.[5] 그것은 그것 자체로만 볼 때는 옳은 것처럼 보이지만, 마찬가지로 옳은 것으로 생각되는 다른 결정과 일치하는 일반적 원칙과 정책을 담고 있는 어떤 포괄적 이론 안으로 들어올 수는 없는 결정들을 비난한다. 어떤 의원이 인간의 생명은 어떤 형태로든 성스럽다는 근거로 낙태를 금지하는 것에 투표했지만, 기형으로 태어난 아이의 부모에게 그런 아이들을 계속해서 살릴 수 있는 의료적 치료를 중단하는 것을 허용하는 것에 투표를 했다고 가정하자. 그는 어떤 차이가 있는 것으로 생각한다고 말할 수도 있다. 그러나 엄격하게 적용된 책임의 원칙은, 그가 진지하게 갖고 있는 어떤 일반적 정치이론 안으로 그 차이를 통합시킬 수 없는 경우에는 그 두 개의 투표 모두를 그에게 허용하지는 않을 것이다.

우리는 그 원리가 유기적 일관성(articulate consistency)을 요구한다고 말할 수 있다. 그러나 정책이 고려될 때 그 요구는 상대적으로 약하다. 정책은 정치적 결정에 대한 그것의 영향에서 집적적이다. 그리고 사람들을 똑같이 대우하는 것이 하나의 집단적 목표를 달성하기 위한 전략의 부분일 필요는 없다. 그러므로 만일 입법부가 한 달은 한 항공기 제조업자에 보조금을 주었다면, 다음 달은 다른 회사에게 보조금을 주어야 한다는 결론이 책임의 원리에서 나오지 않는다. 그렇지만 원칙의 경우에서 그 원리는 하나의 사안에서 다른 사안에 이르기까지 분배적 일관성을 주장한다. 왜냐하면 그것은 문제 되는 혜택에서 불평등한 분배에 의해서 도움을 받을 수 있는 전략의 이념을 허용하지 않기 때문이다. 예를 들면 어떤 관리가 어떤 종류의 성적 자유가 개인의 권리라고 믿는다면, 그는 그가 그 권리를 갖는다고 생각하는 사람들 전체에 합당하게 평등하게 그 혜택을 분배하는 방식으로 그 자유를 보호해야

---

5) 제10장을 참조할 것.

한다. 만일 피임약이 허용되지 않을 경우 이 권리가 침해될 것이라는 근거에서 어떤 남녀에게 피임약을 사용하는 것을 허용한다면, 이전의 결정을 취소하지 않는 한, 다른 쌍에게도 동일한 권리를 허용해야 한다. 그는 첫 번째 결정이 공동체가 필요로 하는 양만큼의 성적 자유를 그 공동체에게 주었기 때문에 두 번째의 경우에는 더 이상 요구되지 않는다고 말할 수 없다.

사법적 판결들은 적어도 정치적 책임의 원리가 적용된다는 넓은 의미에서 정치적 결정이다. 만일 권리 테제가 성립한다면, 방금 이루어진 구별은 판례와 가설적인 예들 모두에 대해서 법관들이 보여주는 특별한 관심을 적어도 일반적인 방식으로는 설명해줄 것이다. 책임의 원리 아래서 원칙의 논변이 특정한 판결에 대한 정당화를 제공할 수 있는 것은 다음과 같은 때일 뿐이다. 즉, 오직 그 논변에서 인용된 원칙이 파기되지 않은 이전의 판결들과 가설적인 여건 속에서 그 제도가 하게 될 판결들과 모순되지 않음이 증명될 수 있을 때만이다. 그것은 그렇게 놀라운 일은 아니다. 그렇지만 만일 법관들이 그들의 판결을 정책의 논거에 근거한다면, 그 논변은 성립하지 않을 것이다. 그들은 예를 들면 단지 곤란에 빠진 산업에 올바른 보조를 제공함으로써 어떤 정책이 적합한 방식으로 도움을 받을 수 있다고 말할 수 있을 것이다. 따라서 이전의 판결이나 가설적인 미래의 판결이 동일한 정책에 기여한다고 이해될 필요가 없다.

물론 여기에서의 일관성은 단순히 어떤 원칙의 이름으로 선언된 특정한 규칙의 적용에서가 아니라 그 규칙이 의존하는 그 원칙의 적용에서의 일관성을 의미한다. 예를 들면 만일 어떤 사람도 그 자신의 태만으로부터 오는 먼 미래의 손실이나 예상하지 않은 손실을 보상해야 할 의무를 갖지 않는다는 원칙에 의존해서 **스파르타 철강** 사안에서 피고를 지지하는 판결을 정당화하려 한다면, 다른 사안들에서 정립된 규칙으로서 태만에 의한 부실표시(negligent misstatements)에 대한 보상을 허용하는 규칙이 그 원칙과 일치한다는 것이 증명되어야 한다. 단순히 태만에 의한 부실표시에 관한 규칙이 **스파르타 철강** 사안에서의 규칙과 다른 규칙이라는 것만 보여주어서는 안 된다.

4) 세 가지 문제

그러므로 우리는 정치이론과 법철학의 이런 논변들 속에서 추상적인 형태에서의 권리 테제에 대한 어떤 지지를 발견한다. 그렇지만 그 이상의 변호를 위해서는 더 정확한 언명이 필요하다. 그 테제는 세 가지 방향으로의 발전을 요구한다. 첫째, 그것은 개인의 권리와 사회적 목표 사이의 일반적 구별에 의존하는데, 그 구별은 단순히 예를 통해서 제공되는 것보다 더 명확하게 진술되어야 한다. 더 나아가 그 구별은 아래의 문제에 대응할 수 있도록 진술되어야 한다. 정치인들이 개인의 권리에 호소할 때, 그들이 염두에 두는 것은 자유권이나 평등권이나 존중받을 권리 같은 매우 추상적이고 기본적인 이익에 관한 거창한 명제들이다. 이런 거창한 권리들은 아마도 헌법적 사안을 제외한 난해한 사안의 판결에서는 적합한 것으로 보이지 않는다. 그리고 그것들이 적합한 경우라 하더라도 그것들이 논변에서 많은 힘을 갖기에는 지나치게 추상적인 것처럼 보인다. 만일 권리 테제가 성공하려면, 그것은 원칙의 논변과 정책의 논변 사이의 구별이 법적 논변에서 등장하는 구체적인 논변들 속에서 어떻게 유지될 수 있는가를 보여주어야 한다. 이 장의 제3절에서 나는 적절하게 다듬어진 추상적 권리와 구체적 권리 사이의 구별이 그 목적을 위해서 충분하다는 것을 보여주려 할 것이다.

둘째, 이 테제는 난해한 사안의 판결에서 판례와 제도적 역사의 역할에 관한 이론을 제공한다. 나는 이 장의 마지막 절에서 그 이론을 요약할 것이다. 그러나 그 이론은 법관들이 사안들을 판결하는 실제의 방식에 대한 우리의 경험에 비추어서 검토되기 전에 확장되고 예시되어야 한다. 더 나아가서 그것은 아래의 문제들을 염두에 두고 확장되어야 한다. 어떤 사람도 있는 그대로의 법이 완전하게 정의롭다고 생각하지 않는다. 판례들의 어떤 노선이 시민의 정치적 권리를 법적인 권리로서 집행하는 것을 거부하기 때문에 사실상 부정하다고 가정하자. 비록 어떤 난해한 사안에 대해서 판결하는 법관이 그런 이유로 이 판례들을 비난한다 하더라도, 유기적 일관성 원리는 그가 그 판례들에 의해서 그의 논변이 영향을 받는 것을 허용하는 것을 요구한다. 그의 논변은 판례에 대해 주의함으로써 당사자들의 정치적 권리들이 무엇인지에 대한 잘못된 견해에 의해 오류를 범하고 있기 때문에, 그 권리들을 확립하기 위한 원칙의 논변이 될 수 없는 것처럼 보일 수 있다. 만일 그 테제가 변호되려면 왜 이 첫인상이 잘못인지를 보여주어야 한다. 그 논변은 소송당사자들의 정치적 권리와 구별되는 것으로서 법적 권리를 확립하기 때문에 그 논변이 원칙의 논변일 것이라고 말하는 것만으로는 충분하지 않다. 권리 테제는 소송에서 승리할 권리는 진정한 정치적 권리라고 생각한다. 그리고 비록 그런 정치적 권리는 평등한 자로서 대우받아야 할 모든 시민의 권리 같은 다른 형태의 정치적 권리들과 명백하게 다르지만, 단순히 그 차이를 인정하는 것만으로는 왜 그 권리가 그 이전의 잘못된 판결들에 의해서 바뀔 수 있는지를 설명하지 않는다. 법적 논변의 그러한 특징을 이해하기 위해서는 내가 제4절에서 고찰하게 될 제도적 권리 일반의 특별한 성질들과 제5절에서 고찰하게 될 제도적 권리의 한 종류로서의 법적 권리의 특정한 성질들에 대해서 고찰하는 것이 필요하다.

그러나 제도적 권리와 법적 권리에 대해서 내가 제시하는 설명은 권리 테제에서 세 번째의 또 다른 문제를 드러낸다. 이 설명은 법관들은 때때로 소송당사자들의 법적 권리가 무엇인지를 결정하기 위해서 정치도덕에 대한 판단을 해야 한다는 점을 분명히 한다. 그렇기 때문에 그 테제는 그 이유로 내가 앞에서 언급한 사법적 독창성에 대한 첫 번째 비판을 받을 수 있는 것으로 생각될 것이다. 그 테제는 다수로부터 정치도덕의 문제를 스스로 결정할 수 있는 그들의 권리를 빼앗기 때문에 변호가 불가능하다고 말해질 수 있다. 나는 그 비판에 대해서는 제6절에서 살펴볼 것이다.

이것들이 권리 테제에 대한 주장이 충분한 것이 되기 위해서 다루어야 하는 세 가지 문제들이다. 만일 그 충분한 주장이 이 테제에 대한 이런 반론이 잘못된 것이라는 것을 보여준다면, 그것은 그 테제가 처음에 생각한 것보다는 덜 급진적이라는 것을 보여줄 것이다. 그 테제는 법관들이 하는 것에 관한 어떤 새로운 정보가 아니라, 우리 모두가 그들이 한다고 알고 있는 것을 기술하는 새로운 방식을 제시한다. 그리고 이 새로운 기술의 덕목은 경험적인 것이 아니라 정치적이고 철학적인 것이다.

3. 권리와 목표

1) 권리의 유형

원칙의 논변은 개인의 권리를 확립하기 위해서 의도된 논변이다. 정책의 논변은 집단적 목표를 확립하기 위해서 의도된 논변이다. 원칙은 권리를 기술하는 명제이다. 정책은 목표를 기술하는 명제이다. 그러나 어떤 것들이 권리이고 목표이며 그 둘 사이의 차이는 무엇인가? 그에 대해 선결문제 요구의 오류를 범하지 않는 정의를 제공하는 것은 어렵다. 예를 들면 언론의 자유는 목표가 아니라 권리라고 말하는 것은 자연스러운 것으로 보인다. 왜냐하면 시민들은 정치도덕으로서 그 자유를 향유할 자격이 있기 때문이다. 그리고 군수산업체의 증가는 권리가 아니고 목표이다. 왜냐하면 그것은 집단적 복지에는 기여하지만 그 어떤 특정한 사업체도 국가 공공물자 조달계약을 할 수 있는 당연한 자격을 갖지 않기 때문이다. 그렇지만 이것은 우리의 이해를 향상시키지 못한다. 왜냐하면 자격(entitlement)이라는 개념은 권리의 개념을 설명하기보다는 이용하기 때문이다.

이 장에서 나는 권리주장(claims about rights)의 분배적 성격에 근거해서, 그리고 정치적 논변에서 다른 분배적 성격을 가진 경쟁하는 주장에 대처할 수 있는 이 주장의 힘에 근거해서 권리를 목표로부터 구별할 것이다. 즉 나는 형식적인 구별을 할 것인데, 그것은 사람들이 실제로 갖는 권리들이 어떤 것들인지를 보여주거나 그것들이 어떤 것이든 사람들이 권리들을 갖고 있음을 보여주려 하지는 않고, 특정한 정치이론이 어떤 권리들을 사람들이 갖는다고 생각하는지를 발견하기 위한 지침을 제공한다. 물론 그 형식적 구별은 더 근본적인 문제에 대한 하나의 접근방법을 제시한다. 그것은 적합한 분배적 성격을 갖는 수장을 정당화하는 논변을 찾음으로써 사람들이 실제로 어떤 권리를 갖고 있는지를 우리가 발견할 수 있음을 시사한다. 그러나 그 구별은 그것 자체로서는 그런 논변을 제공하지 않는다.

나는 일반적인 정치적 정당성의 근거로서 정치적 목적(aim)의 이념으로 시작하겠다. 만일 하나의 정치이론에서 어떤 정치적 결정이 어떤 특정한 사태를 증진시키거나 보호할 가능성이 있다는 점이 그 정치적 결정을 지지해주는 것으로 간주되고 그것을 저지하거나 위험에 빠뜨리게 될 경우 그 결정을 반박하는 것으로 간주된다면, 그 정치이론은 그 특정한 사태를 하나의 정치적 목적으로 삼는 것이다. 정치적 권리는 개별화된(individuated) 정치적 목적이다. 만일 어떤 개인이 어떤 기회나 자원이나 자유에 대한 권리를 향유하게 되는 사태를 어떤 정치적 결정이 증진시키거나 보호할 가능성이 있다는 것이—그것이 다른 어떤 정치적 목적에 도움을 주지도 않고 어떤 정치적 목적은 방해받는다 하더라도—그 정치적 결정을 지지해주는 것으로 간주되고 그것이 그 사태를 저지하거나 위험에 빠뜨릴 것이라는 점은—그것에 의해서 어떤 다른 정치적 목적이 도움을 받는다 하더라도—그 결정을 반박하는 것으로 간주된다면, 그 개인은 그 권리를 갖는다.[6] 하나의 목표(goal)는 개별화되지 않은 하나의 정치적 목적으로서, 그것의 상세한 기술이 이런 방식으로 특정한 개인들의 특정한 기회나 자원이나 자유를 요구하지 않는 그런 사태이다.

집단적 목표는 전체로서의 공동체를 위한 어떤 전반적 혜택을 산출하기 위해서 한 공동체 안에서 혜택들과 부담들 사이에 거래를 하도록 촉구한다. 경제적 효율성은 하나의 집단적 목표이다. 그것은 어떤 방식으로 정의된 경제적 혜택의 총합을 최대로 산출하게 될 그런 기회와 책임의 분배를 요구한다. 평등에 대한 어떤 견해는 하나의 집단적 목표로 간주될 수 있다. 어떤 공동체는 가장 부유한 자의 재산이 가장 가난한 자의 재산의 두 배를 넘지 못하게 하는 그러한 분배를 목적으로 삼을 수 있다. 또는 평등에 대한 다른 견해에 따라 어떤 인종이나 종족 집단도 다른 집단보다 훨씬 더 못살게 하지 않는 분배를 목적으로 삼을 수 있다. 물론 어떤 집단적 목표이든 간에 특정한 사실들을 감안해 특정한 분배를 제안할 것이다. 하나의 목표로서의 경제적 효율성은 어떤 여건에서는 특정한 산업을 보조해야 하지만, 다른 여건에서는 과중한 세금을 부과해야 한다고 제안할 것이다. 하나의 목표로서 평등은 어떤 여건에서는 직접적이고 완전한 재분배를 제안할 것이지만, 다른 여건에서는 부분적이고 선별적인 재분배를 제안할 것이다. 각각의 경우에 분배적 원칙은 전체 이익에 대한 어떤 견해에 종속되며, 그렇기 때문에 어

---

6) 나는 법적 인격체를 개인으로 간주한다. 그래서 회사도 권리를 가질 수 있다. 인종집단 같은 특수한 집단이 공동체 안에서 어떤 회사의 지위를 갖는 것으로 보는 정치이론은 그렇기 때문에 집단의 권리에 대해 말할 수 있다.

떤 사람에게 어떤 혜택을 적게 제공하는 것은 그것이 더 큰 전체적 혜택을 가져다줄 것이라는 것을 보여줌으로써 정당화될 수 있다.

각각의 집단적 목표는 절대적일 수 있지만 절대적일 필요는 없다. 공동체는 동시에 다른 목표들을 추구할 수 있으며, 하나의 목표를 다른 목표를 위해서 희생할 수 있다. 예를 들면 경제적 효율성을 추구하면서 군사력을 추구할 수도 있다. 그러면 제안된 분배는 그 두 개의 정책 전체에 의해서 결정될 것이고, 가능한 거래의 순열과 조합을 증가시킬 것이다. 어느 경우이든 이런 순열과 조합이 각각의 목표와 결합되어 있는 일군의 경쟁전략을 제공할 것이다. 경제적 효율성은 모든 농부들에게 보조금을 제공하지만 공장에는 제공하지 않음으로써 달성될 수 있을 것이고, 어떤 농부들에게는 두 배의 보조금을 주지만 다른 농부들에게는 전혀 주지 않음으로써 더 많이 달성될 수 있다. 어떤 집단적 목표를 추구하는 것에서는 대안이 될 수 있는 다양한 전략들이 있을 것이고, 특히 목표의 수가 증가함에 따라서 어떤 집합의 목표에 가장 많이 기여하는 분배를 자세하게 또는 사안별로 정하는 것은 불가능할 것이다. 어떤 농부들에게는 두 배의 보조금을 주고 다른 농부들에게는 전혀 주지 않는 것이 좋은 정책인지 아닌지는 매우 많은 수의 다른 정치적 결정들에 의존할 것인데, 그 결정들은 이 특정한 결정이 어울릴 수 있어야 하는 매우 일반적인 전략을 추구하면서 이루어졌고 또 이루어질 것들이다.

각각의 권리들 또한 절대적일 수 있다. 언론의 자유에 대한 권리를 절대적인 것으로 주장하는 정치이론은 그것이 요구하는 자유를 모든 사람에게 보장하지 않는 것에 대해 어떤 이유도 인정하지 않을 것이다. 즉, 불가능을 제외한 어떤 이유도 인정하지 않을 것이다. 권리들은 또한 덜 절대적일 수도 있다. 어떤 원칙은 다른 원칙에 양보해야 하거나 심지어 특정한 사실에 따라서 그것과 경쟁하는 긴급한 정책에도 양보해야 할 수도 있다. 어떤 권리를 절대적이지 않은 것이라고 가정할 경우, 우리는 그것의 비중을 그런 경쟁에서 살아남을 수 있는 그것의 능력으로 정의할 수 있다. 권리에 대한 그 정의로부터 권리는 모든 사회적 목표에 의해서 무시될 수는 없다는 결론이 따라 나온다. 간단하게 말하자면, 만일 어떤 정치적 목적이 집단적 목표 전체에 대해서 갖는 특정한 문턱비중(threshold weight)을 갖지 않는다면, 우리는 그 정치적 목적을 권리로 부르지 말 것을 약정할 수 있다. 예를 들면 만일 그 목적이 정치의 일상적인 목표가 어떤 것이든지 간에 그 목표에 대한 호소에 의해서 무시되는 것이 아니라 오직 특별히 긴급한 목적에 의해서만 무시될 수 있다면, 권리로 부를 수 있다는 것이다. 예를 들면 어떤 사람이 자신은 자유로운 언론의 권리를 인정한다고 말하지만, 자유로운 언론은 그것의 행사가 공중에게 불편을 줄 경우에는 유보되어야 한다고 덧붙여 말한다고 가정하자. 그가 의미하는 것은 그가 집단적 복지라는 목표를 인정하고 또한 그 집단적 목표가 특정한 여건 속에서 추천하는 그런 언론의 자유의 분배만 인정하겠다는 것이다. 그의 정치적 입장은 집단적 목표로만 이루어진다. 추정적 권리가 그것에 보태는 것은 아무것도 없으며, 그것을 권리로 인정하는 것은 아무런 의미가 없다.

이런 정의와 구별들은 하나의 정치적 목적의 성격──하나의 권리나 목표로서의 그것의 지위──은 하나의 단일한 정치적 이론 내부에서 그것이 갖는 지위와 기능에 의존한다는 것을 명백히 한다. 동일한 어휘가 어떤 이론에서는 권리를 기술하고 다른 이론에서는 목표를 기술하거나, 어떤 이론에서는 절대적이거나 강력한 권리를 기술하지만 다른 이론에서는 상대적으로 약한 권리를 기술할 수도 있다. 만일 어떤 공무원이 그가 도달한 특정한 결정을 정당화하기 위해서 그가 직관적인 방식으로라도 사용하는 하나의 정합적인 정치이론 같은 어떤 것을 갖는다면, 그 이론은 각각의 권리들에게 대체적으로 상대적인 무게를 할당하는 방식으로 배열된 매우 다양한 유형의 권리들을 인정할 것이다.

예를 들면 어떤 적합한 이론이든 간에 그 이론은 사회에 의해서 추상적으로 이루어지는 정치적 결정에 정당화를 제공하는 배경권리와 어떤 특정한 정치제도에 의해서 이루어지는 결정에 정당화를 제공하는 제도적 권리를 구별할 것이다. 어떤 사람이든지 더 많은 재산을 필요로 할 경우 다른 사람의 재산에 대한 권리를 갖는다고 나의 정치이론이 규정한다고 가정하자. 그렇지만 나는 그가 그와 동일한 결과를 가져다주는 법이 제정될 입법적 권리를 갖고 있지 않다는 것을 인정할 수 있다. 즉, 나는 그가 현재의 입법부가 헌법을 위반하게 될 입법——그런 입법은 아마도 헌법을 위반할 것이다——을 할 그 어떤 제도적 권리도 갖고 있지 않다는 것을 인정할 수 있다. 나는 또한 절도를 용서해주는 사법적 판결에 대한 어떤 제도적 권리도 갖고 있지 않다는 것을 인정할 수 있다. 내가 이런 것들을 인정하더라도, 나는 전체로서의 국민이 재산권을 폐지하기 위해서 헌법을 수정하거나 반란을 일으켜 현재 형태의 정부를 전체적으로 전복시키는 것은 정당화될 것이라고 주장함으로써 나의 원래의 배경적 주장을 유지할 수 있을 것이다. 나는 비록 각각의 사람들이 이런 행위들을 정당화하기 위한 제도적 결정, 즉 지금 헌법에 따라서 설립된 제도들의 구체적인 제도적 결정에 대한 권리는 갖고 있지 않다는 것을 인정한다 하더라도, 그런 행위들을 정당화하거나 요구하는 배경권리는 갖는다고 주장할 것이다.

어떤 적합한 학설이든 간에 또한 추상적 권리와 구체적 권리의 구별을 이용할 것이고, 그렇기 때문에 추상적 원칙과 구체적 원칙 사이의 구별을 이용할 것이다. 구체적인 것들에서는 정도의 차이가 있을 것이지만 나는 그 구별이 고려하고 있는 저울의 양쪽 끝에 있는 상대적으로 명백한 예들에 대해 논의할 것이며, 그렇기 때문에 그 구별을 종류에서의 구별로 취급할 것이다. 하나의 추상적 권리는 하나의 일반적 정치적 목적으로서, 그것에 관한 진술은 그 일반적 목적이 특정한 여건 아래서 다른 정치적 목적과 비교해 어떻게 비중이 주어지고 또 조정되는지를 보여주지 않는다. 정치적 수사법에서 언급되는 거창한 권리들은 이런 방식으로 추상적이다. 정치가들은 자유언론의 권리나 존엄의 권리나 평등의 권리에 대해 말하면서 이 권리들이 절대적이라는 점을 시사하지 않는다. 그렇지만 또한 특정한 복잡한 사회적 상황에서의 그것들의 영향을 제시하려 하지도 않는다.

다른 한편으로 구체적인 권리는 특정한 경우에서 다른 정치적 목적에 대해서 그 권리가 갖는 비중을 더 명확하게 표현할 수 있도록 더 정확하게 정의되는 정치적 목적이다. 내가 단순히 "시민들은 자유로운 언론에 대한 권리를 갖는다"라고 말하지 않고 "만일 기밀로 분류된 국가 방위계획을 공표하는 것이 군대에 직접적인 물리적 위험을 초래하지 않는다면, 신문은 그것을 공표할 권리를 갖는다"라고 말한다고 가정하자. 나의 원칙은 자유로운 언론에 대한 추상적 권리와 군인들이 갖는 안전에 대한 권리 또는 국가방위에 대한 긴급한 필요 사이에 그것이 인정하는 갈등에 대한 하나의 특정한 해결책을 제시한다. 추상적인 권리들은 이런 방식으로 구체적인 권리들을 지지하는 논거를 제공한다. 그렇지만 구체적인 권리에 대한 주장은 그것을 지지하는 추상적 권리에 대한 어떤 주장보다 더 결정적이다.[7]

---

7) 완전한 정치이론은 내가 이 장 안에서 암묵적으로 사용하는 다른 두 개의 구별을 인정해야 한다. 첫째는 국가에 대한 권리와 동료시민에 대한 권리의 구별이다. 전자는 어떤 정부기관에게 행위하는 것을 요구하는 정치적 결정을 정당화한다. 후자는 특정한 개인들을 강제하는 결정을 정당화한다. 최소수준의 주거에 대한 권리는 만일 그것이 받아들여진다면 국가에 대한 권리로 볼 수 있다. 계약의 위반에 따라 입게 되는 손해를 배상받을 권리, 또는 구조자에게 최소한의 위험을 감수하게 하면서 커다란 위험으로부터 구조받을 권리는 동료시민에 대한 권리이다. 자유언론에 대한 권리는 보통 두 권리 모두가 된다. 시민들이 서로에 대해서 갖는 권리를 정치적 권리로 정의하는 것은 이상한 것처럼 보인다. 그러나 우리는 지금 그런 권리들이 다양한 종류의 정치적 결정을 정당화하

2) 원칙과 공리

권리와 목표 사이의 구별은 인기 있는 도덕인류학에 속하는 한 테제를 부정하지 않는다. 이 테제가 주장하는 것처럼 특정한 공동체의 구성원들이 설득력이 있는 것으로 생각하는 원칙들은 그 공동체의 집단적 목표들에 의해서 인과적으로 결정될 것이라는 생각은 전적으로 합당할 수 있다. 만일 어떤 공동체의 많은 사람들이 각각의 개인은 다른 사람으로부터 최소한의 배려를 받을 권리를 갖는다고 믿는다면, 이 사실은 문화사의 문제로서 그들의 전체 복지가 그 믿음에 의해서 증진된다는 다른 사실에 의해서 설명될 것이다. 만일 권리들의 어떤 새로운 체계가 그들의 집단적 복지에 대해서 더 많은 도움을 줄 것이라면, 우리는 이 테제에 따라 적당한 시간이 지나면 도덕적 확신들이 변화해 그 새로운 체계를 지지할 것이라고 기대해야 한다.

나는 이 인류학적 이론이 우리 자신의 사회나 다른 사회에서 어느 정도 성립할 것인지를 알지 못한다. 그것이 내가 제시하는 단순한 형태로는 검사가 불가능하다는 것은 분명하다. 그리고 나는 권리들이 심리학적으로나 문화적으로 목표에 의해서 결정된다는 그 이론의 주장이 왜 그 반대의 주장보다 선험적으로 더 그럴 법한지를 알지 못한다. 아마도

는 한에서만 그 권리들에 관심을 갖는다. 이런 구별은 배경권리와 제도적 권리 사이의 구별을 가로지른다. 후자는 정치적 결정을 해야 하는 인격체들이나 제도들 사이를 구별하고, 전자는 그 결정이 행위하거나 삼가는 것을 지시하는 인격체들이나 제도들 사이를 구별한다. 이 책의 주요 주제가 되고 있는 민사사안은 보통 동료시민에 대한 권리와 관련이 있다. 그러나 나는 또한 헌법의 문제나 형법의 문제에 대해 논하며 그렇기 때문에 국가에 대한 권리도 다룬다.
두 번째 구별은 보편적 권리와 특수한 권리 사이의 구별이다. 즉, 정치이론이 공동체 안에서 모든 개인들에게—무능력이나 처벌 같은 경우는 제외하고—제공하는 권리와 공동체의 오직 한 부분 또는 오직 하나의 구성원에게만 제공하는 권리의 구별이다. 나는 이 책에서 모든 정치적 권리는 보편적이라고 가정할 것이다.

사람들은 집단적 목표에 따라서 권리의 윤곽을 그리기보다는 개인의 권리에 대한 어떤 우선적 의미를 수용하기 위해서 집단적 목표를 선택할 수도 있다. 그렇지만 그 둘 가운데 어떤 경우이든 시차가 있을 수밖에 없으며, 그렇기 때문에 대부분의 사람들은 주어진 어떤 시기에서라도 적어도 특정한 경우들에서는 권리와 목표 사이의 갈등을 인정할 것이다. 그 갈등은 이 두 종류의 정치적 목적 사이의 일반적 구별이 전제하는 것이다.

즉, 이 구별은 하나의 정치이론 안에서의 특정한 권리의 힘과 그 이론이 그 권리를 제공하는 이유에 대한 인과적 설명 사이의 또 다른 구별을 전제한다. 이것은 논점을 제시하는 하나의 형식적인 방식이며, 내가 지금 가정하고 있는 것처럼 우리가 특정한 정치이론을 확인하고 그렇게 해서 그 이론이 제공하는 권리가 무엇인지에 대한 분석적 문제를 그것이 그것을 어떻게 제공하게 되었는가에 대한 역사적 문제로부터 구별할 수 있을 때만 적합하다. 그렇기 때문에 공동체 도덕에 대한 많은 다양한 견해들 중에서 우리가 어떤 것을 염두에 두는지를 명확하게 하지 않고 **공동체의 도덕**을 말할 때 그 구별은 애매해진다. 더 구체적으로 말하지 않고서는 우리는 특정한 시간에서의 그 공동체의 이론으로 모호하거나 추상적인 정치이론조차 구성할 수 없으며, 그렇기 때문에 원칙과 정책의 개념을 이해하기 위해서 분석적으로 필수적인 이유와 힘 사이의 구별을 할 수 없다. 따라서 우리는 인류학적 테제는 그 둘 사이의 구별을 파괴한다는 논변에 대처할 수 없게 된다. 우리는 마치 우리가 그 공동체의 도덕으로서 어떤 정합적인 이론을 염두에 두는 것처럼 말한다. 그러나 우리는 어떤 특정한 이론도 염두에 두지 않기 때문에, 그럴 법한 것으로 보이는 논변을 기초로 하여 그 이론이 정책과 원칙을 구별한다는 것을 부정한다. 일단 공동체의 도덕에 대한 어떤 언급에 의해서 우리가 의도하는 것을 명백하게 하고 조잡하게라도 우리가 그 도덕의 원칙들로 생각하는 것을 확인하게 되면, 인류학적 논변은 약해진다.

그렇지만 권리와 목표를 인과적으로 결합시키는 것이 아니라, 하나의 권리의 힘을 그것이 권리로서 어떤 집단적 목표를 증진시키는 능력에 따라 정함으로써 권리와 목표를 결합시키는 정치이론이 있다. 나는 규칙 공리주의라 불리는 다양한 형태의 윤리설을 염두에 두고 있다. 예를 들면 그 이론의 잘 알려진 한 형태는 어떤 행위를 요구하는 규칙을 일반적으로 수용하는 것이 공동체 구성원들의 평균복지를 향상시킨다면 그 행위가 옳다고 주장한다.[8] 예를 들면 어떤 정치이론은 자유언론에 대한 권리가 법원이나 다른 정치적 제도에 의해서 일반적으로 수용되는 것은 궁극적으로는 공동체의 평균공리를 가장 높게 증진시킬 것이라는 가설에 근거해 그 권리를 제공할 수 있다.

그러나 우리는 그런 이론 안에서도 적어도 제도적 권리를 전체의 목표와 구별할 수 있다. 만일 특정한 제도의 관리가 어떤 정치적 결정이 전체적 목표에 미치는 영향과는 관계없이 개인의 언론의 자유를 보호하기 위해서 필요할 때마다 그 결정을 하는 것은 정당하고 그 결정을 거부하는 것은 정당하지 않다고 그 이론이 규정한다면, 그 이론은 자유로운 언론을 하나의 권리로서 규정한다. 이론이 그 권리를 인정하는 것은, 만일 모든 정치제도가 권리를 그런 방식으로 집행한다면 하나의 중요한 집단적 목표가 사실상 증진될 것이라는 가설 위에서 인정하는 것이라는 점은 중요하지 않다. 중요한 것은 특정한 사안에서 권리를 결정적인 것으로 삼는 정부체계를 받아들인다는 것이다.

그렇기 때문에 인류학적 테제도 규칙 공리주의도 원칙의 논변과 정

---

8) Brandt, "Toward a Credible Form of Utilitarianism," in H. Castenada and G. Nakhnikian(eds.), *Morality and the Language of Conduct*, 1963, 107쪽을 참조할 것.

책의 논변 사이의 구별에 대해 어떤 반론도 제공하지 않는다. 내가 그 구별에 대한 또 다른 반론에 대해서 언급하는 것은 지나친 조바심 때문일 것이다. 종종 동일한 정치적 결정을 지지하기 위해서 원칙의 논변과 정책의 논변이 모두 제시될 수 있다. 어떤 관리가 공공장소에서 인종분리를 지지하는 논변을 펼치기를 원한다고 가정하자. 그는 인종을 섞는 것은 전체적 만족보다는 전체적 불편함을 더 야기한다는 정책의 논변을 펼 수 있다. 또는 그는 인종통합이 야기할 폭동 속에서 죽거나 불구가 될 수 있는 사람들의 권리에 호소하는 원칙의 논변을 펼 수 있다. 이렇게 원칙의 논변과 정책의 논변이 서로 대체 가능하다는 것은 그 논변들 사이의 구별을 부정하거나 어느 경우이든 아래와 같은 이유 때문에 그 구별을 덜 유익한 것으로 만든다고 생각될 수 있을 것이다. 인종 사이의 평등에 대한 권리가, 가장 절박한 정책의 논변을 제외하고는 모든 정책의 논변들보다 우위에 있어야 한다는 것과 오직 경쟁하는 원칙의 논변에 의해서 요구되는 것에 의해서만 타협될 수 있을 만큼 충분할 정도로 강하다는 점이 인정된다고 가정하자. 만일 원칙의 논변이 다른 방식으로 이루어질 수 있는 정책의 논변을 대체하는 것이라는 점이 항상 밝혀질 수 있다면, 그 인정은 공허한 인정이 될 것이다.

그러나 어떤 원칙의 논변이 항상 어떤 정책의 논변을 대체하는 것으로 발견될 수 있기 때문에 그 논변이 적합한 정책의 논변만큼 설득력이 있거나 강력할 것이라고 가정하는 것은 오류이다. 만일 차별을 금지하는 제정법에 대한 어떤 소수집단의 요구가 정책의 논변에 기초해 있다면, 그리고 그렇기 때문에 집단적 복지나 공리에의 호소에 의해서 부정될 수 있다면, 다수의 불편함이나 불쾌함을 인용하는 논변이 충분히 강력한 것이 되는 것은 당연하다. 그러나 만일 경쟁하는 다른 원칙의 논변에 의해 반박되지 않는 경우에 지배적인 것이 되어야 하는 평등의 권리를 그 요구가 인용한다면, 여기에서 우리가 펼칠 수 있는 유일한 그런 논변은 여기에서처럼 지나치게 약할 것이다. 특수한 경우를 제외하고는 적합하게 관리되고 또 치안이 유지되는 상태에서 인종분리가 폐지될 경우, 어떤 특정한 사람의 생명에게 가해지는 위험은 매우 작을 것이다. 그렇기 때문에 우리는 여기에서 경쟁하는 생명권이 평등권에 대립되는 어떤 논변을 제공한다는 점은 인정할 수 있지만, 그 논변의 비중은 무시할 만하다고 주장할 수 있을 것이다. 아마도 인종분리 폐지의 진행속도를 늦추기에는 충분히 강하지만 그것을 많이 늦출 수 있을 만큼 충분히 강하지는 않을 것이다.

3) 경제와 원칙

권리 테제는 그것의 기술적(descriptive) 측면에서 난해한 사안에서의 사법적 결정이 정책이 아니라 원칙에 의해서 특징적으로 발생한다고 주장한다. 그렇지만 경제이론과 보통법 사이의 연결에 대한 최근의 연구는 그 반대, 즉 법관들은 거의 항상 원칙이 아니라 정책의 근거 위에서 판결한다는 것을 시사하는 것처럼 생각된다. 그러나 우리는 그 연구에 의해서 확립되는 것으로 언급되는 다음 두 가지 명제를 조심스럽게 구별해야 한다. 첫째, 불법행위, 계약과 재산권 같은 서로 다른 영역에서 법관들에 의해서 발전된 거의 모든 규칙은 자원의 할당을 더 효율적이게 만드는 집단적 목표에 기여한다는 것이 증명될 수 있다.[9] 둘째, 어떤 경우에는 법관들이 명시적으로 그들의 판결을 경제정책 위에 놓는다.[10] 이런 주장들 가운데 어떤 것도 권리 테제를 전복시키지 않는다.

---

9) 예를 들면, R. Posner, *Economic Analysis of Law*, 1972, 10~104쪽을 참조할 것.
10) Coase, "The Problem of Social Cost," *J. Law & Econ.* 3, 1960, 1, 19~28쪽을 참조할 것.

첫 번째 주장은 경제적 효율성을 증진시키는 규칙을 확립하는 사안을 판결한 법관들의 의도에 대해 어떤 언급도 하지 않는다. 그것은 이런 법관들이 그들의 규칙의 경제적 가치를 알고 있었다거나 그 가치를 그들의 판결을 지지해주는 논거로 인정했을 것이라고 가정하지 않는다. 대부분의 경우에서 증거는 그 반대를 보여준다. 예를 들면 불운한 동료근로자 원리(unfortunate fellow-servant doctrine)를 옹호한 법원은 그 규칙이 공리가 아니라 공정성에 의해서 요구된 것이며, 그 규칙이 폐지된 것은 다른 세대의 법률가들에 의해서 공리로부터의 논거가 아니라 공정성으로부터의 논거가 부족한 것으로 발견되었기 때문이라고 생각했다.[11]

만일 이 첫 번째 주장이 건전하다면, 어떤 사람들에게는 그것은 앞 절에서 기술된 인류학적 테제를 지지하는 중요한 증거인 것처럼 보일 수 있다. 그들은 그것은 다음을 시사한다고 생각할 것이다. 즉, 명시적인 규칙 공리주의자가 전체의 복지를 위해서 입법하게 될 권리들을 법인과 개인이 갖고 있다고 법관과 법률가들이 생각했으며, 그때 그들의 그런 생각은 그들 시대의 일반적인 도덕적 태도를 반영한 것이라는 것이다. 그러나 그 첫 번째 주장은 내가 언급한 반대의 결론, 즉 전체의 복지에 대한 우리의 현재의 이념들은 개인의 권리에 대한 우리의 이념을 반영한다는 결론도 또한 마찬가지로 시사할 수 있을 것이다. 예를 들면 포스너 교수는 효율적인 자원의 할당에 대한 특정한 견해를 전제함으로써 그런 주장을 한다. 그는 다음과 같이 말한다. 어떤 부족한 자원이 특정한 개인에 대해서 갖는 가치는 그가 그것을 위해서 자발적으로 지불하고자 하는 돈의 양에 의해서 측정이 되기 때문에, 각각의 자

---

11) Posner, "A Theory of Negligence," *J. Legal Stud.* 1, 1972, 29, 71쪽을 참조할 것.

원이 그 자원을 갖기 위해서 다른 사람들보다 더 많이 지불하고자 하는 어떤 사람의 손에 있을 때 공동체 복지는 극대화된다는 것이다.[12] 그러나 그것은 가치에 대한 자명하거나 중립적인 견해가 아니다. 그것은 경쟁을 찬양하는 정치이론에게는 부합하지만 더 평등주의적인 이론에는 훨씬 덜 부합한다. 왜냐하면 그것은 소비할 수 있는 것을 더 적게 갖고 있기 때문에 더 적게 소비하려 하는 가난한 사람의 주장들을 평가절하하기 때문이다. 그렇기 때문에 가치에 대한 포스너의 견해는 개인의 권리에 대한 한 이론의 원인이면서 그것의 결과인 것처럼 보인다. 그러나 어쨌든 첫 번째 주장의 인류학적 테제는 권리 테제에 대해서 어떤 위협도 가하지 않는다. 설사 우리가 권리에 대한 법관의 이론이 다른 방식보다는 경제적 가치에 대한 어떤 본능적인 판단에 의해서 결정된다는 것을 인정한다 하더라도, 여전히 우리는 그가 난해한 사안에서의 판결을 정당화하기 위해서 경제적 분석이 아니라 그 이론에 의존한다고 주장할 수 있다.

그렇지만 우리가 구별한 두 번째 주장은 더 심각한 비판을 제시하는 것처럼 보일 수 있다. 만일 법관들이 어떤 사안에서 경제적 정책을 명시적으로 언급한다면, 이런 사안은 단순히 인류학적 테제를 지지하는 증거로만 이해될 수는 없을 것이다. 과실에 대한 핸드(Learned Hand)의 이론은 경제에 대한 이런 명시적 언급의 가장 잘 알려진 예이다. 그는 대체적으로 이렇게 말했다. 피고의 행위가 비합당한지 그리고 그렇기 때문에 기소될 수 있는지에 대한 기준은 경제적 기준인데, 그것은 사고가 발생할 경우 원고가 부담할 가능성이 있는 비용보다 더 적은 비용을 피고가 스스로 치르고 그 사고를 피할 수 있었는지 없었는지를 물어본다.[13] 그때 그 비용은 사건이 일어나지 않을 가능성만큼 삭감된 비

---

12) Posner, *Economic Analysis*, 4쪽.

용이다. 이런 경제적 기준은 원칙이라기보다는 정책의 논변을 제공한다고 말해질 수 있다. 왜냐하면 그것은 전체의 복지가 사고가 발생하는 것을 허용하는 것에 의해서 더 증진될 것인가 아니면 그것을 피하기 위해서 필요한 것을 소비함에 의해서 더 증진될 것인가에 판결이 의존하도록 하기 때문이다. 만일 그렇다면, 핸드의 기준 같은 기준이 명시적으로 사용되는 경우들은 그것들이 아무리 적다고 하더라도 권리 테제에 대한 반례로 성립할 것이다.

그러나 모든 종류의 경제적 계산은 정책의 논변이어야 한다는 가정은 추상적 권리와 구체적 권리 사이의 구별을 간과한다. 정치적 언론에 대한 권리 같은 추상적 권리는 경쟁하는 권리를 고려하지 않는다. 반면에 구체적인 권리들은 그런 경쟁의 영향을 반영한다. 몇몇 종류의 사안에서 경쟁적인 추상적 원칙들로부터 하나의 구체적 권리로 추론해가는 논변은 경제의 언어로 이루어질 수 있다. 공동체의 각각의 구성원은 다른 구성원들로부터 동료로서 받아야 하는 마땅한 최소한의 존중을 받을 권리를 갖는다는 원칙에 대해서 생각해보자.[14] 그것은 매우 추상적인 원칙이다. 그것은 특정한 사안에서 보호받아야 할 사람들의 이익과 그 원칙이 특정 수준의 배려와 존중을 보여줄 것을 요구하는 사람들의 자유 사이에 어떤 조정을 요구한다. 특히 경제적 어휘가 유행하는 경우에는 다른 조건 아래에 있는 이 두 당사자들의 공리의

---

13) *United States v. Carroll Towing Co.*, 159 F. 2d 169, 173(2d Cir. 1947). Coase, 22~23쪽은 다른 예들을 제시하는데, 그것들은 원고가 그의 재산을 사용하는 것을 "합당하게" 방해하는 것은 불법방해(nuisance)가 아니라는 법 원리를 해석하는 불법방해 사안들이다.

14) 이 단순한 원칙보다 더 정교한 원칙의 논변이 핸드의 기준에 대해 더 좋은 정당화를 제공할 수 있다. 나는 1975년 3월 노스웨스턴 대학교 로스쿨에서 행한 로젠탈 강의에서 더 정교한 논변을 기술했다. 그렇지만 그 단순한 원칙이라도 현재의 논점에 대해 충분하게 훌륭한 정당화를 제공한다.

합계를 비교함으로써 적절히 조정하는 것이 자연스럽다. 만일 어떤 한 사람이 다른 사람에게 피해를 주어서 그 양자의 전체 공리가 그의 행위에 의해서 급격히 축소될 것으로 그가 예상할 수 있는 방식으로 행위한다면, 그는 필수적인 배려와 관심을 보여주지 않는 것이다. 예를 들면 만일 그가 다른 사람이 할 수 있는 것보다 더 싸게 또는 더 효과적으로 그 피해를 방어하거나 그 피해로부터 보호해줄 수 있는데 그가 그런 조심을 하지 않거나 대책을 세우지 않는다면, 배려와 관심을 보여주지 않은 것이 된다.

그 논변이 경제적 외관을 띠고 있다는 것은 아마도 새로운 것이겠지만, 그런 성격의 논변은 결코 새로운 것이 아니다. 철학자들은 오랫동안 어느 공동체의 한 구성원이 다른 구성원에게 해줘야 하는 수준의 배려를 따지는 가설적인 경우에 대해서 토론해왔다. 예를 들면 어떤 사람이 눈에 빠졌을 때 다른 사람이 그를 구하기 위해서 약간의 위험만 감수하면 될 경우에, 전자는 후자에 의해서 구조될 도덕적 권리를 갖는다. 그 명제는 경제적인 형태로 표현될 수 있다. 다시 말해, 만일 그 양자의 전체 공리가 구조에 의해서 매우 급격하게 증진된다면, 물에 빠진 사람은 그 구조를 받을 도덕적 권리를 갖고 구조하는 사람은 그것을 할 의무를 갖는다는 것이다. 물론 그에 상응하는 법명제는 그것보다 훨씬 더 복잡할 수 있다. 그것은 양자의 전체 공리가 급격하게 증진될 것인지가 중요한 문제가 되는 여건이 아니라 한계적으로 증진될 것인지가 문제 되는 특수한 여건을 구체적으로 정할 수 있다. 예를 들면 그것은 한 사람의 적극적인 행위——행위를 하지 못한 것과는 다른——가 다른 사람의 신체나 재산에 대해 직접적이고 예견이 가능한 물리적인 피해의 위험을 야기할 때, 후자의 문제를 제기할 수 있다. 물론 권리 테제가 건전하다면, 최소한의 존중의 원칙이 하나의 추상적인 법적 권리를 말하는 것이라고 믿지 않을 경우, 어떤 법관도 그 법명제에 호소하지 않을 것이다. 그러나 만일 그가 그렇게 믿는다면, 그는 그 논변을 경제적 형태로 전개하면서도 그의 논변의 성격을 원칙에서 정책으로 바꾸지 않을 수 있다.

핸드의 기준과 물에 빠진 사람을 구하는 것에 관한 그와 유사한 논변은 경쟁하는 권리들을 조정하는 방법이기 때문에, 문제가 되고 있는 추상적인 권리를 갖는 사람들의 복지에 대해서만 생각을 한다. 그것들이 전체로서의 공동체에 끼치는 비용이나 혜택을 고려하는 것은 오직 그 비용이나 혜택이 문제가 되는 권리를 갖는 사람들의 복지에서 반영될 때만이다. 우리는 이런 제한을 인정하지 않는 논변을 쉽게 상상할 수 있다. 어떤 사람이 이렇게 주장한다고 가정해보자. 즉, 약간의 위험만을 감수하는 구조를 요구하는 원칙은, 판결을 희생자와 구조자의 전체 공리의 어떤 함수가 아니라 전체로서의 공동체의 한계공리에 의거하게 만들어서, 구조자가 자기 자신과 희생자의 상대적인 위험뿐만 아니라 그 두 사람의 상대적인 사회적 중요성도 고려해야 하도록 수정되어야 한다고 말이다. 그러면 중요하지 않은 어떤 사람은 은행장을 구하기 위해서 그의 목숨을 걸어야 하지만, 은행장은 그 보잘것없는 사람을 구하기 위해서는 심지어 자신을 피곤하게 할 필요조차 없다는 결론이 나올 수 있다. 그것은 더 이상 원칙의 논변이 아니다. 왜냐하면 그것은 희생자가 오직 전체 공리 속에서 그의 기대치에 대한 권리만을 갖는다고 가정하기 때문이다. 핸드의 정식과 그보다 복잡한 정식들은 그런 성격을 갖는 논변들이 아니다. 그것들은 개인의 권리를 어떤 집단적 목표에 종속시키지 않으면서 경쟁하는 추상적 권리들의 주장들을 조정하기 위한 메커니즘을 제공한다.

법관들이 구체적인 권리를 정의하면서 추상적인 권리를 조정하는 사안에는 태만사안(negligence cases)만 있는 것은 아니다. 예를 들면 만일 어떤 법관이 어떤 추상적 권리를 제한하기 위한 근거로 공공의 안전이나 긴요한 자원의 부족에 호소한다면, 그의 호소는 그 추상적 권리가 구체화될 경우 안전을 희생당하게 될 사람들이나 그 자원의 정당한 몫이 위협받게 될 사람들이 갖는 경쟁하는 권리에 대한 호소로 이해될 수 있다. 만일 그의 논변이 그런 논변들의 분배적 요구들을 존중한다면, 그리고 앞 절에서 언급된 제한, 즉 경쟁하는 원칙의 비중이 그에 상응하는 적합한 정책의 비중보다 더 적을 수 있다는 점을 반영한 것이라면 그것은 원칙의 논변이다. 우리는 특정한 종류의 법소송을 허용하는 것은 법정을 소송으로 "넘치게" 할 것이기 때문에 허용되어서는 안 된다는, 잘 알려진 논변 안에서 다른 종류의 예를 발견할 수 있다. 법원은 만일 법원이 그런 유형의 소송을 허용하고자 한다면, 전체적으로 볼 때 그렇게 하여 법원이 옹호하게 될 권리들보다 더 중요한 권리들을 옹호하는 것을 목적으로 하는 다른 법 소송을 충분히 신속하게 심리할 시간이 부족할 것이라고 생각한다.

이것은 권리 테제의 어떤 한계를 알 수 있게 해주는 적절한 논점이다. 당사자들 가운데 한쪽은 승리할 권리를 갖는다는 가정이 지배적인 표준적인 민사사안에서는 그것이 성립한다. 그러나 그렇게 가정할 수 없는 경우에는 그것은 오직 비대칭적으로만 성립한다. 형사사안에서 기소된 사람은 만일 그가 죄가 없다면 그에게 유리한 판결을 받을 권리를 갖지만, 그가 죄를 지었다고 하더라도 국가가 유죄판결을 내릴 대응 권리를 갖는 것은 아니다. 그렇기 때문에 예를 들면 증거의 규칙들이 문제 되는 어떤 난해한 사안에서, 법원은 피고가 석방될 어떤 권리를 갖는다고 가정하지 않는 정책의 논변에 근거해서 피고에게 유리한 판결을 내릴 수 있다. 링크레터 대 워커(Linkletter v. Walker)[15] 사안에서 대법원은 그 이전에 이루어진 맵 대 오하이오(Mapp v. Ohio)[16] 사안에

---

15) 381 U. S. 618(1965).

서의 대법원의 판결은 그런 판결이었다고 말했다. 대법원은 그 판결이 불법적으로 획득된 증거를 허락하는 규칙을 변경했다고 말했다. 그것은 맵 양이 그런 증거가 사용되지 않아야 할——다른 방식으로는 허용될 수 있다 하더라도——어떤 권리를 갖고 있었기 때문이 아니라, 경찰관들이 미래에 그런 증거를 수집하는 것을 막기 위한 것이었다. 나는 그런 근거에 의한 헌법적 판결이 적절하다고 주장하고자 하는 것도 아니고, 대법원이 자신의 이전의 판결에 대해서 나중에 기술한 것이 정확하다는 것조차 주장하고자 하는 것도 아니다. 나는 한 사안 속에서 대립되는 권리들을 서로 대칭시키지 않는 형사소추의 기하학이 권리 테제가 대칭적으로 성립하는 표준적인 민사사안과 어떻게 다른가를 지적하려 했을 뿐이다.

4. 제도적 권리

권리 테제는 법관들이 난해한 사안을 구체적인 권리를 긍정하거나 부정함으로써 판결하도록 규정한다. 그러나 법관들이 의존하는 구체적 권리들은 두 개의 다른 특징을 갖고 있어야 한다. 그것들은 배경권리라기보다는 제도적 권리여야 하며, 어떤 다른 형태의 제도적 권리가 아니라 법적 권리여야 한다. 그렇기 때문에 우리는 이런 구별들을 더 정교화하지 않고서는 그 테제를 평가하거나 검사할 수 없다.

제도적 권리는 매우 다양한 성격의 제도 안에서 발견될 수 있을 것이다. 체스를 두는 사람은 그가 상대자에게 "체크메이트"를 불렀을 경우, 경기에서 승리할 "체스의" 권리를 갖는다. 민주주의에서 시민은 그의 자유로운 연설을 보호하기에 필요한 제정법의 제정에 대한 입법적 권

---

16) 367 U. S. 643(1961).

리를 갖는다. 체스의 경우에 제도적 권리는 그 게임이나 특정한 경기에 분명하게 속해 있는 구성적이고 규제적인 규칙들에 의해서 정해진다. 이런 의미에서 체스는 자율적인 제도이다. 여기에서 자율적이라는 것은, 그 체스에 참가하는 사람들 사이에서는 어떤 사람도 일반적 도덕에 대한 직접적인 호소에 의해서 제도적 권리를 주장할 수 없다는 점이 이해되고 있다는 것이다. 예를 들면 어떤 사람도 그가 그의 일반적 덕목에 의해서 승리자로 선언될 권리를 획득했다고 주장하지 않을 것이다. 그러나 입법은 이런 의미에서는 오직 부분적으로만 자율적이다. 입법부가 무엇이며 누가 그것에 속하며 그것이 어떻게 투표하는지를 규정하고 그것은 국가종교를 정할 수 없다고 규정하는 특별한 구성적이고 규제적인 규칙들이 있다. 그러나 입법에 속하는 이런 규칙들은 어떤 시민이 특정한 제정법이 제정될 제도적 권리를 갖는지 어떤지를 결정하기에 충분하지 않다. 예를 들면 그것들은 그가 최소임금 입법에 대한 권리를 갖는지 어떤지를 결정하지 않는다. 시민들이 그런 권리들을 옹호할 때 그들은 정치도덕에 대한 일반적 고려사항에 호소할 것으로 기대된다.

어떤 제도들은 충분히 자율적이고 다른 제도들은 부분적으로 자율적이라는 사실은 앞에서 언급된 결과, 즉 하나의 정치이론이 인정하는 제도적 권리는 그것이 규정하는 배경권리와 상이할 수 있다는 결과를 갖는다. 그런데도 제도적 권리는 진정한 권리이다. 우리가 가난한 사람은 부자로부터 취해진 돈에 대한 추상적인 배경권리를 갖는다고 가정한다 하더라도, 체스 경기의 심판관이 상금을 가장 많은 점수를 획득한 경기자가 아니라 가장 가난한 경기자에게 주는 것은 단순히 기대되지 않는 것일 뿐만 아니라 잘못된 것일 것이다. 경기의 권리들은 단순히 그 경기를 체스 경기라고 부르는 데 필요한 조건을 기술하는 것이기 때문에 심판관이 상금을 수여할 때 "체스의"라는 말만 쓰지 않는 한, 그의 행위는 정당화된다고 말하는 것은 그 어떤 변명도 될 수 없다. 참가자들은 체스 규칙들이 적용될 것이라는 것을 이해하고 그 경기에 참가한다. 즉, 그들은 이 규칙들을 집행하는 것에 대한 진정한 권리를 가지며, 다른 규칙에 대해서는 갖지 않는다.

제도적 자율성은 관리의 제도적 의무를 배경적인 정치도덕의 더 큰 부분으로부터 격리시킨다. 그러나 이 격리(insulation)의 힘이 얼마나 멀리 연장될 것인가? 체스같이 완전히 독립된 제도의 경우에서조차도 어떤 규칙은 특정 여건에서는 관리가 그 규칙을 집행하기 전에 해석이나 정교화를 요구할 것이다. 체스 경기의 어떤 규칙이 경기자가 "비합당하게" 경기 도중에 상대방을 자극할 경우에는 심판관은 게임몰수를 선언해야 함을 규정한다고 가정해보자. 그 규칙의 언어는 무엇을 "비합당한" 자극으로 간주할 것인가를 규정하지 않는다. 예를 들면 그것은 상대방의 신경을 건드리는 방식으로 상대방을 보고 계속해서 웃는—러시아의 그랜드마스터 탈(Tal)이 한때 피셔(Fischer)를 보고 웃었듯이—경기자가 그를 비합당하게 자극하는 것인지 아닌지를 결정하지 않는다.

심판관은 이 난해한 사안을 결정할 때 그의 배경적 신념들을 자유롭게 사용할 수 없다. 그는 개인은 지적인 능력과 관계없이 평등한 복지를 누릴 권리가 있다는 정치이론상의 신념을 가질 수 있다. 그런데도 몰수규칙 아래서 난해한 사안을 결정할 때 그 신념에 의존하는 것은 잘못일 것이다. 예를 들면 자극하는 행위가 게임의 승리자를 결정하는 것에서 지적인 능력의 중요성을 축소시키는 결과를 갖는 한, 그 행위는 합당하다고 그는 말할 수 없을 것이다.

참여자들과 그에 관심이 있는 전체 공동체는 그의 의무는 그것과는 정반대라고 말할 것이다. 체스는 지적인 게임이기 때문에 그는 그 경기에서 지성의 역할을 위험에 빠뜨리는 것이 아니라 보호하는 방식으로 몰수규칙을 적용시켜야 한다.

그렇다면 체스 심판관의 경우에 제도적 제약의 힘이 분명하지 않을 때라 하더라도 제도적 권리에 관한 관리의 결정이 그 제약에 의해서 지배되는 것으로 이해되는 그런 관리의 한 예를 우리는 갖게 된다. 우리는 그가 부정확한 규칙들의 "열린 구조" 안에서 자유롭게 틈새적으로 입법할 수 있다고 생각하지는 않는다.[17] 만일 몰수규칙에 대한 하나의 해석이 그 게임의 성격을 보존하지만 다른 해석은 보존하지 않는다면, 참여자들은 첫 번째 해석에 대한 권리를 갖는다. 이 상대적으로 단순한 경우에서 우리는 계류 중인 난해한 사안에서 법관의 판결에 영향을 미칠 제도적 권리들의 어떤 일반적 특징을 발견하기를 희망할 수 있다.

나는 체스 게임은 심판관의 판결이 존중해야 할 성격을 갖는다고 말했다. 그것이 의미하는 것은 무엇인가? 심판관은 체스가 확률게임이나 손가락 발레라기보다는 지석인 게임이라는 것을 어떻게 알고 있는가? 그는 당연히 모든 사람들이 알고 있는 것에서 출발할 것이다. 모든 제도는 그것에 참여하는 사람들에 의해서 어떤 매우 넓은 범주의 제도 안에 놓인다. 체스는 종교적 의식이나 일종의 운동이나 정치적 과정이라기보다는 하나의 게임으로 간주된다. 바로 그 이유 때문에 체스가 손가락 기술의 운동이라기보다 게임이라는 것은 체스에게 본질적인 것이다. 태도와 매너에서 그리고 역사 안에서 확인할 수 있는 이런 관례들은 결정적인 것이다. 만일 모든 사람이 체스를 확률게임으로 간주한다면, 그래서 말 하나가 잡히게 되었을 때 그들의 운 이외의 다른 어떤 것도 비난하지 않는다면, 체스는 비록 매우 좋지 않은 게임이기는 하지만 확률게임이 된다.

그러나 이런 관례들은 부족하게 될 것이다. 그것들은 심판관이 탈

---

17) H.L.A. Hart, *The Concept of Law*, 1961, 121~132쪽을 참조할 것.

(Tal)의 문제에 대해 판결하기에 충분하지 못할 것이다. 그렇지만 그 관례들은 특정한 방식으로 부족하다는 것을 아는 것이 중요하다. 그것들은 마치 마지막 쪽이 없는 책같이 불완전한 것이 아니라 추상적인 것이어서 그것들의 힘 전체는 하나의 개념, 즉 하나의 **논쟁적**(contested) 개념[18]으로 표현될 수 있는데, 그 개념에 대해서는 다양한 견해(conception)들이 있다. 심판관은 관례를 보충하기 위해서가 아니라 그것을 집행하기 위해서 이런 견해들 중 하나 또는 다른 하나를 선택해야 한다. 그는 자신에게 다양한 질문을 제기함으로써 게임의 성격을 **구성해**야 한다. 체스가 지적인 게임이라는 점을 인정할 경우, 그것은 포커처럼 심리적 위협을 가할 수 있는 능력을 포함하는 의미에서 지적인가? 아니면 수학처럼 그 능력을 포함하지 않는 어떤 의미에서 지적인가? 이 첫 번째 종류의 문제들은 그 게임의 특징이 이런 견해들 중에서 하나를 지지하는지를 결정하기 위해서 그에게 그 게임을 더욱 면밀하게 검토하도록 요구한다. 그러나 그는 또한 다른 종류의 문제들을 물어봐야만 한다. 체스가 어떤 종류의 지적인 게임이라는 것을 인정한다면, 체스 경기에서의 합당한 행위에 관해서 그로부터 어떤 주장이 따라 나오는가? 심리적 위협을 할 수 있는 능력 또는 그런 위협에 저항할 수 있는 능력이 진정으로 지적인 성질의 것인가? 이런 질문들은 그에게 지성이라는 개념 자체에 대해서 더욱 면밀하게 살펴볼 것을 요구한다.

만일 심판관의 계산이 자의식적인 것이라면, 그것은 다음 단계에서 질문들을 점진적으로 좁히면서 이 두 가지 질문들 사이에서 왕복할 것이다. 그는 먼저 지성의 개념에 대해서 반성하면서 그것에 대한 다양한

---

18) Gallie, "Essentially Contested Concepts," *Proceedings of the Aristotelian Society* 56, 1965, 167, 167~168쪽을 참조할 것. 또한 제10장을 참조할 것.

견해들을 확인할 수 있다. 예를 들면 그는 첫 번째 단계에서 발레에서 성취되는 종류의 육체적 우아함은 지성의 한 형태라고 생각할 수 있다. 그러나 그 다음으로 그는 이 다양한 견해들을 그 게임의 규칙과 관행에 비추어서 검사해야 한다. 그 검사는 지성에 대한 모든 육체적 견해를 배제할 것이다. 그러나 심리적 위협을 포함하는 견해나 그것을 거부하는 견해 사이를 구별하지는 않을 것이다. 왜냐하면 규칙과 관행에 대해서 그 견해들 중 하나가 제공하는 설명이 다른 것에 의해서 제공되는 설명보다 명백히 우월한 것이 아니기―설명에 대한 어떤 일반적인 전범에 따른다 하더라도―때문이다. 그때 그는 이 두 개의 설명들 중에서 어떤 것이 지성이란 진정으로 무엇인가에 대해서 더 심층적이거나 더 성공적인 설명을 제공하는지를 자신에게 물어보아야 한다. 그렇게 해서 이루어지는 그의 계산은 심리철학과 그가 그 성격을 해명해야 하는 제도의 사실들 사이에서 왕복하게 된다.

물론 이것은 결코 발생하지 않을 계산에 대한 하나의 환상적인 재구성에 지나지 않는다. 게임에 대한 모든 관리의 판단은 경력을 쌓아감에 따라 발전되었을 것이며, 그는 그의 판정에서 그 판단을 의식하지 않고 이용할 것이다. 그러나 그 재구성은 우리에게 그 게임의 성격의 개념이 특별한 제도적 문제에 맞추어서 어떻게 재단되는지를 알 수 있게 해준다. 일단 어떤 자율적인 제도가 확립되어 그 제도에 속하는 규칙들 아래서 참가자들이 제도적 권리를 갖는 경우, 사안 자체의 본성에서 하나의 대답이 있는 것으로 가정되어야 하는 난해한 사안이 발생할 수 있다. 만일 탈이 게임이 지속되는 것에 대한 권리를 갖고 있지 않다면, 그것은 적절하게 이해된 몰수규칙이 심판관의 개입을 정당화하기 때문이다. 만일 개입이 정당화된다면, 피셔는 즉시 이길 권리를 갖는다. 그런 경우 심판관의 "재량"에 대해서 말하는 것은 유익하지 않다. 만일 재량의 어떤 약한 의미가 의도되었다면, 그 언급은 도움이 되지 않는다. 만일탈은 더 이상 이길 권리를 갖지 않는다는 어떤 강한 의미의 재량이 의도되었다면, 그것도 또한 적절하게 이해된 그 규칙이 그렇지 않을 경우 그가 갖게 될 그 권리를 부정하기 때문이어야 한다.[19] 그 경우 당사자들이 기대할 권리가 있는 전부는 심판관이 그의 최선의 판단을 이용하는 것이라고 우리가 말한다고 가정하자. 어떤 의미에서 그것은 완전히 사실이다. 왜냐하면 그들은 심판관의 판단을 통해서 그의 최선의 판단 이상의 것을 가질 수 없기 때문이다. 그러나 그런데도 그들은 그 게임의 여건에서 어떤 행위가 비합당한가에 관한 그의 최선의 판단을 요구할 자격이 있다. 즉 그들은 그들의 권리가 무엇인가에 관한 그의 최선의 판단을 요구할 자격이 있는 것이다. 그 문제에 대해서 어떤 "옳은" 대답이 있다는 명제는 체스의 규칙에는 모든 경우에 대한 규칙이 있다는 것을 의미하지도 않고 애매하지 않다는 것을 의미하는 것도 아니다. 오히려 그것은 체스의 관리자들과 참가자들의 책임에 관한 하나의 복합적 언명이다.

그러나 만일 난해한 사안에서의 판결이 당사자들의 권리에 대한 판결이어야 한다면, 관리의 그런 판단의 근거는 하나의 권리를 인정하거나 부정하는 것을 정당화해주는 그런 종류의 근거여야 한다. 그는 판결을 할 때, 그의 제도의 경우에 왜 규칙들이 어떤 권리를 만들거나 부정하는지에 대한 일반 이론을 동원해야 하며 그 난해한 사안에서 그 일반 이론이 어떤 판결을 요구하는지를 보여주어야 한다. 체스에서 제도적 권리의 일반적 근거는 당사자들의 암묵적 동의나 이해임이 틀림없다. 그들은 체스 경기에 들어오면서 특정한 규칙들 그리고 오직 그 규칙들만이 시행되는 것에 동의하며, 그들이 어떤 제도적 권리를 갖는다고 가정하는 것에 대해 다른 어떤 일반적 근거를 상상하는 것은 어렵다. 그

---

19) 제2장을 참조할 것.

러나 만일 그것이 그렇다면, 그리고 난해한 사안에서의 판결은 그들이 실제로 갖고 있는 것이 어떤 권리인가에 대한 판결이라면, 판결을 지지하는 논변은 그 일반적 근거를 난해한 사안에 적용시켜야 한다.

난해한 사안은 정치이론의 문제를 제기한다고 우리는 말할 수 있다. 그것은 경기자들이 몰수규칙에 동의하면서 무엇을 했다고 가정하는 것이 공정한가를 묻는다. 게임의 성격의 개념은 그 문제를 구성하기 위한 개념적 장치이다. 그것은 그 제도의 일반적 정당화를 내재화해 그 제도 자체 안에서의 차별을 위해서 이용될 수 있도록 하는 하나의 논쟁적 개념이다. 그것은 경기자는 단순히 한 집합의 규칙들에 동의하는 것이 아니라 그것 자신의 성격을 갖는 것으로 말해질 수 있는 하나의 과업(enterprise)에 동의한다고 가정한다. 그렇기 때문에 "그것에 동의하면서 그는 무엇에 동의했는가?"라는 문제가 제기되었을 때, 그에 대한 대답은 규칙만이 아니라 전체로서의 그 과업을 살펴볼 것이다.

5. 법적 권리

1) 입법

난해한 사안에서 법적 논변은 본성과 기능의 측면에서 게임의 성격의 개념과 매우 비슷한 논쟁적 개념들에 의존한다. 그 개념들은 계약의 개념과 재산권의 개념처럼 법이 말해질 때 이용되는 다수의 실질적 개념을 포함한다. 그러나 그것들은 또한 현재의 논변에 훨씬 더 많은 관련이 있는 두 개의 개념을 포함하기도 한다. 첫째는 특정한 제정법이나 제정법 조항의 "의도"나 "목적"의 이념이다. 이 개념은 제정법이 권리를 만들어낸다는 일반적 이념에 대한 정치적 정당화와 특정한 어떤 제정법이 어떤 권리를 만들었는가를 물어보는 난해한 사안 사이에 다리를 제공한다. 두 번째는 법의 실정적(positive) 규칙들의 "배후에 있거나" 그것들 "안에 들어 있는" 원칙의 개념이다. 이 개념은 동일한 사안은 동일하게 결정되어야 한다는 법원리에 대한 정치적 정당화와 그 일반적 법원리가 무엇을 요구하는지가 분명하지 않은 그런 난해한 사안 사이에 다리를 제공한다. 이 개념들은 함께 법적 권리를 정치적 권리의 하나의 함수—비록 매우 특수한 함수이기는 하지만—로 정의한다. 만일 어떤 법관이 그의 법체계의 정착된 관행들을 받아들인다면—즉 만일 그것의 구성적이고 규제적인 규칙들에 의해서 제공된 자율성을 그가 받아들인다면—, 그는 정치적 책임의 원리에 따라서 이런 관행들을 정당화하는 어떤 일반적인 정치이론을 받아들여야 한다. 입법목적과 보통법 원칙의 개념은 그 일반적인 정치이론을 논란이 되고 있는 법적 권리에 대한 문제에 적용하기 위한 장치이다.

그러므로 우리가 철학적 법관들이 적절한 사안에서 입법목적과 법적 원칙이 요구하는 것이 무엇인지에 대한 이론을 어떻게 발전시킬 수 있는가에 대해서 고찰하는 것은 당연하다. 우리는 그가 이런 이론들을 철학적 심판관이 게임의 성격을 구성하는 것과 동일한 방식으로 구성할 것이라는 것을 발견할 것이다. 이 목적을 위해서 나는 초인적인 기술과 학습과 인내와 예리함을 갖춘 법률가를 상상 속에서 만들어냈는데, 나는 그를 헤라클레스라고 부를 것이다. 나는 헤라클레스가 미국의 사법부 같은 어떤 사법부에 속한 법관이라고 가정할 것이다. 나는 그가 그의 사법부 안에서 논란이 되지 않고 있는 구성적이고 규제적인 법의 주요 규칙들을 받아들인다고 가정한다. 즉, 그는 제정법이 법적 권리를 만들고 소멸시킬 수 있는 일반적 능력을 갖는다는 것을 인정하며, 법관들은 그들의 법원이나 상급법원의 선행판결들을—법률가들이 말하기를 그것들의 판결이유(rationale)는 계류 중인 사안에까지 연장된다—따라야 할 일반적 의무를 갖는다는 것도 인정한다.

① 헌법

만일 어떤 법이 국교를 세운다면 그 법은 타당하지 않다고 규정하는 헌법이, 헤라클레스의 사법부에 있다고 가정하자. 입법부는 교구설립 학교 학생들에게 무료통학 혜택을 주는 법을 통과시켰다. 그 허가는 국교를 인정한 것인가?[20] 헌법조항의 표현들은 양쪽의 견해를 모두 지지할 수 있다. 그렇지만 헤라클레스는 그 앞에 출두한 아이가 통학버스의 혜택을 받을 권리를 갖는지에 대해서 결정해야 한다.

그는 헌법이 권리를 만들거나 파괴할 능력을 갖는 이유를 물어봄으로써 시작할 수 있다. 만일 많은 사람들이 믿는 것처럼 시민들이 국가교회를 통해서 구원을 받을 배경권리를 갖는다면, 그것은 중요한 권리임이 틀림없을 것이다. 왜 수백 년 전에 한 집단의 사람들이 다르게 투표했다는 사실이 이 배경권리가 법적 권리가 되는 것을 막는가? 그의 대답은 이런 형태를 띠어야 한다. 헌법은 공정성의 이유 때문에 정작된 것으로 간주될 만큼 충분히 정의로운 하나의 일반적 정치체계를 제시한다. 시민들은 그 체계에 따라서 제도들을 조직하고 통치하는 사회 안에서 사는 혜택을 받지만, 부분적으로 이루어지는 수정이나 전체적인 혁명에 의해서 새로운 체계가 시행될 때까지는 부담 또한 지게 된다. 그러나 헤라클레스는 그때 어떤 원칙들의 체계가 정착되었는지를 물어보아야 한다. 즉, 그는 하나의 헌법이론을 구성해야 한다. 그는 헤라클레스이기 때문에 전체로서의 헌법을 정당화해주는 완전한 정치이론을 발전시킬 수 있다고 우리는 가정한다. 물론 그것은 이 헌법의 특정한 규칙들에 어울리는 체계가 되어야 한다. 그것은 국가교회에 대한 강력한 배경권리를 포함할 수 없다. 그러나 충분히 상세화된 하나 이상의 이론들이 종교에 관한 그 특수한 조항과 충분히 잘 어울릴 수 있

---

20) *Everson v. Board of Educ.*, 330 U. S. 1(1947)를 참조할 것.

다. 예를 들면 어떤 이론은 정부가 커다란 사회적 긴장이나 무질서를 야기할 입법을 제정하는 것은 옳지 않으며, 국교의 설립은 그런 결과를 가져올 것이기 때문에 입법부에게 국교를 만들 권한을 주는 것은 잘못이라고 규정할 수 있다. 또 다른 이론은 배경적인 종교적 자유의 권리를 규정할 것이다. 그렇기 때문에 그 이론은 국교가 옳지 않은 것은 사회적으로 혼란을 야기하기 때문이 아니라 그 배경권리를 침해한 것이기 때문이라고 주장할 것이다. 그 경우 헤라클레스는 나머지 헌법 규칙들과 정착된 관행들을 참조해서 그 규칙들 아래서는 이 두 이론들 중 어떤 것이 전체로서의 헌법체계에 더 매끄럽게 어울리는가를 검토해야 한다.

그러나 이런 검사 아래서 더 우월한 이론이라도 어떤 사안을 결정하기에 충분할 만큼 구체적이지 않을 수 있다. 헤라클레스가 국교 관련 조항이 사회적 질서의 목표가 아니라 종교의 자유에 대한 권리에 의해서 정당화된다고 결정한다고 가정하자. 이제 남은 것은 종교의 자유가 더 정확하게 무엇인가를 물어보는 것이다. 종교의 자유의 권리는 어느 종교가 존속하는 것을 돕는 어떤 목적을 위해서도 자신의 세금이 사용되지 않는 것에 대한 권리를 함축하는가? 아니면 단순히 한 종교를 희생시키면서 다른 종교에게 혜택을 주기 위해 자신의 세금이 사용되지 않을 권리를 함축하는가? 만일 전자라면, 무료통학 입법은 그 권리를 침해한 것이지만 만일 후자라면 그렇지 않다. 규칙과 관행의 제도적 구조는 종교의 자유에 대한 이 두 가지 견해들 중 어느 하나를 배제하거나 한 견해가 그 구조를 명백히 더 훌륭한 방식으로 정당화하기에 충분한 정도로 상세할 수 없다. 그렇기 때문에 그의 경력기간 중 어느 시점에서 헤라클레스는 그 문제를 단순히 하나의 이론과 그 제도의 규칙들 사이의 어울림(fit)의 문제로만 생각해서는 안 되고 정치철학의 문제로도 생각해야 한다. 그는 어떤 견해가 종교적 자유의 일반적 이념에 대해 더 만족스러운 정교화인지 결정해야 한다. 그가 그 문제를 결정해야 하는 이유는 그렇게 하지 않고서는 그가 시작한 기획을 충분히 멀리 수행할 수 없기 때문이다. 그는 헌법이 어떤 정치적 체계를 확립하는가의 문제에 대해서 충분히 상세하게 대답할 수 없다.

그래서 헤라클레스는 이 기획에 의해서 자의식적인 체스 심판관의 추론과정 같은 추론을 하게 된다. 그는 마치 체스 심판관이 그의 게임의 성격에 관한 이론을 발전시키는 것처럼 정부의 체계를 정당화하는 원칙과 정책의 복합적인 집합의 모습으로 헌법이론을 발전시켜야 한다. 그는 그 이론을 발전시킬 때 정치철학과 제도적 세부사항을 교대로 참조해야 한다. 그는 그 체계의 다양한 측면들을 정당화하는 가능한 이론을 만들어내고 더 넓은 제도에 비추어서 그 이론을 검사해야 한다. 그 검사의 분별능력이 고갈될 경우, 그는 성공적인 이론이 사용하는 논쟁적 개념들을 정교화해야 한다.

② 제정법

헤라클레스의 사법부에서 어떤 제정법은, "어떤 수단에 의해서이든지 불법적으로 끌고 가고 구금하고 유인하고 납치하고 잡아가는 것이 될 어떤 사람을" 누군가 그렇다는 것을 알면서도 주의 경계를 넘어서 데리고 가는 것은 연방범죄(federal crime)라고 규정한다. 헤라클레스는 법원의 명령을 어기고 어떤 소녀에게 자신이 천상의 결혼이라고 부르는 것을 완성시키기 위해서 자신과 함께 도망가는 것이 그녀의 의무라고 설득한 사람을 이 제정법이 연방범죄자로 만드는지에 대해서 결정하도록 요구받는다.[21] 그 제정법은 한 유명한 납치사건 이후에 연방 경찰관들이 납치범을 쫓을 수 있도록 하기 위해서 통과된 법이다. 그런

---

21) *Chatwin v. United States*, 326 U. S. 455(1946)을 참조할 것.

데 그 법의 어휘들은 이 사안에 적용되기에 의미가 충분히 넓은 것이고, 입법기록이나 부속위원회의 보고서에 그 어휘들이 이 사안에 적용되지 않는다고 말한 것은 아무것도 없다.

그러면 그 어휘들은 이 사안에 적용되는가? 헤라클레스 자신은 천상의 결혼을 경멸하거나 소수의 타락을 혐오하거나 부모에 대한 아이들의 복종을 좋게 생각할 수 있다. 그런데도 만일 적절하게 이해된 그 법이 그 신랑으로부터 그의 자유에 대한 권리를 박탈하지 않는다면, 그는 그 권리를 갖는다. 법관들이 소급적으로 행위를 범죄로 만들 권한을 갖는다는 것은 헌법에 대한 어떤 그럴 법한 이론과도 모순된다. 그 법은 그로부터 권리를 박탈하는가? 헤라클레스는 왜 어떤 제정법이 법적 권리를 변화시킬 힘을 갖는지를 물어봄으로써 시작해야 한다. 그는 그의 헌법이론 안에서 그에 대한 대답을 발견할 것이다. 예를 들면 그것은 민주적으로 선출된 입법부가 범죄가 될 행위에 관해 전체적인 결정을 할 적절한 기구라고 규정할 수 있다. 그러나 그와 동일한 헌법이론은 입법부에게 특정한 책임을 부과할 것이다. 그것은 개인적 권리를 반영하는 제약뿐만 아니라 공공의 복지를 정의하는 집단적 목표를 추구해야 할 어떤 일반적 의무도 부과할 것이다. 그 사실은 이 난해한 사안에서 헤라클레스에게 하나의 유익한 기준을 제공한다. 그는 어떤 해석이 입법부가 사용하는 언어를 그것의 헌법적 책임과 더 충분하게 연결시키는지를 물어볼 수 있다. 그것은 게임의 성격에 관한 심판관의 질문과 같은 것이다. 그것은 특정한 입법자의 정신적 상태에 대한 어떤 가설의 구성이 아니라 이 제정법을 입법부의 더 일반적인 책임에 비추어서 다른 어떤 대안적 이론보다 더 잘 정당화하는 특별한 정치이론의 구성을 요구한다.[22]

원칙과 정책의 어떤 논변들이 입법부가 그 제정법을 제정하도록 적절하게 설득할 수 있었나? 입법부는 헌법적으로 가능할 때마다 주의 범죄

단속(criminal enforcement)을 연방의 단속으로 대체하기 위해서 고안된 정책을 추구하지 않아야 했다. 그것은 헤라클레스의 헌법이론의 부분이 되어야 하는 연방주의의 원칙을 불필요하게 침해하는 것을 의미할 것이다. 그렇지만 주의 단속이 어려운 그런 다주적(interstate) 성격을 갖는 모든 범죄를 연방의 단속대상으로 선택하는 정책을 따르는 것은 입법부의 책임일 수 있다. 또는 그런 성격을 갖는 것들 중에서도 특별히 위험하거나 커다란 피해를 주는 범죄만을 선택하는 것이 그것의 책임일 수 있다. 이 두 개의 정책 중에서 어떤 것이 실제로 초안된 제정법에 대해 더 나은 정당화를 제공하는가? 만일 그 제정법에 의해서 부과될 벌칙이 중하다면, 그리고 그렇기 때문에 전자의 정책이 아니라 후자의 정책이 적당하다면 후자의 정책이 선호되어야 한다. 어휘에 의해서 허용된 그 법에 대한 다양한 해석들 중에서 어떤 것이 그 정책에 더 많이 기여하는가? 그 사안에 의해서 제시된 종류의 유인(inveiglement)은 그 제정법에 의해서 연방범죄가 되지 않는다는 판결이 더 기여한다는 것은

---

22) 법률해석에서 정책을 이용하는 것에 대한 과거의 한 예는 이런 형태의 헌법을 예시한다. 찰스 강 다리 대 워런 다리(*Charles River Bridge v. Warren Bridge*, 24 Mass.〔7 Pick.〕 344 〔1830〕, aff'd, 36 U. S.〔11 Pet.〕 420〔1837〕) 사안에서 법원은 찰스 강을 건너는 다리의 건설허가가 독점적인 것이어서 다른 허가들은 허용될 수 없는 것으로 간주되어야 하는지에 대해 결정해야 했다. 대법원의 대법관 모턴(Morton)은 그 허가는 독점적인 것으로 간주되어서는 안 된다고 주장하고, 그 해석을 지지하기 위해서 아래와 같은 논변을 전개했다. "〔만일〕 국가의 향상과 번영과 배치되는 그런 결과들이 발급된 허가들에 대한 자유주의적이고 확장된 해석으로부터 결과되는 것이라면, 사용된 용어들이 허용할 경우 우리는 그런 경솔함을 입법부에 전가하지 말고, 더 제한된 해석을 채택해야 한다. ……〔그 허가를 독점적으로 해석하는 것은〕 실질적으로 원고의 허가 동안에는 우리 공화국의 중요한 부분인 여행과 수송을 위한 편의시설이 현상(status quo)에 머물러 있어야 한다고 계약하는 것이 될 것이다. 나는 대체적으로 이 해석은 건전한 이성, 사법적 권위, 입법의 과정과 조화되지도 않고 자유국가인 우리 제도의 원칙들과도 조화되지 않는다는 결론에 이르지 않을 수 없다."(같은 사안, 460)

분명하다.

나는 제정법 해석의 하나의 단순하고 아마도 대표성이 없는 문제를 기술했는데, 왜냐하면 지금 제정법 해석의 이론을 상세하게 전개할 수 없기 때문이다. 나는 오직 법관들이 제정법의 목적에 관해서 하는 계산은 정치적 권리에 대한 계산이라는 일반적 주장이 어떻게 변호될 수 있는지를 보여주려고 했다. 그렇지만 이 단순한 예에 관해서조차 우리가 알아야 할 두 가지 점이 있다. 첫째 헤라클레스가 입법부가 그 법을 제정하면서 했던 것을 보충했다고 말하거나 그 사안에 의해서 제시된 문제에 대해 입법부가 알고 있었다면 했었을 것을 하려고 했다고 말하는 것은 부정확할 것이다. 이런 기술이 제안하는 것처럼 입법부의 입법행위는 그것의 힘이 특정한 지점에서 고갈되었다고 말할 수 있도록 어떤 방식으로 우리가 측정할 수 있는 그런 힘을 가진 사건이 아니다. 그것은 오히려 게임을 하기로 한 합의의 내용이 논쟁이 되는 방식으로 내용이 논쟁이 되는 그런 사건이다. 헤라클레스는 그의 정치이론을 입법부가 이 경우에 한 것에 관한 하나의 논변으로 구성한다. 그것에 반대하는 논변, 즉 입법부는 실제로 그가 말한 것을 하지 않았다는 논변은 상식에 대한 현실적 견해가 아니라 논쟁이 되는 그 사건의 진실된 내용에 대한 하나의 경쟁적 주장이다.

둘째, 실제의 제정법의 전범적 용어들이 위에서 기술한 과정 속에서 얼마나 큰 역할을 하는지를 아는 것이 중요하다. 그것들은 그 사안의 본성상 한계가 없어야 하는 것에 한계를 제공한다. 위험한 범죄에 대해 연방단속을 허용하는 정책이 중요한 역할을 하는 제정법을 해석하기 위해서 헤라클레스가 발전시킨 정치이론은, 어휘에 대한 어떤 해석에서도 입법부가 실제로 결정하지 않았던 매우 많은 결정들을 정당화할 것이다. 예를 들면 그것은 살인자가 범죄를 저지른 주를 떠나는 것을 연방범죄로 만드는 제정법을 정당화할 것이다. 입법부가 어떤 특정한 정책의 노선을 끝까지 따라야 할 일반적인 의무는 없으며, 입법부가 후자의 제정법을 어떤 의미에서 제정했다고 헤라클레스가 생각하는 것은 명백히 잘못일 것이다. 그들이 제정한 제정법의 어휘들은 이 해석의 과정이 부조리하지 않게 이루어지는 것을 가능하게 해준다. 그것은 입법부가 어떤 정책을 불확정적인 어떤 지점까지 더 밀고 나갔다고 가정하지는 않으면서 그것이 사용하는 언어의 한계에까지 그 정책을 밀고 나갔다고 헤라클레스가 말하는 것을 허용한다.

2) 보통법

① 판례

어느날 법률가들은 어떤 제정법에도 의존하지 않는 난해한 사안을 헤라클레스에게 가져올 것이다. 그들은 헤라클레스의 법정에서 과거에 이루어진 보통법 판결들이 적절히 이해될 경우 어떤 당사자에게 유리한 판결을 받을 권리를 주는지 어떤지에 대해서 논쟁할 것이다. 스파르타 철강 사안은 바로 그런 사안이었다. 원고는 어떤 제정법도 원고에게 그의 경제적 손실을 보상받을 권리를 제공한다고 주장하지 않았다. 그 대신에 그는 다른 종류의 손실에 대해 보상해준 과거의 어떤 사법적 판결들을 지적하고, 그 사안들 배후에 있는 원칙이 그에게 유리한 판결도 요구한다고 주장했다.

헤라클레스는 도대체 왜 그런 형태의 주장들이 원칙적으로라도 건전한가를 물어보면서 시작해야 한다. 그는 그에게는 그에 대한 즉각적이거나 분명한 대답이 없다는 것을 발견할 것이다. 그기 그 자신에게 입법에 대해서 그와 유사한 질문을 했을 때, 그는 일반적인 민주주의 이론에서 준비되어 있는 대답을 발견했다. 그러나 이제 그가 정당화해야 하는 판례의 세부관행은 비교적 단순한 어떤 이론도 거부한다.

그러나 그는 아래와 같은 대답에 의해 유혹받을 수 있다. 법관들이 보통법 상의 특정한 사안에 대해서 판결할 때 그들은 공동체에게 어떤 방식으로 혜택을 주도록 의도된 일반적 규칙을 정립한다. 그렇기 때문에 다른 법관들은 그 이후의 사안에 대해 판결하면서 그 혜택을 줄 수 있도록 이 규칙을 집행해야 한다. 만일 그 문제에 대한 이 설명이 판례의 관행을 충분히 정당화해준다면, 헤라클레스는 제정법 해석을 위해서 그가 개발한 기법을 사용하면서 이런 어려운 보통법 사안들을 마치 이전의 판결들이 제정법인 것처럼 취급하면서 판결할 수 있을 것이다. 그러나 만일 그가 그 이론을 아주 멀리까지 밀고 나아간다면, 그는 치명적인 난점에 봉착하게 될 것이다. 그 이유에 대해서 좀 더 자세하게 고찰하는 것이 우리에게 도움이 될 것이다. 왜냐하면 그 이론에서의 실수는 더 성공적인 이론으로 가는 디딤돌이 될 것이기 때문이다.

우리가 방금 알아본 것처럼, 아무리 제정법의 어휘가 모호하고 구체적이지 않다 하더라도 제정법의 해석은 그것이 결정한 것으로 간주될 수 있는 그런 정치적 결정에 한계를 설정하는 어휘의 전범적 형식의 유무에 의존한다. 헤라클레스는 소송당사자들이 판례로서 인용하는 의견들 가운데 많은 것들이, 해당 사안이 정립하는 규칙의 전범적인 형식으로 간주되는 어떤 특별한 명제들을 포함하고 있지 않다는 것을 발견할 것이다. 그런 전범적인 명제들을 작성한 후, 그 이후에는 예를 들면 라일랜드 대 플래쳐(Rylands v. Fletcher) 사안[23]에서의 규칙 같은 것을 참조하도록 하는 것은 19세기 후반과 20세기 전반에 걸쳐서 영국과 미국의 사법부의 방식이었다. 그러나 그 기간에서조차도 법률가들과 교재집필자들은 유명한 의견들에서 어떤 부분이 그런 성격을 갖는 것으로 간주되어야 하는지에 대해서 통일된 견해를 갖고 있지 않았다. 어쨌든 오늘날에는 중요한 의견들조차도 그런 법률작성법(legislative sort

---

23) 〔1866〕 L.R. 1 Ex. 265, aff'd, (1866) L.R. 3 H.L. 330.

of draftmanship)을 거의 사용하지 않는다. 그것들은 판결을 정당화하기 위해서 판례와 원칙의 형태로 근거들을 인용하지만, 이 판례와 원칙이 정당화하는 것으로 간주되는 것은 어떤 새롭고 언명된 법의 규칙이 아니라 그 판결이다. 때때로 어떤 법관은 그가 판결한 사안의 결과 전체를 결정하는 것은 이후의 사안들에 놓여 있다는 점을 공개적으로 인정할 것이다.

물론 헤라클레스는 그가 과거의 한 사안에서 전범적 형식의 어휘들을 발견했을 때, 이런 어휘들로 구성된 규칙이 새로운 사안을 포용하는지 어떤지를 결정하기 위해서 그의 제정법 해석기법을 이용할 것이라고 결정할 것이다.[24] 그는 판례의 입법적 힘이라고 불릴 수 있는 것을 인정할 것이다. 그런데도 그는 한 판례가 입법적 힘을 가질 때 이후의 사안들에 대한 그것의 영향은 그 힘에 한정된 것으로 간주되지 않는다는 것을 발견할 것이다. 법관들과 법률가들은 판례의 힘은 제정법처럼 어떤 특정한 구절의 언어적 한계에 의해 제한된다고 생각하지 않는다. 만일 **스파르타 철강** 사안이 뉴욕에서의 사안이었다면, 원고의 변호사는 어떤 여성이 부주의하게 만들어진 자동차 때문에 입은 상해에 대해 보상을 받은 **맥퍼슨 대 뷰익** 사안[25]에서의 카르도조(Cardozo)의 판결이

---

24) 그러나 헤라클레스는 권리 테제를 받아들이게 될 것이기 때문에(아래 248~249쪽을 참조할 것), 사법적 법제정에 대한 그의 "해석"은 하나의 중요한 측면에서 제정법에 대한 그의 해석과 다를 것이다. 그가 제정법을 해석할 때 그는 우리가 알아본 것처럼 원칙이나 정책의 논변(입법부 책임의 관점에서 그 언어에 대한 최선의 정당화를 제공하는)을 제정법 언어에 결합시킨다. 그의 논변은 원칙의 논변으로 남는다. 그가 정책을 사용하는 것은 입법부가 어떤 권리를 이미 만들었는지를 결정하기 위한 것이다. 그러나 그가 사법적 법제정을 "해석할" 때, 그는 오직 원칙의 논변만 관련된 언어에 결합시킨다. 왜냐하면 권리 테제는 오직 그런 논변만이 "입법하는" 법원의 책임을 이행한다고 주장하기 때문이다.

25) *MacPherson v. Buick Motor Co.*, 217 N.Y. 382, 111 N.E. 1050(1916).

자신의 고객이 보상받아야 할 권리를 지지하는 것으로 간주될 수 있다고 생각할 것이다. 그 권리를 제정하는 것으로 해석하는 것이 그럴 법한 어휘를 담고 있지 않은 것이 사실이라도 말이다. 그는 그 선행판결은 이후의 판결들이 그것의 특정한 궤도 밖에 있을 때라도 그 판결들에 대해 인력(gravitational force)을 가한다고 주장할 것이다.

이 인력은 판례에 대한 헤라클레스의 일반 이론이 다루어야 할 관행의 부분이다. 이 중요한 측면에서 사법적 관행은 다른 제도의 관리들의 관행과 다르다. 체스에서 관리들은 완전한 제도적 자율성을 가정하는 방식으로 확립된 규칙들을 따른다. 그들이 독창성을 행사하는 것은 오직 몰수에 관한 규칙같이 특별 규칙이 그 독창성을 요구한다는 사실에 의해서 요구되는 정도로만이다. 그렇기 때문에 체스 심판관 각각의 판결은 체스의 확립된 규칙에 의해서 직접적으로 요구되고 정당화된다고 말해질 수 있다. 그것은 비록 이 판결들 가운데 약간이 단순히 그 규칙의 명백하고 불가피한 의미가 아니라 그 규칙에 대한 해석에 기초해야 한다 하더라도 그렇다.

어떤 법철학자들은 보통법 판결에 관해서 마치 그것이 이런 방식으로 체스와 비슷한 것처럼 쓴다. 다만 법적 규칙이 체스의 규칙보다 해석을 요구할 가능성이 훨씬 크다는 점에서만 다를 뿐이다. 그것은 예를 들면 난해한 사안은 오직 법적 규칙이 "열린 구조"라고 부르는 것을[26] 갖기 때문에 발생한다는 하트 교수의 논변 속에 있는 정신이다. 그런데 법관들은 자주 단순히 어떤 규칙이나 원칙이 어떻게 해석되어야 하는지에 대해서가 아니라 한 법관이 인용하는 규칙이나 원칙을 하나의 규칙이나 원칙으로 인정해야 하는지 어떤지에 대해서 서로 다른 견해들을 갖는다. 어떤 사안들에서는 다수 의견이나 반대의견 모두가 동일한 선행

---

26) H.L.A. Hart, 앞의 책, 121~132쪽.

사안들이 관련되어 있다는 것을 인정하지만, 그 사안들이 어떤 규칙이나 원칙을 확립한 것으로 이해되어야 하는가에 대해서는 서로 다른 견해를 갖는다. 체스와는 달리 재판에서는 특정한 규칙을 지지하는 논변이 그 규칙으로부터 그 특정한 사안으로 추론해가는 논변보다 더 중요할 수 있다. 그리고 어떤 사람도 들어본 적이 없는 하나의 규칙에 호소함으로써 사안을 판정하려 하는 체스 심판관은 무시되거나 정신병자로 간주될 것이지만, 그렇게 하는 법관은 로스쿨 강의에서 찬양받을 가능성이 있다.

그런데도 법관들은 과거의 판결들이 해석과는 다른 어떤 방식으로 새롭고 논란이 되는 규칙을 정식화하는 것에 기여한다는 점에 동의하는 것처럼 보인다. 그들은 인력이 무엇인가에 대해서 의견이 다름에도 불구하고 과거의 판결들이 그 인력을 갖는다는 것에 동의한다. 입법자는 어떤 문제에 대해서 그의 표를 어떻게 던질 것인가에 대해서 결정할 때 매우 자주 배경이 되는 도덕이나 정책의 문제들에 대해서만 고려할 것이다. 그는 그의 투표가 입법부의 그의 동료들의 투표나 과거 입법부의 투표와 일치하는지 보여줄 필요가 없다. 그러나 법관이 그런 성격의 독립을 유지하는 경우는 거의 없다. 그는 그가 자신의 판결에 대해 제공하는 정당화를 항상 다른 법관들이나 관리들이 과거에 취했던 판결들과 연결시킬 것이다.

사실상, 훌륭한 법관들은 그들이 일하는 방식을 어떤 일반적 방식으로 설명하고자 할 때, 그들이 느끼는 제약들을 기술하기 위한 표현법(figures of speech)을 찾는데, 그것은 그들이 새로운 법을 만들고 있다고 생각할 때도 마찬가지이다. 그 제약들은 그들이 입법자였을 경우에는 적절하지 않을 것이다. 예를 들면 그들은 전체로서의 법 안에 있는 새로운 규칙을 발견한다거나 법의 내재적 논리를 정치보다는 철학에 속한 방법을 통해서 집행한다고 말한다. 또는 그들은 그들을 통해서 법이 순수하게 그것 자체로서 작용하는 대리인이라거나 법은 그것 자신의 어떤 생명——비록 이것이 논리가 아니라 경험에 속한다 하더라도——을 갖는다고 말한다. 헤라클레스는 이런 유명한 비유와 인격화에 만족해서는 안 되지만 또한 가장 훌륭한 법률가들에게도 갖는 그것들의 호소력을 무시하는 사법적 과정에 대한 어떤 기술에 만족해서도 안 된다.

판례의 인력은 입법의 한 부분으로서 그것의 입법적 힘(enactment force)을 판례의 힘 전체로 간주하는 어떤 이론에 의해서도 파악될 수 없다. 그러나 그런 접근법의 부적합성은 더 우월한 이론을 제안한다. 판례의 인력은 법집행(enforcing enactment)의 현명함에 호소해서가 아니라 유사한 경우들은 유사하게 취급하는 것의 공정성에 호소해서 설명될 수 있을 것이다. 하나의 판례는 과거의 하나의 정치적 결정에 대한 보고이다. 정치사의 한 부분으로서, 그 결정의 사실은 미래의 다른 경우들을 비슷한 방식으로 결정하기 위한 어떤 근거를 제공한다. 판례의 인력에 대한 이 일반적 설명은 입법이론이 설명할 수 없는 특징을 설명해주는데, 이 특징은 판례의 힘은 그것의 견해를 표현하는 언어에 의해 포착되지 않는다는 것이다. 만일 어떤 공동체의 정부가 결함이 있는 자동차 제조업자에게 그 결함 때문에 피해를 입은 여성에게 피해보상을 하도록 강요했다면, 그 역사적 사실은 적어도 그와 동일한 정부가 왜 자신의 피고용인들의 작업의 결함으로 경제적 피해를 야기한 업체에게 그 피해에 대해서 보상하도록 요구해야 하는지에 대해 어떤 근거를 제공해야 한다. 우리는 적절하게 해석된 과거의 판결의 언어가 그 업체에게 피해를 보상하도록 요구하는가를 물어봄으로써가 아니라 그와는 다른 물음으로써, 즉 정부가 첫 번째 경우에는 그런 방식으로 개입하면서 두 번째 경우에는 그것의 도움을 거절하는 것이 공정한가의 문제를 물어봄으로써 그 근거의 비중을 검사할 수 있다.

헤라클레스는 이 공정성의 원리가 판례의 전체 관행에 대한 유일한 적합한 설명을 제공한다고 결론지을 것이다. 그는 난해한 사안에 대해서 판결할 때 자신의 책임에 관한 또 다른 결론을 도출해낼 것이다. 이 결론들 가운데 가장 중요한 것은 과거의 판결들의 인력의 영향을 그런 판결들을 정당화하기 위해서 필요한 원칙의 논변들의 연장으로 한정해야 한다는 것이다. 만일 하나의 과거의 판결이 전적으로 어떤 정책의 논변에 의해서 정당화되는 것으로 간주된다면, 그것은 어떤 인력도 갖지 않을 것이다. 하나의 판례로서의 그것의 가치는 그것의 입법적 힘에 한정될 것이다. 즉, 그 의견의 어떤 특정한 어휘들이 적용되는 다른 사안들에 한정될 것이다. 우리가 앞에서 알아보았듯이, 하나의 집단적 목표의 분배적 힘은 우연적 사실과 일반적인 입법전략의 문제이다. 만일 정부가 맥퍼슨 부인 대신 개입하는 이유가 그녀가 정부의 개입에 대한 어떤 권리를 가졌기 때문이 아니라 현명한 전략이 경제적 효율성 같은 어떤 집단적 목표를 추구하는 수단을 제시했기 때문이라면, 스파르타 철강 사안의 원고를 위해서 정부가 개입해야 한다는 것에 대해서는 효과적인 공정성 논변이 있을 수 없다.

이것이 왜 그러한가를 알아보기 위해서는 입법부의 결정이 정책의 논거에 의해서 이루어질 때[27] 일관성의 이름으로 우리가 입법부에 제기하

27) 윌리엄슨 대 리 광학(Williamson v. Lee Optical Co.,〔348 U.S. 483, 1955〕) 사안에서 더글러스(Douglas) 법관은 정책에 의해서 발생한 입법은 단일한 형태이거나 일관성이 있어야 할 필요가 없다고 주장했다. "입법상의 분류의 문제는 어떤 원리석 성의도 받아들이지 않으면서 끊임없이 제기되는 문제이다. 동일한 영역 속에 있는 악행이라 하더라도 다양한 차원과 심각성이 있으며 다양한 치료법을 요구할 수 있다. 또는 입법부가 그렇다고 생각할 수 있다. 또는 개혁은 입법부의 생각에 가장 첨예한 것처럼 보이는 문제의 국면을 다루면서 한 번에 한 단계씩 이루어질 수 있을 것이다. 입법부는 다른 것들은 무시하면서 하나의 영역의 하나의 국면을 선택해 그것에 치료책을 적용할 수 있다. 〔그렇지만〕 평등보호조항이 금지하는 것은 악의적인 차별 그 이상을 금지

는 사소한 요구사항들을 상기할 필요가 있다. 입법부가 주택자금을 보조하거나 새로운 도로를 건설하면서—어떤 것을 선택하든 효율성은 대체로 같다—정부의 소비를 늘림으로써 경제를 활성화시키기를 원하고 또 그렇게 할 수 있다고 가정하자. 도로건설 회사들은 입법부가 도로건설을 선택하는 것에 대해 어떤 권리도 갖지 않는다. 만일 그것을 선택했다면, 어떤 일관성의 원칙에 의해서도 주택업자들은 입법부가 주택자금도 보조하는 것에 대한 권리를 갖지 않는다. 입법부는 도로건설 프로그램은 경제를 충분히 활성화시켰으며 더 이상의 프로그램은 필요하지 않다고 결정할 수 있다. 입법부는 처음에 주택건설을 보조했다면 더 효율적이었을 것임을 지금은 인정하더라도 그렇게 결정할 수 있다. 아니면 입법부는 경제를 더 활성화시키는 것이 필요하다는 것을 인정하면서도 보조금이 효과적인 활성화를 제공하는지를 알아보기 위해서 더 많은 증거—아마도 도로계획의 성공에 관한 증거—를 기다리기를 원한다고 결정할 수 있다. 입법부는 이제 경제정책에 자신의 시간과 에너지를 더 바치기를 원하지 않는다고 말할 수조차 있다. 입법부가 전체적 목표를 추구할 때 하게 되는 구별들의 자의성에는 어떤 한계가 있을 것이다. 모든 조선소를 남부 캘리포니아에 짓는 것은 비록 효율적이라 하더라도 정치적으로 현명하지 못할 뿐만 아니라 불공정하다고 생각될 수 있다. 그러나 대체적으로 불공정한 분배를 금지하는 이런 약한 요구사항들은 다른 집단으로부터 혜택을 빼앗아 한 집단에게 매우 큰 증가분의 혜택을 제공하는 것과 명백하게 동시에 추구될 수 있다.

하지는 않는다." (같은 사안, 489〔인용문 생략〕)
물론 일관성의 요구는 원칙과 정책의 경우들에서 다르다는 여기에서의 논변의 핵심은 평등보호조항의 최근 역사를 이해하기 위해서 매우 중요하다. 그것은 "구"평등조항을 "신"평등조항으로부터 구별하거나 "의심스런" 분류를 확립하기 위한 시도들의 배후에 있는 핵심이며, 이런 시도들이 제공한 것보다 더 정확하고 지적인 구별을 제공한다.

그렇기 때문에 어느 한 경우에 한 가지 방식으로 하나의 집단적 목표에 기여하는 정부가 비슷한 기회가 발생할 때마다 그 집단적 목표에 같은 방식으로 기여하거나 동일한 목표에 기여해야 한다는 것을 지지하는 공정성에 근거한 일반적 논거는 있을 수 없다. 나는 정부가 자신의 마음을 바꿀 수 있고, 자신의 과거의 결정의 목표나 수단을 후회할 수 있다는 것을 말하는 것이 아니다. 나는 책임이 있는 정부는 다양한 목표들을 조금씩, 그리고 상황에 맞추어서 추구할 수 있다는 것을 말하는 것이다. 그렇기 때문에 비록 정부가 특정한 목표에 기여하도록 고안된 어떤 규칙을 후회하지 않고 계속해서 시행한다 하더라도, 그와 동일한 목표에 기여하게 될 다른 규칙들은 거절할 수 있다는 것을 의미한다. 정부는 예를 들면 자동차 제조업자들은 그들의 차의 결함으로 인한 피해에 책임이 있다는 규칙을 제정하지만, **스파르타 철강**의 피해 같은 경제적 피해를 야기하는 업체들은 말할 것도 없고 세탁기 제조업자에 동일한 규칙을 입법하기를 거부하는 것이 적절할 수 있다. 물론 정부는 합리적이고 공정해야 한다. 정부는 정당화될 수 있는 집단적 목표들의 혼합에 전체적으로 기여하는 결정을 해야 하지만 시민들이 갖는 권리들도 존중해야 한다. 그러나 그 일반적 요구사항은 맥퍼슨 부인의 손을 들어준 사법적 판결이 사실상 가진 것으로 간주되는 인력 같은 어떤 것을 지지하지는 않을 것이다.

그렇기 때문에 헤라클레스는 그가 특정한 판례의 인력을 정의할 때 그 판례를 정당화하는 원칙의 논변만을 고려해야 한다. 만일 맥퍼슨 부인의 손을 들어준 판결이 그녀에게 유리한 결정이 단순히 어떤 집단적 목표에 기여한다는 것이 아니라 그녀가 피해를 보상받을 권리를 갖는다고 가정한다면, 판례의 관행이 의존하는 공정성의 논변은 성립한다. 물론 다른 사람의 과실에 의해서 어떤 방식으로든 상해를 입은 모든 사람이 그녀가 갖는 것과 동일한 구체적인 피해보상의 권리를 가져야 한다는 결론이 나오는 것은 아니다. 그것과 경쟁하는 권리들이 이후의 사안에서는 그녀의 사안에서 요구하지 않았던 타협을 요구할 수도 있다. 그러나 이후의 사안에서 원고가 그와 동일한 추상적인 권리를 갖는다는 결론이 나오는 것은 당연하다. 그리고 만일 그것이 그렇다면, 이후의 사안에서 반대의 판결이 공정할 것이라는 것을 보여주기 위해서는 경쟁하는 권리들을 인용하는 어떤 특별한 논변이 요구될 것이다.

② 이음매 없는 망

헤라클레스의 첫 번째 결론, 즉 판례의 인력은 판례를 지지하는 원칙의 논변에 의해서 정의된다는 것은 두 번째 결론을 제시한다. 그의 공동체 안에서의 사법적 관행은 과거의 사안들이 일반적인 인력을 갖는다는 것을 가정하기 때문에, 그는 그 사법적 관행을 오직 권리 체제가 그의 공동체에서 성립한다는 것을 가정함으로써만 정당화할 수 있다. 어떤 판례가 기여한 목표가 지금까지 충분히 도움을 받았다거나 법원은 이제 상대적으로 소홀했던 다른 어떤 목표를 도와주는 것에 몰두하는 것—그 목표는 그 판례가 다른 어떤 경우에 기여한 목표일 수 있다—이 더 나을 것이라는 것은, 그 판례의 인력을 부정하기에 충분한 논변으로 결코 간주되지 않는다. 판례의 관행은 사법적 판결을 추천하는 이유들(rationales)이 그런 방식으로 조금씩 도움받을 수 있다는 것을 가정하지 않는다. 만일 특정한 판례가 특정한 근거로 정당화된다는 것을 인정한다면, 만일 그 근거가 계류 중인 사안에서 특정한 결과를 추천도 한다면, 만일 그 과거의 판례가 파기되지 않았거나 어떤 다른 방식으로 제도적 후회의 문제로 간주되고 있지 않다면, 그렇다면 그 판결은 이후의 사안에서 이루어져야 한다.

헤라클레스는 그의 공동체 안에서는 사법적 판결들은 정책의 논변보다는 원칙의 논변에 의해서 정당화되는 것으로 간주되어야 한다는 것이 명시적으로 인정되고 있지는 않지만 이해되고 있다고 생각해야 한다. 이제 그는 법관들이 판례로부터의 그들의 추리를 설명하기 위해서 사용하는 익숙한 개념, 즉 보통법의 배후에 있거나 그것 안에 들어 있는 특정한 원칙에 대한 개념은 그것 자체로서 권리 테제에 대한 비유적 언명일 뿐이라는 것을 안다. 그는 추후로 난해한 보통법 사안들 속에서 그 개념을 사용할 것이다. 그것은 그런 사안들을 판결할 때 하나의 일반적 기준을 제공하는데, 그것은 게임의 성격에 대한 체스 심판관의 개념이나 입법목적에 대한 그 자신의 개념 같은 것이다. 그것은 하나의 질문—어떤 원칙들의 집합이 판례들을 가장 잘 정당화하는가?—을 제기한다. 그런데 그것은 판례의 관행의 일반적 정당화인 공정성과 그 일반적 정당화가 어떤 특정한 난해한 사안에서 무엇을 요구하는가에 대한 그 자신의 결정 사이에 다리를 놓는다.

헤라클레스는 보통법의 배후에 있는 원칙들에 대한 그의 개념을 발전시켜야 하는데, 그것은 관련된 판례들 각각에 그 판례의 결정을 정당화하는 원칙의 어떤 체계를 할당함으로써 이루어진다. 그는 이제 이 개념과 그가 제정법 해석에서 사용한 제정법 목적의 개념 사이에서 또 다른 중요한 차이점을 발견할 것이다. 제정법의 사안에서 그는 문제 되는 특정한 제정법의 목적에 관한 어떤 이론을 선택하는 것이 필요하다는 것을 발견했다. 그리고 그는 그 제정법에 거의 똑같이 잘 어울리는 이론들 사이에서 선택하는 것을 도울 수 있는 한에서 입법부의 다른 법률들을 참고했다. 그러나 만일 판례의 인력이 공정성은 권리들의 일관적인 집행을 요구한다는 이념에 의존한다면 헤라클레스는 원칙들을 발견해야 하는데, 그 원칙들은 소송당사자가 주의하는 특정한 판례뿐만 아니라 그의 사법부 전체 안의 다른 모든 사법적 결정들과 제정법들—이것들이 정책이 아니라 원칙에 의해서 발생된다는 것이 증명되어야 하는 한에서—과도 어울리는 원칙이어야 한다. 만일 그가 확립된 것으로 인용하는 원칙들이 그것 자체적으로 그의 법정이 지지하고자 하는 다른 판결들과 모순된다면, 그는 그의 판결은 확립된 원칙들과 모순되지 않으며 그렇기 때문에 공정하다는 것을 보여주어야 할 그의 의무를 이행할 수 없다.

예를 들면 그가 맥퍼슨 부인의 손을 들어준 카르도조의 판결을 평등에 대한 어떤 추상적 원칙을 인용함으로써 정당화할 수 있다고 가정하자. 그 원칙은 어떤 사고가 발생할 때마다 그 사고가 발생하는 데 기여한 행위를 한 사람들 중에서 가장 부자인 사람이 그 손실을 부담해야 한다고 주장한다. 그렇지만 그는 그 원칙이 다른 사고사안들(accident cases)에서 존중되어왔다는 것을 보여줄 수 없거나, 설사 그 영역에서는 그가 보여줄 수 있다 하더라도 그것이 예를 들면 계약 같은 법의 다른 영역에서(만일 그곳에서 그 원칙이 인정된다면, 그것은 또한 매우 커다란 영향을 줄 것이다) 존중되고 있다는 것을 보여줄 수 없다. 만일 그가 이런 평등권에 호소함으로써 피고보다 더 부자인 미래의 사고사안에서의 원고에게 불리하게 판결한다면, 그 원고가 그 판결이 마치 맥퍼슨 판결 자체가 무시된 것처럼 다른 사안에서의 정부의 행위와 모순된다고 불평하는 것은 적절할 수 있다. 법은 이음매 없는 망(seamless web)이 아닐 수 있다. 그러나 원고는 헤라클레스에게 법이 마치 이음매 없는 망인 것처럼 취급하라고 요구할 자격이 있다.

독자들은 이제 내가 왜 우리의 법관을 헤라클레스라고 불렀는지 알게 될 것이다. 그는 원칙에 근거해서 정당화될 수 있는 헌법과 제정법 조항들뿐만 아니라 모든 보통법 판례들에 대해서 정합적인 정당화를 제공해주는 추상적 원칙들과 구체적 원칙들의 체계를 구성해야 한다. 우리는 이 과업의 크기를 헤라클레스가 정당화해야 하는 법적 판결의 방대한 자료 안에서 수직적 배열(ordering)과 수평적 배열을 구별함으로써 파악할 수 있을 것이다. 수직적 배열은 구별되는 권위의 층들에 의해서 제공된다. 그 층들에서의 관리들의 결정은 더 낮은 수준에서 이루어진 결정을 통제하는 것으로 간주될 수 있다. 미국에서는 수직적 배열이 갖는 대체적인 성격은 명백하다. 헌법적 구조가 최고수준을 점유하며, 그 구조를 해석하는 대법원과 다른 법원들의 판결이 그 다음이고, 다음은 다양한 입법부가 제정한 법이고 그 밑에는 다양한 수준에서 보통법을 발전시키는 다양한 법원들의 판결이 있다. 헤라클레스는 원칙에 대한 정당화를 이 수준들 각각에서 전개하고, 그 정당화가 더 높은 수준의 정당화를 제공하는 것으로 간주되고 있는 원칙들과 모순되지 않도록 해야 한다. 수평적 배열은, 단순히 한 수준에서 하나의 판결을 정당화하는 것으로 간주되는 원칙들은 그 수준에서의 다른 판결을 위해 제공된 정당화와 모순되지 않아야 한다는 것을 요구한다.

헤라클레스가 자신의 특별한 기술을 이용하여 미리 이 체계 전체를 구성하고자 했다고 가정하자. 그것은 특정한 판결을 정당화하기 위해 필요할 경우 전체 법이론을 갖고 소송당사자들을 맞이하기 위한 것이다. 그는 수직적 배열에 복종하면서 그가 이미 사용한 바 있는 헌법이론을 제시하고 세련화함으로써 시작할 것이다. 그 헌법이론은 다른 법관이 발전시키게 될 이론과 다소 다를 것이다. 왜냐하면 헌법이론은 정치철학과 도덕철학에 관한 판단들뿐만 아니라 제도적인 어울림의 복잡한 문제들에 대한 판단을 요구하며, 헤라클레스의 판단은 불가피하게 다른 법관들이 하게 될 판단과 다를 것이기 때문이다. 수직적 배열의 높은 수준에서의 이런 차이점들은 더 낮은 수준에서 각각의 법관들이 제안하게 될 체계에 상당한 정도의 힘을 행사할 것이다. 예를 들면 헤라클레스는 입법권력에 대한 어떤 실질적인 헌법적 제약들은 국가에 의해서 사생활을 침해당하지 않을 수 있는 추상적 권리를 약정함으로써 가장 잘 정당화된다고 생각할 수 있다. 왜냐하면 그는 그런 권리는 헌법이 보장하는 자유에 대한 더 추상적인 권리의 결과라고 믿기 때문이다. 만일 그렇다면, 그는 불법행위(tort) 법이 동료시민에 의해서 사생활을 침해받지 않을 수 있는 그와 병행하는 추상적 권리를 어떤 구체적인 형태로 인정하지 못한 것을 비일관성으로 간주할 것이다. 만일 또 다른 법관이 사생활과 자유 사이의 연결에 관한 그의 믿음을 공유하지 않는다면, 그리고 그렇게 해서 그의 헌법해석을 설득력이 있는 것으로 받아들이지 않는다면, 그 법관은 불법행위의 적절한 전개에 관한 견해에도 동의하지 않을 것이다.

그래서 헤라클레스 자신의 판단들 가운데 어떤 것들은 논란이 될 것이라 하더라도 그 판단들의 영향은 전체적으로 미칠(pervasive) 것이다. 그런 판단들은 그가 구성하는 이론의 다른 부분들이 그가 정당화해야 하는 법(the body of law)이 그의 독립적 신념으로 귀속될 수 있는 그런 방식으로 그의 계산 속에 들어오지는 않을 것이다. 그는 내가 앞에서 언급한 그런 고전적인 재판이론들을 따르지 않을 것이다. 그 이론들은 제정법이나 판례의 명확한 지시가 고갈될 때까지 법관은 그것을 따르고 그 이후로는 그와 관계없이 자유롭게 결정한다고 가정한다. 그의 이론은 오히려 제정법이나 판례 자체가 요구하는 것이 무엇인가에 관한 이론이다. 물론 그가 그 판단을 하면서 자신의 지적이고 철학적인 신념을 반영할 것이라 하더라도, 그것은 그 신념들이 바로 그의 신념들이기 때문에 그의 논변에서 어떤 독립적인 힘을 갖는다고 가정하는 것과는 매우 다른 문제이다.[28]

③ 실수

나는 이제 더 세부적으로 헤라클레스의 법이론을 전개하려 하지는 않을 것이다. 그렇지만 나는 그가 직면하게 될 두 개의 문제에 대해서

---

28) 아래 261~273쪽을 참조할 것.

언급할 것이다. 먼저 그는 판례들의 한 집합에 대한 정당화 체계를 구성하면서 그런 사안들을 판결한 법관들이 그들의 판결에 부속시킨 논변들에 얼마나 많은 비중을 두어야 하는지에 대해서 결정해야 한다. 그는 이런 의견들 속에서 그가 해석할 하나의 제정법으로 기능하기에 충분한 만큼 명확한 명제를 항상 발견하지는 않을 것이다. 그러나 그 의견들은 거의 항상 그 법관들이 그들의 판결을 추천하는 것으로 생각하는 명제들의 형태로 논변을 포함할 것이다. 헤라클레스는 그의 정당화 체계 속에서 이것들에게 오직 시초적 또는 일견적 지위만을 부과하도록 결정할 것이다. 그 체계의 목적은 정부가 몇몇 사람들이 갖는다고 생각하는 권리를 모든 사람에게 확대시켜야 한다는 요구를 충족시키는 것이다. 정부의 어떤 관리가 그의 결정의 근거로서 어떤 원칙을 제공한다는 사실은 일견적으로 그 정부가 그만큼 그 원칙에 의존한다는 것을 보여주는 것으로 간주될 것이다.

그러나 그 배후에 있는 공정성 논변의 주요한 힘은 과거지향적(backward-looking)이 아니라 미래지향적(forward-looking)이다. 맥퍼슨 부인 사안의 인력은 그녀가 그녀의 뷰익 차에 대해 보상을 받았다는 사실뿐만 아니라 정부가 바로 그녀의 처지에 있는 다른 사람들이 장차 보상을 받는 것을 허용하는 것을 제안한다는 사실에 의존한다. 만일 법원들이 그 판결을 파기하는 것을 제안했다면, 어떤 실질적인 공정성 논변도 그 사안에서 이루어진 실제의 판결을 근거로 하여 **스파르타철강** 사안에서 원고를 지지하는 논변으로 살아남지 못할 것이다. 그렇기 때문에 만일 카르도조가 인용한 원칙과는 다른 원칙이 **맥퍼슨** 판결을 정당화한다는 것이 발견될 수 있다면, 그리고 만일 이 다른 원칙이 카르도조가 정당화하지 않는 상당히 많은 양의 판례를 정당화한다면, 또는 만일 그것이 수직적 배열에서 더 높은 수준에 있는 판결들을 정당화하는 것으로 간주되는 논변들과 더 부드럽게 어울린다면, 이 새로운 원칙은 이후의 판결들을 위한 더 만족스러운 기초가 될 것이다. 물론 카르도조의 원칙을 그대로 적용하지 않는 것을 지지하는 이런 논변은 만일 그 새로운 원칙이 더 추상적이라면, 그리고 카르도조의 원칙이 그 더 추상적인 원칙의 하나의 구체적 형태에 불과하다는 것이 보여질 수 있다면 필요하지 않을 것이다. 그 경우 헤라클레스는 자신의 판결에 대한 카르도조의 설명을 거부하기보다는 통합시킬 것이다. 사실상 카르도조는 그가 의존한 더 이전의 **토머스 대 윈체스터**(Thomas v. Winchester) 사안[29]에서 그 의견을 그런 방식으로 이용했다. 그렇지만 그 새로운 원칙은 다른 노선에 서 있을 수 있고, 그렇기 때문에 그것은 하나의 판례나 일련의 판례들을 그들의 견해가 제안하는 것과는 전혀 다른 근거 위에서 정당화할 수 있다. 사생활권에 대한 브랜데이스와 워런의 유명한 논변[30]은 하나의 극적인 예이다. 그들은 그 권리는 법에 알려져 있지 않았지만 매우 다양한 판결들에서 증명되었다고 주장했다. 비록 그것들에서 법관들이 그 권리를 언급하지 않은 것이 사실이지만 말이다. 그렇게 파악되는 그들의 논변은 성공적이 아니었을 수도 있고, 헤라클레스가 그들의 위치에 있었다면 다른 결과에 이르렀을 수도 있다. 그런데도 헤라클레스의 이론은 때때로 일종의 기발한 사기로 간주되기도 하는 그들의 논변이 왜 적어도 그것의 야망에서만큼은 건전한지를 보여준다.

헤라클레스는 또한 그와는 다르고 더 큰 문제에 대답해야 한다. 만일 그의 법정의 역사가 복잡하다면, 만일 실제에서 그가 수용한 전체적 일관성에 대한 요구가 그 요구를 적용할 때 제도적 역사의 어떤 부분을 하나의 실수로 무시할 수 있다는 생각을 포함하도록 그것을 더욱 발전

---

29) 6 N.Y. 397(1852).
30) Warren & Brandeis, "The Right of Privacy", *Harv. L. Rev.* 4, 1890, 193쪽.

시키지 않는다면, 그 요구는 지나치게 강한 것임을 발견하게 될 것이다. 왜냐하면 그는 그의 뛰어난 상상력에도 불구하고 모든 현행의 제정법과 판례들을 화해시키는 원칙들의 집합을 발견할 수 없을 것이기 때문이다. 그것은 그렇게 놀랄 일이 아니다. 즉, 과거의 법제자들과 법관들 모두가 헤라클레스의 능력이나 통찰력을 갖고 있는 것이 아니며, 또한 모두가 동일한 마음과 견해를 가진 사람들도 아니다. 물론 제정법이나 판결들의 어떤 집합도 역사적으로나 심리적으로나 사회학적으로 설명될 수 있을 것이지만, 일관성은 설명이 아니라 정당화를 요구하며 정당화는 그럴 법한 것이어야지 야바위여서는 안 된다. 만일 그가 구성하는 정당화가 자의적인 구별을 하고 호소력 없는 원칙을 전개한다면, 그것은 전혀 정당화로 간주될 수 없다.

헤라클레스의 사법부에서 태만과 사고에 관한 법이 아래와 같이 단순한 가상의 방식으로 발전되어왔다고 가정하자. 그것은 부실하게 만들어진 위험한 도구에 의해서 야기된 신체적 상해의 피해를 보상받을 권리를 인정하는 특정한 보통법 사안들로 시작한다. 이 사안들은 맥퍼슨 사안에서처럼 이정표가 되는 판결에서 매우 추상적인 다음의 권리에 의해서 정당화되는 것으로 재해석된다. 그 권리는 각각의 사람들이 자기 자신의 신체나 재산을 침해할 수 있는 행위를 하는 다른 사람들에게 합당한 조심을 요구할 권리이다. 그 이후 이 원칙은 다양한 방식으로 넓혀지기도 하고 좁혀지기도 한다. 예를 들면 법원은 재정 발표준비에 태만한 회계사에게 책임을 지우는 어떤 구체적 권리도 없다고 판결한다. 그들은 또한 그 권리는 어떤 경우들, 예를 들면 자동차 구매의 표준적인 계약형태 안에서는 유보될 수 없다고 판결한다. 입법부는 산업재해의 어떤 경우들에서는 만일 피고가 전적으로 원고의 책임이라는 것을 입증하지 못한다면 보상이 허용될 것이라고 규정하는 제정법을 덧붙인다. 그러나 그것은 또한 다른 경우들, 예를 들면 비행기 사고의 경우 보상은 약정된 액수에 한정될 것이라고 규정하기도 하는데, 그것은 실제의 피해보다 훨씬 더 적을 수 있다. 그리고 그것은 나중에 자동차 주인이 태만하게 운전하고 그 결과 같이 타고 있던 손님이 상해를 입었다 하더라도 손님은 주인을 상대로 소송을 제기할 수 없다는 내용을 덧붙인다. 이제 이런 것을 배경으로 삼아 헤라클레스가 스파르타 철강 사안에서 판결하도록 요청받는다고 가정하자.

그는 공정성이 요구하는 방식으로 이 역사를 정당화해주는 원칙들의 정합적인 집합을 발견할 수 있는가? 그는 개인들은 고의적으로 입힌 피해가 아니라면 보상받을 권리를 갖지 않는다는 명제에 대해 따져볼 수 있다. 그는 그러한 피해보상을 허용하는 어떤 추상적인 권리를 인정해서가 아니라 정책의 근거로 그들이 그 피해보상을 허락받는다고 주장할 것이다. 그리고 정책이 다른 방식으로 주장하는 경우에는 보상이 부정된다는 것에 대한 증거로 비행기 회사와 보험회사를 보호하기 위해서 책임에 제한을 두는 제정법들과 회계사들에게 불리한 책임을 면제하는 사안들을 인용할 것이다. 그러나 그는 제도의 역사에 대한 이런 분석은 보통법 판결들, 특히 태만에서의 일반적 보상권을 인정하는 이정표적 판결들과 양립할 수 없다는 것을 인정해야 한다. 만일 그가 권리 테제에 의거해 법원들은 보상책임을 정책이 아니라 오직 원칙의 논변에 근거해서만 확장할 수 있다고 생각한다면, 그는 이런 판결들 자체가 정책의 근거 위에서 정당화될 것이라고 말할 수 없다. 그렇게 말하는 것은 그의 이론의 다른 부분과 양립할 수 없을 것이다. 따라서 그는 이런 판결들을 실수로서 무시해야 한다.

그는 또 다른 전략을 검토할 수 있다. 그는 개인들은 그들이 피해보상을 받을 권리가 있다고 결정한 특정한 사안들의 여건 아래에서 그 권리를 갖는 것이지 그런 피해보상에 대한 일반적 권리는 갖지는 않는다는 어떤 원칙을 제안할 수 있다. 예를 들면 그는 원고가 소유한 자동차

안에서 발생한 피해에 대해 보상받을 권리를 수여하는 법적 권리는 인정하지만, 다른 피해에까지 보상을 연장하는 원칙은 부정할 수 있다. 그러나 그가 이런 방식으로 제도의 역사에 대한 그의 정당화를 그 역사에 정확하게 어울리도록 재단할 수 있다 하더라도, 그는 이 정당화는 자의적인 구별에 의존한다는 것을 깨달을 것이다. 그는 어떤 사람이 자신의 자동차로 운전하다가 상해를 입었을 경우에는 추상적 권리를 인정하지만, 그가 손님이었거나 비행기 안에서 사고를 당했을 경우에는 인정하지 않는 그런 구별이 성립할 수 있는 여지를 그의 정치이론 안에서는 발견할 수 없을 것이다. 그는 어떤 것에 대해서도 정합적인 정당화로서 성립할 수 없는 논변들의 집합을 제공한 것이다.

그렇기 때문에 그는 태만의 경우에 보상받을 수 있는 어떤 일반적인 추상적 권리를 가정하지 않고서는 제도의 역사가 이해될 수 없다는 것을 인정할 수 있다. 그러나 그는 그것은 상대적으로 약한 권리이며 그렇기 때문에 상대적으로 작은 힘을 갖는 정책의 고려사항에 굴복할 것이라고 주장할 수 있다. 그는 그 권리가 약한 권리라는 그의 견해를 지지하기 위해 책임을 제한하는 제정법과 판례를 인용할 것이다. 그러나 그는 다음과 같은 경우에는 난관에 봉착하게 될 것이다. 즉, 비행기 사고에서 책임을 제한하는 제정법이 폐기되지 않았지만 비행기 회사들이 충분히 안전하게 되고 비행기 회사들이 들 수 있는 보험의 메커니즘이 매우 효율적이고 비싸지 않기 때문에, 그 제정법을 폐기하지 않은 것은 그 추상적 권리가 상대적으로 약한 정책의 논변으로도 부정되기 충분할 정도로 약한 권리라고 간주함으로써만 정당화되는 경우가 그것이다. 만일 헤라클레스가 그 권리를 그 정도로 약한 것으로 간주한다면, 그는 현재 비행기 회사들이 제시할 수 있는 논변보다 훨씬 더 강한 정책의 논변에 대항해 하나의 구체적인 권리로서 그 권리를 지지하는 다양한 보통법 판결들을 정당화할 수 없을 것이다. 그래서 그는 항공기 사고책임을 제한하는 제정법을 폐지하지 못한 것을 실수로 간주하거나 그 권리를 훨씬 더 높게 평가하는 보통법 판결을 실수라고 간주해야 한다.

그렇기 때문에 어쨌든 헤라클레스는 제도의 역사에 대한 정당화는 그 역사의 어떤 부분이 실수임을 보여주게 될 것이라는 생각을 포함하도록 그의 이론을 확장해야 한다. 그러나 그는 이런 장치를 거리낌없이 사용할 수는 없다. 왜냐하면 만일 그가 제도의 역사 중에서 양립할 수 없는 부분들 가운데 어떤 부분이든지 마음대로 실수로 간주하면서도 그의 일반 이론에 대해서는 다른 결과를 갖지 않는다면, 일관성의 요구는 결코 진정한 요구가 아닐 것이기 때문이다. 그는 제도적 실수에 대한 그 어떤 이론을 발전시켜야 하고 실수에 대한 그 이론은 두 부분으로 구성되어야 한다. 그것은 어떤 제도적 사건(event)을 잘못된 것으로 간주하는 것이 다른 논변에 대해서 갖는 결과를 보여주어야 한다. 그리고 그것은 이런 방식으로 처리될 수 있는 사건들의 수와 성격을 제한해야 한다.

그는 실수에 대한 이 이론의 첫 번째 부분을 두 종류의 구별로 구성할 것이다. 그는 먼저 어떤 제도적 사건의 특수한 권위—제도적 행위로서 바로 그것이 기술하는 특별한 제도적 결과를 야기하는 그것의 능력—와 그것의 인력 사이를 구별할 것이다. 그가 어떤 사건을 하나의 실수로 분류할 경우, 그는 그것의 특수한 권위를 부정하는 것이 아니라 그것의 인력을 부정한다. 그렇기 때문에 그가 다른 논변들에서 그 인력에 호소하면 그는 모순을 범하게 된다. 그는 또한 고정적(embedded) 실수와 교정가능한 실수를 구별할 것이다. 고정적 실수들은 그것들의 권위가 고정된 것이어서 인력을 상실한다 하더라도 살아남는다. 교정가능한 실수들은 그것들의 특수한 권위가 인력에 의존하며, 인력을 상실할 경우에는 권위가 살아남을 수 없는 그런 실수들이다.

이 이론의 헌법적 수준에서는 어떤 실수들이 고정적 실수인가를 결정할 것이다. 예를 들면 입법부 우위에 관한 이론은, 그가 실수로 취급하는 모든 제정법들이 그것들의 인력을 잃더라도 그들의 특수한 권위는 상실하지 않게 되는 것을 보장할 것이다. 비록 그가 항공기의 책임의 한계를 정하는 제정법의 인력을 부정한다 하더라도, 그 제정법은 그것에 의해서 폐지되지 않는다. 또한 그 실수는 고정적 실수이기 때문에 그것의 특수한 권위는 살아남는다. 그는 그 제정법이 책임에 부과하는 제한을 계속해서 존중해야 한다. 그러나 그는 그것을 어떤 다른 사안에서 더 약한 권리를 주장하기 위해서 이용하지는 않을 것이다. 만일 그가 어떤 엄격한 선례구속의 원리를 받아들이고 회계사의 태만에 대해 보상받을 권리를 부정하는 판결 같은 어떤 사법적 판결을 하나의 실수로 지적한다면, 그 엄격한 법원리는 그 판결의 특수한 권위——그것은 그것의 입법적 힘으로 한정될 것이다——를 보존할 것이지만, 그 판결은 그것의 인력을 상실할 것이다. 그것은 프랭크퍼터(Frankfurter) 판사의 표현을 빌리자면 법적인 표류물이거나 방출물이 될 것인데 그 둘 가운데 어떤 것인지를 결정하는 것은 필요하지 않을 것이다.

이 첫 번째 부분은 매우 간단하지만, 헤라클레스는 그의 실수이론의 두 번째 부분에 더 많은 심혈을 기울여야 한다. 그가 판례의 일반적 관행에 제공했던 정당화는 그에게 제정법과 보통법 판결 전체를 위한 더 상세화된 정당화를 원칙의 체계형태로 구성할 것을 요구한다. 그러나 정당화되어야 할 것의 부분을 실수로 지적하는 정당화는 그렇게 하지 않는 정당화보다 일견적으로 더 약하다. 그렇다고 하더라도 실수에 대한 그의 이론의 두 번째 부분은, 그린 정당화가 어떤 실수도 인정하지 않거나 다른 실수를 인정하는 다른 이론보다 더 강한 정당화라는 것을 보여주어야 한다. 그 증명은 이론구성의 단순규칙들로부터 이루어지는 연역일 수 없다. 그렇지만 만일 헤라클레스가 앞에서 확립한 판례와 공정성 사이의 연결을 염두에 둔다면, 이 연결은 실수에 대한 그의 이론을 위해서 두 가지 지침을 제시할 것이다. 우선, 공정성은 단순히 역사로서가 아니라 정부가 미래에 계속하기를 제안한 정치적 프로그램으로서의 제도의 역사에 주의를 고정시킨다. 즉, 그것은 과거지향적이 아니라 미래지향적인 판례의 의미를 취한다. 만일 헤라클레스가 제정법이든 사법적 판단이든 어떤 이전의 결정이 이제 전문가들의 내부에서 널리 후회되고 있다는 것을 발견한다면, 그 사실 자체는 그 판결을 파기될 수 있는 것으로 구별한다. 둘째, 그는 일관성을 요구하는 공정성 논변이 정부 일반 또는 특별히 법관들이 대응해야 하는 유일한 공정성 논변은 아니라는 것을 기억해야 한다. 만일 그가 특정한 제정법이나 판결이 일관성의 어떤 논변과는 전혀 관계가 없이 공정성에 대한 공동체 자신의 개념 안에서 불공정하기 때문에 잘못이라고 믿는다면, 그 믿음은 그 판결을 다른 것으로부터 구별하고 그것을 파기될 수 있는 것으로 만들기에 충분하다. 물론 그는 그 지침을 그의 정당화 전체의 수직적 구조에 대한 이해에 의거해 적용시켜야 한다. 그 결과 더 낮은 수준의 결정들은 더 높은 수준의 결정들보다 더 파기될 수 있다.

그러므로 헤라클레스는 실수에 대한 그의 이론의 두 번째 부분에서 적어도 두 개의 준칙을 적용할 것이다. 만일 역사의 논거에 의해서나 법공동체의 어떤 감각에 호소해서 그가 어떤 특정한 원칙이 이제는 거의 힘이 없어서 하나의 법적 결정을 더 이상 발생시킬 가능성이 없다——그것이 한때 입법부나 법원이 그런 결정을 하도록 설득하기 위해서 충분한 호소력을 가졌다고 하더라도——는 것을 보여줄 수 있다면, 그 원칙을 지지하는 공정성 논변의 힘은 삭감된다. 만일 그가 정치도덕의 논변에 의해서 그런 원칙은 그것의 인기와는 관계없이 부정하다는 것을 보여준다면, 그 원칙을 지지하는 공정성으로부터의 논변은 무효가 된다. 헤라클레스는 이런 구별이 다른 법관들의 관행 속에서 흔히 볼 수 있는 것임을 발견하고 기뻐할 것이다. 그의 직무가 갖는 법철학적 중요성은 그가 지금 만들어낸 난해한 사안에 대한 이론이 새로운 것이라는 점에 있는 것이 아니라 흔히 볼 수 있는 것이라는 점에 있다.

6. 정치적 반대들

권리 테제는 두 개의 측면을 갖는다. 그것의 기술적(descriptive) 측면은 현재의 재판제도의 구조를 설명한다. 그것의 규범적 측면은 그 구조에 정치적 정당화를 제공한다. 헤라클레스의 이야기는 그 테제가 일반적으로 수용되었을 경우 우리에게 익숙한 사법적 관행이 어떻게 발전되어 나올 수 있는가를 보여준다. 이것은 곧바로 권리 테제가 함의하고 있는 바를 어느 정도 자세하게 보여줌으로써 그 테제를 명확하게 해주고, 그것의 기술적 측면을 지지해주는 특별하지만 강력한 논변을 제공한다. 그러나 그 이야기는 또한 그것의 규범적 측면을 지지하는 또 다른 정치적 논변을 제공한다. 헤라클레스는 단순히 다른 법관들이 하는 것을 되풀이하는 것이 아니라 그의 법정에 오는 사람들의 진정한 제도적 권리를 집행하려는 의도를 갖고 그의 계산을 시작했다. 만일 그가 우리의 정의감을 만족시키는 판정에 도달할 수 있다면, 그것은 그 테제의 정치적 가치를 옹호하게 된다.

그렇지만 이제 헤라클레스 이야기의 어떤 특징들은 그 테제의 규범적 측면에 불리한 것으로 간주된다고 반박될 수 있다. 이 장의 도입부에서 나는 사법적 독창성에 대해 우리에게 익숙한 반론을 언급했다. 그것은 정치적 결정을 하는 데서는 선출된 입법사들이 너 높은 사격을 갖는냐는 민주주의에 근거한 논변이다. 나는 그 논변은 원칙에 입각한 판결의 경우에는 약하다고 말했지만, 헤라클레스의 이야기가 바로 그 점에서 새로운 의문사항을 야기할 수 있을 것이다. 그 이야기는 법적 권리에 대한 헤라클레스의 판결들 가운데 많은 것들이 다양한 법관들이나 공중

전체가 다양하게 가질 수 있는 정치이론의 판단들에 의존한다는 것을 분명히 한다. 이 반론에서는 그 판결이 정책보다는 원칙에 근거한 판결이라는 것은 문제 되지 않는다. 중요한 것은 그 판결이 정치적 신념에 근거한 판결이고 그것에 대해서는 합리적인 사람들도 서로 다른 견해를 가질 수 있다는 것뿐이다. 만일 헤라클레스가 그런 판단들에 기초해서 사안을 판결한다면, 그는 자기 자신의 신념과 선호에 근거해서 판결하는 것인데, 그것은 불공정하고 민주주의에 어긋나며 법치에 대한 위반인 것처럼 보인다.

그것이 내가 이 마지막 절에서 고찰하게 될 일반적 형태의 반론이다. 먼저 그것은 하나의 중요한 측면에서 명확해져야 한다. 그 반론은 헤라클레스가 정치도덕의 문제에서 자신의 신념에 의존하는 것을 비난한다. 그 비난은 애매한데, 왜냐하면 관리가 그런 판결을 할 때 자신의 견해에 의존하는 것에는 두 가지 방식이 있기 때문이다. 어떤 법관에게도 이 방식들 가운데 하나는 잘못이지만 다른 하나는 불가피하다.

때때로 어떤 관리는 그의 판결에 대한 근거로 어떤 사람이나 집단이 특정한 믿음이나 견해를 갖는다는 사실을 제시한다. 어떤 의원은 낙태금지법에 찬성표를 던지는 것에 대한 근거로 그의 유권자들이 낙태는 옳지 않다고 믿는다는 사실을 제시할 수 있다. 그것은 일종의 권위에의 호소다. 다시 말해, 그런 호소를 하는 관리는 그가 호소하는 믿음의 실체적 내용을 보장하지 않으며, 그 믿음의 건전함을 그의 논변의 부분으로 간주하지도 않는다. 우리는 바로 이런 방식으로 자신이 특정한 정치적 선호를 갖는다는 사실에 호소하는 법관을 상상할 수 있다. 그는 정치도덕의 문제에서 철학적 회의론자일 수 있다. 그는 어떤 견해도 객관적인 지위를 가지지 않기 때문에 그런 문제들에서 어떤 사람의 견해는 다른 사람의 견해보다 더 가치 있는 것은 아니며, 그 자신이 낙태를 지지하기 때문에 낙태금지법이 위헌이라고 주장할 것이라고 말할 수 있다.

그 법관은 그가 특정한 정치적 견해를 갖는다는 사실을 그것 자체로서 그의 판결에 대한 정당화로 제시한다. 그러나 다른 어떤 법관은 믿음의 진리와 건전함에 의존한다는 다른 의미에서 자신의 믿음에 의존할 수 있다. 예를 들면 미국헌법의 적법절차조항이 법의 문제로서 기본적 자유에 대한 모든 제약을 부당한 것으로 만들며, 낙태금지법은 기본적 자유를 제약한다고 믿는다고 가정하자. 그는 다른 사람들과는 달리 그가 그 신념을 갖는다는 사실이 아니라 그 신념의 건전함에 의존할 수 있다. 법관이 모든 **특정한** 믿음의 건전함에 이런 방식으로 의존할 필요는 없다. 그의 동료들 가운데 다수가 또는 유력한 법률잡지 편집인들 또는 어떤 국민투표에서 투표를 하는 공동체의 다수가 낙태에 대해서 그와 반대되는 견해를 지닌다고 가정하자. 그는 미국헌법이 원하는 것이 무엇인가에 대한 그들의 견해가 그가 생각하기에 건전하지 않다 하너라도, 그 판단을 존중하는 것이 그의 의무라고 결정할 수 있다. 그러나 그 경우에 그는 그의 제도적 의무는 이 문제에서 다른 사람들의 판단을 존중하는 것이라는 그 자신의 신념의 건전함에 의존한다. 즉, 그는 어느 판단이든지 그 판단을 하기 위해서 어떤 지점에서는 그 자신의 판단의 실체적 내용에 의존해야 한다.

헤라클레스가 자신의 신념에 의존하는 것은 이 두 가지 방식들 가운데 첫 번째 방식이 아니다. 예를 들면 그는 그 자신이 우연히 종교적 자유에 대한 하나의 특정한 견해에 호의적이라는 사실을 그 견해를 반영하는 판결을 지지하는 논거로 간주하지 않는다. 그렇기 때문에 만일 우리가 고찰하고 있는 반론이 성립하려면, 그것은 그가 두 번째 방식으로 그 자신의 신념에 의존하는 것에 대한 반론이어야 한다. 그러나 그 경우에 그 반론은 그가 그의 신념들 가운데 어떤 것에 의존하는 것에 대한 일괄적 반론(a blanket objection)일 수는 없다. 왜냐하면 그는 불가피하게 어떤 신념에는 의존해야 하기 때문이다. 그것은 그 자신의 신

넘들 가운데 특정한 신념의 건전함에 의존하는 것에 대한 반론이다. 그
것은 다른 사람들의 특정한 판단이 그가 생각하기에 옳지 않다고 하더
라도 그는 그들의 그 판단을 존중해야 한다고 주장한다.

그렇지만 그 반론이 그의 판단들 가운데 어떤 것을 그가 다른 사람들
에게 의뢰해야 한다고 생각하는지를 아는 것은 어렵다. 만일 헤라클레
스가 우리에게 익숙한 재판이론을 거절하기보다 받아들였다면, 우리
는 그런 어떤 문제도 갖지 않았을 것이다. 고전적인 법철학은 내가 앞
에서 말했던 것처럼 법관들이 사안을 결정할 때 두 단계를 거치는 것
으로 본다. 즉, 그들은 명시적인 법이 요구하는 것의 한계를 찾아내고,
그런 다음 법이 미치지 못하는 문제에 대해서는 독립적인 재량을 행사
해 입법한다. 그 이론에 따르면 최근의 낙태사안[31]에서 대법원 법관들
은 먼저 적법절차조항과 과거의 대법원의 판결들의 언어가 어떤 하나
의 판결을 지시하지 않는다고 결정했다. 그런 다음 그들은 헌법과 판
례를 참조하지 않고서 그들의 의견에 따라 주(洲)가 임신 3개월 이내
에 낙태하는 것을 불법으로 만드는 것이 근본적으로 불공정한지 어떤
지를 결정했다.

허버트라고 불리는 또 다른 법관을 상상해보자. 그는 재판에 대한 이
이론을 받아들이며, 그의 판결에서 그것을 따르고자 한다. 허버트는 여
자들은 태아를 낙태할 배경권리를 갖는다고 믿지만, 다수의 시민들은
그렇게 생각하지 않는다고 믿을 수 있다. 현재의 반론은 그는 민주주의
에 유리한 방식으로 갈등을 해결해야 하며, 그렇기 때문에 그가 낙태사
안에 대해서 판결하기 위해서 재량을 행사할 때 그는 낙태를 금지하는
법을 지지해야 한다고 주장한다. 허버트는 그에 동의할 수 있는데, 그
경우 우리는 그가 사람들의 도덕을 지지하기 위해서 자신의 도덕을 무

---

31) *Roe v. Wade*, 410 U.S. 113(1973); *Doe v. Bolton*, 410 U.S. 179(1973).

시했다고 말해야 한다. 그렇지만 사실상 그것은 약간 잘못된 표현이다. 그의 도덕은 사람들이 특정한 견해를 갖는다는 사실을 결정적인 것으로 만들었다. 그의 도덕은 사람들의 견해의 실체적 내용을 지지하기 위해 후퇴한 것이 아니다. 다른 한편으로 허버트는 동의하지 않을 수 있다. 그는 배경권리 일반 또는 특정하게는 바로 이 권리가 입법부에서조차도 대중의 견해보다도 우월해야 하며, 그렇기 때문에 입법적 재량을 행사하면서 그는 그 제정법들이 위헌이라고 선언할 의무를 갖는다고 믿을 수 있다. 그 경우에 현재의 반론은 그가 그의 정치이론에서 민주주의의 원칙을 충분히 중시하지 않았기 때문에 그가 잘못이라고 주장한다.

그렇지만 어쨌든 허버트의 경우에 맞춰서 만들어진 이런 논변은 헤라클레스를 비판하는 논변들처럼 당혹스럽다. 헤라클레스는 먼저 법의 한계를 발견하고 그 다음에 법이 요구하는 것을 보증하기 위해서 자신의 정치적 신념을 전개하지 않았다. 그는 그 앞에 있는 소송당사자들이 어떤 법적 권리를 갖고 있는지를 결정하기 위해서 자신의 판단을 사용하며, 그 판단이 이루어진 후에는 그 자신의 신념이나 공중의 신념에 의뢰할 것은 남아 있지 않다. 그 차이는 단순히 동일한 것을 기술하는 방식에서의 차이가 아니다. 우리는 제4장에서 제도적 권리에 대한 판단은, 몰수규칙에 대한 체스 심판관의 판단같이 규칙들의 열린 구조에 의해서 제공된 틈새들 안에서 이루어진 정치도덕에 대한 독립적 판단과는 매우 다르다는 것을 확인한 바 있다.

허버트는 그가 당사자들의 법적 권리를 징할 때까지는 그가 대중도덕에 상의할 것인지 아닌지에 대해서 고찰하지 않았다. 그러나 헤라클레스가 법적 권리를 정할 때, 그는 이미 공동체의 도덕적 전통들을 적어도 그것들이 제도의 기록 전체——이 기록을 해석하는 것이 그의 직책이다——안에서 포착되는 것인 한에서 고려했다. 적법절차조항을 집행한 과거의 대법원 판결들에 대해 두 개의 정합적인 정당화가 이루어질 수 있다고 가정하자. 하나의 정당화는 대부분의 주들의 형법과 화해될 수 없는 어떤 극단적 자유(liberality)의 원칙을 담고 있지만 다른 정당화는 그런 어떤 원칙도 담고 있지 않다. 헤라클레스는 자신이 극단적으로 자유주의적이라 하더라도 전자의 정당화를 낙태사안에서 낙태를 지지하는 판결을 하기 위한 근거로 이용할 수는 없다. 과거의 사안들에 대해 더 자유주의적인 정당화를 지지하는 그 자신의 정치적 신념들은 탈락할 수밖에 없다. 왜냐하면 그것들은 그의 정당화가 설명해야 하는 형법을 형성한 대중적 전통과 모순되기 때문이다.

물론 헤라클레스의 기법은 때때로 어떤 문제에서 대중도덕과 대립하는 판결을 요구할 수 있다. 과거의 헌법적 사안에 대한 정당화는 낙태를 지지하는 판결을 요구하기에 충분히 강한 자유주의적인 원칙을 담고 있어야 한다고 가정하자. 대중도덕이 낙태를 아무리 강하게 비난한다 하더라도 헤라클레스는 그 판결에 이르러야 한다. 이 경우에 그는 공동체의 신념에 반해 자신의 신념을 시행하는 것이 아니다. 그는 오히려 공동체의 도덕이 이 문제에 대해서 모순적이라고 판단한다. 법관들에 의해서 해석된 것으로서 공동체의 헌법에 대해 주어져야 하는 정당화인 공동체의 헌법적 도덕은 낙태라는 특정한 문제에 대한 공동체의 다른 판단을 비난한다. 그런 갈등은 개인의 도덕 내부에서는 익숙한 것들이다. 만일 우리가 정치이론에서 공동체 도덕의 개념을 사용하기 원한다면, 우리는 그 도덕 안에서의 갈등도 인정해야 한다. 물론 그런 갈등이 어떻게 해결되어야 하는지는 분명하다. 개인들은 그들의 제도가 의존하는 원칙들의 일관된 집행에 대한 권리를 갖는다. 헤라클레스가 인기는 있지만 모순적인 견해로부터 보호해야 하는 것은 이런 제도적 권리로서, 그것은 공동체의 헌법적 도덕에 의해서 정해진 것이다.

이런 가설적 경우들은 허버트에 대해서 고안된 반론이 헤라클레스를 비판하는 반론으로는 잘못 구성되었다는 것을 보여준다. 재판에 대한 헤라클레스의 이론은 그 어떤 지점에서도 자신의 정치적 신념들과 그가 공동체 전체의 정치적 신념이라고 간주한 것들 사이에서 선택하게 하지 않는다. 그와는 반대로 그의 이론은 공동체 도덕에 대한 특정한 견해를 법적 문제에 대해 결정적인 것으로 확인하는데, 그 견해는 공동체의 도덕이 공동체의 법과 제도들에 의해서 전제되는 정치도덕이라고 주장한다. 물론 그는 그 도덕의 원칙들이 어떤 것들인가에 대한 자신의 판단에 의존해야 하지만, 이런 종류의 의존은 우리가 구별한 두 번째 형태의 의존으로서 어떤 수준에서는 불가피한 것이다.

어떤 경우에서는 이 공동체 도덕의 내용에 대한 헤라클레스의 결정은 논란의 대상이 될 것이며 그렇게 해서 또한 법적 권리에 대한 그의 결정도 논란의 대상이 될 것임은 완벽하게 사실이다. 이것은 제도적 역사가 공정성이나 자유나 평등같이 어떤 논쟁적인 정치적 개념에 호소함으로써 정당화되어야 하지만 그 역사가 그 개념에 대한 다양한 견해들 중에서 오직 하나에 의해서만 정당화될 수 있을 정도로 충분히 상세화되지 않았을 때마다 그럴 것이다. 나는 앞에서 무료통학 사안에 대한 헤라클레스의 판결을 그런 판결의 예로 제시했다. 우리는 이제 더 많은 관심을 받고 있는 예를 살펴보아야겠다. 과거의 적법절차 사안들은 인간의 존엄성에 대한 어떤 중요한 권리를 가정함으로써만 정당화될 수 있지만, 그 사안들 자체가 존엄성이 사람의 자궁사용에 대한 완전한 통제를 요구하는지 어떤지의 문제에 대해서 어떤 한 방향으로 판결하도록 강요하지는 않는다고 가정하자. 만일 헤라클레스가 낙태사안에 임한다고 한다면, 그는 그 문제를 결정해야 하며 그렇게 하기 위해서 존엄성에 대한 자기 자신의 이해를 동원해야 한다.

이것이 정치적 결정이라는 것을 부정하거나 다양한 문화에서 자라난 다양한 법관들이 다양하게 판결할 것이라는 것을 부정하는 것은 어리석을 것이다. 그렇다고 할지라도 그것은 여자들이 모든 것을 고려할 때 그들의 태아를 낙태할 배경권리를 갖는지 어떤지를 결정하는 것과는 매우 다른 것이다. 헤라클레스는 존엄성을 매우 중요하지 않은 개념으로 생각할 수 있다. 만일 그가 새로운 제헌위원회에 참여하게 된다면, 그는 적법절차조항을 폐지하기 위해서 투표할 수 있으며 아니면 적어도 그것의 범위로부터 존엄성의 이념을 제거하기 위해서 그것을 수정하는 것에 찬성할 수 있다. 그렇다 하더라도 그는 그 개념이 적절하게 이해될 경우 낙태의 경우를 포용할 것인가에 대해서 결정할 수 있다. 그는 능력주의를 싫어하지만 지성이 심리적 위협능력을 포함하는지 어떤지에 대해서 고찰할 능력이 있는 체스 심판관의 입장에 있다.

물론 헤라클레스가 존엄성의 개념을 중시하지 않는다고 하더라도 그 개념에 대해서 어떤 이해를 갖고 있어야 하는 것은 필요하다. 그는 그 개념을 중요하게 생각하는 사람들에 의해서 그 개념이 어떻게 사용되는지를 보고서 그 이해를 획득할 것이다. 만일 그 개념이 일련의 헌법적 판결들의 정당화 속에 등장한다면, 그것은 당시의 정치적 수사법과 토론에서 두드러진 개념임이 틀림없을 것이다. 헤라클레스는 이런 문맥들 속에서의 그 개념의 삶으로부터 그 개념에 대한 그의 판단을 얻을 것이다. 그는 그 이념이 호소력을 갖는 사람들에게 그 이념이 갖는 호소력을 이해하기 위해서 최선을 다할 것이다. 그는 그가 할 수 있는 한에서 그들에 대한 그 호소력을 설명하는 하나의 견해를 고안할 것이다.

이 과정은 두 단계로 이루어지는 것으로 보는 것이 유익할 수 있다. 헤라클레스는 단순히 언어를 이해하는 문제로서 그 개념이 성립하는 명확하고 정착된 사안들이 어떤 것들인가를 알아볼 것이다. 예를 들면 그는 만일 어떤 사람이 사실은 다른 어떤 사람의 고용주가 아닌데도 그 사람을 자신이 고용한 사람으로 취급한다면, 그는 그의 존엄성을 침해한 것으로 생각될 것이다. 그는 그 다음으로 그가 할 수 있는 한 그 개넘을 높게 평가하는 사람들의 눈으로 이 분명한 사안들을 바라보기 위해서 그들의 믿음과 태도의 더 일반적인 체계 속에 자신을 놓으려 노력할 것이다. 예를 들면 그들이 자아실현의 추구에 대한 어떤 아리스토텔레스적인 이론을 믿거나 자존심을 매우 커다란 덕으로 생각한다고 가정하자. 헤라클레스는 그 믿음을 갖고 있거나 자존심이라는 덕을 인정하는 사람들이 존엄성도 높게 평가할 이유를 설명해주는 그 개념에 대한 어떤 일반 이론을 구성해야 한다. 만일 그의 이론이 그 믿음이나 그 덕을 인정하지 않는 그가 존엄성을 높게 평가하지 않는 이유도 설명해준다면, 그 이론은 바로 그 특징 때문이라도 더욱더 성공적일 것이다.

그 다음에 헤라클레스는 제도의 역사가 열린 것으로 남겨놓은 문제들에 대해 대답하기 위해서 존엄성에 대한 그의 이론을 사용할 것이다. 존엄성에 대한 그의 이론은, 존엄성을 독립과 연결시켜서 어떤 사람이 그의 의사에 반해서 그의 행위의 중요한 부분을 다른 사람을 위해 바치도록 강요될 때마다 그 사람의 존엄성이 훼손되는 것으로 볼 수 있다. 그 경우에 그는 여자들은 그녀들이 갖는 존엄성에 대한 헌법적 권리의 한 측면으로서 낙태에 대한 헌법적 자유를 갖는다는 주장을 지지할 수 있다.

이것은 헤라클레스가 배경도덕으로는 그가 거부하게 될 결정에 이르기 위해서 그가 높게 평가하지 않는 개념을 해석할 수 있는 방식이다. 그렇지만 헤라클레스가 자주 그런 입장에 있게 될 가능성은 별로 없다. 그는 그 자신의 공동체의 제도들의 정당화 속에 나타나는 대부분의 개념들을 높게 평가할 가능성이 있다. 그 경우 이 개념들에 대한 그의 분석은 위와 같이 사회학적 탐구의 자의식적 성격을 갖지는 않을 것이다. 그는 그 개념을 긍정하는 가치체계의 밖이 아니라 안에서 시작할 것이다. 그리고 그는 어떤 가설적인 자아가 아니라 그 자신에게, 그 개념에 가치를 부여하는 심층도덕의 문제를 제기할 수 있을 것이다. 배경도덕과 제도적 도덕 사이의 날카로운 구별은 흐려지게 될 것인데, 그것은 제도적 도덕이 개인적 신념들에 의해서 대체되기 때문이 아니라 그가 갖고 있는 것들 가운데서는 개인적 신념들이 제도적 도덕으로의 안내 자로서 가장 신뢰할 수 있는 것이 되었기 때문이다.

　물론 그럴 때라 하더라도 문제 되는 개념과 관련된 논란이 되는 사안 들에 대해서 헤라클레스가 다른 어떤 법관이 도달하게 될 것과 정확하 게 동일한 판결에 도달할 것이라는 결론이 나오지는 않는다. 그와는 반 대로 그는 공동체의 반성적 구성원들처럼 공정성이나 평등이나 자유가 요구하는 것이 무엇인가에 관해서 기회가 있을 때 기꺼이 토론하려 할 것이다. 그러나 그런 토론에서 반성적인 시민들이 단순히 그들의 개인 적 신념을 다른 사람들의 신념에 대립시키고 있다고 생각하는 것은 잘 못이라는 것을 우리는 이제 알게 된다. 그들도 역시 그들이 다른 사람 들과 공동으로 갖는다고 생각하는 하나의 개념에 대한 다양한 견해들 과 경쟁한다. 그들은 그 개념에 대한 다양한 이론들 중에서 어떤 이론 이 그 개념을 담고 있는, 해결된 명백한 사안들을 가장 잘 설명하는가 에 대해서 토론한다. 그들의 토론이 갖는 그런 성격은 그들이 경쟁하는 개념들을 그들이 높게 평가하고, 그렇기 때문에 아웃사이더가 이용할 수 있는 사회학적인 양식으로가 아니라 직관적으로 또는 내성적으로 추 론한다는 사실에 의해서 모호해진다. 그러나 그들이 자신의 주장을 공 동으로 소유하는 개념에 대한 주장으로 제기하는 한, 이 주장은 아웃사 이더의 주장과 동일한 구조를 가질 것이다. 우리는 이런 중요한 점들을 이런 방식으로 요약할 수 있을 것이다. 공동체의 도덕은 적어도 이런 문 제들에서는 그 구성원들의 경쟁하는 주장들의 어떤 합계나 결합이나 함 수가 아니다. 그렇다기보다는 그것은 경쟁하는 주장들 각각이 자신이라 고 주장하는 그것이다. 헤라클레스가 우리가 구별한 의존의 두 번째 의 미에서 존엄성에 대한 그 자신의 견해에 의존할 때, 그는 여전히 공동체의 도덕이 규정하는 것에 관한 자기 자신의 감각에 의존한다.

그러므로 현재의 반론이 헤라클레스를 비판하는 무기가 되기 위해서는 수정되어야 한다는 것은 분명하다. 그렇지만 만일 그것이 헤라클레스에게 더 잘 들어맞도록 수정된다면, 그것이 갖고 있는 호소력을 상실하게 된다. 헤라클레스는 그의 공동체의 제도적 도덕에 대한 그 자신의 판단이 아니라 그것이 무엇인가에 대한 공동체 대부분의 구성원들의 판단에 따라야 한다고 우리가 말한다고 가정하자. 그 제안에 대해서는 두 개의 명백한 반론이 있다. 우선 어떻게 그가 대중적 판단이 무엇인지를 알아낼 수 있을 것인지가 분명하지 않다. 길거리의 사람이 낙태를 부인한다거나 그것을 범죄로 만드는 입법을 지지한다는 사실로부터, 그 사람이 헌법에 의해서 전제되는 존엄성의 개념이 일관되게 적용될 경우 자신의 정치적 입장을 지지할 것인지 어떤지에 대한 문제에 대해 고찰했다는 결론이 나오지는 않는다. 그것은 어떤 변증술적 기술을 요구하는 복잡한 문제이다. 보통사람이 자의식적으로 자기의 입장을 변호할 때 그 기술을 발휘할 수 있다고 하더라도 그의 정치적 선호—그것은 우연히 표현되기도 하고 투표로 표현될 수도 있다—가 그런 형태로 검토되었다는 것이 당연한 것으로 간주될 수는 없다.

그러나 보통사람들이 존엄성은 낙태의 권리를 요구하지 않는다고 결정한 것을 설사 헤라클레스가 확인했다 하더라도, 왜 그가 그 문제에 대한 보통사람의 견해를 결정적인 것으로 간주해야 하는지의 문제는 남는다. 헤라클레스가 보통사람들이 틀렸다고, 즉 공동체의 개념들이 요구하는 것이 무엇인가에 대한 그 사람들의 철학적 견해가 잘못이라고 생각한다고 가정하자. 만일 허버트가 그 입장에 있다면, 그는 보통사람들의 판단에 따라야 할 좋은 이유를 가질 것이다. 허버트는 법의 실정적 규칙들이 모호하거나 불확정적일 때 소송당사자들은 전혀 제도적 권리를 갖지 않으며, 그렇기 때문에 그가 도달할 수 있는 그 어떤 판결도 새로운 입법의 하나라고 생각한다. 그가 판결한 어떤 것도 당사자들로부터 그들이 가질 수 있는 권리가 있는 것을 부정하게 빼앗는 것이 아니기 때문에 그가 입법할 때 그는 자기 자신을 다수의 대리인으로 간주해야 한다는 논변은 적어도 그럴 법하기는 하다. 그러나 헤라클레스는 그 문제에 대해 그런 견해를 취할 수 없다. 그는 그가 판결해야 하는 그 문제는 당사자들의 제도적 권리의 문제라는 것을 안다. 그는 만일 그가 잘못 판결한다면—보통사람의 견해를 따라갈 경우 잘못 판단하게 될 것처럼—그가 당사자들로부터 그들이 가질 자격이 있는 것을 부정하게 빼앗는 것임을 안다. 헤라클레스도 허버트도 쉬운 법의 문제를 대중의 견해에 의뢰하지 않을 것이다. 헤라클레스는 당사자들이 쉬운 사안에서뿐만 아니라 난해한 사안에서도 권리를 갖는다고 생각하기 때문에, 그는 난해한 사안에서도 대중적 견해에 의뢰하지 않을 것이다.

물론 난해한 사안에서의 당사자들의 권리에 대한 어떤 법관의 판단이든지 잘못될 수 있으며, 그 반론은 최종적으로 그 사실을 이용하려 할 수 있다. 그것은 논변의 목적상, 커다란 도덕적 통찰력을 갖는다고 가정되는 헤라클레스에게는 헤라클레스의 기법이 적절하다는 것을 인정할 수 있다. 그러나 그것은 그렇지 못한 일반 법관들에게는 그 동일한 기법이 적절하다는 것을 부정할 것이다. 그렇지만 이 반론을 평가할 때 우리는 조심스럽게 대안들을 고찰해야 한다. 법관들이 법적 권리에 대해서 잘못을 저지를 때, 그 잘못이 원고에 유리한가 피고에 유리한가에 관한 문제는 부정의의 문제이다. 그 반론은 법관들은 실수할 수 있고 결국은 서로 다른 의견을 갖고 있기 때문에 때때로 그런 실수를 저지를 것이라는 점을 지적한다. 그러나 물론 우리가 사회비평가로서 실수가 일어날 것임을 안다고 하더라도, 우리는 헤라클레스가 아니기 때문에 그것이 언제인지는 알지 못한다. 우리는 다양한 역할을 맡게 될 사람들의 상대적인 능력에 대한 어떤 판단에 기초해 전체적인 실수의 수를 축소하는 것으로 기대될 수 있는 재판의 기법을 제안해야 한다.

헤라클레스의 기법은 제도적 권리에 대해 법관 자신이 판단하도록 권유한다. 사법적 실수가능성을 근거로 한 논변은 두 가지 대안을 제안하는 것처럼 생각될 수 있다. 첫 번째 대안은 법관들이 실수할 수 있기 때문에, 그들은 그들 앞에 있는 당사자들의 제도적 권리를 결정하기 위한 어떤 노력도 해서는 안 되고 난해한 사안은 정책의 근거에서 판결하든지 아니면 판결하지 말아야 한다고 주장한다. 그러나 그것은 비뚤어진 주장이다. 그것은 법관들이 실수로 자주 부정한 판결을 할 것이기 때문에 그들은 정의로운 판결을 하도록 노력해서는 안 된다고 주장하는 것이다. 두 번째 대안은 법관들이 실수할 수 있기 때문에, 그들은 난해한 사안들에 의해서 제기된 제도적 권리의 문제들을 그 이외의 다른 사람에게 의뢰해야 한다고 주장한다. 다른 어떤 특정한 집단이 도덕적 논변을 할 수 있는 더 큰 능력을 갖는다고 봐야 할 이유는 없다. 또는 만일 그런 이유가 있다면, 변경되어야 할 것은 법관들을 선택하는 과정이지 그들이 사용하도록 요구를 받는 판결의 기법이 아니다. 그렇기 때문에 이런 종류의 회의주의는 그것 자체로서 재판에 대한 헤라클레스의 기법을 반박하지 않는다. 물론 어떤 법관에게 그가 정치적 판단을 할 때 잘못할 수 있으며, 그렇기 때문에 난해한 사안을 판결할 때는 겸손할 필요가 있다는 것을 상기시켜주는 것으로서 유익한 기여는 할 것이다.

제5장 헌법적 사안

1

닉슨은 대통령에 출마하면서 자신의 법철학을 대변해줄 만한 사람들, 즉 그가 "엄격한 해석주의자"(strict constructionist)라고 부르는 사람들을 미연방대법관으로 임명하겠다고 공약했다. 그러나 이후 그가 실행하고 그에 대해 말한 바 있는 대법관의 지명은 모두 그 법철학을 반영하지 않았다. 거의 지명될 뻔했던 프라이데이(Hershell Friday)와 릴리(Mildred Lilly)는 물론 헤인스워스(Haynesworth)와 카스웰(Carswell)에 대한 국가의 평가에서 법철학은 아무런 역할을 하지 못했다. 그러나 닉슨 대통령은 자신이 지명해 임명된 파웰(Lewis Powell)과 렌퀴스트(William Rehnquist)를 자신의 법이론의 본보기로 제시했고, 전국의 텔레비전 시청자들에게 그 이론을 설명할 기회를 얻었다. 닉슨은 이들이 법을 있는 그대로 집행할 것이며, 법관들 자신의 개인적 신념들에 맞추어 법을 "곡해하거나 왜곡하지"──그는 워런 법정*이 그렇게 했다고 비난했다──않을 것이라고 말했다.

---

* 워런(Earl Warren)이 대법원장이었을 때(1953~69)의 미국 대법원.

닉슨은 워런 법정이 내린 인종분리 폐지판결들과 그 밖의 다른 판결들에 대한 자신의 반론은 단순히 판결결과들에 대한 개인적이거나 정치적인 반감에 근거한 것은 아니라고 주장했다. 그는 워런 법정의 판결들이 그 법정이 따라야 하는 재판의 규준을 위반했다고 주장했다. 닉슨의 견해에 따르면, 워런 법정은 그것이 개혁하고자 한 학교운영 체계를 가진 여러 주들의 입법부를 포함해서 다른 기관들에 정당하게 속한 권한을 침해했던 것이다. 물론 이러한 견해는 닉슨 혼자만의 생각은 아니었다. 연방대법원이 적법한 권한을 넘어섰다는 것이 한동안 보수주의자들의 일반적인 생각이었다. 닉슨, 포드 및 수많은 의원들이 입법을 통해 대법원의 권한을 제한하는 방법들을 검토했다. 예를 들면 닉슨은 중요한 판결들을 뒤집는 것을 취지로 하는 의회의 제정법을 요구했다. 이 판결들에는 사실상의 인종분리에 대한 치유책으로 강제버스통학(busing)*에 관한 법령을 사용할 수 있는 넓은 권력을 연방법원에게 준 스완 대 **샬롯테-메클렌버그 교육위원회**(Swann v. Charlotte-Mecklenburg Board of Education) 사안에서의 판결이 포함된다. 상원의원 잭슨과 다른 의원들도 한동안 동일한 취지로 헌법수정을 위해 운동을 벌였다.

나는 논란의 대상이 되는 대법원의 판결들의 타당함에 대해서는 관심을 갖지 않을 것이고, 또한 대법원의 권력을 어떤 형태의 입법이나 수정에 의해서 제어하고자 하는 이런 다양한 시도—지금까지는 성공적이지 못한—가 현명한지에 대해서도 관심을 갖지 않을 것이다. 내가 관심을 갖는 것은 대법원에 반대하는 정치가들이 그들이 갖는다고 생각하는 헌법재판의 철학에 대해서이다. 나는 그런 정치가들이 일관

---

* 학교에 다니는 학생들 속에 여러 인종들이 섞일 수 있도록 학생들을 강제로 집에서 더 떨어진 학교에 다니게 한 제도.

성 있게 호소할 수 있는 정합적인 철학은 사실상 없다고 주장할 것이다. 나는 또한 내가 제4장에서 기술하고 변호한 일반적인 재판이론이 어떻게 특정한 판결들의 철학은 아니더라도 워런 법정의 헌법철학을 지지하는지를 보여주기 위해서 노력할 것이다.

닉슨은 더 이상 대통령이 아니다. 그리고 그의 범죄는 매우 심각한 것이어서 그 누구도 그의 법철학의 상세한 부분들에 대해서 더 이상 관심을 갖지 않는다. 그렇다 하더라도 아래에서 나는 "닉슨"이라는 이름을 사용할 것인데, 그때 그것이 지칭하는 것은 닉슨이 아니라 닉슨이 선거운동을 하면서 대법원에 대해서 명확히 한 태도들을 갖고 있는 모든 정치인들이다. 운이 좋게도 실재하는 닉슨은 한 사람뿐이었다. 그렇지만 내가 그 이름을 사용하는 특별한 의미에서는 많은 닉슨들이 있다.

논란이 되고 있는 워런 법정의 판결들에 대한 닉슨의 이런 복합적인 반대의 기초는 무엇인가? 그는 단순히 그 판결들이 이전의 법을 넘어선 것이라는 이유로 그 판결들에 반대할 수도 없고 대법원은 결코 자신의 마음을 바꿔서는 안 된다고 말할 수도 없다. 실로 버거 법정* 자체는 미란다(Miranda) 판결 같은 워런 법정의 자유주의적 판결들을 제한하려 한 것처럼 보인다. "법의 평등한 보호"에 대한 미국헌법의 보장은 명백한 언어로 "인종을 분리하지만 평등한" 학교는 위헌이라거나 인종분리는 매우 부정한 것이기 때문에 그것의 결과를 복구하기 위해서는 과감한 조치가 요구된다고 말하지 않는다는 것은 사실이다. 그러나 또한 그것은 헌법의 문제로서 대법원이 이런 결론에 도달하는 것이 잘못이라고 규정하지도 않는다. 그것은 이런 문제들을 대법원의 판단에 맡기며, 대법원은 예를 들면 노스캐롤라이나의 그 제정법이 위헌이라고 판결하

---

* 버거(Warren Earl Burger)가 대법원장이었을 때(1969~86)의 미국 대법원.

는 것을 거부했더라도 바로 그만큼 법을 만들었을 것이다. 그것은 판례의 문제로서, 평등보호조항은 그 정도까지는 이르지 않는다는 것을 확립함으로써 법을 만들었을 것이다.

따라서 우리는 닉슨의 입장에 대한 이론적 기초를 다른 곳에서 찾아야 한다. 물론 닉슨이 하나의 법철학적 이론을 갖는다고 가정하는 것은 어리석을 것이다. 그는 단순히 보수주의적 수사법의 구호에 동조했던 것이거나 관계당국에 대한 개인의 권리를 확장하는 것처럼 보이는 사법적 판결을 싫어하는 감정을 진술한 것일 수 있다. 그러나 어쨌든 닉슨은 법률가이고 그의 보수주의적 견해들은 매우 많은 법률가들과 몇몇 뛰어난 법학자들의 지지를 받고 있다. 그렇기 때문에 이 보수주의적 입장이 단순히 편견이 아니라 원칙의 문제로서 어떻게 변호될 수 있는가를 아는 것은 중요하다.

2

우리의 정부가 의존하는 헌법이론은 단순히 다수지배적 이론이 아니다. 미국헌법, 특히 권리장전은 비록 다수가 전체적 또는 공동의 이익이라고 생각한 것에 따라서 행위한다 하더라도 개별적 시민과 집단들을 그 다수의 시민들이 하고자 하는 특정한 결정들로부터 보호하기 위해서 고안되었다. 이런 헌법적 제약사항들 가운데 몇몇은 연방의 형사소송에서 배심재판을 요구하는 규칙이나 연방의회가 언론의 자유를 축소시키는 것을 금지하는 규칙처럼 거의 정확한 규칙의 형태를 갖는다. 그러나 다른 제약사항들은 예를 들면 정부는 사람들에게 적법절차나 법의 평등한 보호를 보장하지 않으면 안 된다는 규정같이 자주 "모호한" 규준이라 불리는 것들의 형태를 취한다.

민주주의적 관행에 대한 이런 방해는 정당화를 요구한다. 미국헌법을 기초한 사람들은, 이런 제약사항들이 개인들이 다수에 대해서 갖고 있는 권리로서 "모호한" 조항이든 명확한 조항이든 헌법조항들이 인정하고 보호한다고 말해지는 도덕적 권리에 호소함으로써 정당화될 수 있을 것이라고 생각했다.

"모호한" 규준들을 초안하고 채택한 사람들은 그들이 제정할 수도 있었을 더 특수하고 한정된 규칙들 대신 고의적으로 그런 규준들을 선택했다. 그러나 그들이 사용한 어휘들은 많은 법적 논쟁과 정치적 논쟁을 야기했다. 왜냐하면 좋은 의도를 가진 합리적인 사람들 사이에서조차도 예를 들면 그들이 적법절차조항이나 평등보호조항이 법으로 끌고 들어오는 도덕적 권리들을 정교화하려 할 때, 의견차이가 있을 것이기 때문이다. 그들은 또한 이 권리들이 어떻게 정의되든지 간에 그것들을 인종분리 사안의 주제였던 교육관행같이 정치적 행정의 복잡한 문제들에 적용하려 할 때 의견차이를 갖는다.

이런 논쟁들에서 "엄격한" 측과 "자유주의적" 측을 언급하고 대법원은 인종분리의 사안들에서는 "자유주의적" 측에 섰고 그것에 대한 비판자들은 "엄격한" 측에 섰다고 보는 관행이 발전되어왔다. 닉슨이 자기를 "엄격한 해석주의자"라고 부를 때 그는 이 구별을 염두에 둔 것이다. 그러나 그 구별은 사실상 혼란스러운 것이다. 왜냐하면 그것은 분리되어야 할 두 개의 다른 문제를 섞기 때문이다. "모호한" 헌법적 보장과 관련해 발생하는 어떤 사안이든지 두 개의 문제를 제기하는 것으로 보일 수 있다. (1) 미국헌법의 조문이나 그 조문을 채택한 사람들의 의도를 엄격하게, 즉 충실하게 따르는 것에 의해서는 어떤 결정이 요구되는가? (2) 개인들이 사회에 대해 갖는 도덕적 권리들에 대한 엄격한 견해, 즉 좁은 견해를 갖고 있는 정치철학에 의해서 요구되는 것은 어떤 결정인가? 일단 이런 문제들이 구별되면, 그것들은 다양한 대답을 가질 것이라는 것은 명백하다. 예를 들면 제1수정조항의 조문은 의회는 언론의 자유를 축소하는 어떤 법도 만들어서는 안 된다고 말하는데, 개인적 권리에 대한 좁은 견해는 문서에 의한 명예훼손법이나 외설법에서부터 스미스 법(Smith Act)에 이르기까지 많은 그런 법들을 허용한다.

그렇지만 적법절차조항과 평등보호조항 같이 "모호한" 조항의 경우에 법률가들은 그 두 문제들을 뒤섞게 되었는데, 왜냐하면 그들은 스스로 깨닫지 못하면서 아래와 같은 방식으로 제시될 수 있는 의미론에 의존했기 때문이다. 만일 미국헌법을 만든 사람들이 "법의 적절한 절차"에 대한 위반을 비난할 때 그렇게 했듯이 모호한 언어를 사용했다면, 그들이 "말한" 것이나 "의미한" 것은 그들이 위반이라고 염두에 둔 공식적 행위의 예들(instances), 또는 적어도 만일 그들이 염두에 두었다면 위반이라고 생각했을 그런 범례들로 제한된다. 만일 미국헌법에 적법절차조항을 추가한 사람들이 인종에 따라서 분리된 교육을 제공하는 것이 근본적으로 부정하다고 믿었다면, 또는 그런 결론이 함축된 정의에 대한 세분된 견해를 갖고 있었다면, 인종분리에 관한 판결들은 그들이 채택했던 원칙의 적용이라고 변호될 수 있을 것이다. 만일 그렇지 않다면 그것들은 그런 방식으로 변호될 수 없을 것이고, 그 대신에 미국헌법을 초안한 사람들이 정해놓은 정의(justice)에 대한 생각들을 법관들이 그들 자신의 생각들로 대체해놓았다는 것을 보여줄 것이다.

이 이론은 조문에 대한 엄격한 해석이 헌법적 권리에 대한 좁은 견해를 산출하도록 만든다. 왜냐하면 그것은 그런 권리들을 역사상 어느 시점에서 한정된 집단의 사람들에 의해서 인정된 권리로 제한하기 때문이다. 그것은 더 자유주의적인 권리의 집합을 지지하는 사람들에게 그 권리가 엄격한 법적 권위로부터 벗어난 것임을 인정하도록 하는데, 그들은 그 벗어난 만큼에 대해서는 그 권리가 갖고 오는 결과들의 바람직함에 호소함으로써만 정당화하려 해야 한다.

그러나 이 논변이 의존하는 의미론은 지나치게 조잡하다. 그것은 철학자들은 구별하지만 법률가들은 아직 구별하지 않는 차이를 무시한다. 내가 나의 아이들에게 단순히 나는 그들이 다른 사람들을 불공정하게 대우하지 않을 것을 기대한다고 말한다고 가정하자. 나는 분명히 내가 하지 못하게 하고자 하는 행위의 예들을 염두에 두지만, 나는 나의 "의미"가 이 예들에 국한된다는 것을 인정하지 않을 것이다. 그것은 두 가지 이유 때문이다. 첫째, 나는 나의 아이들이 나의 지시를 내가 생각하지 않았고 또 생각할 수 없었던 상황들에 적용시킬 것이라고 기대할 것이다. 둘째, 나의 아이들 중 하나가 내가 말했을 때 내가 공정하다고 생각한 어떤 특정한 행위는 사실상 불공정한 것이거나 불공정하다고 생각한 것이 공정한 것이었다는 것을 설득할 수 있을 경우, 나는 그것을 인정할 준비가 되어 있다. 그 경우 나는 나의 지시들은 그가 제시한 경우에 적용된다고 말하길 원하지, 내가 나의 지시를 바꾸었다고 말하길 원하지 않을 것이다. 나는 나의 가족이 내가 염두에 둔 공정성에 대한 특수한 견해(conception)가 아니라 공정성의 개념(concept)에 의해서 인도되는 것을 의도했다고 말할 수 있다.

이것은 잠시 멈추어서 탐구해볼 만한 가치가 있는 중요한 구별이다. 어떤 집단이 그들이 불공정이라고 부르는 도덕적 흠결을 어떤 행위들이 가질 수 있음을 믿는다고 가정하자. 그 불공정성은 혜택과 부담의 잘못된 분배나 칭찬이나 비난의 잘못된 부가로 이루어진다. 또한 그들이 불공정의 수많은 표준적 경우들에 대해 동의하고 다른 더 논란이 되는 경우들을 검사하는 벤치마크로서 이것들을 사용한다고 가정하자. 그 경우 그 집단은 불공정에 대한 하나의 개념을 갖게 되고, 그것의 구성원들은 도덕적 지시나 논변 속에서 그 개념에 호소할 것이다. 그러나 그런데도 그 집단의 구성원들은 논란의 대상이 되는 많은 경우들에 대해서 의견이 다른데, 그것은 각각의 구성원들이 왜 표준적인 경우들이 불공정의 행위인가에 대해 서로 다른 이론을 갖고 있거나 그 다른 이론에 따라 행위한다는 것을 보여준다. 즉, 그들은 특정한 분배나 부가가 불공정하다는 것을 보여주기 위해 의거해야 할 더욱 근본적인 원칙에 대해서 의견이 다를 것이다. 그 경우 그 구성원들은 공정성에 대해 서로 다른 견해를 가질 것이다.

만일 그렇다면, 공정성의 이름으로 지시를 하거나 규준들을 제시하는 이 공동체의 구성원들은 두 가지 다른 일을 하는 것일 수 있다. 첫째, 그들은 단순히 다른 사람들에게 공정하게 행위하도록 지시함으로써 공정성의 개념에 호소할 수 있다. 이 경우 그들은 그들이 지시하는 사람들에게 논란이 되는 사안이 발생할 경우에 공정성에 대해 그 사람들 자신의 견해를 발전시키고 적용할 책임을 부과하는 것이다. 물론 그것은 그들에게 그들이 하고 싶은 대로 행위할 수 있는 재량을 허용하는 것과 동일한 것이 아니다. 그것은 그들이 충족시키도록 노력해야 하는—그리고 충족시키지 못할 수도 있는—하나의 규준을 정립한다. 왜냐하면 그것은 하나의 견해는 다른 견해보다 더 우월하다는 것을 가정하기 때문이다. 그 개념에 이런 방식으로 호소하는 사람은 마치 내가 나의 아이들에게 공정하게 행위하라고 말할 때 내가 나 자신의 견해를 갖고 있는 것처럼 자기 자신의 견해를 가질 수 있다. 그러나 그가 이러한 견해를 갖는 것은 그가 설정한 그 규준이 어떻게 충족되어야 하는가에 대한 그 자신의 이론으로서만 갖는 것이다. 그렇기 때문에 그가 그 이론을 바꿀 때 그 규준을 바꾼 것은 아니다.

다른 한편으로, 그 구성원들은 공정성에 대한 하나의 특정한 견해를 제시하는 것일 수 있다. 예를 들면 만일 내가 논란이 되는 예들에 관해서 내가 희망하는 예들을 열거한다면, 또는 그렇게 할 가능성은 더 적을 것이지만 만일 마치 내가 벤담의 공리주의적 윤리학을 적용해 난해한 사안에 대해서 결정하라고 지시하는 것처럼 공정성에 대한 어떤 논란이 되는 분명한 이론을 정해주었다면, 나는 이것을 한 것이다. 그 차이는 주어진 지시들의 세부에서만의 차이가 아니라 주어진 지시의 종류에서의 차이이기도 하다. 내가 공정성의 개념에 호소할 때 나는 공정성이 의미하는 것에 호소하는 것이고, 나는 그 문제에 대한 나의 견해에 어떤 특별한 지위를 부여하지는 않는다. 내가 공정성에 대한 하나의 견해를 제시할 때, 나는 공정성이 무엇을 의미하는가를 제시하는 것이며, 그렇기 때문에 나의 견해가 그 문제의 핵심이다. 내가 공정성에 호소할 때, 나는 도덕적 문제를 제기한다. 내가 공정성에 대한 나의 견해를 제시할 때, 나는 그것에 대해 대답하려 하는 것이다.

일단 이런 구별이 이루어지면, 내가 "모호한" 헌법조항이라고 불러왔던 것은 그 조항들이 채용하고 있는 개념들, 예를 들면 합법성, 평등 그리고 잔인성 등의 개념들에 호소하는 것으로 간주해야 한다는 것은 명백한 것처럼 보인다. 예를 들면 대법원은 "잔인하고 상례를 벗어난 처벌"을 금지하는 헌법조항의 의미 안에서 사형이 "잔인한"지 어떤지에 대해서 판결할 것이다. 그 조항이 채택될 때 사형이 통상적인 것으로서 문제가 되지 않았다는 사실에 의해서 대법원이 많은 영향을 받는 것은 잘못일 것이다. 만일 그 조항을 만든 사람들이 잔인성에 대한 특정한 견해를 제시하려 했다면, 그 사실은 결정적이게 될 것이다. 왜냐하면 그 사실은 그 견해가 사형에까지 연장되지는 않는다는 것을 보여줄 것이기 때문이다. 그러나 그것은 대법원이 지금 직면하고 있는 그와는 다른 문제, 즉 미국헌법을 만든 사람들이 잔인성의 개념에 호소한 것을 근거로 대법원이 죽음을 잔인한 것으로 보지 않는 견해를 이제 옹호할 수 있는가의 문제에서는 결정적인 것이 아니다.

개념과 견해 사이의 구별을 무시하지만, 대법원이 사형이 잔인한지에 대해서 새로운 결정을 해야 한다고 믿는 사람들이 펼치는 논변은 취약할 수밖에 없다. 그들은 잔인성에 대한 생각은 시간이 흐르면서 변하며, 대법원은 뒤떨어진 견해들을 자유롭게 거부할 수 있어야 한다고 말한다. 이것은 대법원이 헌법이 제정한 것을 바꿔야 한다는 것을 주장하는 것이다. 그러나 사실상 대법원은 무엇이 잔인한가에 관해 자신의 생각을 정함으로써만 미국헌법이 말한 것을 집행할 수 있다. 그것은 마치 내가 든 예에서 나의 아이들이 공정한 것이 무엇인가에 대해 자신들의 생각을 정함으로써만 내가 말한 것을 할 수 있는 것과 마찬가지이다. 만일 넓은 조항들을 제정한 사람들이 특정한 견해들을 지정할 의도가 있었다면, 그들은 그렇게 하기 위해서 관례적으로 쓰이는 그런 종류의 언어를 발견했을 것이다. 즉, 그들은 문제 되는 개념들에 대한 특정한 이론을 제공했을 것이다.

참으로 이런 조항들을 "모호하다"라고 부르는 바로 그 관행——나도 그 관행에 참여해왔다——은 이제 하나의 실수를 포함하는 것으로 보일 수 있다. 그 조항들이 모호한 것은 오직 우리가 그 조항들을 특정한 견해를 주장하기 위한 엉성하거나 불완전한 도식적인 시도로 간주할 때만이다. 만일 우리가 그것들을 도덕적 개념에 대한 호소라고 간주한다면, 그것들은 더 상세화됨으로써 더 정확한 것이 될 수 없었을 것이다.[1]

따라서 내가 언급한 "엄격한" 해석의 두 가지 의미들 사이의 혼동은 우리를 크게 잘못 인도할 수 있다. 만일 법원이 미국헌법의 조문에 충실하고자 노력한다면, 그들은 바로 그 이유 때문에 정치도덕에 대해 경쟁하는 견해들 사이에서 결정할 수밖에 없게 될 것이다. 그렇기 때문에

---

1) 미국헌법의 넓은 조항들이 법원에게 정치도덕에 대한 자신의 견해를 집행할 수 있는 권력을 "위임한"다고 말하는 것은 그보다는 덜 잘못된 것일 것이다. 그러나 만일 이것이 법원은 자신의 견해와 법조문에 기술된 표준적 경우들 사이의 연결을 보여주는 논변을 통해서 자신의 견해를 정당화할 필요가 없다는 것을 제안하는 것이라면, 그것 또한 부정확하다. 만일 법원이 사형은 잔인하다고 판결했다면, 그것은 사형을 형틀과 연결시키는 어떤 원칙이나 원칙들의 기초 위에서 그렇게 해야 한다.

예를 들면 워런 법정을 그 법정이 미국헌법을 구속력이 있는 조문으로 취급하지 못했다는 근거에서 공격하는 것은 잘못이다. 그와는 반대로 만일 우리가 그 조문에 충실할 것을 헌법해석에서 하나의 최우선적인 요구사항으로 취급한다면, 오류를 저지르는 자들은 워런 법정을 비판하는 보수주의 비판자들이다. 왜냐하면 그들의 철학은 조문의 논리가 요구하는 도덕원칙의 문제들에 대해 따지라는 지시를 무시하기 때문이다.

나는 이 문제를 조심스럽게 다루고 있다. 왜냐하면 우리는 조문의 정신에 충실해야 한다는 것을 헌법재판의 하나의 우선적인 원칙으로 인정하기를 원하지 **않을** 수 있기 때문이다. 법원이 헌법적 사안들을 예를 들면 정부의 다른 제도들의 판단을 존중하는 방식으로 판결하는 것이 더 중요할 수 있다. 또는 법원이 확립된 법원리들을 보호함으로써 법원이 과거에 말한 것을 고수할 것이라는 점에 대한 확신을 시민들과 정부가 가질 수 있게 되는 것이 더 중요할 수 있다. 그러나 이런 다른 견해들은 미국헌법(the Constitution)이 헌법(constitutional law)의 근본적이고 절대적인 원천이라는 원칙에 어긋나는 것으로서, 그 원칙과 경쟁한다는 것을 인정하는 것이 중요하다. 그 견해들은 "엄격한 해석주의자들"이 가정하듯이 그 원칙에서 도출되는 것은 아니다.

3

더 나아가서 일단 문제가 이렇게 조명되었기 때문에, 우리는 "엄격한 해석"이라는 대중적 개념에 의해서 발생한 혼동이 없는 상태에서 서로 경쟁하는 이런 주장들을 평가할 수 있다. 이 목적을 위해서 나는 법원이 난해하거나 논란이 되는 헌법적 문제들을 어떻게 판결해야 하는가에 대한 매우 일반적인 철학들을 비교하고 대조하기를 원한다. 나는 이 이름들이 특정한 방식으로 오해의 소지가 있기는 하지만, 이 두 개의 철학을 법문헌 안에서 주어진 이름——"사법 적극주의"(judicial activism) 프로그램과 "사법 소극주의"(judicial restraint) 프로그램——으로 부를 것이다.

사법 적극주의 프로그램은 내가 언급한 종류의 경쟁하는 다른 이유들이 있음에도 불구하고 법원은 이른바 모호한 헌법조항의 지시들을 내가 기술한 정신으로 받아들여야 한다고 주장한다. 법원은 합법성의 원칙, 평등의 원칙 그리고 그 밖의 원칙들을 구성하고 때때로 이 원칙들을 법원에게는 신선한 도덕적 통찰로 보이는 것에 비추어 수정하며, 의회와 주들, 그리고 대통령의 조치들을 그에 따라서 판단해야 한다. (이것은 그 프로그램의 가장 강한 형태이다. 사실상 그 프로그램을 지지하는 사람들은 일반적으로 그것을 내가 지금은 무시하고자 하는 방식으로 한정한다.)

그와는 반대로 사법 소극주의 프로그램은 정부의 다른 부처들의 결정이 넓은 헌법의 법원리들에 의해서 요구되는 원칙들에 대한 법관들 자신의 판단과 어긋날 때라도, 그런 결정이 정치도덕과 지나치게 어긋나서 그것들이 어떤 그럴 법한 해석에 근거하더라도 조항들을 위반하게 되거나 아마도 명백한 판례에 의해서 반대의 결정이 요구될 때를 제외하고 법원은 그 결정의 성립을 허용해야 한다고 주장한다. (여기에서도 이것은 그 프로그램의 강한 형태이다. 그 프로그램을 주장하는 사람들은 그것을 다양한 방식으로 한정한다.)

대법원은 인종분리 사안 같은 사안들에서는 소극주의 정책보다는 적극주의 정책을 따랐다. 왜냐하면 평등보호조항의 어휘들은 관련된 주들의 다양한 교육적 관행들이 미국헌법을 위반한 것으로 간주되어야 하는지 어떤지의 문제를 열려진 것으로 남겨두었기 때문이다. 어떤 명백한 판례도 그 관행들이 위헌이라고 주장하지 않았으며, 합리적인 사람들 사이에서도 관련된 도덕적 문제들에 대해서 의견차이가 있을 수 있다. 만일 대법원이 사법 소극주의 프로그램을 따랐다면, 그것은 스완 사안에서 노스캐롤라이나의 제정법을 반대하지 않고 지지했을 것이다. 그러나 소극주의 프로그램이라고 해서 항상 정치적 보수주의자들을 기쁘게 해줄 판결을 제공하지는 않을 것이다. 워런 법정의 비판자들이 신속하게 지적했듯이 뉴딜 정책이 시행되던 초기에는 적법절차조항의 이름으로 의회가 제정한 법들을 파기한 대법원의 판결들에 반대했던 사람들은 자유주의자들이었다.

그렇기 때문에 만일 닉슨이 법이론을 가지고 있었다면, 그것은 어떤 사법 소극주의 이론에 주로 의존하는 것처럼 보일 수 있다. 그러나 이제 우리는 두 종류의 사법 소극주의를 구별해야 한다. 왜냐하면 그 정책의 기초로는 두 개의 다른, 참으로 양립불가능한 근거들이 있기 때문이다.

첫째는 아래와 같은 방식으로 기술될 수 있는 정치적 **회의주의** 이론이다. 사법 적극주의의 정책은 도덕원칙의 어떤 객관성을 전제한다. 특히 그것은 시민들이 공공교육에서의 평등을 보장받을 도덕적 권리나 경찰에 의해서 공정한 대우를 받을 도덕적 권리같이 국가에 대한 (against the state) 특정한 도덕적 권리들을 갖는다고 전제한다. 오직 그런 도덕적 권리가 어떤 의미에서 존재할 때만, 적극주의가 법관의 개인적 선호를 넘어서는 어떤 것에 근거한 프로그램으로서 정당화될 수 있다. 회의주의 이론은 적극주의를 그것의 뿌리로부터 공격한다. 그것은 개인들은 사실상 국가에 대한 그런 도덕적 권리를 갖지 않는다고 주장한다. 개인들은 오직 미국헌법이 그들에게 허용하는 **법적** 권리만 갖는다. 그리고 그 권리는 헌법을 만든 사람들이 실제로 염두에 두고 있었음이 틀림없거나 그들이 만든 후 판례들을 통해서 확립된 공중도덕(public morality)에 대한 명백하고 논란이 될 수 없는 위반들에 대해서만 한정된다.

소극주의의 프로그램의 또 다른 근거는 사법적 **겸양**(deference)이론이다. 회의주의 이론과 반대로 이것은 시민들은 법이 명백하게 그들에게 허용하는 것을 넘어서 국가에 대한 도덕적 권리들을 갖는다고 가정한다. 그러나 그것은 이런 권리들의 성격과 힘이 토론의 여지가 있다는 것을 지적하고 법원 이외의 다른 정치적 제도들이 어떤 권리들을 인정해야 하는지를 결정할 책임을 갖는다고 주장한다.

헌법에 대한 문헌은 그 구별을 명쾌하게 하지는 않지만 이것은 중요한 구별이다. 회의주의 이론과 사법적 겸양이론은 그것들이 취하는 정당화의 종류와 그것들을 갖는다고 공언하는 사람들이 받아들이는 더 일반적인 도덕이론에 대해 그것들이 갖는 함축적 의미에서 극적으로 다르다. 이 이론들은 서로 매우 다르기 때문에 대부분의 미국 정치인들이 두 번째 것은 받아들이지만 첫 번째 것은 받아들이지 않으면서도 일관성을 지닐 수 있다.

내가 말했던 것처럼 회의주의자는 사람들은 국가에 대한 도덕적 권리를 갖지 않으며 오직 법이 명확하게 규정하는 법적 권리 같은 것만 갖는다는 견해를 취한다. 그러나 이것이 의미하는 것은 무엇인가? 그리고 그 회의주의자는 그의 견해를 위해서 어떤 종류의 논변을 제시할 수 있는가? 물론 도덕철학에서는 도덕적 권리의 본성과 지위에 관한 매우 활발한 논의가 있으며, 만일 그것들이 존재한다면 그것들이 무엇인가에 관한 상당한 정도의 의견차이가 있다. 나는 이런 문제에 대해 대답하려 하면서 내가 제7장에서 전개하는 국가에 대한 도덕적 권리이론에 의존할 것이다. 그 이론에 따르면, 어떤 이유 때문에 국가가 어떤 사람을 특정한 방식으로 대우하는 것이 전체적 이익에 기여할 것이라 하더라도 그를 그렇게 대우하는 것이 잘못이라면, 그 사람은 국가에 대한 도덕적 권리를 갖는다. 예를 들면 평등한 교육에 의해서 국가 전체가 고통을 받는다 하더라도 만일 국가가 평등한 교육을 제공하지 못하는 것이 잘못이라면, 흑인아이는 평등한 교육을 받을 도덕적 권리를 갖는다.

나는 국가에 대한 도덕적 권리를 보는 이런 방식의 장점에 대해서 한 마디 하고자 한다. 매우 많은 수의 법률가들은, 그들이 정부가 하는 것이 옳거나 옳지 않다고 말하는 것은 쉽다고 생각하면서도 이 도덕적 권리들에 대해서 말하는 데는 조심스러워한다. 왜냐하면 그들은 만일 그 권리들이 존재한다면, 그것들은 사람들이 편도선처럼 유령 같지 않은 (non-spooky) 것들을 갖는 것과 동일한 방식으로 갖고 있는 유령 같은(spooky) 종류의 사물이라고 생각하기 때문이다. 그러나 내가 사용하고자 하는 권리의 의미는 그런 종류의 존재론적 가정을 하지 않는다. 그것은 권리의 요구는 정부가 하기에 옳은 것이 무엇이고 잘못된 것이 무엇인가에 관한 특별한——제한적(restricted)이라는 의미에서——종류의 판단임을 보여줄 뿐이다.

더욱이 권리를 바라보는 이런 방식은 그 개념과 연관된 악명 높은 몇몇 난제들을 피하게 한다. 그것은 우리가 권리들이 경우에 따라서, 그리고 역사적 시점에 따라서 힘과 성격에서 변할 수 있다고 말해도 아무런 어색함도 느끼게 하지 않는다. 만일 우리가 사물로서의 권리를 생각한다면, 이런 변화는 어색하게 생각될 것이다. 그러나 우리는 옳은 것이나 그릇된 것에 관한 도덕적 판단은 복잡한 것이고 상대적이고 변화하는 고려사항들에 의해서 영향을 받는다는 생각에 익숙해 있다.

국가에 대한 권리들의 가능성 자체를 부정하고자 하는 회의주의자는 대처하기 어려운 문제에 직면한다. 내 생각에 그는 아래 세 개의 일반적 입장들 가운데 하나에 의존해야 한다. (a) 그는 도덕적으로 옳은 행위나 도덕적으로 그릇된 행위에 대해서 말하는 것조차 아무런 의미가 없다고 주장하는 도덕적 회의론을 전개할 수 있다. 만일 어떤 행위도 도덕적으로 그릇되지 않다면, 노스캐롤라이나 정부가 학교아이들을 버스로 강제통학시키는 것을 거부한 것이 그릇된 것일 수 없다. (b) 그는 우리가 하나의 행위를 옳다거나 그릇된 것으로 보는 것에 대해서 우리가 갖고 있는 유일한 근거는 그것이 전체의 이익에 미치는 영향이라고 생각하는 공리주의 입장을 취할 수 있다. 그 이론 아래서 강제버스통학은 비록 그것이 공동체에게 전체적으로 혜택을 주지 못한다 하더라도 도덕적으로 요구된다고 말하는 것은 자가당착일 것이다. (c) 그는 개인의 이익을 전체적 공동체의 이익에 통합시키고 그렇게 해서 그 두 개가 갈등할 수 있다는 것을 부정하는 전체주의적 이론의 어떤 형태를 인정할 수 있다.

이 세 개 중 어떤 것이라도 인정할 수 있는 미국의 정치가들은 거의 없을 것이다. 예를 들면 닉슨은 받아들일 수 없었을 것이다. 왜냐하면 그는 자신을 포르노그래피가 사악하다는 것과 남베트남의 국민들 중 약간의 사람들이 자기결정권—이것의 명분으로 그들과 우리는 많은 다른 사람들을 죽이는 것이 적절하다고 옹호되었다—을 갖는다는 것을 매우 잘 아는 도덕적 근본주의자로 표현하기 때문이다.

그러나 어떤 사람도 회의주의를 근거로 사법 소극주의를 주장하지는 않을 것이라고 말하고자 하는 것은 아니다. 그와 반대로, 가장 잘 알려진 소극주의 옹호자들 가운데 몇몇은 그들의 논변을 전적으로 회의주의적 근거들 위에 놓았다. 예를 들면 1957년 대법관 핸드는 하버드 대학교에서 홈스 강의를 했다. 핸드는 산타야나(Santayana)에게 배웠고 홈스(Oliver Wendell Holmes)의 제자였다. 그리고 도덕에서의 회의주의가 그의 유일한 종교였다. 그는 사법 소극주의를 옹호하며, 대법원이 브라운 사안에서 학교의 인종분리를 불법으로 선언한 것은 잘못이라고 말했다. 그는 도덕적 권리에 대한 주장이 사람들의 선호 이상의 어떤 것을 표현한다고 생각하는 것은 잘못이라고 말했다. 만일 대법원이 실정법에 의존하기보다는 그런 주장을 함으로써 그것의 판결을 정당화한다면, 그것은 입법부의 지위를 빼앗는 것이다. 왜냐하면 누구의 선호가 지배해야 하는가를 정하는 것은 다수를 대변하는 입법부의 일이기 때문이다.

이렇게 단순하게 민주주의에 호소하는 것은 만일 우리가 회의주의적 전제를 받아들인다면 성공적인 것이 된다. 만일 사람들이 다수에 대립된 권리를 갖지 않는다면, 정치적 결정이 단순히 누구의 선호가 우세해야 하는 문제라면, 민주주의는 그 결정을 법원보다는 민주적인 제도에게 맡겨야 할 좋은 이유를 제공한다. 그것은 그런 제도들이 법관들 자신이 싫어하는 선택을 할 때라도 마찬가지이다. 그러나 앞으로 내가 보여줄 것인 바, 만일 사법 소극주의가 회의주의가 아니라 사법적 겸양에 의거한다면 사법 소극주의를 지지하기 위해서 요구되는 민주주의 논변 (argument from democracy)은 그런 논변과는 다른 것이어야 하고 훨씬 더 취약한 논변이 될 것이다.

4

만일 닉슨이 정합적인 헌법이론을 갖는다면, 그것은 회의주의가 아니라 사법적 겸양에 의거하는 소극적 이론이어야 한다. 그는 법원은 논란이 되는 정치도덕의 문제들을 결정해서는 안 된다고 믿는다. 왜냐하면 그런 결정들은 정부의 다른 부처에 맡겨야 하기 때문이다. 만일 우리가 이 사법적 겸양의 입장을 닉슨에게 귀속시킨다면, 우리는 워런 법정이 법을 "왜곡하고 곡해했다"라는 그의 비판을 이해할 수 있다. 그가 의미하고자 하는 것은 법원이 사법적 겸양의 원칙을 왜곡하고 곡해했다는 것인데, 그것은 완곡한 표현이다. 왜냐하면 만일 법정이 그 원칙을 무시한다고 말했다면, 그는 더 정확했을 것이기 때문이다. 그러나 이 겸양의 입장을 견지할 어떤 좋은 이유들이 있는가? 만일 그 정책이 사실상 건전하지 않다면, 닉슨의 법철학은 타격을 받을 것이며, 그가 그것의 이름으로 대법관 임명을 더 이상 요구하지 못하도록 해야 하거나 의회가 대법원에 반대하도록 촉구하지 못하게 해야 할 것이다.

사법적 겸양의 입장을 지지하는 매우 인기 있는 논변이 하나 있는데, 그것은 민주주의 논변이라 부를 수 있다. 이 논변에 따르면, 평등에 대한 하나의 건전한 견해가 인종이 분리된 교육을 금지하는지 아니면 그것을 중단시키기 위해서 강제버스통학 같은 조치를 요구하는지의 문제는 적어도 논의가 가능한 문제이다. 도덕이론과 정치이론에서 이런 문제들을 누가 결정해야 하는가? 워싱턴에 있는 대법원의 다수가 되어야 하는가? 그 법원구성원의 임기는 종신이며 그들은 그들의 판결에 의해서 삶이 영향을 받는 공중에 정치적으로 책임을 지지 않는다. 아니면 선출되고 책임을 지는 주나 연방의 의원들이 결정해야 하는가? 이런 논변이 생각하는 바는 민주주의자는 오직 두 번째 대답만 인정할 수 있다는 것이다.

그러나 민주주의 논변은 처음에 생각한 것보다 더 약한 논변이다. 우선 그 논변은 민주주의 이론이 가정하는 방식으로 주의 입법부들이 사실상 주민들에 대해서 책임을 진다고 가정한다. 그러나 비록 정도가 다르고 이유도 다르지만 그것이 모든 주에서 사실인 것은 아니다. 그와는 거리가 먼 주들도 있다. 그렇지만 나는 그 점은 다루지 않으려 한다. 왜냐하면 그것은 민주주의 논변을 훼손하는 것이 아니라 더 많은 민주주의를 요청하는 것이고, 여기에서 문제 삼는 것과는 다른 문제이기 때문이다. 이런 점에서 나는 민주주의에의 호소가 원칙에서도 옳은지 어떤지의 문제에 대해 주의를 집중하고자 한다.

그 논변은 민주주의에서는 도덕원칙과 정치원칙의 문제를 포함해서 해결되지 않은 모든 문제들이 법원과는 다른 방식으로 정치적 책임을 지는 제도들에 의해서만 해결될 수 있다고 가정한다. 왜 우리는 민주주의에 대한 그런 견해를 수용해야 하는가? 그것이 바로 민주주의가 의미하는 것이라고 말하는 것은 옳지 않다. 왜냐하면 "민주주의"라는 말이 말로서 그렇게 명확한 의미를 갖는다고 생각하는 것은 잘못이기 때문이다. 설사 그 말이 어떤 명확한 의미를 갖는다 하더라도, 만일 우리가 그것이 민주주의가 의미하는 것이라고 가정한다면, 우리는 왜 민주주의를 해야 하는가를 물어보는 문제로 우리의 문제를 고쳐서 표현해야 한다. 또한 민주주의에 대한 그 견해가 미국의 헌법 속에 확립되었다거나 우리의 정치적 전통 속에서 확고하게 자리잡고 있어서 우리가 그것을 이미 받아들였다고(committed) 말하는 것도 더 나은 것이 아니다. 우리는 사법심사를 분명한 사안들로 한정하는 규칙을 제공하지 않는 미국헌법이 더 넓은 사법심사를 배제하는 민주주의 이론을 확립한다고 주장할 수 없으며, 우리의 법원이 그런 제약을 일관되게 사실상 수용해 왔다고 말할 수도 없다. 닉슨의 논변의 요점은 법원이 수용해왔다는 것이다.

그렇기 때문에 민주주의 논변은 우리의 말이나 우리의 과거를 통해서 우리가 받아들인 논변이 아니다. 만일 우리가 그것을 받아들인다면, 우리는 그것 자체의 논리에 근거해서 받아들여야 한다. 그렇지만 그 논변을 더 면밀하게 검토하기 위해서는 우리에게 더 많은 구별이 필요하다. 내가 시작했던 논변은 두 가지 다른 방식으로 계속될 수 있다. 한 논변은 입법부 같은 민주적 제도들은 헌법적 사안들이 제기하는 기초적 문제에 대해서, 즉 국가에 대한 개인의 도덕적 권리의 본성에 대해서 사실상 법원보다 더 건전한 결정을 할 가능성이 있기 때문에 사법적 겸양이 요구된다고 주장할 수 있다.

또는 다른 한 논변은 법원보다 민주적 제도가 더 건전한 결정에 도달할 것이라고 믿을 이유가 없다 하더라도, 어떤 이유에 의해서 법원이 아니라 그 제도가 그런 문제들에 대해서 결정하는 것이 더 **공정하다**고 주장할 수 있다. 이 두 논변들 사이의 구별은 유령을 확인하는 데서 어떤 사람이 더 잘하거나 더 못할 수 있음을 인정할 수 없는 것처럼, 어떤 사람이 국가에 대한 도덕적 권리를 확인하는 것에서 더 잘하거나 더 못할 수 있음을 인정하지 않을 회의주의자에게는 의미가 없을 것이다. 그러나 회의주의보다는 사법적 겸양을 믿는 법률가는 비록 그가 원할 경우 양측 모두의 입장에서 주장할 수는 있다 하더라도 어쨌든 그 구별은 인정해야 한다.

나는 입법부와 다른 민주적 제도들이 더 좋은 결정을 할 수 있는 능력과는 관계없이 헌법적 결정들을 할 수 있는 특별한 자격을 갖는다는 두 번째 논변부터 시작할 것이다. 소수보다는 다수가 어떤 문제에 대해서 결정하는 것을 허락하는 것이 항상 더 공정하기 때문에 이런 자격의 성격은 분명하다고 우리는 말할 수 있을 것이다. 그러나 자주 지적되어 온 것처럼 그것은 다수에 대한(against) 권리들에 관한 그 결정들은 다수에게 맡겨야 공정한 그런 문제들이 아니라는 사실을 무시한다. 입헌주의—다수는 개인적 권리들을 보호하기 위해서 제어되어야 한다는 이론—는 좋은 정치이론일 수도 있고 나쁜 정치이론일 수도 있지만, 미국은 그 이론을 채택해왔다. 그리고 다수가 그들 자신의 소송의(in its cause) 심판관이 되도록 하는 것은 그것과 모순되고 부정한 것처럼 보인다. 그래서 공정성의 원칙은 민주주의 논변을 지지하지 않고 반대하는 것처럼 보인다.

대법원장 마셜은 **마버리 대 매디슨**(Marbury v. Madison) 사안, 즉 대법원이 처음으로 입법적 결정들을 헌법적 규준에 입각해서 심사할 수 있는 권력을 주장한 그 유명한 사안의 판결에서 이 점을 인정했다. 그는 미국헌법이 미국헌법은 국가의 최고 법이어야 한다고 규정하기 때문에, 법원 일반이 그리고 최종적으로는 대법원이 미국헌법을 위반하는 제정법을 무효로 선언할 수 있는 권력을 가져야 한다고 주장했다.

많은 법학자들은 그의 논변을 하나의 **부당한 추론**(non sequitur)으로 간주한다. 왜냐하면 그들은 말하기를 비록 헌법적 제약들이 그 법의 부분이기는 하지만 입법부 자신보다는 법원들이 특정한 사안에서 그 법이 위반되었는지 어떤지를 결정하는 권위를 반드시 갖는 것은 아니기 때문이다.[2] 그러나 그 논변은 **부당한 추론**이 아니다. 어떤 사람도 자신의 소송의 심판관이 될 수 없다는 원칙은 합법성(legality)의 이념에서 매우 근본적인 부분이기 때문에 오직 미국헌법이 명시적으로 사법심사를 부정했을 경우에만 마셜이 그 원칙을 무시할 수 있었을 것이라고 우리가 생각한다면 말이다.

어떤 사람들은 사법적 겸양의 정책이 다수가 그들 자신의 소송의 심판관이 되도록 허용한다고 말하는 것은 순진한 생각이라고 반대할 수 있다. 미국에서는 정치적 결정들이 하나의 안정적인 다수가 아니라 시산이 흐르면서 十성성분이 달라지는 다양한 유권자 집단을 대변하는 많은 다양한 정치적 제도들에 의해서 이루어진다. 정부의 한 부서의 결정은 정치적으로 책임이 있는 다른 부서에 의해서 심사받을 것인데, 그 부서는 다시 좀 더 크거나 다른 유권자들에게 정치적인 책임을 갖는다. 예를 들면 **미란다** 사안에서 대법원이 위헌이라고 주장한 애리조나 경찰법은 연방의회뿐만 아니라 사실상 다양한 행정위원회와 애리조나 시의

---

2) 나는 마셜의 논변에 대한 이 반론을 그와는 다르지만 여기에서는 관계가 없는 반론, 즉 미국헌법은 의회에 법적 의무, 예를 들면 언론의 자유를 축소시키는 법을 통과시켜서는 안 되는 의무를 부과하지만, 의회가 그런 의무를 저버렸을 경우 그런 법을 타당한 것으로 만드는 의회의 법적 **권력**을 빼앗는다고 해석할 수 없다는 반론과 구별한다. 이 견해에서, 의회는 훔친 물건을 팔지 않아야 하는 법적 의무를 갖고 있지만 그가 팔 경우에는 타당한 양도를 할 수 있는 법적 권력을 보유하는 절도범의 입장에 있게 된다. 이 해석에는 그 해석을 추천할 만한 소지가 거의 없다. 왜냐하면 의회는 도둑과는 달리 적어도 미국헌법이 보호하기로 되어 있는 개인들을 보호하게 될 방식으로 그것의 잘못된 행위에 대해 타당성을 인정하지 않는 것에 의하지 않고서는 훈육될 수 없기 때문이다.

회와 주의회의 심사를 받았다. 이런 모든 정치제도들이 동일한 정책과 이익을 추구한다고 가정하는 것은 순진할 것이다. 그렇기 때문에 만일 대법원이 개입하지 않았다면, 애리조나 경찰은 자유롭게 스스로를 심판할 수 있었을 것이라고 가정하는 것은 잘못이다.

그러나 이 반대는 그것 자체가 지나치게 피상적이다. 왜냐하면 그것은 정치적 토론과는 종류가 구별되는 것으로서 개인의 도덕적 권리에 관한 토론의 특별한 성격을 무시하기 때문이다. 예를 들면 노동이나 무역이나 복지의 문제들이 관련되어 있을 때, 그리고 국가가 자주 그런 문제들에 대해서 분파적으로 분열될 때, 다양한 제도들이 다양한 유권자 집단을 갖게 된다. 그러나 피소된 범죄자들의 권리 같은 개인의 헌법적 권리들이 문제가 될 경우에는 일반적으로 그렇게 말할 수 없다. 정부의 다양한 제도들에서 정치권력을 갖고 있는 사람들의 이익은 동질적이기도 하고 또한 〔그 권리에 대해〕 적대적이기도 했다는 것은 이런 토론들의 전형적인 특징이었다. 참으로 그것은 정치이론가들이 헌법적 권리를 정부의 어떤 특정한 기구나 부서에 대한 권리라기보다는 "국가"나 "다수" 자체에 대한 권리로 생각해온 이유이다.

초기의 인종분리 사안들은 아마도 그런 일반성에 속하지 않는 예외적인 경우들일 것이다. 왜냐하면 법률상의(de jure) 인종분리를 원하는 유일한 사람들은 남부 백인들이었다고 말할 수 있기 때문이다. 그러나 연방의회가 실제로 인종분리를 억제하지 않았다는 것은 사실로 남는다. 그것은 연방의회가 인종분리를 억제할 수 있는 법적 권리를 갖지 않았다고 믿었기 때문이거나 그렇게 하기를 원하지 않았기 때문일 것이다. 어떤 경우이든 그 예는 정치적 과정은 정치적으로 힘이 없는 소수의 권리에 대한 지방정부의 침해에 대해서조차 효과적인 억제를 제공하지 못한다는 것을 말해준다. 더욱이 강제버스통학에 대한 토론에서 자신의 이익을 생각하는 백인 다수는 자신들이 전국적이며 강력한 세력임을 증명했다. 그리고 물론 전쟁을 하고자 하는 행정부의 결정이나 1968년의 범죄통제법(Crime Control Act)에서와 같이 적절한 경찰 정책을 규정하기 위한 의회의 시도들도 만일 법원의 심사를 받지 않는다면 그 어떤 심사도 받지 않게 된다.

그렇기 때문에 민주주의 논변은 정치권력을 갖고 있는 사람들이 그들 자신의 결정에 대한 유일한 심판관이 되어, 그들이 하기를 원하는 것으로 그들이 결정한 것을 할 권리를 그들이 갖고 있는지 어떤지를 따지도록 초대되는 것을 요구한다고 말하는 것은 공정한 것처럼 보인다. 이것은 사법 적극주의 정책이 사법적 겸양 프로그램보다 더 우월하다는 것에 대한 최종적인 증거가 아니다. 사법 적극주의는 독재의 위험을 함축한다. 내가 제시한 강하고 단순한 형태의 적극주의에서는 분명히 그렇다. 그것은 다수에게 그들 자신의 소송에서 심판관이 되도록 요구하는 것의 불공정성을 능가하는 것이라는 점이 밝혀질 수도 있을 것이다. 그러나 그것의 요점은 공정성의 관점에서 다수가 그들 자신의 권력의 한계를 결정하도록 허용되어야 한다는 논변에 타격을 입힌다.

따라서 이제 우리는 다른 민주주의 논변을 따져봐야 하는데, 그것은 입법부 같은 민주주의 제도들이 개인의 도덕적 권리에 대해서 법원보다 더 건전한 결과에 도달할 가능성이 있다고 주장한다. 1969년에 예일 대학교 로스쿨의 고(故) 비켈(Alexander Bickel) 교수는 하버드 대학교에서 홈스 강의를 하면서 새롭고 독창적인 방식으로 사법 소극주의의 프로그램을 옹호했다. 그는 워런 법정의 적극주의 프로그램은 그것이 사실상 바람직한 결과를 산출하는 경우에는 정당화될 수 있다는 것을 논변의 목적상 인정했다.[3] 그렇기 때문에 그는 적극주의의 정책을

---

3) 비켈 교수는 또한 워런 법정의 주요 판결들 가운데 많은 것들이 관례적 근거에 의해서도, 즉 그 법정이 자신의 견해 속에서 개진하는 논변에 의해서도 정당화

그것 자체의 기반 위에서 검사하는 것처럼 보였다. 왜냐하면 그는 적극주의를 정확하게 말하면 법이론이 무엇을 말하든지 간에 법원은 미래를 향상시킬 도덕적 권리를 갖는다는 주장이라고 보았기 때문이다. 핸드와 적극주의를 비판하는 다른 반대자들은 그 주장을 비판한 바 있었다. 비켈은 그 주장을 적어도 잠정적으로는 받아들이고 나서, 적극주의가 그것의 기준을 충족시키지 못한다고 주장했다.

워런 법정이 추구한 미래는 이미 작동하지 않기 시작했다고 비켈은 말했다. 예를 들면 그 법정이 채택한 인종통합 철학은 지나치게 조잡했고 이미 흑인공동체의, 상상력이 더 풍부한 지도자들에 의해서 거부되었다. 그것이 주장하는 단순하고 급진적인 인종평등 테제는 다른 많은 방식으로도 작동할 수 없다는 것이 증명되었다. 예를 들면 선거구 구획의 공정성에 근거한 단순한 일인일표 정식은 이성적이지도 않고 공정하지도 않은 결과를 산출했다.

사회를 향상시키는 것을 목적으로 하는 급진주의적 법정이 왜 그 자신의 기준들도 충족시키지 못하는가? 비켈은 이렇게 대답한다. 즉, 대법원을 포함해 법원들은 유동하는 정치적 압력에 대해서 산발적인 방식으로 대응하기보다는 원칙에 입각해서 사안들의 덩어리를 결정해야 한다는 것이다. 그들은 그렇게 해야 하는데, 단순히 그들의 제도적 도덕이 그것을 요구하기 때문이 아니라 그들의 제도적 구조가 그들이 정치적 힘들을 측정하기 원한다 하더라도 그것들을 측정할 수 있는 수단을 제공하지 않기 때문이다. 그러나 원칙에 의한 통치는 그것을 운영하는 정치인들이 아무리 능력이 있고 정직하다 하더라도 비효율적이고

될 수 없을 것이라고 주장했다. 이 견해들에 대한 그의 비판은 설득력이 있다. 그러나 워런 법정이 전문적 능력이 부족했던 것은 내가 이 책에서 고찰하는 논변에 영향을 미치지 않는다. (그의 홈스 강의는 그의 책 *The Supreme Court and the Idea of Progress*, 1970에서 증보되어 출판되었다.)

궁극적으로는 치명적인 형태의 통치이다. 왜냐하면 어떤 원칙이든지 복잡성을 수용하면서도 알아볼 수 있는 원칙으로 남아 있을 수 있는 그 복잡성에는 한계가 있으며, 사회조직의 복잡성은 그 한계를 넘어서기 때문이다.

비켈의 견해에 따르면 대법원의 의원수 재배분(reapportionment) 판결들은 법원이 잘못된 원칙을 선택했기 때문에 잘못된 것이 아니다. 일인일표 원칙은 지나치게 단순한 것이지만, 전국에 걸쳐서 또는 전 연령에 걸쳐서 선거구 획정의 성공적인 하나의 기준으로서 기여할 수 있는 그보다 더 좋고 더 정교한 원칙을 발견할 수 없었을 것이다. 왜냐하면 성공적인 선거구 획정은 정치적 삶의 수많은 사실들에 따라 조정되어야 하는데, 만일 그것이 이루어질 수 있다면 그것은 오직 혼란스럽고 원칙이 없는 역사에 의해서일 뿐이기 때문이다. 사법 적극주의는 민주석 제노늘에 의한 봉지만큼 잘 작농될 수 없을 것이다. 그것은 민주주의가 원칙에 의해서 요구되기 때문이 아니라, 그와는 반대로 민주주의는 마치 강이 바다로 흘러가면서 강둑을 만들듯이 제도들을 만들고 타협을 이루어가면서 원칙이 없이 작용하기 때문이다.

비켈의 논변에 대해서 우리는 어떻게 대응해야 하는가? 최근의 역사에 대한 그의 설명은 비판받을 수 있고 또 비판받아왔다. 인종통합이 장기적 전략으로서는 실패할 것이라는 것은 지금까지는 결코 명백하지 않다. 그리고 만일 그가 미국의 흑인들——그들은 전투적인 조직보다는 여전히 전미유색인지위향상협회(NAACP)에 더 속해 있다——이 그것을 거부해왔다고 생각한다면, 그는 잘못을 범하는 것이다. 인종 차별주의의 저주를 다루는 방법에 대한 국가의 판단은 그 문제의 복잡성과 크기가 더 분명해짐에 따라서 앞뒤로 흔들린다는 것은 확실하다. 그러나 비켈은 그 진자의 한 극점에서 글을 썼을 것이다.

그는 또한 역사에 대한 대법원의 영향에 대해 마치 대법원이 역사에 대해 작용하는 유일한 제도인 것처럼 판단하거나, 만일 법원의 목표가 달성되지 않았다면 그것이 시도하지 않았던 것보다 국가가 더 불행해진다고 생각한 것에서도 잘못을 범하고 있다. 법 앞에서의 평등이 인종통합 교육을 요구한다는 원칙을 대법원이 확립한 때인 1954년 이래로, 우리는 그 원칙을 절대적인 것으로 받아들이고자 하는 행정부의 의지를 존슨이 집권했던 몇 년을 제외하고는 갖지 못했다. 지난 몇 년 동안 우리는 그 원칙에 타격을 입히려고 작정한 것처럼 보이는 연방행정부를 갖고 있었다. 또한 우리는 만일 대법원이 1954년과 그 이후에 미국에서의 인종상황에 개입한 방식으로 개입하지 않았다면, 그 상황이 지금보다 더 만족스러웠을 것이라고 생각할 충분한 근거를 갖고 있지 않다.

그러나 비켈의 이론에 대해서는 매우 다른, 그리고 나의 목적상 훨씬 더 중요한 반대가 있다. 그의 이론은 새로운 것이다. 왜냐하면 사법 적극주의, 즉 대법원은 만일 그것의 개입이 사회적으로 바람직한 결과를 산출한다면 개입할 자격이 있다는 적극주의에게 하나의 원칙의 문제를 양보한 것처럼 보이기 때문이다. 그러나 그 양보는 환상이다. 왜냐하면 사회적으로 바람직한 것에 대한 그의 판단은 개인들은 국가에 대한 도덕적 권리들을 갖는다는 적극주의의 전제와 모순되기 때문이다. 우리가 사실과 역사에 대한 비켈의 견해를 인정한다 하더라도, 사실상 비켈의 논변은 권리에 대한 핸드의 회의주의만큼이나 깊은 회의주의에 기초하지 않는다면 성공할 수 없다.

나는 비켈의 이론을 민주주의 논변, 즉 권리에 대한 사람들의 견해가 서로 다르므로 권리에 대한 최종적인 결정은 정치적 과정에 맡기는 것이 더 안전하다는 논변의 하나의 형태의 예로서 제공했다. 이때 안전하다는 것은 그 결과들이 더 건전할 가능성이 있다는 의미이다. 비켈은 정치적 과정이 더 안전한 하나의 이유를 제시한다. 그는 권리에 관한 정치적 해결이 오래 유지되는 것은 그 해결이 도덕적이라는 것에 대한 어떤 증거라고 주장한다. 그는 이 증거는 판결이 법관들에게 맡겨졌을 경우에 그들이 전개할 수 있는 원칙의 논변보다 더 낫다고 주장한다.

이런 주장의 약한 버전이 있는데, 그것은 비켈의 논변의 부분이 될 수 없다. 그 버전은 권리를 확립하는 어떤 정치원칙도 만일 그것이 궁극적으로 사회적 수용기준을 충족시키지 않는다면, 그것을 지지하는 어떤 추상적 논변들이 이루어질 수 있는가에 상관없이 건전할 수 없다고 주장한다. 그렇기 때문에 예를 들면 만일 궁극적으로 공동체가 흑인 아이들 또는 범죄용의자들 또는 무신론자들의 권리를 인정하도록 설득되지 않는다면, 그 권리에 대한 대법원의 견해에서 대법원이 옳을 수 없다.

이 약한 버전은 다양한 이유들에 의해서 그럴 법한 것처럼 보인다. 예를 들면 그것은 보통사람들의 도덕감의 사실과 힘 모두를 믿고, 또한 그들이 그 도덕감에 부응하는 것들을 기꺼이 따를 것이라고 믿는 사람들이 좋아할 것이다. 그러나 그것이 사법 소극주의를 옹호한다는 것은 매우 긴 안목에서가 아니고서는 성립하지 않는다. 그와는 반대로, 그것은 법률가들이 법관들과 국가 사이의 대화라고 부르기를 좋아하는 것을 제안한다. 그 안에서 대법원은 국민들이 궁극적으로는 동의할 것이라는 희망에서 시민들의 권리가 무엇인가에 대한 그것의 반성적 견해를 제시하고 변호할 수 있는데, 그것은 바로 워런 법정이 하려 했던 것이다.

그렇기 때문에 우리는 그 주장의 강한 버전으로 관심을 돌려야 한다. 그것은 조직적인 정치적 과정이 만일 법원의 자의적이고 합리주의적인 개입에 의해서 방해만 받지 않는다면, 인간의 진정한 권리들을 더 확실하게 보장할 것이라고 주장한다. 이 견해에 따르면 흑인, 범죄용의자, 그리고 무신론자의 권리는 정치적 압력에 보통의 방식으로 대응하는 정치제도들의 과정을 통해서 나타날 것이다. 만일 권리에 대한 어떤 주장이 이런 방식으로 성공할 수 없다면, 바로 그 이유 때문에 그것은 권리에 대한 부적절한 주장이거나 어떻게 하든 부적절한 주장일 가능성이 있다. 그러나 이런 기묘한 논변은 사실상 국가에 대한 권리는 없다는 회의주의적 주장의 위장된 형태일 뿐이다.

아마도 버크와 그의 현대의 추종자들이 주장하듯이 사회는 오직 진화에 의해서만 그것에 가장 잘 맞는 제도를 산출하며 급진적 개혁을 통해서는 결코 산출하지 못할 수 있다. 그러나 국가에 대한 권리를 주장하는 것은 만일 그것이 받아들여질 경우 사회가 그 사회와 편하게 어울릴 수 없는 제도를 받아들일 것을 요구하는 것이다. 내가 사용하고 있는 권리에 대한 탈신화적 분석에 근거하더라도, 권리에 대한 주장의 핵심은 개인은 전체적 이익을 희생시켜서라도 다수로부터 보호받을 자격이 있다는 것이다. 물론 다수의 안락을 위해서도 소수의 약간의 편의는 필요할 것이다. 그러나 그것은 질서를 보존하기 위해서 필요한 정도뿐이다. 그리고 그것은 보통 소수의 권리를 인정하는 것에 미치지 못하는 편의이다.

참으로 권리들이 원칙에 대한 호소보다는 역사의 과정에 의해서 입증될 수 있다는 제안은 혼동을 보여주는 것이거나 권리가 무엇인가에 대해서 진정한 어떤 관심도 없음을 보여주는 것이다. 권리에 대한 주장은 도덕적 논변을 전제하며 다른 어떤 방식으로도 확립될 수 없다. 비켈은 사법 적극주의자들(그리고 심지어 사법 소극주의자가 아니었던 때도 있었던 브랜데이스나 프랭크퍼터 같은 사법 소극주의의 영웅들 중 몇몇 사람들조차)을 18세기의 철학자들처럼 그린다. 그 철학자들은 진보를 위한 청사진이 그려질 수 있다고 믿었기 때문에 원칙에 호소했다. 그러나 이런 그림은 원칙과 개혁에 호소하는 것을 지지하는 두 가지 근거들을 혼동하고 진보의 두 가지 의미를 혼동하는 것이다.

경제뿐만 아니라 윤리도 보이지 않는 손에 의해 움직이기 때문에 개인의 권리와 전체의 이익은 일치하고, 원칙에 근거한 법이 국가를 모든 사람들이 더 잘살게 되는 갈등 없는 유토피아로 이끌고 갈 것이라는 믿음은 어리석은 믿음이다. 비켈은 역사에 호소하고 원칙의 정부를 비판하는 논변으로 그 믿음을 공격했다. 그렇지만 그러한 어리석은 믿음을 갖고 도덕원칙에 호소하는 것과 원칙으로서 원칙에 호소하는 것, 예를 들면 흑인아이들이 흑인학교에서 공공교육을 받도록 강제하는 것은 정의롭지 않다는 것——국가가 그것을 방해하기 위해 필요한 조치들을 채택하는 경우에는 매우 많은 사람들이 더 행복해질 것이라 하더라도——을 보여주는 것은 전혀 별개의 문제이다.

이것은 진보에 대한 하나의 다른 버전이다. 그것은 도덕적 진보이다. 그리고 도덕적 진보가 어디에 있는지를 결정하기 얼마나 어려운지, 그리고 일단 결정했다 하더라도 나른 사람들을 설득하는 것이 얼마나 어려운지를 역사가 보여줄 수 있다 하더라도, 그 점으로부터 우리를 통치하는 사람들이 그 결정을 하려 노력하고 또 그 설득을 시도해야 할 책임이 없다는 결론은 나올 수 없다.

5

여기에서의 주장은 복잡한 논변이기 때문에 그것을 요약해보고자 한다. 우리의 헌법체계는 특정한 도덕이론, 즉 사람들은 국가에 대한 도덕적 권리들을 갖는다는 이론에 의존한다. 적법절차조항과 평등보호조항 같은 권리장전의 어려운 조항들은 도덕에 대한 특정한 견해를 제시하는 것이라기보다는 도덕적 개념에 호소하는 것으로 이해되어야 한다. 그렇기 때문에 이 조항들을 충실하게 법으로 적용해야 하는 부담을 떠맡은 법원은 적극주의 법정이 되어야 한다. 그것은 법원이 정치도덕

의 문제들을 구성하고 또 대답하기 위해서 준비해야 한다는 의미에서
이다.

실제적 이유들 때문이거나 서로 경쟁하는 원칙적 이유들 때문에 그
적극주의 입장을 어느 정도 수정하는 것이 필요할 것이다. 그러나 대법
원에 대한 닉슨의 공적인 언명들은 적극주의 정책은 강력한 원칙적 이
유 때문에 단순히 수정되어서는 안 되고 전적으로 폐기되어야 한다고
주장한다. 만일 우리가 이 원칙적 이유에 대해 말하려 한다면, 우리는
그것이 헌법체계의 가정들과 모순된다는 것을 발견하게 된다. 왜냐하
면 그것은 다수가 자기 자신의 소송의 심판관이 되도록 하기 때문이거
나 도덕적 권리에 관한 회의주의에 의존하기 때문인데, 그 회의주의를
닉슨이나 대부분의 미국 정치인들은 모순 없이 받아들일 수 없다.

그래서 닉슨의 법철학은 하나의 이론의 흉내에 지나지 않으며 진정
한 이론이 아니다. 그것은 그가 개진한 논변은 차치하더라도 그가 받아
들일 수 있는 논변들에 의해서도 지지될 수 없다. 닉슨은 정합적이지
못한 법철학을 지지함으로써, 그리고 다른 법률가들이 그가 변호할 수
없는 것을 받아들이지 않았다는 이유로 그들의 선의를 의심함으로써
그의 법적 자격을 남용했다.

그렇지만 대법원의 사법심사 권력에 관한 학문적인 토론이 닉슨의
혼동에 기여했음이 틀림없다. 내가 기술한 바 있는 구별들, 즉 개념에
호소하는 것과 하나의 견해를 제시하는 것의 구별, 그리고 회의주의와
사법적 겸양을 구별하지 못한 것이 도덕적 십자군 전쟁 프로그램으로
서의 사법 적극주의와 합법성 프로그램으로서의 사법 소극주의 사이에
서 잘못된 선택문제를 제기했다. 치밀하고 학식이 있는 전문가들이 왜
복잡한 문제를 이렇게 단순하고 잘못된 방식으로 제기했는가?

학문적 토론의 중심에 있는 문제는 이렇게 제기될 수 있다. 만일 우
리가 미국헌법이 요구하는 원칙에 대한 판결을 국민이 아니라 법관들

에게 맡긴다면, 우리는 우리의 제도가 허용하는 한에서 합법성의 정신에 따라서 행위한 것이다. 그러나 우리는 법관들이 잘못된 판결을 할 수 있는 위험을 무릅쓴다. 모든 법률가는 대법원이 그것의 경력에서 어떤 경우에는 잘못했으며, 그것도 심각한 잘못을 저질렀다고 생각한다. 만일 법률가들이 뉴딜 정책을 막기 위해 위협을 가한 1930년대 초기의 보수주의적 판결들을 싫어하지 않는다면, 그들은 지난 10년 동안 이루어진 자유주의적 판결들을 싫어할 가능성이 있다.

우리는 그 위험을 과장해서는 안 된다. 진실로 인기가 없는 판결들은 힘을 발휘하지 못하게 될 것이다. 왜냐하면 공립학교에서의 기도의 경우처럼 공중은 마지못해 복종할 것이며, 나이 든 법관들은 죽거나 은퇴할 것이고 국민들에 의해서 선출된 대통령과 의견이 일치한다는 이유로 지명된 새로운 법관들에 의해서 교체될 것이기 때문이다. 뉴딜 정책에 반대하는 판결들은 지속되지 못했고, 최근의 더 과감한 판결들은 닉슨 법정의 처분에 맡겨져 있다. 또한 잘못된 판결을 할 수 있는 위험이 전적으로 지나친 쪽에만 있는 것이 아니다. 데니스 사안에서 스미스 법의 합법성을 지지한 부끄러운 판결이 이루어진 메카시 시대에 대법원이 조치를 취하지 못한 것은, 루즈벨트 초기에 대법원의 보수주의적 편향이 끼친 해악보다 더 많은 피해를 국가에 입혔다고 생각될 수 있다.

여전히 우리는 가능한 한 실수의 위험을 축소시키기 위해서 우리의 제도들을 설계해야 한다. 그러나 지금까지의 학문적 토론은 그 실수가 어디에 있는지에 대해 적합한 설명을 주는 데 실패했다. 적극주의자들에게는 인종분리 판결들이 옳았다. 왜냐하면 그 판결들은 그들이 바람직한 것으로 생각하는 하나의 사회적 목표를 증진시켰기 때문이다. 또는 그것들은 잘못되었다. 왜냐하면 그것들은 그들이 싫어하는 하나의 사회적 목표를 증진시켰기 때문이다. 소극주의를 변호하는 사람들에게는 그들이 그 사회적 목표를 승인하든 승인하지 않든 간에 그 판결들은 잘못되었다. 왜냐하면 그 판결들은 대법원은 사회의 이익에 대한 그것 자신의 견해를 국가에 부과할 자격이 없다는 원칙에 어긋난 것이기 때문이다.

이런 기준들 중의 어떤 것도 법률가들에게 내가 앞에서 기술한 특별한 종류의 도덕적 문제, 즉 개인이 국가에 대해 어떤 도덕적 권리를 갖는가의 문제를 다루도록 강요하지는 않는다. 적극주의자들은 그들이 그 문제에 대해서 주장할 때 그들의 사회적 목표는 자명한 선이라거나 그 목표들이 궁극적으로는 모든 사람의 혜택을 위해서 작용할 것이라는 가정에 근거했다. 이 낙관주의는 그것이 반드시 그렇지는 않다는 비켈의 반론을 허용한다. 소극주의를 취하는 사람들은 합법성의 어떤 원칙은 헌법법률가들이 도덕적 문제들을 다루지 않도록 한다고 주장한다.

헌법은 국가에 대한 권리의 문제를 분리시켜서 그 문제를 자기 자신의 의제의 부분으로 삼을 때까지는 진정한 진전을 이룰 수 없다. 그것은 헌법과 도덕이론의 융합, 즉 믿을 수 없게도 지금까지 아직 일어나지 않았던 연결을 지지한다. 법률가들이 도덕철학, 특히 권리에 관해서 말하는 철학자들에 의한 오염을 두려워하는 것은 전적으로 이해할 만하다. 왜냐하면 그 개념의 유령 같은 그림자들이 이성의 묘지를 배회하고 있기 때문이다. 그러나 이제 법률가들이 기억할 수 있는 것보다 더 좋은 철학이 있다. 예를 들면 하버드의 롤스 교수는 정의에 관한 하나의 추상적이고 정치한 이론을 담은 책을 출판했는데, 어떤 헌법법률가도 그것을 무시할 수 없을 것이다.[4] 법사회학과 법경제학의 발전에서 법률가들이 수동적일 필요가 없었던 것과 마찬가지로, 국가에 대립하는 도덕적 권리에 대한 이론의 발전에서 법률가들이 수동적인 역할을 할 필요는 없다. 그들은 법이 다른 학문으로부터 독립되어 있지 않은 것처럼 철학으로부터도 독립되어 있지 않다는 것을 깨달아야 한다.

---

4) John Rawls, *A Theory of Justice*, 1972. 제6장을 참조할 것.

제6장 정의와 권리

1

나는 롤스의 유명한 이념인 원초적 입장을 세세하게 기술할 필요가 없다고 믿는다.[1] 그 이념은 사회계약을 맺기 위해 한자리에 모인 한 무리의 사람들을 가정한다. 여기까지는 고전적 사회계약론에서 말하는 가상적 제헌의회와 유사하다. 하지만 원초적 입장은 당사자들을 묘사한 부분에서 사회계약론과 차이가 있다. 원초적 입장의 당사자들은 보통의 기호와 재능과 야망과 신념을 지닌 사람들인데, 각자는 일시적으로 자신들이 지닌 개성의 이러한 특징들을 모르며, 그것들을 다시 의식하기 전에 계약을 해야 한다.

롤스는 이러한 사람들이 합리적이고 자신들의 이익에 따라서만 행위한다면, 롤스의 정의의 두 원칙을 선택할 것임을 보여주려 애쓴다. 이두 원칙은 대강 이렇다. 모든 사람은 모두에게 동일한 자유와 양립가능한 가장 큰 정치적 자유를 가져야 한다. 그리고 권력, 재산, 수입, 기타자원들에서 불평등은 가장 못사는 사회구성원들의 절대적 혜택에 기여

---

1) John Rawls, *A Theory of Justice*, 1972.

하지 않는 한, 존재하지 않아야 한다. 롤스를 비판하는 많은 사람들은 원초적 입장의 사람들이 불가피하게 이 두 원칙을 선택하리라는 데 동의하지 않는다. 그 원칙들은 보수적이므로 비판자들은 그 원칙들이 천성적으로 모험을 좋아하는 사람들에 의해서가 아니라 기질상 보수적인 사람들에 의해서만 선택되리라고 믿는다. 나는 이 비판이 제대로 되었다고 생각하지 않는다. 그러나 나는 최소한 이 책에서만큼은 이 점을 무시할 작정이다. 나는 다른 문제에 관심이 있다.

비판자들이 틀렸고, 원초적 입장에 있는 사람들이 실제로 롤스의 두 원칙을 그들 자신의 최상의 이익에 기여할 것으로 판단해 선택한다고 가정해보자. 롤스는 그 사실이 실제 정치제도들을 평가하기 위한 정의의 규준으로서 그 두 원칙을 옹호하는 논거를 제공할 것으로 생각하는 것으로 보인다. 그러나 왜 그렇게 되어야 하는지가 즉각적으로 분명하지 않다.

한 집단의 사람들이 그들 사이의 다툼을 특정 방식으로 해결하기로 사전에 계약한다면, 그 계약의 사실은 그 같은 다툼이 발생할 때 그 방식으로 해결되어야 한다는 강력한 논거가 될 것이다. 계약은 그것 자체로서 다양한 사람들을 계약하도록 이끌었을 근거들의 힘과는 독립된 논거일 것이다. 예를 들면 흔히 당사자들 각자는 자신들이 체결한 계약이 자기 자신에게 이익이 된다고 생각한다. 그러나 누군가 자신의 이익을 계산하는 데 실수를 했다 하더라도 그 사람이 계약을 했다는 사실은 그 사람에게 그 거래를 이행하도록 하는 것이 공정한 하나의 강력한 근거이다.

롤스는 어떤 집단이든지 그가 기술한 종류의 사회계약을 체결한다고 생각하지 않는다. 그는 단지 만일 한 무리의 합리적인 사람들이 자신들이 원초적 입장이라는 처지에 있음을 깨닫는다면, 두 원칙을 찬성하는 계약을 할 것이라고 주장할 뿐이다. 롤스의 계약은 가설적인데, 가설적 계약들은 계약사항들을 시행하는 것이 공정하다는 주장을 지지하는 독립된 논거를 제공하지 않는다. 가설적 계약은 단순히 실제 계약의 한 희미한 형태가 아니다. 그것은 계약 자체가 아니다.

예를 들면 내가 지금 경기를 한다고 해보자. 만일 내가 경기에 앞서 일정 수의 기본규칙에 동의하도록 요구받았다면, 나는 그것에 동의했을 것이다. 그렇지만 그렇다고 해서 내가 실제로는 그 규칙에 동의하지 않았을 경우에도 이 규칙들이 나에 대해 집행될 수 있다는 결론이 나오는 것은 아니다. 물론 미리 내게 요구했을 경우 내가 합의했을 근거들이 틀림없이 있을 것이며, 그 근거들은 내가 그 규칙에 동의하지 않았다 하더라도 그것을 나에 대해 집행할 공정한 근거들이 될 것이다. 그러나 나의 가설적 동의는 그 규칙들을 나에게 집행하는 것에서 나의 실제적 동의와는 달리 이런 다른 근거들과 독립되어 있는 근거로 간주되지 않는다.

당신과 내가 포커를 하고 있는데, 한참 판이 돌아가는 도중에 카드 한 장이 부족하다는 걸 알았다고 해보자. 당신은 그 판을 무효로 하자고 제안하지만, 나는 내가 그 판에서 승리할 것이라는 것을 알고 판에 건 돈을 갖고 싶기 때문에 거절한다. 당신은 만일 사전에 카드가 부족할 가능성이 제기되었다면 내가 당신의 제안에 동의했을 것이라고 말할 수 있다. 그러나 당신이 주장하는 것은 내가 결코 한 적이 없는 동의에 의해서 내가 어떤 방식으로 판을 무효로 하는 것을 약속했다(committed)는 것이 아니다. 당신은 그 가설적 동의라는 장치를 이용해서 그 장치 없이도 이루어질 수 있었던 주장, 즉 추천된 해결책이 매우 명백하게 공정하고 이성적인 것이기 때문에 오직 직접적인 반대이익이 걸려 있는 사람만이 동의하지 않을 수 있다는 주장을 하는 것이다. 당신의 주요 논변은 당신의 해결책이 공정하고 이성적이라는 것이고, 나 스스로 그것을 선택했을 것이라는 사실은 그 논변에 실질적으로 보태는 것이 없다. 만일 내가 그 주요 논변에 대응할 수 있다면, 내가 동의했을 것이라는 당신의 주장에서 내가 대답하거나 변명해야 할 것은 아무것도 없다.

더욱이 어떤 여건에서는, 내가 동의를 했을 것이라는 사실은 이런 성격을 갖는 독립적인 논변을 제시하는 것조차 하지 못한다. 모든 것은 내가 동의했을 것이라고 당신이 가정하는 이유들에 달려 있다. 내가 포커를 계속하기를 아주 많이 원했고 나의 기회를 놓치기보다는 당신의 제안에 따랐을 것이기 때문에, 당신이 문제를 제기하고 당신의 해결책을 고집했다면 내가 그것에 동의했을 것이라고 당신이 말한다고 가정하자. 나는 내가 그 이유 때문에 동의했을 것이라는 것을 인정한 다음, 당신이 그 문제를 제기하지 않았기 때문에 나는 행운이었다고 덧붙여 말할 수 있다. 만일 당신이 주장했다면 내가 동의했을 것이라는 사실은, 내가 왜 지금 동의해야 하는가에 대한 논변에 보태는 것도 없고 그 논변을 제시하는 것도 아니다. 여기에서의 요점은 당신의 제안을 당신이 계속해서 포커를 하는 조건으로 주장하는 것이 공정하지 않았을 것이라는 것이 아니다. 사실상 그것은 불공정한 것이 아니었을 것이다. 만일 당신이 당신의 제안을 계속해서 고집하고 내가 동의를 했다면, 나는 나의 동의가 협박에 의한 것이기 때문에 무효라거나 문제 될 수 있다고 말할 수 없을 것이다. 그러나 만일 내가 사실상 동의하지 않았다면, 내가 동의했을 것이라는 사실은 그것 자체로서는 아무것도 의미하지 않는다.

내가 의미하는 것은, 어떤 사람에게 영향을 미치는 행위가 공정한가를 결정할 때 그가 만일 물음을 받았을 경우에는 동의했을 것이라는 것이 결코 중요하지 않다는 것이 아니다. 예를 들면 어떤 의사가 어떤 사람이 무의식 상태에서 피를 흘리고 있는 것을 발견한 경우에는, 만일 그가 의식이 있다면 그에게 수혈에 동의할 것인가를 의사가 물어보는 것은 중요할 것이다. 만일 그가 동의할 것이라고 생각할 이유가 충분하다면, 그 사실은 만일 환자가 아마도 나중에 종교적 개종을 했기 때문에 의사가 피를 수혈한 것에 대해서 비난한다면 그 수혈을 정당화하기 위해서 중요하다. 그러나 이런 종류의 경우는 현재의 문제와는 관련이 없다. 왜냐하면 환자의 가설적 동의는 그 결정이 이루어진 시간과 여건에서 환자의 의지가 그 결정으로 기울었음을 보여주기 때문이다. 그는 그가 적절한 시기에 물음을 받지 않았다는 것에 의해서 아무것도 잃지 않았다. 왜냐하면 그는 물음을 받았다면 동의했을 것이기 때문이다. 원초적 입장은 그와 매우 다르다. 만일 우리가 그것을 두 원칙을 적용하는 것에서의 공정성을 옹호하는 것으로 간주한다면, 그것은 어떤 사람이 사전에 물음을 받았을 경우 특정한 원칙들에 동의했을 것이기 때문에 그 원칙들을 나중에 다른 여건 아래서 그가 동의하지 않을 때 적용하는 것이 공정하다고 주장하는 것으로 간주해야 한다.

이것은 잘못된 논변이다. 내가 월요일에 나의 그림의 가격을 몰랐다고 가정하자. 만일 당신이 나에게 100달러를 제안했다면, 나는 받아들였을 것이다. 그런데 화요일에 나는 그 그림이 가치 있는 그림이라는 것을 알게 되었다. 당신은 내가 당신에게 수요일에 그것을 100달러에 팔도록 법원이 강요하는 것이 공정할 것이라고 주장할 수 없다. 당신이 월요일에 나에게 묻지 않은 것은 나의 행운이었다. 그렇지만 그것이 나중에 내가 팔도록 강요하는 것을 정당화하지 않는다.

그렇기 때문에 우리는 원초적 입장으로부터의 논변을 우리가 포커 게임에서 당신의 논변을 취급하는 것처럼 취급해야 한다. 그것은 두 원칙의 공정성에 대한 어떤 독립적 논변, 즉 가설적 계약이 어떤 희미한 구속력을 갖는다는 그릇된 전제에 의존하지 않는 논변에 주의를 요구하는 장치여야 한다. 다른 어떤 논변이 있을 수 있는가? 어떤 사람은 원초적 입장은 두 원칙이 정치적 공동체의 모든 구성원들에게 가장 큰 이익이 된다는 것과 그 이유로 그 두 원칙에 따라서 통치하는 것이 공정하다는 것을 보여준다고 말할 수 있다. 만일 그 두 원칙이 모든 사람에게 이익이 된다는 것이 보여질 수 있다면, 그것은 그 두 원칙의 공정성을 지지하는 하나의 건전한 논변이 될 것이라는 것은 사실이다. 그러나 두 원칙들이 모든 사람에게 이익이 된다는 것을 보여주기 위해서 원초적 입장이 어떻게 이용될 수 있는지 알기는 어렵다.

우리는 어떤 것이 나에게 이익이 된다고 말해질 때 두 가지 의미를 구별해야 한다. 모든 것을 고려할 때 가장 높은 우승가능성을 제공하는 말이 실제 시합에서는 설사 패배한다 하더라도 그 말에 내기를 거는 것은, 나의 **사전적**(antecedent) 이익이 된다. 실제로 승리하는 말에게 내기를 거는 것은, 내기를 걸 때 그 내기가 어리석은 내기였다 하더라도 나의 **실제**(actual) 이익이 된다. 만일 원초적 입장이 헌법의 다른 가능한 기초들 대신에 두 원칙을 받아들이는 것이 모든 사람의 이익이 된다는 논변을 제공한다면, 그것은 실제 이익이 아니라 사전적 이익의 이념을 사용하는 논변임이 틀림이 없다. 그 두 원칙을 선택하는 것이 모든 사람들의 실제 이익이 되는 것은 아니다. 왜냐하면 무지의 장막이 걷혔을 때, 어떤 사람들은 평균공리의 원칙 같은 다른 원칙이 채택되었을 경우에 자신들이 더 행복했을 것임을 발견할 것이기 때문이다.

사전적 이익에 관한 판단은 그 판단이 이루어지는 여건에 의존하고, 특히 그 판단을 하는 사람이 가질 수 있는 지식에 의존한다. 경기가 시작되기 전에는 주어진 확률로 어떤 말에 내기를 거는 것이 사전적으로 나의 이익이 될 것이지만, 그 말이 첫 바퀴에서 비틀거린 다음에는 적어도 동일한 확률로는 이익이 되지 않는다. 그렇기 때문에 어떤 특정한 선택이 특정한 시기에 매우 커다란 불확실성의 조건 아래서 나의 이익이 된다는 사실은, 나중에 훨씬 더 많은 지식을 갖고 있는 상황에서 나에게 그 선택을 강요하는 것의 공정성을 지지하는 좋은 논변이 아니다. 그러나 이 해석에 따르면 그것이 바로 원초적 입장 논변이 제시하는 것이다. 왜냐하면 그것은 현재의 조건과는 매우 다른 조건 아래서 그 두 원칙에 합의하는 것이 모든 사람들의 사전적 이익이 될 것이라는 가정 위에서 두 원칙을 현재 사용하는 것을 정당화하려 하기 때문이다. 만일 내가 승산이 없는 마권을 샀다면, 경기가 시작되기 전에 그 마권을 당신에게 내가 산 값의 두 배로 파는 것이 나의 사전적 이익일 수 있다. 그렇지만 그렇다고 해서 그 승산이 없던 말이 우승하기 직전에 그 마권을 그 가격을 주고 당신이 나로부터 가져가는 것이 공정하다는 결론은 나오지 않는다.

이제 어떤 사람은 원초적 입장에서 특별한 불확실성의 조건의 요점을 내가 오해했다고 말할 수 있을 것이다. 당사자들이 어떤 자원과 재능을 다른 자원과 재능보다 더 좋아하기 때문에, 본래적으로 불공정한 원칙으로 합의하는 것을 막기 위해서 그 당사자들은 그들의 특별한 자원과 재능을 모르는 것으로 가정된다. 만일 원초적 입장에 있는 사람이 그의 특별한 이익을 알지 못한다면, 그는 그 이익에 유리하도록 협상할 수 없다. 그 경우에 원초적 입장의 불확실성은 내가 제안한 바와 같은 사전적 이익으로부터의 논변을 손상시키지 않고 오직 자기이익이 작용할 수 있는 범위만 한정할 뿐이라고 말해질 수 있다. 그 논변은 일단 불확실성이라는 장치에 의해서 분명하게 불공정한 원칙들이 고려대상에서 제외되었을 때, 두 원칙은 모든 사람에게 이익이 될 것임을 보여준다. 현대인들이 원초적 입장에 있는 사람들보다 더 갖고 있는 유일한 추가적 지식은 정의의 원칙을 선택하는 데에서 의존해서는 안 되는 지식이기 때문에, 그들의 사전적 이익은 중요한 측면에서는 동일하다. 그리고 만일 그것이 그렇다면, 원초적 입장의 논변은 그 두 원칙을 현대의 정치에 적용시키는 것에 대한 좋은 논변을 제공할 것이다.

그러나 분명히 이것은 롤스가 실제로 펼치는 논변을 그가 펼쳤을 수도 있는 논변과 혼동하는 것이다. 그의 사람들이 자신의 재능과 기호에 관한 충분한 지식을 갖고 있지만, 거명된 개인에게 특별한 이익을 제공하는 원칙들처럼 명백하게 불공정한 원칙을 단순히 약정에 의해서 배제한 조건 아래서 합의에 도달해야 한다고 가정하자. 만일 일단 그런 명백하게 불공정한 원칙들이 배제되고 난 다음에, 그의 두 원칙으로 합의하는 것이 모든 사람들에게 이익이 된다는 것을 롤스가 보여줄 수 있다면, 그것은 진정으로 두 원칙을 지지하는 논변으로 간주될 것이다. 나의 주장—즉 원초적 입장에 있는 사람들의 사전적 자기이익은 현대인의 사전적 자기이익과는 다르다는 것—은 더 이상 성립하지 않을 것이다. 왜냐하면 그 두 집단의 사람들은 모두 자신들에 대해 동일한 지식을 지닐 것이고, 명백하게 불공정한 원칙을 선택하지 못하게 하는 동일한 도덕적 제약에 종속될 것이기 때문이다.

그렇지만 롤스의 실제의 논변은 그와 매우 다르다. 그의 사람들이 처한 무지는 자기이익에 대한 그들의 계산에 영향을 미치는 것이며, 단순히 이런 계산이 이루어져야 하는 범위의 경계를 설정하는 것으로서만 기술될 수는 없다. 예를 들면 롤스는 그의 사람들이 불가피하게 보수적인 원칙들을 선택할 것이라고 생각한다. 왜냐하면 그것이 그들의 무지에서 자기이익을 추구하는 사람들이 할 수 있는 유일한 합리적 선택이기 때문이라는 것이다. 그러나 그들 자신의 재능을 아는 실제의 어떤 사람들은 그들이 지니고 있다고 알고 있는 자원의 이점을 그들이 살리는 것을 허용하는 덜 보수적인 원칙들을 선호할 수 있을 것이다. 그렇기 때문에 원초적 입장을 보수적 원칙을 지지하는 논변으로 생각하는 어떤 사람은 이런 선택에 직면한다. 만일 거명된 개인에게 유리한 원칙들같이 덜 보수적인 원칙들이 명백히 불공정한 것으로 제외될 수 있다면, 분명한 공정성의 근거만으로 보수적 원칙들을 지지하는 논변은 처음부터 완전한 것이다. 그 경우에는 원초적 입장이나 그 원초적 입장이 보여주는 것으로 의도되었던 자기이익에 대한 어떤 고려도 그 논변에서는 어떤 역할도 하지 못한다. 그러나 만일 덜 보수적인 원칙들이 명백하게 불공정한 것으로 미리 배제될 수 없다면, 롤스의 사람들에게 무지를 부과해서 그들이 더 보수적 원칙들을 선호하게 하는 것은 단순히 명백히 불공정한 선택을 배제하는 것으로 설명될 수 없다. 그리고 그것은 이 사람들의 사전적 자기이익에 영향을 미치기 때문에, 원초적 입장이 실제 사람들의 사전적 자기이익을 보여준다는 논변은 실패할 수밖에 없다. 물론 이와 동일한 딜레마가 두 원칙의 각각의 특징에 대해서 구성될 수 있다.

나는 지금까지의 논변이 롤스의 방법론 가운데 하나의 독특한 특징을 무시하는 것처럼 보인다는 것을 인정한다. 그 특징을 그는 우리의 일상적이고 무반성적인 도덕적 신념들과 이런 일상적 신념들을 통일시키고 정당화할 수 있는 어떤 이론적 구조 사이에서 "반성적 평형"을 찾는 기법으로 기술한다.[2] 원초적 입장의 이념은 이 반성적 평형에서 하나의 역할을 하는데, 만일 나처럼 원초석 입상으로부터 정의의 두 원칙을 더 직접적이고 일방향적으로 도출하는 논변을 발견하려 한다면, 우리는 그 역할을 놓치게 될 것이라고 말할 수 있다.

평형의 기법은 롤스의 논변에서 중요한 역할을 하는데, 여기에서 그 기법을 간단하게 기술하는 것은 가치가 있다. 그 기법은 롤스의 독자들이 통상적인 공판 같은 특정한 정치적 제도나 결정들은 정의롭고, 노예제 같은 다른 어떤 것들은 부정하다는 것에 대한 감각을 갖는 것으로 가정하는데, 우리는 일상생활에서 그 감각을 사용한다. 더욱이 그것은 우리가 이런 즉각적인 직관과 신념들을 배열할 수 있다고 가정하는데, 그때 우리는 그것들 가운데 어떤 것들은 다른 것들보다 더 확실함을 나타내주는 순서로 배열한다. 예를 들면 대부분의 사람들은 전쟁에서 외국의 민간인을 죽이는 것보다는 자신의 무고한 시민들을 처형하는 것

---

2) 같은 책, 48쪽 이하.

이 명백히 더 부정하다고 생각한다. 그들은 어떤 논변에 근거해 외국의 민간인에 대한 그들 자신의 입장을 포기할 준비가 되어 있을 수도 있지만, 무고한 동료국민들을 처형하는 것에 대한 그들 자신의 견해는 좀처럼 바꾸려 하지 않을 것이다.

평형의 기법에 따르면, 도덕철학의 과제는 우리가 어느 정도 확신하는 이런 즉각적인 신념들을 지지하는 하나의 원칙들의 구조를 제공하는 것인데, 그것은 아래의 두 목표를 염두에 둔다. 첫째, 이 원칙들의 구조는 그 신념들을 그 신념들이 반영하는 배경적 가정들을 보여줌으로써 설명해야 한다. 둘째, 그것은 우리가 확신을 갖지 않거나 약하거나 모순된 확신들을 갖는 사안들에 대해서 지침을 제공해야 한다. 예를 들면 만일 우리가 재산의 커다란 불평등을 허용하는 경제제도가 부정한지 어떤지에 대해서 확신하지 못한다면, 우리는 우리가 자신 있게 확신하는 것을 설명해주는 원칙들을 그 어려운 문제를 해결하기 위해서 적용할 수 있다.

그러나 그 과정은 단순히 우리의 어느 정도 정착된 판단들을 수용하는 원칙들을 발견하는 과정이 되는 것은 아니다. 이 원칙들은 우리의 판단들을 설명할 뿐만 아니라 지지도 해주어야 하는데, 그것이 의미하는 것은 그 원칙들은 우리의 도덕감에 의존하지 않는 호소력을 지녀야한다는 것이다. 예를 들면 우리에게 익숙한 일군의 도덕적 신념들이 부당한 정책에 기여하는 것으로 보일 수 있다. 또한 아마도 우리가 무반성적으로 갖고 있는 표준적 판단들은 특정한 계급의 정치권력을 유지하는 목적에 기여할 수도 있다. 그러나 이런 발견이 특정 계급 이기주의의 원칙을 옹호할 수는 없을 것이다. 그와는 반대로 만일 우리의 직관들에게 어울리는 그 원칙보다 더 존중할 만한 다른 어떤 원칙이 발견되지 않는다면, 그 경우에는 우리의 일상적인 판단들을 불신하게 될 것이다. 만일 더 존중할 만한 원칙이 발견된다면, 우리의 직관들이 추천하는 것은 이 원칙일 것이며 계급이익의 원칙은 아닐 것이다.

독립적인 호소력을 가지며 우리의 즉각적인 신념들의 전체 집합을 지지하는 원칙들의 정합적인 집합이 발견되지 않을 수도 있다. 실제로 이런 일은 자주 일어날 수 있다. 만일 그런 일이 일어난다면, 우리는 양쪽에 조금씩 양보하면서 타협해야 한다. 우리는 수용가능한 원칙이 될 수 있는 것에 대한 우리의 시초의 감각을 포기할 수는 없다 하더라도 완화할 수는 있을 것이다. 우리는 더 반성을 한 다음에, 우리에게 시초에는 매력적이지 않았던 어떤 원칙, 예를 들면 우리는 사람들은 때때로 자유로워져야 한다는 원칙을 수용하는 것에 이를 수 있을 것이다. 만일 우리가 특별히 포기하기 꺼려 하는 정치적 신념들의 집합을 지지해줄 수 있는 원칙들 중에서 그것보다 덜 거슬리는 원칙이 없다는 점이 납득된다면, 우리는 이 원칙을 수용할 수 있다. 다른 한편으로 우리는 우리의 완화된 규준들을 만족시키는 원칙에 의해서 수용될 수 없는 직접적인 신념들을 수정하거나 조정하거나 전적으로 포기할 준비가 되어 있어야 한다. 이런 직접적인 신념들을 조정할 때 우리는 어떤 신념들이 우리에게 더 분명하고 덜 분명한가에 대한 우리의 시초의 감각을 사용할 것이다. 물론 원칙상 어떤 직접적인 신념도 재검토될 수 없거나 포기될 수 없는 것으로 간주될 수는 없다. 우리는 우리의 직접적 판단들과 설명적 원칙들의 구조 사이에서 한 번은 한쪽에서 수정해보고 그 다음에는 다른 쪽에서 수정하고 하면서 이런 방식으로 왕래해 최종적으로는 롤스가 반성적 평형상태라고 부르는 것, 즉 우리가 납득하거나 우리가 합당하게 기대할 수 있는 만큼 납득하는 상태에 도달한다.

적어도 우리 대부분에게 우리의 일상적 정치적 판단들은 롤스의 정의의 두 원칙과 이런 반성적 평형의 관계 속에 있거나 적어도 방금 기술된 조정과정을 통해서 그렇게 될 수 있다. 그런데도 원초적 입장의 이념이 어떻게 이 구조와 조화될 수 있는지 또는 그것이 왜 어떤 역할을 하게 되는지는 분명하지 않다. 원초적 입장은 우리가 지니는 것으로 우리가 발견하고 정당화하기 위해서 반성적 평형에 의뢰하는 일상적인 정치적 신념들 속에 들어 있지 않다. 만일 그것이 어떤 역할을 갖는다면, 그것은 정당화의 과정 속에 있어야 한다. 왜냐하면 그것은 우리가 우리의 신념들을 조정하기 위해서 구성한 이론 안에서 그것의 위치를 차지하기 때문이다. 그러나 만일 정의의 두 원칙이 그 자체로 우리의 신념들과 함께 반성적 평형 속에 있다면, 왜 우리가 그 평형의 이론적 부분에서 그 두 원칙을 보완하기 위한 원초적 입장을 필요로 하는지가 분명하지 않다. 그 이념은 이미 확립된 조화에 무엇을 기여할 수 있는가?

우리는 아래의 대답을 고찰해보아야 한다. 어떤 이론적 원칙이 우리의 신념들에 대한 하나의 정당화로 포함되기 위해서 우리가 그 원칙에 부과하는 조건들 가운데 하나는, 그 이론적 원칙이 지배하게 될 사람들이 적어도 어떤 조건에서 물음을 받았을 경우에는 그 이론을 받아들였거나 적어도 그 원칙이 그런 모든 사람의 사전적 이익이 되는 것으로 보일 수 있다는 조건이라는 대답이다. 만일 이것이 그렇다면, 원초적 입장은 평형을 통한 정당화 과정에서 하나의 핵심적 역할을 한다. 그것은 정치적 원칙의 수용가능성에 대한 이 확립된 규준을 두 원칙이 만족시켜 준다는 것을 보여주기 위해서 사용된다. 동시에 그 규준을 만족시키는 그 두 원칙이 반성적 평형 속에서 우리의 일상적 신념들을 정당화한다는 사실은 그 규준에 대한 우리의 신뢰를 강화시키고 우리에게 정치철학이나 도덕철학의 다른 문제들에 그 규준을 적용하도록 촉구한다.

그렇지만 이런 대답이 원초적 입장이 두 원칙을 지지하는 하나의 논거를 제공해준다는 것에 대한 변호가 될 수는 없다. 그것은 단지 우리가 이미 고찰하고 거부한 바 있는 이념들을 반복해서 말하는 것일 뿐이다. 그 원칙들이 오직 원초적 입장이라는 특별한 처지에 있는 사람들에 의해서 선택될 때만 수용될 수 있다는 것은, 분명히 우리의 확립된 정치적 전통에 속하는 것도 아니고 일상적인 도덕에 의해 이해되는 것도 아니다. 만일 그 원칙들이 그들이 지배하는 사람들에 의해서 사실상 선택된 것이라면, 또는 적어도 그 사람들 공동의 사전적 이익에 기여한다고 밝혀질 수 있다면 그 원칙들이 공정할 것이라는 것은 물론 이런 전통의 부분이다. 그러나 우리는 원초적 입장의 장치는 그 두 원칙을 현대의 정치에 적용시키는 것을 주장하는 이런 논변들을 지지하기 위해서 사용될 수 없음을 이미 보았다. 만일 원초적 입장이 반성적 평형 속에 있는 원칙들과 신념들의 구조에서 어떤 역할을 할 수 있으려면, 그것은 우리가 아직 확인한 바 없는 가정들에 의해 그렇게 되어야 한다.

이제 이전에 제시된 하나의 가정에 대해서 다시 고찰할 때이다. 지금까지 나는 원초적 입장의 구조를 마치 그것이 롤스의 논변의 기초이거나 우리의 정치적 직관들과 그의 두 원칙들 사이에서 확립된 반성적 평형에 있는 하나의 요소인 것처럼 취급해왔다. 그러나 사실상 롤스는 원초적 입장을 그런 방식으로 취급하지 않았다. 그는 그 구조를 이렇게 말했다.

나는 이 원초적 입장이 순수하게 가설적인 것임을 강조해왔다. 만일 이 합의가 실제로는 결코 이루어지지 않는다면 왜 우리가 이런 도덕원칙들이나 다른 원칙들에 관심을 가져야 하는지를 물어보는 것은 자연스럽다. 그에 대한 대답은 원초적 입장에 구현되어 있는 조건들이 사실상 우리가 받아들이는 조건들이라는 것이다. 또는 만일 우리가 받아들이지 않는다면, 아마도 철학적 반성을 통해서 받아들이도록 설득될 수 있을 것이다. 계약상황의 각각의 측면에 대해서 지지하는 근거가 주어질 수 있다. ……다른 한편으로 이 견해는 또한 그것 자신의 정교화를 보여주는 직관적인 관념(notion)이기도 하며, 그렇기 때문에 우리는 그것에 인도되어 도덕적 관계를 가장 잘 해석할 수 있는 그런 관점을 더 명확하게 정의하게 된다. 우리에게는 우리의 목적을 멀리서부터 그려볼 수 있게 하는 하나의 견해가 필요하다. 원초적 입장이라는 직관적 관념이 우리를 위해서 이것을 한다.[3]

이 기술은 원초적 입장에 대한 롤스의 최초의 언명에서 따온 것이다. 그것은 그의 책의 마지막 단락에서도 회상되고 또 반복된다.[4] 그것은 매우 중요한 것으로서, 원초적 입장이 그의 논변의 기초나 평형의 기법을 위한 설명적 장치와는 거리가 멀고, 이론 전체의 중요한 실질적 생산물들 가운데 하나라는 것을 보여준다. 그것의 중요성은 그 책의 또다른 중요한 곳에서 반영되고 있다. 롤스는 그의 도덕이론을 심리학의 한 유형으로 기술한다. 그는 특정한 종류의 도덕적 판단, 즉 정의에 대한 판단을 할 수 있는 우리나 아니면 적어도 한 사람의 능력의 구조를 기술하기를 원한다. 그는 원초적 입장에 구현되어 있는 조건들은 "우리의 도덕적 능력 또는 더 구체적으로 말하면 우리의 정의감을 지배하는 기본적 원칙들"이라고 생각한다.[5] 그렇기 때문에, 원초적 입장은 적어도 약간의 그리고 아마도 대부분의 사람들의 특정한 정신적 과정의 도식적인 표상이다. 그것은 그가 말하는 것처럼 마치 심층문법이 하나의 정신적 능력에 대한 도식적 표현인 것과 마찬가지이다.

이런 모든 것은 원초적 입장은 하나의 매개적 결론, 즉 그것의 조건에 대한 철학적 논거를 제공하는 더 깊은 이론의 중간결론, 즉 중간점(halfway point)임을 보여준다. 이 글의 다음 부분에서 나는 적어도 이 심층적인 이론의 중요한 얼개에 대해서 기술하려 할 것이다. 나는 롤스의 책에서 드러나는 표면적 논변의 세 가지 특징들—평형기법, 사회

---

3) 같은 책, 21~22쪽.
4) 같은 책, 587쪽.
5) 같은 책, 51쪽.

계약, 원초적 입장—을 구별하고, 그것들이 다양한 익숙한 철학적 원칙이나 입장 가운데 어떤 것을 나타내는 것인가를 따져보도록 하겠다.

그렇지만 먼저 나는 이 더 심층적인 이론의 원칙들이 우리의 도덕적 능력을 구성한다는, 부정확하지만 흥미 있는 이념에 대해서 더 말해야 하겠다. 그 이념은 다양한 깊이의 수준에서 이해될 수 있다. 가장 얕은 깊이에서 그것이 의미하는 것은, 정의에 관한 추론을 위한 장치로서의 원초적 입장을 지지하는 원칙들은 특정한 공동체—롤스의 책은 그 공동체를 위한 것으로 의도되었다—안에서는 매우 널리 공유되어 있고 매우 적게 의문시되는 것이어서, 그 공동체가 이런 원칙들을 버리게 되면 정치도덕에 대한 그것의 추리와 주장의 패턴을 근본적으로 바꾸게 된다는 것이다. 그것의 가장 깊은 수준에서 그것이 의미하는 것은 이 원칙들이 모든 사람의 신경구조에 입력되어 있으면서 모든 사람들에게 공통적인 도덕성의 내재적 범주이기 때문에, 사람들은 도덕에 관한 추리능력을 버리지 않는 한, 이런 원칙들을 부정할 수 없다는 것이다.

나는 아래에서는 덜 심층적인 해석에 의해서 인도될 것이다. 그렇지만 나는 내가 말하는 것은 더 심층적인 해석과 일치한다고 생각한다. 나는 어떤 사람들의 집단이 롤스를 읽은 다음, 원초적 입장이 정의의 문제에 대해 고찰하기에 적절한 "직관적 관념"이라고 생각하며, 만일 원초적 입장의 당사자들이 사실상 그가 기술하는 두 원칙으로 계약할 것이라는 점이 증명될 수 있다면, 그 원초적 입장이 설득력 있다고 생각할 것이라고 가정할 것이다. 나는 경험과 문헌을 근거로 해서 정의에 대해서 고찰하는 사람들의 매우 많은 수가 이런 부류에 속한다고 생각한다. 그리고 나는 나 자신도 그중의 하나라고 생각한다. 나는 이 집단의 성향을 그런 식으로 기울게 하는 숨겨진 가정을 발견하기를 원하고, 또 내가 처음에 제기했던 질문을 반복함으로써 그렇게 할 것이다. 왜 롤스의 논변이 그의 두 원칙이 정의의 원칙이라는 주장을 지지하는가?

그에 대한 나의 대답은 복잡하다. 그리고 그 대답은 때때로 우리를 그의 텍스트로부터 멀리 떨어진 곳까지 끌고 가기는 하지만, 내 생각엔 그것의 정신으로부터 분리시키는 것은 아니다.

2

1) 평형

나는 내가 방금 기술한 평형(equilibrium)기법의 철학적 기초를 고찰하면서 시작할 것이다. 나는 앞으로 몇 쪽을 그것에 할애할 것이지만, 롤스의 심층이론의 어떤 실질적 특징들을 그의 방법이 요구하고 있는가를 이해하는 것은 중요하다. 내가 말한 것처럼 이 기법은 우리의 도덕적 삶에 관해서 하나의 익숙한 사실을 전제한다. 우리 모두는 정의에 관해서 우리가 견지하는 믿음들을 받아들이는데, 그렇게 하는 것은 그것들이 옳은 것들로 보이기 때문이지 그 믿음들을 다른 믿음들로부터 추론해내었기 때문은 아니다. 우리는 이런 방식으로 예를 들면 노예제가 부정하다고 믿고, 표준적인 공판절차는 공정하다고 믿을 수 있다.

어떤 철학자들에 따르면 이런 다양한 종류의 믿음들은 어떤 독립적이고 객관적인 도덕적 사실에 대한 직접적 지각이다. 다른 철학자들의 견해에서는 그것들은 단순히 일상적인 기호와 다르지 않은 주관적인 선호이지만, 그것들이 얼마나 우리에게 중요한지를 보여주기 위해서 정의의 언어로 만들어진 옷을 입고 있다. 어쨌든 우리가 우리 자신이나 서로와 함께 정의에 대해서 주장할 때, 우리는 이런 습관화된 믿음들—우리는 그것들을 "직관들"이나 "신념들"이라 부른다—을 대체적으로 롤스의 평형기법이 제시하는 방식으로 이용한다. 우리는 우리 자신의 직관에 비추어 정의에 관한 일반적 이론들을 검사한다. 그리고 우리의 견해에 동의하지 않는 사람들을 그들 자신의 직관들이 어떻게 그들 자신의 이론을 반박하는지를 보여줌으로써 논파하기 위해 노력한다.

우리가 도덕이론과 도덕적 직관 사이의 연결에 관한 철학적 입장을 밝힘으로써 이 가정을 정당화하기 위해 노력한다고 가정하자. 평형기법은 도덕에 대한 "정합론"이라고 불릴 수 있는 것을 가정한다.[6] 그러나 우리는 정합성을 정의하는 두 개의 일반적 모델 사이에서 하나를 선택하고 그것이 왜 요구되는가를 설명할 것이다. 이것들 사이의 선택은 우리의 도덕철학에서 중요하며 그에 따른 결과를 갖는다. 나는 이 두 개의 모델을 기술한 다음, 평형기법이 한 모델에서는 의미가 있지만 다른 모델에서는 그렇지 않다고 주장할 것이다.

나는 첫 번째 것을 "자연적" 모델이라 부를 것이다. 그것은 다음과 같은 방식으로 요약될 수 있는 철학적 입장을 전제한다. 롤스의 두 원칙 같은 정의론은 객관적인 도덕적 실재를 기술한다. 즉, 그것은 사람들이나 사회에 의해서 창조되는 것이 아니라 그들이 자연법칙을 발견하는 것처럼 그들에 의해서 발견되는 것이다. 이런 발견의 주요 도구는 적어도 몇몇 사람들에 의해서 소유되고 있는 도덕적 기능인데, 그 기능은 특정한 상황 속에서 노예제는 잘못된 것이라는 직관 같은 정치 도덕의 구체적 직관들을 산출해낸다. 이런 직관들은 더 추상적이고 근본적인 도덕원칙들의 본성과 존재에 대한 단서들이다. 그것은 마치 육체적 관찰들이 근본적인 자연법칙의 존재와 본성에 대한 단서인 것과 같다. 도덕적 추리나 철학은 구체적인 판단들을 올바른 순서로 모음으로써 근본적인 원칙들을 재구성하는 과정인데, 그것은 박물학자가 그가 발견한 유골들의 조각들로부터 동물 전체의 모습을 재구성하는 것과 같다.

---

6) Feinberg, "Justice, Fairness and Rationality", *Yale L. J.* 81, 1972, 1004, 1018~1021쪽.

두 번째 모델은 매우 다르다. 그것은 정의의 직관들을 독립적 원칙의 존재에 대한 단서로 취급하는 것이 아니라 구성되어야 할 일반 이론의 특징들로 취급한다. 그것은 마치 조각가가 그가 우연히 함께 있는 것으로 발견한 유골더미에 가장 잘 맞는 동물을 스스로 조각하는 것과 같다. 이 "구성적" 모델은 자연적 모델처럼 정의원칙들이 어떤 고정되고 객관적인 존재를 갖고 있어서 이런 원칙들에 대한 기술은 어떤 표준적인 방식으로 참이나 거짓이 될 수밖에 없다고 가정하지 않는다. 그것은 그것이 유골에 맞추어서 조각한 그 동물이 진정으로 존재한다고 가정하지 않는다. 그것은 그와는 다르고 어떤 방식으로 더 복잡한 가정, 즉 사람들은 그들의 행위의 근거가 되는 특정한 판단들이 정합적인 하나의 행위 프로그램을 이룰 수 있도록 해야 할 책임을 갖는다거나 적어도 다른 사람에 대해서 권력을 행사하는 관리들은 그런 종류의 책임을 갖는다는 가정을 한다.

　이 두 번째 구성적 모델은 법률가들에게 낯선 것이 아니다. 그것은 보통법 재판의 한 모델과 비슷하다. 어떤 법관이 하나의 색다른 주장—예를 들면 법원이 지금까지 인정하지 않았던 사생활에 대한 법적 권리에 근거해서 피해보상을 주장하는 것—에 대해 판단해야 한다고 가정하자.[7] 그는 이 판례들에 "배어 있다"라고 말할 수 있는 어떤 원칙들이 주장된 사생활의 권리에 관계가 있는지 없는지를 알아보기 위해서 그와 관련된 것처럼 보이는 그런 판례들을 검토해야 한다. 우리는 여기에서의 법관을 도덕적 직관들을 근거로 일반적 도덕이론을 추론해내는 사람의 입장에 있는 것으로 간주할 수 있다. 특정한 판례들은 직관들과 비슷하다. 법관은 이 판례들과 원칙들 사이에서 조정점에 도달

---

7) 여기에서 나는 구성적 모델에서의 논변의 전형이라 할 수 있는 브랜데이스와 워런의 유명한 논변을 염두에 두고 있다. Brandeis & Warren, "The Right to Privacy", *Harvard. L. Rev.* 4, 1890, 193쪽을 참조할 것.

하고자 노력하는데, 그 원칙들은 그 판례들을 정당화하고 또한 그것들을 넘어서는 그 이상의 판례들도 정당화할 수 있다. 그렇지만 그는 판례들이 도덕적 실재를 어렴풋이 보여주는 것이며, 그렇기 때문에 그 판례들이 그가 종국에 선언하게 되는 객관적 원칙들에 대한 단서라고 생각하지 않는다. 그는 그 원칙들이 판례들에 그런 의미에서 "배어 있다"고 믿지 않는다. 그 대신에 그는 구성적 모델에 입각해서 이전에 이루어졌던 것과의 일관성을 지켜야 한다는 책임감을 갖고 이런 판례들을 그가 구성해야 하는 원칙의 구체적 사례들로 받아들인다.

나는 그 두 모델 사이의 중요한 차이점을 강조하고 싶다. 한 관리가 지금 구성할 수 있는 어떤 원칙들의 집합에 의해서도 그의 다른 직관들과 화해될 수 없는 어떤 직관을 합당한 확신과 함께 갖는다고 가정하자. 예를 들면 그는 미수에 그친 살인을 성공한 살인과 동일한 정도로 엄하게 처벌하는 것은 부정하다고 생각하는데, 그는 그 생각을 사람의 죄는 실제로 발생한 것이 아니라 오직 그가 의도한 것만을 고려함으로써 적절하게 평가된다는 그의 감각과 화해시킬 수 없을 것이다. 또는 그는 어떤 특정한 소수인종이 특별한 보호를 받을 자격이 있다고 생각할 수 있는데, 그 견해를 인종에 근거한 차별은 본래적으로 개인들에게 공정하지 않다는 그의 견해와 화해시킬 수 없을 것이다. 어떤 관리가 이런 입장에 있을 때, 그 두 개의 모델은 그에게 다른 조언을 해준다.

자연적 모델은 문젯거리가 되는 직관을 따르면서, 그 직관을 화해시키는 더 복잡한 원칙들의 집합이 발견되지는 않지만 사실상 존재한다는 믿음을 갖고 분명한 모순을 도외시할 것을 권한다. 이 모델에 따르면 그 관리는 예를 들면 태양계의 근원에 대한 어떤 정합적인 설명 속에서도 화해시킬 수 없는 명확한 관찰자료를 가진 천문학자의 입장에 있는 것이다. 화해시킬 수 있는 어떤 설명이 사람들에 의해서 발견되지는 않았더라도, 그리고 그가 아는 모든 것에 비추어볼 때 결코 발견될 수 없을 것이라 하더라도 그것이 존재한다는 생각을 믿으면서 그는 계속해서 그의 관찰자료들을 받아들이고 인용한다.

자연적 모델은 이러한 노선을 지지하는데, 그것은 그것이 도덕적 직관들과 관찰자료들 사이의 유비를 강조하는 철학적 입장에 근거하기 때문이다. 그런 가정 위에서는 도덕기능을 통해서 이루어진 직접적 관찰들이 관찰을 한 사람들의 설명력을 넘어섰다고 가정하는 것이 완전한 의미를 갖는다. 또한 설명하지 못했다 하더라도 도덕원칙에 입각한 올바른 설명이 사실상 존재한다고 가정하는 것도 일리가 있다. 만일 직접적 관찰이 건전하다면, 왜 사태들이 도덕적 우주 안에서 관찰된 대로 존재하는지에 대한 설명이 존재해야 한다. 그것은 마치 왜 사태들이 물리적 우주 안에서 관찰되는 대로 존재하는가에 대한 설명이 존재해야 하는 것과 마찬가지이다.

그렇지만 구성적 모델은 겉으로 드러나는 모순을 화해시키는 원칙들이 반드시 존재해야 한다는 믿음에서 그 모순을 도외시하는 노선을 지지하지 않는다. 반대로 그것은 정의의 이름으로 취해진 결정들은 정의론을 구성해 이런 결정들에 대해 설명할 수 있는 관리의 능력을 결코 넘어서서는 안 된다는 것을 요구한다. 심지어 그런 이론에서는 그 관리의 몇몇 직관을 수정해야 할 때도 그렇다. 그것은 우리가 믿음보다는 원칙에 따라서 행위할 것을 요구한다. 그것의 원동력(engine)은 책임의 원리인데, 그 원리는 사람들에게 그들의 직관들을 통합하고 필요할 경우 그 직관들 가운데 약간을 그 책임에 종속시킬 것을 요구한다. 그것은 유기적(articulated) 일관성, 즉 공적인(public) 것이 될 수 있고 변화될 때까지는 준수될 수 있는 프로그램에 일치하여 이루어지는 결정들이 정의에 대한 어떤 견해에서도 핵심적인 것이라고 전제한다. 만일 내가 기술하는 입장에 있는 관리가 이 모델에 인도된다면, 명백하게 모순적인 그의 입장은 포기해야 한다. 그가 어느 날 더 많은 사유를 통해서 그의 시초의 모든 신념들이 원칙으로서 성립하는 것을 허용할 더 좋은 원칙들을 고안해낼 것을 희망한다고 하더라도 그렇게 해야 한다.[8]

구성적 모델은 회의론이나 상대주의를 전제하지 않는다. 그와는 반대로 그 모델 안에서 추리하는 사람들 각각이 갖는 신념들은 진지한 것들이며, 그 신념들 중에서 가장 깊은 신념에 어긋나는 정치적 행위나 체계를 부정한다고 비판하는 것까지 진지할 것이다. 그 모델은 이런 신념들 가운데 어떤 것도 그 객관적 지위를 부정하지도 않고 긍정하지도 않는다. 그렇기 때문에 그것은 추리의 한 모델로서 자연적 모델이 전제하는 도덕존재론을 요구하지는 않지만 그것과 모순되지 않는다.

그것이 그 존재론을 요구하지 않는 것은 그것의 요구사항들이 그 존재론과는 별개의 것이기 때문이다. 자연적 모델은 도덕적 직관들이 정확한 관찰이라는 가정 위에서 신념에서의 일관성을 고집한다. 일관성의 요구는 그 가정으로부터 나온다. 구성적 모델은 신념에서의 일관성을 독립적 요구로 주장하지만, 그것은 이러한 신념들이 정확한 보고들이라는 가정으로부터 나오는 것이 아니라 관리들이 다음과 같은 일반적인 공적 이론을 기초로 행위할 때만 공정하다는 그와는 다른 가정에서 나온다. 그 이론은 관리들에게 일관성을 갖도록 강요하고, 그들이 하는 것에 대해 시험하거나 토론하거나 예견하는 데 사용될 수 있는 공적인 규준을 제공하며, 특정한 경우에 편견이나 이기적 이익을 숨길 수 있는 특이한 직관들에 호소하는 것을 허용하지 않는 이론이다. 그 경우 구성적 모델은 정치도덕의 독립적인 근거들에 대해 정합성을 요구한

---

8) 웩슬러 교수의 글 「헌법에서의 중립적 원칙을 향해」("Toward Neutral Principles in Constitutional Law", *Hart. L. Rev.* 73, 1959, 1쪽)와 그의 비판자들 사이의 유명한 토론은 이 구별에 의해서 조명될 수 있을 것이다. 헌법에 대해 더 시험적이거나 직관적인 접근법을 선호하는 사람들은 헌법재판에 대해서 자연적 모델을 따르지만, 웩슬러는 구성적 모델을 제안한다.

다. 그것은 필수적인 성실성과 함께 주장되는 신념들을 주어진 것으로 간주하고, 그런 직관들이 보증하는 것으로 말해질 수 있는 행위들에 대해 조건들을 부과하고자 한다. 내가 앞에서 구별한 두 가지 의미 중 어떤 의미에서든지 만일 구성적 모델이 도덕을 구성하게 된다면, 정치도덕의 이 독립적 근거들은 우리의 정치이론들의 중심에 있게 된다.

그렇기 때문에, 그 두 모델은 정의론들이 발전되어 나올 수 있는 두 가지 다른 관점들을 보여준다. 자연적 모델은, 직관들을 갖고 있으며 그것들 각각이 도덕적 실재에 대한 별개의 관찰이라고 생각하는 개인들의 개인적(personal) 관점에서 그것들을 본다고 말할 수 있다. 구성적 모델은 이런 직관들을 더 공적인 관점에서 본다. 그것은 공동체 구성원들 각각이 다른 사람들의 신념과 크게 다르지는 않더라도 다른 강한 신념을 지니는 그런 공동체의 협치(governance)를 위해서 어떤 사람이 제안할 수 있는 그런 모델이다.

이런 공적인 관점에서 볼 때, 구성적 모델은 또 다른 이유 때문에 매력적이다. 그것은 정의의 문제에 대한 집단의 사고(group consideration), 즉 특정한 개인들의 이론이라기보다는 공동체의 이론이라 말할 수 있는 이론을 발전시키는 것에 잘 어울리는데, 그것은 예를 들면 재판에서 중요하다. 평가되어야 할 시초의 신념들의 범위는 더 큰 집단의 직관들이나 더 작은 집단의 직관들을 수용하기 위해서 확장되거나 축소될 수 있다. 그것은 특정한 계산이 허용하는 것에 따라 모든 구성원들이 갖고 있는 모든 신념들을 포함하거나 모든 사람들이 공동으로 갖고 있지 않는 신념들을 배제함으로써 그렇게 한다. 이 과정은 자연적 모델에서는 자기파괴적일 것이다. 왜냐하면 모든 개인은 거짓된 관찰이 고려되거나 정확한 관찰이 무시된다고 믿을 것이며, 그렇게 해서 객관적 도덕을 도출해내는 추론이 부당하다고 믿을 것이기 때문이다. 그러나 구성적 모델에서는 그런 반론이 가능하지 않을 것이다. 예를 들면 그 모델은 객관적인 도덕적 우주의 기술에 대한 그 어떤 주장도 없이 공동체의 공동신념들을 가장 잘 수용하는 정의의 프로그램을 확인하는 것에 적절할 것이다.

그렇다면 이 두 개의 모델들 중에서 어떤 것이 평형기법을 더 잘 지지하는가?[9] 몇몇 주석가들은 롤스가 그 기법을 자연적 모델로 받아들이는 것으로 생각한 것처럼 보인다. 그러나 자연적 모델과 평형기법 사이의 연합은 오직 피상적인 것으로만 나타난다. 우리가 더 심층적으로 탐색할 때, 우리는 그것들이 양립할 수 없다는 것을 발견하게 된다. 우선 자연적 모델은 그 기법의 하나의 특징을 설명할 수 없다. 그것은 왜 우리의 정의론이 정의에 관한 우리의 직관들과 어울려야 하는가를 설명하지만, 그런 어울림을 더 확고한 것으로 만들기 위해서 우리가 이런 직관들을 수정하는 것이 왜 정당한가를 설명하지 못한다.

내가 앞에서 말했듯이, 롤스의 평형개념은 양방으로 진행되는 과정이다. 우리는 가능한 한 가장 좋은 어울림이 달성될 때까지 이론의 수정과 신념의 수정 사이를 왔다갔다 하게 된다. 만일 나의 정착된 신념들이 다른 방식으로, 예를 들면 단순한 종류의 공리주의적 정의론에 의해서 수용될 수 있다면, 그것은 그 기법 안에서는 노예제는 그것이 공리를 증진시킨다 하더라도 잘못일 것이라는 나의 직관을 버리는 하나의 이유가 될 것이다. 그러나 자연적 모델에서 이것은 증거를 조작하는 것이나 거의 마찬가지이다. 그것은 마치 박물학자가 발자국을 남긴 동물을 기술하고자 하는 그의 노력을 당황케 하는 발자국을 지우는 것, 또는 천문학자가 그의 이론이 수용할 수 없는 관찰들을 무시하는 것과 같다.

---

9) 예를 들면 Hare, "Rawls' Theory of Justice-1", *Philosophical Quaterly* 23, 1973, 144쪽을 참조할 것.

우리는 과학에 대한 거짓된 억지이론 때문에 이 점을 놓치지 않도록 조심해야 한다. 과학자들도 좀 더 부드러운 설명원칙들의 집합을 얻기 위해서 그들의 증거를 조정한다고 말하는 것이 일반적인데, 롤스 자신이 그 비유를 끌어온다.[10] 그러나 설사 이것이 사실이라 하더라도 그들의 절차는 평형기법에 의해서 추천된 절차와는 매우 다르다. 익숙한 예를 들면 눈의 착각이나 환각의 경우를 생각해보자. 사막에서 물을 본 과학자들은 그가 그곳에 도달할 때까지는 그곳에 실제로 연못이 있었으며 그렇기 때문에 사라진 물에 대해 설명하기 위해서 물리학이 수정되어야 한다고 말하지는 않는다. 그와는 반대로 그는 사라진 것처럼 보이는 것을 착각에 대한 증거로, 즉 그의 관찰과는 반대로 그것에는 그 어떤 물도 없었다는 것에 대한 증거로 사용한다.

물론 과학자들은 거기에서 그 문제를 그냥 내버려둘 수는 없다. 그는 신기루를 설명해주는 법칙으로 물리학의 법칙을 보완하지 않는다면, 신기루 현상을 무시할 수 없다. 어떤 의미에서 그는 그의 모든 관찰을 설명해주는 경쟁하는 설명들 중에서 선택하게 될 수도 있다. 예를 들면 그는 신기루를 특별한 종류의 물리적 대상으로 취급해 그런 종류의 사라지는 대상을 허용하도록 물리법칙을 수정하거나, 신기루를 시각적 환상으로 취급해 그런 환상을 설명해주는 시각법칙을 발전시킬 수 있다. 그는 그의 경험이 이런 설명들 가운데 하나를 그에게 절대적으로 강요하지는 않는다는 의미에서 선택을 갖는다. 전자는 물리학과 상식을 전적으로 수정하는 것을 요구하는 것이기는 하지만, 가능한 하나의 선택이다.

내 생각에 이것은 콰인과 같은 철학자들이 주장하고자 하는 것이다. 그들에 따르면, 우리의 개념과 이론은 우리의 경험을 전체로서 다루며,

---

10) 롤스는 그 구별에 주의하게 한다. John Rawls, 앞의 책, 49쪽.

그렇기 때문에 우리는 설명하기 어렵거나 놀라운 경험에 대응하기 위해서 이론적 구조 안의 다양한 부분에서 다양한 수정을 할 수 있다.[11] 이것이 과학적 추리에 대한 정확한 그림인지 아닌지 관계없이, 그것은 평형의 절차가 아니다. 왜냐하면 평형의 절차는 단순히 동일한 현상을 설명하기 위한 원칙의 구조에는 여러 대안들이 있다고 주장할 뿐만 아니라, 도덕적 신념들의 형태로 나타나는 그 현상들 중 몇몇은 어떤 특별한 이론에 기여하기 위해서라면 단순히 무시되는 것이 더 좋다고도 말하기 때문이다.

때때로 롤스가 그 절차를 애매한 방식으로 기술한다는 것은 사실이다. 그는 만일 우리의 시험적인 정의론이 어떤 특정한 직관과 어울리지 않는다면, 그것은 우리에게 그 직관적 신념이 진정으로 우리가 갖고 있는 신념인가에 대해서 반성하도록 요구하는 경고등의 역할을 해야 한다고 주장한다.[12] 만일 나의 신념들이 다른 점에서는 공리의 원칙을 지지하지만 공리가 증진된다 하더라도 노예제는 부정하다고 느낀다면, 나는 노예제에 대해서 다시 한 번 좀 더 차분하게 생각할 것이다. 그리고 이번에는 나의 직관들이 달라져서 그 원칙과 일치할 수 있다. 이 경우 시초의 불일치는 그 직관을 버리는 것에 대한 근거가 아니라 그 직관의 재고를 위한 기회로 사용된다.

그렇다 하더라도, 이것이 발생할 필요는 없다. 내가 이전의 직관을 아무리 꺼림칙하게 생각할지라도 나는 그것을 계속해서 고수할 수 있다. 그런데도 만일 평형의 조화를 달성하기 위해 필요하다면, 그 절차는 그것을 제외하는 것을 나에게 인가한다. 그러나 만일 내가 그렇게 한다면, 나는 증거에 대한 대안이 되는 설명을 주는 것이 아니라 단순

---

11) W.V. Quine, "Two Dogmas of Empiricism", in *From a Logical Point of View* 20 (2d ed. rev., 1964).
12) John Rawls, 앞의 책, 48쪽.

히 그것을 무시하는 것이다. 나와 다른 직관을 갖고 있는 어떤 사람은 아마도 나의 직관이 어렸을 때의 경험이기 때문에, 또는 노예제가 실제로 공리를 증진시킬 수 있는 가설적 경우들을 생각하기에는 상상력이 부족하기 때문에, 왜곡된 것이라고 말할 수 있다. 즉, 그는 나의 판단력이 여기에서는 결핍되어 있어서 나의 직관들은 도덕적 실재에 대한 진정한 지각들이 아니며, 색맹인 사람의 거짓된 보고들처럼 무시될 수 있다고 말할 것이다.

그러나 내가 문제가 있는 나 자신의 신념들을 견지하고 또 그것들이 나에게 건전한 것처럼 보이고 그것들의 도덕적 성질에서 다른 신념들과 구별할 수 없는 한, 나는 나 자신에 대한 그런 주장을 그 신념들에 대한 설명으로 인정할 수 없다. 나는 다른 사람들의 지각이 자신의 지각과 다르다는 것을 이해하기만 하면 되는 색맹인 사람과 다른 처지에 있다. 만일 내가 나의 직관들이 어떤 도덕적 실재로부터 온 직접적 보고라고 믿는다면, 나는 그 특정한 직관이 거짓이라고 느낄(feel or sense) 때까지는 그 직관이 거짓이라는 것을 인정할 수 없다. 만일 다른 사람들이 의견을 달리한다면, 그들이 의견을 달리한다는 단순한 사실은 나의 직관들에 대해서 다시 따져볼 기회는 될 것이다. 그러나 만일 나의 신념들이 동일한 것으로 남아 있다면, 다른 사람들이 그 신념들을 다른 방식으로 설명할 것이라는 사실은 내가 이것과 나의 다른 신념들과의 화해가 사실상 존재한다고 믿으면서 그것을 보유하는 것 대신에 그것을 버리는 것에 대한 이유가 될 수 없다.

그렇게 해서 자연적 모델은 평형의 양방향적 특징에 대한 만족스러운 설명을 제공하지 못한다. 그것이 그것을 설명한다 하더라도, 그것은 그 기법의 다른 특징들을 설명하지 않은 채 남겨두게 될 것이다. 예를 들면 그것은 그 기법의 결과들은 적어도 롤스에게서는 필연적으로 그리고 매우 실용적이라는 사실을 설명하지 않고 내버려둔다. 롤스의 원

328

초적 입장에 있는 사람들은, 그들과 그들의 후계자들이 이해하고 공적인 것으로 만들고 준수하기에 쉽다고 생각하게 될 원칙들을 발견하려한다. 그와는 다른 방식으로 매력적인 원칙들은 지나치게 복잡하거나 다른 방식으로 비실용적이기 때문에 거부되거나 수정되어야 한다. 그러나 이런 정신 속에서 선택된 정의원칙들은 인간의 유약성이 감안된 타협안이고 사람들의 일반적인 조건과 교육이 변화함에 따라서 변화할 것이라는 의미에서 우연적인 것이다. 이것은 적어도 자연적 모델의 정신과는 일치하지 않는 것처럼 보이는데, 자연적 모델에 따르면 정의원칙은 불완전한 사람들이 가능한 한 따르려고 노력해야 하는 어떤 독립적인 도덕적 실재의 영구적 특징들이다.

더욱이 평형기법은 적어도 두 가지 방식으로 상대적인 원칙들을 산출하기 위해서 고안되었다. 첫째, 평형기법은 가장 좋은 정의론을 대안이 되는 이론들의 목록으로부터 선택하기 위해서 고안되었는데, 그 대안적 이론들은 유한할 뿐만 아니라 그것들 사이의 비교가 충분히 가능할 정도로 종류가 적다. 이 한정은 중요한 것이다. 그것은 롤스가 그 목록을 넘어서서 확장된 가능한 이론들을 포함하는 시초목록이 그의 두 원칙보다 더 좋은 정의론을 담고 있을 가능성에 대해서 의심을 하지 않는다고 말하도록 한다.[13] 둘째, 그것은 그것이 추천하는 사고실험을 함께 수행하는 사람들 사이에서 이루어질 시초의 합의의 영역에 상대적인 결과들을 산출한다. 롤스가 말한 것처럼, 그것은 의견이 다른 사람들을 그들의 공동근거인 것에 유의하게 함으로써 화해시키기 위해 고안되었다.[14] 그 기준은 다양한 집단에서, 그리고 동일한 집단이라 하더라도 시간이 다르면 직관들의 공동근거가 바뀜에 따라 다양한 결과들

---

13) 같은 책, 581쪽.
14) 같은 책, 580~581쪽.

을 산출하게 될 것임을 인정한다.

만일 평형기법이 자연적 모델 안에서 사용된다면, 그 기법의 결론이 갖는 권위는 두 가지 형태의 상대주의에 의해서 심각하게 훼손될 것이다. 예를 들면 만일 롤스의 두 원칙을 지지하는 평형논변이 오직 그 한정된 짧은 목록에 들어 있는 다른 원칙들에 대한 논변보다 더 좋다는 것만 보여준다면, 그리고 롤스 자신이 더 많은 연구는 더 좋은 이론을 만들어낼 것이라는 점에 대해서 자신한다면, 우리가 이 두 원칙이 도덕적 실재에 대한 정확한 기술이라고 생각할 근거는 거의 없다. 자연적 모델에 따를 경우, 그 두 원칙이 왜 어떤 권위를 갖고 있어야 하는지를 이해하기가 어렵다.

참으로 그 논변은 두 원칙이 그 짧은 목록에 있는 다른 이론들보다 도덕적 실재에 대해서 더 좋은 기술이라고 생각하는 것에 대해서조차 좋은 근거를 제공하지 못한다. 다섯 개의 정의론들 중에서 반성적 평형 상태에서 우리의 신념들을 가장 잘 결합하는 이론을 선택하도록 우리 자신에게 요구하고 우리는 그것들 중에서 다섯 번째 것을 선택한다고 가정하자. 그리고 만일 목록에 있었다면 선택되었을 어떤 여섯 번째 이론이 있다고 가정하자. 이 여섯 번째 이론은 적어도 아래와 같은 의미에서는 다섯 번째 이론보다는 예를 들면 첫 번째 이론에 더 가까울 수 있다. 여기에서 가깝다는 것은 오랜 기간이 지난 후, 첫 번째 이론을 따랐던 사회가 다섯 번째 이론을 따랐던 사회보다 여섯 번째 이론을 따랐던 사회가 도달할 결정들에 더 많이 도달할 수 있다는 의미에서이다.

예를 들면 우리의 시초의 목록이 고전적 공리주의와 롤스의 두 원칙은 포함하고 있지만 평균 공리주의는 포함하고 있지 않다고 가정하자. 우리는 특정한 인간이나 다른 동물의 복지의 증가를 초래하지 않는 쾌락은 그것 자체로서는 의미가 거의 없다는 근거에서 고전적 공리주의를 거부하고, 롤스의 두 원칙을 남아 있는 이론들 중에서 가장 좋은 이론으로 선택했을 수 있다. 그런데도 만일 평균 공리주의가 목록에 있었다면, 우리는 그 이론이 쾌락의 전체 양에서의 단순한 증가는 좋은 것이라고 가정하지 않기 때문에 그것을 두 원칙보다 더 우월한 것으로 선택했을 수 있다. 그러나 우리가 거부한 고전적 공리주의는 우리가 선택할 수 있었다면 선택했을 평균 공리주의에 우리가 선택한 두 원칙보다 더 가까울 수 있다. 그것은 앞에서 기술된 의미에서 그것에 더 가까울 수 있다. 왜냐하면 그것은 두 원칙보다 평균 공리주의가 요구하게 될 특정한 결정들 가운데 더 많은 것을 명령할 것이고, 따라서 궁극적인 도덕적 실재에 대한 더 좋은 기술이 될 것이기 때문이다. 물론 평균 공리주의도 더 큰 목록에서는 거부될 수 있고, 그때 우리가 해야 하는 선택은 시초의 목록에 있는 또 다른 이론이 고전적 공리주의나 두 원칙보다 더 좋다는 것을 보여줄 수도 있다.

누 번째 송류의 상대주의는 내가 이미 설녕한 근서들에 의해서 사연적 모델에 마찬가지로 타격을 줄 것이다. 만일 평형기법이 단일한 사람에 의해서 사용된다면, 그리고 고려대상이 되는 직관들이 오직 자기의 직관들이고 또 그 직관들 전체라면, 그 결과는 그에게 권위를 가질 것이다. 다른 직관을 갖는 다른 사람들은 그의 결론을 적어도 충분하게는 받아들이지 않을 것이지만, 그는 받아들일 것이다. 그러나 만일 그 기법이 더 공적인 방식으로, 예를 들면 한 집단의 직관들 중에서 공동 직관들에만 주의함으로써 사용된다면, 그 결과는 그 어떤 사람도 권위적인 것으로 받아들일 수 없는 결과일 것이다. 그것은 마치 어떤 사람도 그가 적어도 사용된 증거만큼 중요한 증거라고 믿는 것들을 무시함으로써 도달한 과학적 결론을 권위적인 것으로 받아들일 수 없는 것과 같다.

그래서 자연적 모델은 평형기법을 지지하기에는 빈약한 것으로 밝혀진다. 그렇지만 만일 그 기법이 구성적 모델로 기여할 것이라고 우리가 가정한다면, 방금 언급된 난점들 가운데 중요한 것은 아무것도 없다. 강력한 신념이라 하더라도 그것이 원칙들의 그럴 법하고 정합적인 집합에 의해서 다른 신념들과 화해될 수 없다는 것은 그 모델 안에서는 그 신념을 거부해야 하는 이유가 된다. 그 신념은 거짓된 보고로서 거부되는 것이 아니라 그 모델의 요구사항들을 충족시키는 프로그램 안에서 부적절한 것으로 거부되는 것이다. 또한 그 기법의 두 가지 상대적인 측면도 구성적 모델을 당혹스럽게 만들지 않는다. 고려되지 않은 어떤 이론이 만일 그것이 고려되었다면 더 우월한 것으로 생각되었을 수 있다는 것은 당혹스러운 것이 아니다. 그 모델은 관리나 시민들에게 그들이 지금 만들 수 있는 가장 좋은 프로그램에 따라 나아갈 것을 요구한다. 그것은 자연적 모델이 전제하는 것처럼, 선택된 이론이 어떤 최종적인 의미에서 진리라는 것을 전제하지 않는 일관성의 이유들에 의한 것이다. 다른 문화와 경험을 가진 다른 집단이나 다른 사회가 어떤 이론과 다른 이론을 산출할 것이라는 점은 그 이론에 타격을 입히지 않는다. 어떤 집단이 그 집단의 도덕적 직관들을 어떤 의미에서든지 객관적이거나 초월적인 것으로 취급할 자격이 있는지 없는지에 대해서는 문제가 제기될 수 있다. 그러나 특정한 신념들을 그런 방식으로 취급하는 특정한 사회가, 그렇기 때문에 그 신념들을 원칙에 입각한 방식으로 따르도록 요구된다는 것에 대해서는 의문이 제기될 수 없다.

그러므로 나는 최소한 시험적으로는 롤스의 방법론이 특정한 신념들로부터 일반적 정의론으로 추리해가는 구성적 모델을 전제한다고 가정할 것이며, 그의 정의론의 배후에 있는 도덕이론의 요청들(postulates)을 더 보여주려는 나의 시도에서 그 가정을 이용할 것이다.

2) 계약

다음으로 나는 내가 논의하기를 원하는 롤스의 방법론의 세 개의 특징들 가운데 두 번째 것을 다루고자 한다. 그것은 사회계약이라는 오래된 이념을 그가 사용한다는 점이다. 롤스처럼 나는 가상의 계약이 정의에 관해서 추리하기 위한 적절한 장치라는 일반적인 이념을, 그 일반적 이념의 특별한 적용으로 간주되고 있는 원초적 입장이 갖는 더 특수한 성질들과 구별한다. 롤스는 어떤 종류의 가설적 사회계약에 의존하는 것처럼 보일 수 있는 모든 이론들은 서로 연결되며 그렇게 보일 수 없는 이론들과 구별된다고 생각한다. 예를 들면 그는 특정한 방식으로 해석된 사회계약의 산물로 보일 수 있는 평균 공리주의는 그것이나 자신의 이론이 특정한 방식으로 해석된 계약의 산물로 보일 수 없는 고전적 공리주의와 연결된 것보다 자신의 이론에 더 밀접하게 연결된다고 생각한다.[15] 다음 절에서 나는 원초적 입장의 이론적 기초를 고찰할 것이다. 이 절에서는 나는 계약이라는 더 일반적 이념의 기초에 대해서 고찰해보고자 한다.

롤스는 계약이 그의 원칙들을 지지해주는 강력한 논거라고 말한다. 왜냐하면 그것은 우리가 받아들이거나 우리가 숙고를 할 경우 받아들이게 될 철학적 원칙들을 구현하기 때문이다. 우리는 이 원칙들이 무엇인가를 발견하기를 원하며, 우리의 문제를 이런 방식으로 제기할 수 있다. 두 원칙은 계약의 가설로부터 만들어진 하나의 정의론을 이룬다. 그러나 그 계약은 그 이론의 근본적인 전제나 요청으로 간주될 수 없는데, 그것은 내가 이 논문의 서두에서 기술한 이유들 때문이다. 그 계약은 그 자체가 두 원칙을 계약**으로부터**라기보다는 계약**을 통해서** 옹호하는 더 심층적인 정치이론의 산물로서, 더 넓은 논변에서 일종의 중간점으로 봐야 한다. 그렇기 때문에 우리는 롤스가 언급하는 공평한 관망자의 장치 같은 다른 이론적 장치가 아니라, 계약의 장치를 정의론을 위

---

15) 같은 책, 제30절.

한 추동장치로 추천하게 될 더 심층적인 이론의 특징들을 확인하려고 노력해야 한다.[16)]

내 생각에 만일 우리가 철학자들이 목적론적 이론과 의무론적(deonto-logical) 이론이라고 부르는 두 가지 유형의 도덕이론들을 구별하는 익숙한 구별에 주의를 기울이고, 또한 그것을 세련화한다면 우리는 그에 대한 대답을 발견할 수 있을 것이다.[17)] 나는 롤스가 계약을 사용하는 것을 정당화시킬 더 심층적인 이론은 특정한 종류의 의무론적 이론, 즉 권리의 이념을 매우 진지하게 받아들여서 그것을 정치도덕에서 근본적인 것으로 만드는 이론이어야 한다고 주장할 것이다. 나는 그런 이론이 다른 유형의 정치이론들과 어떻게 구별되는가를 보여주고, 왜 오직 그런 이론만이 롤스가 계약에 부여하는 것 같은 그런 뛰어난 역할을 부여할 수 있는지에 대해서 보여주려 노력할 것이다.

그렇지만 나는 어떤 익숙한 용어들을 내가 어떻게 사용할 것인지를 설명함으로써 이 논변을 시작해야 한다. (1) 만일 어떤 정치이론에서 어떤 정치적 행위가 어떤 사태를 증진시키거나 보존하게 될 것이라는 점이 그 행위를 지지해주는 것으로 간주되고 그 사태를 방해하거나 위협하게 될 것이라는 점이 그 행위에 불리한 것으로 간주된다면, 그 이론 안에서 그 사태는 하나의 **목표**(goal)라고 나는 말할 것이다. 목표에는 완전고용이라든지 권위에 대한 존중같이 상대적으로 특수한 것들이 있는가 하면, 전체의 복지를 증진시키는 것이나 특정한 국가의 권력을 키우는 것이나 인간의 선이나 좋은 삶에 대한 특정한 개념에 따라서 유토피아를 만들어내는 것같이 상대적으로 추상적인 것도 있다. (2) 만일 특정한 정치적 행위를 어떤 개인이 요구할 때 비록 그 행위가 어떤 이

---

16) 같은 책, 144쪽 이하.
17) 롤스는 그의 책 24~25쪽과 30쪽에서 이런 용어들을 정의한다.

론의 목표들에 피해를 주는 것이라 하더라도 그 행위를 허용하지 않는 것이 그 이론 안에서 정당화되지 못한다면, 그 이론 안에서는 그 개인이 그 정치적 행위에 대한 **권리**를 갖는다고 말할 것이다. 특정한 이론 안에서 특정한 권리의 힘은 그 권리 아래서 요구되는 행위를 거부하는 것을 정당화하기 위해서 필요한 그 이론의 목표들에서의 피해(disservice)—단순히 전체적인 피해가 아니라—의 함수가 된다. 예를 들면 미국에서 지배적인 것으로 보이는 인기 있는 정치이론에서 개인들은 정치적 문제들에 대해서 공적인 발언을 자유롭게 할 권리와 특정한 정도의 생활수준에 대한 권리를 갖지만, 그 두 가지 권리들 가운데 어떤 것도 절대적인 것은 아니며 전자가 후자보다 더 강한 권리이다. (3) 만일 특정한 방식으로 행위하도록 강요하는 정치적 결정이 어떤 이론의 어떤 목표에도 기여하는 바가 없다 하더라도 그 결정이 그 이론 안에서 정당화된다면, 그 이론 안에서 개인은 그 행위를 해야 하는 **의무**를 갖는다고 나는 말할 것이다. 예를 들면 어떤 이론은 개인들에게 신을 숭배하라고 요구하는 것의 어떤 목표도 약정하지 않는다 하더라도 그들이 신을 숭배할 의무를 갖는다고 규정할 수 있다.[18]

내가 기술한 세 가지 개념들은 다른 방식으로 작용하지만, 그것들은 모두 특정한 정치적 결정들을 정당화하거나 비난하는 것에 적어도 한정적으로 기여한다. 그 각각의 경우에 하나의 목표, 하나의 권리, 하나의 의무를 인용함으로써 제공되는 정당화는 원칙상 완전하다. 그때 완전하다는 의미는 그 정당화가 어떤 경쟁하는 고려사항들에 의해서 훼손되지 않는다면 그 정당화가 효력을 갖게 하기 위해서 그 어떤 것도 첨가될 필요가 없다는 의미에서이다. 그렇지만 그런 정당화가 이런 의

---

18) 나는 권리를 존중하거나 의무를 강요한다는 목표를 목표로 간주하지 않는다. 이렇게 그리고 다른 분명한 방식으로, 나는 내가 정의한 용어들을 일반적 언어가 허용하는 것보다 더 좁게 사용한다.

미에서 완전하다 하더라도 그 이론 안에서 궁극적인 것일 필요는 없다. 특정한 목표, 권리, 의무가 그것 자체로서 정당화되는 이유를 물어보는 것은 열려져 있다. 그 이론은 그에 대한 대답으로 더 기본적인 목표나 권리나 의무를 완전한 정당화로 제시할 수 있는데, 그것들은 그보다 덜 기본적인 목표나 권리나 의무를 인정함으로써 도움을 받을 수 있다.

예를 들면 어떤 특정한 목표는 더 기본적인 목표에 기여하는 것으로 정당화될 수 있을 것이다. 즉, 완전고용은 더 높은 평균복지에 기여하는 것으로 정당화될 수 있을 것이다. 또는 어떤 목표는 더 기본적인 권리나 의무에 기여하는 것으로 정당화될 수 있을 것이다. 예를 들면 어떤 이론은 국민 총생산량의 목표를 늘리는 것이 국가가 준수한(decent) 최저수준의 삶에 대한 개인의 권리를 존중할 수 있게 하는 데 필요하다거나, 경찰력 집행과정의 효율성을 향상시키는 것이 죄를 짓지 않아야 할 다양한 개인들의 의무를 강화시키는 데 필요하다고 주장할 수 있다. 다른 한편으로 어떤 권리와 의무는 특정한 경우에 완전한 정당화로 작용함으로써 사실상 더 근본적인 목표에 기여한다는 점을 근거로 정당화될 수 있다. 예를 들면 조심스럽게 운전할 개인의 의무는 전체적 복지의 향상이라는 더 기본적인 목표에 기여하는 것으로 정당화될 수도 있다. 물론 이런 형태의 정당화는, 덜 기본적인 권리나 의무가 정치적 결정을 정당화하는 것은 오직 이런 결정이 더 기본적인 목표를 증진시킬 때만이라는 것을 주장하지는 않는다. 그것이 주장하는 바는 우리에게 익숙한 규칙 공리주의의 주장, 즉 특정한 경우에서 더 기본적인 목표를 참조하지 않고 권리나 의무를 완전한 정당화로 취급하는 것이 사실상 궁극적으로는 그 목표를 증진시킬 것이라는 주장이다.

그렇기 때문에 목표는 다른 목표에 의해서 또는 권리나 의무에 의해서 정당화될 수 있고, 권리나 의무는 목표에 의해서 정당화될 수 있다. 권리와 의무는 물론 또한 다른 더 기본적인 의무와 권리에 의해서 정당화될 수 있다. 예를 들면 나의 사생활을 존중해야 하는 당신의 의무는 사생활에 대한 나의 권리에 의해서 정당화될 것이다. 나는 단순히 권리와 의무가 마치 동일한 동전의 양면처럼 서로 상관적이라는 것만 말하고자 하는 것이 아니다. 예를 들면 당신의 재산권과 그에 상응하는 불법침입을 하지 말아야 할 나의 의무는, 사회적으로 효율적인 국토이용이라는 더 기본적인 목적에 의해서 함께 정당화되는 것처럼 어떤 권리와 그에 상응하는 의무가 더 기본적인 목표에 기여하는 것으로 정당화될 수 있다. 그렇지만 많은 경우에, 대응하는 권리와 의무는 상관적이지 않으며 하나가 다른 것에서 파생되기도 한다. 그 경우에는 어떤 것이 어떤 것에서 파생되는가에 따라 차이가 있다. 내가 기만당하지 않을 권리를 갖기 때문에 당신은 나에게 거짓말하지 않을 의무를 갖는다는 생각과 당신이 거짓말하지 않을 의무를 갖기 때문에 당신이 나에게 거짓말을 하지 않는 것에 대한 권리를 내가 갖는다는 생각 사이에는 차이가 있다. 첫 번째 경우에 나는 의무를 권리를 참조해서 정당화한다. 만일 내가 더 이상의 정당화를 의도한다면 내가 정당화해야 하는 것은 그 권리이고, 나는 그것을 그 의무를 참조해서 할 수는 없다. 두 번째 경우에는 그 반대이다. 내가 곧 보여줄 것이지만, 권리를 기본적인 것으로 간주하는 이론은 의무를 기본적인 것으로 간주하는 이론과 성격이 다른 이론이기 때문에 그 차이는 중요하다.

그러므로 정치이론에는 다양한 이론들이 있게 되는데, 그것들이 다른 것은 단순히 그것들 각각이 제시하는 특정한 목표와 권리와 의무에서만이 아니라 각각의 이론이 채택하는 목표와 권리와 의무를 연결시키는 방식에서도 차이가 난다. 잘 구성된 이론에서는 목표와 권리와 의무의 어떤 집합이 근본적인 것으로 간주될 것인데, 그 집합 속에서는 각각의 목표와 권리와 의무에게 서열과 중요성이 부여될 것이다. 어떤 이론이든지 이 개념들 가운데 오직 하나에게만 궁극적인 지위를 부여할 것이라고 생각하는 것은 합당한 것처럼 보인다. 어떤 이론은 어떤 두드러진 목표를 근본적인 것으로 간주할 수 있다. 또한 어떤 이론은 기본적인 권리의 어떤 집합이나 초월적인 의무의 어떤 집합을 근본적인 것으로 간주하면서 다른 목표와 권리와 의무는 종속적이고 파생적인 것으로 간주할 수 있다.[19]

그러므로 우리는 우리가 만들어낼 수 있는 정치이론들을 시험적으로 분류할 수 있을 것이다. 그 이론들은 구성적 모델에 따라 계약을 중간 장치로 포함하는 심층이론이다. 그 이론은 **목표에 기초한**(goal-based) 것일 수 있는데, 그 경우에 그 이론은 전체 복지를 향상시키는 것 같은 어떤 목표를 기본적인 것으로 삼는다. 그것은 **권리에 기초한**(right-based) 것일 수 있는데, 그 경우 그것은 가능한 큰 전체 자유에 대한 모든 사람의 권리 같은 어떤 권리를 기본적인 것으로 간주한다. 또는 그것은 **의무에 기초한**(duty-based) 것일 수 있는데, 그 경우에는 십계명에서 제시된 것으로서 신의 의지에 복종할 의무같이 어떤 의무를 기본적인 것으로 간주한다. 이론의 이런 유형들 각각의 순수한 또는 거의 순수한 예를 발견하기는 쉽다. 나의 예가 보여준 것처럼 공리주의는 목표에 기초한 이론이다. 칸트의 정언명령은 의무에 기초한 이론이다. 그리고 페인(Tom Paine)의 혁명이론은 권리에 기초한 것이다.

이런 각각의 유형 안에 있는 이론은 매우 일반적인 특정 성격을 공유할 가능성이 있다. 예를 들면 그 유형들은 그것들이 개인적 선택과 행위에 대해 보여주는 태도들을 비교함으로써 대비될 수 있다. 목표에 기초한 이론은 특정한 개인의 복지에 관심을 갖지만, 그것은 오직 그것이 그의 선택과는 전혀 관계없이 좋은 것으로 약정된 어떤 사태에게 기여

---

19) 그러나 롤스가 말하는 "직관주의적" 이론은 그럴 필요가 없다. 같은 책, 34쪽을 참조할 것.

하는 한에서만이다. 이것은 파시즘처럼 정치조직의 이익을 근본적인 것으로 간주하는 전체주의적 목표에 기초한 이론에 대해서 명백한 사실이다. 그것은 또한 다양한 형태의 공리주의에 대해서도 사실이다. 왜냐하면 그것들이 정치적 결정이 개인에게 미치는 결과를 계산하고 이런 방식으로 개인의 복지에 관심을 갖는다 하더라도, 그것들은 이런 결과들을 전체 총계나 평균으로 융합시키며 개인의 결정과는 관계없이 이런 총계나 평균의 향상을 바람직한 것으로 간주하기 때문이다. 그것은 또한 아리스토텔레스의 이론같이 개인들에게 탁월성의 이상을 부과하고 정치목표를 그런 탁월성의 배양으로 간주하는 완전주의적 이론에 대해서도 사실이다.

다른 한편으로, 권리에 기초한 이론과 의무에 기초한 이론은 개인을 중심에 놓고 개인의 결정과 행위를 근본적으로 중요한 것으로 간주한다. 그러나 그 두 가지 유형은 개인을 다른 관점에서 조명한다. 의무에 기초한 이론은 그의 행위의 도덕적 성질에 관심을 갖는다. 왜냐하면 그 이론은 개인이 특정한 행위의 규준을 충족시키지 못하는 것은 잘못이라고 가정하기 때문이다. 칸트는 거짓말하는 것은 그 결과가 아무리 유익하다 하더라도 잘못되었다고 생각한다. 그것은 그 행위가 어떤 목표를 증진시키기 때문이 아니라 단지 그것이 잘못이기 때문이다. 그와는 대조적으로 권리에 기초한 이론들은 규범에 대한 개인행위의 복종보다는 독립에 관심을 갖는다. 그것들은 개인의 사상과 선택의 가치를 전제하고 보호한다. 그 두 가지 유형의 이론 모두는 따라야 할 도덕규칙, 행위의 준칙들(codes)에 대한 이념을 자기이익에 대한 고려 없이 개인의 경우들에 사용한다. 의무에 기초한 이론은 그런 행위의 준칙이 사회에 의해서 개인에게 부과된 것이든 개인이 자신에게 부과한 것이든 그것을 본질적인 것으로 취급한다. 그것의 중심에 있는 사람은 그런 준칙을 따라야 하거나 만일 따르지 않는다면 처벌받거나 몰락해야 하는 사람이다. 그렇지만 권리에 기초한 이론들은 행위의 준칙을 도구적인 것으로 취급하며, 다른 사람들의 권리를 보호하기 위해서는 필요한 것이지만 그것 자체로서는 본질적인 가치를 갖지 않는 것으로 취급한다. 그것들의 중심에 있는 사람은 다른 사람의 준수로부터 혜택을 받는 사람이지 스스로 준수함을 통해서 덕이 있는 삶을 영위하는 사람이 아니다.

그러므로 우리는 다양한 유형의 이론들이 다양한 형이상학적 성향이나 정치적 성향과 연결되어 있으며, 특정 종류의 정치경제에서 하나나 다른 이론이 지배적인 것이 될 것으로 예상해야 한다. 예를 들면 목표에 기초한 이론은 특별히 동질적인 사회나 자기방어나 경제적 팽창같이 긴급하거나 우선적인 목표에 의해서 적어도 일시적으로 결합된 사회와 어울리는 것처럼 보인다. 우리는 또한 이론의 유형들 사이의 이런 차이는 그것들이 지배하는 공동체의 법체계 안에서 반향을 일으킬 것이라는 것도 또한 예상해야 한다. 예를 들면 만일 어떤 법률가가 불완전한 형태로 갖고 있는 정의론이 목표에 기초한 것이거나 권리에 기초한 것이거나 의무에 기초한 것인가에 따라서 그는 도덕적 위반을 형법으로 처벌하는 문제를 서로 다른 방식으로 접근할 것이라고 예상해야 한다. 만일 그의 이론이 목표에 기초한 것이라면, 그는 도덕을 강요하는 것이 그의 우선적인 목적에 가하는 결과 전체에 대해서 고찰할 것이다. 예를 들면 만일 그 목표가 공리주의적이라면, 그는 부도덕을 처벌하는 것이 가져오는 부수적 효과는 유익할 것이라는 데블린 경(Lord Devlin)의 주장을 종국에는 거부할 것이라 하더라도 환영할 것이다.[20] 다른 한편으로 만일 그의 이론이 의무에 기초한 것이라면, 그는 부도덕성은 그릇된 것이기 때문에 국가는 그것이 누구에게도 피해를 주지 않는다 하더라도 그것을 처벌해야 한다는, 일반적으로 응보적이라 불리

---

20) 제10장을 참조할 것.

는 논변의 요점을 인정할 것이다. 그렇지만 만일 그의 이론이 권리에 기초한 것이라면, 그는 그 응보적 논변을 거부할 것이고 개인의 권리는 전체의 복지에 어떤 희생이 있더라도 존중되어야 한다는 그 자신의 가정에 비추어서 앞의 공리주의적 논변을 평가할 것이다.

물론 이 모든 것은 관념적 사회학으로서 피상적이며 대단치 않은 것이다. 나의 주장의 요점은 다음과 같은 것을 제시하는 것일 뿐이다. 즉, 정치이론의 성격에서의 이런 차이들은, 한 이론을 동일한 성격을 가진 다른 이론으로부터 구별할 수 있는 입장의 세부사항과는 전혀 관계없이 중요하다는 것이다. 사회계약이 롤스의 방법론에서 그렇게 중요한 것은 바로 이런 이유 때문이다. 그것은 그의 심층이론이 다른 두 형태의 이론이 아니라 권리에 기초한 이론이라는 것의 표시가 된다.

사회계약은 모든 잠재적 당사자들에게 거부권을 제공한다. 즉, 만일 그가 동의하지 않으면 계약은 성립되지 않는다는 것이다. 이 거부권의 중요성뿐만 아니라 그것의 존재까지도 원초적 입장을 구성하는 계약에 대한 특수한 해석 속에서는 불분명해진다. 어떤 사람도 자신에 대해서 자신을 다른 사람과 구별해주는 어떤 것도 알지 못하기 때문에, 그는 다른 어떤 이익도 합리적으로 추구할 수 없다. 이런 여건에서는 각각의 사람들이 거부권을 갖는다는 것이나 무엇보다도 먼저 계약에 하나 이상의 잠재적 당사자들이 있다는 것에 의존할 것은 아무것도 없다. 그러나 원초적 입장은 계약에 대한 오직 하나의 해석일 뿐이며, 그와는 다른 해석들, 즉 당사자들이 그들의 상황과 야망을 다른 사람들의 그것들과 구별할 수 있는 어떤 지식을 갖는 그런 해석에서는 그 계약이 각각의 당사자들에게 부여하는 거부권이 중요한 것이 된다. 물론 각각의 개인이 갖는 거부권의 힘은 그의 지식에, 즉 우리가 최종적으로 선택하게 되는 계약에 대한 특정한 해석에 의존한다. 그러나 개인들이 어쨌든 어떤 거부권을 가져야 한다는 것은 그것 자체로 주목할 만한 사실이다.

그것은 예를 들면 순수하게 목표에 기초한 이론에는 어떤 자리도 차지할 수가 없다. 나는 사회계약의 당사자들이 특정한 사회적 목표로 합의해 그때부터 그 목표를 정치적 결정의 정의에 대한 기준으로 삼을 수 없을 것이라는 점을 말하고자 하는 것이 아니다. 내가 말하고자 하는 바는, 목표에 기초한 어떤 이론도 정의의 원칙을 결정하기 위한 적절한 장치로 무엇보다 먼저 계약을 선택할 수 없다는 것이다. 즉, 우리가 발견하고자 노력하고 있는 심층이론은 그것 자체로서는 목표에 기초한 것일 수 없다.

그 이유는 간단하다. 공동체 안에서 평균복지를 향상시키거나 국가의 힘과 권위를 증가시키거나 좋은 것에 대한 어떤 특정한 견해에 따라 유토피아를 만들어내는 목표같이 어떤 특정한 우선적인 목표가, 어떤 정치이론 안에서 근본적인 것으로 간주된다고 가정하자. 만일 어떤 그런 목표가 근본적이라면, 그것은 자원, 권리, 혜택 그리고 부담을 공동체 안에서 분배할 때 그 목표를 가장 잘 증진시키게 될 그런 분배는 허용하고 다른 어떤 분배는 비난할 것이다. 그렇지만 각각의 개인이 자신의 이익을 추구한다고 가정하고 개개인에게 전체적 결정에 대한 거부권을 주는 계약의 장치는 최상의 분배를 결정하기 위해서 매우 다른 기준을 적용시킨다. 그 장치는 그 계약에 대한 어떤 해석 아래서도 그의 지식을 토대로 개개의 개인들이 자신에게 가장 좋은 이익이 된다고 생각하는 분배를 산출하도록 하거나, 적어도 그가 얻을 가능성이 있다고 생각한 것에 가능한 한 가까운 분배에 도달하도록 고안된 것이다. 그렇기 때문에 계약은 최상의 분배에 대해 근본목표를 직접적으로 적용하는 것이 지시하는 것과는 매우 다른 기준을 제공한다. 전체적 목표에 대한 기여와 관계없이 고려되는 분배의 공정성과는 전혀 관련이 없는 그런 문제에 대해 개인적 거부권들의 체계가 하나의 좋은 해결책을 제시할 것이라고 생각할 이유는 없다.

물론 계약이 어떤 근본목표가 지시하는 결과를 산출할지도 모른다. 실제 일부 비판자들은 계약에 대한 해석 중에서 롤스가 가장 선호하는 해석인 원초적 입장에 있는 사람들이 평균공리의 원칙들, 즉 평균공리라는 근본목표를 약정한 심층이론이 산출할 원칙들에 기초한 정의론을 선택하리라고 생각했다.[21] 그러나 설사 그렇다고 하더라도 그것은 우연의 일치이거나 그러한 결과를 산출하기 위해서 계약에 대한 그 해석을 선택했기 때문이다. 어느 경우에도 계약은 필요이상의 것이 되는데, 왜냐하면 근본목표는 최종결과에 의해 결정되고 계약장치는 아무것도 덧붙이지 않기 때문이다.

한 가지 반론이 가능하다. 모든 사람이 어떤 의미에서 그들 자신의 이익이라고 생각할 원칙에 따라 국가가 통치되는 경우에만, 근본목표가 실제로 충족될 것으로 보인다고 가정해보자. 예를 들면 근본목표가 국가의 확상이라면, 오직 국민이 정부가 이 목표를 위해 행위하고 있음을 아는 경우가 아니라 정부가 계약장치를 통해 국민 개개인의 이익에 기여하는 것으로 여겨지는 원칙에 따라 행위를 한다고 생각하는 경우에만 이 목표가 달성될 수 있을 것이라고 가정하자. 오직 그들이 정부가 그렇게 할 것이라는 것을 믿는 경우에만, 그들은 국가의 이익을 위해서 일할 것이다. 우리는 가능할 것 같지는 않지만 교묘한 이 논변을 무시할 수 없다. 그러나 그것은 롤스가 계약을 사용하는 것을 지지하지는 않는다. 그 논변은 공리주의는 공중이 그 이론을 모르도록 할 때만 이 가장 잘 실현될 수 있다는 시지위크의 유명한 논변처럼 기만에 의존한다.[22] 그런 기만을 포함하는 이론은 우리가 추구하는 구성주의적 논변에서는 가능하지 않다. 왜냐하면 그 모델에 따르면 우리의 목적은 우

---

21) 맥키(John Mackie)가 1972년 가을 옥스퍼드 세미나에서 이러한 논변을 설득력 있는 형태로 제시했다.

22) H. Sidgwick, *The Methods of Ethics*, 7th ed., 1907, 489쪽 이하.

리의 신념들을 결합시키고 공적인 행위를 위한 프로그램으로 기여할 수 있는 이론을 발전시키는 것이기 때문이다. 공지성(publicity)은 롤스가 발전시키고 있는 정의론이 요구하는 것만큼이나 우리의 심층이론의 요구이기도 하다.

그렇기 때문에 목표에 기초한 심층이론은 쓸모없고 혼란스러운 부속물로서가 아니고서는 계약을 지지할 수 없다. 또한 의무에 기초한 심층이론도 동일한 근거로 그렇게 할 수 없다. 어떤 의무나 의무들을 근본적인 것으로 간주하는 이론은, 정의로운 제도는 어떤 기술 아래서 모든 사람의 자기이익에 기여하는 것으로 간주되는 제도라고 가정할 그 어떤 근거도 제공하지 않는다. 나는 또한 계약당사자들이 마치 그들이 그들 자신의 자기이익에 대해 판단할 때 특정한 목표를 채택하기로 결정할 수 있는 것처럼, 특정한 의무들을 그들 자신과 그들의 후계자들에게 부과하기로 결정할 수 있다는 것을 부정하지 않는다. 롤스는 그가 가장 선호하는 해석인 원초적 입장 아래서 그들이 그들 자신에게 부과할 의무들을 기술하면서 이것들을 자연적 의무라고 부른다.[23] 그러나 그러한 생각은 이 결정을 이 의무들이 무엇인가를 정할 때 결정적인 것으로 만드는 심층이론이 그것 자체로서 의무에 기초한 것일 수 있다고 생각하는 것과는 매우 다르다.

물론 많은 철학자들이 주장하는 것처럼, 어떤 사람의 자기이익은 도덕법칙 아래서 자신의 의무를 이행하는 것에 있다고 주장할 수 있다. 그 이유는 의무를 이행하지 않을 경우 신이 그를 처벌할 것이기 때문이거나 자연질서 속에서 그의 역할을 하는 것이 그의 가장 만족스런 활동이기 때문이거나, 칸트가 생각한 것처럼 오직 그가 보편적인 것으로 일관되게 의욕할 수 있는 규칙을 따르는 것에서만 그는 자유로울 수 있기

---

23) John Rawls, 앞의 책, 제19절.

때문이다. 그러나 그것은 어떤 사람의 의무가 그의 자기이익을 정의한다고 말하는 것이지 그 반대는 아니다. 그것은 어떤 사람이 그 자신의 이익을 참조하게 함으로써 그의 특정한 의무를 결정하는 것을 지지하는 논변이 아니라, 의무에 대한 고려 이외에는 자기이익에 대한 그 어떤 고려도 무시하는 것을 지지하는 논변이다. 그렇기 때문에 그것은 의무에 기초한 심층이론에서 롤스적 계약의 역할을 지지할 수 없다.

만일 계약이 의무에 기초한 어떤 심층이론의 한 특징이라면, 자기이익과 의무 사이에 성립하는 분명한 갈등을 해소하게 될 그 계약에 대한 하나의 해석이 선택될 수 있을 것이다. 예를 들면 모든 당사자들이 방금 언급된 이념, 즉 그들의 자기이익이 그들의 의무를 확인하고 이해하는 것에 있다는 이념을 받아들인다는 것이 그 계약상황의 한 특징일 수 있다. 적어도 만일 어떤 이유 때문에 그들이 그들의 의무가 무엇인지 발견하는 것에 유능하다는 가정을 우리가 덧붙인다면, 이 계약은 그들의 의무를 정확히 기술하는 원칙들을 산출할 것이다. 그렇지만 그럴 경우에는 다시 한 번 우리는 그 계약을 필요 이상인 것으로, 즉 불필요하게 언덕을 올라간 다음 다시 내려오는 것으로 만들어버렸다. 우리가 그 심층이론이 근본적인 것으로 간주하는 의무로부터 정의의 원칙들을 도출해냈다면, 그것이 더 잘한 일이었을 것이다.

그렇지만 계약은 권리에 기초한 심층이론에서는 의미가 있다. 실로 그것은 그런 이론의 자연적 발전인 것처럼 보인다. 권리에 기초한 이론의 기본적 이념은 개인들은 만일 그들이 원한다면 보호할 자격이 있는 이익을 갖는다는 것이다. 그런 이론을 발전시킬 때 근본적인 것으로 간주되는 권리를 행사하면서 개인이 거부하게 될 제도를 확인하려 노력하는 것은 자연스러운 것처럼 보인다. 계약은 이 목적을 위해서 탁월한 장치인데, 그것은 적어도 두 가지 이유 때문이다. 첫째, 그것은 우리가 이런 권리의 행사를 위한 거부권과 그 권리처럼 보호되지 않는 어떤 이

익을 위한 거부권 사이를 구별하는 것을 허용한다. 그 구별은 이 권리
가 무엇인가에 대한 우리의 감각을 반영하는 계약에 대한 하나의 해석
을 채택함으로써 우리가 할 수 있는 구별이다. 둘째, 그것은 구성적 논
변 모델의 요구사항을 시행한다. 계약당사자들은 실제적인 하나의 문
제에 직면한다. 즉, 그들은 그들의 결정을 나중에 도덕적인 통찰을 얻
게 되는 때로 연기하기보다는 그들에게 가능한 선택지로부터 헌법을
고안해내야 하며, 내가 기술한 의미에서 실제적이기도 하고 공적이기
도 한 프로그램을 고안해내야 한다.

그렇다면, 원초적 입장의 배후에 있는 심층이론은 어떤 종류의 권리
에 기초한 이론이어야 한다고 가정하는 것은 공정한 것처럼 보인다. 또
한 그 주장을 다른 방식으로 제시할 수도 있는데, 그것에 대해서는 지
금까지 피해왔다. 그것은 **자연적인** 권리의 개념에 기초한 이론이어야
한다. 이때 자연적이라는 것은 그것이 그 어떤 입법이나 위원회나 가설
적 계약의 산물이 아니라는 의미에서이다. 나는 그 표현을 피해왔는데,
왜냐하면 그 표현은 많은 사람들에게 적절하지 않은 형이상학을 떠올
리게 하기 때문이다. 그들은 자연권이라는 것은 미개인들이 썼던 유령
같은 부착물로서, 그들이 참주정치를 경계하기 위해서 문명 속으로 갖
고 들어온 부적 같은 것이라고 생각한다. 예를 들면 블랙(Black) 법관
은 그가 싫어하는 법이론이 바로 이 가당찮은 개념에 의존하는 것처럼
보인다는 것을 지적하기만 해도 그 이론에 대한 충분한 반박이 된다고
생각했다.[24]

그러나 적어도 구성적 모델에서는 자연적 권리에 대한 가정이 형이상
학적으로 야심 찬 개념은 아니다. 그것은 그 모델의 판단의 범위 안에서
가장 좋은 정치적 프로그램은 특정한 개인의 선택을 근본적인 것으로

---

24) *Griswold v. Connecticut*, 381 U.S. 479, 507(1964) (반대의견).

간주하고, 어떤 목표나 의무 또는 그 둘의 결합에 종속된 것으로 보지 않는다는 가설 이상을 요구하지 않는다. 이것은 기본적인 개념들의 역선택(contrary choice)보다 더 모호하고 논란이 되는 존재론을 요구하지 않으며, 다양한 공리주의적 이론의 배후에 있는 근본목표에 대한 가설이 요구하는 것 이상을 요구하지 않는다. 또한 롤스의 심층이론이 이런 권리를 법적이거나 관례적인 것이 아니라 자연적인 것으로 만드는 것도 문제 될 것은 없다. 명백히 권리에 기초한 모든 이론은 단순히 숙고적 입법의 산물이나 명백한 사회적 관습인 것만이 아니라 입법과 관습을 판단하기 위한 독립적 근거인 권리를 전제해야 한다. 구성적 모델에 따르면 권리가 이런 의미에서 자연적이라는 가정은, 우리의 정치적 신념들을 결합하고 설명할 수 있는 그 가정의 능력 때문에 이루어져야 하고 또 검토되어야 하는 하나의 가정일 뿐이고, 이러한 정합성과 경험의 검사들 받고사 하는 하나의 기본적인 프로그램직 결정일 뿐이다.

3) 원초적 입장

나는 롤스가 사용하는 방식으로 사회계약을 사용하는 것은 자연권을 가정하는 하나의 심층이론을 전제한다고 말했다. 이제 나는 계약이라는 장치가 그 가정을 어떻게 적용시키는지를 더 자세하게 기술하도록 하겠다. 그것은 앞에서 언급된 이념, 즉 어떤 정치제도들은 그것들이 모든 사람들의 실제(actual) 이익이 되지 않는다 하더라도 그들의 사전적 이익이 된다고 말해질 수 있다는 이념을 최대한 이용한다.

어떤 계약이 성립하기 위해서 동의를 필요로 하는 모든 사람들은 그 계약의 조건에 대해서 거부권을 갖는다. 그러나 그들에게 그 거부권의 가치는, 그들의 판단은 실제의 자기이익이 아니라 사전적 자기이익에 대한 판단일 수밖에 없다는 사실에 의해서 제한받는다. 그들의 지식이 최선의 가능성에 대해서 그들이 추측할 수 있게 하는 것에만 충분하고,

그들의 선택에 대해서 확신하게 할 수 없을 때 그들은 계약을 해야 하고, 그렇게 해서 거부권을 포기해야 한다. 그렇기 때문에 계약상황은 특수한 정치적 권리를 갖는 개인이, 그에게 불이익을 줄 수도 있는 정치적 결정들을 해야 하는 상황과 한 가지 방식에서 구조적으로 같다. 그는 이것들을 거부할 수 있는 제한된 정치적 권리, 즉 그가 갖는 권리의 범위에 의해서 제한된 거부권을 갖는다. 계약은 그런 정치적 상황을 위한 하나의 모델로 사용될 수 있는데, 그 경우 그의 권리의 제한된 본성이 그 상황에서 갖는 것과 동일한 힘을 계약상황에서 당사자의 무지가 그의 결정에 대해서 갖도록 그 무지의 정도와 성격이 정해진다.

정치적 권리의 제한적 성격에 맞도록 무지를 구성하는 것은 계약당사자들이 그들이 추구하기를 원한다고 알고 있는 개별적 목표를 좁힘으로써 가장 효율적으로 이루어진다. 예를 들면 만일 우리가 홉스(Hobbes)의 심층이론은 사람들이 생존에 대한 기본적인 자연권을 갖고 있기 때문에 사회적 목표를 위한 것이라 하더라도 그들의 생명을 빼앗는 것은 잘못임—생명을 빼앗지 않는 경우에는 그 목표는 적절하다—을 제안하는 것으로 간주한다면, 우리는 그가 기술하는 종류의 계약상황을 기대해야 한다. 롤스의 말로 표현하자면, 홉스의 사람들은 생명의 보장을 다른 개별적 목표들보다 축차적으로 상위에 놓았다. 만일 그들이 가질 수 있는 다른 목표들을 그들이 알지 못하고 특정한 하나의 목표 또는 그 목표들의 한 집합을 갖게 될 확률에 대해 추측할 수 없다면, 그와 동일한 상황이 결과될 것이다.

이와 같이 원초적 입장에서의 당사자들의 무지는, 고전적 계약이론 안에서 이익들의 왜곡되거나 기묘한 순위매김의 형태로 발견될 수 있고 계약장치에서는 자연스런 무지의 극한적 경우로 보일 수 있다. 원초적 입장이 극한적 경우인 이유는 롤스의 사람들이 단순히 선택된 약간의 이익 이외의 다른 이익에 대해서 모르기 때문은 아니다. 그들은 그들이 갖고 있는 모든 이익을 모른다. 이 점이 그들이 자기이익에 대해 어떤 판단도 할 수 없게 만든다고 생각하는 것은 잘못이다. 그런데도 그들이 하는 판단은 매우 추상적일 수밖에 없다. 그들은 이익의 어떤 조합이 다른 것들보다 더 가능성이 있다고 상정하는 것으로부터 오는 어떤 혜택도 없이 그것들의 모든 조합을 허용해야 한다.

그렇기 때문에 롤스의 심층이론에서 기본권리는 생명보장에 대한 권리나 특정한 가치관에 따라서 삶을 살 권리같이 어떤 특정한 개별적 목표에 대한 권리일 수 없다. 개별적 목표에 대한 그런 권리는 원초적 입장에 있는 사람들이 자기들의 이익에 가장 잘 기여하는 것으로 약정할 권리처럼 심층이론에 의해서 산출될 수 있을 것이다. 그러나 원초적 입장 자체는 그런 권리의 가정 위에서 정당화될 수 없다. 왜냐하면 계약당사자들은 그들이 그런 이익을 가지거나 그 이익을 다른 이익보다 축차적으로 앞에 있는 것으로 놓는다는 것을 알지 못하기 때문이다.

결국 롤스의 심층이론에서 기본권리는 추상적인 권리이지 어떤 특정한 개별적 목표에 대한 권리가 아님이 분명하다. 정치이론에서 쓰이는 친숙한 개념들 안에는 이러한 역할을 할 두 후보가 있다. 첫 번째는 자유권인데, 많은 독자들에게는 롤스의 전체 구조가 자유에 대한 근본적인 자연권의 가정에 기초한다고 가정하는 것이 그럴 법하고 또 위안이 될지도 모른다. 그럴 법하다고 보는 이유는 롤스의 정의론을 구성하는 두 원칙들이 자유에 중요하고 지배적인 지위를 부여하기 때문이고, 위안이 되는 이유는 그러한 지위를 정당화하려는 논변이 그의 논변답지 않게 불완전해 보이기 때문이다.[25]

그렇지만 자유권은 롤스의 심층이론에서 근본권리로 간주될 수 없다. 우리가 일반적 자유(general liberty)를 어떤 사람이 하고 싶어 할

---

25) Hart, "Rawls on Liberty and Its Priority", *U. Chi. L. Rev.* 40, 1973, 534쪽.

수 있는 일에 정부나 타인들이 부과하는 가능한 제약 전체의 최소치 (the overall minimum possible constraints)로 정의한다고 가정하자.[26] 이때 우리는 이 일반적 자유를 특정한 자유들, 즉 정치참여와 같이 특별히 중요하게 여겨지는 특정 행동에 대한 제약으로부터의 자유와 구별해야 한다. 원초적 입장에 있는 당사자들은 확실히 그들이 일반적 자유에 대한 이익(interest)을 가지며, 또 가진다는 것을 안다. 왜냐하면 일반적 자유는 당사자들이 나중에 자신들이 가지고 있음을 발견하는 어떤 특정 목표를 달성할 수 있는 그들의 능력을 한정적으로(pro tanto) 향상시킬 것이기 때문이다. 그러나 한정은 중요하다. 왜냐하면 당사자들이 일반적 자유가 실제로 이러한 능력을 전반적으로 향상시킬 것임을 알 길이 없고 또 향상시키지 않을 것이라고 의심할 수 있는 충분한 이유가 있기 때문이다. 당사자들은 일반적 자유 이외에 타인의 행동에 대한 정치적 제약에 의해서만 보호될 수 있는 다른 이익을 자신들이 가질 수 있음을 안다.

그렇기 때문에 만일 롤스의 사람들이 어떤 종류의 자유권——계약상황은 그것을 구현하도록 형성된다——을 가진다고 가정해야 한다면, 그 자유권은 특정한 자유들에 대한 권리여야 한다. 롤스는 기본자유들의 목록을 제시하는데, 롤스의 사람들이 자신들이 1원칙으로 서열을 매긴 정의의 원칙을 통해 보호하기로 선택하는 것은 바로 이 자유들이다.[27] 그러나 롤스는 분명히 이 원칙을 계약의 조건이 아닌 계약의 산물로 추리해낸다. 그는 원초적 입장에 있는 당사자들은 그들이 소중히 하기로 한 자존감과 같은 기본적 가치들을 보호하기 위해서 이런 기본자유들을 선택할 뿐이지 그것들을 목표 그 자체로 간주하지는 않는다고 주장

---

26) 롤스의 책 202쪽에서 자유에 대한 롤스의 정의를 참조할 것.
27) John Rawls, 앞의 책, 61쪽.

한다. 물론 실제에서 당사자들은 기본자유들로서 보호되는 행동들을 어떤 다른 목표나 이익의 수단으로서가 아닌 그 자체를 위해 소중히 여길지 모른다. 그렇지만 분명히 그들은 그들이 그렇게 한다는 것을 알지 못한다.

정치이론에서 두 번째로 친숙한 개념은 자유보다 훨씬 추상적이다. 평등이 바로 그것인데, 롤스의 사람들은 하나의 방식으로 그 평등을 보호하는 것 이외의 다른 것을 선택할 수 없다. 원초적 입장에서 무지의 상태는, 내가 앞서 말했듯이 모든 사람의 사전적 이익이 반드시 동일한 해결책을 제시하도록 형성된다. 각각의 사람들이 자신의 인격이나 성격 또는 기호에 관계없이 평등하게 대우받을 권리는, 그런 것들에서 다르다는 것 덕분에 어느 누구도 더 좋은 지위를 보장받을 수 없다는 사실에 의해서 보장된다. 무지가 덜 완전한 다른 계약상황에서는 개인들은 동일한 목표를 공유하고 있음에도 서로 다른 사전적 이익을 가질 것이다. 예를 들면 두 사람 다 생명을 다른 어떤 것보다 소중히 여긴다 하더라도 상대에 비해 약한 자의 사전적 이익은 사적 복수를 허용하는 조항보다는 국가가 권력을 독점하는 것을 요구할 것이지만, 강한 자의 사전적 이익은 그렇지 않을 것이다. 두 사람 모두 다른 어떤 것보다 정치참여를 소중히 여긴다 하더라도 어떤 사람이 자신의 관점이 상대방의 관점보다 더 통속적이 아니거나 대중적이지 않다는 것을 알게 될 경우, 그 얇은 어떤 사람의 사전적 이익은 다른 사람의 사전적 이익과는 다른 제도를 요구한다는 것을 보여줄 것이다. 원초적 입장에서는 사전적 이익들을 그런 식으로 구별할 수 없다.

롤스가 사람들이 원초적 입장에서 선택하리라고 생각하는 정의원칙들은 두 가지 점에서 평등주의적 이상에 미치지 못한다고 말할 수 있다. 첫째로, 그것들은 1원칙의 요구들을 2원칙의 요구들보다 우선시함으로써 필요한 경우 물질적 자원에서의 평등을 정치활동의 자유에 종속시킨다. 둘째로, 그것들은 상대적 박탈을 고려하지 않는데, 어떤 불평등이든지 가장 못사는 사람들이 평등할 때의 처지보다 불평등할 때가 더 낫다면 그 불평등을 정당화하기 때문이다.

롤스는 평등과 경쟁하는 어떤 자유의 개념이나 어떤 우선적 목표에 의해서가 아니라 더 기본적인 평등의 의미에 의해서 이러한 불평등이 요청됨을 분명히 한다. 그는 그가 두 가지 평등관이라고 부르는 것들 사이의 구별을 받아들인다.

일부 학자들은 특정한 가치들, 즉 그 가치들 가운데 일부는 그것들을 더 갖는 사람들에게 거의 분명하게 더 높은 지위와 위엄을 부여하는 그러한 가치들의 분배와 관련해서 말해지는 평등과 사회적 지위와는 무관하게 인격체들이 받아야 할 존중에 적용될 때의 평등을 구별해왔다. 첫 번째 종류의 평등은 정의의 2원칙에 의해서 규정된다. ……그러나 두 번째 종류의 평등이 근본적이다.[28]

우리는 롤스가 근본적이라고 말한 두 번째 종류의 평등에 대한 권리를 기술할 것이다. 우리는 개인들이 그들을 통치하는 정치제도의 고안과 운영에서 평등한 배려와 존중을 받을 권리를 갖는다고 말할 수 있다. 이것은 매우 추상적인 권리이다. 예를 들면 어떤 이는 공적(merit)에 기초해 관직과 지위에 오를 평등한 기회를 제공하는 정치제도들에 의해서 이 권리가 충족된다고 말할 수 있다. 다른 어떤 이는 그와는 반대로 공적과는 무관하게 소득과 지위의 절대적 평등을 보장하는 체계에 의해서만 이 권리가 충족된다고 주장할 수 있다. 세 번째 사람은 평등한 배려와 관심은 그 체계가 무엇이든 간에, 각자의 복지를 동일한

---

28) 같은 책, 511쪽.

저울로 계산하면서 모든 시민의 평균복지를 향상시키는 체계에 의해서 제공된다고 주장할 수 있다. 네 번째 사람은 이 근본적 평등이라는 이름으로 자유의 우선성을 비롯해서 롤스의 두 원칙들이 함축하는 다른 명백한 불평등을 주장할 수 있다.

그렇다면 평등한 배려와 존중을 받을 권리는 다양한 정치이론이 주장하는 표준적 평등관들보다 더욱 추상적이다. 이런 점은 이 더 기본적인 권리가 그런 평등관들이 주장하는 평등 중에서 어떤 것을 파생적 권리나 목표로서 요구한다는 논변을 허용한다.

원초적 입장은 이제 이러한 경쟁하는 논변들을 시험하는 하나의 장치로 간주될 수 있을 것이다. 그것은 다음과 같이 가정하는데, 그 가정은 합당하다. 즉, 평등한 배려와 존중을 보여주지 않는 체제는 특정한 계급, 또는 특정한 재능이나 이상을 가진 사람들을 그렇지 않은 사람들보다 더 배려하고 존중하는 권력자들에 의해 세워지고 운영되는 체제라는 것이다. 원초적 입장은 이 가정에 의거하여 계약에 참여한 당사자들을 무지한 것으로 만든다. 자신들이 어떤 계급에 속하는지 알지 못하는 사람들은 의식적으로든 무의식적으로든 그들 자신의 계급에 유리한 제도를 고안할 수 없다. 자신들의 가치관에 대해 알지 못하는 사람들은 어떤 이상을 지닌 사람들을 다른 이상을 지닌 사람들보다 선호할 수 없다. 원초적 입장은 평등한 배려와 존중을 받을 추상적 권리를 보장하도록 잘 짜여 있으며, 이 권리가 롤스의 심층이론에서 근본개념이라고 이해되어야 한다.

이것이 옳다면, 롤스는 예를 들면 1원칙에서 구현된 기본자유들에 대한 권리를 옹호하기 위해서 원초적 입장을 사용한 것과 동일한 방식으로 이 권리를 옹호하기 위해서 원초적 입장을 사용할 수 없다. 롤스의 책은 롤스가 그런 식으로 사용하지 않음을 확인해준다. 롤스가 한번 존중의 평등은 1원칙에 의해 "정의된다"(defined)라고 말한 것은 사실이다.[29] 그러나 그는 당사자들이 어떤 좀 더 기본적인 권리나 목표를 증진시킬 목적으로 평등하게 존중받는 것을 선택한다는 뜻으로 말하지도 않고 결코 주장하지도 않는다. 반대로 평등한 존중에 대한 권리는 그의 설명에서 계약의 산물이 아니라 원초적 입장에 들어갈 조건이다. 롤스에 따르면, 이러한 권리는 "도덕적 인격체로서의 인간이 받아야 하는 것이고," 결과적으로 인간을 동물과 구별해주는 도덕적 인성(personality)으로부터 도출된다. 이 권리는 정의로울 수 있는 모든 사람에 의해서 소유되며, 오직 그런 사람들만이 계약을 체결할 수 있다.[30] 그러므로 이것은 계약에서 나오지 않고, 근본권리가 그러해야 하는 것처럼 계약을 구상하면서 가정되는 권리이다.

롤스는 평등을 지지하는 자신의 논변이 자신의 이론 안에 있는 다른 권리들을 지지하는 자신의 논변과는 다른 토대 위에 서 있음을 잘 알고 있다.

물론 이상의 어느 것도 논변이라고 할 만한 것이 못 된다. 원초적 입장에서 정의관을 선택할 때는 그렇게 엄밀하지 않더라도 결론의 전제들을 제시하려고 내가 노력했던 것과는 달리, 여기에서는 그렇게 하려 하지 않았다. 또 나는 당사자들에 대한 기술이 평등의 기초로서 사용되어야 함을 입증하려 하지도 않았다. 오히려 이 해석은 공정으로서의 정의*의 자연적 완성으로 보인다.[31]

말하자면 그것은 이론 전체의 "자연적 완성"(natural completion)이

---

29) 같은 책, 511쪽.
30) 같은 책, 제77절.
 * 롤스는 자신의 정의관을 "공정으로서의 정의"로 부른다.
31) 같은 책, 509쪽.

다. 그것은 원초적 입장을 채워주는 근본가정을 제공함으로써 그 이론을 완성시키고, 그것을 정의론을 발전시키고 시험하기 위한 "직관적 관념"으로 만든다.

그러므로 우리는 공정으로서의 정의는 모든 사람이 지닌 배려와 존중의 평등에 대한 자연적 권리의 가정, 다시 말해서 모든 사람이 출생이나 특성, 또는 공적이나 탁월함에 의해서가 아니라 단지 계획을 세우고 정의로울 수 있는 능력을 지닌 인간존재로서 소유하는 권리의 가정에 의존한다고 말할 수 있다. 많은 독자들이 이러한 결론에 놀라지 않을 것이고, 내가 앞서 말했듯이 이 결론은 롤스의 원문과 대조해본다면 대체적으로 명확하다. 그런데도 그것은 중요한 결론인데, 그 이유는 이미 표준화되어 있는 그의 이론에 대한 몇몇 비판들이 그 결론을 무시하기 때문이다. 나는 비판의 한 예를 들면서 이 긴 논문을 맺음하겠다.

나는 많은 나의 동료와 학생들, 특히 법률가들로부터 비판의 한 형태를 들어왔다. 그들은 롤스가 원초적 입장에 있는 사람들이 선택하리라고 말한 특정 정치제도들은 미국에서 현재 시행되고 있는 제도들의 이상적 형태일 뿐이라고 지적한다. 즉, 그것들은 입헌적 자유 민주주의의 제도라는 것이다. 비판가들은 그러므로 롤스 이론의 근본가정들은 그것들을 어떻게 정의하든지 간에 고전적 자유주의의 가정들임이 틀림없고, 롤스 이론에 생기를 불어넣는다고 보이는 원초적 입장은 어쨌든 이러한 가정들의 구현임이 틀림없다고 결론짓는다. 그러므로 그들에게 공정으로서의 정의는 전체적으로 자유주의 전통에 대해 더욱 급진적인 비판을 제기하고 싶어 하는 사람들에 의해서 무시되어도 좋을 정치적 현상(status quo)에 대한 매우 교묘한 합리화로 보인다.

만일 내가 옳다면, 이러한 견해는 어리석은 것이며 그 견해를 취하는 사람들은 그들 자신의 정치적 견해를 철학적 검토에 맡길 드문 기회를 잃는다. 롤스의 가장 기본적인 가정은 사람들이 로크나 밀이 중요하다고 생각했던 특정 자유들에 대한 권리를 갖는다는 것이 아니라, 그들이 정치제도를 설계하는 데에서 평등한 배려와 존중을 받을 권리를 갖는다는 것이다. 이 가정에 대해서는 많은 방식으로 비판이 제기될 것이다. 이 가정은 공리나 한 계급의 승리, 또는 인간은 어떻게 살아야 하는가에 대한 한 견해의 번성 등과 같은 어떤 목표가 평등권을 포함한 개인의 어떤 권리보다 더 근본적이라고 믿는 사람들에 의해서 부정될 것이다. 그러나 더 급진적인 평등의 개념의 명분으로는 그 가정이 부정될 수 없다. 왜냐하면 더 급진적인 평등의 개념은 존재하지 않기 때문이다.

롤스는 이 근본적인 평등권이 자유주의적 헌법을 요청하며, 현재의 경제적, 사회적 구조의 이상적 형태를 지지한다고 주장한다. 예를 들면 그는 원초적 입장에 있는 사람들은 일단 일정한 수준의 물질적 안락이 달성되면 그들의 평등권을 위해서 기본적 자유들을 보호할 것이라고 주장한다. 왜냐하면 그들은 기본적 자유들이 보호하는 자존감에 대한 위협이 평등한 존중에 대한 가장 심각한 위협이라고 이해할 것이기 때문이다. 그는 또한 이 사람들이 물질적 평등에 우선해 2원칙을 받아들일 것이라고 주장한다. 그 이유는 다른 사람에 대한 시기심 때문에 희생을 감수하고자 하는 것은 그 사람에 대한 일종의 종속이라고 이해할 것이기 때문이다. 물론 이러한 논변이 잘못일지 모른다. 나는 분명히 그 논변을 방어하기 위한 어떤 것도 여기서 말하지 않았다. 그러나 자유주의를 비판하는 사람들에게는 지금 그 논변들이 잘못임을 보여줄 책임이 있다. 그들은 롤스의 기본가정과 태도가 그들 자신의 것들과 너무 동떨어져서 대응할 필요가 없다고 말할 수 없다.

제7장 권리를 진지하게 받아들이기

1. 시민의 권리

권리에 대한 말들이 지금 미국의 정치토론을 지배한다. 정부는 시민의 도덕적 권리와 정치적 권리를 존중하는가? 아니면 정부의 외교정책이나 인종정책은 이런 권리를 무시하는가? 권리를 침해당한 소수집단 사람들은 법을 위반할 권리를 갖는가? 아니면 침묵하는 다수가 법을 위반한 사람들은 처벌되어야 한다는 권리를 포함한 권리들을 갖는가? 이런 문제들이 지금 두드러진 문제라는 것은 놀랄 일이 아니다. 권리라는 개념, 특히 정부에 대한 권리(rights against the government)라는 개념은 정치사회가 분열되어 있을 때, 그리고 협동이나 공동의 목표에 호소하는 것이 의미가 없을 때 가장 자연스럽게 사용된다.

지금의 정치토론은 시민들이 그들의 정부에 대하여 **모종의 도덕적 권리**들을 갖는지에 대한 문제는 포함하지 않는다. 시민들이 그 권리들을 갖는다는 것은 모든 편에서 받아들여지는 것처럼 보인다. 일반적인 법률가들과 정치인들은 우리의 법체계가 예를 들면 자유언론과 평등과 적법절차에 대한 개인의 권리를 인정한다는 점을 자랑으로 여긴다. 그들은 우리의 법이 존경받을 만하다는 그들의 주장을 적어도 부분적으로는 그 사실에 근거지운다. 왜냐하면 그들은 전체주의 체계가 동일한 충성을 받을 만하다고 주장하지는 않을 것이기 때문이다.

물론 어떤 철학자들은 법이 시민들에게 준 것 이외의 권리를 그 시민들이 갖는다는 이념을 거부한다. 벤담은 도덕적 권리라는 이념을 "죽마 위에서 하는 허튼소리"라고 생각했다. 그러나 그 견해는 우리의 정통 정치이론의 부분이 된 적이 없다. 양당 정치인들 모두 그들이 하고 싶은 것의 많은 부분을 정당화하기 위해서 국민의 권리(the rights of the people)에 호소한다. 나는 이 글에서 시민들이 그들의 정부에 대한 도덕적 권리를 갖는다는 테제를 변호할 생각은 없다. 그 대신 현재의 미국 정부를 포함해서 그 테제를 받아들인다고 공언하는 사람들에게 그 테제가 갖는 함의가 무엇인가를 따져보고자 한다.

물론 어떤 **특정한** 권리를 시민들이 갖는가의 문제는 많이 토론되고 있는 문제이다. 예를 들면 인정되고 있는 자유언론에 대한 권리는 불법 시위에 참여할 권리를 포함하는가? 실제에서는 한 개인의 권리가 무엇인지에 대한 최종결정권을 정부가 가질 것이다. 왜냐하면 정부의 경찰은 정부의 관리나 법원이 말하는 것을 집행할 것이기 때문이다. 그러나 그것은 정부의 견해가 필연적으로 옳은 견해라는 것을 의미하지 않는다. 그렇게 생각하는 사람은 어떤 사람이든지, 사람들은 오직 정부가 그들에게 주려고 선택한 도덕적 권리만을 갖는다고 믿어야 한다. 그것은 그들은 도덕적 권리를 전혀 갖고 있지 않다는 것을 의미한다.

미국에서는 때때로 이런 모든 것들이 헌법체계에 의해서 애매해진다. 미국헌법은 제1수정조항, 적법절차조항, 평등보호조항과 그와 비슷한 조항에서 일군의 개인의 **법적인** 권리를 제공한다. 현재의 법적 관행 아래서 대법원은 의회나 주 입법부가 제정한 법이 이런 조항들을 위반했다고 판단할 경우, 그것이 무효라고 선언할 권력을 갖는다. 이런 관행은 몇몇 전문가들이 개인의 도덕적 권리가 이 체계에 의해서 충분히 보호받는다고 가정하게 했다. 그러나 그것은 그렇지 않으며, 또한 그렇게 될 수도 없다.

미국헌법은 법의 타당성을 어떤 특정한 제정법이 모든 사람들의 본래적 평등을 존중하는지 어떤지의 문제 같은 복잡한 도덕적 문제에 의존하게 함으로써 법의 문제와 도덕의 문제를 융합시킨다. 이 융합은 시민불복종에 관한 토론에서 중요한 결과를 갖는다. 나는 그 토론을 다른 곳[1]에서도 기술한 바 있으며 나중에 그것을 언급할 것이다. 그렇지만 그것은 두 개의 두드러진 문제들을 열린 것으로 놓고 다루지 않는다. 그것은 미국 헌법이 적절하게 해석된다 하더라도 과연 시민들이 갖는 모든 도덕적 권리들을 인정할 것인지에 대해서 우리에게 말해주지 않으며, 많은 사람들이 생각하듯이 시민들은 법이 그들의 도덕적 권리를 침해한다 하더라도 그 법에 복종해야 할 의무가 있는지 없는지에 대해서노 말해주지 않는다.

그 두 가지 문제는, 어떤 소수집단이 그 집단의 지방학교 체계를 운영할 권리같이 법이 그들에게 주지 않으며 헌법에 의해서 보호되지 않는다고 법률가들의 견해가 일치하는 도덕적 권리를 요구할 때, 매우 중요하게 된다. 두 번째 문제는 지금처럼 자기부죄(自己負罪) 거부권 같은 권리를 제거하기 위한 헌법 수정조항이 진지하게 제안될 정도로 다수가 분기했을 때 중요하게 된다. 그것은 또한 영국처럼 그와 비슷한 성격의 헌법을 갖지 않은 국가에서도 중요하다.

물론 미국헌법이 완전하다고 하더라도, 또한 다수가 그것을 그대로 둔다 해도, 대법원이 시민들의 개인의 권리를 보장할 수 있다는 결론이 나오는 것은 아니다. 대법원의 판결은 여전히 하나의 법적 결정일 뿐이어서, 그것은 도덕뿐만 아니라 판례를 고려해야 하고 법원과 의회 사이

---

1) 이 책 제8장을 참조할 것.

의 관계 같은 제도적 고려사항들도 감안해야 한다. 그리고 어떤 사법적 판결도 필연적으로 옳은 판단이 되는 것은 아니다. 법관들은 논란이 되는 법과 도덕의 문제들에 대해서 다양한 입장을 취하고 있으며, 닉슨의 대법원 법관지명에 대한 다툼이 보여주듯이 대통령은 법관들이 정직하고 능력이 있을 경우 누구나 자신과 신념이 같은 사람을 지명할 자격이 있다.

그렇기 때문에 헌법체계가 정부에 대한 도덕적 권리들의 보호에 어떤 기여를 한다 하더라도, 그 권리들을 보장하는 것과는 멀리 떨어져 있으며, 그 권리들이 무엇인가를 확정하는 것과도 거리가 있다. 그것은 어떤 경우에는 입법부 이외의 다른 부서가 이런 문제들에 대해서 최종결정권을 갖는다는 것을 의미하는데, 그것은 그 부서가 심각하게 잘못되었다고 생각하는 사람들을 만족시키기 힘들다.

물론 어떤 정부부서가 어떤 법이 집행될 것인지에 대해서 최종결정권을 가질 것이라는 점은 필연적이다. 사람들이 도덕적 권리에 대해서 서로 다른 의견을 가질 때 그 어떤 편도 자신의 주장(case)을 증명하지는 못할 것이지만, 만일 무정부 상태가 되지 않으려면 어떤 결정이 이루어져야 한다. 그러나 누구나 알고 있는 그런 지혜가 권유하는 것은 입법과 집행에 대한 철학이 필요 없다는 것이 아니라, 그렇기 때문에 그 철학이 시작되어야 한다는 것이다. 정부가 시민의 권리에 대해서 옳은 대답에 도달해야 한다고 주장할 수 없다 하더라도, 우리는 적어도 정부가 그렇게 노력해야 한다는 것은 주장할 수 있다. 우리는 정부는 권리를 진지하게 받아들여야(take rights seriously) 하고, 이런 권리가 무엇인지에 대한 하나의 정합적인 이론에 따라야 하며, 자기 자신의 공언과 일치해서 행위해야 한다고 주장할 수 있다. 나는 그것이 의미하는 것이 무엇인지, 그리고 그것이 현재의 정치적 논의에 대해 어떤 의미를 갖는지를 보여주려고 노력할 것이다.

2. 권리들과 법을 위반할 권리

나는 가장 격렬하게 논란이 되는 문제로부터 시작하고자 한다. 미국인은 법을 위반할 수 있는 도덕적 권리를 갖는가? 어떤 사람이 법이 타당하다는 것을 인정한다고 가정하자. 그렇기 때문에 그는 그것에 복종할 의무가 있는가? 그 문제에 대해 대답하려 하는 사람들은 두 진영으로 나뉘는 것 같다. 내가 보수주의자라고 부르게 될 사람들은 어떤 불복종 행위도 인정하지 않는 것처럼 보인다. 그들은 그런 행위들이 기소될 때 만족하고, 유죄판결이 뒤집어지면 실망하는 것처럼 보인다. 다른 진영, 즉 자유주의자들은 적어도 불복종의 몇몇 경우에 대해서는 훨씬 더 공감한다. 그들은 때때로 기소를 인정하지 않고 무죄방면을 환영한다. 그렇지만 만일 우리가 이런 감정적인 반응을 넘어서 두 진영이 사용하는 논변에 주의를 기울인다면, 우리는 하나의 놀라운 사실을 발견하게 된다. 두 집단은 그들을 대립시키는 것으로 가정되는 원칙의 문제에 대해 본질적으로 동일한 대답을 준다.

양측이 주는 대답은 이렇다. 민주주의에서는 또는 적어도 원칙적으로 개인의 권리를 존중하는 민주주의에서는, 각각의 시민은 법 가운데 약간은 변경되는 것을 원한다 하더라도 모든 법에 복종해야 하는 도덕적 의무를 갖는다. 그는 그의 동료시민들, 즉 그들이 좋아하지 않는 법에 복종해 그에게 이익을 가져다준 동료시민들에게 그 의무를 빚고 있다. 그러나 이 일반적 의무는 절대적인 의무일 수 없다. 왜냐하면 원칙상 정의로운 사회라 하더라도 부정한 법과 정책을 산출할 수 있고, 사람들은 국가에 대한 의무 이외의 다른 의무를 갖기 때문이다. 사람들은 그들의 신과 양심에 대한 의무를 존중해야 하고, 그 의무가 국가에 대한 그들의 의무와 충돌할 때는 결국에는 자신이 옳다고 판단한 것을 할 수 있는 자격이 있다. 그렇지만 만일 그가 법을 위반해야 한다고 결정한다면, 동료시민에 대한 그의 의무가 그의 종교적 의무나 도덕적 의무에 의해서 무시되기는 했지만 결코 없어진 것이 아니라는 사실을 인정할 경우, 그는 국가가 부과하는 판결과 처벌에 따라야 한다.

물론 이런 일반적인 대답은 다시 다양한 방식으로 정교화될 수 있다. 어떤 사람들은 국가에 대한 의무를 기본적인 것이라 기술하고 불복종자를 종교적 또는 도덕적 광신자라고 묘사할 것이다. 다른 어떤 사람들은 국가에 대한 의무를 부정적 용어로 기술하고, 그것에 반대하는 사람들을 도덕적 영웅으로 묘사할 것이다. 그러나 이런 차이는 강조에서의 차이에 불과하며, 내가 생각할 때 내가 기술한 입장은 특정한 경우에서 시민불복종에 찬성하거나 반대하는 사람들 대부분 갖고 있는 견해이다.

나는 이것이 모든 사람의 견해라고 주장하지는 않겠다. 국가에 대한 의무를 지나치게 높게 생각해서 그것이 무시될 수 있다는 것을 결코 허용하지 않는 사람들도 틀림없이 존재한다. 또한 적어도 오늘날 미국에서는 사람들이 법에 복종해야 하는 도덕적 의무를 갖는다는 것을 부정하는 사람들이 분명히 존재한다. 그러나 이 두 개의 극단적인 입장은 종곡선의 양끝일 뿐이고, 그 둘 사이에 들어오는 모든 입장들이 내가 기술한 통속적인 입장을 차지한다. 그것은 사람들은 법에 복종할 의무를 갖지만 그들의 양심을 따라야 할 권리가 그 의무와 충돌할 경우에 양심을 따를 권리를 갖는다는 입장이다.

그러나 만일 그것이 그렇다면, 원칙의 문제에 동일한 대답을 주는 사람들이 특정한 사안에서는 그렇게 큰 의견차이를 보이고 또 그렇게 격렬하게 분열되는 것처럼 보인다는 사실에서 우리는 하나의 역설을 갖는다. 그 역설은 좀 더 깊은 것이다. 왜냐하면 적어도 몇몇 사안에서 각각의 분파는 그들 모두가 받아들이는 이론적 입장과 명백히 일치하지 않는 입장을 취하기 때문이다. 예를 들면 이 입장은 어떤 사람이 양심에 따라서 징병을 기피하거나 다른 사람들에게 그 범죄를 저지르도록 격려했을 때 시험을 받았다. 보수주의자들은 그런 사람은 성실한 사람이라 하더라도 기소되어야 한다고 주장한다. 그러면 왜 그가 기소되어야 하는가? 왜냐하면 사회는 그의 행위가 저지르거나 조장하는 법에 대한 경시를 용인할 수 없기 때문이다. 간단하게 말하면 그뿐만 아니라 그와 비슷한 다른 사람들이 그가 한 것을 하지 못하도록 그는 기소되어야 한다.

그러나 여기에서는 하나의 기괴한 모순이 존재하는 것처럼 보인다. 만일 어떤 사람이 그의 양심이 그에게 하라고 명령한 것을 할 권리를 갖는다면, 국가가 그가 그것을 하지 못하게 할 때 그것이 어떻게 정당화될 수 있는가?

더욱이 도덕적 신념에 의해서 법을 위반한 사람이 기소되어야 한다고 주장하는 사람들은 단순히 보수주의자들만이 아니다. 자유주의자들은 인종을 차별하는 학교관리들이 법이 금지하는 것을 할 도덕적 권리를 그들이 갖는다고 생각하는 것을 인정하면서도, 그 관리들이 인종분리를 없애는 일에 소극적인 것을 허용하지 않으려 한다. 자유주의자들이 인종분리금지법이 법에 대한 일반적 존중을 장려하기 위해서 집행되어야 한다고 주장하는 것은 아니다. 그들은 인종분리금지법은 그것이 옳기 때문에 집행되어야 한다고 주장한다. 그러나 그들의 입장도 또한 일관되지 않은 것처럼 보인다. 사람들이 그들의 양심에 따를 권리를 우리가 인정할 때 그들의 양심이 요구한 것을 했다는 이유로 그 사람들을 기소할 권리가 있는가? 사람들이 할 권리가 있다고 국가가 인정한 것을 국가가 금지하고 처벌하는 것은 잘못된 것이 아닌가?

그러므로 우리에게는 두 가지 난제가 남는다. 원칙적 문제에 대한 두 분파가 둘 사이의 의견차이가 심각하다고 생각하면서 그 문제에 대해 동일한 입장을 포용하는 것이 어떻게 가능한가? 각각의 분파가 특정한 문제에 대해서 둘 모두가 받아들이는 원칙의 입장과 명백하게 모순되는 해결책들을 촉구하는 것이 어떻게 가능한가? 그에 대한 하나의 가능한 대답은 이렇다. 그 공동의 입장을 받아들이는 사람들 가운데 몇몇이나 모두가 사실상 그들이 인정하지 않는 양심의 권리에 말로만 봉사하는 위선자들이라는 것이다.

이런 비난에는 그럴 법한 측면이 있다. 양심을 존중하라고 주장하는 관리들이 알리(Muhammad Ali)에게 자신들의 주에서 권투시합을 할 권리를 주지 않았을 때, 일종의 위선이 있었음이 틀림없다. 만일 알리가 그의 종교적 양심의 가책을 무릅쓰고 군대에 들어갔다면, 이 관리들이 존중한다고 말하는 원칙들에 따르면 그는 그렇게 함으로써 더 열등한 인간이 되었을 것이다. 그러나 이런 경우처럼 간단한 경우는 거의 없다. 그리고 여기에서조차도 관리들은 그들의 행위와 그들의 원칙들 사이의 모순을 깨닫지 못하는 것처럼 보인다. 그래서 우리는 사람들이 말하는 것은 종종 자신의 진정한 뜻이 아니라는 진리 이외의 다른 어떤 설명을 찾아야 한다.

그것보다 더 심층적인 설명은 권리에 대한 논변을 자주 당혹스럽게 만드는 일군의 혼동에서 찾을 수 있다. 이런 혼동은 내가 처음에 언급한 모든 문제에 구름을 드리우고, 권리를 존중하는 정부는 어떻게 행위해야 하는가에 대한 하나의 정합적인 이론을 발전시키려는 노력을 좌절시킨다.

이것을 설명하기 위해서는 정치적 논의에서는 자주 무시되었지만 철학자들에게는 익숙한 사실, 즉 "right"라는 말이 다양한 맥락에서 다양한 의미를 갖는다는 사실에 주의를 기울여야 한다. 우리가 어떤 사람이 어떤 것을 할 "권리"(right)를 갖는다고 말하는 대부분의 경우에서, 우리는 그가 그것을 하는 것을 방해하는 것은 잘못(wrong)일 것이라거나 적어도 어떤 방해든지 그것을 정당화하기 위해서는 어떤 특별한 근거가 필요하다는 것을 함축한다. 내가 당신은 당신의 돈을 더 가치 있는 방식으로 써야 하지만 당신이 원한다면 당신이 그 돈을 노름을 하면서 쓸 권리가 있다고 말할 때, 나는 권리를 이런 강한 의미로 사용하는 것이다. 내가 말하고자 하는 것은 이것이다. 당신이 당신의 돈을 내가 생각하기에 잘못된 방식으로 사용하려 한다 하더라도 어떤 사람이든지 당신을 방해하는 것은 잘못일 것이라는 것이다.

어떤 사람이 이런 의미에서 어떤 것을 할 권리를 갖는다고 말하는 것과 그가 그것을 하는 것은 "옳은"(right) 것이라거나 그렇게 하는 데에서 그는 아무런 "잘못"(wrong)도 하지 않았다고 말하는 것 사이에는 분명한 차이가 있다. 도박의 경우처럼 어떤 사람은 그가 하기에 잘못된 것을 할 권리를 가질 수 있다. 반대로 어떤 것은 그가 하기에 옳은 것이지만 그는 그것을 할 권리를 가지지 않는데, 이는 그가 그 일을 하려는 것을 어떤 사람이 방해하는 것이 잘못이 아닐 것이라는 의미에서이다. 우리의 군대가 적군을 포로로 잡았을 경우에 우리는 그가 하기에 옳은 일은 탈출을 시도하는 것이지만, 그렇다고 해서 우리가 그를 제지하려는 것이 잘못이라는 결론이 나오는 것은 아니라고 말할 수 있다. 우리는 탈출하려 하는 그를 훌륭하다고 생각하고, 만일 그가 탈출을 시도하지 않는다면 그를 낮게 평가할지도 모른다. 그러나 여기에서 우리가 그를 제지하는 것이 옳지 않다는 것에 대한 어떤 시사도 없다. 반대로 만일 우리의 명분(cause)이 정의롭다면, 그를 제지하기 위해서 우리가 할 수 있는 모든 것을 하는 것이 옳다고 생각한다.

일상적인 경우에는 이 구별, 즉 어떤 사람이 어떤 것을 할 권리를 갖고 있는가의 문제와 그가 그것을 하는 것이 옳은 일인가의 문제 사이의 구별은 아무런 문제도 야기하지 않는다. 그러나 때때로 야기할 때가 있다. 왜냐하면 때때로 우리는 어떤 사람이 하는 것이 옳지 않은 일이라는 것을 부정하기만 할 때도 그 사람이 그것을 할 권리가 있다고 말하기 때문이다. 그런 식으로 우리는 포로는 탈출하려 할 "권리"를 갖는다고 말하지만, 우리가 그를 제지하는 것이 잘못이라 말하지 않고 그는 그런 시도를 하지 않을 어떤 의무도 없다고 말한다. 우리가 자신의 원칙에 따라 행위할 "권리" 또는 자신의 양심에 따를 "권리"를 갖고 있는 어떤 사람에 대해서 말할 때 우리는 "권리"를 이런 방식으로 사용한다. 우리가 말하고자 하는 것은 그는 우리가 그의 정직한 신념에 동의하지 않는다 하더라도, 그리고 정책이나 다른 이유 때문에 우리는 그 신념과 다르게 행위하도록 그를 강요하지만 그가 그 신념에 따라서 행위하는 것은 잘못이 아니라는 것이다.

가난한 사람들에게 주는 복지급여가 진취적 정신을 약화시키기 때문에 매우 잘못된 것이라고 믿고, 그렇기 때문에 자기의 세금 전체를 신고는 하지만 그것의 반을 지불하기 거부하는 사람을 가정하자. 우리는 만일 그가 원한다면 세금을 내는 것을 거부할 권리를 갖지만 정부는 세금 전체를 받기 위해서 그를 고소할 권리를 가지며, 징수체계가 효율적으로 작동되게 하기 위해서는 필요할 경우 그가 세금을 늦게 낸 것에 대해 그에게 벌금을 물리거나 구속할 권리를 갖는다고 말할 수 있다. 그러나 우리는 대부분의 경우에서는 이렇게 말하지 않는다. 우리는 보통의 도둑이 처벌을 받는 경우에는 그가 원한다면 훔칠 권리를 갖는다고 말하지 않는다. 어떤 사람이 법을 위반할 때 국가가 그를 처벌할 권리를 갖는다 하더라도, 그도 법을 위반할 권리를 갖는다고 말하는 경우는 오직 그의 신념 때문에 그가 그렇게 하는 것이 잘못을 하는 것은 아니라고 우리가 생각하는 경우뿐이다.[2]

---

2) 우리가 때때로 다른 사람들은 행위를 방해해서는 안 된다고 말하기 위해서 "권리를 갖는다"라는 개념을 사용하기도 하고, 때때로 그 행위를 하는 것이 잘못된 것이 아니라고 말하기 위해서 그 개념을 사용하기도 한다는 것은 놀랄 일이 아니다. 어떤 사람이 다른 사람을 육체적으로 공격하는 것같이 어떤 것을 할

이런 구별들은 우리가 하나의 통속적인 문제, 즉 어떤 사람이 법을 위반할 권리를 갖는지의 문제에서 하나의 애매성을 볼 수 있게 해준다. 그 문제는 정부가 그를 체포하고 기소함으로써 그를 제지하는 것은 옳지 않다는 강한 의미에서 법을 위반할 권리를 그가 갖는지를 물어보는 것인가? 아니면 그가 법을 위반하는 것은 옳은 일을 하는 것이고, 그렇기 때문에 정부가 그를 투옥시켜야 한다 하더라도 우리는 전적으로 그를 존중해야 하는 것인지를 물어보는 것인가?

만일 우리가 그 문제에 대한 통속적인 입장을 첫 번째—그리고 가장 중요한—문제에 대한 대답으로 간주한다면, 내가 기술한 역설이 발생한다. 그러나 만일 우리가 그것을 두 번째 문제에 대한 대답으로 간주한다면, 역설은 발생하지 않는다. 보수주의자들과 자유주의자들은 양심이 요구할 때 사람들이 법을 위반하는 것은 때때로 잘못이 아니라는 데는 동의한다. 만일 그들의 의견이 다르다면, 그것은 그와는 다른 문제로서 국가의 대응이 무엇인가의 문제에 대한 것이다. 양 분파는 모두 때때로 국가는 사람들을 기소해야 한다고 생각한다. 그러나 그것은 기소된 사람이 법을 위반하면서 옳은 일을 했다는 명제와 모순되지 않는다.

그 두 가지 문제들이 보통은 구별되지 않기 때문에 그 역설은 진정한 것으로 여겨지며, 통속적인 입장이 시민불복종 문제에 대한 일반적 해결책으로 제시된다. 그러나 일단 그 구별이 이루어지기만 한다면 그 입장이 널리 받아들여지는 것은 오직 그것이 첫 번째 문제가 아니라 두

권리가 없을 때, 그것을 하는 것이 잘못된 일이라는 것도 사실이고 다른 사람들이 강제로 그것을 중지시키거나 중지하도록 요구할 자격이 있다는 것 모두가 사실이다. 그렇기 때문에 우리가 그 두 결과를 부정하려고 할 때뿐만 아니라 이 결과들 가운데 하나를 부정하고자 할 때도 어떤 사람이 권리를 갖는다고 말하는 것은 자연스럽다.

번째 문제에 대한 대답으로 취급되기 때문이라는 점이 분명하다. 그 중요한 구별은 양심권이라는 혼동스런 이념에 의해서 흐려진다. 그 이념은 정치적 의무에 대한 가장 최근의 토론의 핵심에 있는 것이지만, 우리가 중요한 정치적 문제들을 보지 못하게 하는 현혹물이다. 어떤 사람이 법을 위반하는 것이 도덕적으로 잘못된 어떤 것을 하는 것인지 어떤지가 문제일 때, 그의 양심의 상태는 결정적이거나 핵심적일 것이다. 그러나 문제가 권리의 강한 의미에서 법을 위반할 권리를 갖는지 어떤지의 문제일 때는 그것이 결정적일 필요도 없고 핵심적일 필요조차 없다. 그런 의미에서 사람들은 자신의 양심이 원하는 것이면 무엇이든지 할 권리를 갖지 않으며, 그의 양심이 요구하지 않는다 하더라도 어떤 것을 할 권리를 가질 수 있다.

만일 그것이 사실이라면, 모든 사람들이 물어보고자 하는 질문들에 대한 진지한 대답은 지금까지 거의 없었다. 우리는 이런 문제들을 더 명확하게 말함으로써 새로운 출발을 할 수 있다. 미국인들은 권리의 강한 의미에서 법에 어긋나는 어떤 것을 할 권리를 갖는가? 만일 갖는다면, 언제 갖는가? 그런 방식으로 제기된 이런 문제들에 대해 대답하기 위해서, 우리는 앞에서 언급된 이념, 즉 시민들은 적어도 그들의 국가로부터 보호받을 어떤 권리를 갖는다는 이념이 함축하고 있는 것들이 무엇인지에 관해서 더 명확해지도록 노력해야 한다.

나는 미국 시민들은 그들 정부에 대립된 몇몇 기본권, 즉 미국헌법에 의해서 합법적 권리가 되는 몇몇 도덕적 권리를 갖는 것으로 간주된다고 말했다. 만일 이 이념이 의미가 있다면, 그리고 자랑할 만한 가치가 있다면, 이런 권리들은 내가 방금 기술한 강한 의미에서의 권리들이어야 한다. 시민들은 자유언론의 권리를 갖는다는 주장은 시민들이 말하는 것이 좋은 것보다는 해로운 것을 야기할 것이라고 정부가 믿을 때라도, 정부가 시민들이 말하는 것을 중단시키는 것은 잘못일 것이라는 점

368

을 함축해야 한다. 전쟁포로의 비유에 따라 말한다면, 그 주장은 정부가 시민들이 자신들의 마음을 말하는 것을 막을 권리를 보유한다 하더라도, 시민들이 그들의 마음을 말하는 것은 잘못된 것을 하는 것이 아니라는 것만 의미할 수는 없다.

이 점은 매우 중요해서, 나는 그것에 대해 따져보도록 하겠다. 물론 책임이 있는 정부는 특히 시민들의 자유를 제한할 때는 정부가 하는 어떤 것이든 정당화할 준비가 되어 있어야 한다. 그런데 보통은 자유를 제한하는 행위에 대해서도 그 행위가 철학자들이 전체의 공리라고 부르는 것을 증가시키는 것으로 계산된다는 것—즉 그 행위가 피해보다는 전체적 혜택을 더 산출할 것이라고 계산된다는 것—으로 충분히 정당화된다. 그렇기 때문에 뉴욕 시 정부가 운전자들이 렉싱톤가를 거슬러 운전하는 것을 금지하는 것에 대한 정당화가 필요하다 하더라도, 관리들이 건전한 증거에 의거해 많은 사람들이 얻는 소득이 적은 사람들이 받는 피해를 능가한다고 믿는다면, 그것으로 충분히 정당화된다. 그렇지만 자유언론의 권리같이 정부에 대한 권리를 개인적 시민들이 갖는다고 말할 때, 그것은 이런 종류의 정당화는 충분하지 않다는 것을 말하는 것이어야 한다. 그렇지 않다면 그 권리주장은 개인의 권리가 작동할 때 개인은 법의 특별한 보호를 받는다는 점을 주장하지 않게 될 것인데, 그것이 그 권리주장의 요점이다.

헌법적 권리를 포함해서 모든 법적 권리가 정부에 대한 도덕적 권리를 나타내는 것은 아니다. 지금 나는 57번가에서 어느 방향으로든 차를 몰 수 있는 법적 권리를 갖지만 만일 정부가 그 도로를 일방로로 지정하는 것이 전체의 이익이 될 것이라고 생각한다면, 그렇게 지정하더라도 잘못은 아니다. 나는 2년마다 의원선거에서 투표를 할 헌법적 권리를 갖는다. 그렇지만 연방이나 주 정부가 수정절차에 따라서 의원의 임기를 2년에서 4년으로 고친다 하더라도, 그 수정이 전체의 이익에 도움이 될 것이라는 판단에서 그렇게 한다면 잘못된 일을 하는 것은 아닐 것이다.

그러나 우리가 언론의 권리같이 기본적이라고 말하는 헌법적 권리들은 강한 의미에서 정부에 대한 권리를 나타내는 것으로 생각된다. 우리의 법체계가 시민의 기본권을 존중한다고 우리가 자랑할 때 핵심이 되는 것은 바로 그 점이다. 만일 시민들이 자유언론의 도덕적 권리를 갖는다면, 정부가 언론을 제재할 경우 다수가 더 행복해질 것이라는 생각을 하더라도 그 권리를 보장하는 제1수정조항을 폐지한다면 잘못을 저지르는 것이 될 것이다.

나는 그 점을 지나치게 과장해서는 안 된다. 시민들이 정부에 대한 권리를 갖는다고 주장하는 사람은, 국가가 그 권리를 무시하는 것이 결코 정당화되지 않는다고 말하는 것이 아니다. 예를 들면 그는 시민들이 자유언론의 권리를 갖지만 정부는 다른 사람들의 권리를 보호하기 위해서 또는 재앙을 피하기 위해서 또는 명백하고 커다란 공공의 이익을 얻기 위해서(그가 이 마지막 것을 가능한 정당화로 인정할 경우에는 문제 되는 권리를 가장 중요하거나 기본적인 권리에 포함되지 않는 것으로 취급하는 것일지라도) 필요할 때는 그 권리를 무시할 수 있다고 말할 수 있다. 그는 정부가 하나의 권리를 그 권리를 권리로 인정하지 않을 경우나 충분한 근거가 될 수 있는 최소근거(the minimal grounds)에 근거해서 그 권리를 무시하는 것이 정당하다고 말할 수는 없다. 그는 정부가 전체적으로 공동체에 혜택을 산출할 가능성이 있다는 정도의 판단에 근거해 조치를 취할 자격이 있다고 말할 수 없다. 그것을 받아들이게 되면 권리에 대한 그의 주장은 의미 없는 것이 될 것이고, 그의 주장에 그 주장이 보통 갖고 있는 것으로 간주되는 정치적 중요성을 부여하기 위해서 필요한 강한 의미가 아닌 다른 어떤 의미로 "권리"를 사용하고 있음을 보여주게 될 것이다.

그러나 그럴 경우 불복종에 관한 이 두 문제에 대한 우리의 대답은 통속적인 것은 아니지만 명백한 것처럼 보인다. 우리 사회에서 사람들은 때때로 강한 의미에서 법에 복종하지 않을 권리를 갖는다. 그들은 법이 정부에 대한 그들의 권리를 잘못 침해할 때마다 그 권리를 갖는다. 즉, 만일 그들이 자유언론의 권리를 갖는다면, 그들은 정부가 그들의 권리 때문에 채택할 권리가 없었던 어떤 법이든지 위반할 수 있는 도덕적 권리를 갖는다. 법에 복종하지 않을 권리는 정부에 대립된 다른 권리에 추가되는 권리, 즉 양심과 관계 있는 별도의 권리가 아니다. 그것은 정부에 대한 이런 권리가 갖는 단순한 하나의 특징일 뿐이며, 그런 어떤 권리가 존재한다는 것을 부정하지 않고서는 원칙적으로 부정될 수 없다.

이런 대답들은 일단 우리가 정부에 대한 권리들을 내가 기술한 강한 의미에서의 권리로 간주할 때 분명하게 생각된다. 만일 정치적 문제에 대해서 나의 생각을 말할 권리를 내가 갖는다면, 정부가 내가 그렇게 하는 것을 불법화시키는 것이 전체의 이익이 된다고 생각하더라도, 정부가 그렇게 하는 것은 잘못된 것이다. 그런데도 만일 정부가 나의 행위를 불법화한 다음 그 법을 나에게 집행한다면, 그것은 또 다른 잘못을 저지르는 것이다. 정부에 대한 나의 권리는 정부가 내가 말하지 못하게 하는 것이 잘못된 것임을 의미한다. 정부는 단순히 첫 번째 단계를 취함으로써 내가 말하지 못하게 하는 것을 옳은 것으로 만들 수는 없다.

물론 이것은 사람들이 정부에 대한 어떤 권리를 갖는지를 정확하게 말해주지는 않는다. 그것은 자유언론의 권리가 시위권을 포함하는지 어떤지를 말해주지 않는다. 그러나 그것은 법을 제정하는 것이 인간이 갖는 그와 같은 권리에 영향을 줄 수 없음을 의미한다. 그 의미는 대단히 중요한데, 왜냐하면 시민불복종이 문제가 될 때 개인이 자신의 개인적 결정에 대해서 취할 자격이 있는 태도를 규정하기 때문이다.

보수주의자와 자유주의자 모두 일반적으로 준수한(decent) 사회에서는 누구나 어떤 법이든 간에 그 법에 복종할 의무를 갖는다고 생각한다. 그것이 통속적 입장에서 "일반적 의무"조항의 근원이며, 자유주의자들은 이 의무가 때때로 "무시"될 수 있다고 믿지만 그들조차도 통속적 입장이 주장하듯이 복종의무가 어떤 잠복된 형태로 남아 있기 때문에 사람들은 그 의무를 인정하고 처벌을 받아들이는 것이 좋다고 생각한다. 그러나 이 일반적 의무는 권리를 인정하는 사회에서는 거의 비정합적이다. 어떤 사람이 자신이 시위권을 갖는다고 믿는다면, 그때 그는 정부가 그를 막는 것이 법에 이득이 되든 안 되든 잘못일 것이라고 믿어야 한다. 만일 그가 그것을 믿을 자격이 있다면, 그 법 자체에 복종할 의무에 관해, 또는 국가가 부여할 아무런 권리도 없는 처벌을 받아들일 의무에 관해 이야기하는 것은 어리석다.

보수주의자들은 내가 이렇게 그들의 주장을 간단하게 처리하는 것에 대해 동의하지 않을 것이다. 그들은 정부가 언론을 제한하는 법과 같은 어떤 법을 잘못 채택했다 하더라도, 정부가 일단 채택된 법을 강요하는 것에는 정당한 독립적 근거가 있다고 주장할 것이다. 법이 시위를 금지할 때는 개인의 말할 권리보다 더 중요한 어떤 원칙, 즉 법존중의 원칙이 이용된다고 그들은 말한다. 나쁜 법이라 하더라도 만일 법이 집행되지 않은 채 방치된다면, 그때는 법에 대한 존중이 약화되어 사회 전체가 고통을 겪는다. 그래서 말이 범죄가 될 때 개인은 그 말을 할 수 있는 도덕적 권리를 상실하는 것이고, 정부는 공동선과 전체의 이익을 위해 그에게 법을 강요해야 한다.

그러나 이러한 논변은 인기가 있기는 하지만, 우리가 개인이 국가에 대한 권리를 갖는다고 말하는 것이 무엇을 뜻하는지를 잊을 때만 그럴법한 논변이 된다. 시민불복종이 법에 대한 존중을 저하시킨다는 것은 분명하지 않으며, 설사 우리가 그렇다고 가정하더라도 그 사실은 중요하지 않다. 공리주의적 이득의 전망은 어떤 사람이 그가 할 권리를 가진 바를 행하는 것을 막는 것을 정당화할 수 없는데, 법존중에서 가정된 이득은 단순히 공리주의적 이득일 뿐이다. 만일 개인의 권리를 존중할 때 어떤 희생이 수반되지 않는다면, 우리가 그 권리를 존중한다고 자랑하는 것은 의미가 없다. 여기에서 문제 되는 희생은 다음을 의미하는 것이다. 즉, 그 권리가 불이익이 된다는 것이 판명될 때 국가가 그 권리를 무시함으로써 얻을 수 있는 한계이익이 어떤 것이든지 간에 그 이익을 포기해야 한다는 것이다. 그렇기 때문에 문제 되는 전체의 이익이 법에 대한 존중의 고양이라 하더라도 그 이익은 권리들을 축소시킬 수 있는 좋은 근거일 수 없다.

그러나 법의 존중에 관한 논변이 오직 전체의 공리에 호소해서만 이루어진다고 내가 가정한다면, 아마도 그것은 잘못일 것이다. 나는 국가가 다른 근거들에 의해서 권리를 무시하거나 제한하는 것이 정당할 수 있다고 말했다. 우리는 보수주의적 입장을 거부하기 전에 그 근거들 가운데 어떤 것이 적용될 수 있는가에 대해서 물어봐야 한다. 이런 다른 근거들 가운데서 가장 중요한 것—그리고 가장 잘 이해되지 못하는 것—은 **경쟁권리**라는 개념인데, 그 권리는 문제 되는 권리가 제한되지 않을 경우에는 위험에 빠지게 되는 권리이다. 시민들은 국가의 간섭으로부터 자유로울 수 있는 개인의 권리뿐만 아니라 국가의 보호를 받을 개인의 권리를 가지며, 정부가 이 두 종류의 권리들 가운데 선택해야 한다는 것은 필연적일 수 있다. 예를 들면 명예훼손에 관한 법은 어떤 사람이 자기가 생각한 것을 말할 수 있는 개인의 권리를 제한한다. 왜냐하면 그것은 그에게 그가 말하는 것에 대해 좋은 근거를 가질 것을 요구하기 때문이다. 그러나 이 법은 그 법이 개인의 권리를 침해한다고 생각하는 그 사람들에게조차도 다음과 같은 사실, 즉 그것이 부주의한 발언에 의해서 명예손상을 입지 않을 다른 사람들의 권리를 보호해준다는 사실에 의해서 정당화된다.

우리 사회가 인정하는 개인의 권리들은 자주 이런 방식으로 충돌하며, 그것들이 충돌할 때 그것들을 분간하는 것이 정부의 일이다. 만일 정부가 올바른 선택을 하고 덜 중요한 것을 대가로 더 중요한 것을 보호한다면, 정부는 권리의 개념을 약화시키거나 경시한 것이 아니다. 그와는 반대로 만일 정부가 그 둘 가운데 더 중요한 것을 보호하는 것에 실패했다면, 그렇게 한 것이 될 것이다. 그렇기 때문에 우리는 만일 어떤 경쟁권리가 더 중요하다는 정부의 믿음이 그럴 법하다면, 정부는 권리들을 제한하는 것에 대한 근거를 갖는다는 것을 인정해야 한다.

보수주의자는 이 사실을 이용할 것인가? 그는 내가 그의 논변이 전체의 이익에 호소하는 논변이라고 특징지은 것이 잘못이라고 주장할 수 있다. 왜냐하면 그 논변은 그것 대신에 경쟁권리, 즉 법이 집행되어야 하는 다수의 권리 또는 사회가 원하는 정도의 질서와 안전을 유지할 권리에 호소하기 때문이라는 것이다. 그는 이 권리는 잘못된 법률이 금지하는 것을 할 개인의 권리보다 더 중시되어야 한다고 말할 것이다.

그러나 이 새 논변은 무엇인가를 혼동한 것이다. 왜냐하면 그것은 권리라는 말의 또 다른 애매성에 의존하기 때문이다. 우리가 사회가 원하는 것을 할 사회의 "권리"에 대해서 말하는 것은 사실이지만, 그것은 정부에 대한 권리를 침해하는 것을 정당화할 수 있는 종류의 "경쟁권리"일 수는 없다. 만일 정부가 민주적 다수가 자기의지대로 작동할 권리에 호소함으로써 정부에 대한 권리를 무효화할 수 있다면, 그런 권리의 존재는 위험에 처할 것이다. 정부에 대한 권리는 어떤 것을 하는 것을 다수가 잘못이라고 생각할 때라도, 그리고 그것을 함으로써 다수가 더 불행해진다 하더라도 그것을 할 권리여야 한다. 만일 지금 우리가 사회는 전체의 이익이 되는 것은 무엇이든지 할 수 있는 권리 또는 다수가 그 안에서 살기 원하는 종류의 환경을 보존할 권리를 갖는다고 말하고, 이 권리들이 그것들과 충돌할 수 있는 정부에 대한 모든 권리를 무시하는 것에 정당화를 제공하는 권리의 일종이라는 것을 의미한다면, 우리는 정부에 대한 권리를 무효화시킨 것이다.

그 권리를 구하기 위해서는 우리는 그 사회의 다른 구성원들이 개인으로서 갖는 권리만 경쟁권리로 인정해야 한다. 우리는 개인의 권리를 무시하는 것을 정당화하는 것으로 볼 수 없는 다수의 "권리"와 다수에 포함되는 사람들의 개인적 권리를 구별해야 한다. 우리가 사용해야 하는 기준은 이런 것이다. 만일 어떤 사람이 개인으로서 정부에 보호를 요구할 때 그의 동료 다수가 함께 요구하든지 어떤지 관계없이 자기 자신의 자격으로 그 보호를 요구할 자격이 있다면, 그는 행위할 개인의 권리에 불리하게 작용할 수밖에 없는 보호에 대한 경쟁권리를 갖는다.

이 기준에 따르면, 어떤 사람이든지 국가의 모든 법이 집행되어야 할 권리를 갖는다는 것은 사실일 수 없다. 그가 집행되어야 할 권리를 갖는 법은 예를 들면, 그 법이 법이 아니었다고 하더라도 그것이 제정되는 것에 대한 권리를 그가 갖는 그러한 형법들뿐이다. 폭행으로부터 보호해주는 법은 이런 부류의 법에 속할 것이다. 육체적으로 취약한 공동체의 구성원들—신체적 폭행으로부터 경찰의 보호를 필요로 하는 자들—이 몇 안 되는 소수라 하더라도, 여전히 그들이 그 보호를 받아야 할 자격이 있다고 말하는 것은 그럴 법한 것처럼 보인다. 그러나 공공 장소에서 특정한 수준의 정숙을 규정하는 법 또는 외국과의 전쟁을 인가하고 재정을 부담하는 법은 개인의 권리에 의존하는 것으로 생각할 수 없다. 시카고의 길거리를 지나는 겁 많은 숙녀에게 현재 유지되는 정숙의 정도에 대한 권리는 없으며, 또한 그녀가 승인한 전쟁에서 징집된 소년들이 싸우는 것에 대한 권리가 있는 것도 아니다. 그녀에게 이런 이익을 제공해주는 법들—아마도 바람직한 법들일 것이다—이 있지만, 이런 법들이 만일 정당화될 수 있다면 그것을 정당화해주는 것은 그녀의 개인적 권리가 아니라 다수의 공동욕구이다. 그렇기 때문에 만일 이 법들이 다른 어떤 사람의 시위를 할 도덕적 권리나 개인적 안전의 권리를 축소시킨다면, 그녀는 그 축소를 정당화시킬 경쟁권리를 요구할 수 없다. 그녀는 그런 법들이 통과되는 것에 대한 개인의 권리를 갖고 있지 않다. 그리고 그녀는 그런 법들이 집행되는 것에 대한 경쟁권리도 갖지 않는다.

그렇기 때문에 보수주의자는 경쟁권리의 근거로 자신의 논변을 제시할 수 없고 다른 근거를 사용해야 한다. 그는 정부는 긴급사태에서, 또는 매우 커다란 손실을 막을 수 있을 때, 또는 아마도 어떤 커다란 혜택이 명백하게 확보될 수 있을 때 시민들의 개인의 권리를 축소시키는 것이 정당화될 수 있다고 주장할 수 있다. 만일 국가가 전쟁상태에 있다면, 검열정책은 어떤 사람이 정치적 논쟁이 되고 있는 문제들에 대해서 생각한 것을 말할 권리를 침범하더라도 정당화될 수 있을 것이다. 그러나 그 긴급사태는 진정한 것이어야 한다. 홈스가 명백하고 현재하는 위험이라고 기술한 것이 있어야 하며, 그 위험은 매우 커다란 것이어야 한다.

보수주의자는 잘못된 법이라 하더라도 어떤 법이 통과된다면 그것을 집행하는 것에 대한 이런 종류의 정당화가 가능하다고 주장할 수 있는가? 그의 논변은 아래와 같은 종류의 것일 수 있다. 만일 정부가 일단 어떤 법이 잘못일 수 있다는 것—즉, 중요한 권리들을 사실상 축소시키는 그 법을 입법부가 채택하고, 행정부가 승인하고, 법원은 그대로 두었을 수 있다는 것—을 인정한다면, 그 점을 인정한 것은 단순히 법의 존중에서 한계적(marginal) 쇠퇴로 귀결될 뿐만 아니라 질서위기까지 초래할 수 있다. 시민들은 그들이 개인적으로 승인하는 법에만 복종하는 것을 결정할 수 있을 것인데, 그렇게 되면 그것은 무정부 상태이다. 따라서 정부는 어떤 법이 통과되고 법원에 의해서 지지되기 전에 시민들의 권리가 어떤 것이든지 그 이후에는 그들의 권리는 그 법에 의해서 정해진다고 주장해야 한다.

그러나 이 논변은 발생할지도 모르는 것과 발생하게 될 것 사이의 원초적 구별을 무시한다. 만일 우리가 긴급사태나 결정적 이익에 대한 추측이 정당화에 기여하는 것을 허용한다면, 다시 우리는 권리를 없앤 것이다. 핸드가 말했듯이, 어떤 악이 그 악에 도달할 가능성으로 위협하는 경우 우리는 그 악의 중요성을 무시해야 한다. 나는 어떤 시민불복종을 불복자의 도덕적 입장을 존중해서 용인하는 것이, 범죄 일반은 물론이고 그런 불복종을 증가시킬 것이라는 것에 대한 진정한 어떤 증거도 알지 못한다. 그것이 불복종을 증가시킬 것이라는 주장은 일상적 범죄의 전염에 관한 모호한 가정들에 근거해야만 하는데, 그 가정들은 그것 자체로서는 증명되지 않은 것이고, 그것들은 어느 경우이든 대체로 관련이 없다. 불복종을 용인하는 것이 관리들과 그들이 선포한 법에 대한 존경을 증가시키거나 적어도 증가하는 경멸의 속도를 늦출 것이라고 주장하는 것은 적어도 그럴 법한 것처럼 보인다.

만일 문제 되는 것이 단순히 공동체가 엄격한 법집행 아래서 한계적으로 더 나아질 것인지 어떤지에 관한 문제라면, 정부는 우리가 가진 증거를 근거로 결정을 해야 할 것이며, 손익계산에 근거해서 공동체가 더 나아질 것이라고 결정하는 것은 합당할 수 있다. 그러나 권리가 달려 있기 때문에 그 문제는 불복종을 용인하는 것이 공동체를 파괴할 것인가 또는 커다란 피해를 줄 것인가라는 다른 문제이며, 그럴 가능성이 있거나 그렇다고 생각할 수 있는 증거가 있다고 가정하는 것은 내 생각엔 어리석다.

긴급사태에 근거한 논변도 또한 다른 방식으로 혼란스러운 것이다. 그것은 정부가 시민은 결코 법을 위반할 권리를 갖지 않는다는 입장을 취해야 하거나 아니면 그 권리를 항상 갖는다는 입장을 취해야 한다고 가정한다. 나는 권리를 인정한다고 주장하는 모든 사회는 그 어느 경우에서나 성립하는 법에 복종할 일반적 의무라는 개념을 버려야 한다고 말했다. 이것은 중요하다. 왜냐하면 그것은 시민의 권리주장에 대처하는 지름길은 없다는 것을 보여주는 것이기 때문이다. 만일 어떤 시민이 그가 군대에 복무하지 않을 도덕적 권리를 갖는다고 주장하거나 자신이 효과적이라고 생각한 방식으로 항의할 도덕적 권리를 갖는다고 주장한다면, 단순히 그를 협박해 복종하게 하지 않고 그에게 답변하기를 원하는 관리는 그가 제시하는 특정한 논점에 대답해야 하며, 징병법이나 대법원의 판결은 결정적인 것으로 제시할 수 없는 것은 말할 것도 없고 특별한 무게를 갖고 있는 것으로도 제시할 수 없다. 그 시민의 도덕적 논변을 진실하게 고려하는 관리는 때때로 그 시민의 주장이 그럴 법하다거나 심지어 옳다고 설득될 것이다. 그렇지만 그가 항상 설득될 것이라거나 항상 설득되어야 한다는 결론이 나오는 것은 아니다.

나는 모든 이런 명제들은 강한 의미의 권리와 관계된다는 것과 그렇기 때문에 그 명제들은 옳은 행위에 대한 중요한 문제는 열린 것으로 내버려둔다는 점을 강조해야 하겠다. 만일 어떤 사람이 법을 위반할 권리를 갖는다고 믿는다면, 그는 그 권리를 행사하는 것이 옳은 것인지 어떤지를 물어보아야 한다. 그는 합리적인 사람들도 그가 갖는다고 생각하는 정부에 대한 권리를 갖는지, 그리고 그렇기 때문에 법을 위반할 권리를 갖는지 어떤지에 관해서 의견이 다를 수 있다는 것, 그리고 그렇기 때문에 합리적인 사람들도 진실하게 그에게 반대할 수 있다는 것을 유념해야 한다. 그는 그의 행위가 가져올 다양한 결과를 고려해야 한다. 즉, 그 행위가 폭력을 포함하는지 어떤지, 그리고 그가 그런 행위를 할 때의 상황에서 중요한 다른 고려사항들을 고려해야 한다. 그는 그가 진실하게 주장할 수 있는 권리들을 넘어서 다른 사람들의 권리를 침해하는 행동을 해서는 안 된다.

다른 한편으로 만일 검사 같은 어떤 관리가 시민은 법을 위반할 권리를 가지지 않는다고 믿는다면, 그는 그가 그 법을 집행하는 것이 옳은 일인지 어떤지를 물어보아야 한다. 제8장에서 나는 우리 법체계의 몇몇 특징들, 그 가운데서도 특히 우리 헌법에서의 도덕적 문제와 법적 문제의 결합은 시민들이 법을 위반할 도덕적 권리라고 그들이 생각한 것을 행사할 때 종종 옳은 일을 한다는 것과 검사들은 그들을 처벌하지 않을 때 종종 옳은 일을 한다는 것을 의미한다고 주장할 것이다. 나는 그 논거들을 여기에서 미리 제시하지 않을 것이다. 그 대신 나는 정부는 시민의 권리들을 진정으로 인정해야 한다는 요구가 그 권리들이 무엇인가의 문제와 어떤 관계가 있는지를 묻고 싶다.

3. 논란이 되는 권리들

지금까지의 논변은 가설적이었다. 즉, 만일 어떤 사람이 정부에 대한 특정한 도덕적 권리를 갖는다면, 그 권리는 불리한 입법이나 판결에 의해서 없어지지 않는다는 것이다. 그것은 우리에게 그가 어떤 권리들을 갖는지를 말해주지 않으며, 합리적인 사람들이라도 그것에 관해서 동일한 의견을 갖지 않는다는 것은 주지의 사실이다. 몇몇의 명확한 사안에 대해서는 폭넓은 동의가 존재한다. 예를 들면 권리를 믿는 사람들은 거의 모두가, 사람들은 정치적으로 문제가 되는 사안에 대해서 자극적이지 않은 방식으로 자신의 생각을 말할 도덕적 권리를 가지며, 그 권리는 그것을 보호하기 위해서 국가가 커다란 고통을 감수해야 하는 중요한 권리라는 것을 인정한다. 그러나 그런 대표적인 권리의 한계에 대해서는 많은 논쟁이 있으며, 이른바 60년대 있었던 유명한 시카고 7인(Chicago Seven) 재판에서 문제가 된 "폭동금지(anti-riot)" 법이 그 경우 가운데 하나이다.

피고들은 폭동을 야기하려는 의도를 갖고 주의 경계선을 넘으려 했다는 이유로 기소되었다. 이 고소는 모호하지만—아마도 위헌적으로 모호할 것이다—정치적 평등을 확보하기 위한 폭력은 정당화된다고 주장하는 감정적 연설을 법은 범죄로 규정하는 것처럼 보인다. 자유언론의 권리가 이런 종류의 연설을 보호해주는가? 물론 그것은 법적인 문제이다. 왜냐하면 미국헌법의 제1수정조항의 자유언론 조항을 끌어들이기 때문이다. 그렇지만 그것은 또한 도덕적 문제이기도 하다. 왜냐하면 내가 말했던 것처럼 우리는 제1수정조항을 도덕적 권리를 보호하기 위한 시도로 취급해야 하기 때문이다. 제정법과 사법적 판결을 통해서 도덕적 권리들을 "정의하는" 것, 즉 도덕적 권리들이 법 안에서 갖는 것으로 간주되는 범위를 공식적으로 선언하는 것은 통치행위의 한 부분이다. 의회는 폭동금지법에 대해 투표하면서 이 과업을 수행한 것이고, 대법원은 무수히 많은 사안들 속에서 그것을 수행해왔다. 그러면 정부의 다양한 부서들이 도덕적 권리를 어떻게 정의하려 해야 하는가?

　그들은 그들이 결정한 것이 어떤 것이든 잘못될 수도 있다는 판단과 함께 시작해야 한다. 그들은 자신들이 옳다고 생각했지만 역사와 그들의 후손들은 그들이 부정하게 행위했다고 심판할 수 있다. 만일 그들이 의무를 진지하게 받아들인다면, 그들은 그들의 실수를 억제하기 위해 노력해야 하고, 그렇기 때문에 그들은 어느 곳에 실수의 위험이 있는지를 발견하도록 노력해야 한다.

　그들은 이 목적을 위해서 두 개의 매우 다른 모델들 가운데 하나를 선택할 수 있다. 첫 번째 모델은 개인의 권리와 전체 사회의 요구들 사이에서 균형을 유지할 것을 추천한다. 만일 정부가 도덕적 권리를 침해한다면(예를 들면 자유언론의 권리를 정의가 요구하는 것보다 더 협소하게 정의함으로써), 정부는 개인에게 잘못을 저지른 것이다. 다른 한편으로 만일 정부가 권리를 **부풀린**다면(그 권리를 정의가 요구하는 것보다 더 넓게 정의함으로써), 정부는 사회에게서 안전한 거리와 같은 어떤 전체의 이익, 즉 사회가 갖지 않아야 할 이유가 없는 그런 이익을 빼앗게 된다. 한쪽에서의 실수는 다른 쪽에서의 실수만큼이나 심각한 것이다. 정부가 취해야 할 길은 각각에게 적당한 것을 주면서 중간을 향해가는 것, 전체의 이익과 개인적 권리의 균형을 맞추는 것이다.

첫 번째 모델에 따르면, 정부나 정부의 부서가 권리를 정의할 때, 다양한 제안들의 사회적 비용을 염두에 두고 필요한 조정을 해야 한다. 예를 들면 정부는 정숙한 정치토론에 부여하는 것과 동일한 만큼의 자유를 시끄러운 시위에게 부여해서는 안 된다. 왜냐하면 후자는 전자보다 훨씬 더 많은 문제를 야기하기 때문이다. 일단 정부가 어떤 권리를 얼마나 많이 인정해야 하는가를 결정했다면, 정부는 그 결정을 충분히 집행해야 한다. 그것이 의미하는 것은 다음과 같다. 즉, 개인이 정부가 정의해준 자신의 권리 안에서 행위하는 것은 허용하지만 그 이상은 허용하지 않아서, 누구든 법을 위반할 경우에는 그것이 양심에 근거한 것이라 하더라도 그는 처벌되어야 한다는 것이다. 틀림없이 모든 정부는 실수를 할 것이고, 일단 이루어진 결정을 후회할 것이다. 그것은 불가피하다. 그러나 이 중간정책은 장기적으로는 한쪽에서의 실수가 다른 쪽에서의 실수와 균형을 이루게 되는 것을 보장할 것이다.

이런 방식으로 기술되는 첫 번째 모델은 매우 그럴 법하며 내 생각에 대부분의 보통사람들과 법률가들은 그것을 환영할 것이다. 공공의 이익을 개인적 요구에 맞추어 균형을 잡는다는 비유는 우리의 정치적 수사법과 사법적 수사법 안에서 확립된 것이며, 이 비유는 그 모델을 우리에게 친숙하게 하고 또 호소력 있게 한다. 그런데도 첫 번째 모델은 중요하다고 일반적으로 생각되는 권리의 경우에는 잘못된 것인데, 그 잘못의 핵심에 있는 것이 그 비유이다.

정부에 대한 권리라는 제도는 신의 선물이나 고대로부터 내려오는 제례나 국가적 스포츠가 아니다. 그것은 전체의 이익을 확보하고자 하는 정부의 일을 더욱 어렵고 비용이 많이 들게 만드는 복잡하고 문제가 많은 관행이며, 만일 그것이 어떤 목적에 기여하지 않는다면 그것은 경박하고 잘못된 관행일 것이다. 권리를 진지하게 받아들인다고 공언하는 사람은 누구든지, 그리고 우리의 정부가 권리를 존중한다는 이유에서 정부를 칭찬하는 사람은 누구든지 그것의 목적이 무엇인가에 대한 어떤 판단을 지녀야 한다. 그는 최소한 두 가지 중요한 이념 가운데 하나 또는 두 가지 모두를 받아들여야 한다. 첫 번째는 인간의 존엄성에 대한 모호하지만 강력한 이념이다. 칸트와 관련이 있으면서 다양한 학파의 철학자들에 의해서 옹호되고 있는 이 이념은 어떤 사람을 대우하는 방식들 중에는 그를 인간공동체의 온전한 구성원으로 인정하는 것과 일치하지 않는 방식이 있다고 가정하며, 그런 대우는 심각한 부정이라고 주장한다.

두 번째 이념은 정치적 평등이라는 더 익숙한 이념이다. 이 이념이 주장하는 바는 정치공동체의 구성원들 중에서 약자들은 그들보다 더 강한 구성원들이 스스로를 위해서 확보한 것과 동일한 정도의 정부의 배려와 존중을 받을 자격이 있다는 것이다. 이 때문에 만일 어떤 사람들이 전체의 이익에 어떤 영향을 미치든지 간에 결정의 자유를 갖는다면, 모든 사람들이 그와 동일한 자유를 가져야 한다는 것이다. 나는 여기에서 이런 생각들을 변호하거나 정교화하고 싶지는 않고, 오직 시민들이 권리를 갖는다고 주장하는 사람은 누구든지 이런 이념들과 매우 유사한 이념을 받아들여야 한다는 것만 주장하고자 할 뿐이다.[3]

---

3) 그 사람들이 이런 이념들을 공리적인(axiomatic) 것으로 생각할 필요는 없다. 그들은 존엄성이나 평등이 중요한 가치라고 주장하는 것에 대한 이유를 가질 수 있으며, 이런 이유들은 공리주의적일 수 있다. 예를 들면, 그는 우리가 불명예나 불평등을 매우 커다란 부정이라고 취급하고 전체의 이익에 관한 우리의

만일 자유로운 언론 같은 권리가 어떤 사람의 존엄성이나 평등한 배려나 존중을 받을 자격이 있는 지위나 그런 결과를 갖는 어떤 다른 가치를 보호하기 위해서 필요하다면, 그 사람은 강한 의미에서 정부에 대한 그런 기본적 권리를 갖는다고 말하는 것은 의미가 있다. 그렇지만 그렇지 않은 경우에는 의미가 없다.

그렇기 때문에 만일 권리가 의미가 있다면, 상대적으로 중요한 권리에 대한 침해는 매우 심각한 것일 수밖에 없다. 그것이 의미하는 것은 어떤 사람을 다른 어떤 사람보다 더 못한 사람으로 또는 배려의 가치가 더 적은 사람으로 대우하는 것이다. 권리의 제도는 이것이 심각한 부정이며, 그것을 막기 위해서는 사회적 정책이나 효율성에서 증가하는 비용을 지불할 가치가 있다는 신념에 의존한다. 그런데 그럴 경우, 권리를 부풀리는 것이 권리를 침해하는 것과 마찬가지로 심각한 부정이라고 말하는 것은 잘못이다. 만일 정부가 개인에게 유리한 면으로 실수한다면, 그것은 사회적 효율성에서 정부가 지불해야 할 것보다 단순히 조금 더 지불하는 것이다. 즉, 소비되어야 한다고 정부가 이미 결정한 바로 그 통화(coin)를 조금 더 지불하는 것이다. 그렇지만 만일 정부가 개인에 불리한 면으로 실수한다면, 그것은 그에게 모욕을 가하는 것으로서 그 모욕을 피하는 것은 그것 자신의 계산에 근거할 때 그 통화의 매우 많은 양만큼의 가치가 있는 것이다.

그렇기 때문에 첫 번째 모델은 변호가 불가능하다. 사실상 그것은 내가 앞에서 논의한 실수, 즉 사회의 권리와 사회구성원들의 권리를 혼동

___

의견들이 결코 그것들을 정당화하는 것을 허용하지 않을 때만, 궁극적으로 전체의 이익이 증진될 것이라고 믿을 수 있다. 나는 이런 종류의 "제도적" 공리주의를 지지하거나 반대하는 어떤 좋은 논변도 알지 못하지만, 그것은 나의 주장의 요점과 일치한다. 왜냐하면 그것은 보통의 공리주의적 정당화가 미치는 범위를 넘어서 존엄성과 평등에 대한 침해를 특별한 도덕적 범죄로 우리가 취급해야 한다고 주장하기 때문이다.

한 것에 근거한다. 정부가 경쟁하는 권리들의 주장들 사이에서——예를 들면 남부인의 결사의 자유와 평등한 교육에 대한 흑인의 주장 사이에서——선택해야 할 때는 "균형 찾기"(balancing)가 적절하다. 그때 정부는 경쟁하는 주장들의 장점을 계산하고 그 계산에 따라서 행위하는 것 이외에는 할 수 있는 것이 없다. 첫 번째 모델은 다수의 "권리"가 이런 방식으로 균형이 맞춰져야 하는 경쟁권리라고 가정한다. 그러나 내가 앞에서 주장한 것처럼 그것은 개인의 권리의 개념을 파괴하게 될 하나의 혼동이다. 개인에게 걸려 있는 것이 가장 큰 것인 영역, 즉 형사소송 절차의 영역에서는 첫 번째 모델이 거부된다는 점은 주목할 가치가 있다. 우리는 죄없는 사람이 처벌받는 것보다는 죄가 있는 많은 사람들이 처벌받지 않는 것이 더 좋다고 말하는데, 그런 준칙은 정부가 두 번째 모델을 선택하는 것에 의존한다.

두 번째 모델은 권리를 축소시키는 것을 권리를 부풀리는 것보다 훨씬 더 심각한 것으로 판단하며, 그것이 추천하는 것은 바로 그 판단으로부터 따라 나온다. 그것은 일단 어떤 권리가 명확한 사안들에서 인정된다면 정부가 그 권리를 무시하기 위해서 행위할 수 있는 것은 오직 어떤 경쟁근거, 즉 그 권리가 근거해 있어야 하는 가정들과 일치하는 다른 어떤 불가피한 이유가 제시될 때뿐이라고 규정한다. 일단 하나의 권리가 인정된 경우에는 사회가 그 권리를 연장하기 위해서 더 많은 비용을 지불할 것이라는 것만으로는 그 권리를 무시하는 것에 대한 논변이 되지 못한다. 그 더 이상의 비용에서 어떤 특별한 것이 있어야 하거나 그 경우의 어떤 다른 특징이 있어야 하는데, 그것은 원래의 권리를 보호하기 위해서는 커다란 사회적 비용을 써도 무방하다 하더라도, 이 경우에 요구되는 특별한 비용은 쓸 필요가 없다고 말하는 것을 의미 있는 것으로 만드는 그런 특징이어야 한다. 그렇지 않을 경우에, 정부가 그 권리를 연장하지 못한 것은 정부가 원래의 경우에 그 권리를 인정한 것이 거짓인정에 지나지 않는다는 것을 보여줄 것이고, 오직 그 권리가 불편한 것이 되기 전까지만 지키고자 하는 약속이라는 것을 보여줄 것이다.

하나의 권리에 대한 시초의 인정을 취소하지 않으면서 어떤 특별한 비용을 지불할 가치는 없다는 것을 어떻게 보여줄 수 있는가? 특정한 권리의 정의를 한정하기 위해서 모순 없이 사용될 수 있는 근거로는 세 가지 종류만 생각할 수 있다. 첫째, 정부는 원래의 권리에 의해서 보호되는 가치들이 그 경계사안(marginal case)에서는 문제 되지 않거나 어떤 약화된 형태로만 문제가 된다는 것을 보여줄 수 있다. 둘째, 만일 권리가 그 경계사안을 포함하도록 정의된다면, 내가 앞에서 기술한 바 있는 강한 의미에서의 어떤 경쟁권리가 축소될 것이라는 점을 보여줄 수 있다. 셋째, 만일 그 권리가 그렇게 정의된다면, 사회에 끼치는 비용이 단순히 증가한 것이 아니라 원래의 권리를 허용하기 위해서 치러지는 비용을 훨씬 넘어서는 정도, 즉 존엄성이나 평등에 대한 그 어떤 침해가 이루어지든 그 침해를 정당화하기에 충분히 큰 정도의 비용이 될 것이라는 것을 보여줄 수 있다.

이런 근거들을 헌법적 문제 속에 있는 일군의 문제들로서 대법원이 다루는 문제들에 적용하는 것은 매우 쉽다. 징병법은 양심적 거부자들에게 면제를 허용하는데, 징병위원회의 해석에 따르면 그 면제는 종교적 이유에 의해서 모든 전쟁에 반대하는 사람들로 한정되어왔다. 만일 우리가 그 면제가 개인은 자신의 원칙에 따라서 살인하지 않을 도덕적 권리를 갖는다는 근거에서 정당화된다고 가정한다면, 도덕이 종교에 근거해 있지 않은 사람이나 전쟁의 정당성을 판정하기에 충분히 복잡한 도덕을 갖고 있는 사람을 배제하는 것이 적절한지 어떤지의 문제가 제기된다. 대법원은 헌법적 문제의 관점에서 징병위원회가 전자를 면제하지 않는 것은 잘못이지만 후자를 면제하지 않을 권한은 있다고 주장했다.

내가 열거한 앞의 세 가지 근거들 중에서 어떤 것도 정치도덕의 문제로서 이런 면제의 불허를 정당화할 수 없다. 살인은 부도덕하다고 믿는 사람이 살인하도록 강요당할 때, 인격의 침해는 그 믿음이 세속적인 근거에 의한 것일 때도 그 믿음이 종교에 근거할 때나 마찬가지로 크다. 또한 전쟁들이 도덕적으로 중요한 방식으로 차이가 있다는 것을 감안하더라도 마찬가지이며, 경쟁권리나 국가적 긴급사태라는 것도 차별해야 할 근거가 되지 못한다. 물론 사안들 사이에서의 차이는 있지만, 그 차이들이 그 구별을 정당화하기에는 충분하지 않다. 원칙상 세속적인 정부는 비종교적 도덕보다 종교적인 도덕을 더 우대할 수 없다. 종교적이거나 보편적인 근거로 예외를 제한하는 것을 지지하는 공리주의적 논거들은 있다. 그런 예외는 매우 한정되어 있어서 관리하는 데 그 비용이 덜 들어갈 것이며, 성실한 지원자와 불성실한 지원자를 구별하기가 더 쉬울 것이다. 그러나 이런 공리주의적 근거들은 관련이 없다. 왜냐하면 그것들은 권리를 제한하는 근거로 간주될 수 없기 때문이다.

그러면 시카고 재판에 적용된 것 같은 폭동금지법은 어떠한가? 그 법은 제1수정조항에 의해서 보호되는 것으로 가정되는 자유로운 언론의 권리를 부적절하게 제한하는가? 만일 우리가 정부의 첫 번째 모델을 이 문제에 적용시킨다면, 폭동금지법을 지지하는 논거는 강해 보일 것이다. 그러나 만일 우리가 균형 맞추기에 관한 말을 부적당한 것으로 무시하고 권리를 제한하기 위한 적절한 근거를 생각한다면, 그 논거는 상당한 정도로 약해진다. 원래의 자유언론의 권리는 어떤 사람이 자기가 진지하게 믿는 것, 특히 그가 통치를 받는 방식에 영향을 미치는 문제에 대해서 자신이 믿는 것을 표현하는 것을 막는 것은 인격의 모독이라고 가정해야 한다. 그가 갖고 있는 정치도덕의 원칙들을 부당하게 위반한 것이라고 생각한 것에 맞서서 그 원칙들을 그가 매우 열정적으로 표현하는 것을 중지당할 때, 그 모독은 더 작은 것이 아니라 더 큰 것이 된다.

폭동금지법은 그가 이런 원칙을 자극적이지 않은 방식으로 자유롭게 표현하도록 한다고 말해질 수 있다. 그러나 그런 말은 표현과 존엄성 사이의 연결의 핵심을 놓치고 있다. 사람들은 그들이 자신의 분노에 어울리는 수사법을 채택할 수 없을 때, 또는 그가 생각하기에 그가 옹호하고자 하는 것들에 비해서는 거의 아무것도 아니라고 생각하는 가치를 보호하기 위해서 조심해야 할 때 자유롭게 자신을 표현할 수 없다. 어떤 정치적 반대자들은 다수에게 충격을 주는 방식으로 말을 한다는 것은 사실이다. 그러나 다수가 통속적 연설방법만이 적절한 주장방식이라고 생각하는 것은 오만이다. 왜냐하면 그것은 평등한 배려와 존중을 부정하는 것이기 때문이다. 만일 권리의 목적이 반대자들의 존엄성을 보호하는 것이라 한다면, 우리는 폭동금지법이 아무런 제약을 가하지 않는 "침묵하는" 다수의 인격이 아니라 반대자들의 인격을 염두에 두고 적절한 연설에 관해 판단해야 한다.

그렇기 때문에 원래의 권리에 의해서 보호되는 개인적(personal) 가치들이 이 경계사안에서는 문제가 덜 된다는 논변은 성립되지 않는다. 그런데도 우리는 경쟁권리들이나 사회에 대한 어떤 심각한 위협이 폭동금지법을 정당화하는지 어떤지에 대해서 고찰해야 한다. 우리는 이 두 개의 근거들을 함께 고찰할 수 있다. 왜냐하면 그럴 법한 유일한 경쟁권리는 폭력으로부터 자유로울 권리들이고, 이 맥락에서는 폭력이 사회에 대한 유일한 그럴 법한 위협이기 때문이다.

내가 당신의 집을 불태우거나 당신이나 당신의 차에 돌을 던지거나 당신의 머리를 자전거 체인으로 가격하는 것이 자연스런 표현방법이라고 생각하더라도, 나에게는 그것들을 할 권리가 없다. 그러나 시카고 재판에서의 피고들은 직접적 폭력혐의로 기소된 것이 아니다. 검사의 논변은 그들이 계획한 연설행위들이 다른 사람들이 그들이 말한 것을 지지하거나 그것에 대한 적대감에서 폭력행위를 하게 되는 것을 가능하게 만들었다는 것이다. 이것이 정당화를 부여하는가?

만일 폭동금지법이 막을 것으로 예상될 수 있는 폭력이 얼마나 심한 폭력이고 어떤 종류의 폭력인가를 우리가 자신 있게 말할 수 있다면, 문제는 달라질 것이다. 그것은 일년에 2명의 생명을 구할 것인가, 2백 명의 생명을 구할 것인가, 2천 명의 생명을 구할 것인가? 2천 달러의 재산을 구할 것인가, 2십만 달러의 재산을 구할 것인가, 2백만 달러의 재산을 구할 것인가? 그에 대해서 아무도 말할 수 없을 것이다. 그 이유는 그 예언이 거의 불가능하기 때문이 아니라 우리가 시위가 폭동으로 전화하는 과정에 관한, 그리고 특히 가난이나 경찰의 잔혹성이나 피에 대한 굶주림, 또는 그 밖의 다른 모든 인간적, 경제적 실패와 구별되는 것으로서 선동적 연설이 하는 역할에 관한 확고한 이해를 갖고 있지 않기 때문이다. 물론 정부는 생명과 재산의 극심한 손상을 줄이기 위해서 노력해야 한다. 그러나 사회의 재편이 아니라 폭동의 원인을 찾아내고 제거하기 위한 모든 시도는 추정과 시행착오로 이루어지는 하나의 연습이 될 수밖에 없다는 것을 깨달아야 한다. 정부는 매우 높은 불확실성의 조건 안에서 결정해야 하고, 진정으로 인정된 권리의 제도는 그런 조건 아래에서 정부가 실험을 할 자유를 제한한다.

그 제도는 정부가 어떤 사람이 말하거나 시위하는 것을 막는 것은 추정적 이익을 대가로 그에게 하나의 분명하고 심각한 모욕을 주는 것임을 염두에 두게 한다. 그 이익은 비록 비싼 방식이라 하더라도 다른 방식으로 어떻게 해서든 얻어질 수 있는 이익이다. 법률가들이 다른 권리를 보호하거나 재앙을 막기 위해서 권리가 제한될 수 있다고 말할 때, 그들이 염두에 두는 경우는 원인과 결과가 상대적으로 분명한 경우이다. 관객이 많이 있는 극장에서 "불이야!"라고 소리를 지르는 사람의 경우가 우리에게 익숙한 예이다.

그러나 시카고의 이야기는 인과적 연결이 얼마나 불분명할 수 있는 지를 보여준다. 호프만(Hoffman)이나 루빈(Rubin)의 연설이 폭동의 필연적 조건인가? 아니면 정부도 주장하듯이 수천의 사람들이 폭동을 목적으로 시카고에 온 것인가? 어쨌든 그것들이 충분한 조건인가? 대통령의 폭력대책위원회의 위원들이 말하듯이, 만일 경찰이 폭력에 기여하지만 않았어도 경찰은 그 폭력을 억제할 수 있었는가?

이런 것들은 쉬운 문제가 아니다. 그러나 만일 권리가 의미 있는 어떤 것이라면, 정부는 정부의 행위를 정당화해주는 대답을 단순히 가정할 수는 없다. 만일 어떤 사람이 말할 권리를 갖는다면, 만일 그 권리를 지지해주는 근거들이 자극적인 정치적 연설까지 연장된다면, 그리고 그런 연설이 폭력에 대해서 갖는 결과가 분명하지 않다면, 그 문제에 대한 정부의 우선적인 대응은 그 권리를 부정하는 것이 될 수 없다. 연설의 권리를 축소시키는 것이 가장 덜 비싸거나 경찰의 사기를 가장 적게 손상시키거나 정치적으로 가장 인기 있는 대책이 될 수도 있다. 그러나 이런 것들은 출발지점만 다를 뿐 모두 그런 대책을 지지하기 위한 공리주의 논변들이며 그런 논변들은 권리의 개념에 의해서 부정된다.

이 점은 정치적 행동가들은 폭력을 기대하고 그들이 말하는 것으로 "고난을 자청한다"라는 대중적인 믿음에 의해서 흐려질 수 있다. 만일 그들이 기대하는 폭력을 그들이 만들어낸 것으로 간주하고 그에 따른 대우를 해준다면, 일반적으로는 불평하기 어려울 것이다. 그러나 이것은 내가 앞에서 설명하려 한 혼동, 즉 권리를 가진다는 것과 옳은 일을 하는 것 사이의 혼동을 반복하는 것이다. 청중을 흥분시키거나 분노하게 만들 수 있는 문제에 대해서 열정적으로 말하는 것에서 어떤 연설자가 옳은 일을 했는지 어떤지에 대해 결정을 할 때는 그 연설자의 동기가 중요할 것이다. 그러나 만일 그가 연설하는 것을 허용하는 것이 가져올 위험은 추정적인 것이기 때문에 그가 연설할 권리를 갖는다면, 그의 동기는 그가 연설하는 것을 중단시키는 것을 정당화하는 논변 속에서 독립적 증거로 간주될 수 없다.

그러나 폭동에 의해서 파괴를 당하게 될 사람들, 저격수의 총탄에 의해서 죽게 될 행인이나 약탈에 의해서 망하게 될 상점주인의 개인적 권리는 어떠한가? 경쟁권리의 문제로서 문제를 이런 방식으로 제기하는 것은 불확실성의 영향을 약화시키게 될 하나의 원칙을 제시한다. 보호받을 어떤 권리들은 매우 중요해서 정부가 그것들을 유지하기 위해서 할 수 있는 모든 것을 해도 정당화된다고 우리가 말할 수 있는가? 그렇기 때문에 어떤 사람들의 행위가 다른 사람의 생명권이나 재산권이 침해될 위험을 단순히 증가시키기만 할 때, 그 추가되는 위험이 아무리 사소하고 추정적이라 하더라도, 그 사람들이 행위할 권리를 정부가 축소시킬 수 있다고 우리는 말할 수 있는가?

그런 어떤 원칙은 경찰력 행사에 대한 대법원의 최근의 자유주의적 판결들에 반대하는 자들이 의존하는 원칙이다. 이런 판결들은 죄지은 사람이 처벌받지 않게 될 가능성을 증가시키며, 그렇기 때문에 공동체의 어떤 특정한 구성원이 살해되고, 강간당하고, 강탈당하게 될 위험을 한계적으로 증가시킨다. 몇몇 비판자들은 그렇기 때문에 대법원의 판결은 잘못된 것이 틀림없다고 믿는다.

그러나 어떤 사람의 존엄성이나 평등이 다양한 방식으로 침해될 수 있다는 근거에서 다양한 권리를 인정하고자 하는 어떤 사회도 그런 원칙을 받아들일 수 없다. 만일 어떤 사람에게 자기에게 불리한 증언을 강요하거나 그가 말하지 못하게 하는 것이 자기부죄거부권이나 자유언론의 권리가 가정하는 피해를 입힌다면, 국가가 다른 사람들의 손실의 위험이 한계적으로 축소될지도 모른다는 가능성 때문에 어떤 사람에게 그가 그 피해를 당해야 한다고 말하는 것은 경멸적인 요구가 될 것이다. 만일 권리들이 의미가 있다면, 그 권리들의 중요성의 정도는 어떤 권리들이 언급이 될 때 다른 권리들은 전혀 고려되지 않을 정도로 그렇게 다르지는 않다.

물론 정부는 차별할 수 있고 극장에서 "불이야!"라고 외치는 사람의 경우처럼 어떤 사람의 연설이 다른 사람들의 인격이나 재산에 커다란 피해를 입힐 것이고 그것을 막을 수 있는 다른 방안이 당장에는 없을 경우에, 그 사람이 말할 권리를 행사하는 것을 중단시킬 수 있다. 그러나 생명과 재산이 문제가 되는 경우에는 말할 권리를 정부가 즉각 무시할 수 있다는 제안된 원칙을 우리는 거부해야 한다. 이 다른 권리들에 대해 미치는 연설의 영향이 추정적이고 한계적인 것으로 남아 있는 한, 정부는 취할 수 있는 조치를 다른 곳에서 강구해야 한다.

4. 왜 권리를 진지하게 받아들여야 하는가

나는 이 글의 서두에서 개인의 권리를 인정한다고 공언하는 정부는 무엇을 해야 하는지를 보여주겠다고 말했다. 정부는 시민들에게 법을 위반할 권리가 없다고 주장해서는 안 되며, 시민들의 권리가 전체의 이익이라는 이유 때문에 무시되도록 그렇게 권리를 정의해서도 안 된다. 시민불복종에 대한 정부의 혹독한 조치나 비폭력 시위에 대한 무력진압은 그렇기 때문에 정부의 진정성(sincerity)을 의심하게 하는 것들로 간주될 수 있다.

그렇지만 어떤 사람은 권리를 그렇게까지 진지하게 받아들이는 것이 현명한가에 대해서 물어볼 수 있다. 적어도 미국의 전통에서 볼 때 미국의 기풍(genius)은 어떤 추상적인 원리를 그것의 논리적 극한치로까지 끌고 가지 않는 것에 있다. 이제 추상적인 문제보다는 다수의 복지에 대한 그들의 정부의 배려, 그리고 그들의 지배자격이 갖는 새로운 의미를 그들에게 제시하는 문제에 집중해야 할 때일 것이다.

어쨌든 그것은 전(前)부통령 애그뉴(Spiro Agnew)의 생각이었던 것으로 보인다. "괴짜들"(weirdos)과 사회적 부적응자의 문제에 대한 정책연설에서, 그는 개인적 권리에 대한 자유주의자들의 관심은 국가라는 배의 면전에서 불어오는 역풍이라고 말했다. 그것은 빈약한 비유다. 그러나 그것이 표현하고 있는 철학은 정확하다. 많은 자유주의자들은 깨닫고 있지 못하지만 그는 만일 다수가 다수의 관점에서 볼 때 옳지 않은 것을 할 수 있는 개인의 권리를 인정한다면, 다수가 가고 싶은 만큼 그렇게 멀리 갈 수 없다는 것을 깨달았다.

애그뉴는 권리는 분열을 조장하는 것이고, 국가의 통일과 법에 대한 존중은 그 권리들을 더욱 회의적으로 받아들일 때 발전될 것이라고 생각했다. 그러나 그는 틀렸다. 미국은 사회정책과 외교정책에 의해서 계속해서 분열될 것이다. 그리고 만일 경제가 다시 더 약해지면, 그 분열은 더욱더 심해질 것이다. 만일 우리의 법과 우리의 법제도가 이런 문제들에 관한 논쟁의 한계를 규정할 기본규칙을 제공하려 한다면, 이 기본규칙들은 마르크스가 자본주의 사회의 법이 틀림없이 그렇다고 생각했듯이 지배계층이 약자에게 부과하는 정복자의 법이 되어서는 안 된다. 법의 큰 부분—사회적, 경제적, 외교적 정책을 정의하고 이행하는 부분—은 중립적일 수 없다. 그것은 그것의 많은 부분에서 공동선에 대한 다수의 견해를 반영할 수밖에 없다. 그렇기 때문에 권리의 제도라는 것이 중요하다. 왜냐하면 그것은 소수의 존엄성과 평등이 존중될 것이라고 다수가 소수에게 하는 약속을 나타내는 것이기 때문이다. 집단들 사이의 분열이 가장 격렬해질 때, 만일 법이 작동되려면 이 제스처는 가장 진정한 것이 되어야 한다.

그 제도는 소수의 측에는 성실성(an act of faith)을 요구한다. 왜냐하면 그들의 권리가 중요할수록 그것들의 범위가 논란이 될 것이기 때문이기도 하고, 다수의 관리들은 이 권리가 참으로 무엇인가에 대해 자기 자신들의 생각에 따라서 행위할 것이기 때문이다. 물론 이 관리들은 소수가 하는 주장의 많은 부분에 동의하지 않을 것이다. 그 점은 그들이 결정을 신중하게 하는 것을 그만큼 더 중요한 것으로 만든다. 그들은 그들이 권리가 무엇인가를 이해하고 있음을 보여주어야 하며, 그 법 원리가 담고 있는 모든 함의에 대해서 기만하지 않아야 한다. 정부는 법에게 존중을 요구할 상당한 자격을 주지 않고서는 법에 대한 존중을 재확립하지 못할 것이다. 그리고 만일 정부가 법을 질서를 갖춘 폭력으로부터 구별해주는 하나의 특징을 무시한다면, 정부는 그렇게 할 수가 없다. 만일 정부가 권리를 진지하게 받아들이지 않는다면, 정부는 법도 진정으로 인정하지 않는 것이다.

제8장 시민불복종

　정부는 양심에 따라 징병법에 복종하지 않는 사람을 어떻게 다루어야 하는가? 많은 사람들은 그에 대한 대답이 분명하다고 생각한다. 정부는 불복종자(dissenters)를 고소하고, 만일 그들이 유죄판결을 받는다면 그들을 처벌해야 한다는 것이다. 몇몇 사람들은 그런 결론에 쉽게 도달한다. 왜냐하면 그들은 양심적 불복종이 무법과 동일한 것이라는 어리석은 견해를 지니기 때문이다. 그들은 불복종자들은 무정부주의자들로서 그들의 악이 퍼지기 전에 처벌해야 한다고 생각한다. 그렇지만 많은 법률가와 지성인들은 더욱 정교한 논변으로 보이는 것을 통해서 그와 동일한 결론에 도달한다. 그들은 법에 불복종하는 것이 **도덕적으로는** 정당화될 수는 있다는 것을 인정하지만 **법적으로는** 정당화될 수 없다고 주장하며, 바로 이 자명한 이치로부터 그 법은 강요되어야 한다는 결론이 나온다고 생각한다. 한때 미국의 법무국장이었으며 그 이전에는 하버드대학교 로스쿨의 학장이었던 그리스울드(Erwin Griswold)는 이 견해를 채택한 것으로 보인다. 그는 이렇게 말했다. '법은 모든 사람에게 평등하게 적용된다는 것, 그리고 그것은 개인적 동기와 관계없이 모두를 동일하게 구속한다는 것은 법의 본질에 속하는 것이다. 이 이유 때문에 도덕적 신념에서 불복종을 기도하는 사람은 유죄판결을 받는다 하더라도 놀라거나 비통해해서는 안 된다. 그리고 그는 조직사회는 다른 어떤 기초에 의해서 지속될 수 없다는 사실을 받아들여야 한다."

『뉴욕타임즈』는 그 주장을 칭찬했다. 그 이전에 여러 대학의 1,000명의 교수들이 한 타임즈 광고에 서명한 적이 있었는데, 그 광고는 코핀 목사와 스포크 박사, 라스킨, 굿맨, 페버 등이 다양한 징병법 위반을 조언하려 음모했다는 죄목으로 그들에 대해 이루어진 기소를 기각하도록 법무부에게 요구하는 것이었다. 『뉴욕타임즈』는 기소를 기각하라는 요구는 "도덕적 권리와 법적 책임을 혼동했다"라고 말했다.

그러나 어떤 사람이 범죄를 저질렀다고 정부가 믿기 때문에 정부는 그를 고소해야 한다는 논변은 보기보다는 훨씬 약한 논변이다. 만일 사회가 모든 불복종을 용인한다면 사회는 "지속될 수 없다." 그렇지만 그렇다고 해서 만일 약간을 용인할 경우 사회가 무너질 것이라는 결론이 나오는 것은 아니며, 그에 대한 증거도 없다. 미국에서는 검사들이 특정한 경우에 형법을 집행할 것인지 어떤지를 정할 수 있는 재량을 갖는다. 만일 법을 위반한 사람이 어리거나 경험이 없거나 가족의 유일한 부양자이거나 후회를 하고 있거나 공범에게 불리한 증언을 했다면, 또는 법이 인기가 없거나 적용될 수 없거나 일반적으로 불복종되고 있다면, 또는 법원이 더 중요한 사안들로 여유가 없다면, 그리고 그 밖의 다른 많은 이유 때문에 기소를 하지 않기로 결정하는 것은 적절할 수 있다. 이 재량이 방종(license)은 아니며—우리는 검사들이 그 재량을 행사하기 위해서 좋은 이유들을 갖고 있는 것으로 기대한다—적어도 일견적으로는 양심에 따라서 징병법에 복종하지 않은 사람들을 기소하지 않는 것에 대한 어떤 좋은 이유들이 있다. 탐욕에 의해서 또는 정부를 정복하기 위한 욕구에 의해서 법을 위반하는 사람들보다는 더 좋은 동기에서 행위했다는 것이 하나의 분명한 이유가 된다. 만일 절도행위를 구별하는 것에서도 동기가 고려될 수 있다면, 징병법을 위반한 사람들을 구별하는 것에서 동기가 왜 고려될 수 없는가? 만일 우리 사회가 그 사회의 가장 충성스럽고 법을 존중하는 시민들을 포함하는—징병법 불복종자들 집단이 포함하는 것처럼—집단을 처벌한다면, 우리 사회에 손실이라는 실제적인 이유도 또 다른 이유가 된다. 그런 사람들을 투옥시키는 것은 그들이 사회로부터 소외되는 것을 돌이킬 수 없는 것으로 만든다. 그리고 그들과 같은 생각을 갖지만 위협 때문에 포기한 많은 사람들을 소외시킨다. 만일 이와 같은 실제적인 결과들이 금주법을 강요하지 않는 것을 옹호했다면, 왜 그것들이 양심에 의한 범법행위를 용인하는 것을 옹호해주지 않는가?

양심적인 징병법 위반자들은 항상 처벌되어야 한다고 생각하는 사람들은 이런 것들이 재량을 행사하기 위한 좋은 이유가 아니라는 것을 보여주어야 하거나 그것들을 무시할 수 있는 다른 반대이유를 발견해야 한다. 그들은 어떤 논변을 제시할 수 있는가? 징병법을 강요하기 위한 실용적인 이유들이 있는데, 나는 그것들 가운데 몇몇을 나중에 고찰할 것이다. 그러나 그리스울드 학장과 그의 의견에 동의하는 사람들은 불복종자들을 처벌하지 않는 것은 비실용적일 뿐만 아니라 불공정할 것이라고 주장하는 도덕적인 논변에 의존하는 것처럼 보인다. 내가 추측하기에 그들은 그것이 불공정할 것이라고 생각하는데, 만일 모든 사람들이 그들이 부인하거나 불이익이 된다고 생각하는 법에 복종하지 않는다면, 사회는 기능을 할 수 없기 때문이다. 만일 "게임을 하려" 하지 않는 약간의 사람들을 용인한다면, 그것은 그들 자신은 부담, 예를 들면 병역을 떠맡지 않고 그들 이외의 모든 사람들이 법을 준수함으로써 오게 되는 혜택을 그들이 받는 것을 허락하는 것이다.

이런 논변은 중요한 논변이다. 그것에 대해 단순히 불복종자들은 그들 이외의 다른 모든 사람들에게 그들이 부도덕하다고 믿는 법에 복종하지 않을 권리를 줄 것이라고 말함으로써 대답할 수는 없다. 사실상,

골수 인종 분리주의자들이 그들이 증오하는 민권법(civil rights law)을 자유롭게 위반할 수 있도록 변화된 사회를 받아들일 병역법 불복종자들은 거의 없을 것이다. 다수는 어떤 경우이든지 그런 변화를 원하지 않는다. 왜냐하면 그들은 그렇게 될 경우 그 사회는 더 불행해질 것이라고 생각하기 때문이다. 그 생각이 잘못이라는 것이 증명될 때까지는 그들은 그들이 전체의 이익을 위해서 취하려 하지 않는 그 특권을 취하는 어떤 사람이든지 그들의 관리가 처벌하는 것을 기대할 것이다.

그러나 이 논변에는 하나의 결함이 있다. 이 논변에서 사용된 추리는 하나의 가정을 숨기고 있는데, 그 가정은 그 논변을 징병사안과 미국에서의 시민불복종의 심각한 사안과는 거의 전적으로 관련이 없는 것으로 만든다. 그 논변은 불복종자들은 그들이 타당한 법을 위반한다는 것을 알고 있으며, 그들이 주장하는 특권은 법을 위반할 수 있는 특권이라고 가정한다. 물론 시민불복종을 논의하는 거의 모든 사람들은 미국에서는 어떤 법이 위헌이기 때문에 부당할 수 있다는 것을 인정한다. 그렇지만 비판자들은 이런 복잡성을 다음과 같이 분리된 가설들을 기초로 한 논변으로써 처리하고자 한다. 즉, 만일 법이 부당하다면 범죄는 저질러질 수 없으며 사회는 처벌할 수 없고, 만일 법이 타당하다면 범죄가 저질러질 수 있으며 사회는 처벌해야 한다고 주장한다. 이 추리는 법의 타당성이 의심스러울 수 있다는 중대한 사실을 숨기고 있다. 관리와 법관은 법이 타당하다고 믿지만, 불복종자들은 그에 동의하지 않을 수 있고, 그 양측이 모두 그들의 입장을 옹호하기 위해 그럴 법한 논변을 전개할 수 있다. 만일 그렇다면, 문제는 법이 명백하게 타당하거나 명백하게 부당한 경우와는 다른 것이 되며, 그런 경우를 위해서 고안된 공정성에 대한 논변은 관련이 없게 된다.

시민불복종의 사안에서 의심스러운 법은 결코 특별하거나 색다른 것이 아니다. 오히려 그 반대이다. 적어도 미국에서는 상당한 수의 사람들이 도덕적인 근거에서 복종하지 않으려고 생각하는 거의 모든 법들이 헌법적 근거에서도 의심스러울 것이다. 비록 명백하게 부당하지는 않더라도 말이다. 헌법은 우리의 전통적 정치도덕을 법의 타당성의 문제에 관련된 것으로 만든다. 그 도덕을 훼손시키는 것처럼 보이는 모든 제정법은 헌법적 문제를 제기하며, 만일 그 훼손이 심각한 경우일 때는 합헌성에 대한 의심도 심각하게 된다.

도덕적 문제와 법적 문제 사이의 연결은 특히 지난 60년대의 징병법 사안에서 분명했다. 그 당시 불복종은 아래와 같은 도덕적 반론에 근거했다. (a) 미국은 베트남에서 부도덕한 무기와 전략을 사용한다. (b) 그 전쟁은 국민들을 대표하는 사람들의 숙고적이고 공개적인 투표에 의해서 지지된 적이 없다. (c) 미국은 시민의 일부분에게 죽음을 무릅쓰도록 강요하는 것을 정당화하기에 충분할 정도로 강한 이익을 베트남에 대해서 갖고 있지 않다. (d) 그 전쟁을 수행하기 위해서 군대를 모집하는 경우에, 대학생들의 징병은 유예하거나 면제해주고 그 결과 경제력이 없는 사람들에게 불리하도록 차별하는 징병을 통해서 모집하는 것은 부도덕하다. (e) 징병법은 종교적 근거에서 모든 전쟁을 반대하는 사람들을 면제해준다. 그러나 도덕적 근거에서 특정한 전쟁에 반대하는 사람들은 면제해주지 않는다. 이런 입장들 사이에 중요한 차이점은 없다. 그렇기 때문에 징병법은 그런 구별을 함으로써 두 번째 집단이 첫 번째 집단보다 국가로부터 존중을 받을 만한 가치가 더 적다는 것을 함축한다. (f) 징병거부를 조언하는 것을 범죄로 만드는 법은 그 전쟁에 반대하는 자들의 입을 틀어막는다. 왜냐하면 전쟁에 참여하기를 거부하는 사람들을 격려하고 도와주지 않으면서 그 전쟁이 심각하게 부도덕하다고 주장하는 것은 도덕적으로 불가능하기 때문이다.

만일 우리가 이런 도덕적 입장들을 받아들인다면, 그것들은 아래와 같은 헌법적 논변에 기초를 제공한다는 것을 법률가들은 깨달을 것이다. (a) 헌법은 조약을 국법의 부분으로 만들며, 불복종자들이 국가가 저지르고 있다고 비난하는 전쟁행위를 불법으로 간주하는 국제 기구와 협약에 미국이 참여하고 있다. (b) 헌법은 의회가 전쟁을 선포해야 함을 규정한다. 베트남에서의 우리의 행위가 "전쟁"이었는지 그리고 통킹만 결의가 "선포"이었는지에 대한 법적 문제는 정부가 숙고적이고 공개적인 결정을 했는지 어떤지에 대한 도덕적 문제의 핵심이다. (c) 제5수정조항과 제14수정조항의 적법절차조항과 제14수정조항의 평등보호조항은 선택된 계층의 시민들에게 가해진 특별한 부담이나 차별이 합당한 것이 아닐 때, 그 부담을 비난한다. 그 부담이 공공의 이익에 명백하게 기여하지 않을 때, 또는 그것이 기여하는 이익에 비해 지나치게 클 때 그 부담은 합당하지 않다. 만일 베트남에서의 우리의 군사적 행위가 불복종자들이 주장하는 것처럼 경박하거나 왜곡된 것이라면, 우리가 징집연령이 된 사람들에게 지우는 부담은 합당하지 않으며 그것은 위헌이다. (d) 어느 경우이든 대학생에게 유리한 차별은 가난한 사람들에게 헌법에 의해서 보장되는 법의 평등한 보호를 부정하는 것이다. (e) 만일 모든 전쟁에 대한 종교적 반대와 어떤 전쟁에 대한 도덕적 반대 사이에 중요한 차이가 없다면, 징병법에 의한 차별은 자의적이고 비합당한 것이며, 그런 근거에서 위헌이다. 제1수정조항에서 "국교"조항은 조직된 종교를 위해서 정부의 힘을 사용하는 것을 금지한다. 만일 징병법에서 이루어지는 구별이 사람들을 그런 방향으로 강요한다면, 그것은 그 이유 때문에도 부당하다. (f) 제1수정조항은 또한 언론의 자유에 대한 침해도 비난한다. 만일 조언하는 것을 금지하는 징병법이 전쟁에 대한 어느 범위의 견해들을 표현하지 못하게 한다면, 그것은 자유로운 언론을 축소시킨다.

법원이 징병법을 위헌으로 판결해서는 안 되었다고 하는 견해를 지지하는 주요 반대논변 또한 도덕적 문제를 함축한다. 법원은 이른바

"정치적 문제" 원리(political question doctrine)* 아래에서 외교정책이나 군사정책 같은 문제들처럼 정부의 다른 부서가 결정하는 것이 가장 좋은 그런 문제들에 대해 판결할 수 있는 자신의 사법권을 부정한다. 보스턴 법원은 코핀(Coffin)과 스포크(Spock) 사안을 심리하면서 그 이론에 근거해 전쟁의 합법성에 관한 논변을 듣지 않겠다고 선언했다. 그러나 대법원은 (예를 들면 의원수 재배분 사안의 경우에) 매우 중요한 정치도덕적 문제들이 달려 있고 정치과정을 통해서는 치유책이 없다고 믿을 때는 사법권을 거부하지 않으려 한다는 것을 보여주었다. 만일 불복종자들이 옳고, 전쟁과 징병이 한 집단의 시민들에 대해서 저질러지는 매우 부정한 국가적 범죄라고 한다면, 법원이 사법권을 거부했어야 했다는 논변은 상당한 정도로 약해진다.

우리는 이런 논변들로부터 징병법(또는 그것의 어느 부분)이 위헌이라고 결론지을 수는 없다. 대법원은 그 문제에 대해서 판결을 내려줄 것을 요구받았을 때 그 논변 중 몇몇은 기각했고, 어떤 것에 대해서는 그것이 정치적이라는 이유에서 심리하는 것을 거부했다. 법률가들의 대부분은 그 결과에 동의했다. 그러나 위헌성을 주장하는 논변은 적어도 그럴 법하며, 합리적이고 유능한 법률가는 이것저것 따져볼 때 그 논변이 반대논변보다 더 강한 근거(case)를 제시한다고 생각할 수 있다. 만일 그가 그렇게 생각한다면, 그는 징병법이 합헌이 아니었다고 생각할 것이며, 그가 틀렸다는 것을 증명할 방법은 없을 것이다.

그렇기 때문에 징병법 불복종자에 대해서 무엇이 이루어졌어야 했는가를 판단할 때, 우리는 그 불복종자들이 타당한 법에 복종하지 않을 특권을 주장했다고 생각할 수 없다. 우리는 아래의 문제에 대해서 대답

* 정치적 문제라고 간주될 경우에 법원은 판결하지 않는다는 원리이다.

하기 전에는 공정성이 그들에 대한 처벌을 요구했다고 결정할 수 없다. 법이 불분명할 때, 그리고 다른 사람들은 법이 허용하지 않는다고 생각하지만 어떤 시민은 법이 허용한다고 생각할 때 그는 무엇을 해야 하는가? 물론 그가 무엇을 하는 것이 **법적으로** 적절한가 또는 그의 **법적 권리**가 무엇인가를 물어보고자 하는 것은 아니다. 그렇게 물어보는 것은 선결문제 요구의 오류를 범하는 것일 것이다. 왜냐하면 그것은 그가 〔법적 판단에서〕 옳은가 아니면 다른 사람들이 옳은가에 의존하기 때문이다. 내가 물어보고자 하는 것은 한 시민으로서 그의 적절한 길은 무엇인가, 다른 말로 하면 우리는 무엇을 "게임을 하는 것"으로 생각할 것인가이다. 그것은 중요한 문제이다. 왜냐하면 그의 견해를 감안할 경우, 그가 행위해야 한다고 우리가 생각하는 방식으로 그가 행위하고 있다면 그를 처벌하지 않는 것이 공정할 수밖에 없기 때문이다.[1]

대부분의 시민들이 쉽게 동의하고, 그것 자체로서 결정적인 명백한 대답은 없다. 그렇지만 만일 우리가 우리의 법제도와 관행을 검토한다면, 우리는 밑에 깔려 있는 어떤 관련된 원칙과 관행을 발견할 것이다. 나는 그 문제에 대해서 세 개의 가능한 대답을 제시하고 그것들 가운데 어떤 것이 우리의 관행과 기대에 가장 잘 어울리는가를 보여주려고 노력할 것이다. 내가 고찰하기를 원하는 세 가지 가능한 대답은 아래와 같다.

(1) 만일 법이 의심스럽다면, 그리고 그렇기 때문에 그 법이 어떤 사

---

1) 정부는 타당한 것으로 파악된 법을 고의로 위반한 사람을 항상 처벌해야 한다는 것이 나의 주장은 아니다. 그런 사람들을 처벌하지 않는 것에 대해서는 내가 세 번째 단락에서 열거한 것들 같은 공정성이나 실제적인 이유가 있을 수 있다. 그러나 징병법 같은 사안은 관용을 지지하는 특별한 논변을 제공한다. 나는 이런 논변에만 집중하고 싶기 때문에 이런 사안들을 다른 사안들로부터 구별했다.

람에게 그가 원하는 것을 허용하는지가 분명하지 않다면, 그는 최악을 가정해야 하며 그것이 허용하지 않는다는 가정 위에서 행위해야 한다. 만일 그가 할 수 있다면, 법을 개정하기 위해 정치적 과정을 이용하는 동안에는 그에게 명령하는 행정관료들이 잘못되었다고 생각하더라도 그에게 복종해야 한다.

(2) 만일 법이 의심스럽다면, 그는 자기 자신의 판단에 따를 수 있다. 즉, 법이 그가 원하는 것을 허용한다는 근거가 법이 그것을 허용하지 않는다는 근거보다 더 강하다고 믿는다면, 그는 그가 원하는 것을 할 수 있다. 그러나 그는 법원처럼 권위 있는 기관이 그나 그 이외의 다른 사람이 관련되어 있는 사안에서 다른 쪽으로 판결할 때까지만 자신의 판단을 따를 수 있을 것이다. 일단 제도적 결정이 이루어지고 난 다음에는 그 결정이 잘못되었다고 생각하더라도, 그는 그 결정에 따라야 한다. (이론상으로는, 이 두 번째 가능성에도 여러 가지가 있다. 우리는 개인의 선택은 법원의 반대판결에 의해서 막힌다고 말할 수 있는데, 그 법원에는 항소가 이루어지지 않을 경우 최하급 법원도 포함된다. 또는 우리는 어떤 특정한 법원이나 제도의 판결을 요구할 수 있다. 나는 이 두 번째 가능성의 가장 자유주의적인 형태, 즉 개인은 그 문제에 대해서 판결을 내릴 수 있는 법원 가운데 최상급 법원의 반대결정이 이루어질 때까지는 자신의 판단에 따르는 것이 적절할 수 있다는 견해를 논의할 것이다. 징병법의 경우 최상급 법원은 미국 연방대법원이다.)

(3) 만일 법이 의심스럽다면, 그는 최상급 법원이 반대판결을 내린 후라 하더라도 자신의 판단을 따를 수 있다. 물론 그는 법이 요구하는 것이 무엇인가를 자신이 판단할 때, 법원이 내린 반대판결을 고려해야 한다. 만일 그렇게 하지 않는다면, 그 판단은 성실하거나 합당한 판단

이 아닐 것이다. 왜냐하면 우리의 법체계의 확립된 부분인 선례구속의 원리는 법원의 판결들에 법을 **변화시키는** 것을 허용하는 결과를 갖기 때문이다. 예를 들면 납세자가 특정한 종류의 수입에 대해서는 세금을 지불하도록 요구받지 않는 것으로 믿는다고 가정하자. 만일 대법원이 그 반대로 판결한다면, 그는 세금문제에 대한 대법원의 판결을 중시하는 관행을 고려해서 대법원의 판결이 균형을 기울게 했으며, 이제 법은 그에게 세금을 지불하는 것을 요구한다고 결정해야 한다.

어떤 사람은 이런 제한이 세 번째 모델과 두 번째 모델 사이의 차이점을 없앤다고 생각할 수 있다. 그러나 그렇지는 않다. 선례구속의 원리는 다양한 법원의 판결에 다양한 무게를 부여하며, 대법원의 판결에는 가장 커다란 무게를 부여한다. 그러나 어떤 법원의 결정도 결정적인 것으로 만들지는 않는다. 때때로 대법원의 반대판결이 있고 난 다음이라 하더라도 개인은 여전히 법이 자신의 편이라고 합당하게 믿을 수 있다. 그런 경우들은 드물지만, 시민불복종이 관련되어 있는 헌법에 대한 논의에서는 일어날 가능성이 많다. 과거의 판결이 중요한 개인적 권리나 정치적 권리를 제한했을 경우에는 그런 판결을 폐지할 가능성이 더 많음을 대법원 자신이 보여준 바 있는데, 불복종자가 변경하고 싶어하는 것은 바로 그런 판결이다.

다른 말로 하면, 우리는 대법원이 말하는 것이 항상 헌법이라고 가정할 수 없다. 예를 들면 홈스는 기트로(Gitlow) 사안에서의 그의 유명한 반대의견에서 그런 규칙을 따르지 않았다. 그 사안보다 몇 년 전에 있었던 애브럼스(Abrams) 사안에서, 그는 제1수정조항은 정부에 대항해 총파업을 촉구했던 무정부주의자를 보호한다고 법원을 설득하는 데 실패했다. 기트로우에서도 그와 동일한 문제가 제기되었는데, 홈스는 다시 한 번 반대의견을 제출했다. 그는 이렇게 말했다. "내 생각에 이 기준은 〔애브럼스에서의 기준〕으로부터 벗어난 것이지만 내가 그 사안에서 표현한 신념들은 너무 강한 것이어서 그것이……법을 확정했다고 나는 여전히 믿을 수 없다." 홈스는 대법원이 기트로우가 행한 것이 범죄라고 최근에 판결했음에도 불구하고 그것은 범죄가 아니라는 근거에서 기트로우를 무죄로 판결하는 것에 표를 던졌다.

이것들은 법이 의심스러울 때 관리와 의견이 다른 불복종자가 취할 수 있는 행위의 세 가지 가능한 모델이다. 이것들 중 어떤 것이 우리의 법적 관행과 사회적 관행에 가장 잘 어울리는가?

내 생각에 이 모델 가운데 첫 번째 모델을 우리가 따르지 않는다는 것, 즉 시민들이 최악의 경우를 가정할 것이라고 기대하지 않는다는 것은 명백하다. 만일 어떤 법원도 그 문제에 대해 판결하지 않았다면, 그리고 어떤 사람이 이쪽저쪽 생각해볼 때 법은 자기의 편이라고 생각한다면, 우리의 법률가와 전문가 가운데 대부분은 *그*가 사신의 판단을 따르는 것이 전적으로 적절하다고 생각한다. 많은 사람들이 자기가 한 일이 옳다는 것을 인정하지 않을 때라 하더라도—예를 들면 포르노그래피를 파는 것—그들은 그의 행위의 합법성이 의심되고 있다는 바로 그 이유만으로 자신의 행위를 중지해야 한다고 생각하지 않는다.

잠시 멈추어서 만일 사회가 첫 번째 모델을 따르지 않는다면 무엇을 잃어버릴 것인가, 또는 다른 식으로 그 문제를 표현해서 사람들이 이와 같은 경우에 자신의 판단을 따를 경우 사회는 무엇을 얻는가에 대해서 고찰해볼 가치가 있다. 법원이 어떻게 판결해야 하는가에 대해서 법률가들의 의견들이 다르다는 의미에서 법이 불확실할 때, 보통 그 이유는 다양한 법원칙과 정책이 충돌하고 이런 갈등하는 원칙과 정책을 가장 잘 수용하는 방법이 분명하지 않기 때문이다.

다양한 분파들이 자신이 이해한 것에 따라 행위하는 것을 장려하는 우리의 관행은 관련된 가설들을 검사하는 수단을 제공한다. 만일 어떤 특정한 규칙이 어떤 바람직하지 않은 결과를 갖게 될지 어떤지가, 또는 이런 결과들이 영향을 미치는 범위가 한정되었는지 아니면 넓은지가 문제라면, 그 문제에 대해 대답하기 전에 어떤 사람들이 그 규칙에 따를 경우 사실상 무엇이 발생하는지를 아는 것은 유익하다. (많은 수의 독점금지법과 기업규제법은 이런 종류의 검사를 통해서 발전해왔다.) 문제가 어떤 특정한 해결책이 공동체에 의해서 깊이 존중되고 있는 정의나 공정한 경기원칙을 위반할 것인지 어떤지 그리고 어느 정도 할 것인지에 관한 문제일 경우에도, 다시 공동체의 반응을 검사함으로써 실험하는 것은 유익하다. 예를 들면 피임금지법에 대한 사회무차별의 크기(the extent of community indifference)는 어떤 단체가 그 법을 고의로 조롱하지 않았다면 확립되지 않았을 것이다.

만일 첫 번째 모델을 따른다면, 우리는 이런 검사의 이점을 상실할 것이다. 특히 이 모델이 헌법문제에 적용될 경우에는 법은 타격을 받을 것이다. 어떤 형법의 타당성이 문제가 될 경우에는, 그 법은 어떤 사람들에게는 거의 항상 불공정하거나 부정하다고 생각될 것이다. 왜냐하면 그것은 그 사람들이 미국헌법에 있다고 보는 자유나 정의나 공정성의 어떤 원칙을 침범할 것이기 때문이다. 만일 법이 이런 근거에서 의심스러울 때마다 그것이 타당한 것처럼 행위해야 한다는 것이 우리의 관행이라고 한다면, 도덕적 근거에서 법을 비판하기 위해서 우리가 갖고 있는 주요 수단을 우리는 잃게 될 것이다. 그리고 시간이 지나가면 우리가 복종하는 법은 분명히 덜 공정하고 덜 정의롭게 될 것이다. 그리고 우리 시민의 자유는 확실히 감소될 것이다.

만일 우리가 첫 번째 모델의 한 변형, 즉 어떤 시민이 법원이 법에 대한 그의 견해에 동의할 것이라고 예상할 수 없다면 그 시민은 최악의 것을 가정해야 한다는 것을 적용할 경우 우리는 거의 마찬가지를 잃게 될 것이다. 만일 모든 사람이 법원이 무엇을 할 것인가에 대해 자신이 추측한 것에 복종한다면, 사회와 그 사회의 법은 더욱 빈약해질 것이다. 첫 번째 모델을 거부하면서 우리가 가정하는 것은 다음과 같다. 즉, 시민이 기회가 있을 때 자신의 판단을 지지하기 위해서 구성하는 논변들과 그 판단을 따르면서 그가 하게 되는 기록은 가능한 훌륭한 사법적 판결을 만들어내는 것에 도움을 줄 것이라는 가정이다. 이 점은 시민이 그렇게 행위할 당시 그가 법정에서 승리할 가능성이 적을 때라 하더라도 진리로 남는다. 우리는 또한 시민본보기(citizen's example)의 가치는 그 판결이 일단 이루어진 후라 하더라도 소진되지는 않는다는 것을 기억해야 한다. 우리의 관행은 그 판결이 법 전문가와 로스쿨에 의해서 비판적으로 검토되어야 한다는 것을 요구한다. 그리고 반대자의 기록은 여기에서 매우 가치 있는 것이 될 것이다.

물론 어떤 사람이 자신의 판단을 따르는 것이 현명한(prudent)지 어떤지를 결정할 때 그는 법원이 무엇을 할 것인가에 대해 고려해야 한다. 그가 자기판단을 따를 경우 그는 감옥에 갈 수도 있고, 파산할 수도 있고 치욕을 당할 수도 있다. 그러나 현명한 계산과 훌륭한 시민으로서 그가 무엇을 하는 것이 적절한가의 문제를 우리가 분리하는 것이 매우 중요하다. 우리는 어떤 사회의 법원이 그가 잘못 판단했다고 믿을 때 사회는 그를 어떻게 대우해야 할 것인가에 대해서 따지고 있다. 그렇기 때문에 우리는 그의 판단이 다른 사람들의 판단과 다를 때 그가 무엇을 해야 정당화될 수 있는가를 물어야 한다. 만일 그가 무엇을 해야 적절한가의 문제가 사회가 그를 어떻게 대우할 것인가에 대한 그의 추측에 의존한다고 가정한다면, 우리는 선결문제 요구의 오류를 범하는 것이다.

우리는 또한 두 번째 모델, 즉 만일 법이 분명하지 않다면 최고법원이 시민의 판단이 잘못이라고 판결하기 전까지만 자신의 판단을 따르는 것이 적절할 것이라는 것도 거부해야 한다. 이것은 대법원을 비롯해서 모든 법원이 자기 자신을 파기할 수 있다는 사실을 고려하지 못한다. 1940년 대법원은 학생들에게 국기에 경례하도록 요구하는 웨스트버지니아 주의 법이 합헌이라고 판결했다. 1943년에 대법원은 자신을 뒤엎고 그런 제정법은 위헌이라고 판결했다. 1941년과 1942년에 양심상 국기에 대해 경례하는 것에 반대하고, 1940년의 대법원의 판결이 잘못된 것이라고 생각한 사람들이 시민으로서 갖는 의무는 무엇인가? 우리는 첫 번째 판결을 따르는 것이 그들의 의무라고 말할 수 없다. 그들은 국기에 대해 경례하는 것이 위헌이라고 믿는다. 그리고 그들은 어떤 타당한 법도 그들에게 그렇게 할 것을 요구하지 않았다고 합당하게 믿었다. 대법원은 나중에 이 점에서 그들이 옳았다고 판결했다. 대법원은 단순히 두 번째 판결 이후에는 경례를 하지 않는 것이 범죄가 아니라고 말하지 않았다. 법원이 주장한 것은 (이런 것과 같은 경우에는 항상 그렇게 하듯이) 첫 번째 판결 이후에서도 범죄가 아니었다는 것이다.

어떤 사람들은 국기에 대한 경례를 하지 않은 사람들은 그들이 입법부에서 그 법을 폐지하도록 작업을 하면서 대법원의 첫 번째 판결에 복종했어야 하고, 그 법을 실제로는 위반하지 않으면서도 그 법을 공격할 어떤 방법을 법정에서 찾으려 했어야 한다고 말할 것이다. 만일 양심이 관련되지 않았다면, 아마도 그것은 그럴 법한 권고가 될 것이다. 왜냐하면 그 경우에는 질서정연한 절차에서 오는 소득을 위해 인내라는 개인적 희생을 감수할 가치가 있다고 주장할 수 있을 것이기 때문이다. 그러나 양심이 관련되어 있다면, 그리고 만일 불복종자들이 시기를 기다리면서 그 법에 복종했다면, 그들은 그들의 양심이 그들에게 하지 못하도록 한 것에서 복구될 수 없는 피해를 입게 될 것이다. 개인은 법이 그에게 자신의 양심에 어긋나는 일을 하기를 명령한다는 것을 알고 있을 때도 때때로 그 일을 해야 한다고 말하는 것과, 그가 법이 그것을 요구하지 않는다고 합당하게 믿을 때조차도—그가 자신이 옳고 그의 동료시민들이 잘못이라는 것을 보여줄 가장 직접적이고 아마도 유일한 방법을 취한다면, 그것은 그의 동료시민들을 불편하게 할 것이기 때문에—그가 그의 양심을 배반해야 한다고 말하는 것은 매우 다른 주장이다.

법원은 자신을 파기할 수 있기 때문에, 첫 번째 모델을 거부하기 위해서 우리가 열거한 것과 동일한 이유가 두 번째 모델을 부정하기 위해서도 동원될 수 있다. 만일 우리가 반대자의 압박을 받지 않는다면, 우리는 반대자에게 불리한 법원의 결정이 옳지 않은 것으로 느껴질 수 있는 정도의 강한 진술, 즉 그것이 옳은가의 문제에서 분명히 중요한 하나의 증거를 갖지 못할 것이다. 우리는 우리가 따른다고 주장하는 원칙들을 위반하는 규칙에 지배받을 가능성을 증가시킬 것이다.

내 생각에 이런 고려사항은 두 번째 모델로부터 우리를 멀어지게 하지만, 어떤 사람들은 그것에 속한 다른 모델로 대체하고자 할 것이다. 그들은 일단 대법원이 어떤 형법을 타당하다고 판결했다면, 시민들은 그들이 그 판결이 나쁜 법이라는 것뿐만 아니라 대법원이 그것을 파기할 가능성이 있다는 것에 대한 합당한 믿음을 가질 때까지는 그 판결에 따를 의무를 갖는다고 주장할 것이다. 이런 견해에서 보자면 1942년에 국기에 대한 경례를 거부한 웨스트버지니아의 불복종자들은 적절하게 행위한 것이다. 왜냐하면 그들은 대법원이 그 판결을 파기할 것이라고 합당하게 예상했을 수 있었기 때문이다. 그러나 대법원이 징병법 같은 법들을 합헌으로 보고 있다면, 계속해서 그 법들에 도전하는 것은 부적절할 것이다. 왜냐하면 대법원이 조만간에 자신의 마음을 바꿀 가능성이 크지 않을 것이기 때문이다. 그러나 이런 주장은 거부되어야 한다. 일단 우리가 어떤 시민이 자신에게 불리한 판결을 법원이 내릴 수 있다는 판단에도 불구하고 법에 대한 자신의 판단을 따르는 것이 적절할 수 있다고 말한다면, 반대의 판결이 이미 기록에 올라 있기 때문에 그가 다르게 행위해야 할 그럴 법한 이유는 없다.

그렇게 해서 세 번째 모델 또는 그것과 가까운 어떤 것이 우리의 공동체 안에서 인간의 사회적 의무에 대한 가장 공정한 진술인 것처럼 보인다. 시민의 충성은 법이 무엇인가에 대한 어떤 특정한 사람의 견해에 대한 것이 아니라 법에 대한 것이다. 그리고 법이 요구하는 것이 무엇인가에 대한 자신의 숙고되고 합당한 견해에 따라서 나아가는 한, 그는 불공정하게 행위하는 것이 아니다. 이것은 개인은 법원이 말한 것을 무시할 수 있다고 말하는 것과 동일하지 않다는 것은 중요하기 때문에 반복하여 말하도록 하겠다. 선례구속의 원리는 우리의 법체계의 핵심 가까이에 있는 것이고, 어떤 사람도 그가 법원에게 판결에 의해서 법을 변경하는 일반적 권력을 주지 않는다면 그 법을 따를 합당한 노력을 할 수가 없다. 그러나 만일 문제가 기본적인 개인적 또는 정치적 권리에 관한 것이라면, 그리고 대법원이 실수를 했다는 주장이 제기될 수 있다면, 사람들은 그 판결이 결정적이라는 것을 인정하지 않을 사회적 권리가 있다.

우리는 이런 고찰을 징병거부의 문제에 적용하기 전에 하나의 중요한 문제에 대해서 따져봐야 한다. 나는 법은 다른 사람들이 생각한 것이나 법원이 판결한 것이 아니라고 믿는 사람의 경우에 관해서 말해왔다. 양심상 징병법에 복종하지 않는 사람들 몇몇은 이 기술에 꼭 들어맞을지도 모른다. 그러나 대부분이 그런 것은 아니다. 대부분의 불복종자들은 법률가나 정치철학자가 아니다. 그들은 기록에 올라 있는 법이 부도덕하고 그들의 국가의 법이상과 일치하지 않는다고 믿지만, 그것이 부당할 수도 있는지 어떤지의 문제에 대해서는 생각하지 않는다. 그렇다면 사람들은 법에 대한 자신의 견해에 따르는 것이 적절할 수 있다는 명제는 그들의 상황과 어떤 관련을 갖는가?

이것에 대답하기 위해서, 나는 내가 앞에서 분명히 했던 것으로 돌아가야 한다. 미국헌법은 적법절차조항, 평등보호조항, 제1수정조항, 그리고 내가 언급한 다른 조항들을 통해서 우리의 정치도덕의 매우 많은 부분을 어떤 법이 타당한지 어떤지의 문제에 투사한다. 그렇기 때문에 대부분의 징병법 불복종자들이 그 법이 부당하다는 것에 대해 의식하지 않는다는 주장에는 제한이 필요하다. 그들은 만일 참이라면 법이 그들의 편이라는 견해를 강하게 지지해주는 믿음들을 갖고 있다. 그들이 그 결론에 도달하지 못한 것은 적어도 대부분의 경우에 복잡한 법적 논변을 구성할 수 없기 때문이다. 만일 법이 의심스러울 경우 법에 대한 자신의 판단을 따르는 사람들은 적절하게 행동하는 것일 수 있다고 믿는다면, 그와 동일한 결론으로 귀결되는 판단을 하는 불복종자들에 대해서까지 그런 견해를 연장하지 않는 것은 잘못인 것처럼 보인다. 내가 세 번째 모델을 위해서 구성한 이 변론의 어떤 부분도 우리가 그들과 그들보다 더 많은 지식을 갖춘 그들의 동료들을 구별할 수 있게 하지 않는다.

우리는 지금까지의 논변으로부터 여러 개의 시험적인 결론을 도출해낼 수 있다. 그럴 법한 변론이 양측에서 만들어질 수 있다는 의미에서 법이 불확실하다면, 자신의 판단을 따르는 시민은 불공정하게 행위하는 것이 아니다. 우리의 관행은 그가 그런 경우들에서 자신의 판단을 따르는 것을 허용하고 또 따르도록 장려한다. 그러한 이유로 우리의 정부는 그를 보호하고 그의 곤경을 완화시키도록 노력할 특별한 책임을 갖는데, 다른 정책들에 커다란 피해를 주지 않고 그렇게 될 수 있을 때는 언제든지 그러하다. 그렇다고 해서 정부가 그에게 면책을 보장할 수 있다는 결론은 나오지 않는다. 정부는 양심에 따라서 행위하는 어떤 사람도 고소하지 않을 것이라거나 법원과 의견이 다른 어떤 사람도 유죄판결을 받지 않을 것이라는 규칙을 채택할 수는 없다. 그것은 정부가 자신의 정책들을 수행할 수 있는 자신의 능력을 마비시킬 것이다. 더욱이 그것은 세 번째 모델을 따를 때 얻을 수 있는 가장 중요한 혜택을 상실할 것이다. 만일 국가가 기소하지 않는다면, 법원은 경험과 불복종이 발전시킨 논변에 근거해서 행위할 수 없을 것이다. 특정한 경우에 기소하기 위한 실용적 이유들이 상대적으로 약하거나 다른 방식으로 총족될 수 있을 때, 공정성의 길이 관용 속에 있다는 결론은 도출될 수 있다. 법은 법이며 항상 집행되어야 한다는 대중적 견해는 의심스러운 법에 대한 자신의 판단에 따라서 행위하는 사람, 따라서 우리의 관행이 규정하는 대로 행위하는 사람을 일반 범죄인으로부터 구별하지 못한다. 나는 도덕적 맹인이라는 이유 이외로 원칙적으로 그 두 경우들을 구별하지 않는 것에 대해 어떤 이유도 모르겠다.

나는 이런 결론들에 대한 철학적 반대를 예상한다. 즉, 그것은 내가 법을 "하늘 도처에서 맴도는 것"* 으로 취급한다는 반대이다. 나는 법이 불명확하고 증명될 수 없는 경우에 법이 요구하는 것이 무엇인가에 관해 판단하는 사람들에 대해서 말했다. 나는 대법원이 법이 요구하는 것이 무엇인가를 말하고 또 조만간에 대법원이 그 견해를 바꿀 가능성이 없다고 하더라도, 법이 요구하는 것은 그것과는 다른 어떤 것이라고 주장할 수 있는 경우들에 대해서 말했다. 그렇기 때문에 나는 법적 문제에 대해서 자연법 안에서 발견될 수 있는 또는 어떤 초월적 금고 안에 넣어져 있는 하나의 "옳은 대답"이 있다는 견해를 가졌다는 혐의를 받을 것이다.

물론 법에 관한 금고이론은 터무니없다. 사람들은 법이 불확실할 때

---

* 홈스(Oliver Wendell Holmes, 1841~1935) 판사가 한 말이다. 그는 "보통 법은 하늘 도처에서 맴도는 것(brooding omnipresence in the sky)이 아니라 확인할 수 있는 주권자 또는 의사주권자의 분명한 목소리이다"라고 주장했다.

법에 대한 견해를 지니며, 이런 견해들은 단순히 법원이 갖게 될 것에 대한 예견만은 아니라고 내가 말할 때, 나는 그런 형이상학을 말하는 것이 아니다. 내가 하고자 하는 것은 오직 우리의 법적 과정의 부분인 많은 관행을 내가 할 수 있는 한 정확하게 요약하는 것이다.

법률가들과 법관들은 법적 권리와 의무에 대한 주장이 증명될 수 없다는 것을 알고 있을 때조차도 그런 주장을 하며, 그런 주장을 논변을 통해서 지지하는데, 그런 논변이 모든 사람에게 호소력이 있지 않을 것이라는 것을 알면서도 그렇게 한다. 그들은 이런 논변을 전문잡지에서, 교실에서, 그리고 법정에서 한다. 그들은 다른 사람들이 이런 논변을 제시할 때 그것이 좋다든지 나쁘다든지 보통이라고 판단함으로써 그것에 대응한다. 그렇게 할 때 그들은 하나의 불확실한 입장을 지지하는 어떤 논변은 다른 논변보다 더 좋다고 가정한다. 그들은 또한 불확실한 명제의 한쪽을 지지하는 근거(case)가 다른 쪽을 지지하는 근거보다 더 강할 수 있다고 가정한다. 그것이 내가 불확실한 사안에서 법에 대한 주장이 의미하고자 하는 것으로 간주하는 것이다. 그들은 커다란 어려움 없이 이런 논변을 법원이 판결할 것에 대한 예견과 구별한다.

이런 관행들은, 불확실한 문제들에서 법에 대한 판단이라는 것은 터무니없다거나 법원이 판결하게 될 것에 대한 단순한 예견에 지나지 않는다고 보는 이론에 의해서는 잘 설명될 수가 없다. 그런 이론을 지니는 사람들이라도 이런 관행의 사실을 부정할 수 없다. 아마도 이런 이론가들은 그 관행이 이성적이지 않다고 주장할 것이다. 그것은 성립하지 않는 가정들 위에 서 있기 때문이라거나 다른 이유를 제시할 것이다. 그러나 이 점은 그들의 반론을 신비한 것으로 만든다. 왜냐하면 그들은 이런 관행 밑에 깔려 있는 목적이라고 그들이 생각한 것을 결코 구체적으로 밝히지 않기 때문이다. 그리고 만일 이런 목적이 정해지지 않는다면, 그 관행이 이성적인가 아닌가를 결정할 수 없다. 나는 이 밑에 깔려 있는 목적은 내가 앞에서 기술한 목적으로 이해한다. 즉, 법을 시민들에 의한 실험과 대결과정을 통해서 발전시키고 검사한다는 목적이다.

우리의 법체계는 시민들이 그들 스스로 또는 그들 자신의 조언자를 통해서 법적 논변의 힘과 약점을 결정하도록 또는 그런 판단들에 따라서 행위하도록 유도함으로써 이런 목적을 추구한다. 그런 유도는 법원이 그들의 견해에 동의하지 않는 경우, 그들이 고통을 당할 수 있다는 위협에 의해서 제한되기는 하지만 말이다. 이 전략에서의 성공은 공동체 안에서 좋은 논변이나 나쁜 논변이 무엇인지에 대한 충분한 합의가 있는지에 의존한다. 그러한 합의가 있을 경우에는, 다양한 사람들이 다양한 판단에 도달한다 하더라도 이런 차이들은 그 체계가 작동할 수 없게 하거나 자신들의 생각(light)에 따라 행위하는 사람들에게 위험한 것일 만큼 심각한 것도 아니고 자주 있는 일도 아니게 될 것이다. 법철학의 주요 과업들 가운데 하나가 이런 위험을 피할 수 있는 논변의 기준들을 밝혀내는 것이라 하더라도, 그 기준들에 대해 충분한 합의가 있다고 나는 믿는다. 어떤 경우든 내가 기술한 관행이 잘못된 것이라는 것이 아직 증명되지 않았다. 그러므로 그것들은 다른 사람들이 법이라고 생각하는 것을 위반하는 사람들에게 관대한 것이 정의롭고 공정한지 그렇지 않은지를 결정할 때 고려되어야만 한다.

나는 법이 부당하다는 판단에 따라 행위하는 사람들에 대해서 정부가 특별한 책임을 갖는다고 말한 바 있다. 정부는 다른 정책과 부딪히지 않는 경우에는 가능한 한 그들을 수용해야 한다. 특정한 경우에 그런 책임감으로 정부가 무엇을 해야 할 것인가를 정하는 것은 어려울 것이다. 그 결정은 균형의 문제가 될 것이고, 단조로운 규칙은 도움이 되지 않을 것이다. 그렇지만 어떤 원칙들은 제시될 수 있다.

나는 먼저 기소를 해야 할지 어떤지에 대한 검사의 결정에 대해 검토하고자 한다. 그는 관대해야 한다는 책임과 유죄판결이 사회를 분열시키게 될 위험을, 그가 불복종자들을 기소하지 않고 내버려둘 경우 법정책이 받을 수 있는 피해와 비교해서 균형을 맞춰야 한다. 그 계산에서 그는 다른 사람들이 입을 피해의 정도뿐만 아니라 법이 그 피해를 어떻게 평가할 것인가에 대해서도 고려해야 한다. 그리고 그렇기 때문에 그는 아래와 같은 구별을 해야 한다. 법의 모든 규칙은 그것이 제시하는 것으로 생각되는 일군의 정책과 그것이 존중하는 것으로 생각되는 원칙에 의해서 지지를 받고 또 정당화된다. 어떤 규칙들(예를 들면 살인과 절도를 금지하는 규칙)은 보호를 받는 개인들이 지정된 피해로부터 자유로울 수 있는 도덕적 권리를 갖는다는 명제에 의해서 지지된다. 다른 규칙들(예를 들면 좀 더 전문적인 독점금지 규칙)은 그것의 배후에 있는 어떤 권리의 전제에 의해서 지지되지 않는다. 그것들에 대한 지지는 주로 그것들이 증진시킨다고 주장되는 경제정책과 사회정책의 공리로부터 온다. 이것들은 도덕원칙들(예를 들면 약한 경쟁자의 가격보다 가격을 더 내리는 것은 무자비한 사업행태라는 견해)로 보충되지만 이 원칙들은 문제 되는 피해를 입지 않을 도덕적 권리를 인정하는 것에 이르지는 못한다.

이런 구별에 있는 요점은 이것이다. 만일 어떤 특정한 법의 규칙이 개인들은 어떤 피해로부터 자유로울 도덕적 권리를 갖는다는 공식적 결정을 표현하는 것이라면, 그것은 그런 상해를 입히는 위반행위들을 관용하는 것을 반대하는 강력한 논변이다. 사람들을 신체적 상해나 재산의 파괴로부터 보호하는 법은 그런 종류의 결정을 보여주며, 이것은 폭력을 수반하는 시민불복종을 용인하는 것을 반대하는 매우 강한 논변이다.

물론 하나의 법이 도덕적 권리에 대한 가정에 의존하는지 아닌지는 논란이 될 수 있을 것이다. 문제는 법의 배경과 운영을 참조할 때, 그 법을 만든 사람들이 그런 권리를 인정했다고 가정하는 것이 합당한가 하는 것이다. 폭력을 금지하는 규칙 이외에도 그들이 그런 권리를 인정하는 경우들이 있다. 민권법이 바로 그 예이다. 진지하고 열렬한 많은 인종 분리주의자들은 민권법과 시민권 판결들이 위헌이라고 생각한다. 왜냐하면 그것들은 지방정부의 원칙과 결사의 자유의 원칙을 훼손하는 것이기 때문이다. 이것은 설득력이 있는 것은 아니지만 주장될 수 있는 견해이다. 그러나 이런 법과 판결은 분명히 흑인들은 개인으로서 분리되지 않을 권리를 갖는다는 견해를 구현한다. 그것들은 결코 국가의 다른 정책들이 인종분류를 금지함으로써 가장 잘 추진될 수 있다는 판단에 의존하지 않는다. 만일 학교출입문을 막는 사람에 반대해서 우리가 행위하지 않는다면, 우리는 그 사람이 가로막는 여학생이 갖고 있으며 법에 의해서 확인된 도덕적 권리를 침범하게 된다. 관대함의 책임은 그렇게까지 멀리 갈 수 없다.

그러나 그 여학생의 입장은 징병법 위반자들이 처벌되지 않는 경우 더 일찍 소집되거나 더 위험한 위치에 놓이는 징병대상자의 입장과는 다르다. 징병법은 그것 전체가 어떤 부류의 사람들은 오직 다른 어떤 사람이나 집단이 소집되고 난 후에야 징집될 권리가 있다는 판단을 반영한다고 말할 수 없다. 징병자의 분류와 그 분류 안에서의 소집순서는 사회적 편의와 행정적 편의를 위해서 정해진다. 그것들은 또한 전쟁에서 두 아들 가운데 한 아들을 잃은 어머니는 다른 아들을 잃을 수 있는 위험을 무릅쓰게 해서는 안 된다는 명제 같은 공정성에 대한 고려사항들을 반영한다. 그러나 그것들은 고정된 권리를 전제하지 않는다. 징병위원회는 분류과정에서 상당한 정도의 재량을 갖는다. 그리고 물론 군은 위험한 자리를 배정하는 데에서 거의 완전한 재량을 갖는다. 만일 검사가 징병법 위반자들을 기소하지 않는다면, 그는 공정성과 공리에 대한 법의 계산에서 약간의 차이를 두는 것이다. 이 차이는 징병대상자 풀(pool) 안에 있는 다른 사람들에게 불이익을 가져다줄 것이지만 그 것은 그들의 도덕적 권리를 부정하는 것과는 다른 문제이다.

인종분리와 징병과의 이런 차이점은 법이 어떻게 씌어졌는가에 따라 좌우되는 우연적인 차이가 아니다. 시민들이 군대에 소집되는 순서에 대한 도덕적 권리를 갖는다고 가정하는 것은 일세기 동안의 관행에 어 긋나는 일이다. 예를 들면 그 전제 아래서는 추첨으로 선택하는 체계는 끔찍한 것이 될 것이다. 만일 우리의 역사가 달랐더라면, 그리고 만일 공동체가 그런 도덕적 권리를 인정했다면, 징병법 불복종자들은 그런 권리를 존중하기 위해 노력하도록 그들의 행위를 수정했을 수 있다. 그 렇기 때문에 징병법 불복종자들을 관용하는 것이 정당화될 수 있는지 없는지를 고찰할 때, 많은 비판자들이 하는 것처럼 징병사안을 폭력이 나 시민권 사안과 동일한 방식으로 분석하는 것은 잘못이다. 내가 수장 하고자 하는 것은 다른 사람들과의 공정성이 징병사안의 경우에는 문 제가 되지 않는다는 것이 아니다. 그것은 고려되어야 하고, 불복종자들 에 대한 공정성과 사회에 대한 장기적 이익을 감안해 조정되어야 한다. 그렇지만 권리들이 달려 있을 때, 그것이 하는 위엄 있는 역할을 여기 에서는 하지 않는다.

그러면 징병거부를 조언한 사람들의 경우에는 공정성과 공리의 균형 점이 어디에 있는가? 만일 이 사람들이 폭력을 부추겼거나 다른 방식으 로 다른 사람들의 권리를 침범했다면, 그들을 처벌하는 것을 지지하는 강한 근거가 있었을 것이다. 그러나 그런 행위가 없을 경우에는 공정성 과 공리의 균형점은 내가 보기엔 그와는 다른 곳에 놓이는 것 같다. 그 렇기 때문에 나는 코핀, 스포크, 라스킨, 굿맨과 페버를 기소한 결정은 잘못이었다고 생각한다. 만일 징병거부를 조언한 사람들을 기소하지 않는다면 징병을 거부할 사람들이 증가할 것이라고 말할 수도 있을 것이다. 그러나 내가 생각할 때 그 수는 어떤 경우에도 거부하게 될 사람의 수를 많이 넘어서지는 않을 것이다.

만일 이 생각이 틀렸다면, 그렇게 해서 훨씬 더 많은 거부가 있게 된다면, 이 잉여불만족에 대한 판단은 정책입안자들에게는 중요하며, 언론 금지 아래서 그것이 감춰져서는 안 되는 것이었다. 양심이 깊게 관여되어 있다. 거부를 조언하는 많은 사람들이 양심 이외의 다른 근거에 의해서 그렇게 한다고 믿기는 어렵다. 조언을 범죄로 만드는 법이 위헌이라는 주장은 강하다. 그 주장이 설득력이 있다고 생각하지 않는 사람들조차도 그 주장의 논거들이 실체를 갖는다는 것을 인정한다. 잠재적 징집대상자들, 즉 거부하도록 설득될 수 있었을 사람들과 다른 사람들이 설득되었기 때문에 더 빨리 징집되었을 사람들에 대한 피해는 먼 장래의 것이고 추정적인 피해이다.

징집되었는데 입대를 거부한 사람들의 경우는 더 복잡하다. 핵심문제는 기소를 하지 못하게 되면 입대를 거부하는 사람들이 크게 많아질 것인지 어떤지이다. 그렇게 되지는 않을 것이다. 미국에는 젊은이들이 그들이 징집되었을 경우, 그들이 거부할 경우 감옥에 가지 않는다 하더라도 입대하도록 강요하는 사회적 압력이 있다. 만일 그 수가 많이 증가하지 않을 것이라면, 국가는 불복종자들을 그대로 내버려두어야 할 것이다. 그리고 나는 그 정책의 결과가 더 분명해질 때까지 기소를 연기시키는 것이 크게 해로울 것이라고 생각하지 않는다. 만일 입대를 거부하는 사람들의 수가 대규모인 것으로 밝혀진다면, 그것은 기소를 지지하게 될 것이다. 그러나 그것은 또한 그 문제를 학술적인(academic) 문제로 만들 것이다. 왜냐하면 우리를 그런 곤경으로 몰아넣을 정도의 불복종이 일어났다면 전체주의와 가까운 체제 아래서가 아니라면 그 어느 경우든 전쟁을 수행하는 것이 매우 어려웠을 것이기 때문이다.

이런 결론들에는 하나의 역설이 있는 것처럼 보일지 모른다. 나는 앞에서 법이 명확하지 않을 때는 시민들이 자신의 판단에 따를 권리를 갖는다고 주장했다. 그것의 부분적인 근거는 그런 관행이 재판을 위한 논점을 형성하는 데 도움을 준다는 것이었다. 그런데 지금 나는 재판을 없애거나 연기하는 한 과정을 제안하고 있다. 그렇지만 이 모순은 오직 겉으로 보기에만 있는 것이다. 우리의 관행이 재판을 용이하게 해주며 법을 발전시키는 것에서 그것을 더욱 유익한 것으로 만들어준다는 사실로부터 시민들이 자신의 생각에 따라 행위할 때마다 재판이 이루어져야 한다는 결론이 나오는 것은 아니다. 각각의 사안에서 쟁점들이 재판을 요구할 정도로 성숙한 것인지 아닌지, 그리고 재판이 이 쟁점들을 더 이상의 불복종이 발생할 가능성을 제거하거나 불복종의 근거를 제거하는 방식으로 해결할 것인지 아닌지의 문제가 발생한다.

징병사안의 경우, 이 두 질문에 대한 대답은 부정적이었다. 전쟁에는 많은 양면성이 있었으며 징병과 관련된 도덕적 문제들의 범위에 대해서는 불확실성과 무지가 있었다. 법원이 이런 문제들에 대해서 판결을 내리기에 최선의 시기가 아니었으며, 불복종자를 당분간 용인하는 것이 논의가 더욱 명확한 어떤 것을 생산해낼 때까지 그 논의가 계속되도록 하는 하나의 방법이었다. 더욱이 헌법적 문제들에 대한 하나의 재판이 그 법을 확정하지는 않을 것이라는 것은 명백했다. 징병법이 합헌이라는 것에 대해 의심을 가졌던 사람들은 대법원이 그것이 합헌이라고 말한 후에도 동일한 의심을 가졌다. 이 사안은 기본권에 관련된 사안 중 하나인데, 그것에서는 우리의 관행이 그런 의심을 불러일으킨다.

그렇지만 검사들이 기소하지 않는다 하더라도, 밑에 깔린 문제는 오직 일시적으로만 해소될 것이다. 법이 불복종 행위를 범죄로 만드는 한, 양심에 따르는 사람은 위험에 빠지게 될 것이다. 관대함의 책임을 공유하는 의회는 이 위험을 축소시키기 위해서 무엇을 할 수 있는가?

의회는 불복종자들을 얼마나 수용할 수 있는지를 알아보기 위해서 문제 되는 법률을 심사할 수 있다. 입법부가 채택하는 모든 프로그램은 정책과 그 정책을 제한하는 원칙들의 혼합이다. 예를 들면 기소된 범죄인의 권리를 존중하고 재산소유자의 피해에 대해 보상할 수 있도록 우리는 범죄수사와 도시재개발에서 효율성의 손실을 받아들인다. 의회는 다양한 정책들을 조정하거나 수정함으로써 불복종자에 대한 의회의 책임을 다하는 것이 적절할 것이다. 그와 관련된 문제들은 이렇다. 양심적 불복종이 정책에 미치는 영향을 최소화하면서 그것을 가능한 한 가장 많이 용인하기 위해 어떤 수단이 발견될 수 있는가? 이 경우에 관대함에 대한 정부의 책임은 얼마나 강한가? 양심이 얼마나 깊게 관여되어 있으며 법이 전혀 부당하다는 주장은 얼마나 강한가? 문제 되는 정책이 얼마나 중요한가? 그 정책의 방해에 대한 대가는 허용할 수 없는 정도로 큰 것인가? 이런 문제들은 틀림없이 지나치게 단순한 문제일 것이다. 그러나 그것들은 반드시 우리가 해야 하는 선택의 핵심을 보여준다.

거부를 조언한 사람들이 기소되지 않았어야 하는 이유와 동일한 이유로 나는 그것을 범죄로 만드는 법은 폐지되어야 한다고 생각한다. 이 법이 자유언론을 축소시킨다는 주장의 근거는 강하다. 그 법은 분명히 양심을 강요한다. 그리고 그것은 아마도 어떤 유익한 결과에 기여하지 않을 것이다. 만일 조언 때문에 거부할 소수의 사람들만 그 조언이 거부하도록 설득한다면, 그 조언을 제약하는 것의 가치는 작다. 만일 조언이 많은 사람들을 설득한다면, 그것은 반드시 알려져야 하는 중요한 정치적 사실이다.

징병거부 자체의 경우에 문제는 더욱 복잡하다. 베트남 전쟁이 그것 자체로서 그로테스크한 실책이라고 믿었던 사람들은 법에서의 어떤 변화이든지 평화를 더 가능성이 있게 만드는 것이었다면 좋아했을 것이다. 그러나 만일 우리가 그 전쟁이 필요했다고 생각하는 사람들의 입장을 취한다면, 우리는 징병을 계속하면서도 불복종자들을 모두 면제해주는 정책은 현명하지 못했을 것이라는 점을 인정해야 한다. 그렇지만 두 개의 덜 과격한 대안들이 고려되었어야 했다. 그 하나는 지원병제이고, 다른 하나는 전쟁을 부도덕하다고 생각하는 사람들을 포함하도록 양심적 반대자의 범주를 확장하는 것이다. 그 두 가지 제안에 반대해서 말할 수 있는 것들은 많다. 그러나 불복종자를 존중해야 한다는 요구를 일단 인정한다면, 원칙의 균형추는 그 두 제안들 쪽으로 기울 것이다.

그래서 양심적 징병법 위반자들을 기소하지 않고, 그들에게 유리하게 법을 변경시키는 것을 지지하는 주장은 강한 것이었다. 그렇지만 정치적 압력이 그 정책에 반대했기 때문에 그 정책이 채택되는 것을 기대하는 것은 비현실적이었을 것이다.

그렇기 때문에 우리는 법원이 무엇을 할 수 있었고 했어야 했는지에 대해서 고찰해야 한다. 물론 법원은 징병법은 일반적으로나 당장의 사안에서 피고들에게 적용될 때 어떤 면에서는 위헌이라고 주장하는 논변을 지지했을 수 있다. 또는 유죄판결을 위해서 필요한 사실들이 증명되지 않았기 때문에 피고인들을 석방했을 수도 있다. 나는 헌법적 문제 또는 특정한 사안의 사실에 대해서는 논의하지 않을 것이다. 그 대신 나는 적어도 어떤 여건에서는 설사 제정법을 고수하고 고발된 대로의 사실이 밝혀졌다 하더라도, 법원은 유죄판결을 내려서는 안 된다고 주장하고자 한다. 대법원은 몇몇 징병법 사안이 발생했을 때 징병법이 위헌이라는 주요 논변에 대해서도 판결하지 않았고, 그런 논변은 대법원의 관할이 아닌 정치적 문제를 제기한다고 판결하지도 않았다. 대법원이 징병법을 지지한다 하더라도, 이런 상황에서는 무죄를 선고해야 하는 강한 이유가 있다. 대법원이 판결하기 전에는 징병법의 타당성이 의심스러웠으며 의심스러운 법에 복종하지 않았다는 이유로 사람들을 처벌하는 것은 공정하지 않다는 근거에서 대법원은 무죄를 선고해야 한다.

　이런 노선에 따라서 이루어지는 판결에 대한 판례가 있을 것이다. 대법원은 문제가 되는 법이 지나치게 모호하기 때문에 적법절차조항의 근거 위에서 형사적 유죄판결을 뒤집은 적이 여러 번 있다. (예를 들면 대법원은 "합당하지 않은 가격"을 부과하거나 "갱단"의 조직원이 되는 것을 범죄로 만드는 법에 따라 이루어진 유죄판결들을 뒤집었다.) 모호한 형법 아래서의 유죄판결은 적법절차의 도덕적 이상과 정치적 이상을 두 가지 방식으로 침해한다. 첫째, 그것은 시민을 자신의 위험을 무릅쓰고 행위해야 하거나 그의 삶에 대해 입법부가 인정한 것보다 더 엄격한 제약을 받아들여야 하는 불공정한 입장에 놓는다. 내가 앞에서 말했듯이, 그런 사안에서 그가 최악의 것을 가정해야 한다는 것을 사회적 행위의 모델로 수용할 수 없다. 둘째, 그것은 검사와 법원이 사건이 일어난 후에 하나의 해석이나 그와는 다른 가능한 해석을 선택함으로써 형법을 만들 수 있는 권력을 준다. 그것은 입법부 권한의 위임인데, 그것은 권력분립이라는 우리의 체계와 상반된다.

　법의 용어들이 모호하지 않지만 헌법적 타당성이 의심스러운 형법 아래서의 유죄판결은 이런 방식 가운데 첫 번째 방식으로 적법절차를 위반한다. 그것은 시민에게 최악의 것을 가정하도록 강요하거나 자신의 위험을 무릅쓰고 행위하도록 강요한다. 그것은 또한 두 번째 방식 같은 방식으로도 적법절차를 위반한다. 대부분의 시민들은 만일 그들이 의심스러운 제정법을 위반할 경우 투옥될 수도 있다면, 그 제정법에 의해서 방해를 받을 것이다. 그 경우에는 법원이 아니라 의회가 형법제정의 합헌성을 결정하는 데에서 효력이 있는 발언권을 갖는 것이 될 것이고, 이것은 또한 권력분립을 위반하는 것이다.

　만일 대법원이 법이 타당하다고 판결하거나 정치적 문제원리가 적용된다고 판결한 후에도 불복종 행위가 계속 일어난다면, 내가 기술한 근거에 의한 무죄선고는 더 이상 적절하지 않을 것이다. 앞에서 제시된 이유들 때문에 대법원의 판결이 법을 최종적으로 확정하지는 않을 것이지만 대법원은 법을 확정하기 위해서 할 수 있는 모든 것을 했을 것이다. 그렇지만 하급법원들은 여전히 그들의 양형재량을 행사할 것이고, 불복종자의 입장에 대한 존중의 표시로 최소형량이나 유예판결을 부과할 수 있을 것이다.

우리는 양심상 징병법에 복종하지 않은 사람들에 대한 책임을 가지며, 우리는 그들을 기소하도록 요구되지 않고 오히려 그들을 수용하기 위해서 법을 바꾸거나 우리의 선고절차를 조정하도록 요구될 수 있다는 나의 결론에 어떤 법률가들은 놀랄 것이다. 범죄는 처벌되어야 하며, 법을 잘못 판단하는 사람은 그 결과에 대해 책임을 져야 한다는 단순한 드라콘주의적*인 명제들이 대중의 상상뿐만 아니라 전문가들의 상상을 매우 강하게 사로잡고 있다. 그러나 법의 지배는 그것보다는 더 복잡하고 더 지적이며, 중요한 것은 그것이 존속되어야 한다는 것이다.

---

* 드라콘은 고대 아테네의 최초의 헌법을 초안한 사람이다. 그의 법은 죄에 대한 처벌이 혹독한 것으로 유명하다.

제9장 역차별

1

1945년 스웨트(Sweatt)라는 이름의 한 흑인이 텍사스 대학교의 로스쿨에 지원했는데 입학을 거절당했다. 왜냐하면 주의 법이 오직 백인만 입학할 수 있다고 규정했기 때문이다. 대법원은 이 법이 미국 헌법의 제14수정조항 아래서 성립하는 스웨트의 권리를 침해했다고 선언했다.[1] 어떤 주도 어떤 사람에게든 법의 평등한 보호를 거부해서는 안 된다고 이 조항은 규정하고 있다. 1971년에는 드퍼니스(DeFunis)라는 이름의 유대인이 워싱턴 대학교의 로스쿨에 지원했다. 그는 만일 그가 흑인이거나 필리핀계 미국인이거나 중국계 미국인이거나 아메리카 원주민이었다면 입학될 수 있을 정도의 대학성적과 입학시험 성적을 받았지만 입학을 거절당했다. 드퍼니스는 대법원에게 소수집단 구성원들에게는 덜 엄격한 기준을 요구한 워싱턴 대학교의 관행이 제14수정조항 아래에서 자신에게 보장되는 권리를 침해했다고 선언해줄 것을 요구했다.[2]

---

1) *Sweatt v. Painter*, 339 U.S. 629, 70 S. Ct. 848.

위싱턴 로스쿨의 입학과정은 복잡했다. 지원은 두 집단으로 나뉘어 졌다. 다수집단—소수집단으로 지정된 집단출신이 아닌 자들—의 경 우에는, 먼저 그들 중에서 대학성적과 적성검사 점수로 정해지는 예상 평균이 특정 수준 이하로 떨어진 사람을 걸러냈다. 그 시험을 통과한 다수집단 지원자는 더 엄밀한 심사를 받는 범주에 들어갔다. 다른 한편 으로 소수집단의 지원자들은 걸러지지 않았다. 그들 각각은 흑인 법학 교수와 흑인법학도를 돕는 프로그램에서 가르쳤던 백인교수로 구성되 는 특별위원회에서 매우 자세한 심사를 받았다. 드퍼니스가 떨어진 해 에 입학했던 대부분의 소수집단 지원자들은 커트라인에 미달하는 예상 평균 점수를 받았고, 로스쿨은 그런 평균점수를 받은 소수집단 지원자 가 확실히 받아들여졌을 것이라는 점을 인정했다.

드퍼니스 사안은 자유주의적 신념을 전통적으로 지지했던 정치적 행 동집단을 분열시켰다. 예를 들면 브나이브리스 반비방연맹(B'nai Brith Anti-Defamation League)과 미국노동총연맹 산업별협회는 드퍼니스 의 주장을 지지하기 위해서 법정의 조언자(amici curiae)로서 의견서 를 제출했는데, 미국히브리여성협회와 미국자동차노동조합과 미국광 산노동조합은 그것에 반대하는 의견서를 제출했다.

오랫동안 동맹을 이루고 있던 집단들의 이런 분열은 그 사안의 실제 적 중요성과 철학적 중요성을 보여준다. 과거에 자유주의자들은 아래 와 같은 세 가지 명제를 주장했다. 즉, 인종분류는 그것 자체로서 악이 고, 모든 사람은 자신의 능력에 비례하는 교육기회를 가질 권리를 가지 며, 주의 적극적 우대조치(affirmative action)는 미국 사회에서의 심 각한 불평등을 치료하기 위해서 적절하다는 것이다. 그러나 주의 조치 중 가장 효과적인 프로그램은 소수인종 집단에게 경쟁우위를 주는 프

---

2) *DeFunis v. Odegaard*, 94 S. Ct. 1704(1974).

로그램이기 때문에, 이 세 개의 자유주의적 전제들은 사실상 모두 성립할 수 없다는 견해가 지난 십 년간 점점 커져왔다.

물론 그 견해는 비판받아왔다. 어떤 교육자들은 선의의 할당량 제도는 효과적이지 못하고 자기파괴적이기까지 하다고 주장했다. 차별적 우대는 많은 흑인들이 이미 갖고 있는 열등감을 더 강화시킬 것이기 때문이라는 것이다. 다른 사람들은 더 일반적인 반대를 한다. 그들은 어떤 인종차별도 설사 그것이 소수집단에게 혜택을 주기 위한 것이라 하더라도 사실상 그 소수집단에게 해를 끼칠 것이라고 주장한다. 왜냐하면 어떤 목적이든지 간에 인종구별이 용인될 때마다 편견은 커지기 때문이다. 그러나 이런 것들은 복잡하고 논란이 될 수 있는 경험적 판단이다. 그리고 몇몇 비판자들이 주장하는 것처럼 차별적 우대가 우대를 받는 사람들에게 더 큰 피해를 주는지 더 큰 혜택을 주는지를 결정하기에는 너무 이르다. 또한 특히 헌법사안의 경우에는 사회성책의 효율성에 대해 다른 관리와 의견이 다르다고 해서 그 관리의 결정을 뒤집어엎는 것은 법관이 할 일이 아니다. 그렇기 때문에 이 경험적 비판 이외에도 설사 역차별이 소수집단에게는 혜택을 주고 궁극적으로는 편견을 축소시킨다 하더라도 인종구별은 본래적으로 부정한 것이기 때문에 잘못된 것이라는 도덕적 논변이 추가된다. 인종구별은 정의롭지 않다. 왜냐하면 그것은 드퍼니스처럼 자리를 잃을 수 있는 우대를 받지 못하는 집단의 개별적 구성원의 권리를 침해하기 때문이다.

드퍼니스는 헌법소원의 형태로 이런 도덕적 논변을 법원에 제출했다. 대법원은 끝내 그 논변이 좋은 논변인지 나쁜 논변인지 결정하지 않았다. 드퍼니스는 한 하급법원이 그에게 승소판결을 내린 이후 로스쿨에 입학했다. 로스쿨은 그 사안이 최종적으로 어떻게 판결되든지 간에 그는 졸업할 수 있을 것이라고 말했다. 그렇기 때문에 대법원은 그 사안은 미결사안(moot)이라고 판결하고 그 근거에서 항소를 기각했다. 그러나 더글라스 법관은 그 사안에 대한 이런 중립적 처분에 동의하지 않았다. 그가 쓴 반대의견에서 그는 대법원은 시비곡직에 따라서 드퍼니스의 주장을 지지해야 한다고 주장했다. 많은 대학이 더글라스의 견해를 불길한 전조로 받아들였고, 나중에 그의 견해가 지배적이게 될 것을 예상해 그들의 관행을 바꾸었다. 사실상 그의 견해는 로스쿨들은 워싱턴 로스쿨이 사용한 것보다 더 정교한 정책을 통해서도 동일한 결과를 달성할 수 있을 것임을 지적했다. 예를 들면 학교는 모든 인종과 집단 출신의 지원자를 함께 심사하지만, 특정한 소수집단 지원자에 대한 적성시험은 차등을 두어 등급을 매기거나 전체적인 예상평균을 계산할 때 더 적은 비중을 주기로 약정할 수 있을 것이다. 왜냐하면 표준적인 검사는 다양한 이유 때문에 이런 지원자들의 실제 능력에 대한 빈약한 기준이라는 것을 경험은 보여주었기 때문이다. 그러나 만일 이런 기법이 동일한 결과를 달성하기 위해서 고의적으로 사용된다면, 그것은 기만책이 될 것이며, 워싱턴 대학교가 운용한 솔직한 프로그램이 왜 부정하거나 위헌인가를 물어보는 것이 남는다.

2

드퍼니스는 명백히 주가 그에게 제공하는 특정한 질을 갖춘 법교육에 대한 헌법적 권리를 갖지 않는다는 점은 명백하다. 만일 그의 주에 로스쿨이 전혀 없다면, 또는 정원이 매우 적은 하나의 로스쿨만 있어서 그가 그의 지적인 능력으로 입학할 수 없다면 그의 권리는 침해되지 않을 것이다. 로스쿨은 입학에서 주로 지적인 능력에 의존한다. 그렇지만 그것이 적절한 것으로 보이는 것은 지원자들이 그런 방식으로 판정될 권리를 갖기 때문이 아니라 전체로서의 공동체는 그 공동체의 변호사들이 지적일 때 더 행복하다고 생각하는 것이 합당하기 때문이다. 즉,

지적인 기준은 그것이 똑똑한 사람들에게 보답하는 것이기 때문이 아니라 하나의 유익한 사회정책에 기여하는 것처럼 생각되기 때문에 정당화된다.

더욱이 때때로 로스쿨은 지적 기준에다 다른 종류의 기준을 보충함으로써 그 정책에 더 잘 기여한다. 예를 들면 때때로 그 학교들은 똑똑하지만 게으른 사람보다는 근면한 지원자를 더 선호한다. 또한 학교들은 지성과는 관계없는 특별한 정책에 봉사하기도 한다. 예를 들면 워싱턴의 로스쿨은 소수집단에게만 특혜를 주는 것이 아니라 군대에 다녀온 학생들에게도 특혜를 주었는데, 드퍼니스와 그를 위해서 제출된 그 어떤 의견서도 그 특혜에 대해서는 불평하지 않았다.

드퍼니스는 로스쿨 입학에 대한 절대적 권리를 갖고 있지 않으며, 또한 오직 지성만이 기준으로 사용되는 것에 대한 권리도 갖고 있지 않다. 그런데도 그는 아무리 인종분류가 전체적 복지를 승진시키거나 사회적 불평등과 경제적 불평등을 줄이기 위해서 잘 작동한다 하더라도 인종이 하나의 기준으로 사용되어서는 안 되는 권리를 갖는다고 말한다. 그렇지만 그는 이 권리를 마치 언론과 종교의 자유에 대한 권리가 그런 것처럼 미국헌법에 의해서 특별히 보호되는 하나의 별도의 독립적인 권리로서 갖는다고 주장하지 않는다. 미국헌법은 마치 그것이 검열이나 국교의 설립을 비난하는 것처럼 인종분류를 직접적으로 비난하지는 않는다. 드퍼니스는 인종이 입학기준으로 사용되어서는 안 된다는 그의 권리가 제14수정조항에 의해서 보호되는 평등에 대한 더 추상적인 권리로부터 도출된다고 주장한다. 그 조항은 어떤 주도 어떤 사람에게 법의 평등한 보호를 거부해서는 안 된다고 규정한다.

그러나 법적 논변은 미국헌법의 조문이나 대법원의 선행판례가 평등보호조항이 모든 인종분류를 위헌으로 만드는지 어떤지에 대한 문제를 어느 쪽으로든 해결하지 못함을 보여준다. 그 조항은 평등의 개념을 입법의 기준으로 만들지만, 그 개념에 대해서 어떤 특별한 견해도 약정하지 않는다.[3] 그 조항을 쓴 사람들은 노예제와 인종적 편견의 특정한 결과를 공격하고자 했지만, 그들이 모든 인종분류를 불법화하고자 했거나 그들이 쓴 것으로부터 그런 금지가 도출되는 것을 예상했을 가능성은 없다. 그들은 평등을 침해하는 어떤 정책이든지 불법화했지만 그것이 의미하는 것이 무엇인가를 결정하는 것은 그때그때 다른 사람들에게 맡겼다. 그렇기 때문에 만일 전체로서의 사회를 더 평등하게 만드는 인종분류를 포함해서 모든 인종분류가 평등한 보호를 받을 개인의 권리를 본래적으로 위반하는 것이라는 것에 대한 좋은 도덕적 논변이 없다면, 드퍼니스를 지지해주는 좋은 법적 논변은 있을 수 없다.

물론 평등한 보호에 대한 개인의 권리가 공동체를 전체적으로 더 평등하게 만드는 정책을 포함해 다른 방식으로 바람직한 사회정책과 때때로 갈등할 수 있다는 생각에 역설적인 것은 아무것도 없다. 어떤 로스쿨이 가난한 학생들을 위한 장학금을 늘이기 위해서 추첨에 의해서 선택된 일부의 중산층 학생들에게 수업료를 두 배 부과한다고 가정하자. 그것은 추첨에 의해서 선택된 학생들이 다른 학생들——그들도 증가된 수업료를 낼 수 있는 능력이 있다——과 평등하게 대우받을 권리를 침해하는 수단을 통해서 바람직한 정책——기회의 평등——에 기여할 것이다. 지금까지 정치이론은 정책으로서의 평등과 권리로서의 평등 사이의 구별을 실질적으로 무시해왔지만 그 구별을 우리가 인정하도록 요구하는 것은 드퍼니스 사안의 중요한 측면이다. 그는 워싱턴 로스쿨이 전체적으로 더 큰 평등을 위한 정책을 위해서 자신의 개인적 평등권을 침해했다고 주장했다. 그것은 자의적으로 선택된 사람들에게 두 배의 수업료를 부과하는 것이 그와 동일한 목적을 위해서 그들의 권리를

---

3) 제5장을 참조할 것.

침해하는 것과 거의 마찬가지라는 것이다.

그렇기 때문에 우리는 우리의 주의를 그 주장에 집중시켜야 한다. 우리는 그 주장이 근거하는 중심개념, 즉 평등보호조항에 의해서 헌법적 권리가 되는 개인의 평등권을 정의하기 위해 노력해야 한다. 개인으로서의 시민은 전체적으로 평등을 향상시키는 사회정책을 포함해서 중요한 경제적, 사회적 정책들을 목적으로 하는 프로그램을 좌절시킬 수도 있는 개인적 권리로 어떤 권리들을 갖는가?

시민들이 갖는다고 말할 수 있는 권리에는 두 종류가 있다. 첫 번째 종류의 권리는 **평등한 대우**(equal treatment)의 권리인데, 그것은 어떤 기회나 자원이나 부담을 평등하게 분배받을 권리이다. 예를 들면 민주주의에서는 모든 시민이 평등한 투표권을 갖는다. 그것은 비록 일인일표제와는 다른 더 복잡한 제도가 전체적 복지를 더 잘 확보할 것이라 하더라도 한 사람은 한 표를 가져야 한다는 대법원의 판결의 핵심이다. 두 번째 권리는 **평등한 자로서 대우받을**(treatment as an equal) 권리이다. 그것은 어떤 부담이나 혜택의 동일한 양을 받을 권리가 아니라 다른 어떤 사람과 동일한 존중과 배려를 받아야 한다는 권리이다. 나에게 두 명의 자식이 있는데, 한 명은 질병으로 죽어가고 있고 다른 자식은 그 질병 때문에 불편을 느끼는 정도일 경우, 만일 내가 남아 있는 약을 누구에게 줄 것인가를 정하기 위해서 동전을 던진다면 나는 평등한 배려를 보여주는 것이 아니다. 이 예는 평등한 자로서 대우받을 권리가 근본적인 것이고 평등한 대우의 권리는 파생적인 것이라는 것을 보여준다. 어떤 여건에서는 평등한 자로서 대우받을 권리가 평등한 대우의 권리를 의미할 것이지만 모든 여건에서 그런 것은 아니다.

드퍼니스에게는 로스쿨 입학에서 평등한 대우의 권리가 없다. 그에게는 단순히 다른 사람들이 그 자리를 받았다는 그 이유 때문에 자리를 받을 권리가 없다. 개인들은 초등학교에서는 평등한 대우의 권리를 가질 것이다. 왜냐하면 초등교육을 받지 못하는 사람은 유익한 삶을 살 것 같지 않기 때문이다. 그러나 법교육에서 모든 사람들이 그에 대한 평등한 권리를 갖는 것이 필수적인 것은 아니다.

드퍼니스는 두 번째 종류의 권리, 어떤 입학기준이 사용되어야 하는가를 결정할 때 평등한 자로서 대우받을 권리는 갖는다. 즉, 로스쿨이 인종을 입학의 중요한 기준으로 볼 것인지 말 것인지를 결정할 때 그의 이익이 다른 사람의 이익만큼 충분히, 그리고 호의적으로 취급되어야 할 권리를 갖는다. 그러나 우리는 그것이 의미하는 것을 과장하지 않도록 조심해야 한다.

어떤 지원자가 평등한 자로서 대우받을 권리가 덜 지적인 지원자를 더 지적인 지원자보다 불리하게 만드는 기준에 의해서 침해되고 있다며 불평한다고 가정하자. 그 경우 로스쿨은 아래와 같이 적절하게 대답할 수 있을 것이다. 어떤 기준이든지 특정한 지원자들을 다른 지원자들에 비해 불리하게 만들지만, 만일 공동체에게 돌아가는 전체 이익이 전체 손실을 넘어설 것이라고 기대하는 것이 합당하게 여겨진다면, 그리고 〔그에게〕 그와 비슷한 불이익을 주지 않는 다른 어떤 정책도 대체적으로라도 〔공동체에게〕 그와 동일한 이익을 가져다주지 않는다면, 그 입학정책은 정당화될 것이다. 평등한 자로서 대우받을 개인의 권리는 그의 잠재적 손실이 배려의 대상이 되어야 한다는 것을 의미하지만, 그런데도 그 손실은 전체로서의 공동체에 이익이 되는 것에 의해 무시될 수 있다. 만일 그렇다면, 덜 지적인 지원자는 그가 다른 사람은 당하지 않은 불이익을 당했다는 바로 그 이유 때문에 평등한 자로서 대우받을 그의 권리를 빼앗겼다고 주장할 수 없다.

워싱턴 로스쿨은 드퍼니스에게 이와 동일한 대답을 할 수 있을 것이다. 어떤 입학정책이든 어떤 지원자들을 불리한 입장에 놓을 수밖에 없다. 그리고 소수집단 지원자들에게 혜택을 주는 정책은 드퍼니스 같은 지원자들이 받는 손실을 감안한다 하더라도, 전체로서의 공동체에 유익하다고 합당하게 생각될 수 있다. 만일 더 많은 흑인법률가가 있다면, 흑인사회에 더 좋은 법 서비스를 제공하는 것을 도울 것이고, 그렇게 해서 사회적 긴장을 줄일 수 있을 것이다. 수업시간에 사회문제에 대해서 토론할 때, 더 많은 수의 흑인이 참여하는 것은 모든 학생을 위한 법교육의 질을 향상시킬 수 있을 것이다. 더 나아가서 만일 어떤 흑인이 성공적인 법학도로 보인다면 보통의 지적인 기준을 만족시키는 다른 흑인이 지원할 용기를 갖게 될 것이고, 그것은 다시 법정의 지적인 질을 높이게 될 것이다. 어쨌든 흑인의 우대입학은 다양한 인종집단들 사이에 존재하는 재산과 권력에서의 차이를 감소시킬 것이고, 그렇게 해서 공동체를 전체적으로 더 평등하게 만들 것이다. 내가 말했던 것처럼 우대입학 프로그램이 사실상 이런 다양한 정책을 증진시킬지 어떨지는 논란이 되는 문제이다. 그러나 그렇게 할 가능성이 없다고 말할 수는 없다. 그 가설에서 드퍼니스 같은 지원자들에 대한 불이익은 더 큰 이익을 위해서 지불되어야 하는 비용이다. 그런 점에서 그것은 보통의 입학정책이 치러야 하는 비용인, 덜 지적인 학생들이 받는 불이익과 같은 것이다.[4]

우리는 이제 드퍼니스의 사안과 우리가 상상했던 사안, 즉 로스쿨이

---

4) 나는 이 장 후반부에서 어떤 정책에서 발생하는 사회적 소득이 손실을 능가한다고 말할 수 있더라도, 그 정책이 어떤 사람이 평등한 자로서 대우받을 권리를 침해하는 상황이 있다고 주장할 것이다. 이런 상황들은 손실을 능가하는 소득이, 관리나 제도가 고려하는 것이 전혀 적절하지 않은 편견이나 그런 종류의 다른 선호에 대한 만족을 포함할 때 발생한다. 그러나 이 단락에서 기술된 가설적인 사회적 소득은 그런 성격의 소득을 포함하지 않는다. 물론 만일 드퍼니스가 평등한 자로서 대우받을 권리 이외의 어떤 다른 권리를 가지며 그 권리를 워싱턴 대학교의 정책이 침범한다면, 그 정책이 전체적인 사회적 소득에 기여할 수 있다는 사실이 그 침범을 정당화하지 않을 것이다(제6장을 참조할 것). 만일 워싱턴 대학교의 입학절차가 예를 들면 종교적 자유에 대한 그의 권리를

마구잡이로 선출된 학생들에게 더 높은 수업료를 부과하는 것 사이의 차이점을 알게 되었다. 이런 학생들에게 특별한 불이익을 주는 것은 장학기금에서의 이익을 달성하기 위해서 필수적인 것이 아니다. 왜냐하면 수업료를 낼 수 있는 모든 학생 사이에서 비용을 더 평등하게 분배하는 것을 통해서 그런 이익이 달성될 수 있을 것이기 때문이다. 그렇지만 드퍼니스의 경우는 그와 다르다. 그는 워싱턴 대학교의 입학정책으로 입학이 받아들여진 다수자 지원자들보다 더 많은 피해를 입었다. 그러나 그 차별은 결코 자의적인 것이 아니었다. 그것은 그가 승인하는 업적주의적 규준의 결과였다. 따라서 드퍼니스의 논변은 성립될 수 없다. 평등보호조항은 평등한 자로서 대우받을 권리에 헌법적 지위를 부여한다. 그러나 그는 그 조항이 모든 인종분류를 불법으로 만든다는 그의 주장에 대한 어떤 지지도 그 권리에서는 발견할 수 없다.

3

   그렇지만 만일 우리가 드퍼니스의 주장을 이렇게 즉각적으로 거부한다면, 우리는 이런 난제에 직면한다. 도덕적으로나 법적으로 그의 주장을 지지한 그렇게 많은 유능한 법률가들이 어떻게 그런 실수를 했을 수 있는가? 이 법률가들은 모두, 지성이 로스쿨에 입학하기 위한 적절한 기준이라는 것에 동의한다. 그들은 평등한 자로서 대우받을 어떤 사람의 헌법적 권리가 그 기준에 의해서 훼손되지 않는다고 생각한다. 그러면 그들은 왜 지금 70년대의 상황에서 인종이 적절한 기준이 될 수 있

침범한 종교적 기준을 포함한다면, 그런 기준을 사용하는 것이 공동체를 더 응집력 있게 만들 수 있다는 것은 어떤 변명도 되지 않을 것이다. 그러나 드퍼니스는 평등보호조항에 의해서 보호되는 그의 평등권 이외의 다른 어떤 권리에도 의존하지 않았다.

다는 것을 부정하는가?

아마도 그들은 인종의 기준이 오용될 것이라는 점을 두려워할 것이다. 또한 그런 기준이 유대인처럼 호감을 받지 못하는 소수집단에 대한 편견에 대한 하나의 변명으로 기여할 것이라는 점을 두려워할 것이다. 그러나 그것이 그들의 반대를 설명할 수 없다. 어떤 기준이든지 오용될 수 있으며, 그리고 어쨌든 그들은 인종의 기준이 단순히 오용될 수 있을 뿐만 아니라 원칙상 잘못된 것이라고 생각한다.

왜 그런가? 그에 대한 대답은 실제로나 이론적으로나 드퍼니스 사안과 스웨트 사안의 입장은 함께 성립되어야 하거나 부정되어야 한다는 그들의 믿음에 놓여 있다. 그들은 자유주의자들이 텍사스 대학교가 스웨트에 대해 피부색 장벽을 설치한 것에 대해서는 비난하고, 워싱턴 대학교가 드퍼니스에 대해 피부색 장벽을 설치한 것을 칭찬하는 것은 비논리적이라고 믿는다. 그들이 생각하기에 이 두 사안 사이의 차이는 현재 유행하고 있는 특정한 소수집단에 대한 자유주의자들의 주관적 선호 이외의 다른 것은 없다. 만일 인종분류에 어떤 잘못이 있다면, 당시에 호의를 받는 그런 집단에 불리하게 작용하는 인종분류만 잘못된 것이 아니라 인종분류 자체에 잘못된 것이 있어야 한다. 그것이 바로 드퍼니스의 변호인들이 의존하는 "미국헌법은 색을 분간할 수 없다"라는 구호의 배후에 있는 모호한 전제이다. 물론 그 구호는 그것이 말하는 것과는 정확하게 반대를 의미한다. 그것이 의미하는 것은 미국헌법이 색에 매우 민감해서 그것은 그 어떤 제도적인 인종분류도 부당한 것으로 만든다는 것이다.

그러므로 드퍼니스와 스웨트의 입장이 함께 성립하거나 부정되어야 한다는 가정을 검토해보는 것은 매우 중요하다. 만일 그 가정이 건전하다면, 앞에서 이루어진 드퍼니스를 비판하는 논변은 오류가 되어야 한다. 왜냐하면 어떤 논변도 스웨트에 불리하게 실행된 종류의 인종분류가 정당화되거나 합헌이라고 설득할 수 없을 것이기 때문이다.[5] 더욱이 피상적으로는 드퍼니스의 입장을 비판하는 논변이 스웨트를 비판하는 것에도 이용될 수 있는 것처럼 보인다. 왜냐하면 우리는 인종분리가 집단적 복지에 기여하는 것이고 흑인에 가해지는 특별한 불이익은 전체 이익을 달성하기 위해서 지불되어야 하는 대가라는 것을 보여주기 위해서 텍사스 대학교가 이용할 수도 있었을 논변을 구성할 수 있기 때문이다.

텍사스 대학교 입학위원회가 그들 자신을 놓고 볼 때 편견이 없는 사람들로 구성되었다 하더라도, 텍사스의 경제가 그들이 교육할 수 있는 것보다 더 많은 백인법률가는 필요하지만 흑인법률가는 전혀 필요하지 않다고 결정했다고 가정하자. 그것은 제2차 세계대전 직후에 텍사스 법률가들의 시장에 대한 현실적 평가가 그랬을 수 있을 것이다. 법률회사들은 번창하는 사업에 기여할 수 있는 법률가들이 필요했지만 흑인 변호사는 아무리 기술이 뛰어나다 하더라도 고용할 수 없었다. 왜냐하면 만일 그렇게 한다면 법률회사들은 유지되지 못했을 것이기 때문이다. 물론 텍사스의 흑인사회가 기술이 좋은 법률가들을 많이 필요로 했을 것이며, 만일 흑인법률가들이 있었다면 그들을 고용하는 것을 선호했을 것이라는 점은 분명 진실이었다. 그렇지만 그 위원회는 그 주 전체의 상업적 필요가 그 특별한 필요보다 더 긴요한 것이라고 생각했을

---

5) 실제 스웨트 판결에서 대법원은 만일 흑인에게 "분리되었지만 평등한" 시설이 제공될 경우에는 그 분리가 헌법적으로 허용된다고 주장한 옛 규칙을 적용했다. 텍사스 대학교는 흑인을 위한 별개의 로스쿨을 제공한 바 있었다. 그러나 대법원은 그 로스쿨이 결코 백인의 로스쿨에 필적할 만한 것이 못 된다고 판결했다. 스웨트 사안은 대법원이 최종적으로 "분리되었지만 평등한"이라는 규칙을 거부한 유명한 브라운 사안 이전에 판결되었다. 그리고 실질적인 의미에서 백인만을 위해서 설립된 로스쿨과 동등한 방식으로 설립된 흑인 로스쿨이 있다 하더라도, 모두가 백인인 로스쿨은 오늘날 위헌이라는 것은 의심의 여지가 없다.

수 있다.

또는 그 위원회가 만일 로스쿨이 흑인학생을 받아들인다면 졸업생 기부가 급격하게 줄어들 것이라고 판단했다고 가정하자. 그 가정은 아마 정확한 가정일 것이다. 그 위원회는 그 사실을 한탄할 수 있을 것이다. 그러나 그럼에도 불구하고 결과되는 전체 피해는 인종적 제약에 의해서 배제된 흑인학생들이 받는 피해보다는 더 클 것이라고 믿을 수 있다.

흑인을 배제하는 어떤 정책도 사실상 흑인 자체에 대한 편견에 의해서 지지받을 것이기 때문에, 이런 가설적 논변은 정직하지 못한 것이고 방금 기술된 것과 같은 종류의 논변은 오직 합리화에 지나지 않는다고 말할 수 있다. 그러나 만일 사실상 이런 논변이 건전하다면, 그것은 그 반론이 가정하는 편견을 갖지 않은 사람들에 의해서 받아들여질 수 있다. 그러므로 설사 입학관리들이 편견을 가지고 있다 하더라도 그들이 편견을 갖고 있다는 사실로부터 만일 그들이 편견을 갖고 있지 않았다면 그들은 이런 논변들을 거절했을 것이라는 결론이 나오지는 않는다.

어쨌든 내가 기술하는 것 같은 논변은 자신이 배제하는 사람에 대한 편견에서 자유로울 수 있었던 관리에 의해서 사실상 사용되었다. 수십 년 전 고(故) 비켈 교수는 브나이브리스를 지지하는 의견서에서, 하버드 대학교의 로웰(Lowell) 총장은 그의 대학에 입학할 수 있는 유대인의 수를 제한하는 할당제를 지지했다는 점을 상기시켰다. 그는 지성이 유일한 기준일 경우에 예상되는 바와 같이, 만일 유대인이 전체 인구에서 그들이 차지하는 비율보다 더 많은 비율로 대학에 입학한다면, 하버드 대학교는 더 이상 그 대학이 산출하고자 하는 자질과 기질을 가진 사람들, 즉 더 균형이 잡혀 있으며 유대인처럼 지적으로만 탁월한 사람이 아니어서 정부 안에서나 밖에서나 다른 사람들의 지도자가 될 가능성이 더 많은 사람들을 공급하지 못할 것이라고 말했다. 로웰이 그 말을 할 때는 유대인이 정부나 많은 공공기업의 수뇌부를 차지할 가능성이 지금보다는 적었다. 만일 하버드 대학교가 국가지도자들의 지적인 자질을 증진시킴으로써 전체의 복지에 기여하기를 원했다면, 그 대학의 교실이 유대인으로 채워지는 것을 허용하지 않는 것이 합리적이었다. 그 결론에 도달한 사람들은 상원의원이 될 가능성이 더 많았던 앵글로색슨계 백인들(WASP)보다는 유대인과 교제하는 것을 더 좋아할 수도 있다. 로웰 자신의 선호가 그렇다는 것을 자신이 보여주고 있지만, 아마도 그의 직책이 부과하는 책임이 그가 그의 선호에 탐닉하는 것을 막았을 것이다.

그러나 흑인에 대한 차별은 그것이 지금 어떤 그럴 법한 정책에 기여하더라도 정당화되지 않는다고 말해질 수 있다. 왜냐하면 그것은 불쾌하고 모욕적인 것이기 때문이다. 드퍼니스의 입장에 반대하는 의견서들은 그의 주장과 스웨트 주장을 구별하기 위해서 바로 그 논변을 제시한다. 흑인은 노예제와 법적 인종분리의 희생자이기 때문에, 흑인을 배제하는 모든 차별은 그것의 지지를 위해서 전체의 복지를 근거로 한 어떤 논변이 이루어진다 하더라도 흑인들에 의해서 모욕적인 것으로 받아들여질 것이라고 그 의견서들은 주장한다. 그러나 일반적으로 모든 사회정책이 그것이 불이익을 주는 사람들에게 모욕감을 느끼게 한다고 해서 부정한 것은 아니다. 지성을 기준으로 로스쿨에 입학시키는 것이 덜 지적인 사람들을 배제함으로써 그들이 모욕감을 느끼게 한다고 해서 부정한 것은 아니다. 모욕감이 생기는 것이, 설사 모욕감이 느껴지지 않더라도 정책을 부적격으로 판정받게 하는 더 객관적인 어떤 특징에 의한 것인지 아닌지에 모든 것이 달려 있다. 만일 흑인에 대한 불이익이 충분히 고려된다 하더라도 인종분리가 전체의 복지를 향상시킨다면, 그리고 인종분리가 정당화되지 못하는 이유로 그런 불이익 이외의 다른 이유가 발견되지 않는다면 흑인들이 느끼는 모욕은 이해할 만한 것이기는 하지만 오해에 근거한 것임이 틀림없다.

어쨌든 드퍼니스의 입장에 있는 사람들이 **그들의 입학이 거부된 것을** 모욕적인 것으로 생각하지 않을 것이라고 가정하는 것은 잘못일 것이다. 그들이 자신들을 유대인이나 폴란드인이나 이탈리아인처럼 팔자 좋고 성공한 자유주의자들이 더 격렬한 사회변화를 지연시키기 위해 기꺼이 희생시키고자 하는 어떤 다른 소수집단에 속하는 구성원으로 생각하지 않을 가능성은 얼마든지 있다. 만일 우리가 모욕이라는 개념을 사용하는 어떤 논변에 근거해서 **드퍼니스** 사안을 **스웨트** 사안과 구별하고자 한다면, 우리는 한 사람에 대한 대우는 부정하지만 다른 한 사람에 대한 대우는 그렇지 않다는 것을 보여줘야 한다.

4

그래서 이 두 가지 사안을 구별하고자 하는 이런 익숙한 논변들은 설득력이 없다. 그것은 스웨트와 드퍼니스가 동일하게 대우받아야 하며, 그것은 인종분류는 전적으로 불법이 되어야 한다는 견해를 확인해주는 것처럼 보인다. 그러나 운이 좋게도 그 두 사안이 매우 다르다는 우리의 시초의 판단을 지지해주는 인종구별에 대한 더 성공적인 이유가 발견될 수 있다. 이 구별은 이런 논변들처럼 인종이나 인종분리 문제들에 독특한 특징이나 심지어 교육기회 문제에 독특한 특징에 의존하지 않는다. 그 대신에 그것은 드퍼니스를 비판하는 나의 논변에서 중심이었던 이념, 즉 어떤 정책이 어떤 여건에서는 많은 개인들에게 불이익을 주더라도 전체로서의 공동체를 더 낫게 해주기 때문에 정당화된다는 이념에 대한 또 다른 분석에 의존한다.

차별적 정책을 정당화하기 위해 그 이념을 사용하는 어떤 제도이든 일련의 이론적 난점과 실제적 난점에 직면한다. 우선 어떤 공동체가 그 공동체의 어떤 구성원들은 불행해진다 하더라도 전체로서는 더 나아질 것이라고 말할 때 그 의미는 두 가지로 구분될 수 있으며, 어떤 정당화이든 간에 그 말을 어떤 의미에서 쓰는가를 명확히 밝혀야 한다. 그것은 하나의 **공리주의적** 의미에서, 즉 어떤 개인들의 복지수준은 떨어졌다 하더라도 공동체 복지의 평균수준 또는 전체 수준이 향상되었기 때문에 더 나을 수 있다. 또는 그것은 하나의 **이상적인 의미**, 즉 평균복지가 향상되었는지 아닌지에 관계없이 그 공동체가 더 정의롭기 때문에 또는 어떤 다른 방식으로 이상적인 사회에 더 가깝기 때문에 더 나을 수 있다. 워싱턴 대학교는 인종분류를 정당화하기 위해서 공리주의적 논변이나 이상주의적 논변을 사용할 수 있을 것이다. 예를 들면 그것은 흑인법률가들의 수를 늘리는 것은 인종적 긴장을 축소시킬 것이고, 그것은 그 공동체의 거의 모든 사람의 복지를 향상시킬 것이라고 주장할 수 있다. 그것은 공리주의적 논변이다. 또는 그것은 소수집단을 우대하는 것이 평균복지에 어떤 결과를 주든지 간에, 그것은 공동체를 더 평등하고 따라서 더 정의로운 것으로 만들 것이라고 주장할 수 있다. 그것은 공리주의적 논변이 아니라 이상주의적 논변이다.

다른 한편, 텍사스 대학교는 인종분리를 위한 이상주의적 논변을 제시할 수 없다. 그것은 인종분리가 평균복지를 향상시키는지 아닌지에 관계없이 그 공동체를 더 정의롭게 만든다고 주장할 수 없다. 따라서 그것이 인종분리를 변호하기 위해서 구성할 수 있는 논변들은 모두 공리주의적 논변일 수밖에 없다. 텍사스에서 상업적 효율성을 증진시키기 위해서 흑인법률가보다는 백인법률가들이 더 많은 일을 할 수 있다는 논변처럼 내가 고안해낸 논변은 공리주의적 논변이다. 왜냐하면 상업적 효율성은 그것이 평균복지를 향상시킬 때만 공동체가 더 나아지게 만들 수 있기 때문이다.

공리주의적 논변은 이상주의적 논변과는 달리 특별한 난점에 직면한다. 평균복지 또는 전체 복지라는 것이 무엇인가? 한 개인의 복지가 원칙적이라 하더라도 어떻게 측정될 수 있는가? 그리고 전체의 소득이 전체의 손실을 능가한다는 주장을 정당화하기 위해서 다양한 개인들의 복지에서의 소득이 어떻게 합해지고 손실과 비교될 수 있는가? 인종분리가 평균복지를 향상시킨다는 공리주의적 논변은 그런 계산들이 이루어질 수 있다는 것을 전제한다. 그러나 어떻게 이루어질 수 있는가?

오직 공리주의적 논변만이 정치적 결정을 정당화할 수 있을 것이라고 믿었던 벤담은 아래와 같이 대답했다. 그는 개인의 복지에 대한 정책의 결과는 그 정책이 그에게 가져다주는 쾌락과 고통의 양을 발견함으로써 결정될 수 있으며, 전체의 복지에 대한 그 정책의 결과는 그것이 모든 사람들에게 가져다주는 모든 쾌락을 합하고 모든 고통을 뺌으로써 계산될 수 있다고 말했다. 그러나 벤담의 비판자들이 말하듯이, 그 정책으로부터 혜택을 받는 모든 사람들에게 공통적인 쾌락 또는 그 정책에 의해서 손해를 보는 모든 사람들에게 공통적인 고통이라는 단순한 심리적 상태가 존재하는지 의심스럽다. 어쨌든 엄청난 수의 사람들이 느끼는 쾌락과 고통을 확인하고 측정하고 합계하는 것은 불가능할 것이다.

공리주의적 논변을 매력적이라고 생각하지만 벤담의 심리적 공리주의는 거부하는 철학자와 경제학자들은 개인의 복지와 전체의 복지에 대해 다른 개념을 제안한다. 어떤 제도 또는 관리가 어떤 정책을 결정할 때마다, 공동체의 구성원들은 각각 하나의 결정의 결과를 다른 결정들의 결과보다 선호할 것이라고 그들은 가정한다. 예를 들면 도시의 어떤 빈민굴에 사는 흑인들은 워싱턴 대학교가 사용하는 소수집단 우대 정책을 표준적인 입학정책보다 선호할 것이지만 드퍼니스는 후자를 선호한다. 만일 각각의 개인이 무엇을, 얼마나 강하게 선호하는지를 알아낼 수 있다면, 선호의 강도를 고려하여 어떤 특정한 정책이 다른 정책들보다 그 선호를 더 만족시켜줄 것임을 보여줄 수 있을 것이다. 복지에 대한 이 견해에 따르면, 만일 하나의 정책이 비록 어떤 사람들의 선호는 만족시켜주지 못하더라도 전체 선호를 다른 정책보다 더 잘 만족시켜준다면, 그 정책은 공리주의적 의미에서 그 공동체를 더 낫게 만드는 것이다.[6]

물론 로스쿨은 그것의 입학정책이 영향을 미치는 모든 사람들의 선호에 관해 정확한 판단을 할 수 있는 어떤 수단도 갖고 있지 않다. 그런데도 비록 추정적이지만 그럴 법한 판단을 할 수는 있다. 예를 들면 남북전쟁 이후 텍사스에서 인종통합에 대한 선호를 갖는 사람들의 수뿐만 아니라 그 선호의 강도까지 고려하더라도, 사람들의 선호는 로스쿨에서의 인종분리를 전체적으로 지지하고 있었다고 생각하는 것은 그럴 법하다. 텍사스 로스쿨의 관리들은 결정을 할 때 당시의 투표행태와 신문사설 그리고 공동체에 대한 그들 자신의 판단에 의존했을 수 있다. 그들이 잘못 판단했을 수도 있지만, 판단하기에 더 유리한 입장에 있는 우리라도 그들이 잘못했다고 말할 수는 없다.

그래서 벤담의 심리적 공리주의가 거부된다 하더라도 로스쿨은 어떤 부류의 지원자에게 불이익을 주는 입학정책에 대해 적어도 대략적이고 추정적인 정당화를 제공하기 위해서 선호 공리주의에 호소할 수 있을 것이다. 그러나 일단 이런 공리주의적 논변이 공동체 구성원들의 선호에 관한 판단에 근거한다는 것이 명확해질 경우에는 새롭고 더 심각한 난점이 나타난다.

---

6) 많은 경제학자들과 철학자들은 심리학적 공리주의뿐만 아니라 선호 공리주의 가지성(intelligibility)을 비판한다. 그들은 원칙에서조차도 개인의 선호의 강도를 계산하고 비교할 수 있는 방법이 없다고 주장한다. 나는 공리주의적 논변에서 또 다른 문제점이 있음을 보여주려고 하지만, 이 논문의 목적상 적어도 전체 공동체의 선호에 대해서는 대략적이고 추정적인 계산이 이루어질 수 있다고 가정하겠다.

어떤 정책이 전체 선호를 더 만족시킬 경우에 정당화된다는 공리주의적 논변은 처음에는 평등주의적 논변인 것처럼 보인다. 그것은 엄격한 공평성을 갖는 것처럼 보인다. 만일 공동체에 병이 든 사람 가운데 약간의 사람만 치료할 수 있는 정도의 약만 있다면, 그 논변은 가장 많이 아픈 사람을 먼저 치료하는 것을 추천할 것으로 보인다. 만일 공동체가 수영장이나 극장을 지을 수는 있지만 그 둘 모두를 지을 수 없는데 더 많은 사람들이 수영장을 원한다면, 그리고 극장을 원하는 사람들이 그들의 선호가 더 강해서 그 수가 적음에도 불구하고 그것들이 훨씬 더 큰 비중을 갖는다는 것을 보여줄 수 없다면, 공동체가 수영장을 짓는 것을 추천할 것이다. 어떤 환자가 공적인 배려를 더 많이 받을 자격이 있다는 이유에서 다른 사람보다 더 선호될 수 없다. 극장을 좋아하는 기호가 더 고상한 기호라는 이유에서 그것이 더 우대받을 수는 없다. 벤담의 말을 빌리자면, 각각의 사람들은 한 사람으로 간수되고 어떤 사람도 하나 이상으로 간주될 수 없다.

이런 간단한 예들은 공리주의 논변이 다른 사람들과 평등한 자로 대우받을 각각의 시민들의 권리를 존중하고 구현하고 있음을 암시한다. 사회정책에 반영되기 위한 경쟁에서 각각의 개인의 선호가 성공할 수 있는 가능성은 경쟁하는 선호의 강도와 수와 비교해서 그에게 그의 선호가 얼마나 중요한가, 그리고 얼마나 많은 사람들이 그것을 공유하는가에 의존하게 될 것이다. 그 가능성은 관리나 동료시민들의 존경이나 경멸에 의해서 영향을 받지 않을 것이며, 그렇기 때문에 그는 그들의 시중을 들거나 은혜를 받는 입장이 되지 않을 것이다.

그러나 만일 우리가 실제로 개인이 갖고 있는 선호의 범위를 검토한다면, 우리는 공리주의 논변이 갖는 외견상의 평등주의 성격이 종종 기만적이라는 것을 보게 될 것이다. 선호 공리주의는 관리들에게 사람들의 선호를 가능한 한 만족시키기 위해서 노력할 것을 요구한다. 그러나 특정한 정책의 결과에 대해 한 개인이 갖는 선호는, 더 깊게 분석해본다면 어떤 가치나 기회를 자신이 향유하는 것에 대한 개인적(personal) 선호이거나 가치와 기회를 다른 사람들에게 할당하는 것에 대한 외적(external) 선호이거나 그 둘 모두를 반영한 것으로 보일 수 있다. 예를 들면 로스쿨의 백인지원자는 인종분리 정책이 그 자신의 성공가능성을 향상시켜주기 때문에 그것의 결과에 대한 개인적 선호를 갖고 있거나 그가 흑인을 경멸하고 인종이 섞이는 사회상황을 인정하지 않기 때문에 그런 결과에 대한 외적 선호를 가질 수 있다.

개인적 선호와 외적 선호 사이의 이 구별은 이 이유 때문에 매우 중요하다. 만일 어떤 공리주의적 논변이 개인적 선호와 함께 외적 선호를 고려한다면, 그 논변의 평등주의적 성격은 타격을 입는다. 왜냐하면 어떤 사람의 선호가 만족될 수 있는 가능성은 다른 사람들의 개인적 선호가 부족한 자원에 대한 요구에 의존할 뿐만 아니라 그 사람들이 그나 그의 삶의 방식에 대해서 갖는 존중이나 애정에도 의존하기 때문이다. 만일 외적 선호가 계산에 영향을 미친다면, 어떤 정책이 공동체를 공리주의적 의미에서 더 낫게 만든다는 사실은, 그 정책이 불이익을 주는 사람들이 갖고 있는 평등한 자로서 대우받을 권리와 양립할 수 있는 정당화를 제공하지 **않을** 것이다.

공리주의의 이런 허점은 어떤 사람들이 공리주의와 대립하는 정치적 이론에 입각한 외적 선호를 갖는 경우 분명하다. 많은 시민들이 그들 자신은 아프지 않지만 정치이론에서 인종 차별주의자이며, 그렇기 때문에 부족한 약을 더 필요로 하는 흑인보다는 그것을 필요로 하는 백인에게 주는 것을 더 선호한다고 가정하자. 만일 공리주의자들이 이 정치적 선호를 액면대로 계산한다면, 그것은 개인적 선호의 관점에서 볼 때 자기파괴적이게 된다. 왜냐하면 그 경우 약의 그런 분배는 공리주의적이지 않기 때문이다. 그것이 자기파괴적이든 아니든, 어쨌든 그 분배는 여기에서 정의된 의미에서 평등주의적이지 않을 것이다. 흑인들은 그 인종 차별주의적 선호의 강도에 의존하는 정도에 따라 다른 사람들이 그들을 존중과 배려의 가치가 더 적은 사람이라고 생각한다는 사실로부터 고통받을 것이다.

계산되는 외적 선호가 이타주의적 또는 도덕주의적인 경우에도 그와 비슷한 문제가 있다. 수영을 하지 않는 많은 시민들이 스포츠를 인정하고 운동선수를 좋아하기 때문에, 또는 극장이 비도덕적이고 억제되어야 한다고 생각하기 때문에 극장보다는 수영장을 더 선호한다고 가정하자. 만일 그런 이타주의적 선호가 계산되어서 수영을 하는 사람들의 개인적 선호가 강화된다면, 그 결과는 이중계산의 형태가 될 것이다. 다시 말해 수영하는 사람들 각각은 자신의 선호가 배려되는 혜택뿐만 아니라 그의 성공에서 쾌락을 느끼는 다른 어떤 사람의 선호를 통해서 배려되는 혜택도 받을 것이다. 도덕주의적 선호의 경우에도 그 결과는 동일할 것이다. 즉, 배우들과 극장의 관람객들은 그것에 대한 개인적 선호가 없는 사람들에 의해서 그들의 선호가 더 낮게 평가되고 있기 때문에 손해를 볼 것이다.

이런 예들에서 외적 선호는 개인적 선호와 무관하다. 그러나 정치적 선호, 이타주의적 선호, 도덕주의적 선호는 종종 개인적 선호와 무관하지 않고 그것들이 강화하는 개인적 선호에 접목되어 있다. 백인인 나는 질병을 갖고 있으면서 또한 인종 차별주의 정치이론을 가질 수 있다. 내가 나 자신의 즐거움을 위해서 수영장을 원하면서, 나는 또한 나의 동료 수영선수를 위하는 이타주의자일 수도 있으며 극장이 비도덕적이라 생각할 수 있다. 이런 외적 선호를 계산함으로써 도출되는 결과는 그것들이 개인적 선호와 무관한 경우만큼이나 평등에 타격을 입힌다. 왜냐하면 그 외적 선호가 불리하게 작용하는 사람들이 손실을 상쇄할 수 있는, 대응하는 외적 선호를 계발시킬 수 없거나 계발하려 하지 않을 수 있기 때문이다.

그러므로 외적 선호는 공리주의에 대해서 커다란 난점을 제공한다. 그 이론은 그것의 인기의 많은 부분을 그것이 평등한 자로서 대우받을 시민들의 권리를 구현한다는 가정에 의존한다. 그러나 만일 전체 선호에서 외적 선호가 계산된다면, 이 가정은 위태로워진다. 그것은 그것 자체로서는 정치이론에서는 중요하지만 무시된 점이다. 예를 들면 그것은 밀(J.S. Mill)에 의해서 처음으로 강조된 자유주의적 테제, 즉 정부는 대중적인 도덕을 법을 통해서 강요할 권리가 없다는 테제와 관계가 있다. 이 자유주의적 테제는 공리주의와 일치하지 않는다고 자주 언급된다. 왜냐하면 예를 들면 만일 동성애는 억압되어야 한다는 다수의 선호가 충분히 강한 것이라면, 공리주의는 그들이 원하는 것을 들어주어야 하기 때문이다. 그러나 동성애를 싫어하는 선호는 외적 선호이고, 현재의 논변은 공리주의가 그 어떤 형태이든지 외적 선호를 계산해서는 안 되는 일반적 근거를 제공한다. 만일 공리주의가 오직 개인적 선호만 계산하도록 적절히 재구성된다면, 자유주의적 테제는 그 이론의 적이 아니라 결과가 된다.

그렇지만 개인적 선호만 계산하도록 공리주의 논변을 재구성하는 것이 항상 가능하지는 않다. 때때로 개인적 선호와 외적인 선호가 구별할 수 없을 정도로 얽혀 있고 상호의존적이어서, 선호를 측정하기 위한 어떤 실제적 기준도 개인의 선호 전체에서 개인적 요소와 외적인 요소를 분간할 수 없을 것이다. 그것은 특히 선호가 편견에 의해서 영향을 받을 때 그러하다. 예를 들면 로스쿨의 백인학생이 백인교우와 교제하고자 하는 선호를 생각해보자. 이것은 한 부류의 동료와 교제하고자 하는 개인적 선호라고 말할 수 있다. 그러나 그것은 외적 선호에 기생하는 개인적 선호이다. 다시 말해, 매우 드문 경우를 제외하고 어떤 백인학생이 백인들의 무리에 들고 싶어 하는 것은, 그가 인종 차별적인 사회적 정치적 신념을 갖고 있거나 흑인집단을 경멸하기 때문이다. 만일 이런 교제선호가 인종분리를 정당화하기 위해서 사용되는 공리주의 논변 속에서 계산이 된다면, 그 논변의 평등주의적 성격은 그 배후에 있는 외적 선호가 직접적으로 계산되는 경우와 마찬가지로 파괴된다. 흑인들은 평등한 자로 대우받아야 할 그들을 권리를 갖지 못할 것이다. 왜냐하면 그들의 선호가 입학정책의 설계에서 지배적인 것이 될 가능성은 다른 사람들이 그들을 존중하지 않음으로써 손상될 것이기 때문이다. 특정한 소수집단에 대한 편견이 강한 어떤 공동체에서든지, 공리주의적 논변이 주의해야 할 개인적 선호는 그런 편견으로 물들 것이다. 그렇기 때문에 그런 공동체에서는 그 소수집단의 불이익을 정당화하기 위한 어떤 공리주의적 논변도 공정할 수 없다는 결론이 나온다.[7]

그러므로 이 마지막 난점은 인종분리를 지지하는 텍사스 대학교의 공리수의적 논변에 치명적인 것이 된다. 그런 논변을 지지할 수 있는 선호들은 예를 들면 인종분리에 대한 공동체 전체의 선호같이 뚜렷하게 외적인 선호이거나, 백인학생이 백인학생과 교제하고 백인법률가가

---

7) 이 단락의 논변은 강력하지만, 그것 자체로서는 편견으로부터 고통받는 소수집단에게 심각한 불이익을 주는 모든 공리주의 논변을 부정하기에는 충분하지 않다. 정부가 직장을 잃게 되는 사람들이 입는 피해는 직장을 유지할 경우 인플레로 고통받게 되는 다른 사람들이 얻는 이익보다 작기 때문에 공리주의 논변에 따라 실업이 증가하는 것을 허용하기로 결정했다고 가정해보자. 그 경우 흑인들에 대한 편견이 있기 때문에 우선적으로 해고될 흑인들에게 이 정책의 부담이 과도하게 지워질 것이다. 그러나 편견이 이런 방식으로 실업정책의 결과에 영향을 미친다 하더라도, 그것은 간접적이라도 그 정책을 지지하는 공리주의 논변 속에 포함되지는 않는다. (만일 그것이 포함된다면 그것은 그것에 반대하는 공리주의적 논거로 포함될 것이다.) 그러므로 우리는 흑인들이 고실업정책으로부터 받는 특별한 피해가 이 논문에서 기술된 이유 때문에 정의롭지 않다고 말할 수 없다. 그것은 다른 이유를 근거로 부정할 수 있을 것이다. 예를 들면 만일 롤스가 옳다면, 그것은 부정한다. 왜냐하면 그 정책은 이미 못 사는 사람들이 치르는 비용을 대가로 다수의 여건을 향상시키기 때문이다.

백인동료와 교제하기를 원하는 교제선호 같은 외적 선호로부터 분리될 수 없도록 결합되어 있거나 의존해 있다. 이런 외적 선호들은 매우 널리 퍼져 있어서 그것들은 반드시 그런 모든 논변에게 타격을 줄 것이다. 인종분리가 공리주의적 의미에서 공동체가 더 나아지게 만든다는 텍사스 대학교의 주장은 그렇기 때문에 평등보호조항에 의해서 보장되는 평등한 자로 대우받을 스웨트의 권리와 양립할 수 없다.

  이런 결론에서 외적 선호가 어느 기본적인 정책의 정당화에서 등장하는지 아니면 더 기본적인 정책을 발전시키기 위해서 만들어진 파생적 정책에 대한 정당화에서 등장하는지는 중요하지 않다. 텍사스 대학교가 더 좋은 가정과 음식과 여가에 대한 모든 사람의 개인적 선호를 만족시켜주는 공동체의 부를 증가시키는 것같이, 명백히 중립적인 경제정책을 지적함으로써 인종분리를 정당화한다고 가정하자. 만일 인종분리가 공동체의 부를 증진시킬 것이라는 논변이 외적 선호의 사실에 의존한다면, 예를 들면 만일 편견 때문에 공장에서 인종이 분리될 경우 산업이 더 효율적으로 돌아갈 것이라는 점에 그 논변이 근거한다면, 그럴 경우에 그 논변은 흑인의 개인적 선호가 다른 사람들이 그에 대해서 생각하는 것에 의해서 좌절되는 결과를 초래한다. 편견의 대상이 되는 인종구성원의 불이익을 정당화하는 공리주의 논변은, 편견이 없을 경우에도 그와 동일한 불이익이 정당화될 것이라는 것을 보여줄 수 없다면 항상 불공정한 논변이 될 것이다. 만일 흑인의 경우처럼 편견이 널리 퍼져 있다면, 그 정당성은 결코 증명될 수 없다. 인종분리를 정당화하는 모든 경제적 논변의 기초가 되어야 하는 선호는 편견과 깊게 얽혀 있기 때문에, 그런 반사실적 가설을 그럴 법한 것으로 만들기에 필요한 정도로 편견으로부터 분리될 수 없을 것이다.

  이제 우리는 미국에서 흑인에게 불이익을 주는 모든 형태의 인종분리가 왜 흑인에게 자동적으로 모욕이 되는지, 그리고 왜 그런 인종분리는 평등한 자로 대우받아야 할 그들의 권리를 위반하는지를 보여주는 설명을 갖게 되었다. 그 논변은, 인종분리를 정당화하는 공리주의적 논변은 단순히 그 세부에서 잘못된 것이 아니라 원칙상 잘못 이루어진 것이라는 우리의 판단을 확인해준다. 그렇지만 공리주의 논변에 대한 이런 반론은 인종이나 편견에 한정된 것이 아니다. 외적 선호를 계산하는 것이 평등한 자로서 대우받을 시민들의 권리를 침해하게 되는 다른 경우가 있는데, 그것은 여기에서 간단하게 언급할 만한 가치가 있다. 그것은 그 논변이 인종의 경우를 위해 임시변통적으로 구성되었다는 비판으로부터 그 논변을 보호하기 위해서만이라도 필요한 것이다. 나는 직장여성을 싫어하는 도덕주의적 선호나 덕이 있는 사람을 좋아하는 이타주의적 선호를 가질 수 있다. 어떤 사람을 로스쿨에 받아들일 것인가를 결정할 때, 로스쿨이 이런 선호들을 계산하는 것은 불공정할 것이다. 왜냐하면 이런 선호들은 지원자의 개인적 선호가 충족되는 것을 경쟁하는 다른 사람들의 개인적 선호가 아니라 인종적 편견처럼 다른 사람들의 평가와 승인에 의존하게 만들기 때문이다.

그렇지만 그와 동일한 반론이 지적 능력에 근거한 입학을 정당화하기 위해서 사용되는 공리주의 논변에 대해서는 성립하지 않는다. 그 정책은 간접적으로든 직접적으로든 지적인 법률가들이 본래적으로 더 존중받을 가치가 있다는 공동체의 어떤 판단에도 의존할 필요가 없기 때문이다. 그것은 그 대신에 옳든 그르든 로스쿨 자신의 판단, 즉 재산에 대한 선호라든지 소송에서 승리하는 것에 대한 선호 같은 다른 사람의 개인적 선호를 만족시키는 것에서 지적인 변호사들이 더 효율적이라는 판단에 의존한다. 법률회사와 고객들이 지적인 법률가의 서비스를 선호한다는 것은 사실이다. 그 사실은 그 선호에 의존하지 않는다고 말해지는 모든 공리주의 논변을 우리가 의심하게 만들 수 있다. 그것은 편견에 의존하지 않는다고 말해지는 인종분리를 정당화하는 모든 논변에 대해 의심하는 것과 마찬가지이다. 그러나 대체적으로 지적인 법률가에 대한 널리 퍼져 있는 선호는 외적 선호에 기생하는 것이 아니다. 법률회사와 고객들이 지적인 법률가를 선호하는 것은, 그런 법률가들이 그들의 개인적 선호에 기여하는 것에서 더 효율적일 것이라는 견해 또한 그들이 갖기 때문이다. 비록 로스쿨이 그들 책임으로 그러한 도구적 선호가 의존하는 도구적 가설을 받아들일 수 있다 하더라도 그런 성격을 갖는 도구적 선호들은 공리주의 논변에서 계산되지 않는다.[8]

5

그러므로 우리는 드퍼니스 사안을 스웨트 사안으로부터 구별하는 데 필요한 구별점들을 갖게 된다. 흑인을 불리하게 차별하는 입학 프로그램을 지지하는 논변은 모두가 공리주의 논변이고, 또한 그것들은 모두 평등한 자로서 대우받을 헌법적 권리를 침해하는 방식으로 외적 선호에 의존한다. 흑인에 유리하게 차별하는 입학 프로그램을 지지하는 논변들은 공리주의적이기도 하고 이상주의적이기도 하다. 공리주의 논변 가운데 약간은 적어도 간접적으로는 흑인들이 자신과 같은 인종의 법

---

8) 어떤 사람들이 지적인 동료에 대해 갖는 선호는 외적 선호에 기생하는 선호임이 틀림없다. 그들은 이런 동료를 다른 어떤 것에 대한 수단으로서 평가하는 것이 아니라, 지적인 사람들이 다른 사람들보다 더 훌륭하며 명예를 받을 가치가 더 있다고 생각하기 때문이다. 만일 그런 선호가 충분히 강하고 널리 퍼져 있다면, 우리는 우리가 인종분리에 대해서 도달한 결론과 동일한 결론, 즉 덜 지적인 사람들에게 불리한 차별을 정당화하고자 하는 어떤 공리주의 논변도 공정한 것으로 신뢰받을 수 없을 것이라는 결론에 도달할 수 있을 것이다. 그러나 미국이 그 정도로 지성주의적이라고 가정할 이유는 없다. 분명히 미국이 인종 차별주의적인 정도만큼 지성주의적이라고 생각할 이유는 없다.

률가를 선호하는 것 같은 외적 선호에 의존한다. 그러나 그런 선호에 의존하지 않는 공리주의 논변도 강하고 충분할 것이다. 이상주의 논변은 전혀 선호에 의존하지 않고, 더 평등한 사회는 그 사회의 시민들이 불평등을 선호한다 하더라도 더 좋은 사회라는 독립적 논변에 의존한다. 그 논변은 평등한 자로서 대우받을 모든 사람의 권리를 부정하지 않는다.

따라서 우리가 반박해야 할 논변으로는 드퍼니스 사안에서 우리가 시작했던 처음의 단순하고 간단한 논변이 남는다. 어떤 지원자들이 로스쿨에서 받아들여져야 하는가를 결정하는 것에서 인종기준은 필연적으로 옳은 기준은 아니다. 그러나 지적인 기준 또한 필연적으로 옳은 기준이 아니며, 참으로 다른 집합의 기준들 또한 필연적으로 옳은 기준이 아니다. 모든 입학 프로그램의 공정성—그리고 합헌성—은 동일한 방식으로 검토되어야 한다. 그것이 평등한 자로서 대우받을 공동체 모든 구성원의 권리를 존중하는 적절한 정책에 기여할 때, 그것은 정당화되지만 그렇지 않고서는 정당화되지 못한다. 흑인을 심사하기를 거부한 대학교에서 사용한 기준들은 그 기준을 통과하지 못하지만, 워싱턴 대학교의 로스쿨에 의해서 사용된 기준은 그 기준을 통과한다.

우리가 인종분류에 대해서 의구심을 갖는 것은 지극히 당연하다. 그 분류는 평등의 권리를 존중하기보다는 부정해왔으며, 우리는 부정적인 결과를 분명히 의식하고 있다. 그러나 만일 우리가 그 부정의 본성을 이해하는 데 필요한 단순한 구별을 하지 않아서 그 본성을 오해한다면, 우리는 여전히 더 많은 부정의 위험 속에 있는 것이다. 우대입학 프로그램이 사실상 더 평등한 사회를 만들지 않을 수 있다. 왜냐하면 그 프로그램은 그것을 변호하는 사람들이 믿는 그런 결과를 갖지 않을 수 있기 때문이다. 그 전략적 질문은 이런 프로그램들에 관한 논의의 중심에 있어야 한다. 그러나 우리는 이런 프로그램들이 효과가 있다 하더라도 그것들이 불공정하다고 가정함으로써 그 논의에 타격을 입혀서는 안 된다. 우리는 우리 자신에게서 평등을 속여 빼앗기 위해서 평등보호조항을 사용하지 않도록 조심해야 한다.

제10장 자유와 도덕주의

의심할 바 없이 대부분의 미국인과 영국인은 동성애와 매춘과 음란물 출판이 비도덕적이라 생각한다. 그러면 그런 것들을 범죄로 볼 것인지 어떤지를 결정할 때 이 사실은 어떤 역할을 해야 하는가? 이 문제는 뒤엉킨 문제로서 철학적 논쟁과 사회학적 논쟁 속에 뿌리를 두는 문제들과 관련이 있다. 그렇지만 그것은 법률가도 다루어야만 하는 문제로서, 최근의 논란이 되는 사건들—영국에서의 울펜든 보고서(the Wolfenden Report)의 출판,[1] 그 출판에 이어 이루어진 매춘과 동성애에 관한 공적인 토론, 미국의 대법원에서 이루어진 일련의 음란물 사안에 대한 판결들[2]—은 그 문제를 우리가 다루도록 압력을 가한다.

여러 입장이 있을 수 있는데, 각각의 입장들은 그것들 자신의 난점을 지닌다. 우리는 공중의 비난이 그것 자체로서 어떤 행위를 범죄로 만드는 것을 정당화하기에 충분하다고 말할 것인가? 그것은 우리의 개인적

---

1) *Report of the Committee on Homosexual Offences and Prostituition*, Cmd. no. 247, 1957.

2) *Memoirs v. Massachusetts(Fanny Hill)*, 383 U.S. 413(1966); *Ginzburg v. United States*, 383 463 U.S.(1966); *Mishkin v. New York*, 383 U.S. 502 (1966).

자유의 전통과 일치하지 않으며, 매우 큰 다수의 도덕이라 하더라도 진리를 보장하지 못한다는 우리의 앎과 일치하지 않는 것처럼 보인다. 만일 공중의 비난이 충분하지 않다면 더 필요한 것은 무엇인가? 문제 되는 관행에 의해서 직접적으로 영향을 받는 특정한 사람들에게 현존하는 피해에 대한 어떤 증명이 있어야 하는가? 아니면 사회적 환경을 변화시키고 그렇게 해서 사회의 모든 구성원들에게 간접적으로 영향을 미치는 사회적 관습과 제도에 대한 어떤 결과를 보여주는 것으로 충분한가? 만일 후자라면, 이런 사회변화가 범죄의 증가나 생산성의 감소 같은 통상적인 장기적 피해를 가져다준다는 것이 증명되어야 하는가? 아니면 현재의 공동체의 매우 많은 사람들이 그 변화를 싫어할 것이라는 것을 보여주는 것으로 충분한가? 만일 그러하다면, 피해를 요구하는 것은 단순한 공중의 비난의 요구에 많은 요구를 더 첨가하는 것인가?

1958년 데블린 경은 영국학술원에서 두 번째 매커비 강의(Maccabaean Lecture)를 했다. 그는 그의 강의를 "도덕의 강요"(The Enforcement of Morals)라고 부르면서 이런 원칙문제들을 다루었다.[3] 그는 자신의 결론으로 동성애 관행에 관해 이렇게 요약했다. "우리는 우선 차분히 감정을 개입시키지 않고 그것을 바라보면서 그것이 매우 혐오스러운 것이어서 단순히 현존한다는 것만으로도 하나의 위해(offence)가 되는지 그렇지 않은지를 우리 자신에게 물어봐야 한다. 만일 그것이 우리가 살고 있는 사회의 진정한 감정이라면, 사회에게 그것을 근절시킬 권리를 어떻게 주지 않을 수 있는지 나는 알 수가 없다."[4]

---

3) Devlin, *The Enforcement of Morals*, 1959. 이 책의 제2판이 1965년에 출판되었다. 여기에서 "Devlin"으로 인용되는 것은 1965년판이다.
4) Devlin, 17쪽. 이 입장은 가설적인 것이라고 조심스럽게 언급되고 있다. 분명히 데블린 경은 지금은 그 조건이 충족되었다고 생각하지 않는다. 왜냐하면 그는 그 책이 출판된 이래로 동성애 법의 수정을 공개적으로 촉구했기 때문이다.

이 강의, 그리고 특히 동성애자를 처벌하는 것에 대한 이런 가설적 입장은 학술잡지를 비롯해서 라디오와 대중적인 신문에서 논쟁의 파도를 불러일으켰다.[5] 그 이후 데블린 경은 그 강의에서 표현된 견해들을 발전시키고 변호하는 여섯 개의 다른 글과 전체 글의 서문, 그리고 약간의 중요한 새로운 주석을 첨가해서 매커비 강의를 다시 출판했다.[6]

미국의 법률가들은 데블린 경의 논변에 주의를 기울여야 한다. 조심스럽게 읽을 경우 그를 비판하는 몇몇 사람들이 말하는 것과 같이 그의 논변이 그렇게 무딘 것은 아님을 발견할 것이지만, 그래도 그의 결론은 결코 대중적이지 않을 것이다. 그의 견해가 대중적인 것이든 아니든, 우리가 그의 논변이 반박될 수 있다는 점을 확인할 때까지 그것을 무시할 권리가 우리에게는 없다. 그 논변 중의 하나—나는 그 논변 가운데 두 번째 것에 대해 논의할 것이다—는 민주주의 이론과 도덕의 강요 사이에 있는 연관성에 우리의 주의를 집중시킨다는 상당한 장점을 갖는다. 그것은 우리에게 우리가 고찰해왔던 것보다 더 면밀하게 이 연관성이 의존하고 있는 중요한 개념, 즉 공중도덕의 개념에 대해 고찰하게 한다.

데블린 경의 입장변화

새로운 책의 서문은 데블린 경이 논란의 대상이 된 그의 결론에 어떻게 도달했는지에 대한 설명을 담고 있다. 그가 매커비 강의를 하도록 초청받기 얼마 전에 저명한 울펜든 위원회는 동의하는 성인들 사이의 사적인 동성애 관행을 더 이상 범죄로 삼지 말 것을 권고하는 보고서를

---

5) 데블린 경은 이런 코멘트에 대한 참조를 참고자료 목록에 포함시킨다. Devlin, 앞의 책, xiii쪽.
6) 같은 책.

출판했다. 그는 그것을 읽고 범죄(crime)와 죄(sin) 사이를 적절하게 구분한 위원회의 주장을 전폭적으로 인정했다.

> 우리가 아는 것처럼 이 영역에서 그것〔법〕의 기능은 공공질서와 품위를 보존하고, 시민들에게 위해를 가하고 피해를 입히는 것으로부터 보호하고, 다른 사람에 의해 이용을 당하거나 피해를 입지 않도록 충분한 안전장치를 제공하는 것이다. ……우리의 견해로는 시민들의 사적인 삶에 개입하거나 특정한 유형의 행위를 강요하고자 하는 것은 법의 기능이 아니며, 우리가 개괄한 목적들을 실현시키기 위해 필요한 것을 넘어선다.
> 요약해 간단하게 말하자면, 법이 관여하지 않는 사적인 도덕과 부도덕의 영역은 남아 있어야 한다.[7]

데블린 경은 그가 벤담과 밀의 가르침으로부터 도출되는 것으로 인정한 이런 이상들은 의문의 여지가 없다고 믿었다. 그는 영국의 형법이 그 이상에 합치하기 위해서 동성애 범죄 안에서 그 위원회가 추천하는 변화들 이외에 다른 어떤 변화가 있어야 하는지에 대해 그 강의에서 면밀하게 고찰하기로 결심했다. 그러나 그의 말에 따르면, 연구는 "내가 나의 작업을 시작하면서 갖고 있었던 단순한 믿음을 확인하는 대신 파괴했으며"[8] 그는 이런 이상들은 문제가 될 수 있을 뿐만 아니라 잘못된 것이라는 신념으로 끝맺음했다.

그의 입장이 변했다는 사실은 분명하다. 그렇지만 그의 입장변화(disenchantment)의 정도가 얼마인지는 분명하지 않다. 그는 때때로 그

---

7) *Report of the Committee on Homosexual Offences and Prostitution*, 9~10쪽, 24쪽.
8) Devlin, 앞의 책, vii쪽.

위원회의 입장과 정확히 정반대되는 입장을 주장하는 것처럼 보인다. 즉, 사회구성원들이 강하게 비난하는 행위가 다른 사람들에게 해로운 결과를 주지 않는다 하더라도, 국가는 도덕교사로서의 역할을 담당하며 형법은 국가의 적절한 교육방법이라는 근거에서 그 사회는 그 행위를 처벌할 권리를 갖는다고 주장하는 것처럼 보인다. 이것이 그의 입장이라고 생각하는 독자들은 유명한 철학자들과 법률가들이 그에 대답하고자 고심하고 있는 사실을 의아하게 생각한다. 왜냐하면 그 입장은 명백하게 불합리한 것으로 생각될 수 있는 입장으로 보이기 때문이다. 사실은 그가 주장하는 것은 이 입장이 아니라 그보다 더 복잡한 입장으로서, 그것은 그렇게 불합리한 것도 아니고 울펜든의 이상과도 명백하게 어긋나는 입장도 아니다. 그것은 어느 곳에서도 말끔한 형태로 요약되지 않았으며 (내가 이미 인용한 동성애에 대한 진술이 그가 제공하는 요약으로 볼 수 있다), 그가 전개하는 복삽한 논변들로부터 도출해내아 한다.

두 가지 주요 논변들이 있다. 첫 번째 논변은 매커비 강의 안에서 체계적으로 제시된다. 그것은 자신의 존재를 보호할 사회의 권리로부터 논변을 전개한다. 그것과는 매우 다르고 훨씬 더 중요한 논변인 두 번째 논변은 다양한 글을 통해 따로따로 해체된 형태로 전개된다. 그것은 다수가 그들의 사회적 환경을 그들이 반대하는 변화로부터 보호하기 위해 그들 자신의 도덕적 신념들을 따를 권리로부터 논변을 시작한다. 나는 이 두 가지 논변을 차례대로 고찰해볼 것이지만, 두 번째 논변을 훨씬 더 길게 고찰할 것이다.

첫 번째 논변: 자신을 보호할 사회의 권리

첫 번째 논변 — 그리고 비판자들이 훨씬 더 많이 관심을 가졌던 논변 — 은 이렇다.[9]

(1) 현대 사회에는 어떤 사람들이 자신을 지도하기 위해서는 받아들이고 다른 사람들에게는 부과하려 하지 않는 다양한 도덕원칙들이 있다. 또한 지키지 않는 사람들에게 다수가 관용을 베풀지 않고 그들에게 부과하는 도덕적 규준들도 있다. 우리에게 특정한 종교의 명령들은 전자에 속하고, 일부일처제는 후자에 속한다. 만일 두 번째 종류에 속하는 어떤 규준들이 없다면, 사회는 생존할 수 없을 것이다. 왜냐하면 어떤 도덕적 일치(conformity)는 사회의 삶에 필수적인 것이기 때문이다. 모든 사회는 자기 자신의 존재를 보존할 권리를 갖기 때문에 그런 복종을 요구할 권리를 갖는다.

(2) 만일 사회가 그런 권리를 갖는다면, 그 권리를 행사하기 위해서 그것의 제도와 형법의 제재를 이용할 권리를 갖는다. "만일 도덕이 사회의 존재를 위해서 필수적인 것이라면, 필수적인 다른 것을 지키기 위해서 사회는 법을 사용하는 것과 동일한 방식으로 도덕을 보존하기 위해서 법을 사용할 수 있다."[10] 마치 사회가 반역을 막기 위해서 법을 사용할 수 있는 것과 마찬가지로, 사회는 그 사회를 하나로 묶는 그런 일치가 붕괴되는 것을 막기 위해서 법을 사용할 수 있다.

(3) 그러나 법으로 부도덕을 처벌할 수 있는 사회의 권리는 모든 종류의 부도덕과 모든 경우의 부도덕을 막기 위해 반드시 행사될 필요는 없다. 우리는 어떤 제한원칙들의 효과와 중요성을 인정해야 한다. 그 원칙들에는 여러 가지가 있지만, 가장 중요한 것은 "사회의 통합(integrity)과 일치하는 최대한의 개인의 자유를 용인해야 한다"라는 것이다.[11] 이

---

9) 이것은 주로 같은 책, 7~25쪽에서 전개된다.
10) 같은 책, 11쪽.

제한원칙들은 모두 우리가 어떤 관행이 심하게 비도덕적이라고 결론짓는 것에서 주의할 것을 요구한다. 만일 사회가 그 관행을 단죄하는 것에서 어떤 불편함이나 반신반의나 관용의 가능성이 있다는 것을 알게 된다면 법은 단죄를 자제해야 한다. 그렇지만 공중의 감정이 과격해지고 지속적이며 확고할 경우에는, 그리고 데블린 경의 말을 빌린다면 그 감정이 "참을 수 없음, 분개와 혐오"에까지 이르게 될 경우에는 이런 제한원칙들 가운데 어떤 것도 적용될 수 없다.[12] 그렇기 때문에 동성애에 대한 간단명료한 결론은 다음과 같다. 즉, 만일 그것이 진정으로 혐오스러운 죄로 간주된다면, 그것을 근절할 사회의 권리는 부정될 수 없다는 것이다.

우리는 이 논변에 대해 쉽게 빠질 수 있는 하나의 가능한 오해를 경계해야 한다. 그 논변은 공동체 안의 상당히 많은 사람들이 하나의 관행이 비도딕적이라고 생각할 때, 그들이 옳을 가능성이 높다는 가정에 의존하지 않는다. 데블린 경이 생각하기에 우리의 공중도덕이 도전받을 때 관건이 되는 문제는 바로 사회의 생존이며, 그는 사회가 그 사회를 하나로 묶는 도덕이 옳다는 것을 보증하지 않고서도 자신을 보존할 수 있는 자격이 있다고 믿는다.

이 논변은 건전한가? 하트(H.L.A. Hart) 교수는 매커비 강의의 핵심에서 나타나는 이 논변에 대응하면서,[13] 그것은 사회가 무엇인가에 대한 혼동된 견해에 의존한다고 생각했다. 그는 다음과 같이 말했다. 만일 어떤 사람이 사회에 대한 통상적 관념을 갖는다면, 사회가 심각하게 비도덕적이며 혐오스럽다고 보는 모든 관행이 그 사회의 생존을 위협한다고 주장하는 것은 불합리하다. 그것은 그 사회의 존재가 사회구성

---

11) 같은 책, 16쪽.
12) 같은 책, 17쪽.
13) H.L.A. Hart, *Law, Liberty and Morality*, 1963, 51쪽.

원 가운데 한 명의 죽음 또는 또 다른 사람의 출생에 의해서 위협을 받는다고 주장하는 것만큼이나 어리석은 주장이다. 그리고 그는 데블린 경이 그런 주장을 지지할 수 있는 증거로서 어떤 것도 제시하지 않았음을 우리에게 상기시킨다. 그러나 만일 어떤 사람이 사회는 사회구성원들이 특정한 시점에서 우연히 갖게 된 특정한 도덕적 이념과 태도의 복합물로 구성된다는 것같이 사회에 대해 가공적 정의를 채택한다면, 그런 도덕적 현상(status quo) 각각이 끊임없이 변하는 그것의 존재의 유지를 강제력을 통해서 보존할 권리를 가져야 한다는 것은 용인될 수 없다. 그래서 하트 교수는 데블린의 논변은 "사회"에 대한 통상적 의미를 취하든 가공적 의미를 취하든 실패한다고 주장했다.

데블린 경은 새롭고 긴 주석에서 하트 교수에게 답한다. 하트의 비판을 요약한 다음 그는 이렇게 말한다. "나는 어떤 파괴적인 행위든지 그것이 사회의 존재를 위협한다고 주장하지 않은 것과 마찬가지로, 사회의 공유된 도덕으로부터의 어떤 이탈이든지 사회의 존재를 위협한다고 주장하지 않았다. 나의 주장은 그것들은 모두 본성상 사회의 존재를 위협할 수 있기 때문에 어떤 것도 법 위에 놓여질 수 없다는 것이다."[14] 이 대답은 그 논변 안에 있는 심각한 결점을 드러낸다.

그것은 우리에게 우리는 그 논변의 두 번째 단계―사회는 법을 통해서 그 사회의 공적인 도덕을 강요할 권리를 갖는다는 중요한 주장―를, 사회는 결코 그런 권리를 갖지 않는다는 명제를 부정하는 것으로만 이해해야 한다고 말한다. 데블린 경은 울펜든 보고서의 주장, 즉 "법이 관여하지 않는……사적인 도덕의 영역"에 대한 주장이 사적인 성적인 관행을 영원히 법의 심사를 받지 않도록 하는 하나의 고정된 사법적 장벽을 주장하는 것으로 이해하는 것이 분명했다. 새로운 주석에서 그는

---

14) Devlin, 앞의 책, 13쪽.

그의 논변이 의도하는 것은 오직 확립된 도덕에 대한 도전은 도덕에서의 일치의 존재 자체가 위협받고, 그렇게 하여 사회 자체의 존재가 위협받게 되는 것이 가능할 정도로 심각한 것이기 때문에 그런 어떤 헌법적 장벽도 세워져서는 안 된다는 것만을 보여주는 것이라고 말했다.[15]

우리는 이 제한된 주장조차도 여전히 납득하지 못할 수 있다. 우리는 대중적이지 못한 어떤 관행이든지 사회의 존재에 가할 수 있는 위협이 매우 작아서, 이런 종류의 헌법적 장벽을 세우고 위험에 대한 주기적인 평가를 금지하는 것이 개인적 자유를 변덕스런 히스테리로부터 보호하

---

15) 이 독법은 새로운 주석이 없어도 텍스트에서 확고한 지지를 찾을 수 있다. "그러므로 나는 부도덕성을 억제하기 위한 입법을 할 수 있는 국가의 권력에 이론적인 제한을 설정하는 것이 가능하지 않다고 생각한다. 일반 규칙에 대한 예외사항을 미리 정한다든지 어떤 여건에서도 법이 개입하는 것이 허용되지 않는 도덕의 영역을 경직되게 정의하는 것은 가능하지 않다."(같은 책, 12~13쪽)

제시된 논변들은 이런 구성을 보여주고 있다. 그것들은 귀류법에 속하는 것으로서 비도덕적인 것이 이론적으로 사회를 전복할 수 있는 가능성을 이용한다. "그러나 인구의 4분의 1이나 반이 매일 술에 취해 있다고 가정하자. 그런 사회가 어떤 종류의 사회가 될 것인가? 당신은 술 취하는 것을 금지하는 법을 사회가 제정할 수 있는 자격이 있다고 전제하지 않고서는, 술에 취할 수 있는 사람의 수에 이론적인 한계를 설정할 수 없다. 그것은 도박에 대해서도 마찬가지이다."(같은 책, 14쪽)

각각의 예는 어떤 사법적 한계도 그어질 수 없다고 주장하는 것이지 술 취한 모든 사람 또는 모든 도박행위가 사회를 위협한다고 주장하는 것은 아니다. 사실상 관행이 위험수준 아래로 떨어질 경우, 사회가 실제로 술 취함이나 도박을 범죄로 만들 자격이 있다는 제안은 없다. 데블린 경은 도박에 대한 그의 예를 지지하기 위해서 베팅이나 로또나 게임에 대한 왕립위원회의 말을 다음과 같이 인용한다. 즉, "만일 우리가 도박의 정도가 어느 정도가 되든지 간에 〔사회의 한 구성원으로서 도박꾼의 성품에 대한〕 이것의 결과는 해로움이 틀림없다는 것을 우리가 확신한다면, 우리는 도박을 실제에서 최대한 가능한 정도로 제한하는 것이 국가의 의무라고 생각하는 쪽으로 마음이 기울어야 한다."(Cmd. no. 8190 at para. 159, 1951. 같은 책, 14쪽에 인용됨) 그것이 함축하는 바는 이렇다. 사회는 엄밀하게 조사하고 규제할 준비를 할 수 있지만, 그 위협이 사실상 존재할 때까지는 실제로 그렇게 해서는 안 된다는 것이다.

는 현명한 정책이자 신중한 보호책일 것이라고 믿을 수 있다.

그러나 만일 우리가 이런 헌법적 장벽을 없애도록 설득된다면, 우리는 그 논변의 세 번째 단계가, 불가피하게 제기되는 다음의 문제에 대해 대답할 것으로 기대할 것이다. 깊게 뿌리박은 진정한 공중도덕에 대한 도전이 사회의 존재를 위협한다고 생각될 수 있으며 그렇기 때문에 법의 관심의 문턱 위에 놓여야 한다는 것을 인정한다 하더라도, 그런 위협이 언제 충분히 명백하고 현재하는 것이어서 주의하는 것뿐만 아니라 행위를 정당화할 수 있는 것인지를 우리는 어떻게 정할 것인가? 우리가 실제적 위협이 현재함을 보여주기 위해서 맹렬한 공중의 비난이라는 사실 이외에 더 필요한 것은 무엇인가?

세 번째 단계의 수사법은 그 단계가 이 문제에 대한 대답으로 여겨지게 만든다. "자유"와 "관용" 그리고 심지어 "균형 잡기"에 대해서도 많은 말이 있다. 그러나 그 논변은 그에 대한 대답이 아니다. 왜냐하면 자유, 관용, 균형 잡기는 두 번째 단계에서 진단된 공중의 분노가 과장된 것으로 보일 때만, 즉 그 열기가 가장된 것으로 판명될 때만 적절하다는 것이 밝혀지기 때문이다. 그 열기가 확인되고 불관용과 분노와 혐오가 진정한 것일 때, "사회의 통합성을 해치지 않는 최대한의 개인의 자유"를 요구하는 원칙은 더 이상 적용되지 않는다. 그런데 이것은 열광적인 공중의 비난 이상의 어떤 것도 전혀 필요하지 않다는 것을 의미한다.

간단히 말해서, 그 논변에는 지적인 책략이 들어 있다. 두 번째 단계에서 공중의 분노는 단지 그 관행을 법의 규제가 허용되는 범주 안에 놓는 문턱기준으로만 제시되고 있다. 세 번째 단계로 전환되는 어디에선가 아무런 해명도 없이 이 문턱기준은 그것 자체로 행동을 위한 하나의 임의적 긍정이유(dispositive affirmative reason)가 되며, 그렇기 때문에 그 기준이 명백히 충족될 경우 법은 그 이상의 다른 것이 없어도 적용될 수 있게 된다. 이런 책략의 힘은 동성애에 대한 그의 말에서 증명된다. 데블린 경은 만일 우리 사회가 동성애를 매우 혐오한다면, 그 관행이 사회의 존재에 대해서 가하는 위험 때문에 그것을 불법화하고 사람들에게 포기와 처벌이라는 불행 중에서 선택하도록 강요하는 것은 정당하다고 결론짓는다. 그는 이 결론을 도출하면서 동성애가 사회의 존재에 어떤 위험을 가져온다는 것에 대해 증거를 제시하지 않고, 단순히 "사회의 공유된 도덕으로부터의 이탈은……그것들의 본성상 사회의 존재를 위협할 수 있으며" 그렇기 때문에 "법이 미치지 않는 곳에 놓일 수 없다"라고 주장할 뿐이다.[16]

두 번째 논변: 자신의 생각에 따를 사회의 권리

그러므로 우리는 첫 번째 논변은 내버려두고 두 번째 논변으로 가는 것이 정당하다. 나의 재구성은 내가 함축되어 있다고 믿는 많은 것을 드러나게 하기 때문에 약간의 왜곡의 위험을 수반한다. 내가 생각하는 그 두 번째 논변은 아래와 같다.[17]

(1) 만일 동성애적 욕구를 가진 사람들이 자유롭게 그 욕구를 만족시킨다면, 우리의 사회환경은 변할 것이다. 그 변화가 어떤 것이 될 것인지는 정확하게 계산할 수 없을 것이다. 그러나 예를 들면 가정은 인간의 교육과 경제활동과 오락이 이루어지는 중심으로 간주되는 자연적인 제도인데 그것의 지위가 손상을 입을 것이며, 그 밖의 다른 결과들도 클 것이라고 가정할 법하다. 우리는 동성애 증가의 결과들이 그 관행을

---

16) 같은 책, 13쪽, 주 1).
17) 논변의 대부분은 같은 책, 제5~7장에 나타난다. 또한 그 책 다음에 출판된 논문인 "Law and Morality," *Manitoba L.S.J.*, 1, 1964/65, 243쪽을 참조할 것.

함께한 사람들에게만 한정될 것이라고 생각할 정도로 생각이 단순하지 않다. 그것은 마치 우리가 가격과 임금이 오직 그것들을 두고 협상하는 사람들에게만 영향을 미칠 것이라고 생각할 정도로 단순하지 않은 것과 마찬가지이다. 우리와 우리의 자식들이 살아야 하는 환경은 다른 것들보다도 특히 우리 자신보다 다른 사람들에 의해서 사적으로 형성된 행위유형과 관계에 의해서 결정된다.

(2) 이것은 그것 자체로서는 사회에 동성애적 관행을 금지할 권리를 주지 않는다. 우리는 우리가 좋아하는 모든 관습을 그것을 보존하기를 원하지 않는 사람들을 구속함으로써 보존할 수 없다. 그러나 그것이 의미하는 것은 우리의 입법자들은 불가피하게 약간의 도덕적 문제들을 결정해야 한다는 것이다. 그들은 위협을 받는 것처럼 보이는 제도들이 인간의 자유를 희생해 보호할 만큼 충분한 가치가 있는지 없는지에 대해서 결정해야 한다. 그리고 그들은 그 제도를 위협하는 관행들이 부도덕한지 아닌지를 정해야 한다. 왜냐하면 만일 부도덕하다면 그것들을 추구하는 개인의 자유는 더 적게 계산될 것이기 때문이다. 만일 우리가 어떤 사람도 우리가 금지하기를 원하는 것을 할 도덕적 권리를 갖지 않는다는 것을 확신한다면, 보호되고 있는 제도의 사회적 중요성을 근거로 이루어지는 정당화는 그렇게 강해야 할 필요가 없다. 즉 어떤 사람이 거짓말을 하고 사기 치고 난폭하게 운전할 자유를 축소시키기 위해서 필요한 변론은, 그 사람이 자신의 직업을 선택하고 자신의 물건에 가격을 매길 자유를 축소시키기 위해서 필요한 변론보다 더 약할 수 있다. 이 점은 부도덕성이 행위를 범죄로 만들기에 충분하다는 주장이 아니다. 그것은 경우에 따라서 그것이 필요함을 주장한다.

(3) 그러나 어떻게 입법자는 동성애적 행위가 부도덕하다고 결정할

수 있는가? 과학은 어떤 대답도 줄 수 없으며, 입법자가 조직된 종교에 호소하는 것은 더 이상 적절하지 않다. 그렇지만 만일 상당히 많은 공동체 구성원이 하나의 대답에 대해 동의한다면, 소수의 교육받은 사람들이 반대한다 하더라도 입법자는 그 다수의 총의(consensus)에 따라 행위할 의무가 있다. 그가 그런 의무를 갖는 것은 두 개의 밀접하게 연결된 이유 때문이다. (a) 궁극적으로 그 결정은 어떤 도덕적 신념에 의존해야 하는데, 민주주의에서 다른 어떤 것들보다도 이런 종류의 문제는 민주주의 원칙에 따라서 해결되어야 한다. (b) 어쨌든 형법이라는 위협과 제재를 가하는 것은 공동체이다. 공동체는 도덕적 책임을 져야 하며, 그렇기 때문에 자신의 생각에 따라서, 즉 그것의 구성원들의 도덕적 신념에 따라서 행위해야 한다.

내가 이해하기에 이것이 데블린 경의 두 번째 논변이다. 그것은 복잡한 논변이며, 거의 모든 부분들이 분석과 비판의 여지를 갖는다. 어떤 독자들은 그것의 중심가정, 즉 사회제도에서의 변화는 피해라는 가정, 즉 사회가 그것으로부터 자신을 보호할 자격이 있는 그러한 피해라는 가정에 동의하지 않을 것이다. 그런 강한 입장을 취하지 않는(아마도 경제제도를 보호하기 위해서 고안된 법들을 인정하기 때문에) 다른 독자들은 만일 어떤 제도에 위협이 되는 피해가 증명될 수 없고 임박해 있는 것도 아니고 추정적인 것이라면, 그 관행이 아무리 부도덕하다 하더라도 사회는 행위할 자격이 없다고 느낄 것이다. 또한 다른 독자들은 어떤 행위를 범죄화할 것인가 말 것인가를 결정하는 데에서 그 행위의 도덕성 또는 부도덕성을 고려해야 한다는 테제를 비판할 것이다(그들이 현재의 관행 아래서는 그것이 고려된다는 것을 인정할 것이라는 점은 분명하지만). 또한 다른 독자들은 민주주의에서조차도 입법자들은 도덕적 문제를 스스로 결정해야지, 공동체 전체에 의뢰해서는 안 된다고 주장할 것이다. 나는 이런 입장 가운데 어떤 것에 찬성하거나 반대하는 주장을 펴지 않을 것이다. 그 대신 내가 원하는 것은 데블린 경의 결론이 그 자신의 조건들을 근거로 해서, 또는 대다수의 사회구성원들이 도덕적 원칙에 근거해서 비난하는 행위로부터 중요하고 가치가 있는 사회제도를 보호할 권리를 사회가 갖는다는 가정 위에서 타당한지 어떤지를 고찰하는 것이다.

나는 그의 결론은 이런 조건들 위에서조차도 타당하지 않다고 주장할 것이다. 왜냐하면 그는 도덕적 원칙에 근거해 비난한다는 것이 무엇인지를 잘못 생각하기 때문이다. 나는 내가 제시할 논변에 대해 주의를 촉구하고자 한다. 그것은 부분적으로는 어떤 유형의 도덕적 언어들(예를 들면 "편견"이나 "도덕적 입장" 같은 용어들)은 도덕적 논변에서 표준적인 용법을 갖는다는 것을 상기시키는 것으로 이루어진다. 나의 목적은 사전에 의존해서 정치도덕의 문제를 해결하려는 것이 아니라 데블린 경의 도덕사회학에서 그의 잘못이라고 내가 믿는 것을 보여주는 것이다. 나는 우리의 통상적 도덕관행은 그가 생각한 것보다 더 복잡하고 더 구조적이라는 것을 보여주려 할 것이다. 그리고 결과적으로 형법이 공중도덕으로부터 도출되어야 한다고 말하는 것이 무엇을 의미하는지를 그가 잘못 생각한다는 것을 보여주려 할 것이다. 그것은 대중적이고 호소력이 있는 테제이며, 법과 도덕에 대해 데블린 경뿐만 아니라 많은 다른 사람들이 갖고 있는 이론들의 핵심 부근에 있는 것이다. 그것이 함축하는 바를 이해하는 것은 매우 중요하다.

도덕적 입장의 개념

우리는 "도덕적 입장"(moral position)과 "도덕적 신념" 같은 용어들이 우리의 통상적 도덕에서는 기술을 위한 용어뿐만 아니라 정당화와 비판의 용어로 기능한다는 사실에서 시작할 수 있을 것이다. 우리는 때때로 집단의 "도덕", "도덕성", "도덕적 믿음", "도덕적 입장", "도덕적 신념"이라는 말을 인간의 행위나 성격 또는 목표의 마땅함(propriety)에 관해서 집단이 보여주는 모든 태도를 지시하기 위해서 사용하는데, 그 경우 그 말의 의미는 인류학적 의미라고 부를 수 있다. 우리는 이런 의미로 나치 독일은 편견에 기반해 있다거나 비합리적이었다고 말한다. 그러나 우리는 또한 이런 용어 가운데 약간을, 특히 "도덕적 입장"과 "도덕적 신념"이라는 말을 차별적 의미로 사용하는데, 그 경우에는 그것들이 기술하는 입장은 편견, 합리화, 개인적 기호의 문제, 자의적 입장 등과 같은 것들과 대조된다. 이 차별적 의미의 한 가지 용도—아마도 가장 특징적인 용도—는 어떤 행동을 둘러싸고 있는 도덕적 문제들이 불명확하거나 논란이 되고 있을 때, 그 행동에 대한 제한적이지만 중요한 송류의 정당화를 제공하는 것이다.

책임이 있는 공직에 출마한 어떤 사람이 동성애자라는 것을 알고 있기 때문에, 그리고 동성애는 심각한 부도덕이라고 믿기 때문에 나는 그 사람에게 표를 주지 않을 작정이라고 내가 당신에게 말한다고 가정하자. 만일 당신이 동성애가 부도덕하다는 것에 대해 동의하지 않으면, 당신은 내가 나의 표를 불공정하게 던지려 한다고, 즉 편견에 따라서 또는 도덕적 문제와는 관계없는 개인적 반감에서 행동한다고 비난할 것이다. 그러면 나는 당신이 동성애에 대한 입장을 바꾸어 나의 입장과 동일한 입장을 갖게 하기 위해 노력할 수 있다. 그러나 그것에서 내가 실패한다 하더라도, 나는 여전히 당신과 내가 다른 의견을 갖는 그것에 대한 나의 투표가 당신의 견해와는 다르지만 차별적인 의미에서 하나의 도덕적 입장에 근거한 것이라는 점을 당신에게 설득하고 싶어 할 것이다. 나는 당신에게 이것을 설득하려 할 것이다. 왜냐하면 만일 내가 당신을 설득한다면, 내가 지금 하려고 하는 것에 대한 당신의 의견을 바꾸게 될 것이라고 기대할 자격이 나에게 있기 때문이다. 나의 성품에 대한 당신의 판단은 다를 것이다. 당신은 여전히 내가 괴팍하다고(또는 청교도적이라고 또는 순진하다고) 생각할 수 있지만, 이런 것들은 성품의 유형이지 성품의 결함은 아니다. 나의 행위에 대한 당신의 판단은 또한 이런 측면에서 다를 것이다. 당신은 내가 나의 도덕적 입장을 견지하고 있는 한, 내가 동성애자들에게 반대표를 던질 도덕적 권리를 갖는다는 것을 인정할 것이다. 왜냐하면 나는 나 자신의 신념에 따라 투표할 권리(의무이기도 하다)를 갖기 때문이다. 만일 당신이 여전히 내가 편견이나 개인적 기호에서 행위한다고 믿는다면, 당신은 그런 권리(또는 의무)를 인정하지 않을 것이다.

나는 당신의 견해가 이런 방식으로 바뀔 것이라고 기대할 자격이 있다. 왜냐하면 이런 구별은 당신과 내가 공유하며 우리 논의의 배경을 형성하는 통상적 도덕의 부분이기 때문이다. 그것은 우리가 잘못되었다고 생각하기는 하지만 우리가 존중해야 하는 입장과 도덕추론의 어떤 기본규칙을 위반하기 때문에 우리가 존중할 필요가 없는 입장 사이의 차이를 구별한다. 도덕적 문제들에 대한 상당히 많은 토론들(철학책에서는 아니지만 실제의 삶에서의)이 어떤 입장은 이 중요한 경계선의 한쪽이나 다른 쪽에 있다는 논변들로 이루어진다.

사회는 자신의 생각에 따를 권리를 갖는다는 데블린 경의 논변에 힘을 싣는 것은 통상적 도덕의 이러한 특징이다. 따라서 우리는 도덕적 입장이라는 차별적 개념을 더욱 면밀하게 검토해야 하며, 우리의 가상의 대화를 계속함으로써 그렇게 할 수 있다. 그러면 나의 입장이 도덕적 입장이라는 것을 나는 어떻게 당신에게 확신시킬 수 있는가?

(a) 나는 그에 대한 이유(reason)들을 제시해야 한다. 그것은 내가 따르는 도덕원칙 또는 내가 받아들이는 일반적 도덕이론을 구체적으로

기술해야 한다는 것을 의미하지는 않는다. 그렇게 할 수 있는 사람은 거의 없으며, 그렇게 할 수 있는 사람만 도덕적 입장을 견지할 수 있는 능력을 갖는 것도 아니다. 나의 이유는 원칙이나 이론이 될 필요가 전혀 없다. 그것은 내가 동성애를 부도덕한 것으로 보게 하는 동성애의 어떤 측면 또는 특징을 지적하기만 하면 된다. 예를 들면 성경책이 그것을 금지한다든지, 동성애를 하는 사람은 결혼이나 부모가 되기에 적당하지 않다는 사실 같은 것 말이다. 물론 그런 이유는 내가 어떤 일반 원칙이나 이론을 받아들이고 있다는 것을 전제할 것이다. 그러나 나는 그것이 무엇인가를 말할 수 있거나 내가 그것에 의존하고 있다는 것을 깨닫고 있어야 할 필요는 없다.

그렇지만 내가 줄 수 있는 모든 것이 이유가 될 수는 없을 것이다. 어떤 이유는 일반적 기준들에 의해서 부적당한 이유로 배제될 것인데, 우리는 그런 기준 중에서 가장 중요한 다음 네 가지를 지적할 수 있다.

가: 만일 내가 당신에게 동성애자는 이성애적 욕구를 갖지 않기 때문에 도덕적으로 열등하고, 그래서 "진정한 사람"이 아니라고 말한다면, 당신은 그 이유를 한 가지 유형의 편견을 보여주는 것으로 거부할 것이다. 일반적으로 편견이란 우리의 관례가 배제하는 고려사항들을 고려하는 판단의 자세이다. 공판이나 어떤 경연대회같이 체계가 갖추어진 맥락에서 기초규칙들은 몇몇 고려사항을 제외한 모두를 배제하며, 편견은 이런 규칙을 위반하는 판단의 기초이다. 우리의 관례는 그런 특별한 맥락을 떠나서도 성립하는 도덕적 판단의 어떤 기초규칙들을 약정하는데, 그 규칙 중에서 가장 중요한 것은 사람들은 그가 어쩔 수 없이 가질 수밖에 없는 어떤 육체적 특징, 인종적 특징 또는 다른 특징을 근거로 도덕적으로 열등하다고 간주되어서는 안 된다는 것이다. 그렇기 때문에 유대인이나 흑인이나 남부인이나 여성 또는 허약한 사람들이

실제로 한 일이 무엇인가를 고려하지 않고, 그런 사람이면 자동적으로 더 적은 존중을 받아야 한다는 믿음에 기초해 그들에 대한 도덕적 판단을 하는 사람은 그 집단에 대해서 편견을 갖는다고 말해진다.

나: 만일 내가 동성애자에 대한 나의 견해를 개인적인 감정적 반응("그들은 역겨워")에 기반을 둔다면, 당신은 그 이유도 거부할 것이다. 우리는 도덕적 입장을 감정적 반응과 구별하는데, 그것은 도덕적 입장들이 비감정적이거나 냉정한 것이기 때문이 아니라—오히려 그 반대가 사실이다—도덕적 입장은 감정적 반응을 정당화해주지만 감정적 반응이 도덕적 입장을 정당화해주는 것은 아니기 때문이다. 어떤 사람이 그런 이유들을 제시할 수 없는 경우, 우리는 그가 감정적으로 개입한다는 사실을 부정하지 않는다. 그 개입은 중요한 사회적 결과나 정치적 결과를 초래할 수 있지만 우리는 그 개입이 그의 도덕적 신념을 보여주는 것으로 간주하지 않는다. 참으로 우리가 일상적인 용어로 공포증이나 강박관념이라고 기술하는 것은 바로 이런 종류의 입장—그에 대해 어떤 사람이 설명할 수 없는 어떤 관행이나 상황에 대한 심한 감정적 반응—이다.

다: 만일 거짓일 뿐만 아니라 매우 그럴 법하지 않은 명제이기 때문에 내가 일반적으로 받아들이고 다른 사람에게 부과하는 최소한의 증거와 논변의 규준을 만족시키지 못하는 그런 명제("동성애 행위는 육체를 쇠약하게 한다")가 나의 입장의 기초라면, 당신은 나의 믿음을 그것이 진지한 믿음이라 하더라도 일종의 합리화로 간주하고 그것을 내가 제시하는 이유로 인정하지 않을 것이다. (합리화는 복잡한 개념이다. 그것은 이유를 만들어내기도 하는데, 그 이유는 내가 받아들이지 않는일반적 이론을 제안한다. 우리는 그것을 곧 알게 될 것이다.)

라: 만일 내가 나 자신의 입장을 오직 다른 사람들의 믿음("모든 사람은 동성애가 죄라는 것을 안다")을 인용함으로써만 옹호할 수 있다면, 당신은 내가 앵무새처럼 말하고 있는 것이지 나 자신의 도덕적 신념에 의존하고 있는 것은 아니라고 결론지을 것이다. 내가 호소해서 자동적으로 나의 입장을 도덕적 입장으로 만들 수 있는 도덕적 권위자가 될 수 있는 자는 신을 제외하고는(그것이 가능한지는 복잡한 문제이다) 없다. 나는 나 자신의 이유들을 가져야 한다. 물론 그것들을 내가 다른 사람들로부터 배웠을 수는 있다.

틀림없이 많은 독자들은 편견과 단순한 감정적 반응과 합리화와 따라 하기에 대한 이런 주먹구구식 설명에 대해 동의하지 않을 것이다. 어떤 사람들은 이런 것들이 무엇인가에 대한 자신의 이론을 갖고 있을 것이다. 나는 이제 이것들 사이의 상세한 차이점들이 무엇이든지 간에 그것들이 서로 다른 개념들이라는 것과 어떤 사람의 입장을 도덕적 신념으로서 다룰 것인지 말 것인지를 결정하는 데에서 그것들이 하나의 역할을 한다는 것만 강조하고 싶다. 그것들은 단순히 우리가 매우 싫어하는 입장들 위에 덧칠해진 수식어인 것만은 아니다.

(b) 내가 이런(또는 이와 비슷한) 근거들 가운데 하나에 의해서 부적격 판정을 받지 않은 이유를 제시한다고 가정하자. 그 이유는 어떤 도덕적 원칙이나 이론을 전제할 것이다. 물론 나는 그 원칙이나 이론을 말할 수도 없고 내가 말할 때 염두에 두지 않을 수도 있다. 만일 내가 나의 이유로 성경책이 동성애적 행위를 금지한다는 사실을 제시한다면, 또는 동성애적 행위는 그렇지 않은 행위보다 행위자가 결혼해 아이들을 기를 가능성을 더 적게 만든다는 사실을 제시한다면, 나는 나의 이유가 전제하는 그 이론을 내가 받아들인다는 것을 보여주는 것이다.

또한 만일 당신이 내가 그 이론을 받아들이지 않는다고 믿는다면, 당신은 나의 입장이 도덕적 입장이라는 것을 납득하지 않을 것이다. 성경의 명령이 그것 자체로서 도덕적으로 구속력이 있는 것이라고 내가 실제로 믿는가 또는 모든 사람들은 재생산의 의무가 있다고 실제로 믿는가의 물음은 나의 진정성에 관한 물음일 것이다. 그렇지만 진정성이 유일한 문제는 아니다. 왜냐하면 일관성의 문제도 있기 때문이다. 나는 이 일반적 입장들 가운데 하나를 내가 받아들인다고 믿을 수 있으며 그 믿음은 나의 다른 믿음들과 다른 경우에서의 나 자신의 행위가 그 믿음과 조화되지 않기 때문에 잘못일 수 있다. 나는 성경의 어떤 명령들을 거부할 수도 있다. 또는 나는 사람들은 만일 그들이 좋다면 독신으로 남거나 평생 피임을 할 권리가 있다고 주장할 수도 있다.

물론 나의 일반적인 도덕적 입장에는 제한과 예외가 있을 것이다. 예외와 비일관성의 차이는 전자는 나의 다른 도덕적 입장을 전제하는 이유들에 의해서 지지받을 수 있다는 것이다. 내가 성경을 권위로 끌어들이면서 모든 동성애자들을 비난하지만 모든 간통자들을 비난하지는 않는다고 가정하자. 그런 구별을 위해 내가 제공할 수 있는 이유는 무엇인가? 만일 그것을 지지하는 어떤 이유도 제시할 수 없다면, 나는 성경의 권위에 관한 일반적 입장을 받아들인다고 주장할 수 없다. 만일 내가 그런 구별을 지지하는 것처럼 보이는 이유를 제시한다면, 나의 원래의 대답에 대해서 물어졌던 것과 동일한 종류의 물음을 그 이유에 대해서도 물을 수 있을 것이다. 나의 예외사항에 대한 이유는 어떤 일반적 입장을 전제하는가? 내가 그 일반적 입장을 받아들인다고 진지하게 주장할 수 있는가? 예를 들면 지금은 간통이 매우 일반적인 것이고 관습에 의해서 재가를 받았다는 것이 내가 제시한 이유라고 가정하자. 부도덕한 것이 대중적인 것이 될 때는 도덕적인 것이 된다고 나는 실제로 믿는가? 만일 그렇지 않다면, 그리고 그런 구별에 대해서 내가 다른 이

472

유를 제시할 수 없다면, 나는 성경이 비난하는 행위가 부도덕하다는 일반적 입장을 내가 받아들인다고 주장할 수 없다. 물론 이 점이 지적된 다음, 나는 간통에 대한 나의 견해를 바꾸도록 설득될 수도 있다. 그러나 당신은 그것이 진정한 마음의 변화인지 아니면 논변을 위한 연기에 지나지 않는 것인지에 대해서 경계할 것이다.

원칙상 나의 원래의 주장에 대한 이런 하부 논의들에는 한계가 없다. 물론 실제의 논변이 그런 것들 가운데 많은 것들에 대해서 따질 가능성은 거의 없을 것이지만 말이다.

(c) 그러나 정말로 나는 나의 입장을 도덕적 신념의 문제로 만들기 위한 이유를 가져야 하는가? 대부분의 사람들은 불필요한 고통을 야기하는 행위나 아무런 변명도 없이 중요한 약속을 어기는 것은 부도덕하다고 생각하지만, 그런 믿음에 대해 이유를 제시할 수 없다. 그들은 어떤 이유도 필요하지 않다고 생각한다. 왜냐하면 그들은 이런 행위가 부도덕하다는 것을 공리적이거나 자명한 것으로 간주하기 때문이다. 이런 방식으로 취해진 입장이 도덕적 입장이 될 수 있다는 것을 부정하는 것은 상식에 어긋나는 것처럼 보인다.

그러나 어떤 사람의 입장이 자명하다는 믿음과 어떤 사람의 입장에 대해 이유를 갖지 않다는 것 사이에는 중요한 차이가 있다. 전자는 더 이상의 이유가 필요하지 않다는 적극적인 믿음, 그리고 문제 되는 행위의 부도덕성은 그것의 사회적 결과 또는 행위자의 성품에 달린 결과 또는 신에 의한 금지 또는 그 밖의 다른 어떤 것에 의존하는 것이 아니라 행위 자체의 본성에서 나온다는 믿음을 전제한다. 다른 말로 하면 특정한 입장이 공리적이라는 것은 특별한 종류의 이유, 예를 들면 그 행위는 그것 자체로서 부도덕하다는 이유를 제시하는 것이며, 그런 특별한 이유는 우리가 고찰했던 다른 이유들같이 내가 갖고 있는 더 일반적 이론들과 모순될 수 있다.

우리가 전개하는 도덕적 논변은 도덕원칙들을 전제할 뿐만 아니라 도덕적 추리에 대한 더 추상적인 입장들도 전제한다. 특히, 그것은 어떤 종류의 행위들이 그것 자체로서 부도덕할 수 있는가에 대한 입장을 전제한다. 내가 당신의 도덕적 의견을 비판하거나 내가 생각하기에 어리석은 전통적 도덕규칙을 내가 무시한 것에 대해 내가 정당화하려 할 때, 나는 문제 되는 나의 그 행위가 행위를 부도덕한 것으로 만드는 어떤 특징을 갖는다는 것을 부정함으로써 그렇게 할 것이다. 즉, 그것은 어떤 약속이나 의무를 위반한 것이 아니며, 행위자를 포함해 어떤 사람에게도 해를 끼치지 않았고, 어떤 조직된 종교에 의해서도 금지되지 않았으며, 불법적이지 않다고 주장할 것이다. 내가 이렇게 하는 것은 부도덕성의 궁극적인 근거들은 그와 같이 매우 일반적인 규준들의 어떤 작은 집합에 한정된다고 가정하기 때문이다. 나는 이 가정을 직접적으로 주장할 수 있거나 논변을 통해서 도출할 수도 있다. 어떤 경우이든, 나는 이런 궁극적 규준들 가운데 어떤 것에 의해서도 지지를 받을 수 없는 입장을 자의적 입장이라 부름으로써 그 가정을 적용할 것이다. 예를 들면 만일 당신이 사진이나 수영이 부도덕하다고 말한다면, 나는 틀림없이 그렇게 해야 할 것이다. 내가 배후에 있는 이 가정을 정확하게 기술할 수 없다 하더라도 나는 그 가정을 적용할 것이며, 내가 인정하는 궁극적 기준들은 가장 추상적인 나의 도덕규준들 가운데 있기 때문에, 그것들은 나의 이웃이 인정하고 적용하는 것들과 그렇게 다르지 않을 것이다. 동성애자를 경멸하는 많은 사람들이 그 이유를 말할 수 없지만, 이유가 필요하지 않다고 주장할 사람은 거의 없을 것이다. 왜냐하면 그들 자신의 규준에 따르면 그런 주장은 그들의 입장을 자의적인 입장으로 만들 것이기 때문이다.

(d) 우리의 논변에 대한 이런 분석은 계속될 수 있을 것이다. 그러나 이미 이것으로도 어떤 결론을 정당화하기에 충분하다. 만일 우리 사이의 문제가 동성애에 대한 나의 견해가 도덕적 입장이 될 것인지, 그리고 그런 근거 위에서 동성애자들에게 반대표를 던질 자격이 있는지 어떤지의 문제라면, 나는 단순히 나의 감정을 보고하는 것으로 그 문제를 해결할 수 없다. 당신은 나의 믿음을 지지하기 위해서 내가 제시할 수 있는 이유들에 대해서, 그리고 나의 다른 견해들과 행위가 이 이유들이 전제하는 이론들과 조화되는지를 고찰하기를 원할 것이다. 물론 당신은 예를 들면 편견이나 합리화가 무엇인가 그리고 언제 한 견해가 다른 견해와 모순될 수 있는지에 대해 당신이 이해한 것을 적용해야 할 것이고, 그 이해는 나의 이해와는 상세한 부분에서 다를 수 있다. 당신과 나는 나의 입장이 도덕적인지 아닌지에 대해서 의견의 일치를 보지 못할 수도 있는데, 그 이유는 부분적으로는 이해에서의 그런 차이 때문일 수도 있고, 부분적으로는 자신 안에 있는 정당하지 못한 근거들을 깨닫는 것이 다른 사람 안에 있는 그것들을 깨닫는 것보다 더 어렵기 때문일 수 있다.

우리는 이런 사실로부터 편견이나 합리화나 비일관성 같은 것은 없다는 결론, 또는 이런 용어들은 단순히 그것들을 사용하는 사람이 그가 이런 방식으로 기술하는 입장들을 매우 싫어한다는 것만 의미한다는 결론에 도달하는 회의주의적 오류를 피해야 한다. 그것은 다양한 사람들이 시기심이 무엇인가에 대해 다양한 견해를 지니며, 그들 중의 한 사람이 시기하고 있는지 아닌지에 대해서 합의할 수 없기 때문에 시기심이라는 것은 없는 것이며, 어떤 다른 사람이 시기한다고 말하는 사람은 단순히 그가 그를 매우 싫어한다는 것을 의미한다고 주장하는 것과 같을 것이다.

데블린 경의 도덕

우리는 이제 데블린 경의 두 번째 논변으로 돌아갈 수 있을 것이다. 그는 입법자들이 하나의 도덕적 문제에 대해서 결정해야 할 때(그의 가설에 따르면 어떤 관행이 가치 있는 사회체제를 위협할 때 그렇게 해야 한다), 그들은 공동체 전체가 도달한 도덕적 입장에서 총의가 어떤 것이든 그것에 따라야 한다고 주장한다. 왜냐하면 그것은 민주주의 원리에 의해서 요구되는 것이며, 또한 공동체는 자신의 생각에 따를 권리가 있기 때문이다. 만일 데블린 경이 공동체의 도덕적 총의에 대해 말하면서 우리가 탐구한 바 있는 차별적 의미에서의 도덕적 입장인 그런 입장들을 말한 것이라면, 그 논변은 어떤 타당성을 갖는다.

그러나 그는 그런 종류의 것을 말하고자 한 것이 아니다. 도덕적 입장에 대한 그의 정의는 그가 그것을 내가 인류학적 의미라고 불렀던 그런 의미로 사용하고 있음을 보여준다. 그는 보통사람——우리는 그의 견해를 강요해야 한다——은 "……어떤 것에 대해서 추론하는 것이 기대되지 않으며, 그 사람의 판단은 대체적으로 느낌의 문제일 것이다"[18]라고 말한다. 그는 이렇게 덧붙인다. "만일 합리적인 사람이 하나의 관행이 부도덕하다고 믿는다면, 그리고 그 사회에서 올바른 정신을 지닌 어떤 사람도 다르게 생각할 수 없다고 믿는다면——그 믿음이 옳은 것이든 그른 것이든 그것은 정직한 것이고 냉철한 것이라고 해두자——, 법의 목적상 그것은 부도덕하다."[19] 다른 곳에서 그는 로스토 (Rostow) 학장이 "어느 때라도 사회의 공동도덕은 관습과 신념의 혼합이고, 이성과 감정의 혼합이며, 경험과 편견의 혼합이다"라고 한 말

---

18) Devlin, 앞의 책, 15쪽.
19) 같은 책, 22~23쪽.

을 자신의 견해로 보는 것에 동의하면서 인용한다.[20] 도덕적 신념이 무엇인가에 대한 그의 판단은 다른 어떤 것보다도 동성애자들에 대한 그의 유명한 언급에서 명백하게 드러난다. 만일 보통사람이 동성애를 "매우 혐오스러운 것이어서 단순히 현존한다는 것만으로도 하나의 위해가 되는" 것으로 본다면,[21] 그것은 그에게는 동성애자들에 대한 보통사람의 느낌이 도덕적 신념의 문제라는 것을 증명해준다.[22]

그의 결론은 "도덕적 입장"이라는 말을 이런 인류학적 의미로 사용하는 것에 의존하기 때문에 성립될 수 없다. 대부분의 사람들이 동성애를 혐오스러운 죄라고 생각하고 그것의 현존을 참을 수 없다는 것이 사실이라 하더라도, 이런 일반적 견해는 편견(동성애자는 나약하기 때문에 도덕적으로 열등하다는 가정에 근거하고 있는), 합리화(근거가 없는 사실에 대한 가정이기 때문에 합리성에 대한 공동체 자신의 기준에 어긋난 가정에 기반한), 개인적 혐오(신념을 나타내는 것이 아니라 인정되지 않은 자기의심으로부터 오는 맹목적적인 증오에 지나지 않는)의

---

20) Rostow, "The Enforcement of Morals", *Camb. L.J.*, 1960, 174, 197쪽. 이 논문은 E.V. Rostow, *The Sovereign Prerogative*, 1962, 45, 78쪽에 수록되었음. Devlin, 앞의 책, 95쪽에 인용됨.

21) 같은 책, 17쪽.

22) 서문에서(같은 책, viii쪽) 데블린 경은 원래의 강의의 언어는 "감정을 너무 많이 강조하고 이성을 너무 적게 강조"했을 수 있다는 것을 인정한다. 그리고 그는 입법자는 "비합리적인" 믿음을 무시할 자격이 있다고 말한다. 그는 후자의 예로서 동성애가 지진을 야기한다는 믿음을 들었다. 그리고 비합리성을 배제하는 것은 "보통 용이하고 비교적 중요하지 않은 과정"이라고 주장했다. 나는 이것이 데블린 경이 배제하기를 허락하는 전부라고 결론짓는 것이 공정하다고 생각한다. 만일 내가 잘못이라면, 그리고 데블린 경이 편견과 개인적 혐오와 자의적인 태도와 그 밖의 다른 것 또한 배제하라고 요구했다면, 그는 그렇게 말했어야 하고, 이런 구별들 가운데 어떤 것들을 하려고 노력했어야 할 것이다. 만일 그가 그렇게 했다면, 그의 결론은 달랐을 것이고 그에 대한 반응도 틀림없이 달랐을 것이다.

혼합일 가능성은 남는다. 보통사람은 자신의 견해에 대해 어떤 이유도 제시할 수 없고 단순히 자신의 견해를 따라 말하는 이웃사람의 견해를 따라 말하는 것일 가능성이나 그가 진지하게 또는 일관되게 갖는다고 주장할 수 없는 일반적 도덕적 입장을 전제하는 이유를 제시할 가능성이 남는다. 만일 그렇다면, 우리가 따르는 민주주의 원칙들은 총의의 강요를 요구하지 않는다. 왜냐하면 편견과 개인적 혐오와 합리화가 다른 사람의 자유를 제약하는 것을 정당화하지 않는다는 믿음이, 우리의 대중적 도덕에서 중요하고 기본적인 위치를 차지하기 때문이다. 또한 그럴 경우, 공동체의 다수는 자신의 생각을 따를 자격이 없을 것이다. 왜냐하면 공동체는 그 특권을 편견과 합리화와 개인적 혐오에 따라 행위하는 사람에게까지 주지 않기 때문이다. 참으로 이런 것들과 차별적 의미에서 도덕적 신념들 사이의 구별은 대체적으로 존재하는 것이며, 전자를 우리가 추구할 자격이 없는 종류의 입장으로 구별한다.

성실한 입법자라면 도덕적 총의가 존재한다고 듣는 경우 그 총의의 신뢰성을 시험해야 한다. 물론 그는 개별적 시민들의 믿음이나 행위를 검토할 수는 없을 것이다. 그는 길거리에서 청문회를 개최할 수 없을 것이다. 문제는 그것이 아니다.

도덕적 총의가 존재한다는 주장은 그것 자체로서는 투표에 근거한 것이 아니다. 그것은 공동체가 사람들이 싫어하는 어떤 관행에 대해서 어떻게 반응하는가에 대한 입법자의 감각에 근거한다. 그런데 바로 그 감각은 그 반응이 일반적으로 지지되는 근거들에 대한 인식도 포함한다. 만일 신문 칼럼, 그의 동료들의 연설, 이해가 걸려 있는 집단들의 증언과 그 자신이 주고받은 편지가 있다면, 그것들은 그 분야에는 어떤 논변과 어떤 입장이 있는가에 대한 그의 인식을 정확하게 해줄 것이다. 그는 이런 논변이나 입장들을 걸러서 어떤 것들이 편견이나 합리화인지를 결정하려고 노력해야 하며, 어떤 것들이 대부분의 국민이 수용하는 것으로 생각될 수 없는 일반 원칙이나 이론을 전제하는지 등을 결정하도록 노력해야 한다. 이런 반성의 과정을 거친 후, 그는 도덕적 총의의 주장이 입증된 바 없다는 것을 발견할 수도 있다. 나는 동성애의 경우에 그 총의의 주장은 입증되지 않을 것이라고 예상한다. 그렇기 때문에 데블린 경의 주장은 무분별하고 가설적인 심각한 헛소리라고 할 수 있다. 놀랄 만큼 잘못된 것은 공동체의 도덕이 중요하다는 그의 생각이 아니라 공동체의 도덕으로서 무엇이 중요한가에 대한 그의 생각이다.

물론 입법자는 이런 검사들을 스스로 해야 한다. 만일 그가 대중적 견해를 공유한다면, 그는 그 견해가 부족한 견해임을 발견하기 어려울 것이다. 만일 그가 자신을 비판적으로 볼 수 있다면, 훈련이 그를 변화시킬 수도 있다. 어떤 경우이든 그의 대답은 우리가 공유하고 있는 도덕이 요구하는 것에 대한 자신의 이해에 의존할 것이다. 그것은 불가피한데, 왜냐하면 우리가 그에게 석용시킬 것을 요구하는 기준이 어떤 것이든지 간에 그는 오직 그가 그것들을 이해한 대로만 적용시킬 수 있을 것이기 때문이다.

이런 방식으로 일을 진행시키고 대중의 분노, 불관용과 혐오를 자신의 공동체의 도덕적 신념으로 받아들이는 것을 거부하는 입법자를 도덕 엘리트주의로 비난할 수 없다. 그는 단순히 자신이 교육을 통해서 얻은 견해를 그것을 거부하는 방대한 공중의 견해와 대립시키는 것이 아니다. 그는 그의 공동체의 도덕 중에서 분명하고 그리고 매우 중요한 부분, 즉 데블린이 입법자에게 따르도록 촉구하는 견해보다 사회의 존재에 더 필수적인 그런 총의를 강요하기 위해서 자신의 최선을 다하고 있기 때문이다.

어떤 입법자도 공중의 분노를 무시할 수는 없다. 그것은 정치적으로 가능한 것의 범위를 정해줄 것이고, 그 범위 안에서 설득과 강요를 위한 그의 전략을 정해줄 것이다. 그러나 우리는 전략을 정의(justice)로 혼동해서는 안 된다. 또한 정치적 삶의 사실을 정치도덕의 원칙과 혼동해서도 안 된다. 데블린 경은 이런 차이점들을 이해하지만, 내가 염려스러워하는 것은 그것을 이해하지 못하는 사람에게 그의 논변은 가장 많은 호소력을 가질 것이라는 점이다.

후기: 포르노그래피에 대해

내가 앞에서 동성애에 대해 논의했던 것은 데블린 경이 그 예를 들었기 때문이다. 나는 포로노그래피에 대해서 언급하고자 하는데, 그 이유는 데블린 경의 이론에 대한 논의가 영국에서 이루어졌을 당시 미국에서는 동성애보다는 그것이 더 많은 법적 논의의 대상이 되었기 때문이다. 대법원은 바로 그때 세 개의 중요한 사안, 즉 긴즈버그(Ginzburg)와 미쉬킨(Mishkin)과 파니 힐(Fanny Hill) 사안[23]에 대해 판결을 내렸었다. 그 사안들 중 두 개의 사안에서는 포르노그래피의 배포에 대해 유죄판결(그리고 징역형)이 내려졌지만, 세 번째 사안에서 대법원은 음란(obscene)소설이라고 주장되는 것의 출판을 주가 금지한 결정을 파기했다. 그때 세 명의 법관은 그 판결에 반대했다.

두 개의 사안에는 주의 절차에 대한 합헌심사가 포함되었고, 세 번째 사안에는 한 연방법의 해석과 적용에 관한 문제가 포함되어 있었다. 따라서 대법원은 주나 국가가 에로(erotic) 문헌의 출판을 법적으로 어느 정도 제약해야 하는가에 대한 헌법적 문제와 법률해석의 문제에 대해 결정해야 했다. 그렇지만 그런데도 각각의 판결은 우리가 고찰해왔던 종류의 정치원칙의 문제들을 제기했다.

다수의 법관들은 몇 년 전 로스(Roth) 사안에서 이루어진 합헌기준

---

23) 앞의 주 2).

을 고수했다.[24] 그 기준에 따르면 아래와 같은 경우에 책은 음란물이며, 음란물로서 제1수정조항의 보호를 받지 못한다. 만일 "(a) 전체적인 책내용의 주요 주제가 성에 대한 외설적인(prurient) 관심에 호소한다면, (b) 내용이 성을 기술하거나 표현하는 것과 관련된 당대의 공동체의 기준을 모욕하기 때문에 명백하게 위해를 가한다면, (c) 내용이 사회적 가치를 전혀 존중하지 않는다면."[25] 우리는 정치적 원칙의 문제를 이렇게 제기할 수 있다. 즉, 무엇이 연방정부나 주에게 로스 기준에 따라 음란한 책들의 출판을 금지할 도덕적 권리를 주었는가?

미쉬킨 사안에서 브레넌(Brennan) 법관의 견해는 하나의 대답을 제안했다. 즉, 그는 에로 문헌은 몇몇 독자들을 자극해 범죄를 저지르게 한다고 말했다. 만일 그것이 사실이라면, 만일 상당히 많은 그러한 경우에서 동일한 독자들이 다른 자극으로는 동일한 범죄를 저지르지 않았다면, 그리고 그 문제는 다른 방식으로 효율적으로 처리될 수 없다면, 이런 것들은 그런 책들을 금지할 권한을 사회에 줄 것이다. 그러나 이런 것들은 적어도 추정적인 가설에 지나지 않으며, 어떤 경우에도 그것들은 긴즈버그 사안 같은 사안과는 관련이 없다. 그 사안에서 법원은 출판물 자체의 음란한 성격이 아니라 그것이 공중에게 계몽적이지 않고 선정적인(salacious) 것으로 주어졌다는 사실에 근거해 판결을 내렸다. 음란서적을 금지하는 것에 대해서 다른 어떤 정당화가 주어질 수 있는가?

데블린 경의 두 번째 논변 같은 논변이 구성될 수 있으며, 사회는 포르노그래피를 금지할 자격이 있다고 생각하는 많은 사람들은 사실상 그런 논변에 의해서 움직인다. 그것은 이런 형태를 취할 수 있다.

---

24) *Roth v. United States*, 354 U.S. 476(1957).
25) *Memoirs v. Massachusetts (Fanny Hill)*, 383 U.S. 413, 418(1966).

(1) 만일 우리가 음란서적이 자유롭게 팔리고 마치 아침에 우유가 배달되듯이 배달되는 것을 허용한다면, 공동체 전체의 기풍은 결국 변할 것이다. 지금은 불결하고 저속하다고 생각되는 연설이나 옷이나 공적인 행위가 수용될 수 있는 것이 될 것이다. 포르노그래피를 합법적으로 즐길 수 있는 공중은 더 이상 무기력해질 수 없을 때까지 무기력해질 것이며, 모든 형태의 대중문화는 필연적으로 선정적인 것에 더 가까워질 것이다. 우리는 이런 힘들이 이미 작용하고 있음을 본 바 있다. 『북회귀선』(*Tropic of Cancer*) 같은 책들이 출판될 수 있도록 하는 우리의 법태도에 있는 그와 같은 도덕적 해이는 이미 우리가 영화와 잡지에서 발견하는 것에, 그리고 해변가와 도시의 길거리에 영향을 미쳤다. 아마도 많은 비평가들이 예술작품이라고 생각할 수 있는 것에 대해서 우리는 그에 대한 대가를 지불해야 하지만, 오직 이익만을 위해서 다량으로 제작되는 쓰레기 같은 것을 위해서 그보다 훨씬 더 비싼 것을 지불할 필요는 없다.

(2) 만일 다수가 기꺼이 변화에 참여하려 하지 않는다면, 사회적 관행은 변하지 않을 것이라고 말하는 것은 충분한 대답이 아니다. 사회의 타락은 대중의 통제를 훨씬 넘어서며, 실로 어떤 의식적 계획의 통제도 훨씬 넘어서는 매체의 힘들을 통해서 이루어진다. 물론 포르노그래피는 혐오감을 주면서도 매력 있는 것이며, 공동체 규준이 저하되더라도 어떤 수준에서는 다수가 더 이상의 저하를 거부할 것이다. 그렇지만 그것은 타락의 성공을 말해주는 것이지 어떤 타락도 없었다는 것에 대한 증거가 아니다. 우리가 아직 규준들을 갖고 있을 때 그 규준들을 집행하는 것이 절대적인 것이 되는 것은 바로 그 가능성 때문이다. 이것은 우리가 법이 우리를 우리 자신으로부터 보호하는 것을 원하는 경우의 하나의 예—유일한 예는 아니다—이다.

(3) 포르노그래피를 금지하는 것은 저자와 출판사와 그것을 읽게 될 독자의 자유를 축소시킨다. 그러나 만일 그들이 하고 싶어 하는 것이 부도덕한 것이라면, 우리는 그것을 대가로 우리 자신을 보호할 자격이 있다. 그렇게 해서 우리는 하나의 도덕적 문제에 부딪히게 된다. 우리는 에로의 목적 이외의 어떤 가치나 덕도 주장할 수 없는 "하드 코어" 음란물을 출판하거나 읽을 도덕적 권리를 갖는가? 이 도덕적 문제는 명령에 의해서나 스스로를 윤리교사로 자임한 사람들에 의해서 해결되어서는 안 되고, 공중에 맡김으로써 해결되어야 한다. 현재의 공중은 하드 코어 음란물이 부도덕하며, 그것들을 제작하는 사람들은 뚜쟁이이며 공동체의 성과 관련된 습속을 보호하는 것은 그들의 자유를 제약하는 것을 정당화하기에 충분한 정도로 중요하다고 믿는다.

그러나 이 논변에 대해서 다른 어떤 것을 생각할 수 있든지 간에 확실히 그 논변에서 중요한 것은 마지막 문장에 기술된 총의가 도덕적 신념의 총의여야 한다는 것이다. 만일 포르노그래피를 만드는 사람들에 대한 보통사람의 혐오가 기호의 문제 또는 자의적 태도로 밝혀진다면, 그것들은 자유를 축소시키기 위한 만족스러운 근거가 아니기 때문에 그 논변은 실패하게 될 것이다.

포르노그래피에 대한 평균적인 사람의 견해가 도덕적 신념인지 아닌지의 문제를 제기하는 것조차 많은 독자들에게는 역설적인 것으로 나타날 것이다. 대부분의 사람들에게 도덕의 핵심은 성적 코드이다. 그리고 만일 음행, 간통과 새디즘과 노출증 그리고 포르노그래피에 속하는 다른 것들에 관한 보통사람의 견해가 도덕적 입장이 아니라면, 도덕적 입장으로서 그가 가질 가능성이 있는 다른 어떤 믿음을 상상하기 어렵다. 그러나 이런 것들에 관해서 쓰고 읽는 것은 그런 것들을 행하는 것과 같은 것이 아니다. 사람들은 그런 행위를 비난하는 이유들(그것이

고통을 야기한다거나 신성모독이라거나 모욕적이라거나 공중을 불쾌하게 한다는 것)을 제시할 수 있을 것인데, 그 이유들은 그것들에 대한 환상을 만들어내거나 맛보는 것에까지 확장되지 않는다.

포르노그래피에 대한 도덕적 신념의 총의를 주장하는 사람들은 그것이 존재한다는 것에 대한 증거를 제시해야 한다. 그들은 우리가 기술하고 있었던 방식으로 사회의 평균적인 구성원이 진지하고 일관되게 개진할 수 있는 도덕적 이유나 논변을 제공해야 한다. 아마도 그것은 이루어질 수 있을 것이다. 그러나 단순히 보통사람들—배심원석에 있는 사람이나 밖에 있는 사람들—이 전체를 싸잡아서 비난한다고 보고하는 것은 논변을 대신할 수 있는 대체물이 아니다.

제11장 자유와 자유주의

밀의 유명한 책 『자유론』(On Liberty)은 대체적으로 자유주의자들보다는 보수주의자들에게 도움이 되는 것이었다. 스티븐(Fitzjames Stephen)에서부터 켄달(Wilmore Kendall)과 데블린 경에 이르기까지 자유주의를 비판하는 사람들은 그 책을 자유주의에 대한 가장 설득력 있는 철학적 변호로 즐겨 인용한 다음, 그 책의 논변에서의 결점을 지적함으로써 자유주의는 결점이 있다고 주장한다. 『자유와 자유주의: 존 스튜어트 밀의 경우』(Liberty and Liberalism: The Case of John Stuart Mill)라는 책에서 히멜파브(Gertrude Himmelfarb)는 그 책을 그와 동일한 목적으로 사용하지만 다른 점이 있었다. 그녀는 밀의 논변을 공격하지 않고 밀 자신을 공격하는 사람에의 논증을 폈다. 그녀는 밀이 그의 다른 저서에서는 『자유론』이 근거하고 있는 철학적 전제들을 비난한다고 말한다. 하이에크(Friedrich Hayek)가 몇 년 전에 그와 동일한 주장을 했는데, 히멜파브도 1962년 밀의 글들을 편집해 출판하면서 그것에 대해 언급한 적이 있었다. 이제 그녀는 그녀의 주장의 근거가 되는 자료를 매우 상세하게 제시한다.

만일 그녀가 믿는 것처럼 『자유론』이 그 책 이전과 이후에 쓴 밀의 모든 핵심적 주장과 배치된다고 한다면, 왜 그가 『자유론』에서 자신을 반박하기 위해서 그 많은 시간과 공을 들였는지는 설명할 필요가 있다. 그녀는 밀과 테일러(Harriet Taylor)와의 오랜 교제에서 그 답을 찾는다. 테일러는 『자유론』이 씌어졌을 때 그의 아내가 되었고, 그 책이 출판되기 전에 죽었다. 밀은 『자유론』을 거창한 헌정사와 함께 그녀에게 헌정했다. 그는 그녀의 사상이 그 글에 영감을 불어넣었으며, 그 책을 수정하고 퇴고하는 긴 과정에서 그녀가 적극적인 공동저자였다고 말했다. 히멜파브는 밀의 이 말은 테일러의 역할을 축소해서 말하는 것이라고 주장한다. 그리고 테일러는 그 작업에서 주요한 파트너였기 때문에 그녀가 그를 자연스럽지 못한 지적인 입장으로 몰고 갈 수 있었다고 주장한다. 그녀는 또한 그 글을 쓰도록 종용한 테일러의 과격성은 빅토리아 시대의 영국에서 여성의 법적 사회적 종속상태에 의해서 발생했다고 생각한다. 테일러는 그 문제에 대해 매우 커다란 관심을 갖고 있었지만 그 책에서는 거의 언급하지 않았다.

그러나 테일러가 밀의 마음을 장악했다는 가설을 지지하기 위해서 그녀가 제시하는 유일한 논변은 그의 사유 안에서의 비일관성에 대한 다른 어떤 설명도 발견될 수 없다는 것이다. 그 책 안에서이든 밖에서이든 그 가설에 대한 직접적인 증거는 없다. 히멜파브는 내적인 증거가 없는 것은 오직 그들의 공동작업이 얼마나 밀접한 것이었는가를 보여줄 뿐이라고 주장하며, 외적인 증거가 없는 것은 밀이 그 글이 씌어질 당시 모든 친구들로부터 고립된 상태에서 살았다는 것을 지적함으로써 설명한다. 만일 『자유론』과 밀의 다른 저작 사이에 사실상 아무런 진정한 비일관성도 존재하지 않는다면, 히멜파브의 흥미로운 추측에 대한 어떤 증거도 남아 있지 않을 것이다.

가정된 비일관성을 주장하는 그녀의 논변은 이렇다. 밀은 그 유명한 책에서뿐만 아니라 많은 책들과 논문들 속에서 자유를 논했는데, 그것에는 그의 자서전과 그의 초기 논문인 「시대정신」(The Spirit of the

Age)과 콜리지(Coleridge)에 대한 그의 유명한 논문과 공리주의에 대한 그의 주요 저작이 포함된다. 이런 다른 저작들 안에서 그는 정치이론에서 복잡성과 역사주의 모두를 지지하는 논변을 펼친다. 그는 공리주의의 아버지인 벤담을 비난한다. 사회심리학과 정치이론을 단순한 공리들(axioms)로 환원시켰기 때문이다. 그는 인간본성에 대한 염세주의적 이론을 전개하며, 자기중심주의(egotism)을 제한하는 문화와 역사의 가치를 강조하고, 시민들을 개인적인 욕구로부터 이끌어내어 사회적 양심을 향하도록 교육시키는 것에서 국가의 역할을 주장한다.

그러나 히멜파브의 견해에 따르면 『자유론』은 이런 명제들을 일일이 반박한다. 그 책은 다음처럼 주장하면서 시작한다.

사회가 개인을 강제하고 제어하는 방식을 절대적으로 규제할 수 있는 하나의 매우 단순한 원칙은 이렇다. 즉, 인류가 개인적으로든 집단적으로든, 구성원들 가운데 다른 어떤 사람의 행위의 자유를 방해하는 것을 허용하는 유일한 목적은 자기보호이다. 즉, 문명화된 공동체의 구성원에게 그의 의지에 반해서 권력이 올바르게 행사될 수 있는 유일한 목적은 다른 사람에게 해를 끼치는 것을 막는 것이다. 육체적인 것이든 도덕적인 것이든 자신의 이익은 충분한 허용근거가 아니다.

그녀는 우선 이 주장의 절대적 성격을 비난한다. 다시 말해, 밀이 "하나의 매우 단순한 원칙"이 사회와 개인 사이의 복잡한 관계를 "절대적으로 규제"할 수 있다고 주장할 때 그는 자신의 이론을 반박한다고 그녀는 말한다. 그 다음으로 그녀는 이 단순한 원칙을 자유에 대한 하나의 "극단적"인 요구로 규정하고 그것은 전통과 교육에 대한 밀의 특징적인 요구들을 부정하는 것으로 본다. 그녀는 말하기를, 『자유론』은 개인들이 "자신의 개인적 욕구, 충동, 성향, 의지들을 높게 평가하고 계발하며 이것들을 모든 선의 원천으로, 즉 개인과 사회의 행복의 배후에 있는 힘으로 보도록" 권유한다. 그것은 "개인보다 더 높고 더 가치 있는 주체를 인정하지 않으며, 개인을 지혜와 덕의 담지자로 만들고, 개인의 자유를 사회정책의 유일한 목적으로 만드는" 철학을 지지한다. 그 책의 이런 입장은 다른 글에서 제시되었던 밀 자신의 철학, 즉 개인들은 자신에 대한 집중보다는 다른 사람들에 대한 배려를 통해서 덕과 탁월성을 달성할 수 있다는 철학에 정면으로 위배되는 것이다.

히멜파브의 논변은 하나의 실수와 함께 시작하는데 그 논변은 그 실수를 만회하지 못한다. 그것은 원칙의 강도(force)를 그것의 범위(range)와 혼동한다. 밀이 지나치게 단순하다고 생각하는 인간의 본성과 공리에 대한 벤담의 이론은 그것들의 범위에서는 절대적이다. 벤담은 모든 인간의 행위와 결정은 쾌락과 고통에 대한 어떤 계산에 따라 이루어진다고 생각했다. 그리고 모든 정치적 결정은 바로 그 계산, 즉 전체로서의 공동체에서 고통을 뺀 단순한 쾌락의 생산량을 극대화하는 것에 기초해서 이루어져야 한다고 생각했다.

그러나 밀의 원칙은 매우 제한된 범위를 갖는다. 그것은 오직 상대적으로 드문 경우들, 즉 헬멧을 쓰지 않고 오토바이를 타는 것같이 단지 어떤 행위가 행위자에게 위험하다는 근거에서, 또는 동성애를 한다든지 포르노그래피를 출판하거나 읽는 것같이 도덕에 대한 공동체의 규준에 위배된다는 근거에서 그 행위를 하지 못하게 하도록 정부가 요구받은 경우에 대해서만 말한다. 그런 결정들은 책임 있는 정부가 하는 사업의 매우 작은 부분에 지나지 않는다. 그 원칙은 수입이나 안전이나 권력같이 희소성이 있는 자원을 정부가 어떻게 분배해야 할 것인가에 대해서, 또는 다른 어떤 가치를 위해서 자유를 제한하고자 할 때 정부는 어떻게 결정해야 하는가에 대해서조차 말하지 않는다. 예를 들면 그것은 정부가 군사적 효율성을 희생하면서 징집대상자의 양심의 자유를 존중하도록, 또는 재산의 피해를 감수하고 항의의 자유를 존중하도록, 또는 토지사용자가 야기하는 불법방해(nuisance)를 감수하면서 그 사용자의 자유를 존중하도록 요구하지 않는다.

원칙의 범위가 제한되면 될수록 그것이 절대적이라는 주장은 더 타당해진다. 가장 복잡한 사유를 하는 철학자들조차도 예를 들면 정부가 시민의 한 계층에 아무런 이유도 없이 모욕을 주는 것은 항상 잘못이라고 믿는다. 밀은 또한 자신의 원칙이 절대적이기 위해서 충분히 제한된 것이라고 생각했다. 그리고 그가 그 점에서 잘못되었다 하더라도, 그가 그렇게 생각했기 때문에 그의 생각이 단순하다든지 광적이라고 말할 수는 없다.

히멜파브가 그녀의 책의 마지막 부분에서 어설픈 논변을 제시한 것은 밀의 원칙의 범위와 강도 사이를 혼동했기 때문이다. 그녀는 말하기를, 최근에 자유주의자들은 그 원칙을 그것의 논리적 극단까지 끌고 갔으며, 그렇게 해서 그들이 "절대적 자유는 절대적으로 타락할 수 있다"라는 것과 "신중함과 절제의 원칙을 존중할 수 없는 주민은 자유의 원칙을 포함해서 다른 모든 원칙을 침해할 정도로 무례하고 무절제하게 행위하게 된다"라는 것을 아직 배우지 못했음을 보여주는 결과를 가져왔다. 그러나 그녀 자신의 설명은 밀과 사회적 무질서 사이의 어떤 연결도 제시하지 않는다. 예를 들면 그녀는 급진적 "반(反)문화"가 자발성을 찬양한다고 말하고, 그렇기 때문에 그녀는 그것을 밀이 만들어낸 것이라고 주장한다. 그러나 그녀는 이 "반문화"라는 언어는 개인보다는 공동체를 더 강조한다는 것을 인정한다. 그녀는 그것을 지지하는 사람들이 자유주의 일반을, 그중에서도 특히 밀을 경멸했으며 마르쿠제 같은 학자들을 훨씬 더 좋아했다는 것을 추가할 수도 있었을 것이다. 그들은 『자유론』에 대한 마르쿠제의 적대감에 공감한다.

사회적 타락에 대한 그녀의 다른 증거는 성적인 노골성이라는 익숙한 예들에 한정되어 있다. 동성애를 처벌하는 법들이 완화되었다는 것과 「목구멍 깊숙이」(Deep Throat)가 어떤 도시에서는 무삭제로 상영되고 있으며, 해변에서 과거보다 더 많은 사람들이 나체로 수영을 즐기고 있다는 것은 사실이다. 그러나 이런 것들은 정의의 어떤 원칙에 대해서도 위협이 되지 않는다. 우리가 겪은 자유에 대한 진정한 피해는 하버드 대학교가 쇼크리 교수*가 말하는 것을 허용하지 않고 또 예일 대학교가 허용할 수 없었던 것 같은 것이다. 그것은 우리가 밀에 대해 너무 많은 관심을 가지고 있다는 것을 보여주는 것이 아니라 지나치게 적은 관심을 가지고 있음을 보여주는 것이다.

히멜파브는 성도덕에서의 이런 변화는 더 일반적인 사회적 무정부 상태와 무법상태에 대한 전조 또는 징후라고 믿는다. 그녀는 밀이 자유에 대해 새롭고 낭비적인 이념을 도입했다고 생각한다. 그리고 밀이 자신에게 영향을 미치는 결정과 다른 사람들에게 영향을 미치는 결정을 구별한 것은, 이런 소모적인 이념을 담기 위해서 그가 그은 자의적이고 비논리적인 경계선일 뿐이라고 생각한다. 그리고 이 경계선은 유지될 수 없기 때문에 이 이념은 곧 폭력과 무정부 상태, 절대적인 자유가 보장하는 절대적인 타락으로 확대될 수밖에 없다고 생각한다. 밀의 원칙이 이런 내적인 논리와 불가피한 결과를 갖게 된다는 그녀의 감각, 그리고 그 원칙의 강도뿐만 아니라 그 원칙의 본래적 범위도 절대적이어야 한다는 그녀의 감각만이 그녀의 책이 담고 있는 마지막 세 번째 장의 수사법을 설명해줄 수 있다.

그러나 그녀의 논변은 그것의 다른 결점들 이외에도 『자유론』에 대한

---

* Willam Shockley(1910~89). 백인이 흑인보다 본래적으로 더 똑똑하다고 주장한 미국의 생리학자로서 노벨상을 수상했다.

커다란 오해를 드러낸다. 그것은 자유에 대한 두 가지 개념을 혼동하고 밀의 책에 잘못된 개념을 부여한다. 그것은 방종(license)으로서의 자유의 이념, 즉 어떤 사람이 그가 하기를 바랄 수 있는 것을 사회적 제약이나 법적 제약이 없이 자유롭게 할 수 있는 정도로서의 자유의 이념과 독립으로서의 자유, 즉 종속된 자가 아니라 독립적이고 평등한 인간의 지위로서의 자유의 이념 사이를 구별하지 않는다. 물론 이 두 가지 이념들은 밀접하게 연결되어 있다. 만일 어떤 사람이 법적인 제약과 사회적 제약에 의해서 심하게 압박받는다면, 그것은 그가 적어도 그 제약들을 그에게 가하기 위해서 자신의 권력을 사용하는 어떤 집단보다 정치적으로 열등한 지위에 있다는 것에 대한 강한 증거가 된다. 그러나 그런데도 그 두 개의 이념은 매우 중요한 방식으로 서로 다른 이념이다.

방종으로서의 자유는 행위의 종류를 구별하지 않기 때문에 무차별적 개념이나. 보든 규제석 법은 방종으로서의 시민의 자유를 축소시킨다. 다시 말해, 살인을 금지하는 법 같은 좋은 법도 정치적 연설을 금지하는 법 같은 나쁜 법과 마찬가지로 그리고 아마도 상당히 큰 정도로 자유를 축소시키는 것이다. 그런 법에 의해서 제기되는 문제는 그 법이 공격하는 자유를 그 법이 공격하는지 어떤지의 문제가 아니라 그런 공격이 평등이나 안전이나 공공의 편의같이 그 자유와 경쟁하는 가치에 의해서 정당화되는지 어떤지의 문제이다. 만일 어떤 사회철학자가 방종으로서의 자유에 매우 높은 가치를 부여한다면, 그는 이런 경쟁하는 가치에 대해서는 더 낮은 상대적 가치를 주장하는 것으로 이해될 수 있다. 예를 들면 만일 그가 방종을 지지하는 어떤 일반적인 논변으로 언론의 자유를 변호한다면, 그 논변은 또한 적어도 한정적으로는 독점을 형성하거나 상점 정면의 유리를 깨뜨리는 자유도 지지하는 것이다.

그러나 독립으로서의 자유는 그런 방식으로 무차별적인 개념이 아니다. 예를 들면 살인이나 독점을 금지하는 법은 시민들의 정치적 독립을 일반적으로 위협하는 것이 아니라 보호하기 위해서 필요한 법일 수 있다. 어떤 사회철학자가 독립으로서의 자유에 높은 가치를 부여한다 하더라도, 안전이나 편의 같은 가치들을 필연적으로 훼손하는 것은 아니다. 예를 들면 그가 독립과 평등을 지지하는 어떤 일반적 논변으로 언론의 자유를 옹호하더라도, 그는 이런 다른 가치들이 위태롭게 되지 않을 때 자동적으로 더 큰 방종을 옹호하지 않는다.

히멜파브의 논변, 즉 밀의 원칙의 내적인 논리가 무정부 상태를 야기할 수 있다는 논변은 그 원칙이 방종으로서의 자유를 증진시킨다고 가정한다. 사실상 그것은 독립으로서의 자유라는 훨씬 더 복잡한 이념을 증진시킨다. 밀의 아버지 존 밀(John Mill)과 벤담은 정치적 독립은 투표권과 다른 정치적 자유들을 널리 분배함을 통해서, 즉 민주주의에 의해서 충분하게 확보될 수 있다고 생각했다. 밀은 독립을 좀 더 깊은 차원(further dimension)의 평등으로 보았다. 그는 개인의 독립은 단순히 그에게 평등한 발언권을 주지 않는 정치적 과정에 의해서 뿐만 아니라 그를 평등하게 존중하지 않는 정치적 결정에 의해서도 위협받는다고 주장한다. 폭력과 독점을 금지하는 법같이 공동의 이익을 인정하고 보호하는 법은 어떤 계층이나 개인에게도 모욕을 주지 않는다. 그러나 옳은 것이 무엇인가를 스스로 결정할 수 있는 능력이 없다는 근거에서 어떤 사람을 제약하는 법은 그를 심각하게 모욕하는 것이다. 그것은 그를 다수인 체제순응자들에게 지적으로 그리고 도덕적으로 종속되게 만드는 것이며, 그가 받을 권리가 있는 독립을 그에게 주지 않는 것이다. 밀은 존엄성, 개성, 모욕이라는 이런 도덕적 개념들이 갖는 정치적 중요성을 강조했다. 그가 정치이론에서 다루려 노력했고 또 자유주의의 기본적 어휘로 사용하고자 한 것은 방종이라는 단순한 이념이 아니라 이런 복잡한 이념들이었다.

자신에 관련된(self-regarding) 행위와 타인에 관련된 행위 사이의 이 구별은 방종의 요구와 다른 가치들 사이의 자의적인 타협책이 아니다. 그것은 정치적 독립을 정의하기 위해서 의도된 것이었다. 왜냐하면 그것은 평등한 존중을 함축하는 규제와 그것을 부정하는 규제 사이에 경계선을 그어주었기 때문이다. 그것은 왜 그가 그 구별을 할 때 그런 난점을 갖게 되었는지, 그리고 왜 그가 경우에 따라서 다른 방식으로 그 경계선을 그었는지를 설명해준다. 그는 그를 비판하는 사람들이 항상 주장하고자 했던 것, 즉 모든 행위는 그것이 아무리 개인적인 것이라 하더라도 다른 사람에게 중요한 결과를 가져다줄 수 있다는 점을 인정했다. 예를 들면 그는 만일 어떤 사람이 술을 마셔서 병에 걸린다면, 그 행위는 인간의 삶의 낭비를 슬퍼하는 선량한 사람들에게 고통을 가져다준다는 것을 인정했다. 그렇지만 그런데도 술을 마시고자 하는 결정은 자신에 관련된 행위이다. 그것은 이런 결과들이 거짓되거나 사회적으로 중요하지 않기 때문이 아니라, 밀이 말하는 것처럼 행위자의 인성(personality)을 **통해서** 작용하기 때문이다. 사회가 그 사회구성원들이 어떤 종류의 인성을 가져야 하는지를 결정할 권리가 있다고 생각할 때만 그 사회가 동정이나 후회에서 자유로울 권리를 갖는다고 생각할 수 있을 것이다. 그런데 밀이 자유와 양립할 수 없다고 생각한 것은 바로 그 권리이다.

일단 자유에 대한 이 두 가지 개념이 구별되기만 하면, 밀의 다른 글들이 『자유론』을 반박한다는 히멜파브의 논변은 무너지게 된다. 예를 들면 그녀는 밀의 초기 논문 가운데 하나에서 이런 구절을 인용한다.

자유(liberty)는 그것의 원래의 의미에서는 제약으로부터의 자유(freedom from restraint)를 의미했다. 이런 의미에서 모든 법과 모든 도덕규칙은 자유에 대립된다. 그 둘로부터 전적으로 해방된 한 압제자가 완전한 행위의 자유를 갖는 유일한 사람이다. 그러므로 정부의 조치가 자유에 대립된다 하더라도, 그것 때문에 그 조치가 필연적으로 나쁜 것이 되지는 않는다. 그리고 그 이유 때문에 그것을 비난하는 것은 이념들 사이의 혼동을 낳는다.

젊은 밀이 염두에 두었던 자유의 "원래의" 의미는 물론 방종으로서의 자유이다. 그리고 여기에서는 표현에서나 정신에서나 『자유론』을 반박하는 것은 없다. 그녀는 또한 콜리지에 관한 글에서 밀이 좋은 사회에서의 교육의 기능으로 "자신의 개인적 충동과 목적을 사회의 목적이라고 생각한 것에 종속시키는 습관을 갖게 하고, 또 그렇게 함으로써 그럴 수 있는 능력을 갖도록 인간을 훈련시키는 것"을 포함시킨 구절을 인용한다. 그러나 사람들이 사회의 목적을 받아들이도록 교육하는 것은 다른 사람들의 이익을 존중하기 위해서 방종에 대한 제약을 받아들이도록 교육하는 것이지, 그런 이익이 문제 되지 않을 때 그들 자신의 인성을 종속시키기 위한 것은 아니다.

그녀는 그와 동일한 글에서 밀이 대중철학에서 국민성(nationality)이라는 감정을 인정한 것을 인용하면서 그런 종류의 국민성은 『자유론』의 개별성(individuality)에 대립되는 것이라고 주장한다. 그러나 그녀는 바로 그 다음에 나오는 밀의 단서, 즉 "〔그〕 감정이 장차 존재할 가능성이 있는 유일한 형태"는 "개인적 자유와 사회적 평등의 원칙들을" 일반적으로 존중하는 것으로서, 그리고 "아직 어느 곳에서도 존재하지 않거나 원시적인 국가에서만 존재하는 제도들 속에 실현되는 것으로서"라는 단서를 언급하지 못했다. 또한 그녀는 콜리지에 대한 글에서 밀이 교육과 국민성을 그 철학자의 자유의 목적을 훼손하는 것으로서가 아니라 그 목적이 달성될 수 있는 조건으로, 즉 "성품에서의 활력과 남자다움"이 보존되기 위해 필요한 조건으로 기술했다는 것을 언급하지 않는다. 히멜파브가 언급하는 저술들 각각은 『자유론』의 주장, 즉 인성의 독립은 방종과 무정부 상태와 구별되어야 하고 정의로운 사회의 특별한 별개의 조건으로 확립되어야 한다는 주장을 반박하기보다는 확인해준다.

만일 그녀가 이것을 이해했다면, 그녀는 진정한 자유주의자들은 지적인 자유뿐만 아니라 경제적 자유도 존중해야 한다는 어리석은 주장을 반복하지 않았을 것이며, 사회주의자였던 밀이 그런 점에서 일관되지 못했다고 비난하지도 않았을 것이다. 경제적 방종과 지적인 자유는 오직 자유가 방종을 의미할 때만 동일한 토대 위에 설 수 있다. 만일 자유가 독립을 의미한다면 그것들은 명백히 구별될 수 있으며, 어느 점에서는 서로 충돌하게 된다.

수십 년 전 대법원이 만일 미국헌법이 자유를 보호한다면 그것은 직원들을 자신이 원하는 조건으로 고용할 수 있는 고용주의 자유를 보호해야 한다고 판결했을 때, 대법원은 이 두 가지 이념을 혼동했다. 보수주의자들이 성적인 독립과 정치적 폭력을 모두 기술하고 그것들은 정도에서만 다를 뿐이라고 주장하기 위해서 "방임"(permissiveness)이라는 말을 사용할 때, 그들은 이 두 이념을 혼동한다. 급진주의자들은 그들이 자유주의를 자본주의와 동일시하고, 개인의 권리가 사회의 부정에 대해 책임이 있다고 생각할 때 이 이념들을 혼동한다. 밀의 저서들은 그런 종류의 혼동의 원천이 아니라 그 혼동을 없애는 해독제이다.

제12장 우리는 어떤 권리를 갖는가

1. 자유권은 없다

우리는 자유권(a right to liberty)을 갖는가?[1] 제퍼슨(Thomas Jefferson)은 그렇게 생각했으며, 그의 시대로부터 자유권은 그가 언급한 경쟁하는 다른 권리들, 즉 생명권과 행복추구권보다 더 많은 역할을 했다. 자유는 지난 세기의 가장 영향력이 있는 정치운동에 그 이름을 부여했으며 지금 자유주의자들을 비난하는 많은 사람들은 그들이 충분히 자유지상주의적(libertarian)이지 않다는 근거에서 비난한다. 물론 거의 모든 사람은 자유권이 유일한 정치적 권리는 아니며, 그렇기 때문에 자유에 대한 주장은 예를 들면 다른 사람들의 안전이나 재산을 보호하기 위해서 제한되어야 한다는 것을 인정한다. 그런데도 자유에 대한 어떤 권리를 지지하는 사회적 총의는 매우 방대하다. 나는 이 장에서 그 총의는 잘못된 것이라고 주장할 것이다.

자유권은 오늘날의 정치지형 전체에 걸쳐서 대중적인 것이다. 자유를 주장하는 수사법은 정치적 해방을 위한 국제전쟁에서 성적 자유와

---

1) 나는 이 논문에서 "자유"라는 말을 벌린이 "소극적"이라고 말한 의미로 사용한다.

여성해방을 위한 운동에 이르기까지 모든 급진적 운동을 타오르게 한다. 그렇지만 자유는 오히려 보수주의에 기여할 때 더욱 두드러졌다. 반독점 운동과 노조결성 운동, 그리고 초기 뉴딜이라는 온건한 사회재편성조차도 그것들이 자유권을 침해한다는 이유로 반대를 받았다. 그리고 바로 지금도 흑인학생과 백인학생을 함께 태우는 강제버스통학 같은 기법들을 통해서 미국에서 약간의 인종적 정의를 달성하고자 하는 노력, 그리고 영국에서 사교육에서의 제약을 통해서 사회정의를 달성하려는 노력이 그것을 이유로 극심한 반대에 부딪혔다.

실로 국내 정치에서의 커다란 사회문제들, 그리고 특히 인종문제는 자유와 평등의 요구들 사이의 갈등을 제기하는 것으로 기술하는 것이 일반적인 것이 되었다. 가난한 사람과 흑인과 교육을 받지 못한 사람과 기술이 없는 사람은 평등에 대한 추상적인 권리를 갖지만, 부자와 백인과 교육을 받은 사람과 능력이 있는 사람은 자유권을 가진다. 또한 첫 번째 집합의 권리를 돕기 위한 사회재편성에서의 어떤 노력도 두 번째 것을 생각하고 존중해야 한다고 주장되고 있다. 그러므로 극단주의자들을 제외한 모든 사람은 평등과 자유 사이에 타협이 필요함을 인정한다. 조세정책에서부터 사회통합 계획에 이르기까지 모든 주요 사회입법은 이 두 개의 목적 사이에 있는 긴장을 가정함으로써 정해진다.

우리가 자유에 대한 권리를 갖는지 어떤지를 내가 물을 때 제퍼슨과 그 밖의 모든 사람들이 가정하고 있듯이 나는 평등과 자유 사이에 이런 가정된 갈등을 염두에 두고 있다. 그것은 중요한 문제이다. 자신의 학교 또는 피고용인 또는 이웃을 선택할 수 있는 자유가 마치 에어컨이나 바닷가재처럼 단순히 우리 모두가 원하는 어떤 것이라면, 우리가 인정하는 동등한 몫의 존중과 자원에 대한 다른 사람들의 권리가 문제 될 때 그런 자유를 요구할 자격은 없다. 그러나 만일 단순히 우리가 이런 자유들을 원한다고 말하는 것이 아니라 우리가 그것들에 대해 자격이 있다고 말할 수 있다면, 우리는 적어도 타협을 요구하기 위한 하나의 토대를 세운 것이다.

예를 들면 지금 모든 학교어린이들에게 "집과 가까운 학교"에 다닐 법적 권리를 보장하고, 그 결과 강제버스통학을 불법화하게 될 헌법수정안을 지지하는 운동이 있다. 집과 가까운 학교에 다니는 것이 배심재판과 같은 헌법적 가치를 갖는다고 보는 그 제안은, 학교에 다니는 어린이들을 강제로 버스에 태우는 것은 인종을 분리해서 학교를 다니게 하는 것이 평등에 대한 모욕이었던 것과 동일한 정도로 근본적인 자유권에 대한 침해라고 판단하지 않을 경우에는, 어리석은 것처럼 보인다. 그렇지만 많은 미국인들이 그렇게 판단하고 있는데, 나는 그 판단을 불합리하다고 생각한다. 참으로 나는 사람들이 자유에 대한 일반적 권리를 갖는다고 가정하는 것 자체가 불합리하다고 생각한다. 그것은 적어도 전통적으로 그 자유의 옹호자들이 생각해왔던 그 자유에서는 그렇다.

내가 염두에 두는 것은 자유에 대한 전통적인 정의인데, 그것은 자유를 어떤 사람이 원하면 할 수 있는 것에 대해서 정부가 부과하는 제약의 부재로서 정의한다. 벌린(Isaiah Berlin)은 자유에 대한 현대의 가장 유명한 글에서 그 문제를 이렇게 제시한다. "내가 자유라는 말을 쓸 때 그 의미는 단순히 좌절의 부재만이 아니라 가능한 선택과 활동에 대한 장애의 부재—예를 들면 어떤 사람이 가기로 결정할 수 있는 길에 장애물이 없는 것—도 함축한다." 방종으로서의 자유에 대한 이 견해는 어떤 사람이 추구할 수 있는 다양한 활동들, 즉 그가 걸어가기를 원할 수 있는 길들에 대해서는 중립적이다. 우리가 어떤 사람이 그가 원하는 대로 말하거나 사랑하는 것을 막을 때 그 사람의 자유를 축소시키며, 또한 다른 사람들을 살해하거나 명예를 훼손시키지 못하게 할 때도 그의 자유는 축소된다. 이 후자의 제약은 정당화될 수 있을 것이다. 그렇지만 그것은 오직 그것이 다른 사람들의 자유나 안전을 보호하기 위한 필수적인 타협책이기 때문이지, 그것 자체로서 자유의 독립적 가치를 침해하지 않기 때문이 아니다. 벤담은 어떤 법이든지 간에 법은 자유의 "침범"(infraction)이라고 말했다. 어떤 그런 침범은 필수적이기는 하지만 그것들이 전혀 침범이 아닌 체 하는 것은 반지성적이다. 이같이 중립적이며 모든 것을 포용하는 방종으로서의 자유의 의미 안에서 자유와 평등은 명백하게 경쟁상태에 놓인다. 법은 평등을 보호하기 위해서 필요하며, 법은 불가피한 자유의 손상이다.

벌린 같은 자유주의자들은 자유에 대한 이러한 중립적 의미에 만족한다. 왜냐하면 그것은 명쾌한 사유를 가능하게 하는 것처럼 보이기 때문이다. 그것은 우리가 사람들이 어떤 다른 목적이나 가치를 위해서 그들의 행위에 대한 제약을 받아들일 때 불가피하게 손실된 것이 무엇인가를 확인하는 것을 허용한다. 이 견해에 따르면 우리가 생각하기에 사람들이 해야 하는 어떤 것을 하지 못하게 방해받을 때만 자유의 손실로 간주하는 그런 방식으로 자유의 개념을 사용하는 것은 용인할 수 없는 혼란이 될 것이다. 그것은 전체주의 정부가 자신들은 사람들에게 오직 잘못된 것만을 하지 못하게 할 뿐이라고 주장함으로써 자유주의인 체하는 것을 허용할 것이다. 그것보다 더 나쁜 것은 자유주의적 전통에서 가장 특징적인 점을 흐리게 만들 것이라는 점인데, 그것은 어떤 사람이 자신이 하고 싶은 것을 하는 것을 자유롭게 선택하지 못하게 하는 것은 그것 자체로서 인간성에 대한 모욕이라는 것이다. 그것은 경쟁하는 고려사항들에 의해서 정당화될 수는 있지만 결코 부정될 수 없는 잘못이다. 진정한 자유주의자에게는 자유에 대한 어떤 제약이든 그것은 좋은 정부가 유감으로 생각해야 하는 어떤 것이고, 그 제약은 그 정부의 선거구민들의 다른 권리들을 수용하는 데 필요한 최소한의 정도로 가해져야 한다.

그렇지만 이런 전통에도 불구하고 자유에 대한 이 중립적 의미는 혼동을 치료하기보다는 더 많은 혼동을 야기한다. 그것은 특히 사람들이 자유권을 갖는다는 대중적이고 고상한 이념과 그 의미가 결합될 때 그렇다. 왜냐하면 우리는 자유권이 가질 만한 가치가 거의 없는 어떤 것이 되도록 권리의 이념을 희석시킴으로써만 그 이념을 유지할 수 있기 때문이다.

"권리"라는 용어는 정치와 철학에서 매우 다양한 의미로 사용되는데, 그 의미들 가운데 몇몇에 대해서 나는 다른 곳[2]에서 해명하려 했다. 우리가 중립적인 의미에서 자유권을 갖는지 어떤지에 대한 물음이 의미를 갖기 위해서는 "권리"의 어떤 하나의 의미를 정해야 한다. 우리가 사람들은 자유권을 갖는다고 자신 있게 말할 수 있을 때, 그때의 그 용어의 의미를 정하는 것은 어렵지 않을 것이다. 예를 들면 어떤 사람이 자유를 갖는 것이 그의 이익에 기여한다면, 즉 그가 그것을 갖기를 원하거나 그것을 그가 갖는 것이 그에게 좋다면, 그는 자유권을 갖는다고 말할 수 있을 것이다. 이런 의미에서는 나는 시민들이 자유권을 갖는다는 것을 인정할 준비를 할 수 있을 것이다. 그렇지만 이 의미에서는 그들이 바닐라 아이스크림에 대한 권리를 갖는다는 것 또한 나는 인정해야 할 것이다. 더욱이 자유에 대한 그런 나의 인정은 정치적 토론에서 거의 가치를 지니지 못할 것이다. 예를 들면 나는 사람들은 그보다 훨씬 더 강한 의미에서 평등에 대한 권리를 가지며 그들은 단순히 평등을 원하는 것이 아니라 그 평등의 자격이 있다고 주장하기를 원해야 하며, 그렇기 때문에 나는 어떤 사람들이 자유를 원한다는 주장을 다른 사람에게 평등을 주기 위해서 필요한 노력에서 타협을 요구할 수 있는 주장으로 인정하지 않을 것이다.

그러므로 만일 자유권이 정치적 토론에서 그것에 어울리는 역할을 할

---

2) 이 책 제7장을 참조할 것.

수 있기 위해서는 그것은 더 강한 의미에서의 권리여야 한다. 제7장에서 나는 사람들이 정치적 권리와 도덕적 권리에 호소할 때, 그들이 하는 주장으로 내가 생각하는 것과 어울리는 권리의 강한 의미를 정의했다. 나는 여기에서 나의 분석을 반복할 생각은 없으며, 오직 그것을 이런 방식으로 요약하고자 한다. 내가 기술한 강한 의미에서의 권리에 대한 주장은 아래와 같은 결과를 갖는다. 만일 어떤 사람이 어떤 것에 대한 권리를 갖는다면, 정부가 그것을 그에게 주지 않는 것은 잘못이다. 그렇게 하는 것이 전체의 이익에 기여할 것이라 하더라도 그렇다. 권리에 대한 반(反)공리주의적 개념이라 불릴 수 있는 권리의 이런 의미는 최근의 정치와 법에 관한 문헌과 논변에서 주로 사용되는 권리의 의미에 매우 가까운 것으로 나는 생각한다. 그것은 예를 들면 미국 헌법이론의 핵심인 국가에 대한 개인의 권리라는 독특한 개념의 특징이다.

나는 만일 자유권이 그 의미보다 더 약한 권리의 의미에 의존한다면, 그것은 정치적 논변에서 중요한 문제도 아니고 큰 힘을 갖는다고 생각하지도 않는다. 그렇지만 만일 우리가 권리에 대한 그러한 개념을 채택한다면, 자유에 대한 어떤 일반적 권리도 존재하지 않을 것이다. 나는 차를 몰고 렉싱턴가를 올라갈 정치적 자유를 갖지 않는다. 만일 정부가 렉싱턴가를 시내로 가는 일방로로 만들고자 선택했다면, 그것이 전체의 이익에 기여한다는 것이 그에 대한 충분한 정당화가 되며, 그런데도 그것이 어떤 이유 때문에 잘못이라고 내가 주장하는 것은 우스꽝스러운 일이 될 것이다. 나의 자유를 축소시키는 상당히 많은 법들이 공리주의적 근거 위에서, 즉 전체의 이익 또는 전체의 복지에 기여하는 것으로서 정당화된다. 벤담이 주장하듯이 이 법들 각각이 나의 자유를 축소시킨다 하더라도, 그것들은 나로부터 내가 가질 권리가 있는 어떤 것도 빼앗아가지 않는다. 일방로의 경우에 내가 차를 몰고 렉싱턴가를 거슬러 올라갈 권리를 갖는다 하더라도, 정부가 특별한 이유 때문에 그 권리를 무시하는 것이 정당하다고 말하는 것은 잘못된 것이다. 그것은 어리석은 것처럼 보인다. 왜냐하면 정부는 이런 종류의 입법에 대해서 특별한 정당화——오직 하나의 정당화만 제외하고——를 할 필요가 없기 때문이다. 그렇기 때문에 내가 자유에 대한 정치적 권리, 즉 모든 제약에 의해서 축소되거나 침해당하게 되는 그런 권리를 가질 수 있는 것은 그 자유권이 평등권 같은 강한 권리들과 경쟁하는 권리가 되지 않도록 그렇게 약한 의미로 "권리"라는 말을 사용할 때뿐이다. 자유권이 평등권과 경쟁하게 될 그런 강한 의미로는 자유에 대한 일반적 권리라는 것은 존재하지 않는다.

이제 내가 자유권이 있다는 주장을 오해했다고 말할 수도 있을 것이다. 그 주장은 자유 전체에 대한 권리(a right to all liberty)가 있다는 것이 아니라 단순히 중요하거나 기본적인 자유들에 대한 권리가 있다는 주장이라고 말할 수 있다. 벤담이 말했듯이 모든 법은 자유의 침범이기는 하지만 우리는 오직 근본적인 자유의 침범이나 심각한 침범에 대해서만 보호받을 권리가 있다. 만일 자유에 대한 제약이 매우 심각하다면, 정부는 그 제약을 단순히 그것이 전체의 이익에 기여할 것이라는 이유 때문에만 부과할 수는 없다. 예를 들면 정부는 언론의 자유를 제한하는 것이 전체의 복지를 증진시킬 것이라고 생각할 때마다 제한할 자격을 갖고 있지 않다. 그래서 결국 만일 자유에 대한 일반적 권리가 중요한 자유나 심각한 자유의 박탈에 대한 것으로 한정된다면, 그런 권리는 있다. 이렇게 수정하는 것은 내가 앞에서 기술한 정치적 논변에 영향을 주지 않을 것이다. 왜냐하면 충분한 평등에 방해되는 자유에 대한 권리들은 예를 들면 자신이 선택한 학교에 다닐 권리 같은 기본적 자유들에 대한 권리이기 때문이다.

그러나 이 수정은 자유주의적 이론에서 매우 중요한 하나의 문제를 제기하는데, 그 문제를 자유권을 옹호하는 사람들은 다루지 않는다. 자유권이 기본적 자유들에 한정된다거나 그것은 자유에 대한 심각한 침범에 대해서만 보호를 제공한다고 말하는 것이 의미하는 것은 무엇인가? 그 주장은 두 개의 다른 방식으로 해석될 수 있을 것인데, 그 각각의 해석으로부터 나오는 이론적인 결과와 실제적 결과는 매우 다르다. 그러면 정부가 어떤 시민에게 그가 하고 싶어 할 수 있는 것을 하는 것을 제한하는 두 가지 경우를 생각해보자. 하나는 그가 정치적 문제에 대해서 자신의 견해를 말하는 것을 막는 것이고, 다른 하나는 차를 몰고 렉싱턴가를 올라가는 것을 막는 경우이다. 그 경우들 모두에서 시민은 제약되고 또 자유를 박탈당하지만 그의 자유권이 침해되는 것은 첫 번째 경우에서뿐이고 두 번째 경우에서는 침해되는 것이 아니라 할 때, 이 두 경우들 사이의 연결점은 무엇이고 차이점은 무엇인가?

우리가 생각할 수 있는 두 가지 이론들 가운데 첫 번째 것에 따르면 그 시민은 그 두 경우에 모두 동일한 재화(commodity), 즉 자유라는 것을 박탈당했는데, 차이점은 첫 번째 경우는 빼앗긴 재화가 두 번째 경우보다 양에서 더 크거나 충격에서 더 크다는 것이다. 그러나 그것은 이상한 것처럼 보인다. 자유를 재화로 보기는 어렵다. 만일 우리가 자유에 어떤 조작적 의미를 부여해 다양한 종류의 법이나 제약에 의해서 야기되는 자유의 상대적 축소를 측정하고자 한다면, 그 결과는 무엇이 기본적 자유이고 무엇이 그렇지 않은지에 대한 우리의 직관적 의미와 어울리지 않는다. 예를 들면 우리가 자유에서의 축소를 그 축소가 야기하는 좌절의 양을 계산함으로써 측정한다고 가정하자. 그렇다면 우리는 대부분의 사람들은 절도를 금지하는 법이나 교통법규가 가하는 제약이 정치적 연설에 대한 제약보다 더 강하게 느껴진다는 사실을 설명해야 한다. 우리는 다른 방안을 택해서 자유의 손실정도를 특정한 제약이 미래의 선택에 가하는 충격으로 측정할 수 있다. 그러나 우리는 대부분의 사람들에서는 일반적인 형법조항이 주류에서 벗어난 정치적 활동을 금지하는 법보다 더 선택을 줄인다는 것을 인정해야 한다. 그렇기 때문에 첫 번째 이론——가정된 자유권에 의해서 보장되는 경우들과 보장되지 않는 경우들 사이의 차이는 정도의 문제라는 이론——은 틀림없이 무너진다.

두 번째 이론은 두 경우의 차이는 그 권리에 의해서 보장되는 경우에 포함되는 자유의 정도가 아니라 그 자유의 특별한 성격과 관련된다고 주장한다. 이 이론에 따르면, 자유로운 언론을 제한하는 법을 위반하는 것은 어떤 사람이 차를 몰고 렉싱턴가를 거슬러 올라가는 것을 금지하는 법의 경우와는 성격이 다른 것이지 단지 정도가 다른 것은 아니다. 성격에서의 차이가 무엇이 될 것인지 또는 그 차이가 왜 어떤 경우에서는 권리를 인정하면서 다른 경우에서는 인정하지 않는지에 대해서 말하는 것은 쉽지 않다고 하더라도, 그것은 그럴 법한 것처럼 들린다. 그렇지만 내가 지금 수장하는 요점은 이런 것이다. 즉, 만일 우리가 기본적 자유들과 다른 자유들 사이의 구별이 이런 방식으로 옹호된다면, 자유 자체에 대한 일반적 권리라는 개념은 전적으로 폐기된다는 것이다. 만일 우리가 기본적 자유들에 대한 권리를 갖는 이유가 자유라는 재화가 다소 특별하게 걸려 있는 것들이기 때문이 아니라 그 자유들을 침해하는 것이 자유에 대해서 가하는 충격 이외의 다른 어떤 방식으로 우리에게 피해를 입히거나 우리를 비열한 처지로 떨어뜨리기 때문이라면, 우리가 권리를 갖는 것은 자유에 대한 것이 아니라 이런 특정한 제약이 손상시키는 가치들 또는 이익 또는 지위에 대한 것이 된다.

이것은 단순히 용어상의 문제는 아니다. 자유권이라는 이념은 정치사상에서 적어도 두 가지 방식으로 잘못된 개념이다. 첫째, 그 이념은 강제버스통학 프로그램 같은 사회적 규제가 제안될 때 자유와 다른 가치들 사이에 필연적으로 발생하는 갈등에 대한 거짓된 생각을 만들어 낸다. 둘째, 그 이념은 왜 우리가 자유로운 언론의 제한이나 종교행사의 제한 같은 특정한 종류의 제한을 특별하게 부정한 것으로 간주하는 가에 대한 문제에 대해 지나치게 쉬운 대답을 제공한다. 자유권 이념은 우리가 이런 제약들이 자유 자체에 대해서 특별한 충격을 가하기 때문에 부정하다고 말하는 것을 허용한다. 일단 우리가 이런 대답이 잘못된 것이라는 것을 인정한다면, 우리는 이런 경우들에서 진정으로 달려 있는 것이 무엇인가라는 어려운 문제를 다루어야 한다.

나는 지금 그 문제에 대해서 생각해보고자 한다. 만일 자유에 대한 일반적인 어떤 권리가 없다면, 민주주의에서 시민들이 왜 언론의 자유나 종교의 자유나 정치활동의 자유 같은 특별한 종류의 자유에 대한 권리를 갖는가? 만일 개인들이 이런 권리를 갖는다면, 공동체가 궁극적으로는 전체적으로 더 나아질 것이라고 말하는 것은 그에 대한 대답이 될 수 없다. 이 생각—개인의 권리들이 전체적 공리를 가져다준다는 생각—은 진리일 수도 있고 진리가 아닐 수도 있지만, 그런 권리들에 대한 변호와는 아무런 관계가 없다. 왜냐하면 우리가 관련된 정치적 의미에서 어떤 사람이 자신의 마음을 자유롭게 말할 권리를 갖는다고 말할 때, 우리가 말하고자 하는 것은 설사 그가 자유롭게 말하는 것이 전체적 이익에 기여하지는 못한다 하더라도 그는 그렇게 할 자격이 있다는 것이기 때문이다. 만일 우리가 개인의 권리를 주장할 때의 의미에서 그 권리를 변호하기 원한다면, 우리는 이런 권리를 지지하는 근거로 공리이상의 어떤 것을 발견하기 위해 노력해야 한다.

나는 앞에서 하나의 가능성을 언급했다. 우리는 전통적인 권리가 침해될 때 개인들은 특별한 피해를 입는다는 변론을 고안해낼 수 있을 것이다. 이 논변에 따르면 정치적 문제에 관해 분명한 의견을 말하는 자유에는 중요한 무엇인가가 있어서, 만일 어떤 개인이 그 자유를 갖지 못하면 그는 특별한 종류의 피해를 입게 되며, 그 피해는 그것에 의해서 공동체가 전체적으로는 혜택을 받는다 하더라도 그 피해를 그 개인에게 부과하는 것을 그릇된 것으로 만든다. 이런 노선의 논변은 자신들의 정치적 자유와 시민적 자유를 상실했을 때 특별한 박탈감을 느끼게 될 그런 사람들에게는 호소력이 있을 것이다. 그러나 그런데도 이 논변은 두 가지 이유 때문에 추구하기 어려운 논변이다.

　첫째, 자신들이 갖는 정치적 자유들을 행사하지 않고, 그런 자유들의 상실을 특별히 중대한 것으로 생각하지 않는 매우 많은 수의 사람들이 있으며, 또 그들은 영국과 미국 같은 민주주의 국가에서조차도 의심의 여지 없이 다수를 형성한다. 둘째, 시민적 자유들 또는 어떤 특별한 자유의 상실은 불가피하게 심리적 피해를 가져오거나 그런 피해를 가져올 가능성이 있다는 생각을 정당화하고 설명해줄 심리학적 이론을 우리는 갖고 있지 않다. 그와는 반대로 랭(Ronald Laing) 같은 심리학자들이 이끌고 있는 심리학의 전통에서는, 현대 사회에서의 정신적 불안정성의 상당한 부분은 지나치게 적은 자유라기보다는 지나치게 많은 자유에 대한 요구에 기인한다고 주장한다. 그들의 설명에 따르면, 자유에 뒤따르는 선택할 필요성은 파괴적 긴장의 불필요한 원천이다. 이런 이론들이 반드시 설득력이 있는 것은 아니지만, 그것들이 잘못된 것이라는 것에 대해 우리가 확신할 수 있을 때까지는 아무리 그 반대가 정치적 근거에서는 호소력이 있는 것이라 하더라도 우리는 심리학이 그 반대를 증명한다고 생각할 수 없다.

　따라서 만일 우리가 특정한 자유들에 대한 권리를 옹호하기 원한다면, 우리는 다른 근거를 찾아야 한다. 우리는 정치도덕의 근거 위에서, 즉 개인들로부터 이런 자유들을 박탈하는 것은 그렇게 하는 것이 공동의 이익에 기여한다 하더라도 직접적인 심리적 피해가 아닌 어떤 이유에 의해서 잘못이라고 주장해야 한다. 내가 그 문제를 이렇게 모호하게 제시하는 것은 한 가지 종류의 이유만 그런 도덕적 입장을 지지할 것이라는 것을 미리 가정할 이유가 없기 때문이다. 정의로운 사회는 다양한 개인의 권리들을 인정할 수 있는데, 그 권리들 가운데 어떤 것은 다른 권리들과는 매우 다른 종류의 도덕적 고려사항에 근거한다. 이 장의 나머지 부분에서 나는 권리들을 위한 하나의 가능한 근거만 기술하려 노력할 것이다. 시민사회에서 사람들은 내가 제시할 논변이 지지하게 될 권리들만 갖는다는 결론이 나오진 않는다. 그러나 적어도 그들이 이런 권리들을 갖는다는 결론이 나올 수 있으며, 그것은 충분히 중요하다.

2. 자유에 대한 권리

나의 논변의 중심개념은 자유의 개념이 아니라 평등의 개념이다. 나는 우리 모두는 아래와 같은 정치도덕의 요청들(postulates)을 받아들일 것이라고 가정한다. 정부가 통치하는 사람들은 고통과 좌절을 겪을 수 있는 인간들로서 정부는 그들에게 배려를 보여주어야 하며, 자신의 삶을 어떻게 살아야 하는가에 대해 지적인 견해를 형성하고 그 견해에 따라 행위할 수 있는 인간으로서 그들에게 존중을 보여주어야 한다. 또한 정부는 국민들을 배려하고 존중해야 할 뿐만 아니라 평등하게 배려하고 평등하게 존중해야 한다. 정부는 재산이나 기회를 분배할 때 어떤 사람들이 더 많은 배려를 받을 만하기 때문에 더 많은 것을 받을 자격이 있다는 근거에서 그것들을 불평등하게 분배해서는 안 된다. 정부는 좋은 삶에 대한 어떤 시민의 견해가 다른 사람의 견해보다 더 고귀하거나 더 우월하다는 근거에서 자유를 제한해서는 안 된다. 이런 요청들은 모두 합해 평등에 대한 자유주의적 견해라 불릴 수 있는 것을 말해준다. 그것들이 말하는 것은 방종으로서의 자유에 대한 견해가 아니라 평등에 대한 견해이다.

평등에 대한 자유주의적 견해에 의해서 통치된다고 가정된 국가 안에서 가장 중요한 정치이론의 문제는 재산과 기회와 자유에서 어떤 불평등이 허용되며 왜 허용되는가에 관한 문제이다. 그 문제에 대한 한 답변은 다음의 구별로부터 시작된다. 평등에 대한 자유주의적 견해에 의해서 통치되는 시민들 각각은 평등한 배려와 존중을 받을 권리를 갖는다. 그러나 그 추상적 권리는 두 개의 다른 권리로 이해될 수 있다. 첫째는 평등한 대우(equal treatment)의 권리, 즉 다른 사람들이 갖거나 받는 것과 동일한 만큼의 재산이나 기회에 대한 권리이다. 의원수 재배분 사안들에서 대법원은 투표권을 분배할 때 시민들은 평등한 대우에 대한 권리를 갖는다고 주장했다. 즉, 투표권의 불평등한 분배가 사실상 전체의 이익에 기여할 수 있는 사실에도 불구하고 한 사람에게 한 표를 부여해야 한다고 주장했다. 둘째는 평등한 자로서 대우받을 (treatment as an equal) 권리이다. 이것은 어떤 재산이나 기회의 평등한 분배에 대한 권리가 아니라 이런 재산과 기회가 어떻게 분배되어야 하는가에 관해 정치적으로 결정할 때 평등한 배려와 존중을 받을 권리이다. 장기 채권소유자들에게 피해를 주는 어떤 경제정책이 전체의 이익에 기여하는지 어떤지의 문제가 제기된다고 가정하자. 피해를 입게 되는 사람들은 그 정책이 전체의 이익에 기여하는지 어떤지에 대해서 결정을 하는 데에서 그들의 예상손실이 고려되어야 하는 권리를 갖는다. 그들은 그 계산에서 결코 무시되어서는 안 될 것이다. 그러나 그들의 이익이 고려되었다 하더라도 그것은 그 정책에 의해서 이익을 얻게 될 다른 사람들의 이익 때문에 경시될 수 있고, 그 경우에 그렇게 정의된 평등한 배려와 존중에 대한 그들의 권리는 아무런 반론도 제기하지 않을 것이다. 그러므로 경제정책의 경우 우리는 다음처럼 말할 수 있다. 즉, 인플레이션이 발생할 경우 피해를 입게 될 사람들은 그 정책이 전체의 이익에 기여할 것인지 어떤지를 결정할 때 평등한 자로서 대우받을 권리는 갖지만, 그 정책이 그 기준을 통과한다 하더라도 그 정책을 불법적인 것으로 만들 수 있는 평등한 대우에 대한 권리를 갖는 것은 아니라는 것이다.

나는 평등에 대한 자유주의적 견해에서는 평등한 자로서 대우받을 권리가 근본적인 것으로 간주되어야 하며, 더 제한적인 평등한 대우에 대한 권리는 의원수 재배분 사안이라는 특별한 여건에서 그렇게 되는 것처럼, 그것이 어떤 특별한 이유에서 더 근본적인 권리로부터 나오는 그런 특별한 여건에서만 성립할 수 있다는 점을 제안한다. 나는 또한 여러 자유들 각각에 대한 개인의 권리들은, 평등한 자로서 대우받는 것에 대한 근본적 권리가 그 권리들을 요구한다는 것이 보여질 때만 인정되어야 한다고 제안한다. 만일 이것이 옳다면, 각각의 자유들에 대한 권리는 가정된 평등에 대한 어떤 경쟁권리와 갈등하지 않고, 반대로 더 근본적인 것으로 인정된 평등에 대한 견해로부터 도출된다.

그렇지만 나는 이제 각각의 자유들에 대한 익숙한 권리들—예를 들면 미국의 헌법 안에 확립된 권리들—이 어떻게 해서 평등에 대한 그 근본적 견해에 의해서 요구된다고 생각될 수 있는지를 보여주어야 한다. 나는 그렇게 하면서 현재의 목적상 더 정교하게 이루어지게 될 논변, 즉 그런 근거에서 어떤 특정한 자유를 변호하기 위해서는 반드시 이루어져야 할 논변의 뼈대만을 제공할 것이다. 그리고 나서 만일 그런 논변이 실제로 이루어진다면 더 익숙한 정치적 시민적 자유들이 그 논변에 의해서 지지될 것이라고 기대하는 것이 왜 그럴 법한지를 보여줄 것이다.

평등에 대한 자유주의적 견해를 존중하는 정부는 오직 매우 한정된 유형의 정당화에 근거해서만 적절하게 자유에 제한을 가할 수 있을 것이다. 나는 이러한 주장을 하기 위해서 정치적 정당화에 대해 아래와 같이 조잡한 유형론을 제시할 것이다. 첫째, 원칙에 근거한 논변이 있다. 그것은 자유에 대한 특정한 제약이 그 자유를 행사함으로써 피해를 입게 될 어떤 개인들의 권리를 보호하기 위해서 요구된다는 논변에 근거해서 그 제약을 지지한다. 둘째, 정책에 근거한 논변이 있다. 그것은 그런 제약이 어떤 전체적인 정치적 목표를 달성하기 위해서, 즉 특정한 개인이 아니라 전체로서의 공동체가 그 제약 덕분에 더 나아지는 그런 어떤 사태를 실현하기 위해서 요구된다는 근거에서 그 제약을 지지한다. 이 정책에 근거한 논변은 더 나아가서 다음처럼 구별될 수 있다. 정책에 근거한 공리주의 논변은 (대체적으로 말하면) 그들 가운데 어떤 사람들은 더 적게 갖더라도 그 공동체의 더 많은 시민들이 그들이 원하는 것을 전체적으로 더 많이 갖게 될 것이기 때문에, 전체로서의 공동체는 더 나아질 것이라고 주장한다. 다른 한편으로 정책에 근거한 이상적인 논변은, 공동체가 나아지는 것은 그 공동체의 구성원 가운데 더 많은 사람이 그들의 원하는 것을 더 갖기 때문이 아니라, 공동체의 구성원들이 원하든 원하지 않든지 간에 관계없이 그 공동체가 어떤 방식에서 하나의 이상적 공동체에 더 가까워지기 때문이라고 주장한다.

평등에 대한 자유주의적 견해는 정책에 근거한 이상적 논변이 자유에 대한 어떤 제약을 정당화하기 위해서 사용될 수 있는 범위를 날카롭게 한정한다. 그런 논변은 문제 되는 그 이상이 그것 자체로서 공동체 안에서 논란이 되는 것일 경우에는 사용될 수 없다. 예를 들면 어떤 제약이 문화적으로 세련된 어떤 공동체에 기여한다는 근거에서는 공동체가 그 세련됨을 원하든 원하지 않든 간에 그 제약이 변호될 수 없다. 왜냐하면 그 논변은 평등에 대한 자유주의적 견해의 규범, 즉 정부가 특정한 종류의 삶이 본래적으로 다른 삶보다 더 가치 있다는 주장에 근거하지 못하게 하는 규범을 어기게 될 것이기 때문이다.

그렇지만 정책에 근거한 공리주의 논변은 그런 반론에 의해서 타격받지 않는 것처럼 보인다. 그것들은 어떤 형태의 삶이든지 그것이 본래적으로 다른 삶보다 더 가치 있다고 가정하지 않는다. 그 대신에 자유에 대한 제약이 공동체의 어떤 집단적 목표를 증진시키기 위해서 필요하다는 그들의 주장을 오직 그 목표가 우연히 다른 목표보다 더 널리 그리고 더 깊게 욕구되었다는 사실에만 놓는다. 그렇기 때문에 정책에 근거한 공리주의 논변은 평등한 배려와 존중에 대한 근본적 권리를 배격한다기보다는 그 권리를 구현하는 것처럼 보인다. 왜냐하면 그것들은 공동체 각각의 구성원들의 희망을 다른 사람의 희망과 동일하게 취급하기 때문이다. 어떤 구성원이 다른 사람보다 더 많은 배려 또는 더 적은 배려를 받을 가치가 있다거나 그의 견해가 더 많이 또는 더 적게 존중받을 가치가 있다는 생각을 반영하는 보너스나 삭감은 없다.

이런 평등주의적 모습은 하나의 일반적 정치철학으로서의 공리주의가 지난 세기에 걸쳐서 갖고 있었던 커다란 호소력의 중요한 원천이 되어왔다고 나는 생각한다. 그렇지만 제9장에서 나는 공리주의 논변의 평등주의적 성격은 자주 착각임을 주장했다. 나는 여기에서 나의 논변을 반복하지 않고 요약만 할 것이다.

공리주의 논변은 심리적 공리주의의 경우에는 자유에 대한 특정한 제약이 더 많은 사람들을 더 행복하게 만들 것이라는 사실에, 선호 공리주의의 경우 그들의 더 많은 선호를 만족시킬 것이라는 사실에 주의한다. 그러나 하나의 정책에 대한 사람들의 선호 전체를 더 분석해보면 그것은 개인적(personal) 선호와 외적(external) 선호를 모두 포함하는 것으로 밝혀질 것이다. 개인적 선호를 포함하는 이유는 사람들이 재산이나 기회를 자신에게 할당하는 것에 대한 선호를 말하고 있기 때문이고, 외적인 선호를 포함하는 이유는 그들이 재산이나 기회를 다른 사람들에게 할당하는 하나의 방식에 대한 선호를 말하기 때문이다. 그러나 공동체 구성원들의 외적인 선호에 커다란 비중을 두는 공리주의 논변은 지금 고찰하는 의미에서 평등주의적이지 않을 것이다. 그것은 평등한 배려와 존중을 받을 모든 사람의 권리를 존중하지 않을 것이기 때문이다.

예를 들면 공동체 안에서 일정한 수의 개인들이 공리주의적 정치이론이 아니라 인종차별적 정치이론을 갖는다고 가정하자. 그들은 재산분배에서 어떤 사람도 하나 이상으로 간주되어서는 안 된다고 생각하지 않고, 흑인은 하나보다 더 적게 백인은 하나보다 더 많게 간주되어야 한다고 생각한다. 그런 그들의 생각은 외적 선호이다. 그러나 그런데도 그것은 하나의 정책에 대한 진정한 선호로서 그것을 만족시키는 것은 쾌락을 가져다줄 것이다. 그런데도 만일 공리주의적 계산에서 이런 선호나 쾌락에게 보통의 비중이 주어진다면, 그 결과 흑인들이 손해를 본다면, 흑인들이 할당받는 재산과 기회의 양은 공리주의의 추상적 주장이 제시하는 개인적 선호들 사이의 경쟁에만 의존하는 것이 아니라, 그들이 다른 사람들보다 배려와 존중을 받을 가치가 적다고 생각된다는 사실에도 의존하게 된다.

다른 경우를 예로 들어 공동체의 많은 구성원들이 도덕적 근거에서 동성애나 낙태나 포르노그래피나 공산당을 지지하는 발언을 인정하지 않는다고 가정하자. 그들은 그들 스스로 이런 활동에 탐닉하지 않는 것뿐만 아니라 다른 어떤 사람들도 그렇게 하지 않는 것을 선호한다. 그리고 이런 행위를 금지하지 않고 허용하는 공동체는 본래적으로 더 나쁜 공동체라고 믿는다. 이것들은 외적인 선호이지만, 다시 한 번 말하면 그것은 진정한 개인적인 선호만큼이나 진정한 선호이며, 그것들도 마찬가지로 만족될 경우 쾌락의 원천이 되고 무시되었을 경우 불쾌의 원천이 된다. 그렇지만 다시 한 번 말하면, 만일 이런 외적인 선호들이 자유에 대한 제약을 정당화하기 위해 고려된다면 제약을 받은 사람들은 손해를 본다. 이렇게 그들이 손해를 보는 것은 단순히 그들의 개인적 선호가 희소한 자원을 얻기 위해서 다른 사람들의 개인적 선호와 벌이는 경쟁에서 패배했기 때문이 아니다. 그것의 정확한 이유는 적절한 또는 바람직한 삶의 유형에 대한 그들의 견해가 다른 사람들에 의해 경멸된다는 것이다.

이런 논변들은 다음과 같은 중요한 결론을 정당화한다. 만일 정책에 근거한 공리주의적 논변이 자유에 대한 제약을 정당화하기 위해 사용된다면, 그 논변이 의존하는 공리주의적 계산이 오직 개인적 선호에 의해서만 정해지고 외적 선호를 무시하는 것을 보장하도록 주의해야 한다. 그것은 정치이론에서 중요한 결론인데, 왜냐하면 그것은 예를 들면 『자유론』에서의 밀의 논변들이 반(反)공리주의적이 아니라 그와는 반대로 오직 변호될 수 있는 형태의 공리주의만을 지지하는 논변인 이유를 보여주기 때문이다.

그렇지만 그 결론이 정치철학의 측면에서 중요하다 하더라도 실제적으로는 그 자체로 제한된 중요성만 갖는다. 왜냐하면 개인적 선호와 외적인 선호를 정확하게 구별하는 정치적 과정을 고안하는 것이 불가능할 것이기 때문이다. 복잡하고 다양한 사회에서는, 대의적 민주주의가 공리주의적 정책을 확인하고 달성하는 것에서 가장 적당한 제도적 구조로 널리 생각되고 있다. 그것은 그 일을 불완전하게 수행한다. 그것은 특정한 선호의 수와는 다른 것으로서 그 선호의 강도를 다수주의가 충분하게 고려할 수 없다는 익숙한 이유 때문이다. 또한 돈에 의해서 지원받는 정치적 설득의 기술이 투표가 유권자들의 진정한 선호를 나타내는 것을 방해하기 때문이기도 하다. 그렇지만 이런 불완전성에도 불구하고 민주주의는 대안이 될 수 있는 다른 일반 철학체계보다 더 만족스럽게 공리주의를 집행하는 것처럼 보인다.

그러나 민주주의는 투표에 의해서 불완전하게 드러나는 전체적 선호 안에서 개인적 성분과 외적인 성분을 구별하여 후자는 무시하지만 전자는 집행하기 위한 방법을 제공할 수 없다. 선거 또는 국민투표에서 실제의 한 표는 어떤 구성요소, 즉 개별적 투표자를 검사하는 기술을 갖고 있는 사람이 충분한 시간과 비용이 허용될 경우 밝혀낼 수 있는 선호의 구성요소가 아니라 전체적 선호를 나타내는 것으로 간주되어야 한다. 개인적 선호와 외적인 선호는 때때로 분리될 수 없을 정도로 결합되어 있으며 더욱이 그것들 사이의 구별은 제도적으로뿐만 아니라 심리학적으로도 불가능하다. 예를 들면 많은 사람들이 다른 사람들보다는 특정한 인종의 구성원들 또는 특정한 재능이나 성질을 가진 사람들에 대해서 갖는 교제선호의 경우에, 그것은 사실이다. 왜냐하면 이 선호는 외적 선호에 많은 부분 의존하는 것이기 때문에, 만일 밑에 놓여 있는 외적 선호가 제거된다면, 내적 성찰의 문제로서 어떤 개인적 선호가 남을 것인지를 말하는 것이 불가능하기 때문이다. 그것은 또한 많은 개인들이 갖는 어떤 자기부정적 선호에 대해서도 마찬가지이다. 예를 늘면 그것은 어떤 재산을 다른 사람들이 더 많이 가질 것이라는 가정 또는 단서 위에서 더 적은 것을 선호하는 것이다. 그것은 아무리 고결하다 해도 정치이론과 도덕이론의 형태로 외적 선호에 의존하는 것이다. 변호 가능한 공리주의 논변에서 그런 외적 선호는 이타주의라기보다는 편견에 뿌리박은 덜 매력적인 선호와 마찬가지로 계산될 수 없을 것이다.

나는 이제 권리에 대한 일반 이론을 다음과 같이 제안하고자 한다. 내가 앞에서 구별한 강한 반(反)공리주의적 의미에서의 개인의 정치적 권리라는 개념은 외적인 선호를 계산에 넣는 공리주의의 철학적 결점과 그 선호를 계산에 넣지 않는 공리주의의 실제적 불가능성에 대한 하나의 대응책이다. 그것은 우리가 민주적 제도들을 향유하는 것을 허용하는데, 그것들은 전체적 또는 투박한(overall or unrefined) 공리주의를 구현하면서도 민주적 제도가 드러내는 선호의 외적인 성분 때문에 사전적으로 가능한 것처럼 보이는 결정들이 이루어지는 것을 막음으로써 평등한 배려와 존중을 받을 시민들의 근본적 권리들을 보호해준다.

　이 장의 주제, 즉 자유로운 표현의 자유와 개인적이고 성적인 관계에서 자유로운 선택의 자유 같은 특정한 자유에 대한 권리를 우리가 갖는다는 생각을 지지하기 위해서 이런 권리론이 어떻게 사용될 수 있는지는 명백할 것이다. 이런 자유들에 대한 공리주의적 제약은 모두 공동체 안에서의 전체적 선호에 기초해야 한다는 것이 증명될 수 있다. 그때 전체적 선호는 정치적 과정이 분별해 제거할 수 없는 커다란 외적인 선호의 성분을 정치이론이나 도덕이론의 형태로 담을 수 있음을, 우리는 사회에 대한 우리의 일반적 지식으로부터 알고 있다. 내가 말한 것처럼 자유에 대한 특별한 권리들을 변호하기 위해서 이루어져야 하는 논변을 이런 방식으로 구성하는 것은 나의 목적이 아니고, 그런 논변들이 가질 수 있는 일반적 성격만을 보여주는 것이 현재의 나의 목적이다.

　그렇지만 나는 나의 일반적 논변에 의해서 문제가 될 수 있는 하나의 권리, 즉 재산의 자유로운 사용에 대한 개인의 권리로 생각되는 것으로서 사람들이 존재한다고 주장하는 권리에 대해서 언급하고자 한다. 제11장에서 나는 자유주의자들이 예를 들면 언론의 자유를 변호하면서 그와 병행하는 권리로서 어떤 종류의 재산과 그것의 사용에 대한 권리를 인정하지 않는 것은 모순이라는, 어떤 분야에서는 인기 있는 논변에 대해서 비판했다. 만일 우리가 자유로운 언론의 권리를 갖는다는 주장이 우리가 자유 자체라고 불리는 어떤 것에 대한 권리를 갖는다는 더 일반적인 명제에 의존한다면, 그 논변은 힘을 가질 수 있다. 그러나 그런 일반적인 생각은 유지될 수 없으며 정합적이지도 않다. 자유에 대한 일반적인 권리 같은 어떤 것은 없다. 그렇기 때문에 어떤 특정한 자유를 지지하는 논변은 다른 어떤 자유를 지지하는 논변과는 전적으로 독립적으로 이루어질 것이며, 하나의 자유를 반박하면서 다른 자유를 지지하는 것에는 어떤 사전적 모순이나 부당성도 없다.

권리들에 대해 내가 제공하는 일반 이론에 따를 때 재산에 대한 특정 권리에 대해서 무엇을 말할 수 있는가? 예를 들면 유명한 **로크너** (Lochner) 사안에서 대법원에 의해서 지지되었지만 나중에는 대법원뿐만 아니라 자유주의자들에게 일반적으로 비판받았던 계약의 자유권을 지지하기 위해서 무엇을 말할 수 있는가? 나는 최저임금법 같은 것으로 그런 권리를 제한하는 정치적 결정은 사전적으로 외적인 선호를 반영할 수 있으며 그렇게 해서 자유가 삭감될 사람들의 평등한 배려와 존중을 받을 권리를 침해한다고 주장하는 어떤 논변도 생각할 수 없다. 내가 생각하는 바와 같이 만일 그런 논변이 이루어질 수 없다면, 몇몇 사람들에 의해서 주장되는 그 권리는 존재하지 않는다. 어떤 경우에서든 다른 자유들에 대한 권리는 열렬히 변호하면서 그 권리가 존재한다는 것을 부정하는 것에는 어떤 비일관성도 있을 수 없다.

제13장 권리가 논란이 될 수 있는가

1

이 마지막 장에서 나는 이 책의 논변에 대한 하나의 반론을 비판함으로써 그 논변을 변호해야 한다. 그 반론은 널리 퍼져 있는 것으로서 만일 그것이 성공적인 반론이라면, 파괴력이 있는 반론이 될 것이다. 나의 논변은 법과 정치도덕의 복합적 문제에 대해서 자주 하나의 옳은 대답(a single right answer)이 있다고 가정한다. 그에 대해 그 반론은 때때로 하나의 옳은 대답은 없으며 단지 여러 대답들만 있을 뿐이라고 주장한다.

그런데 그 반론은 어떤 매력적인 태도에 의해서 지지받고 있다. 그 태도는 관용과 상식이 뒤섞인 것으로서 아래와 같은 판단에 표현되어 있다. 그것은 자유언론의 권리가 비방하는 말에까지 연장되는 것인지 아닌지, 또는 사형이 헌법의 의미에서 볼 때 잔인하고 지나친 것인지 아닌지, 또는 일군의 비확정 판결들이 불법행위(tort)에서 단지 경제적 피해에 대해서만 배상의 권리를 확립해주는지 어떤지에 관해 사람들의 견해가 일치하지 않을 때, 그런 문제들에 대해 잠재되어 있는 하나의 옳은 대답이 있다고 주장하는 것은 어리석기도 하고 오만한 것이기도 하다는 판단이다. 그리고 어떤 대답들은 명백히 잘못된 대답이고 어떤 논변들은 명백히 좋지 않은 논변이기는 하지만, 그런데도 객관적이거나 중립적인 관점에서 볼 때 동등하게 좋은 것으로 평가되어야 하는 일군의 대답들과 논변들이 있다는 것을 인정하는 것이 더 현명하고 또 더 현실적이라는 판단이다.

만일 그렇다면, 그 대답들 중에서 하나를 선택하는 것은 이성에 의해서 강요된 결정이 아니라 단지 하나의 선택에 지나지 않는 것이다. 시위를 하는 사람들이 시위에 대한 도덕적 권리를 갖는지 또는 불법행위에서의 경제적 피해는 배상이 가능한지에 대해서 결정하도록 어떤 검사가 요구받을 경우, 공중이 기대할 자격이 있는 대답은 이런 것이다. "나의 선택은 정직하게 이루어질 것이며 편견이나 격정이나 열정에서 자유로운 냉정한 상태에서 이루어질 것이다." 공중은 어떤 특별한 결정을 기대할 자격이 없는데, 왜냐하면 그것은 그 검사가 결정해야 하는 문제에 대해서 하나의 옳은 대답이 있다고 가정하는 것이기 때문이다.

이 책은 이런 겸손한 태도를 존중하지 않는다. 예를 들면 이 책의 제2장과 제3장에서 나는 법관들이 난해한 사안들을 결정할 재량을 갖는다는 인기 있는 이론에 대해 반대했다. 나는 법의 원칙들은 때때로 균형을 잘 이루어서 원고에 유리한 판결을 지지하는 원칙들이 어떤 법률가에게는 더 강한 것처럼 보이지만 다른 법률가에게는 더 약하게 보일 것이라는 점을 인정한다. 그렇다고 하더라도 당사자들 각각이 자신이 승리할 자격이 있다고 주장하는 것은 완전한 의미를 갖는 주장이며, 그렇기 때문에 법관들이 다른 측에 유리하게 판결할 재량을 갖는다는 것을 그들이 부정하는 것도 의미를 갖는다. 제4장에서 나는 그 주장에 내용을 부여하는 판결의 한 과정을 기술했다. 그러나 나는 그 판결의 과정을 통해서 다양한 법관들이 동일한 결정을 산출할 것이라고 주장하지는 않는다(진정으로 나는 그것을 부정한다). 그런데도 나는 심지어 난해한 사안에서도 그 과정은 관련 당사자들의 권리를 만들어내는 것이라기보다는 발견하는 것을 목적으로 한다고 말할 수 있으며, 그 과정에 대한 정치적 정당화는 그런 성격규정의 건전함에 의존한다고 주장한다.

이와 같이 옳은 대답은 없다는 테제(no-right-answer thesis)는 내가 옹호하는 권리 테제에 적대적인 것이고 내가 기술한 그런 매력적인 태도에 의해서 지지된다. 그러면 그것은 논변에 의해서도 지지되는가? 우리는 제시될 가능성이 있는 두 종류의 논변을 구별할 수 있다. 첫 번째는 실용적 논변이다. 그것은 논변의 목적상 법에서 논쟁이 되는 문제에 대해 원칙상 하나의 옳은 대답이 있다는 것을 인정한다. 그렇지만 그것은 당사자들이 그 대답에 대한 권리를 갖는다고 말하거나 법관이 그것을 발견할 의무를 갖는다고 말하는 것은 쓸데없는 일이라고 주장한다. 왜냐하면 어떤 사람도 어떤 대답이 옳은 대답인지를 확신할 수 없기 때문이다. 내가 당신에게 『리어 왕』이 『종반』(*Endgame*)보다 더 좋은 연극이라는 것에 내기를 건다고 가정하자. 우리가 미학에서 객관주의자라 하더라도, 그리고 원칙상 그 문제에 대해 옳은 대답이 있다고 믿는다 하더라도 그것은 어리석은 내기이다. 왜냐하면 그 내기가 패배자가 만족할 수 있게 해결되는 것은 불가능하기 때문이다. 그 내기를 해결하기 위해서 심판관으로 제3자를 끌어들이는 것도 의미 없는 일이다. 그는 기껏해야 제3의 개인적 의견을 내놓을 수 있을 뿐이며, 그 의견은 우리 가운데 어느 한 사람에게 그의 견해가 잘못이라는 것을 설득시키지 못할(적어도 설득하려 해서는 안 될) 것이다. 그것은 난해한 사안에서 법관의 경우도 마찬가지이다. 원칙상 하나의 가장 탁월한 법이론이 있다고 하더라도, 그리고 그렇게 해서 난해한 사안에서 하나의 옳은 대답이 있다고 하더라도 그 옳은 대답은 일반 사람들뿐만 아니라 법률가나 법관들도 마찬가지로 접근하지 못하는 법철학자의 하늘에 보관되어 있다. 각각의 사람들은 자신의 견해만 가질 수 있으며, 법관의 견해는 그 이외의 다른 사람들의 견해보다 진리를 더 보장받는 것이 아니다.

"옳은 대답은 없다"라는 테제를 옹호하기 위한 이런 실용적 논변에 대처하는 것은 쉽다. 그것은 옳은 대답이 있다 하더라도 법관이 그것을 발견하도록 요구하는 것은 의미가 없다고 주장한다. 왜냐하면 그 법관의 의견이 다른 사람의 의견보다 옳을 가능성이 결코 더 있는 것은 아니고, 그의 의견이 옳은 의견이라 하더라도 그것이 옳은 의견이라는 것을 증명할 수 있는 방법이 없기 때문이라는 것이다. 우리는 조심스럽게 다음 세 개의 문제를 구별해야 한다. (a) 제도적 역사의 사실을 포함해서 모든 사실에 대해 동의가 이루어진 후라 하더라도 합리적인 법률가들은 난해한 사안에서의 한 소송당사자가 승리할 권리를 가질 수 있는지 없는지에 대해서 항상 서로 의견이 다른가? (b) 모든 사실에 대해 동의가 이루어진 후 합리적인 법률가들 사이에 의견이 다르다 하더라도 한 소송당사자가 난해한 사안에서 승리할 권리를 갖는 것이 가능한가? (c) 어떤 특정 집단의 법관들과 동등하게 합리적이고 유능한 다른 집단의 법관들이 다른 판결에 도달했을 것이라 하더라도 국가가 그 특정 집단의 판결을 집행하는 것이 이성적이거나 공정한가?

이 세 가지 질문들에 대한 긍정적 대답들 사이에 어떤 논리적 관계가 성립해야 하는가? 두 번째 질문에 대한 긍정적 대답을 전제하더라도 첫 번째 질문에 대한 긍정적 답변은 세 번째 질문에 대한 긍정적 답변을 배제한다고 이 실용적 논변은 생각한다. 그러나 그것은 명백한 잘못이다. 두 번째 질문에 대한 긍정적 대답이 세 번째 질문에 대한 긍정적 대답을 위해서 필요한 것이라는 것은 분명하다. 만일 난해한 사안에서의 소송당사자들이 어떤 특정한 판결에 대해서 아무런 권리도 갖지 않는다면, 그들 사이의 사안이 그들이 갖는 권리에 대한 논란의 소지가 있는(또는 그 문제에 대해서는 논란의 여지가 없는) 판결에 의해 결정되게 하는 것은 불합리한 것이기도 불공정하기도 하다. 또한 두 번째 질문에 대한 긍정적인 대답이 그 자체로서는 세 번째 대답에 대한 긍정적인 대답을 위해서 충분하지 않다는 것도 분명하다. 모든 특정한 집단의 법관들의 판결이 오류에 빠질 수 있다 하더라도, 그리고 그 판결이 모든 다른 법률가들이 만족할 정도로 옳다는 것이 결코 증명될 수 없다 하더라도, 판결을 어떤 다른 기관에 회부하거나 법관들이 정책에 근거해 판결하기를 요구하거나 당사자들의 권리에 대해서 법관의 가장 좋은 판단을 요구하지 않는 다른 어떤 방식으로 판결하도록 요구하기보다는 〔그 특정 집단의 법관들의〕 그 판결이 그대로 성립하도록 하는 것이 더 좋다는 점이 납득되는 것도 필요하다. 그러나 물론 우리는 첫 번째 질문에 대해서 "예"라고 대답한 후에도 그 점에 대해 어떤 방식으로 납득할 수 있다. 법관늘의 판단이 모든 사람이 만족할 수 있는 정도로 참이라는 것을 증명할 수 없을 때에도, 그리고 사실상 거짓이라 할지라도 그들에게 권리에 관한 그들의 가장 좋은 판단에 따라서 난해한 사안을 결정하도록 요구하는 것에 대한 많은 이유들(그것들 중에서도 완전하게 실용적인 이유들)이 있다.

실용적 논변은 첫 번째 질문에 대한 대답이 세 번째 질문에 대해서 결정적이라고 생각한다. 일단 권리들이 논란이 될 수 있다는 점을 인정하도록 하자. 그 논변은 그렇게 논란의 대상이 되는 권리들은 재판에서 이용될 여지가 없다고 주장한다. 그러나 그 주장은 극히 단순한 주장이다. 세 번째 질문은 상대적이다. 첫 번째 질문에 대한 "예"라는 대답이 세 번째 질문에 대한 "예"라는 대답에 불리한 것이라고 가정하자(그 가정에 대해서 이의가 제기될 수 있다). 만일 난해한 사안이 없다면, 우리는 권리 테제에 더 만족하게 될 것이다. 그러나 그렇다고 해서 만일 난해한 사안이 불가피한 것이라면 권리 테제를 반박해야 한다는 결론이 나오는 것은 아니다. 모든 것은 그 대안에 의존한다. 제4장에서 나는 그 대안들에 대해서 기술했으며 그 대안들이 호소력이 없다는 것을 발견했다. 그것들 가운데 어떤 것도 권리 테제보다 더 실용적이거나 더 의존할 만하지 않았고, 그것들은 상당한 정도로 덜 공정했다.

우리가 고찰해야 하는 두 번째 종류의 논변은 실용적이라기보다는 이론적인데, 그것은 더 강력하다. 그것은 우리가 구별한 세 질문들 가운데 두 번째 질문에 대해서 부정적인 대답을 해야 한다고 주장한다. 어떤 당사자가 특정한 법적 권리 또는 정치적 권리를 갖는지 어떤지의 문제가 본래적으로 논란이 가능한 문제라면, 그 당사자가 그 권리를 갖는다는 것은 결코 사실일 수 없다고 이 논변은 주장한다.

이 장의 나머지 부분에서 나는 그 논변이 법적 권리에 대해서 성립하는지 어떤지에 대해서 고찰할 것이다. 그렇지만 나는 먼저 그 이론적 논변이 법에서뿐만 아니라 많은 다른 분야에서도 일상적 관행과 철저하게 배치된다는 것을 지적하고 싶다. 예를 들면 역사가나 과학자들은 그들이 말한 것이 이론적 논변이 요구하는 방식대로 진리임이 증명될 수 없다 하더라도 그것이 진리일 수 있다고 생각한다. 그들은 그들의 판단을 뒷받침하기 위한 논변을 가지며, 그 논변을 통해서 견해를 만들어내고 또 바꾼다. 그러나 이 논변이 논란이 되지 않는 전제들로부터 논리적으로 도출되는 것은 아니다. 제4장에서 나는 경기자는 상대방을 비합당하게 자극해서는 안 된다는 규칙을 적용하도록 요구받은 체스 심판관의 입장에 대해 기술했다. 나는 그 입장에 있는 심판은 체스라는 게임의 성격에 대해서 판단해야 하며, 어떤 특정한 문제가 요구하는 정확한 성격규정에서는 합리적인 심판들이라 하더라도 의견이 다를 수 있다고 말했다. 그러면 두 명의 심판의 의견이 다르다고 가정하자. 즉, 한 심판은(제4장의 예를 기억하자면) 체스 게임이 심리적인 위협을 허용하지 않는 지적인 게임이라고 판단하지만 다른 심판은 그 견해에 동의하지 않는다. 그 이론적 논변은 그 두 개의 견해 가운데 어떤 것도 진리일 수 없으며, 그 질문에 대해서는 어떤 하나의 대답이 있는 것이 아니라 동일하게 건전한 여러 대답들이 있다고 주장한다. 물론 논쟁을 하는 두 명의 심판은 그들의 논변을 그런 방식으로 보지 않는다. 왜냐하면 그렇게 분석하는 것은 그 두 심판들이 없는 것에 관한 이론(a theory about nothing)을 펼치는 것으로 보는 것이기 때문이다. 심판들 각각은 다른 사람들과 의견이 다르다는 것을 알고 있고, 그 의견차이를 해소할 수 있도록 그들의 논쟁에 대해 판정을 내릴 수 있는 공동의 기준이 없다는 것을 안다. 그러나 그런데도 그들 각각은 자신의 대답이 그들이 의견을 달리하고 있는 문제에 대한 더 우월한 대답이라고 생각한다. 만일 그가 그렇게 생각하지 않는다면 그가 생각하는 것은 무엇이란 말인가?

〔그 두 명의 심판〕 각각이 자신의 판단은 이성에 의해서 그에게 강요된 결정이라기보다는 하나의 선택에 지나지 않는다는 것을 알고 있다고 말하는 것은 아무런 것도 덧붙인 것이 아니다. 그의 선택은 가장 좋은 성격규정(으로 그에게 보이는 것)에 대한 선택이다. 사안이 논란이 되고 다른 사람들은 동의하지 않을 때나 그 사안이 쉬운 사안이고 그들이 동의할 때나, 그것은 마찬가지로 확실하게 그의 판단에 의해서 그에게 강요된 선택이다. 또한 그 선택은 오직 그의 선택일 뿐이라는 것을 강조하면 그의 판단의 성격이 다소 수정될 것처럼 그렇게 강조하는 것도 소용이 없다. 사실 "그의 선택은 가장 좋은 성격규정(으로 그에게 보이는 것)에 대한 선택이다"라는 문장에서 괄호에 들어 있는 구절을 제거하면, 그 문장은 다른 문장이 되기는 하지만 그 문장의 의미나 진리치가 바뀌는 것은 아니다. 심판들은 그들의 문제에 대해서 "옳은 대답"이 없다는 것을 건전한 상식의 하나로 인정할 수도 있다. 그러나 만일 그들이 그 입장을 단순히 내가 구별한 세 가지 질문 중에서 첫 번째

질문에 대한 것이 아니라 두 번째 질문에 대한 부정적 대답으로 받아들인다면, 그들의 상식은 그들이 철학자로서가 아니라 직무를 수행하는 사람으로 행위할 때 그들이 하는 것을 이해할 수 없다.

물론 그렇다고 해서 "옳은 대답은 없다"라는 테제가 잘못이라는 결론이 나오는 것은 아니다. 만일 어떤 철학적 이론이 하나의 명제는 그 명제가 진리임을 증명할 수 있는 어떤 합의된 기준이 없을 경우에 그것은 진리일 수 없다는 점을 우리가 인정하도록 설득한다면, 일상적인 법경험을 포함한 일상적인 경험은 그만큼 설득력을 잃는다. 그렇지만 다행히도 상황은 정반대이다. 이론적 논변은 우리가 그 논변을 위해서 우리의 일상적 경험을 거부하도록 그렇게 설득력이 있지 않다. 그와는 반대로 이론적 논변이 해석한 것으로서 "옳은 대답은 없다"라는 테제가 의미하는 바가 도대체 무엇인지조차도 명확하지 않다.

2

특정한 관할구역의 법관들이 모임에서 만나 모두 권리 테제를 따르고, 제4장의 헤라클레스처럼 사건들을 판결하기로 결정했다고 가정하자. 그들은 사형은 그것 자체로서는 잔인하고 지나친 처벌이 아니라는 명제 또는 태만으로 단순히 경제적 피해만 입은 사람들이 불법행위로 (in tort) 배상받을 수 있다는 명제 같은 법명제들에 대한 진리조건들을 약정하는 과업에 참여하는 사람들로 행위하기로 동의한다. 만일 법의 어떤 명제는 그것이 그것과 대립된 명제보다 정착된 법을 가장 잘 정당화하는 법이론과 더 조화된다면 진리라고 주장될 것이다. 만일 대립된 명제보다 덜 조화된다면 거짓이라고 거부될 것이다. 이 과업의 과정이 현대 법체계의 보통의 성공과 일치해 이루어진다고 가정하자. 법관들은 자주 법명제들의 진리치에 대해 의견이 같으며, 의견이 다를 때에는 그들의 반대자들의 논변을 충분히 이해하고 있어서 그들의 의견의 불일치의 수준을 정할 수 있으며, 그 논변들을 그럴 법함의 관점에서 대략적인 순위를 매길 수 있다.

이제 어떤 철학자가 이 법관들의 모임에 참가해서 아래와 같이 그들이 매우 심각한 오류를 범했다고 말한다고 가정하자. 그들은 어려운 법 문제에 대해서 하나의 옳은 대답이 있다고 생각하는 것처럼 보이는데, 사실은 하나의 옳은 대답은 없고 여러 개의 대답들만 있는 것이다. 그들은 난해한 사안에서 어떤 특정한 법명제가 진리이고 따라서 그것과 대립되는 명제는 거짓일 수 있다고 잘못 생각한다. 옳은 대답이 있으며 그렇기 때문에 난해한 사안의 판결에서 그들은 재량을 갖지 않는다는 신화를 퍼뜨리는 것은 상당한 정치적 가치를 가질 수 있다(고 철학자는 덧붙여 말한다). 그러나 법관들은 그 생각이 정말로 신화라는 것을 (적어도 그들끼리는) 인정해야 한다.

왜 법관들이 이 철학자가 말하는 것에 의해서 설득당해야 하는가? 우선적으로 그의 논변은 아래와 같은 고찰에 의해서 타격을 받는다. 그 법관들이 그 철학자를 설득해서 보통 3년 걸리는 로스쿨에 다니게 한 다음, 몇 년 동안 재판관석에서 자신의 입장을 취하게 한다고 가정하자. 그는 그가 믿기에 오류에 의존하는 그런 종류의 판단들을 그 자신이 형성할 수 있음을 발견할 것이다. 그는 하나의 법이론이 경쟁하는 다른 이론들보다 정착된 법에 대해 더 좋은 정당화를 제공하는 것처럼 보인다는 것을 발견할 것이다. 그는 다른 사람들이 그가 제시하는 근거를 결정적인 것으로 생각하지 않을 것이라는 것을 알고 있다 하더라도 그 믿음에 대한 근거를 제공할 것이다. 그가 설득력이 있다고 생각하는 논변들에 따르면 불법행위에서 경제적 피해는 배상받을 수 있다고 말하면서도 그런 명제가 진리일 수 있다는 것을 그가 어떻게 부정할 수 있는가? 어떻게 그가 자신의 믿음에 대한 근거를 가지면서도 어느 누가 그런 믿음에 대한 근거를 가질 수 있다는 것을 부정할 수 있는가?

그 철학자가 자신은 그런 믿음을 갖지만, 자신이 그런 믿음들을 갖는 것은 오직 자신이 법교육을 받았고 그렇기 때문에 구성원들을 교육을 통해서 그런 신화를 갖도록 유인하는 과업에 참여했기 때문이라고 말한다고 가정하자. 그는 적어도 논란의 대상이 되는 사안에서는 그 과업에 참여한 그 자신이 아니라 독립적인 관찰자가 그 과업에 참여한 어떤 사람의 이론과 판단이 다른 사람의 이론과 판단보다 더 우월하다는 것을 판정할 수 있을 것이라는 것을 부정한다. 그러나 여기에서 독립적인 관찰자라는 이념으로 그가 의미하고자 하는 것은 무엇이 될 수 있는가? 만일 그가 법교육을 받지 않은 어떤 사람을 의미한다면, 참여자들이 하는 그런 것에 관해서 그런 관찰자가 의견을 형성할 능력이 부족하다는 것은 놀랄 일도 아니고 중요한 것도 아니다. 다른 한편으로 만일 그가 필수적 교육을 받았지만 법관의 직책을 받지 않은 그런 사람을 의미한다면, 그가 그런 직책을 받지 않은 것이 그가 그 직책을 갖고 있는 경우에 형성하게 될 그런 판단을 형성할 수 있는 그 사람의 능력에 왜 영향을 미쳐야 하는지가 전적으로 분명하지 않다.

따라서 철학자 자신의 능력이 자신을 당혹스럽게 할 것이다. 더욱이 그는 그것과 관련된 문제로서 그와는 또 다른 문제에 봉착할 것이다. 그는 난해한 사안에서는 당사자들 가운데 어떤 사람도 자신에 유리한 판결에 대한 권리를 갖지 않는다고 주장하기를 원할 것이다. 예를 들면 그는 **스파르타 철강 사안**[1]에서의 원고는 그의 경제적 피해를 배상받을 권리를 갖고 있지 않으며 또한 피고도 그 피해에 대한 책임에서 자유로울 권리를 갖지 않는다고 말할 것이다. 그는 피고의 입장에 있는 회사가 경제적 피해에 대한 책임이 없다는 명제는 진리가 아니지만 그 피고

---

1) 제4장을 참조할 것.

가 책임이 있다는 명제도 진리가 아니라고 생각한다. 어떤 명제도 거짓이 아니지만(왜냐하면 그렇게 되면 그것은 다른 명제를 진리로 만들기 때문이다) 어떤 명제도 진리가 아니다. 아마도 옳은 대답이 없다는 테제가 명제들의 진리치에 대해서 갖는 결과가 그것일 것이다.

이제 이 결과들 중 어떤 것도 그 과업에 참여하는 법관들에게 반드시 이상하다거나 지나친 것처럼 보이지는 않을 것이다. 법관들도 법명제들의 진리치에 대한 이런 판단들을 어떤 조건 아래서, 즉 그 과업의 기본 규칙 안에서 할 수 있다. 경제적 피해에 대해 피고가 책임이 있는 것으로 만드는 것과 관련된 법에 대한 하나의 이론을 지지하는 변론은, 그를 그 책임으로부터 자유롭게 하는 이론을 지지하는 변론만큼이나 강하다고 어떤 법관이 생각한다고 가정하자. 지금까지 기술한 과업의 규칙들은 그 상황을 하나의 이론적 가능성으로 인정한다. 그리고 만일 그 가능성이 실현된다면, 이 규칙들 아래에서 법관들은 어떤 명제도 사실이라고 단언하거나 거짓이라고 거부할 수는 없다. 그러므로 어떤 특정한 난해한 사안에서도 법관은 그 철학자가 모든 난해한 사안에 대해서 하는 것처럼 보이는 것과 동일한 판단을 분별 있게 할 수 있을 것이다.

대립명제들은 어떤 명제도 진리가 아니라는 이런 판단을 우리는 "무승부"(tie) 판단이라 부를 것이다. 이제 우리는 법관의 과업 안에서 이루어지는 판단으로서 무승부 판단이 다음의 특징들을 갖는다는 것을 알게 될 것이다. (a) 무승부 판단은 이 대립명제들 가운데 어떤 것 하나는 진리지만 다른 것은 거짓이라는 판단과 동일한 성격의 판단이다. 우리는 어떤 난해한 사안을 각각의 법관들에게 확신의 저울, 즉 왼쪽 끝은 법관이 원고에게 유리한 명제가 참이라는 것을 확신하고 있는 지점이고 왼쪽 끝에서 중간 지점에 이르기까지 그 확신의 정도가 작아지면서 중간에서 오른쪽 끝에 이르기까지는 피고에게 유리한 명제가 참이라는 확신이 점점 더 커지는 저울을 제시하는 것으로 생각할 수 있다.

그 저울에서 무승부를 이루는 지점은 중간의 한 점이다. 하나의 난해한 사안에서 법관들은 세 가지 견해 가운데 하나를 가질 수 있을 것이다. 어떤 법관은 그 사안은 중간에서 왼쪽의 어떤 지점에 위치해야 한다고 생각할 것이며, 다른 법관들은 오른쪽 지점에 위치해야 한다고 생각할 것이고, 어떤 법관은 중간에 놓여져야 한다고 생각할 것이다. 그러나 그 무승부 판단은 다른 두 판단과 동일한 성격을 갖는 적극적인 판단이다. 그 판단은 다른 두 판단과 경쟁하며 정확하게 동일한 인식론적 또는 존재론적 전제들을(이것들이 어떤 것이든지 간에) 갖는다. 만일 우리가 세 번째 판단을 단순히 다른 두 개의 가능한 대답들은 어떤 것도 옳지 않다는 것만을 의미하는 것으로 생각한다면, 우리는 그 세 번째 판단은 "옳은 대답은 없다"라는 판단이라고 말할 것이다. 그러나 세 번째 판단은 그 자신이 옳은 대답이라고 주장하는 그런 판단이다.

　(b) 그 과업에서 어떤 법관이 (가) "피고에게 책임이 있다(p)는 명제도 피고에게 책임이 없다(-p)는 명제도 진리가 아니다"라고 말했다고 가정하자. 그것은 (나) "나는 (p)를 지지하는 변론과 (-p)를 지지하는 변론 사이에 어떤 차이점도 알 수 없다"와 동일한 것을 의미하지는 않는다. 만일 (나)에 의해서 기술된 입장에 있는 법관이 그가 그 입장에 있을 때 판결해야 한다면, 그는 (가)를 단언하는 것보다 더 잘할 수 없다. 그에게는 (나)가 (가)의 증거로 간주될 수도 있다. 그러나 그것은 (가)와 (나)가 동일하다고 말하는 것과 똑같은 것이 아니다. "나에게는 원고를 지지하는 변론이 더 강한 것처럼 생각된다"라는 주장은 "원고를 지지하는 변론이 더 강하다"라는 것과 동일하지 않다. 그것은 동일한 법관의 입에서 나왔다고 하더라도 그렇다. 그렇기 때문에 그와 동일한 방식으로 (나)는 (가)와 다르다. 어떤 법관이 (가)와 (나) 모두를 말하고 나중에 동료법관에 의해 설득당해 사실상 원고를 지지하는 변론이 피고를 지지하는 변론보다 더 강하다고 생각한다고 가정하자. 그럴 경

우 그는 그가 처음에 말할 때 (가)는 거짓이었지만 (나)는 물론 거짓이 아니었다고 말할 것이다.

지금 이루어진 주장, 즉 이른바 "옳은 대답은 없다"라는 대답은 그 과업 안에서의 판단으로서 가능한 다른 대답들과 동일한 성격을 갖고 있으며 동일하게 오류가능한 판단이라는 주장을 강화하기 위해서 나는 (가)와 (나)의 차이점을 강조했다. 그것은 다른 대답들 중에서 어떤 대답을 지지해주는 설득력 있는 논변이 없을 때마다, 또는 다른 두 대답들 모두에 대해 그것들을 지지하는 좋은 논변들이 있을 때마다 자동적으로 참인 잔여(residuary)대답 또는 기본(in default)대답인 것은 아니다. (가)를 단언하는 법관은 자신의 분석으로부터 그 분석의 사실보다 더 많은 것을 보고하는 결론으로 비약하고 있다. 그것은 마치 원고에 유리한 판결을 내리는 법관이 자신의 논변의 사실로부터 그 논변이 올바르다는 결론으로 비약해가는 것과 마찬가지이다.

우리는 (가)와 (나) 사이의 차이가 덜 명확한 하나의 과업을 상상할 수 있다. 경마장 트랙의 관리자가 사진판정을 위해 가장 정확한 장비보다 덜 정확한 장비를 구입했다고 가정하자. 그가 다음과 같은 경기규칙, 즉 그 장비에 의해서 찍힌 사진이 불분명해서 어느 말이 승리했는지를 명확하게 판정할 수 없을 경우에는 그것보다 우월한 장비로는 승리마를 판정할 수 있다 하더라도 무승부로 간주한다는 규칙을 제정한다고 가정하자. 그 경우 "그 기계는 승리마를 구분할 수 없다"라는 명제와 "승자가 없다"라는 명제는 동일한 주장이 된다. 그러나 법관들이 세운 바 있는 과업은 그것이 아니다. 그 과업에서의 규칙들 가운데 어떤 규칙도 특정한 법관 또는 특정한 법관의 집단에게 무승부로 나타난 것은 그렇게 나타났기 때문에 무승부라고 규정하지 않는다.

(c) 어떤 사안이 무승부이고 그렇기 때문에 그 사안은 그 과업 안에서 어떤 옳은 대답도 제공하지 않는다는 특정한 법관의 판단은 논란이

될 소지가 많다. 그런데도 우리는 그 과업이 사실상 무승부인 사안을 많이 산출할 것인지 아니면 거의 산출하지 않을 것인지에 대한 사전적 확률에 대해서 말할 수 있다. 법관들이 운영하는 법체계가 원시적인 법체계라고 가정하자. 다시 말해, 사법적 판례나 제정법은 거의 없고 매우 초보적인 헌법만 있다고 가정하자. 어떤 특정한 사법적 기간이 시작되기 전에는, 법관들이 그 기간의 몇몇 사안이 무승부라고 판정할 가능성도 있고 또 사실상 몇몇 사안들은 무승부일 가능성도 있다. 정착된 법이 거의 없기 때문에, 난해한 사안에서는 크게 다른 결과에 도달할 한 개 이상의 법이론들이 정착된 법에 대해서 종종 동등하게 좋은 정당화를 제공할 것이고, 또 많은 법관들에게 동등하게 좋은 정당화를 제공하는 것으로 보일 것이다.

그렇지만 다른 한편으로 이런 법관들이 종사하는 법체계가 발전된 것이어서 헌법적 규칙과 관행으로 가득하고 판례와 제정법으로 빈틈이 없다고 가정하자. 무승부가 될 수 있는 사전적 가능성은 훨씬 더 낮아진다. 그 가능성이 매우 낮아서 법관들이 줄 수 있는 대답의 범위에서 무승부를 없애도록 지시하는 과업의 기본규칙을 추가하는 것을 정당화할 수 있다. 그 지시는 무승부의 이론적 가능성을 부정하지는 않는다. 그러나 주어진 법자료의 복잡성을 감안할 때, 만일 법관들이 충분히 오랫동안 열심히 생각한다면 그 법관들은 모든 것을 고려하여 한계적으로(marginally) 한쪽이나 다른 편이 승리한다는 생각에 도달할 것이라고 가정한다. 만일 사법적 판결에서 오류의 사전적 확률이 어떤 사안이 실제로 무승부가 될 사전적 확률보다 더 큰 것처럼 보인다면, 그리고 만일 법에서 무승부 사안의 가능성을 부정함으로써 얻을 수 있는 최종성(finality)이나 다른 정치적 이익이 있다면, 이 추가의 지시는 합리적일 것이다. 물론 어떤 법체계가 사전적 가능성에 대한 그런 계산을 정당화할 만큼 충분히 복잡하지 않다면, 그 지시는 합리적이지 않고 어리석을 것이다.

　우리는 이제 법관들은 난해한 사안에서 하나의 옳은 대답이 있을 수 있다고 가정함으로써 심각한 오류를 저지르고 있다는 그 철학자의 주장으로 다시 돌아올 수 있다. 만일 우리가 그의 주장을 그 과업 안에서 그 자신이 법관이 되어 할 수 있는 주장으로 간주한다면, 그 주장은 거의 확실하게 거짓이다. 그것은 다음과 같은 주장이 된다. 즉, 논란이 되는 모든 사안, 즉 하나의 대답이 오직 비합리적인 사람만 비판할 수 있는 그런 방식으로 증명될 수 없는 모든 사안에서는, 필연적으로 무승부 판단이 옳은 판단이라는 주장이다. 이제 (만일 무승부들을 무시하라는 특별한 지시가 그 과업의 부분이 아니라면) 모든 법관은 어떤 난해한 사안은 실제로 무승부일 수 있음을 인정할 것이지만 어떤 법관도 그 사안들이 모두 무승부라고 생각하지는 않을 것이다. 철학자는 그런 법관들의 견해에 반대하는 자신의 주장을 옹호하기 위해서 모든 난해한 사안들은 우리가 상상한 저울에서 정확히 중앙에 놓일 것이라는 점을 긍정적으로 확립하는 논변들을 산출해야 할 것인데, 그 주장은 매우 그럴 법하지 않은 것이어서 즉시 폐기될 수 있다.

　만일 그 과업이 방금 언급된 특별지시를 채택했다면, 그 철학자의 주장은 더 약한 방식으로 생각될 수 있을 것이다. 그는 진정한 무승부에 대한 사전적 가능성이 충분히 커서 법관들에게 그 가능성을 무시하라고 지시하는 것은 어리석다고 주장함으로써 그 지시의 합리성이나 합당성에 반대할 수 있다. 그렇다면 그의 주장은 다음과 같이 수정되어야 한다. 즉, 그는 어떤 난해한 사안에서도 옳은 대답이 없다고 주장하지 않고, 모든 난해한 사안에서 옳은 대답이 있어야 한다고 약정하는 것은 불합리하다고만 주장한다는 것이다. 무승부를 허용할 수 있도록 그 과업을 수정하는 것을 추천하는 이 더 약한 주장은, 법관들의 체계가 충분히 복잡할 경우에는 그들이 그 추천을 거부할 수 있다 하더라도 고찰할 만한 가치가 있다.

 그래서 만일 우리가 그 철학자의 주장을 위 두 가지 버전 중 어떤 것으로든 그 과업 안에서 만들어진 주장이라고 생각한다면, 그것은 법관들을 오래 괴롭힐 필요가 있는 주장이 아니다. 왜냐하면 그것은 그들의 과업의 근본적 건전성을 비판한다기보다는 미리 전제하는 주장이기 때문이다. 철학자는 그의 주장이 그 과업 안에서의 주장으로 해석되어서는 안 된다며 반대할 수 있다. 그것은 그 과업에 충실한 법관들이 스스로가 할 수 있는 그런 주장으로 해석되어서는 안 된다는 반론이다. 그것은 그 과업의 합리성 자체에 대한 다소 심각한 공격이며, 그런 것으로 이해되어야 한다. 그러나 여기에서 우리는 다음의 긴요한 문제에 대답해야 한다. 그 철학자의 주장을 법관의 과업 안에서의 주장 이외의 다른 주장으로 간주할 수 있는 어떤 방법이 있는가? 우리는 어떻게 그것을 그 과업 전체에 대한 외적인 비판으로 이해할 수 있는가?

 두 가지 가능성이 열려 있는 것처럼 보인다. 우리는 철학자의 주장을 하나의 다른 사법적 과업 안에서 만들어진 주장으로 간주할 수 있고, 그 과업은 법명제에 대해 다른 진리조건을 약정한다. 또는 우리는 그것을 그런 모든 과업들에 외재적인 주장으로, 즉 법관들이 그들의 명제들을 위해서 선택할 수 있는 진리조건이 어떤 것이든지 간에 그 법관들이 궁극적으로는 존중해야 하는 실재세계의 사실들에 관한 주장으로 간주할 수 있다. 그러나 그 두 가지 가능성 가운데 어떤 것도 그 철학자의 목적에 전혀 기여하지 않는다.

 (1) 우리는 난해한 사안에서는 옳은 대답이 없다는 그 철학자의 판단이 완전히 건전해지는 법적 과업을 쉽게 상상할 수 있다. 법관들의 한 집단이 아래와 같은 규칙을 준수하기로 결정했다고 가정하자. 만일 합의되거나 약정된 사실에 근거해 어떤 법명제가 단순히 연역을 통해서 정착된 법으로부터 도출될 수 있다면, 그 명제는 참으로 주장될 수 있

다. 만일 합의되거나 약정된 사실에 근거해 어떤 법명제와 모순된 명제가 단순히 연역을 통해서 정착된 법으로부터 도출될 수 있다면, 그 명제는 거짓으로 거부될 수 있을 것이다. 이런 규칙 아래에서는 난해한 사안의 경우 원고에 유리한 법명제도 피고에 유리한 법명제도 참으로 주장되지 않고 거짓으로 거부되지도 않을 것이다. 어떤 난해한 사안에서도 이런 의미에서 옳은 대답은 없다.

그러나 우리가 상상하는 법관들에 의해서 수행된 그 과업은 명백히 그런 과업이 아니다. 따라서 그 철학자의 주장이 어떤 다른 과업에서는 건전하다 하더라도 이 과업과는 아무런 관련이 없다. 그 철학자는 이제 방금 기술된 그의 과업이 예를 들면 영국과 미국에서 실제로 실행되는 법적 과업이며 내가 기술한 법관들의 과업은 단순한 상상에 불과하다고 말할지도 모른다. 제4장에서 나는 그 국가들 안에서(아마도 그 밖의 다른 국가에서도) 효력이 있는 법체계는 실제로 내가 이곳에서 상상한 과업과 매우 비슷하다고 주장했다. 만일 그렇다면, 그 철학자는 그의 과업이 현실에 더 충실하다고 주장하기 어렵다. 그렇지만 내가 틀렸다고 가정하자. 그리고 그의 과업이 실제로 시행되고 있는 과업에 더 비슷하다고 가정하자. 옳은 대답이 없다는 주장을 지지하는 이론적 논변은 어떤 난해한 사안에 대해서 원칙상 하나의 단일한 옳은 대답이 있을 수 없다는 것을 보여주는 것으로 가정되었다. 그러나 이제 그것은 사실상 우리에게 익숙한 법체계들이 난해한 사안에서 하나의 옳은 대답을 허용하지 않는 법명제의 진리조건을 인정한다는 것만 주장할 뿐이다. 그것은 사실이 아니지만, 설사 그것이 사실이라 하더라도 그것은 훨씬 더 약한 주장이 될 것이다.

(2) 그 철학자가 자신은 현실세계(real world)에 대해서 말하는 것이지 현실세계와 다른 긍정과 부정의 기본규칙들을 갖는 어떤 대안의 과업 안에서 말하는 것은 아니라고 주장한다고 가정하자. 그의 논변은

사실상 법에서의 난해한 사안에 대해서는 옳은 대답이 있을 수 없으며, 그래서 만일 그 어떤 법과업이 옳은 대답이 있을 수 있다는 것을 전제로 하는 규칙을 채택한다면, 그 과업은 신화의 기초 위에 있는 것이라는 것이다. 그가 보고하는 것은 하나의 다른 과업이 아니라 어떤 과업이든지 현실적인 것이 되기 위해서는 직면해야 할 객관적 사실들이다.

그러나 이 객관적 현실은 무엇인가? 그것은 법적 권리와 의무를 포함한 권리들과 의무들을 관례적 체계의 구조나 내용으로부터 독립되어 있는 객관적 사실로 담고 있어야 한다. 그 생각은 자연법 법률가들의 이론 속에서는 낯익은 것이지만, 난해한 사안에서는 옳은 대답이 있을 수 없다는 것을 상식의 이름으로 주장하는 철학자의 손에서 발견하기에는 놀라운 장난감이다. 결국 만일 권리와 의무가 어떤 객관적이고 독립적인 세계의 부분이라면, 어떤 사람은 그 사람 이외의 다른 어떤 사람도 그가 권리를 갖는다고 생각하지 않을 때라도 또는 어떤 사람도 그가 권리를 갖는다는 것을 증명할 수 없다 하더라도 하나의 권리를 가질 수 있다고 우리가 생각해서는 왜 안 되는가?

따라서 우리의 철학자가 자신이 인간의 관례에 독립적인 진리조건을 갖는 객관적 법적 현실에 대해서 말한다고 주장하는 것은 위험하다. 그것은 또한 다른 방식으로도 위험하다. 그것은 그의 가장 기본적인 주장을 이해할 수 없는 것으로 만들 우려가 있다. 그는 (p) "피고는 경제적 피해에 대해 책임이 있다"와 (-p) "피고는 경제적 피해에 대해 책임이 없다"라는 명제들 중 어떤 명제도 거짓은 아니지만 또한 진리도 아닐 수 있다고 주장한다. 우리는 이 주장을 어떻게 이해할 수 있는가? 만일 책임(liability)이 우리가 기술하고 있는 것과 같은 과업으로부터 독립된 객관적 사실의 문제라면, 배상권을 주장하는 명제([p]같이)가 참이 아니라면, 그것은 거짓임이 틀림없다.

우리는 그 철학자의 주장을 하나의 과업의 특별한 진리조건을 보고

하는 것으로 간주할 때만 이해할 수 있다. 내가 방금 인정한 것처럼 그의 주장은 명제에 대한 단언과 부정을 쉬운 사안에서만 허용하는 진리조건을 갖춘 과업 안에서만 건전할 것이다. 그렇다면 난해한 사안에서는 법명제가 참이라고 단언될 수도 없고 거짓이라고 부정될 수도 없을 것이다. 그 명제가 참이 못 되는 것으로부터는 그 명제의 거짓됨이 도출되지 않는다. 매우 발전된 법체계에서는 그 조건이 실제로 발생할 가능성이 작지만 우리의 법관들이 세운 과업 안에서 (무승부를 금지하는 특별한 지시가 없는 경우) 그 조건은 하나의 이론적 가능성으로는 남는다. 만일 그 특별지시가 덧붙여진다면, 규칙들은 단언하지도 못하고 부정하지도 못하는 것을 원칙상(by fiat) 허용하지 않는다. 그것은 내가 기술한 이유들 때문에 그것이 그 과업의 작동을 방해하지 않을 것이라는 예견에 의존한다. 그러나 만일 하나의 명제가 참이 아니라면 그것은 거짓이라는 추론을 우리가 거부할 수 있도록 하는 **모종의** 특별한 진리조건이 없다면, 옳은 대답은 없다는 테제는 결코 유지될 수 없다.

나는 다른 곳에서 이와 동일한 논변을 훨씬 더 길게 제시한 바 있다. 법에 대한 질문에 대해서 항상 하나의 옳은 대답이 있는지 어떤지에 대한 일반적 문제에 관심이 있는 사람들은 그 더 긴 논변을 검토해야 할 것이다.[2] 그렇지만 나는 그때의 논의에서는 예견하지 못했던 나의 논변의 이 부분에 대한 하나의 가능한 반론을 언급해야 하겠다. 이 반론은 일반적인 방식으로 언어철학자들 사이에 낯익은 하나의 논변, 즉 존재하지 않는 것에 대한 명제는 참도 아니고 거짓도 아니라는 논변에 호소한다. "현재의 프랑스 왕은 대머리이다"라는 명제는 참도 아니고 거짓도 아니다(비록 적절하게 이해된다면 그 명제는 단연코 거짓이라고 주

---

2) "No Right Answer", in *Law, Morality and Society: Essays in Honour of H.L.A. Hart*, London, 1977.

장하는 전통이 있기는 하지만). 프랑스 왕에 대한 그 명제는 우리가 고찰해왔던 과업들과 같은 어떤 특별한 과업 안에서만 이해될 수 있는 명제인 것처럼 보이지는 않지만, 어쨌든 그것은 (하나의 견해에 따르면) 참도 아니고 거짓도 아니다. 그러므로 법명제들이 특별한 과업 안에 있는 명제로 의도되지 않은 경우에는 그것들은 참도 아니고 거짓도 아닐 수 있을 것이다(라고 그 견해가 주장하는 것을 나는 들은 바 있다).

그러나 난해한 사안에서의 법명제와 존재하지 않는 것에 관한 명제 사이의 이 비교는 명백히 쓸데없는 것이다. 후자의 명제는 오직 명제의 주체가 존재하지 않는다는 것이 이해되었기 때문에 문제를 제기할 수 있으며, 그 명제는 그것의 존재를 단언하기보다는 가정한다(assume). 논란이 되는 법명제들은 법적 권리나 다른 법적 관계의 존재를 긍정하거나 부정한다. 그 논란은 정확히 그 긍정이나 부정이 옳은지 어떤지에 대한 것이다. 만일 우리가 경제적 피해에 대해 배상받을 권리가 존재하지 않는다고 가정한다면, 그런 사안에서 원고가 배상받을 권리를 갖는다는 명제는 문제가 되지 않는다. 그것은 명백히 거짓일 뿐이다. 비교될 수 있는 명제는 현재 프랑스 왕이 존재한다는 명제이다. 어떤 사람도 그 명제가 참도 아니고 거짓도 아니라고 생각하지 않는다. 그것은 (우리 대부분이 생각하는 것처럼) 거짓이거나, (파리 백작의 어떤 극단적인 지지자들이 생각하는 것처럼) 참이다.

3

그러면 마지막으로 이 장의 주제가 되어왔던 일반적 반론에 대해서 우리는 무엇이라 말해야 하는가? 난해한 사안에서는 옳은 대답은 없고 오직 일군의 수용가능한 대답들만 있을 수 있다는 반론을 상식이나 실재론이 지지한다는 것은 더 이상 그렇게 명백하지 않다. 그 주장을 지지하는 실용적 논변은 잘못된 것이다. 이론적 논변은 그 논변을 제시하는 사람들의 능력에 의해서 반박되며, 그것을 진술하려 할 경우 그것의 주장들을 그것이 비판하고자 하는 배경으로 용해시킬 수밖에 없거나 그럴 수밖에 없는 것처럼 보인다. 어떤 독자들은 여전히 납득하지 못할 것이다. 분명히 진정으로 난해한 사안에서는 한쪽이 단적으로 옳고 다른 쪽은 단적으로 그르다는 것은 있을 수 없다. 그러나 왜 그럴 수 없는가? 한쪽은 옳고 다른 쪽은 그를 수 있다는 생각은 우리의 사유 습관의 매우 깊은 곳에 고착된 것이어서 우리가 그런 문제들에서 아무리 회의적이거나 냉정하고자 하더라도, 우리가 그 생각을 수미일관하게 부정할 수 없는 것일지도 모른다. 그것은 그 이론적 논변을 수미일관한 방식으로 말하려 할 때의 우리의 난점을 설명해줄 것이다. 하나의 난해한 사안에서 하나의 옳은 대답이 있다는 "신화"는 완고한(recalcitrant) 것이기도 하고 성공한 것이기도 하다. 그것의 완고함과 성공은 그것이 결코 신화가 아님을 말해주는 논거로 생각된다.

옮긴이의 말

  드워킨(Ronald Dworkin)의 *Taking Rights Seriously*는 하트의 저서 『법의 개념』 이후 영미 법철학계에서 출판된 책 가운데 가장 중요하며, 현재 미국 대부분의 로스쿨에서 교재로 다루어질 만큼 법철학 저서로서는 이미 고전의 반열에 올랐다. 초판은 1977년에 영국의 덕워스(Duckworth) 출판사와 미국의 하버드 대학교 출판사에서 간행되었고 1978년판에는 「비판자들에 대한 답변」이 부록으로 추가되었다. 이 책이 원본으로 삼은 것은 1978년 하버드 판인데, 부록은 번역에서 제외했다.

  이 책은 한 권의 단행본으로 기획된 것이 아니라 따로 발표된 논문들을 모아놓은 것이며, "Taking Rights Seriously"라는 제목은 이 책에 수록된 한 논문의 제목이기도 하다. 만일 그 말을 언어적 의미에 충실하게 옮긴다면, '권리를 진지하게 받아들이기'가 무난할 것이다. 그렇지만 나는 그 제목이 영어제목과는 달리 어감이 좋지 않고 이 책이 담고 있는 내용을 충실하게 반영하지 못한다고 생각해 번역서의 제목을 '법과 권리'로 정했다.

  이 책에서 다루어지는 권리는 국가에 대한 개인의 권리인데, "개인의 권리를 인정한다"라는 말은 "개인은 전체적 이익을 희생시켜서라도 보호받을 자격이 있음을 인정한다"라는 의미로 해석된다. "개인의 권리는 으뜸패이다"라는 주장은 정치적 결정에서 전체적 이익이라는 명분을 누를 수 있는 개인이 지닌 권리의 힘을 비유한 것이다. 드워킨이 이 점을 강조하는 것은, 인권을 보장한다는 점을 체제의 자랑으로 삼고 있는 미국 같은 국가도 개인의 권리가 권력자들에게 불편을 줄 경우에는 그것을 묵살하고, 그러한 행위를 전체의 이익이라는 명분으로 합리화하려는 경향이 있기 때문이다. 개인의 권리를 인정한다고 공언하면서도 실제의 행위와 주장에서는 그것을 부정하고 있는 관리나 정치인들의 위선을 비판하고, 개인의 권리를 수호하는 것에서 법관의 역할이 무엇인지를 밝히고자 하는 것이 이 책 전체를 관통하는 주제이다. 법관의 고유한 임무는 도덕적 권리가 아니라 법적 권리를 보장하는 것에 있지만 미국이나 우리나라같이 헌법이 인권을 포함한 개인의 도덕적 권리를 인정하는 나라에서는 개인의 도덕적 권리의 문제는 법적 권리의 문제도 된다.

법정에서는 사생활에 대한 권리처럼 헌법에 명시되지 않은 권리의 문제도 다루어지며, 미국헌법에서의 평등보호조항처럼 권리를 규정하는 조항들은 대부분 추상적이다. 그렇기 때문에 개인의 권리에 대한 재판에서는 그 재판을 담당하는 법관의 판단에 따라 판결이 좌우되는 경우가 많고, 전교조 교사 시국선언 사안의 판결처럼 판결의 정당성에 대한 문제가 끊임없이 제기되기도 한다. 이 책은 평등권같이 구체적인 권리의 문제도 다루기는 하지만 권리 자체를 다루기보다는 권리에 대한 판결이 어떻게 이루어져야 하는가의 문제를 다루는 재판이론에 관한 책이라 할 수 있다.

드워킨은 이 책에서 제시하는 재판이론(a theory of adjudication)의 핵심 테제를 권리 테제라 부른다. 그것에 따르면 어떤 재판에서든지 언제나 한쪽의 소송당사자에게 법적 권리가 되는 판결이 존재하며, 그것을 찾아서 그에 따라 사안을 결정하는 것이 법관의 의무이다. 드워킨은 그 재판이론을 구성하면서 영국과 미국의 법정에서 이루어졌던 난해한 민사사안들을 기초자료로 활용하고 있다. 물론 그 재판이론은 민사사안들뿐만 아니라 다른 모든 재판에 적용될 수 있는 이론으로 간주된다.

올바른 판결에 대한 견해는 그것의 본성상 규범적(normative) 견해로 볼 수 있지만, 드워킨은 자신의 견해는 법관들에 의해 실제로 적용되고 있는 견해라는 점에서 실제의 법관행을 기술하는(describe) 것이기도 하다고 주장한다. 그가 이 책에서 전개하는 하트의 법실증주의에 대한 비판의 핵심은 그 이론이 실제의 법관행을 설명할 수 없다는 것이다.

사법적 판결이 의거해야 하는 법적 근거와 관련하여 드워킨이 이 책에서 제시하는 견해는 지난 세기 후반 영미의 법철학계를 장식했던 가장 큰 논쟁의 시발점이었다. 이 책을 명저의 반열에 오르게 하는 데 결정적인 역할을 한 것이 바로 그 견해이며, 제목이 시사하는 것과는 달리 이 책이 정치철학 저서이기보다는 법철학 저서로 간주되는 이유도 바로 그 때문이다.

1931년에 태어나 현재 뉴욕 대학교(NYU) 로스쿨 및 철학과 교수인 드워킨은 뉴욕 대학교에 재직하면서도 상당한 기간 동안 옥스퍼드와 런던 대학교(UCL)의 법철학 교수를 겸직했다. 법을 도덕의 부분으로 보는 그는 법학과 도덕철학의 관련을 강조하며, 그 자신이 가장 영향력 있는 법철학자이자 정치철학자이기도 하다. 그가 뉴욕 대학교에서 네이글(Thomas Nagel)과 함께 이끄는 정치철학과 법철학에 관한 대학원세미나(Colloquium in Legal, Political and Social Philosophy)는 매우 유명한데, 현대 정치철학과 법철학 분야에서 최신의 견해들이 저자들에 의해서 직접 발표되고, 다양한 분야의 학자들이 함께 참여하여 토론을 벌인다. 그곳에 초청된 발표자에는 하버마스, 스캔런, 피터 싱어 등 쟁쟁한 세계의 석학들이 포함되어 있다.

드워킨은 하버드 대학교과 옥스퍼드 대학교에서 철학과 법학을 공부한 다음 하버드 대학교의 로스쿨을 1957년에 졸업했다. 그 직후 그는 저명한 핸드 판사의 서기를 지내기도 하고 세계적인 로펌 설리번 앤드 크롬웰(Sullivan & Cromwell)에서 일을 하는 등, 1962년 예일 대학교의 로스쿨에서 강의를 맡아 학계로 진출하기까지 약 6년 동안 전도양양한 변호사 생활을 했다.

비교적 짧은 기간이지만 실무변호사로서의 그의 경력은 학술적인 글에도 반영되고 있다. 그는 학술적인 글을 쓰면서도 자주 법정용어를 사용하고 있는데, 예를 들면 '사안'이라는 의미를 가질 뿐만 아니라 '변론', '근거' 등 다양한 의미로 법률가들이 사용하고 있는 'case'라는 단어를 이 책에서도 그와 동일한 방식으로 자주 사용하고 있다.

또한 그의 글 중 많은 것들은 역차별, 표현의 자유, 낙태 등 미국의 법정에서 다루어졌거나 논쟁이 되고 있는 문제들을 다루며, 그러한 사안에 대한 재판에서 제시된 법률가들의 견해들을 분석을 위한 주요 재료로 이용한다. 물론 순수이론적인 글도 있지만 그러한 글이라 하더라도 현실적인 문제와 직접 관련이 있거나 그 문제와의 연장선상에 있다. 그에게는 자연스럽게 이루어졌던 그러한 연구방법을 그는 철학적 이론 일반에서의 방법론으로까지 발전시킨다.

그러나 일반 철학으로 끝나게 되는 그 논변을 우리의 삶과 경험 속에서 시작해야 한다는 것이 중요하다. 왜냐하면 오직 그때만이 그것은 구체적인 모습을 갖추어서 궁극으로 우리를 도울 수 있을 뿐만 아니라 우리가 구름 속으로까지 따라들어갔던 그 문제들이 지적으로도 거짓문제가 아니라 진정한 문제였다는 점을 우리에게 납득시킬 수 있기 때문이다(드워킨 지음, 염수균 옮김, 『자유주의적 평등』, 한길사, 2005, 53쪽).

드워킨의 철학은 이른바 강단철학, 즉 구체적인 현실에서가 아니라 과거의 철학자들의 견해들을 역사적으로 연구하고 그러한 견해들을 해석하거나 그것들에서 제기된 이론적 문제들에 대해 자신의 견해를 제시하는 방식으로 이루어지고 있는 철학과는 성격이 다르다. 그의 글에서 다루어지는 철학자는 그가 현실적인 문제들을 다루기 위해서 유익한 개념 틀을 제공해준다고 생각하는 그러한 철학자에 한정되어 있으며, 그가 가장 중시하는 철학자는 롤스이다.

드워킨의 실무경력의 영향은 그의 글의 문체에서도 찾을 수 있다. "언제나 하나의 올바른 대답이 있다"라는 주장처럼 그의 글은 찬반이 갈리는 문제들에 대해서 어떤 하나의 입장을 매우 강하게 주장하는 경우가 많다. 그렇기 때문에 몇몇 글들은 학술적인 글이라기보다는 변론 같은 느낌을 주기도 하며, 그가 전개하는 복잡하고 기발한 논변과정이 때로는 임시변통적인 것으로 보이기도 한다. 학자들 가운데는 그들이 생각하는 학술적인 글에서 요구되는 덕목을 갖추지 못한 드워킨의 철학을 높이 평가하지 않는 학자도 있으며, 간혹 그 비판이 혹독하기도 하다.

그렇지만 일부의 비판에도 불구하고 그가 학계에 미친 영향에 대해서 부정할 사람은 없다. 그는 2007년에 인문사회과학 분야의 노벨상이라 할 수 있는 홀버그(Holberg)상을 수상했다. 그의 학문적 기여는 특히 법철학 영역에서 두드러지는데, 법철학계에서 그의 저서의 인용빈도수는 타의 추종을 불허할 정도로 압도적이다. 또한 그의 자유주의적 평등사상은 현실 사회주의 붕괴 이후 정치철학자들에게 폭넓은 공감을 불러일으켰다. 그는 분배적 정의에서 개인의 선택에 책임을 묻는 것을 경시한 구(舊)좌파나 롤스의 견해를 비판하고, 천부적인 무능력을 비롯하여 자신에게 책임이 없는 불운을 당한 사람들에 대해서 국가가 배려하는 일에 무관심한 보수주의자들의 입장도 비판한다. 자신에게 책임이 없는 운의 결과에 대해서 국가가 얼마나 어떤 방식으로 배려해야 하는지의 문제와 관련하여 현대 정의론에서 활발하게 벌어지고 있는 운 평등주의(luck egalitarianism) 논의에서, 드워킨의 철학은 출발점과 기본적인 개념을 제공한 것으로 평가되고 있다.

드워킨 철학에 대해 비판적인 사람들은 그 철학의 이러한 성공을 이해하기 어려울 것이다. 그들이 지적하는 것과 같은 단점을 갖고 있으면서도 드워킨의 철학이 성공을 거두는 이유를 나는 플라톤의 예에서 찾을 수 있다고 본다. 플라톤의 대화편들의 주제는 정의가 좋은 것인가의 문제같이 주로 현실적인 것들이다. 그는 그러한 문제들에 대한 다양한 견해들을 비판하는 과정에서 추상적 이론들을 동원하지만, 그것들이 체계적인 모습을 띠고 등장하지는 않으며 대화편들마다 차이점을 보이기도 한다. 그렇기 때문에 플라톤의 대화편을 통해서 그의 이론을 구성해내기란 매우 어려운데, 학자들 중에는 그러한 이론이 있다는 전제 위에서 그것을 찾고자 하는 시도 자체를 잘못으로 보는 학자도 있다.

만일 플라톤의 철학을 높이 평가할 수 있다면, 그것은 그의 이론의 체계성이나 주장의 일관성보다는 문제들에 대한 대답을 찾아가는 과정에서 그가 제공하는 현실에 대한 예리한 분석 때문일 것이다. 플라톤은 변증술의 작업을 고기 파는 사람이 고기를 자르면서 부위를 섬세하게 잘 구분하여 자르는 것에 비유했다. 그 일을 잘하기 위해서는 작은 부분에 이르기까지 각 부위를 자연의 결을 따라 섬세하게 구분할 수 있는 감각이 필요하다. 드워킨의 글들을 읽으면 그가 탁월한 변증술자가 되기 위해 필요한 감각의 소유자라는 것을 확인할 수 있을 것이다.

우리가 플라톤을 아직도 읽는 것은 세계나 이상국가에 대한 그의 주장을 받아들이기 때문이 아니라 그에 대한 올바른 견해라면 반드시 대답을 갖고 있어야 할 문제들을 발굴하고 그에 대해 사유했기 때문이다. 드워킨의 글들을 "향후 200년간은 법학자들이 읽을 것"이라는 뉴욕 대학교 로스쿨의 홍보문구를 내가 진지하게 받아들이는 것은 바로 그와 비슷한 이유에서이다. 드워킨이 정치철학이나 법철학계에 기여한 바가 있다면 그것은 그가 주장이나 논리면에서 흠이 없는 이론을 제시했다는 점보다는 법과 정의에 관한 올바른 이론이라면 반드시 대답을 해야 하는 몇 가지 문제들을 처음으로 제기하고 그에 대해 사유했다는 점에서 찾아야 할 것이다.

이 책을 옮기면서 가장 어려운 일은 서로 비슷한 의미를 갖고 있는 단어들의 적절한 역어를 선택하는 일이었다. 'sound'와 'valid'는 논리학에서는 의미가 분명하게 구분되는 말로서 각각 '건전한'과 '타당한'으로 번역된다. 이 책에서는 그렇게 분명한 의미로 사용되지는 않지만 혼동을 피하기 위해서, 각각 '건전한'과 '타당한'으로 구분하여 옮겼다. 특히 'sound'의 경우는 '건전한'이 썩 좋은 역어가 아니며 이 책에서는 다양한 의미로 사용되기도 한다. 그런데도 이 책에서는 항상 '건전한'으로 옮겼다. 그 단어가 나타나는 문맥에서 그 말의 적절한 의미를 찾는 일은 독자들에게 맡긴다. 이 단어들과 비슷한 의미로 사용되는 단어로 드워킨은 자주 'plausible'이라는 단어를 사용하는데, 그것은 '그럴 법한'으로 옮겼다.

'principle', 'doctrine', 'standard', 'rule'도 중요한 용어로서 주의를 요하는 단어들이다. 이 책에서는 각각 '원칙', '원리', '규준', '규칙'으로 옮겼다. '기준'은 'test'의 역어이다. 'principle'은 법철학자들은 주로 '원리'로 옮기지만, 여기에서는 '원칙'으로 옮겼고 'doctrine'은 '법원리' 또는 '원리'로 옮겼다.

'reasonable'은 행위나 정책에 대해 사용될 경우에는 '합당한'으로, 사람에 대해 사용될 경우에는 '합리적인'으로 번역했으며 'rational'은 모두 '합리적인'으로 번역했다. 'reasonable'을 '타산적인'이라는 의미로 자주 이해되는 '합리적인'으로 옮기는 것은 문제가 있기는 하다. 그렇지만 '합당한'도 좋은 역어가 아니며 '합리적'이라는 말을 넓은 의미로 사용하면 'reasonable'의 의미를 담을 수 있다. 'fair'와 'impartial'은 각각 '공정한', '공평한'으로 번역했다.

'practice'라는 말은 모두 '관행'으로 번역했으며, 그것과 구별하기 위해서 'convention'과 'conventional'은 '관례'와 '관례적'으로 옮겼다. '관습'은 'custom'의 역어이다. 'goal'과 'end'는 일반적으로 잘 구분되지 않지만 이 책에서 드워킨은 구분해서 사용한다. 그 차이를 나타내기 위해서 각각 '목표'와 '목적'으로 옮겼다. 'case'는 매우 다양한 의미로 쓰이는데, 문맥에 따라서 '사안', '주장', '변론', '근거' 등으로 다르게 옮겼다.

'judge'는 '판사'로도 번역되고 '법관'으로도 번역되지만 이 책에서는 '법관'으로 통일했다. 그렇지만 실명이 거론될 경우에는 '스칼리아 판사'처럼 판사로 번역했다. '변호사'의 의미로도 쓰이는 'lawyer'는 '법률가'로 번역했다. '판결'이라는 의미로도 사용되는 'adjudication'은 '재판'으로 통일했다. 'trial'은 문맥에 따라서 '공판'이나 '재판'으로 옮겼다. 여기에서 판결로 번역한 것은 주로 'decision', 'decide', 'judgement' 등으로 표현된다.

'constitution'이나 'constitutional law'는 모두 '헌법'으로 번역했고, 대문자로 시작하는 'Constitution'은 '미국헌법'으로 번역했다. 'version'이라는 말이라는 마땅한 우리말 역어가 없어서 그대로 '버전'으로 옮겼다.

이 책을 번역하면서 여러 사람의 도움을 받았다. 이화여대 로스쿨의 장영민 교수님은 번역초고의 검토를 부탁받은 후 제3장을 번역하여 보내주었다. 어휘의 선택이나 표현방식이 이 책의 나머지 부분들과 다른 것들이 있어서 부분적으로는 다시 쓸 수밖에 없었지만 장 교수님의 번역은 대부분 반영되었다는 것을 밝힌다. 최종원고의 작성과 수정과정에서는 장 교수님과 협의를 하지 않았기 때문에, 번역의 책임은 나에게 있다.

또한 조선대학교 법대의 이영록 교수님과 고려대학교 로스쿨의 박경신 교수님의 도움도 빠뜨릴 수 없다. 나와 같은 대학에 재직하는 이 교수님은 번역하는 동안 수시로 자문에 응해주었으며, 박 교수님은 수정단계에서 번역에 자신이 없었던 몇 부분에 대해 자문해주었다.

이 책의 번역작업은 약 6년 전에 박형주와 함께 시작했다. 당시 박형주는 대학원 학생으로서 나와 함께 롤스를 공부했으며 대학원을 수료하고 미국으로 유학가는 것을 준비하고 있었다. 하지만 번역을 시작한 지 얼마 되지 않아 광주시에서 문화예술교육과 관련된 일을 맡게 되어 번역에 더 이상 관여할 수 없었다. 그는 이 책의 앞부분 일부를 번역하여 나에게 넘겼는데, 원고를 완성하고 수차례 수정하는 과정에서 많은 부분이 고쳐서 작성되었다.

고려대학교 법대 박사과정의 김대근과 프랑스의 리옹에서 유학 중인 김성훈의 기여도 있었음을 밝혀야 하겠다. 김대근은 거의 완성단계에 있었던 초고를 전체적으로 검토해주었고, 김성훈은 대학원에서 이 책의 일부분을 나와 함께 읽고, 읽은 부분을 번역하기도 했다.

마지막으로 어려운 인문사회과학 서적의 출판여건에서 분량이 만만치 않은 두 권의 드워킨 책을 출판해주신 김언호 사장님께 깊은 감사의 말씀을 드린다.

2010년 6월
염수균

찾아보기

지은이 로널드 드워킨

드워킨은 미국에서 태어나 하버드 대학교 철학과와 옥스퍼드 대학교 법학과를 졸업했다.
1957년 하버드 대학교 로스쿨을 졸업한 후 저명한 핸드 판사의 서기를 지냈고,
세계적인 로펌 설리번 앤드 크롬웰 (Sullivan & Cromwell)에서 일하다가
1962년 예일 대학교의 로스쿨에서 강의를 맡아 학계로 진출했다. 1969년에 하트의 후임으로
옥스퍼드 대학교에서 법철학을 가르치기 시작한 드워킨은,
옥스퍼드 대학교를 떠난 1998년부터 2008년까지 런던 대학교(UCL)에서 가르쳤다.
옥스퍼드 대학교에 재직할 때인 1975년부터 지금까지 뉴욕 대학교(NYU)에서도 강의를 하고 있다. 그의
법철학은 주류 법철학인 실증주의의 기본 전제를 받아들이면서도
그것을 넘어서서 법이 도덕과 관련될 수 있는 방식을 천착함으로써
법의 발전에서 법학과 도덕철학의 협동적 노력이 필요함을 보여주었고,
사회주의권 몰락과 함께 정치영역에서 천대받았던
평등의 이념을 새롭게 해석해 자유주의의 정치적 이상으로 다시 살려놓았다.
그는 이에 대한 공로를 인정받아 2007년에 인문사회과학의 노벨상이라 할 수 있는 홀버그상을 받았다.
드워킨의 주요 사상은 근본적이고 추상적인 철학적 문제에 대한 것이지만
자신의 이론을 실제 재판이나 구체적인 사회문제에 적용하는 데 어떤 학자들보다 적극적이다.
관타나모 수용소나 안락사 문제 등 현대사회에서 논란이 되는 대부분의 사회문제에서
우리는 그의 견해를 접할 수 있다.
주요 저서로는 『법의 제국』(*Law's Empire*), 『자유주의적 평등』(*Sovereign Virtue*),
『원칙의 문제』(*A Matter of Principle*), 『자유의 법』(*Freedom's Law*),
『생명의 지배영역』(*Life's Dominion*) 등이 있다.

옮긴이 염수균

염수균(廉秀均)은 프랑스 철학자 베르그송에 관심을 가지면서 철학에 입문한 뒤
서울대학교 철학과를 졸업하였다. 같은 대학교 대학원에서 플라톤을 연구하였고,
플라톤의 『프로타고라스』와 『메논』에 대한 논문으로 박사학위를 받았다.
그후 플라톤의 윤리와 정치철학을 중점적으로 연구하면서, 현대 정치철학으로 관심을 넓혔다.
2001년에는 롤스의 정치철학을 정리한 『롤스의 민주적 자유주의』를 출판한 다음,
2005년에는 로널드 드워킨의 *Sovereign Virtue*를 번역한 『자유주의적 평등』을 출판하였다.
논문으로는 「플라톤의 『국가』에서 덕의 교육방법」 등 다수가 있다.
조선대학교에 재직하면서 교육대학원과 철학과, 글로벌법학과에서 강의를 하고 있다.

HANGIL GREAT BOOKS 108

법과 권리

지은이 로널드 드워킨
옮긴이 염수균
펴낸이 김언호

펴낸곳 (주)도서출판 한길사
등록 1976년 12월 24일
주소 10881 경기도 파주시 광인사길 37
홈페이지 www.hangilsa.co.kr
전자우편 hangilsa@hangilsa.co.kr
전화 031-955-2000~3 **팩스** 031-955-2005

인쇄 오색프린팅 **제본** 경일제책사

제1판 제1쇄 2010년 7월 10일
제1판 제3쇄 2021년 8월 10일

값 32,000원

ISBN 978-89-356-6402-3 94340

한길그레이트북스 인류의 위대한 지적 유산을 집대성한다